WiSt-Studienkurs
Bleymüller
Statistik für Wirtschaftswissenschaftler

Statistik für Wirtschaftswissenschaftler

von

Professor Dr. Josef Bleymüller

16., überarbeitete Auflage

Verlag Franz Vahlen München

VERLAG
VAHLEN
MÜNCHEN
www.vahlen.de

ISBN 978 3 8006 4294 6

Wilhelmstraße 9, 80801 München
Gesamtherstellung: C. H. Beck'sche Buchdruckerei Nördlingen
(Adresse wie Verlag)

Gedruckt auf säurefreiem, alterungsbeständigem Papier
(hergestellt aus chlorfrei gebleichtem Zellstoff)

Vorwort zur 16. Auflage

In der nunmehr erscheinenden 16. überarbeiteten Auflage wurde der Anhang „Anwendung des Statistik-Programmsystems IBM SPSS Statistics auf ausgewählte Aufgaben“ auf den neuesten Stand (Version 20.0) gebracht. Das Kapitel 25 „Indizes“ wurde aktualisiert. Außerdem wurden noch einige kleinere Korrekturen und Änderungen vorgenommen. Unter der E-Mail-Adresse lektorat@vahlen.de können Dozenten alle Abbildungen aus dem Anhang zu IBM SPSS Statistics anfordern.

Für die wertvolle Mitarbeit an dieser 16. Auflage bin ich Herrn Dr. Willy Sichtermann zu besonderem Dank verpflichtet.

Münster, im Januar 2012

Josef Bleymüller

Vorwort zur 1. Auflage

Das vorliegende Buch ist aus einem statistischen Grundkurs für Wirtschaftswissenschaftler hervorgegangen, der in den Jahren 1977 und 1978 in der Zeitschrift „Wirtschaftswissenschaftliches Studium“ (WiSt) erschienen ist. Die dem monatlichen Erscheinen der Zeitschrift angepaßte Gliederung mit Aufgaben und Lösungen am Ende eines jeden Kapitels hat sich im Hochschulunterricht so gut bewährt, daß an ihr auch bei Veröffentlichung des Kurses in Buchform festgehalten wird.

Ziel der Verfasser ist es, in einem dem Studierenden der Wirtschaftswissenschaften zumutbaren Umfang und Schwierigkeitsgrad diejenigen statistischen Methoden zu behandeln, die als Grundlage für das wirtschaftswissenschaftliche Studium benötigt werden; angesichts des breiten dabei gegebenen Ermessensspielraumes kann die Stoffauswahl keine Allgemeingültigkeit beanspruchen.

Bei der Darstellung wird besonderer Wert auf gute Verständlichkeit gelegt. Auf die theoretischen Grundlagen wird insoweit eingegangen, wie es für eine korrekte Anwendung der behandelten statistischen Methoden notwendig erscheint. An mathematischen Vorkenntnissen wird beim Leser nicht viel mehr vorausgesetzt als elementare Grundkenntnisse in Infinitesimal- und Matrizenrechnung sowie das Rechnen mit dem Summen- und Produktzeichen.

Zur Ergänzung erscheint im gleichen Verlag das Taschenbuch

„Statistische Formeln und Tabellen“,

in dem die wichtigsten Formeln und Tabellen zusammengestellt sind. Der handliche Band eignet sich besonders als Nachschlagewerk bei der Anwendung der behandelten statistischen Methoden und macht damit auch bei Klausuren die Herausgabe gesonderter Hilfsblätter mit Formeln und Tabellen weitgehend überflüssig.

Unser Dank gilt Herrn Dipl.-Math. Siegfried Bergs, Herrn Dipl.-Kfm. Alfons Naber, Herrn Dipl.-Kfm. Horst Schanzenbächer und ganz besonders Herrn Dipl.-Kfm. Andreas Lamers, die als Mitarbeiter des Instituts für Ökonometrie und Wirtschaftsstatistik der Universität Münster bei den Arbeiten an vorliegendem Kurs beteiligt waren. Frau Klara Fegeler und auch Frau Else Rommel danken wir für die oft schwierige Gestaltung der Druckvorlage.

Münster, im Januar 1979

Josef Bleymüller *Günther Gehlert* *Herbert Gülicher*

Inhaltsverzeichnis

11. Theoretische Verteilungen III (Approximationen, Reproduktionseigenschaft)

12. Stichproben und Stichprobenverteilungen I

13. Stichproben und Stichprobenverteilungen II

14. Schätzverfahren I

15. Schätzverfahren II

16. Testverfahren I (Parametertests)

17. Testverfahren II (Parametertests)

18. Testverfahren III (Varianzanalyse)

19. Testverfahren IV (Verteilungstests)

Kapitel 1: Einführung ×

1.1. Begriff und Aufgaben der Statistik

Das Wort **Statistik** wurde gegen Ende des 17. Jahrhunderts geprägt und bedeutete lange Zeit ganz allgemein die verbale oder numerische Beschreibung eines bestimmten Staates oder – um eine Definition *Achenwalls* aus dem 18. Jahrhundert zu gebrauchen – den *Inbegriff der Staatsmerkwürdigkeiten eines Landes und Volkes.*

Heute wird das Wort „Statistik" im doppelten Sinne gebraucht: Einmal versteht man darunter *quantitative Informationen* über bestimmte Tatbestände schlechthin, wie z. B. die „Bevölkerungsstatistik" oder die „Umsatzstatistik", zum anderen aber eine *formale Wissenschaft,* die sich mit den *Methoden der Erhebung, Aufbereitung und Analyse numerischer Daten* beschäftigt.

Statistische Methoden gehören zum unentbehrlichen Instrumentarium vieler Fachwissenschaften wie – um nur einige zu nennen – der Physik, der Biologie, der Medizin, der Geographie, der Psychologie und natürlich auch der *Wirtschaftswissenschaften.* Es tut der Bedeutung der Statistik in der Volkswirtschaftslehre und der Betriebswirtschaftslehre keinen Abbruch, daß in diesen Disziplinen die **Ökonometrie** und die **Unternehmensforschung** *(Operations Research)* als neue spezielle Hilfswissenschaften hinzugetreten sind. Vielmehr sollte erwähnt werden, daß sowohl in der Ökonometrie als auch in der Unternehmensforschung in nicht unbeträchtlichem Ausmaße wiederum auf statistische Methoden zurückgegriffen wird.

In der **deskriptiven Statistik** werden vor allem methodisch einfachere Probleme wie die Darstellung von Daten in Tabellen und Schaubildern, die Berechnung von Mittelwerten und Streuungsmaßen, die Indexberechnung und die Konzentrationsmessung behandelt. Der Schwerpunkt der statistischen Forschung liegt heute allerdings auf der wahrscheinlichkeitstheoretisch fundierten sogenannten **induktiven Statistik,** die Problemkreise wie statistisches Schätzen, statistische Tests, statistische Entscheidungstheorie und multivariate statistische Methoden umfaßt.

Während die Statistik früher vor allem eine **deskriptive** *(beschreibende)* **Funktion** hatte, rückt ihre **operationale Funktion,** d.h. ihre Anwendung bei der *Entscheidungsfindung,* immer mehr in den Vordergrund. Das gilt sowohl für den volkswirtschaftlichen als auch für den betriebswirtschaftlichen Anwendungsbereich. So sind die Ausgaben eines Staates für die amtlichen statistischen Dienste oder die Ausgaben eines Unternehmens für die laufenden statistischen Aktivitäten keineswegs Selbstzweck. Sie werden vielmehr vor allem deswegen getätigt, weil die Verantwortlichen bei ihren Entscheidungen auf quantitative Informationen nicht verzichten können.

Oft wird vom Statistiker nicht nur die Vorlage von Ist-Zahlen der Vergangenheit, sondern auch deren Extrapolation in die Zukunft hinein verlangt. Er muß sich dann auf das recht schwierige Gebiet der **statistischen Prognosen** begeben. Da der Grad ihrer Übereinstimmung mit der zukünftig tatsächlich eintretenden Entwicklung entscheidend von den im Zeitpunkt der Prognoseerstellung getroffenen *Annahmen* abhängt, sollten diese *stets sorgfältig präzisiert* werden. Als Beispiele wirtschaftswissenschaftlich wichtiger Prognosen seien nur Bevölkerungsprognosen, Energieprognosen, Steuervorausschätzungen und Absatzprognosen genannt.

1.2. Träger der Wirtschaftsstatistik und ihre Veröffentlichungen

Wenn man als Volks- oder Betriebswirt wirtschaftsstatistisches Zahlenmaterial benötigt, wird man nur in ganz seltenen Fällen eigene Erhebungen durchführen können. Man wird vielmehr bereits vorliegende Veröffentlichungen der verschiedenen **Träger der Wirtschaftsstatistik** zu Rate ziehen müssen.

Wohl die wichtigste und für den Benutzer auch besonders kostengünstige Quelle wirtschaftsstatistischer Daten ist die **amtliche Statistik.** Sie umfaßt einmal die *statistischen Ämter;* in der Bundesrepublik Deutschland sind dies das Statistische Bundesamt (Wiesbaden), die Statistischen Landesämter und die Städtestatistischen Ämter. Von zentraler Bedeutung für die Datenfindung sind die vom Statistischen Bundesamt herausgegebenen Veröffentlichungen *Das Statistische Jahrbuch für die Bundesrepublik Deutschland* (kostenloser Download über „Publikationsservice" des Statistischen Bundesamts) und die monatlich erscheinende Zeitschrift *Wirtschaft und Statistik.* Sie enthalten nicht nur eine Fülle von Wirtschaftsdaten, sondern erschließen durch zahlreiche zusätzliche Angaben zu den einzelnen Statistiken und viele Verweisungen den Zugang zu dem außerordentlich weit gestreuten nationalen und internationalen Veröffentlichungsmaterial. – Im *Internet* ist das *Statistische Bundesamt* über die Seite **www.destatis.de** zu erreichen und die von ihm gemeinsam mit den Statistischen Landesämtern betriebene Seite: *Statistische Ämter des Bundes und der Länder* über **www.statistikportal.de.**

Zur amtlichen Statistik gehört neben den statistischen Ämtern auch die sogenannte *Ressortstatistik,* wie sie in den Bundes- und Landesministerien sowie den ihnen nachgeordneten Behörden betrieben wird. Ein wichtiges Beispiel ist die *Arbeitsmarktstatistik,* die im wesentlichen von der zum Bereich des Bundesministeriums für Arbeit und Sozialordnung gehörenden Bundesagentur für Arbeit in Nürnberg durchgeführt wird.

Neben der amtlichen Statistik steht die **nichtamtliche Statistik;** deren Träger sind u. a. *Wirtschaftsverbände, Arbeitgeber- und Arbeitnehmerorganisationen, Industrie- und Handelskammern, Markt- und Meinungsforschungsinstitute, wirtschaftswissenschaftliche Forschungsinstitute* (teilweise auch solche an Hochschulen) *und größere Unternehmen.* Ein großer Teil des im Bereich der nichtamtlichen Statistik erhobenen, aufbereiteten und/oder analysierten statistischen Materials wird veröffentlicht und ist so jedem Interessenten zugänglich. Eine Ausnahme machen hier jedoch die kommerziell betriebenen Markt- und Meinungsforschungsinstitute, welche die meisten Ergebnisse nur *gegen Entgelt* zur Verfügung stellen; eine Reihe von Umfragen wird von ihnen überhaupt erst auf einen entsprechenden Kundenauftrag hin vorgenommen. Andere wirtschaftsstatistische Informationen bleiben der breiten Öffentlichkeit *vorenthalten;* so gibt es Beispiele für Verbandsstatistiken, die ausschließlich Verbandsmitgliedern zur Verfügung stehen.

Auch **internationale Organisationen** sind auf statistischem Gebiet aktiv; es seien beispielhaft folgende genannt:
United Nations (UN) mit wichtigen Veröffentlichungen wie *Statistical Yearbook, Yearbook of International Trade Statistics und Demographic Yearbook;*
Food and Agriculture Organization (FAO) mit ihrem Production Yearbook etc.;
Europäische Union (EU) mit ihrem umfangreichen Veröffentlichungsprogramm.
Ein detaillierter Überblick ist dem Anhang „*Internationale Übersichten*" des Statistischen Jahrbuchs der Bundesrepublik Deutschland zu entnehmen.

1.3. Vorgehensweise bei statistischen Untersuchungen

Bei einer statistischen Untersuchung sind folgende fünf Schritte zu unterscheiden, deren Gewicht von Fall zu Fall stark variieren kann:

(1) Planung

Hierunter fallen vor allem die exakte Formulierung des Untersuchungszieles, die Festlegung des Erhebungsprogramms sowie die Klärung organisatorischer Fragen.

(2) Erhebung

Die Erhebung dient der Gewinnung des statistischen Datenmaterials. Man unterscheidet zwischen *primärstatistischen* und *sekundärstatistischen* Untersuchungen. Bei der primärstatistischen Untersuchung müssen die Daten eigens für den Untersuchungszweck erhoben werden. Die sekundärstatistische Untersuchung kann auf schon vorhandene Daten zurückgreifen, die etwa auch für andere Zwecke bereits gesammelt worden sind. – Bei der primärstatistischen Untersuchung lassen sich die folgenden Erhebungsarten unterscheiden:

(a) *Schriftliche Befragung:*
Der Vorteil des Fragebogens liegt vor allem in den geringen Kosten. Falls jedoch kein Auskunftszwang besteht, kommt unter Umständen nur ein kleiner Teil der Fragebogen zurück, worunter die Repräsentativität der Ergebnisse leiden kann. Nachteilig ist auch der relativ lange Erhebungszeitraum.

(b) *Mündliche Befragung:*
Das Interview ist eine relativ teure Erhebungsart, wird jedoch bei intensiver Schulung der Interviewer und sorgfältiger Abfassung des Fragebogens zu guten Ergebnissen führen.

(c) *Beobachtung:*
Diese Erhebungsart bringt exakte Ergebnisse, ist jedoch in den Wirtschaftswissenschaften relativ selten anwendbar.

(d) *Experiment:*
Auch diese Erhebungsart findet vor allem in den Naturwissenschaften und in der Psychologie Verwendung. Ein Anwendungsfall in den Wirtschaftswissenschaften ist der sogenannte Produkttest, bei dem auf experimenteller Basis die subjektiven Wirkungen der zu untersuchenden Waren auf bestimmte Testpersonen festgestellt werden.

(e) *Automatische Erfassung:*
Die Erhebung erfolgt im Augenblick der Entstehung der Daten; beispielsweise werden die Verkaufsdaten in einem computergestützten Warenwirtschaftssystem durch *Scannen* der Waren an der Kasse automatisch erfaßt. Weiterhin wäre etwa an die Messung der tageszeitlichen Auslastung eines Telefonnetzes oder eines städtischen Elektrizitätswerkes zu denken.

(3) Aufbereitung

Hierunter versteht man die *Verdichtung* des Urmaterials bis hin zu Tabellen und Schaubildern. Je nach Umfang des Urmaterials wird man sich manueller oder maschineller Verfahren bedienen.

(4) Analyse

Bereits die verdichtete Darstellung der Daten in Tabellen und Schaubildern kann als eine elementare Analyse angesehen werden. Die eigentliche Analyse bedient sich jedoch *mathematisch-statistischer Methoden,* wie sie in diesem Kurs behandelt werden sollen.

(5) Interpretation

In diesem letzten Schritt werden die erhaltenen Ergebnisse interpretiert und in Aussagen zusammengefaßt.

1.4. Statistische Einheiten und statistische Gesamtheiten

Das Interesse der Statistik richtet sich *nie* auf ein *einzelnes, elementares Objekt (statistische Einheit, Element),* sondern stets auf *Mengen von Elementen,* die als **statistische Gesamtheiten** oder **statistische Massen** bezeichnet werden. In einer statistischen Gesamtheit sollten sinnvollerweise nur solche Elemente zusammengefaßt werden, die *vom Untersuchungsziel her* als *gleichartig* angesehen werden. Der Klarheit wegen muß jede zu untersuchende Gesamtheit *zeitlich, räumlich* und *sachlich* eindeutig *abgegrenzt* werden. *Beispiele* für statistische Gesamtheiten, die aus materiellen und immateriellen Objekten wie Gegenständen, Personen, Ereignissen usw. bestehen können, sind etwa:

(a) Erwerbstätige in der Bundesrepublik am 12. Februar 20..,
(b) Rechnungen des Unternehmens A im Monat April 19.. und
(c) Tödliche Verkehrsunfälle in der Bundesrepublik im Jahre 20...

Die Forderung nach exakter Abgrenzung erfordert oft zusätzliche Überlegungen; so entsteht im Beispiel (a) die Frage, wie die Teilzeitbeschäftigten oder auch die deutschen Angehörigen deutscher Firmen im Ausland zu erfassen sind.

Neben **realen statistischen Gesamtheiten,** wie sie eben betrachtet wurden, gibt es auch **hypothetische Gesamtheiten,** wie z. B. die Menge der Ergebnisse eines theoretisch fortlaufend ausgespielten Würfels. Ihrem Umfang nach wäre diese letztgenannte Gesamtheit – wenigstens dem Modell nach – keine **endliche,** sondern eine **unendliche Gesamtheit.** Eine Unterscheidung der statistischen Gesamtheiten, die oft getroffen wird, besteht in der Aufteilung in *Bestandsmassen (Streckenmassen)* und *Bewegungsmassen (Punktmassen).*

– Bei den **Bestandsmassen** kann den einzelnen Elementen eine „Lebensdauer" *(Zeitstrecke)* zugeordnet werden; da mehrere Elemente gleichzeitig nebeneinander existieren können, werden die Bestandsmassen zu gewissen Zeitpunkten erfaßt. Als Beispiele für Bestandsmassen seien genannt:
(a) Einwohner der Bundesrepublik am 1. 1. 20..,
(b) Positionen eines Lagers am 30. 6. 20.. und
(c) Kassenbestand eines Warenhauses am 31. 12. 20...

Jedem einzelnen Element einer **Bewegungsmasse** kann nur ein *Zeitpunkt* zugeordnet werden. Die Elemente werden auch als „Ereignisse" bezeichnet und können, da sie zeitlich aufeinanderfolgen, nur innerhalb bestimmter Zeitspannen erfaßt werden. Beispiele für Bewegungsmassen sind:
(a) Geburten in der Bundesrepublik im Jahre 20..,
(b) Baufertigstellungen in Nordrhein-Westfalen im Oktober 20.. und
(c) Bei einer Bank im Monat April 20.. eingegangene Schecks.

Bestands- und Bewegungsmassen können durch die **Fortschreibungsformel** zueinander in Beziehung gesetzt werden. Da für jedes Element einer Bestandsmasse sowohl der Beginn als auch das Ende der Existenz ein Ereignis darstellt, gilt:
Anfangsbestand + Zugang – Abgang = Endbestand
(Bestandsmasse) (Bewegungsmassen) (Bestandsmasse)

Eine im Rahmen der modernen Statistik besonders wichtige Unterscheidung ist die von **Grundgesamtheit** und **Stichprobe** *(Teilgesamtheit)*. Beispiele für Grundgesamtheiten sind etwa „Sämtliche Haushalte in der BRD" oder „Alle im Werk 3 hergestellten Leuchtstoffröhren vom Typ 131". Soll nun z.B. ermittelt werden, wie groß der Anteil der Haushalte ist, die ein bestimmtes Waschmittel verwenden, bzw. wie groß die durchschnittliche Brenndauer der Leuchtröhren ist, so wird der Statistiker in keinem der beiden Fälle sämtliche Elemente der Grundgesamtheit erfassen können, und zwar im ersten Fall aus Kostengründen und im zweiten Fall des vernichtenden Charakters der Qualitätskontrolle wegen. Er wird deshalb nur Stichproben untersuchen, deren Elemente zweckmäßigerweise nach gewissen Zufallsprinzipien aus den Grundgesamtheiten ausgewählt werden. Anhand der Stichprobenergebnisse lassen sich dann mit einer bestimmten Wahrscheinlichkeit der Anteil der Verwender des Waschmittels oder die durchschnittliche Brenndauer der Leuchtstoffröhren in der Grundgesamtheit *schätzen*. Die der induktiven Statistik zugehörigen Schätzmethoden werden weiter unten noch ausführlich behandelt.

1.5. Merkmale, Merkmalsausprägungen und Skalen

Bei statistischen Untersuchungen interessieren an jeder statistischen Einheit ein einziges **Merkmal** *(charakteristische Eigenschaft)* oder auch mehrere. So können etwa an einer Person die folgenden Merkmale von Interesse sein: Alter, Geschlecht, Größe, Einkommen usw. Jedes Merkmal hat zwei oder mehr Merkmalsausprägungen, die nach Art des betrachteten Merkmals anhand verschiedener **Skalen** gemessen werden.

Ihre Unterscheidung ist deshalb von Bedeutung, weil sie den Kreis der anwendbaren statistischen Methoden bestimmen. Man unterscheidet vier Skalentypen:

(1) Nominalskala

Diese Skala findet bei Merkmalen Anwendung, bei denen die Ausprägungen *keine natürliche Reihenfolge* bilden, sondern *gleichberechtigt nebeneinanderstehen*. Beispiele sind:
(a) Religion,
(b) Geschlecht,
(c) Farbe und
(d) Autokennzeichen.

Jeder einzelnen Merkmalsausprägung kann eine Zahl zugeordnet werden *(Verschlüsselung)*, diese Zahlen dienen aber nur der Identifikation der einzelnen Gruppen.

(2) Ordinalskala

Hier besteht zwischen den einzelnen Merkmalsausprägungen eine natürliche Rangordnung. Es läßt sich zwischen den Merkmalsausprägungen eine *„größer als"-Beziehung* aufstellen; allerdings sind die Abstände zwischen den Merkmalsausprägungen nicht quantifizierbar. Beispiele sind:
(a) Examensnoten,
(b) Güteklassen bei Lebensmitteln und
(c) Rangplätze einer Fußballiga.

Eine Ordinalskala mit ausschließlich *ganzzahligen Ordnungsziffern (Rängen, Rangziffern)*, die mit 1 beginnend in ununterbrochener Reihenfolge hintereinander stehen, wie z.B. die Rangplätze 1, 2,... der Bundesliga, heißt *Rangskala*.

(3) Intervallskala

Neben die Rangordnung tritt hier noch die Möglichkeit, die *Abstände zwischen den einzelnen Merkmalsausprägungen anzugeben*. Dafür ist es notwendig, daß die Ausprägungen als Vielfaches einer elementaren Maßeinheit angegeben werden können. Der 0-Punkt kann willkürlich festgelegt werden. Beispiele für Intervallskalen sind:
(a) Temperaturmessung in °C und
(b) Kalenderzeitrechnung.

Bei intervallskalierten Merkmalen dürfen keine Quotienten gebildet werden; so ist z.B. die Aussage „20 °C ist doppelt so warm wie 10 °C" sinnlos.

(4) Verhältnisskala

Zusätzlich zu den Eigenschaften der Intervallskala hat die Verhältnisskala noch einen *absoluten Nullpunkt*. Dadurch wird der Quotient zweier Ausprägungen unabhängig von der gewählten Maßeinheit. Beispiele sind:
(a) Körpergröße,
(b) Alter und
(c) Einkommen.

Da Intervall- und Verhältnisskalen ein Maßsystem zugrunde liegt, werden sie auch vielfach als **metrische Skalen** bezeichnet; die Merkmalsausprägungen bezeichnet man hier auch als **Merkmalswerte.**

Jede Menge von Merkmalsausprägungen, die an den Elementen einer statistischen Gesamtheit gemessen werden, beinhaltet ein ganz *bestimmtes Ausmaß an Informationen* eben über diese Gesamtheit. Dieses Ausmaß an Informationen ist von der benutzten Skala abhängig und nimmt – wie man sich an Beispielen leicht klar machen kann – des *hierarchischen Auftaus* der vier betrachteten Skalen wegen von 1 bis 4 zu. Mit jedem Skalentyp ist also ein *eindeutig festgelegtes Informationsniveau* verbunden. – Aus methodischen oder anderen Gründen ist es nun oft notwendig, *Merkmalsausprägungen* zu *transformieren;* so werden zwei bestimmte Artikel eines Versandkataloges bei dessen Neuauflage beispielsweise von 113 und 114 in 100 113 und 100 114 „umgeschlüsselt". – Selbstverständlich wird man nur solche Transformationen vornehmen wollen, bei denen die ursprünglich enthaltenen Informationen unverändert erhalten bleiben. Man führt deshalb folgende Definition ein:

Eine Transformation von Skalenwerten ist auf einem bestimmten Skalenniveau nur dann *zulässig (informationserhaltend),* wenn die in den Skalenwerten enthaltenen Informationen dabei nicht verändert werden. Bei jedem Skalentyp sind nun ganz bestimmte Transformationen zulässig:

1. *Nominalskala:* Zulässig sind *symmetrische Transformationen,* bei denen lediglich die Klassenbezeichnungen geändert werden, wie etwa beim oben angegebenen Beispiel.
2. *Ordinalskala:* Zulässig sind *streng monotone Transformationen,* bei denen der neue Skalenwert $x^\star$ aus dem alten Skalenwert x als $x^\star = f(x)$ so gebildet wird, daß für zwei Skalenwerte $x_1 < x_2$ nach der Transformation $x_1^\star < x_2^\star$ gilt.
3. *Intervallskala:* Zulässig sind *lineare Transformationen* der Art $x^\star = ax + b \quad (a > 0)$.
4. *Verhältnisskala:* Zulässig sind *Ähnlichkeitstransformationen* des Typs $x^\star = ax \quad (a > 0)$.

Es bleibt dem Leser überlassen, diese vier Lehrsätze (Theoreme) anhand selbst gewählter Beispiele zu überprüfen.

Früher war es üblich, nach **qualitativen** und **quantitativen Merkmalen** zu differenzieren, wobei es sich bei den qualitativen Merkmalen um nominalskalierte und bei den quantitativen Merkmalen um metrisch skalierte Merkmale handelt; eine Einordnung der ordinalskalierten Merkmale macht hier Schwierigkeiten.

Bei den metrisch skalierten Merkmalen unterscheidet man zwischen **diskreten** und **stetigen (kontinuierlichen) Merkmalen.** Ein Merkmal wird dann als diskret bezeichnet, wenn es auf einer metrischen Skala nur bestimmte Werte annehmen kann. Kann es dagegen – zumindest in einem bestimmten Intervall – jeden beliebigen Wert annehmen, dann spricht man von einem stetigen Merkmal. *Diskret* sind beispielsweise die folgenden Merkmale:

(a) Zahl der Studenten in einem Hörsaal,
(b) Zahl der Beschäftigten eines Betriebs und
(c) Geldeinkommen.

Als *stetig* sind etwa die folgenden Merkmale anzusehen:

(a) Lebensalter,
(b) Länge eines Werkstücks und
(c) Füllgewicht.

Stetige Merkmale lassen sich allerdings in der Praxis wegen der Grenzen der Meßgenauigkeit *nur diskret erfassen.* So ist das *Füllgewicht* zwar ein stetiges Merkmal, es kann aber nicht feiner gemessen werden, als es die kleinste auf der Waage angegebene Skaleneinheit zuläßt.

1.6. Ausgewählte Literatur

(a) Statistische Lehrbücher

Deutschsprachig:

Bamberg, Günter, Franz Baur, Michael Krapp, Statistik (13., überarb. Aufl.). München 2007.

Bohley, Peter, Statistik – Einführendes Lehrbuch für Wirtschafts- und Sozialwissenschaftler (7., gründl. überarb. u. akt. Aufl.). München 2000.

Bosch, Karl, Elementare Einführung in die angewandte Statistik (9., erw. Aufl.). Wiesbaden 2010.

Bosch, Karl, Elementare Enführung in die Wahrscheinlichkeitsrechnung (9., durchges. Aufl.). Wiesbaden 2006.

Hartung, Joachim, Bärbel Elpelt, Karl-Heinz Klösener, Statistik – Lehr- und Handbuch der angewandten Statistik (14., unwesentl. veränd. Aufl.). München 2005.

Hochstädter, Dieter, Statistische Methodenlehre (8., verb. Aufl.). Frankfurt a. M. 1996.

Kreyszig, Erwin, Statistische Methoden und ihre Anwendungen (7. Aufl., 5., unveränd. Nachdruck). Göttingen 1999.

Pfanzagl, Johann, Allgemeine Methodenlehre der Statistik, Teil 1 (6., verb. Aufl.) und Teil 2 (5., verb. Aufl.). Berlin, New York 1983 und 1978.

Schaich, Eberhard, Dieter Köhle, Walter Schweitzer, Fritz Wegner, Statistik für Volkswirte, Betriebswirte und Soziologen, Teil I (4., überarb. Aufl.) und Teil II (3., überarb. Aufl.). München 1993 und 1990.

Schlittgen, Rainer, Einführung in die Statistik (11. Aufl.). München 2008.

Ven, Ad van der, Einführung in die Skalierung, übersetzt und herausgegeben von *Jo Goebel.* Aachen, Bern, Stuttgart, Wien 1980.

Vogel, Friedrich, Beschreibende und schließende Statistik (13., korr. u. erw. Aufl.). München 2005.

Englischsprachig:

DeGroot, Morris H., Mark J. Schervish, Probability and Statistics (4th rev. ed.) Reading (Mass.), Menlo Park (Cal.), Don Mills (Ont.) usw. 2001.

Harnett, Donald L., James L. Murphy, Introductory Statistical Analysis (3rd ed.). Reading (Mass.), Menlo Park (Cal.), London usw. 1982.

Kohler, Heinz, Essentials of Statistics. Glenview (Ill.), London, Boston 1988.

Pfaffenberger, Roger C., James H. Patterson, Statistical Methods for Business and Economics (4th ed.). Homewood (Ill.) 1991.

Siegel, Andrew F., Charles J. Morgan, Statistics and Data Analysis – An Introduction (2nd ed.). New York, Chichester, Brisbane usw. 1998.

Walpole, Ronald E., Introduction to Statistics (3rd ed.). New York, London 1982.

Wonnacott, Thomas H., Ronald J. Wonnacott, Introductory Statistics for Business and Economics (5th ed.). New York, Chichester, Brisbane usw. 1990.

(b) Lehrbücher der Wirtschaftsstatistik

Abels, Heiner, Horst Degen, Wirtschafts- und Bevölkerungsstatistik (3., vollst. überarb. u. erw. Aufl.). Wiesbaden 1992.

Kunz, Dietrich, Praktische Wirtschaftsstatistik. Stuttgart, Berlin, Köln, Mainz 1987.

Lippe, Peter Michael von der, Wirtschaftsstatistik (5., völl. neubearb. u. erw. Aufl.). Stuttgart 1996.

Rinne, Horst, Wirtschafts- und Bevölkerungsstatistik; Erläuterungen – Erhebungen – Ergebnisse (2., überarb. u. erw. Aufl.). München 1996.

Schaich, Eberhard, Walter Schweitzer, Ausgewählte Methoden der Wirtschaftsstatistik. München 1995.

Ungerer, Albrecht, Siegfried Hauser, Wirtschaftsstatistik als Entscheidungshilfe. Freiburg i. Brsg. 1986.

Wagenführ, Rolf, Wirtschafts- und Sozialstatistik gezeigt am Beispiel der BRD, Teil 1 und Teil 2. Freiburg i. Brsg. 1970 und 1973.

Zwer, Reiner, Einführung in die Wirtschafts- und Sozialstatistik (2., überarb. u. erw. Aufl.). München 1994.

Aufgaben zu Kapitel 1

1.1 Ermitteln Sie anhand des *Statistischen Jahrbuchs 2011 für die Bundesrepublik Deutschland* folgende statistische Angaben:
(a) Prozentanteil der Bevölkerung der Bundesrepublik Deutschland, die 2009 65 Jahre und älter war.
(b) Umsatz im Baugewerbe in der Bundesrepublik 2009.
(c) Prozentuale Veränderung des Verbrauchs an Fleisch und Fleischerzeugnissen je Einwohner und Jahr (in kg) zwischen 2001 und 2009.
(d) Produktion von Bier aus Malz (ohne alkoholfreies Bier) und Zahl der produzierten Zigaretten in der Bundesrepublik 2010.
(e) Personenkraftwagen insgesamt und je 1000 Einwohner in der Bundesrepublik Deutschland 2008.

1.2 Handelt es sich bei den folgenden statistischen Gesamtheiten um Bestands- oder Bewegungsmassen?
(a) Studierende einer Universität,
(b) Todesfälle in einer Gemeinde,
(c) Personenkraftwagen einer Behörde,
(d) Maschinenausfälle in einer Werkstatt,
(e) Anmeldungen in einem Einwohnermeldeamt und
(f) Wartende Postkunden vor einem Schalter.

1.3 Der Bestand eines bestimmten Halbfabrikats betrug am Wochenanfang 6318 und am Wochenende 7480 Stück. Für diesen Zeitraum wurde ein Lagerzugang von 3620 Stück festgestellt. Wie hoch war der Lagerabgang in dieser Woche?

1.4 Sind die folgenden Merkmale diskret oder stetig?
(a) Rechnungsbetrag,
(b) Wahlergebnis einer Partei,
(c) Kraftstoffverbrauch eines Personenkraftwagens auf 100 km,
(d) Zeitspanne, die zur Verrichtung einer bestimmten Arbeit benötigt wird,
(e) Zahl der pro Stunde in einem Geschäft eintreffenden Kunden und
(f) Grundstücksgröße.

1.5 Auf welche Skalen sind die folgenden Transformationen – ohne Informationsverlust – anwendbar ($a, b > 0$)?
(a) $x^{\star} = bx^2$, ($x > 0$),
(b) $x^{\star} = a + bx$ und
(c) $x^{\star} = bx$.

1.6 Welches Skalenniveau besitzt das Merkmal „Jahresumsatz"? Auf welches Skalenniveau gelangt man, wenn man die Rangordnung von Unternehmen einer Branche nach Jahresumsätzen angibt? Welche Information wird dabei aufgegeben?

Kapitel 2: Empirische Verteilungen

2.1. Häufigkeitsverteilung

Betrachtet man bei einer statistischen Gesamtheit mit N Elementen (Merkmalsträgern) ein *einziges metrisch skaliertes Merkmal,* so wird dieses in der Regel bei den einzelnen Elementen in unterschiedlichen Ausprägungen auftreten. Durch Aneinanderreihung dieser beobachteten Merkmalsausprägungen erhält man eine Beobachtungsreihe oder **Urliste.** Eine elementare statistische Tätigkeit besteht nun darin, die auf eine bestimmte Merkmalsausprägung entfallende Anzahl von Elementen auszuzählen. Hat das Merkmal etwa k Merkmalsausprägungen, $x_1, \ldots, x_k$, so ist h_i $(i = 1, \ldots, k)$ die Anzahl der Elemente, welche die Merkmalsausprägung x_i besitzen; man bezeichnet h_i als die **absolute Häufigkeit** der Ausprägung x_i. Dividiert man die absoluten Häufigkeiten h_i durch die Gesamtzahl der Elemente N, so erhält man die **relativen Häufigkeiten** f_i:

$$f_i = \frac{h_i}{N} \qquad (i = 1, \ldots, k).$$

Für die absoluten Häufigkeiten h_i gilt

$$0 \leq h_i \leq N \qquad (i = 1, \ldots, k)$$

und

$$h_1 + h_2 + \ldots + h_k = \sum_{i=1}^{k} h_i = N.$$

Damit ergibt sich für die relativen Häufigkeiten f_i

$$0 \leq f_i \leq 1 \qquad (i = 1, \ldots, k)$$

und

$$\sum_{i=1}^{k} f_i = 1.$$

Die Darstellung der Merkmalsausprägungen x_i mit den dazugehörenden Häufigkeiten h_i bzw. f_i in *tabellarischer* oder *graphischer Form* bezeichnet man als **Häufigkeitsverteilung.**

Zur Erläuterung diene folgendes *Beispiel:* Ein Zeitungskioskinhaber notiert 200 Tage lang täglich die Zahl der verkauften Exemplare einer bestimmten Zeitung; die Ergebnisse der so entstandenen **Urliste** sind in Tabelle 2.1 ausschnittsweise wiedergegeben.

Laufende Nummer des Beobachtungstags	Anzahl der verkauften Zeitungen
1	3
2	1
3	0
4	2
⋮	⋮
199	2
200	5

Tab. 2.1: Urliste

Die statistischen Einheiten sind hier die Beobachtungstage, das untersuchte Merkmal ist die Anzahl der an einem Tag verkauften Zeitungen. Die Ermittlung der Häufigkeiten h_i erfolgt über die in Tabelle 2.2 dargestellte **Strichliste.**

Nr. i	Anzahl der verkauften Zeitungen x_i	Anzahl der Tage mit x_i verkauften Zeitungen
1	0	𝍸 𝍸 𝍸 𝍸 |
2	1	𝍸 𝍸 𝍸 𝍸 𝍸 𝍸 𝍸 𝍸 𝍸 |
3	2	𝍸 𝍸 𝍸 𝍸 𝍸 𝍸 𝍸 𝍸 𝍸 𝍸 ||||
4	3	𝍸 𝍸 𝍸 𝍸 𝍸 𝍸 𝍸 𝍸
5	4	𝍸 𝍸 𝍸 𝍸 ||||
6	5	𝍸 𝍸
7	6	𝍸
8	7 und mehr	

Tab. 2.2: Strichliste

Durch Auszählung ergibt sich aus der Strichliste die in Tabelle 2.3 dargestellte Häufigkeitsverteilung, in der sowohl die absoluten Häufigkeiten (h_i) als auch die relativen Häufigkeiten (f_i) sowie die Prozentanteile ($100 f_i$) wiedergegeben sind.

Bei der graphischen Darstellung der Häufigkeitsverteilung kann man, da hier ein diskretes Merkmal vorliegt, zwischen einer *höhenproportionalen* (Stabdiagramm) und einer *flächenproportionalen Darstellung* (Histogramm) wählen. Beim **Stabdiagramm** (vgl. Abbildung 2.1) werden die Häufigkeiten durch Strecken, beim **Histogramm** (vgl. Abbildung 2.2) durch Flächen von Säulen beschrieben.

Nr. i	Anzahl der verkauften Zeitungen x_i	Anzahl der Tage h_i	Anteil der Tage f_i	Prozentanteil der Tage $100 f_i$
1	0	21	0,105	10,5
2	1	46	0,230	23,0
3	2	54	0,270	27,0
4	3	40	0,200	20,0
5	4	24	0,120	12,0
6	5	10	0,050	5,0
7	6	5	0,025	2,5
	Σ	200	1,000	100

Tab. 2.3: Häufigkeitsverteilung

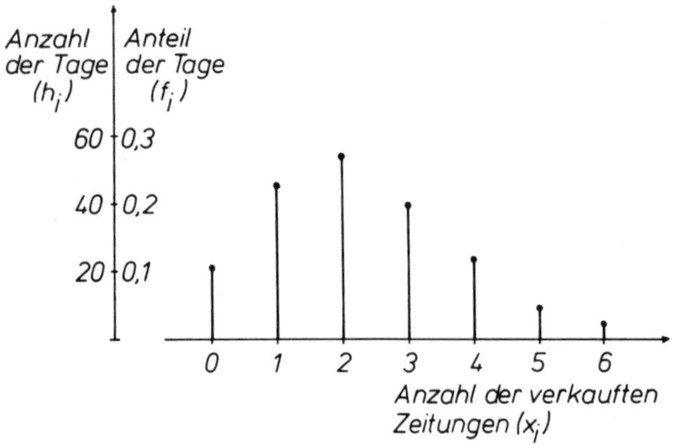

Abb. 2.1: Stabdiagramm

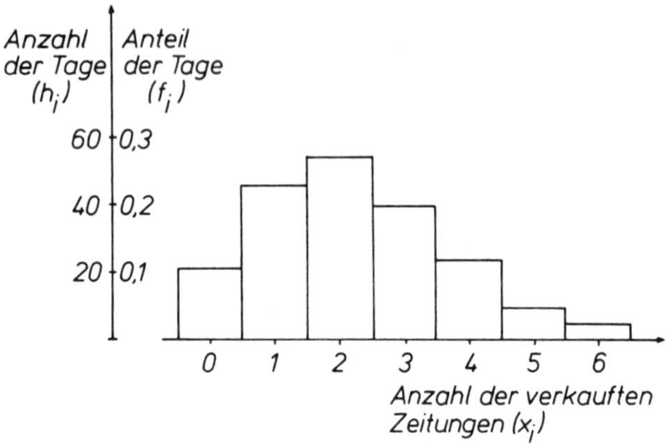

Abb. 2.2: Histogramm

Da absolute und relative Häufigkeiten zueinander proportional sind (im Beispiel ist $f_i/h_i = 1/200$), kann das im Schaubild durch einen doppelten Maßstab berücksichtigt werden (vgl. Abbildungen 2.1 und 2.2).

2.2. Summenhäufigkeitsfunktion

Durch fortlaufende Summierung *(Kumulierung)* lassen sich aus den absoluten Häufigkeiten die **absoluten Summenhäufigkeiten** H_i wie folgt ermitteln:

$$H_i = h_1 + \ldots + h_i = \sum_{j=1}^{i} h_j \qquad (i = 1, \ldots, k)$$

H_i gibt die Anzahl der Elemente an, die einen Merkmalswert besitzen, der *höchstens* x_i beträgt. In entsprechender Weise lassen sich die **relativen Summenhäufigkeiten** F_i berechnen:

$$F_i = f_1 + \ldots + f_i = \sum_{j=1}^{i} f_j \qquad (i = 1, \ldots, k)$$

oder

$$F_i = \frac{H_i}{N} \qquad (i = 1, \ldots, k)$$

Nr.	Anzahl der verkauften Zeitungen	Anzahl der Tage, an denen höchstens x_i Zeitungen verkauft wurden	Anteil
i	x_i	H_i	F_i
1	0	21	0,105
2	1	67	0,335
3	2	121	0,605
4	3	161	0,805
5	4	185	0,925
6	5	195	0,975
7	6	200	1,000

Tab. 2.4: Absolute und relative Summenhäufigkeiten

Mit Hilfe der relativen Summenhäufigkeiten läßt sich die **Summenhäufigkeitsfunktion** *(empirische Verteilungsfunktion)* F(x) definieren. F(x) gibt den Anteil der Elemente mit einem Merkmalswert kleiner oder gleich x an:

$$F(x) = \begin{cases} 0 & \text{für } x < x_1 \\ F_i & \text{für } x_i \leq x < x_{i+1} \\ 1 & \text{für } x \geq x_k \end{cases} \qquad (i = 1, \ldots, k-1)$$

Wie in Abbildung 2.3 gezeigt wird, hat die Summenhäufigkeitsfunktion das Bild einer *Treppenfunktion*; in jedem Merkmalswert x_i springt die Summenhäufigkeitsfunktion auf den entsprechenden Wert F_i.

In umgekehrter Weise können aus den Summenhäufigkeiten wieder die einzelnen Häufigkeiten ermittelt werden. Es gilt hier nämlich:

$$h_i = H_i - H_{i-1} \qquad (i = 1, \ldots, k)$$

bzw.

$$f_i = F_i - F_{i-1} \qquad (i = 1, \ldots, k)$$

mit

$$H_0 = F_0 = 0.$$

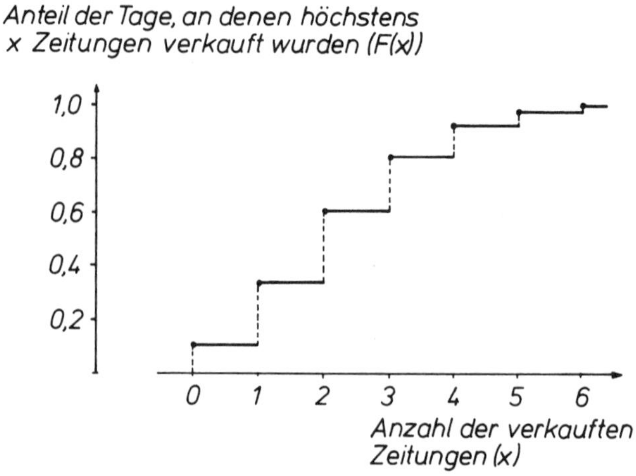

Abb. 2.3: Summenhäufigkeitsfunktion

2.3. Häufigkeitsverteilung klassifizierter Daten

Liegt entweder ein *diskretes Merkmal mit sehr vielen unterschiedlichen Merkmalsausprägungen* vor, oder handelt es sich um ein *stetiges Merkmal,* so ist es zweckmäßig, die Häufigkeiten nicht mehr jeder einzelnen Merkmalsausprägung zuzuordnen, sondern die Merkmalsausprägungen in **Klassen** zusammenzufassen und die Anzahl der Elemente zu bestimmen, deren Merkmalswerte in die einzelnen Klassen fallen. Jede Klasse i ist charakterisiert durch die *untere Klassengrenze* x_i^u und die *obere Klassengrenze* x_i^o. Da die einzelnen Klassen aneinanderstoßen, ist – bei k Klassen –

$$x_i^o = x_{i+1}^u \qquad (i = 1, \ldots, k-1).$$

Die *Klassenbreite* $\triangle x_i$ ergibt sich zu:

$$\triangle x_i = x_i^o - x_i^u \qquad (i = 1, \ldots, k).$$

Als repräsentativen Merkmalswert der Klasse i wählt man die *Klassenmitte* x_i' mit

$$x_i' = \frac{1}{2}(x_i^u + x_i^o) \qquad (i = 1, \ldots, k).$$

Bei der **Klasseneinteilung** wird das Ziel verfolgt, die Struktur der untersuchten Gesamtheit möglichst deutlich herauszuarbeiten. Wie viele Klassen dabei gebildet werden sollen, läßt sich nicht generell angeben. Legt man zu viele Klassen zugrunde, dann wird die Verteilung unübersichtlich, weil viele Klassen zu gering oder gar nicht besetzt sind; bei zu wenigen Klassen wird u. U. die charakteristische Form der Verteilung nicht zum Ausdruck kommen. Selbst bei umfangreichem Datenmaterial sollte die Zahl der Klassen 20 nicht übersteigen. Im allgemeinen wird man bestrebt sein, Klassen mit *konstanter Klassenbreite* $\triangle x_i = \triangle x = \text{const.}$ zu bilden; bei einem großen Variationsbereich des Datenmaterials kann es jedoch sinnvoll sein, *unterschiedliche Klassenbreiten* zu verwenden.

Weiterhin ist festzulegen, wie ein Merkmalswert zu behandeln ist, der genau auf eine Klassengrenze fällt. Man kann ihn der niedrigeren oder der höheren oder jeder der beiden Klassen zur Hälfte anrechnen. Darüber hinaus besteht die Möglichkeit, die Klassengrenzen so zu wählen, daß aus meßtechnischen Gründen kein Merkmalswert auf sie fallen kann. Will man beispielsweise die Häufigkeitsverteilung von Gebrauchtwagenpreisen ermitteln, und sind die Gebrauchtwagenpreise in vollen €-Beträgen angegeben, so könnte man hier als Klassengrenzen etwa die Werte 500,50 €, 1000,50 €, 1500,50 € usw. wählen.

Die Anzahl der Elemente, deren Merkmalswert in die Klasse i (i = 1, ..., k) fällt, bezeichnet man als *absolute Klassenhäufigkeit* h_i. Die *relative Klassenhäufigkeit* f_i ergibt sich bei k Klassen zu

$$f_i = \frac{h_i}{N} \quad (i = 1, \ldots, k) \quad \text{mit} \quad N = \sum_{i=1}^{k} h_i.$$

Bei der graphischen Darstellung der Häufigkeitsverteilung wird das *Histogramm* verwendet. Die absoluten bzw. relativen Klassenhäufigkeiten sind hier den Flächeninhalten der einzelnen Säulen proportional. Bezeichnet man die Höhe der Säule der Klasse i mit h_i^* und mit $\triangle x_i$ die Säulenbreite, dann gilt – mit a als Proportionalitätsfaktor – die Beziehung:

$$h_i = a \cdot h_i^* \cdot \triangle x_i \qquad (i = 1, \ldots, k).$$

Damit ergibt sich für die Säulenhöhe h_i^*:

$$h_i^* = \frac{h_i}{a \cdot \triangle x_i} \qquad (i = 1, \ldots, k).$$

Besitzen sämtliche Klassen die gleiche Klassenbreite $\triangle x$, dann sind die Säulenhöhen den Klassenhäufigkeiten proportional.

Beispiel: Bei der Untersuchung der monatlichen Bruttoverdienste von N = 250 Beschäftigten eines Betriebes werden k = 10 Klassen gebildet, die alle eine konstante Breite von 300 € besitzen. Die Untergrenze der ersten Klasse ist 500 €. Die obere Klassengrenze soll immer zur unteren Klasse gehören. Wären einzelne Beschäftigte mit einem Bruttomonatsverdienst von weit über 3500 € vorhanden, dann würde man noch eine weitere Klasse als *offene Randklasse* (über 3500 €) anfügen.

Die Auswertung der Unterlagen der Buchhaltung liefere dann die in Tabelle 2.5 dargestellten Werte.

Klasse Nr. i	Bruttomonatsverdienst in €	Klassenbreite in € $\triangle x_i$	Beschäftigte	
			Anzahl h_i	Anteil f_i
1	500 bis 800	300	6	0,024
2	über 800 bis 1100	300	13	0,052
3	über 1100 bis 1400	300	22	0,088
4	über 1400 bis 1700	300	32	0,128
5	über 1700 bis 2000	300	40	0,160
6	über 2000 bis 2300	300	42	0,168
7	über 2300 bis 2600	300	39	0,156
8	über 2600 bis 2900	300	31	0,124
9	über 2900 bis 3200	300	20	0,080
10	über 3200 bis 3500	300	5	0,020
Σ	·	·	250	1,000

Tab. 2.5: Häufigkeitsverteilung

Bei der graphischen Darstellung der Häufigkeitsverteilung können, da es sich hier um Klassen mit konstanter Breite handelt, in dem Histogramm die Klassenhäufigkeiten als Säulenhöhen verwendet werden (vgl. Abbildung 2.4).

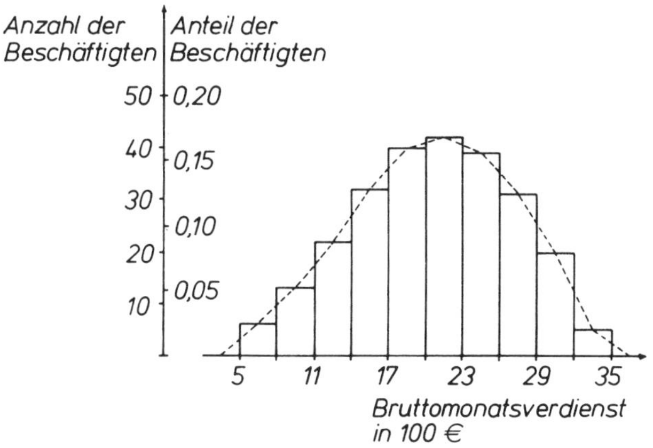

Abb. 2.4: Histogramm mit Klassen konstanter Breite sowie das entsprechende Häufigkeitspolygon (gestrichelter Linienzug)

Bei klassifizierten Daten – wie sie in unserem Beispiel vorlagen – ist eine weitere graphische Darstellung der Häufigkeitsverteilung, nämlich das sogenannte **Häufigkeitspolygon,** möglich. Es entsteht, indem man die Mittelpunkte der oberen Säulenseiten miteinander verbindet (vgl. Abbildung 2.4).

Verwendet man bei der Klassifizierung der Daten Klassen mit unterschiedlichen Klassenbreiten, dann sind die Säulenhöhen des Histogramms nicht mehr den Klassenhäufigkeiten proportional. Man wählt dann bei der Darstellung des Histogramms eine Klassenbreite aus, auf die sich der Maßstab der Ordinate beziehen soll. Zweckmäßigerweise wird man dazu diejenige Klassenbreite heranziehen, die am häufigsten auftritt.

Beispiel: Bei der Inventur eines Gebrauchtwagenlagers, das 70 Personenkraftwagen umfaßt, ergeben sich die in Tabelle 2.6 dargestellten Werte.

Klasse Nr. i	Wert in 1 000 €	Klassenbreite in 1 000 € $\triangle x_i$	Gebrauchtwagen: Anzahl h_i	Anteil f_i	Anzahl bez. auf 1 000 € h_i^*
1	1 bis 2	1	8	0,114	8
2	über 2 bis 3	1	10	0,143	10
3	über 3 bis 4	1	16	0,229	16
4	über 4 bis 5	1	15	0,214	15
5	über 5 bis 7	2	10	0,143	5
6	über 7 bis 9	2	8	0,114	4
7	über 9 bis 15	6	3	0,043	0,5
Σ	·	·	70	1,000	·

Tab. 2.6: Häufigkeitsverteilung

Bei der graphischen Darstellung wird man hier für den Maßstab der Ordinate die Klassenbreite $\triangle x = 1000$ €

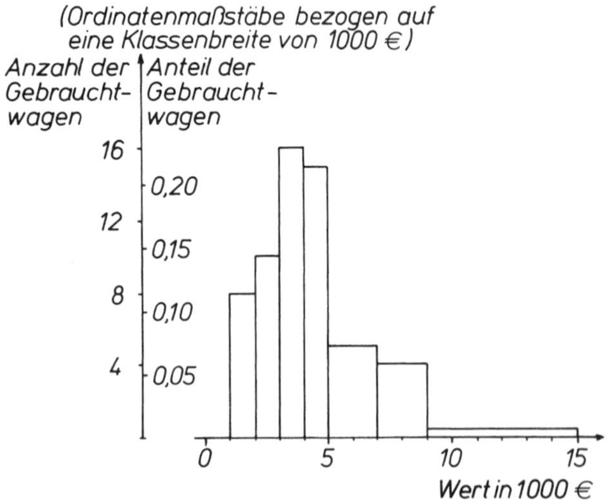

Abb. 2.5: Histogramm mit Klassen unterschiedlicher Breite

zugrunde legen. Da die ersten vier Klassen eine Klassenbreite von $\triangle x = 1000$ € aufweisen, können hier als Säulenhöhen h_i^* direkt die Klassenhäufigkeiten h_i verwendet werden. Bei der Klasse i = 5 entfallen auf eine Klassenbreite von $\triangle x_5 = 2000$ € $h_5 = 10$ Elemente, d.h. auf die dem Maßstab zugrundeliegende halb so große Klassenbreite von 1000 € entfallen $h_i^* = 10:2 = 5$ Elemente. Besitzt allgemein eine Klasse i die Klassenbreite $\triangle x_i = c_i \cdot \triangle x$, dann ergibt sich für die zugehörige Säulenhöhe h_i^*:

$$h_i^* = \frac{h_i}{c_i}.$$

2.4. Summenhäufigkeitsfunktion klassifizierter Daten

Wie bei nicht klassifizierten Daten können auch bei klassifizierten Daten durch Kumulierung der Klassenhäufigkeiten h_i die absoluten Summenhäufigkeiten H_i und die relativen Summenhäufigkeiten F_i gebildet werden. Da unbekannt ist, welche Merkmalswerte die einzelnen Elemente innerhalb einer Klasse besitzen, kann die Summenhäufigkeit H_i bzw. F_i immer *nur der oberen Klassengrenze* x_i^o *zugeordnet* werden.

Aus den relativen Summenhäufigkeiten F_i läßt sich die *Summenhäufigkeitsfunktion* (empirische Verteilungsfunktion) F(x) ableiten. Ihr graphisches Bild erhält man dadurch, daß man in einem Koordinatensystem den oberen Klassengrenzen x_i^o die relativen Summenhäufigkeiten F_i zuordnet. Diese einzelnen Punkte können unter der Annahme, daß die Elemente innerhalb der Klassen gleichmäßig über die gesamte Klassenbreite streuen, linear miteinander verbunden werden. Dieser stetige Linienzug, das graphische Bild der Summenhäufigkeitsfunktion F(x), wird auch als **Summenpolygon** bezeichnet. F(x) gibt wiederum den Anteil der Elemente an, die einen Merkmalswert kleiner oder gleich x besitzen.

Für das *Beispiel* der Verteilung der Bruttomonatsverdienste erhält man:

Klasse Nr. i	Bruttomonatsverdienst in €	Beschäftigte: Kumulierte Anzahl H_i	Kumulierter Anteil F_i
1	bis 800	6	0,024
2	bis 1 100	19	0,076
3	bis 1 400	41	0,164
4	bis 1 700	73	0,292
5	bis 2 000	113	0,452
6	bis 2 300	155	0,620
7	bis 2 600	194	0,776
8	bis 2 900	225	0,900
9	bis 3 200	245	0,980
10	bis 3 500	250	1,000

Tab. 2.7: Absolute und relative Summenhäufigkeiten

Die Summenhäufigkeitsfunktion besitzt die in Abbildung 2.6 dargestellte Form.

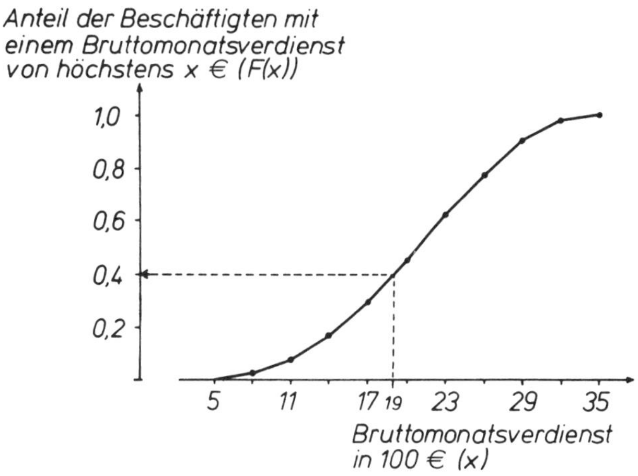

Abb. 2.6: Summenhäufigkeitsfunktion

Interessiert etwa der Anteil der Empfänger, die ein Bruttomonatsverdienst von höchstens x = 1900 € beziehen, so findet man mit Hilfe der Summenhäufigkeitsfunktion diesen gesuchten Anteil zu 0,40.

Für das Beispiel der Verteilung der Gebrauchtwagenpreise erhält man die folgenden Summenhäufigkeiten:

Klasse Nr.	Wert in 1000 €	Gebrauchtwagen	
		Kumulierte Anzahl	Kumulierter Anteil
i		H_i	F_i
1	bis 2	8	0,114
2	bis 3	18	0,257
3	bis 4	34	0,486
4	bis 5	49	0,700
5	bis 7	59	0,843
6	bis 9	67	0,957
7	bis 15	70	1,000

Tab. 2.8: Absolute und relative Summenhäufigkeiten

Das entsprechende Summenpolygon hat dann das folgende Aussehen:

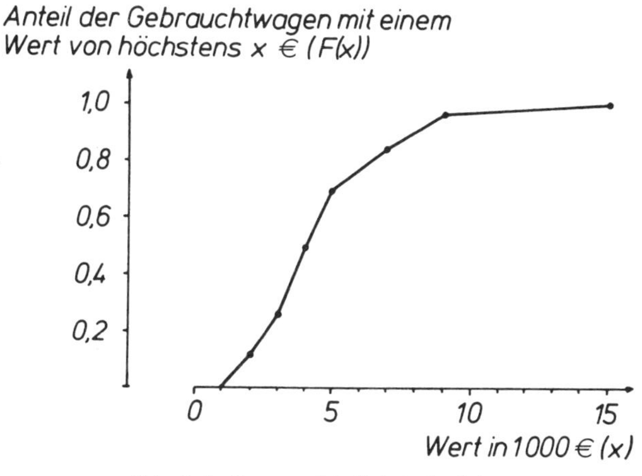

Abb. 2.7: Summenhäufigkeitsfunktion

2.5. Ausgewählte Literatur

Abels, Heiner, Horst Degen, Handbuch des statistischen Schaubilds. Herne, Berlin 1981.

Bertin, Jacques, Graphische Darstellung. Berlin 1982.

Hartung, Joachim, Bärbel Elpelt, Karl-Heinz Klösener, Statistik – Lehr- und Handbuch der angewandten Statistik (14., unwesentl. veränd. Aufl.). München 2005.

Kohler, Heinz, Essentials of Statistics. Glenview (Ill.), London, Boston 1988.

Nagel, M., A. Benner, R. Ostermann, K. Henschke, Grafische Datenanalyse. Stuttgart, Jena, New York 1996.

Schmid, Calvin F., Statistical Graphics – Design, Principles and Practices. New York, Chichester, Brisbane usw. 1983 (Reprint 1992).

Schmid, Calvin F., Stanton E. Schmid, Handbook of Graphic Presentation (2nd ed.). New York, Chichester, Brisbane 1979.

Stange, Kurt, Angewandte Statistik, Teil 1 (2. Aufl.) Berlin, Heidelberg, New York 2001.

Tufte, Edward R., The Visual Display of Quantitative Information (2nd ed.). Cheshire (Connecticut) 2001.

Aufgaben zu Kapitel 2

2.1 An einem Bankschalter werden die Kundenankünfte (Anzahl der pro 10-Minuten-Zeitintervall ankommenden Kunden) beobachtet. Für 40 derartige Zeitintervalle erhält man folgende Ergebnisse:

0,	0,	1,	3,	4,	1,	2,	2,	1,	1,
1,	2,	3,	0,	2,	0,	1,	3,	1,	2,
2,	0,	1,	1,	6,	1,	0,	2,	3,	1,
1,	4,	2,	3,	2,	0,	3,	0,	1,	2.

Ermitteln Sie absolute und relative Häufigkeiten der Kundenankünfte und stellen Sie Häufigkeitsverteilung und Summenhäufigkeitsfunktion graphisch dar.

2.2 1000 Motoren eines bestimmten Typs weisen folgende Lebensdauerverteilung auf:

Lebensdauer in Jahren	Anzahl der Motoren
bis 2	33
über 2 bis 4	276
über 4 bis 6	404
über 6 bis 8	237
über 8 bis 10	50

Tab. 2.9: Lebensdauerverteilung

Stellen Sie diese Häufigkeitsverteilung und die dazugehörende Summenhäufigkeitsfunktion graphisch dar und bestimmen Sie den Anteil der Motoren mit einer Lebensdauer von mehr als 5 Jahren.

2.3 An der Lebensmittelkasse eines Kaufhauses werden die Rechnungsbeträge von 100 Kunden erfaßt; es ergibt sich folgende Häufigkeitsverteilung:

Rechnungsbetrag in €	Anzahl der Rechnungen
bis 10	16
über 10 bis 20	48
über 20 bis 40	27
über 40 bis 80	9

Tab. 2.10: Häufigkeitsverteilung

Häufigkeitsverteilung und Summenhäufigkeitsfunktion des Rechnungsbetrages sind graphisch darzustellen.

Kapitel 3: Mittelwerte ×

3.1. Einführung

Die im vorangegangenen Kapitel 2 behandelten Häufigkeitsverteilungen stellen eine Zusammenfassung oder Verdichtung der ursprünglich beobachteten Einzeldaten dar. Oft ist man auch noch daran interessiert, *solche Häufigkeitsverteilungen in knapper Form zu charakterisieren.* Dies ist durch die Berechnung **statistischer Maßzahlen** *(Kollektivmaßzahlen, Parameter)* möglich. Zu ihnen gehören die **Mittelwerte** *(Lageparameter)* mit der Aufgabe, das *Zentrum* einer Verteilung zu kennzeichnen, und die **Streuungsmaße** *(Streuungsparameter, Variabilitätsmaße, Variationsmaße)*, welche dazu dienen, die *Streuung (Variabilität, Variation) der Einzelwerte um das Zentrum* zu beschreiben (die Streuungsmaße werden in Kapitel 4 behandelt). Daneben gibt es noch weniger wichtige Kollektivmaßzahlen wie die Maße für die **Schiefe** und die **Wölbung,** auf die hier allerdings nicht näher eingegangen werden soll.

Berechnet man Kollektivmaßzahlen für eine **Häufigkeitsverteilung klassifizierter Daten** (vgl. Abschnitt 2.3), dann wird man für jede Klasse einen *repräsentativen Wert,* und zwar meist die entsprechende Klassenmitte x'_i zugrundelegen. Da man auf diesem Wege jedoch nur *Näherungswerte* für die wahren Maßzahlen erhalten kann, sollten diese – soweit möglich – anhand der ursprünglich beobachteten *Einzelwerte* berechnet werden.

In den nachfolgenden Abschnitten werden nur die wichtigsten **Mittelwerte,** nämlich *Arithmetisches Mittel, Median, Modus* und *Geometrisches Mittel* behandelt.

3.2. Arithmetisches Mittel

Das **arithmetische Mittel** sollte sinnvollerweise nur für *metrisch skalierte Merkmale* (vgl. Abschnitt 1.5) berechnet werden. Wenn die N Elemente einer Grundgesamtheit ein bestimmtes metrisch skaliertes Merkmal mit den – nicht notwendigerweise verschiedenen – **Einzelwerten** a_1, a_2, ..., a_N aufweisen, dann ist das arithmetische Mittel μ als

$$\mu = \frac{1}{N}(a_1 + a_2 + \ldots + a_N) \quad \text{oder}$$

$$\mu = \frac{1}{N}\sum_{i=1}^{N} a_i$$

definiert.

Beispiel: Legt ein Angestellter den Weg zwischen Wohnung und Arbeitsstätte an 5 Tagen in 12, 10, 16, 12 und 17 Minuten zurück, dann beträgt die durchschnittliche Zeit, die er für den Weg benötigt,

$$\mu = \frac{1}{5}(12 + 10 + 16 + 12 + 17) = \frac{67}{5}$$
$$= 13{,}4 \text{ Minuten.}$$

Besitzen einige der N Beobachtungswerte $a_1, a_2, \ldots, a_N$ den *gleichen* numerischen Wert, so empfiehlt es sich, sie zusammenzufassen und das arithmetische Mittel aus der entsprechenden **Häufigkeitsverteilung** zu berechnen. Bei k verschiedenen Werten $x_1, x_2, \ldots, x_k$ ergibt sich das arithmetische Mittel dann als

$$\mu = \frac{1}{N}(\underbrace{x_1 + \ldots + x_1}_{h_1\text{-mal}} + \underbrace{x_2 + \ldots + x_2}_{h_2\text{-mal}} + \ldots + \underbrace{x_k + \ldots + x_k}_{h_k\text{-mal}})$$

oder

$$\mu = \frac{1}{N}(x_1h_1 + x_2h_2 + \ldots + x_kh_k)$$

oder schließlich

$$\mu = \frac{1}{N}\sum_{i=1}^{k} x_ih_i \quad \text{mit} \quad N = \sum_{i=1}^{k} h_i;$$

h_i ist dabei die absolute Häufigkeit, mit der der Merkmalswert x_i auftritt.

Da die relativen Häufigkeiten f_i mit den absoluten Häufigkeiten h_i durch die Beziehung

$$f_i = \frac{h_i}{N} \qquad (i=1, \ldots, k)$$

verknüpft sind, ergibt sich das arithmetische Mittel auch als

$$\mu = \frac{1}{N}\sum_{i=1}^{k} x_ih_i = \sum_{i=1}^{k} x_i\frac{h_i}{N} \qquad \text{oder}$$

$$\mu = \sum_{i=1}^{k} x_if_i.$$

Weil die einzelnen Merkmalswerte x_i bei Vorliegen einer Häufigkeitsverteilung mit den absoluten bzw. relativen Häufigkeiten h_i bzw. f_i gewichtet oder *gewogen* werden, bezeichnet man μ hier als **gewogenes arithmetisches Mittel.**

Für das in Abschnitt 2.1 behandelte *Beispiel* der Häufigkeitsverteilung der Verkaufszahlen einer bestimmten Zeitung (vgl. Tabelle 2.3) ist der Rechengang zur Ermittlung der täglich im Durchschnitt verkauften Zeitungen in der folgenden Arbeitstabelle (Tabelle 3.1) angegeben; bei Verwendung eines geeigneten Taschenrechners kann auf diese Arbeitstabelle natürlich verzichtet werden.

Man erhält

$$\mu = \frac{1}{N}\sum_{i=1}^{k} x_ih_i = \frac{1}{200}\,450 = 2{,}25 \text{ bzw.}$$

$$\mu = \sum_{i=1}^{k} x_if_i = 2{,}25.$$

i	x_i	h_i	x_ih_i		f_i	x_if_i
1	0	21	0		0,105	0
2	1	46	46		0,230	0,230
3	2	54	108		0,270	0,540
4	3	40	120	bzw.	0,200	0,600
5	4	24	96		0,120	0,480
6	5	10	50		0,050	0,250
7	6	5	30		0,025	0,150
Σ		200	450		1,000	2,250

Tab. 3.1: Arbeitstabelle

Bei **Häufigkeitsverteilungen klassifizierter Daten** wählt man als *repräsentativen Wert* für die Einzelwerte der Klasse Nr. i in der Regel die entsprechende Klassenmitte x_i'; die Formel für eine näherungsweise Berechnung des arithmetischen Mittels lautet in diesem Fall

$$\mu = \frac{1}{N}\sum_{i=1}^{k} x_i'h_i = \sum_{i=1}^{k} x_i'f_i,$$

wobei h_i die absolute und f_i die relative Klassenhäufigkeit der i-ten Klasse ist.

Für das bereits aus Abschnitt 2.3 bekannte *Beispiel* der Häufigkeitsverteilung der Bruttomonatsverdienste von 250 Beschäftigten eines Betriebes ergibt sich für den durchschnittlichen Bruttoverdienst (vgl. Tabelle 3.2)

$$\mu = \frac{1}{N}\sum_{i=1}^{k} x_i'h_i = \frac{1}{250}\,516200 = 2064{,}80 \text{ €}$$

bzw.

$$\mu = \sum_{i=1}^{k} x_i'f_i = 2064{,}80 \text{ €}.$$

i	x_i'	h_i	$x_i'h_i$		f_i	$x_i'f_i$
1	650	6	3900		0,024	15,6
2	950	13	12350		0,052	49,4
3	1250	22	27500		0,088	110,0
4	1550	32	49600	bzw.	0,128	198,4
5	1850	40	74000		0,160	296,0
6	2150	42	90300		0,168	361,2
7	2450	39	95550		0,156	382,2
8	2750	31	85250		0,124	341,0
9	3050	20	61000		0,080	244,0
10	3350	5	16750		0,020	67,0
Σ		250	516200		1,000	2064,8

Tab. 3.2: Arbeitstabelle

Das arithmetische Mittel besitzt **vier wichtige Eigenschaften,** auf die nachfolgend eingegangen werden soll. Für die Ableitungen wird das *ungewogene arithmetische Mittel für Einzelwerte* benutzt; die gewonnenen Aussagen gelten aber, wie man sich leicht überzeugen kann, auch für das *gewogene arithmetische Mittel.*

1. Betrachtet man N Einzelwerte a_i (i = 1, . . ., N), so ist die *Summe der Abweichungen dieser Einzelwerte von ihrem arithmetischen Mittel* (μ) *gleich Null.*

$$\sum_{i=1}^{N} (a_i - \mu) = \sum_{i=1}^{N} a_i - N\mu = N\mu - N\mu = 0,$$

da aus der Definition des arithmetischen Mittels

$$\sum_{i=1}^{N} a_i = N\mu$$

folgt.

2. *Die Summe der quadrierten Abweichungen der Einzelwerte von ihrem arithmetischen Mittel* μ *ist kleiner als von einem beliebigen anderen Wert* M:

$$\sum_{i=1}^{N} (a_i - \mu)^2 < \sum_{i=1}^{N} (a_i - M)^2 \qquad (M \neq \mu)$$

(vgl. Abschnitt 4.2).

3. Werden die Einzelwerte a_i einer *linearen Transformation* (vgl. Abschnitt 1.5)

$$a_i^* = \alpha + \beta a_i \qquad (i = 1, \ldots, N)$$

unterworfen, wobei α und β hier beliebige konstante reelle Zahlen sein können, so findet man für das arithmetische Mittel μ^* der transformierten Werte, wenn μ das arithmetische Mittel der ursprünglichen Werte bezeichnet,

$$\mu^* = \frac{1}{N}\sum_{i=1}^{N} a_i^* = \frac{1}{N}\sum_{i=1}^{N} (\alpha + \beta a_i)$$

$$= \frac{1}{N}(N\alpha + \beta \sum_{i=1}^{N} a_i) = \alpha + \frac{\beta}{N}\sum_{i=1}^{N} a_i$$

$$= \alpha + \beta\mu.$$

Das bedeutet, daß das *arithmetische Mittel* μ *der gleichen Transformation unterliegt wie die Einzelwerte* a_i.

Beispiel: Eine Autovermietung berechnet für ihre Wagen eine feste Tagesgebühr von α = 40 € und einen Kilometersatz von β = 0,40 €/km; ferner sei bekannt, daß die Wagen täglich im Durchschnitt μ = 250 km zurücklegen. Die durchschnittlichen täglichen Einnahmen pro Wagen (μ^*) ergeben sich dann als

$$\mu^* = 40 + 0{,}40 \cdot 250 = 140 \text{ €}.$$

4. Man steht oft vor der Aufgabe, das arithmetische Mittel μ für eine Grundgesamtheit vom Umfang N zu berechnen, die in *zwei oder mehr Teilgesamtheiten aufgeteilt ist, deren Umfänge und arithmetische Mittel bekannt sind.* Beschränken wir uns auf zwei Teilgesamtheiten mit den Umfängen N_1 und N_2 ($N_1 + N_2 = N$), den Einzelwerten a_{1i} (i = 1, . . ., N_1) und a_{2i} (i = 1, . . ., N_2) und den arithmetischen Mitteln μ_1 und μ_2, dann ergibt sich μ als

$$\mu = \frac{1}{N_1 + N_2}\left(\sum_{i=1}^{N_1} a_{1i} + \sum_{i=1}^{N_2} a_{2i}\right)$$

$$= \frac{N_1\mu_1 + N_2\mu_2}{N_1 + N_2},$$

da aus der Definition des arithmetischen Mittels

$$\sum_{i=1}^{N_1} a_{1i} = N_1\mu_1 \text{ und } \sum_{i=1}^{N_2} a_{2i} = N_2\mu_2$$

folgt.

Beispiel: Ein Unternehmen besteht aus den beiden Betrieben A und B. Die 400 Beschäftigten von A verdienen monatlich im Durchschnitt 1920,84 € und die 300 Beschäftigten von B monatlich im Durchschnitt 2012,17 €. Der durchschnittliche Bruttomonatsverdienst sämtlicher 700 Beschäftigten von A und B zusammen beträgt dann

$$\mu = \frac{400 \cdot 1920{,}84 + 300 \cdot 2012{,}17}{400 + 300} = 1959{,}98\ €.$$

Das arithmetische Mittel ist *nicht immer der aussagekräftigste Mittelwert:* Betrachtet man beispielsweise eine Gruppe von 10 Personen, von denen neun Jahreseinkommen von je 40000 € beziehen und eine ein Jahreseinkommen von 400000 € bezieht, so wird das arithmetische Mittel

$$\mu = \sum_{i=1}^{k} x_i f_i = 40000 \cdot 0{,}9 + 400000 \cdot 0{,}1 = 76000\ €$$

zur Charakterisierung des durchschnittlichen Jahreseinkommens dieser Personengruppe wenig sinnvoll sein. Passender wäre der im folgenden Abschnitt 3.3. noch zu behandelnde Median. Man kann nämlich feststellen, daß sogenannte *„Ausreißer"*, d.h. vereinzelte Beobachtungswerte, die sehr weit vom Zentrum der Verteilung entfernt liegen, die Aussagekraft des arithmetischen Mittels erheblich einschränken können. Auch in den Fällen, in denen die Häufigkeitsverteilung kein eindeutiges Zentrum besitzt, etwa im Fall der *bimodalen (zweigipfligen) Verteilung,* kann das arithmetische Mittel nur wenig aussagen.

3.3. Median

Der **Median** *(Zentralwert)* Me ist die *Merkmalsausprägung* desjenigen Elements, das *in der der Größe nach geordneten Beobachtungsreihe in der Mitte* steht. Damit die einzelnen Elemente nach der Größe ihrer Merkmalsausprägungen geordnet werden können, muß das untersuchte Merkmal zumindest *ordinalskaliert* sein. Ordnet man die beobachteten **Einzelwerte** $a_1, \ldots, a_N$ der Größe nach, so daß

$$a_{[1]} \leq a_{[2]} \leq \ldots \leq a_{[N]}$$

gilt, dann ist der Median bei *ungeradem* N

$$Me = a_{\left[\frac{N+1}{2}\right]}.$$

Für das in Abschnitt 3.2 angeführte *Beispiel* eines Angestellten, der an 5 Tagen die benötigte Zeit für den Gang von seiner Wohnung zu seiner Arbeitsstätte festhält, ergibt sich die geordnete Beobachtungsreihe

10 12 12 16 17 und

der Median

$$Me = a_{\left[\frac{5+1}{2}\right]} = a_{[3]} = 12 \text{ Minuten.}$$

Bei einer *geraden* Anzahl von Elementen nimmt man als Median das arithmetische Mittel der beiden mittleren Beobachtungswerte:

$$Me = \frac{1}{2}\left(a_{\left[\frac{N}{2}\right]} + a_{\left[\frac{N}{2}+1\right]}\right).$$

Liegen die Daten in Form einer **Häufigkeitsverteilung** vor, dann ist der Median diejenige Merkmalsausprägung, bei der die Summenhäufigkeitsfunktion *den Wert 0,5* überschreitet. – Für das uns bekannte *Beispiel* der Verteilung der Zeitungsverkäufe (vgl. Abschnitt 2.1) ergaben sich die in Tabelle 2.4 wiedergegebenen Summenhäufigkeiten. Man sieht, daß die relativen Summenhäufigkeiten F_i den Wert 0,5 bei 2 Zeitungen überspringen; der Median beträgt hier also

$$Me = 2 \text{ Zeitungen.}$$

Recht bequem ist dieser Wert auch aus der *graphischen Darstellung der Summenhäufigkeitsfunktion* (vgl. Abbildung 2.3) zu ermitteln. Man zieht eine Parallele zur Abszisse im Abstand 0,5; wo diese die Treppenfunktion schneidet, wird das Lot gefällt, das dann bei Me = 2 auf die Abszisse trifft.

Bei einer **Häufigkeitsverteilung klassifizierter Daten** liegt der Median in derjenigen Klasse, in der die Summenhäufigkeitsfunktion den Wert 0,5 erreicht. Für das in Abschnitt 2.3 betrachtete Beispiel der Bruttomonatsverdienste von 250 Beschäftigten eines Betriebes mit der in Abbildung 2.6 (Abschnitt 2.4) dargestellten Summenhäufigkeitsfunktion ergibt sich eine graphische Näherungslösung für den Median, wie in folgender Abbildung 3.1 dargestellt ist.

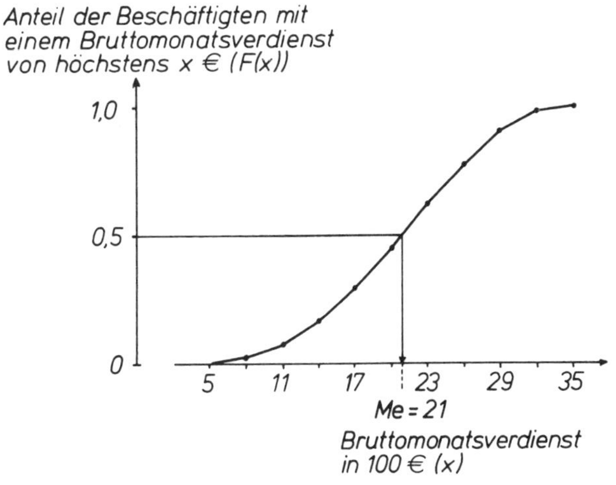

Abb. 3.1: Graphische Bestimmung des Medians bei klassifizierten Daten

Mit Hilfe linearer Interpolation (Abbildung 3.2) kann darüber hinaus eine *Feinberechnung des Medians* durchgeführt werden.

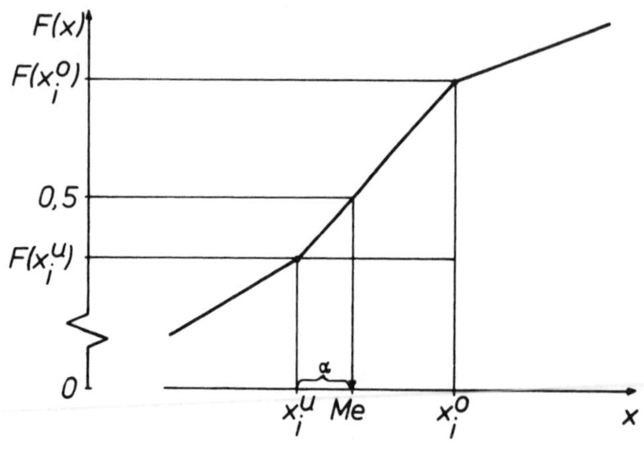

Abb. 3.2: Feinberechnung des Medians

Es ist $Me = x_i^u + \alpha$, wenn i *die Einfallsklasse* des Medians ist. Für α findet man anhand der Ähnlichkeitsbeziehungen

$$\frac{\alpha}{x_i^o - x_i^u} = \frac{0{,}5 - F(x_i^u)}{F(x_i^o) - F(x_i^u)}.$$

Damit ist

$$Me = x_i^u + \frac{0{,}5 - F(x_i^u)}{F(x_i^o) - F(x_i^u)} (x_i^o - x_i^u).$$

Für das Beispiel der Bruttomonatsverdienste erhält man mit F (2000) = 0,452 und F (2300) = 0,620

$$Me = 2000 + \frac{0{,}5 \quad - 0{,}452}{0{,}620 - 0{,}452} (2300 - 2000)$$

$$= 2000 + 85{,}71 = 2085{,}71 \text{ €}.$$

3.4. Modus

Der **Modus** *(Dichtester Wert)* Mo ist ein Mittelwert, der sowohl bei *Nomialskalen* und *Ordinalskalen* als auch bei *metrischen Skalen* angewendet werden kann. Der Modus einer **Beobachtungsreihe** ist diejenige *Merkmalsausprägung, die am häufigsten vorkommt.* Für das *Beispiel* der Verteilung der Verkaufszahlen einer bestimmten Zeitung (vgl. Abschnitt 2.1) ergibt sich, da $x_i = 2$ die größte Häufigkeit besitzt, der Modus

$$Mo = 2 \text{ Zeitungen pro Tag.}$$

Sind die **Daten in Klassen** eingeteilt, dann liegt der Modus in der Klasse mit der größten Klassenhäufigkeit. Wenn man auf eine Feinberechnung des Modus verzichtet, wird man als angenäherten Wert für den Modus die *Klassenmitte* dieser Klasse wählen. Für das *Beispiel* der Bruttomonatsverdienste weist die Klasse Nr. 6 „über 2000 bis 2300 €" die größte Klassenhäufigkeit auf, so daß der Modus

$$Mo = x_6' = 2150 \text{ €}$$

ist.

3.5. Geometrisches Mittel

Voraussetzung für die Berechnung des **geometrischen Mittels G** ist, daß das untersuchte Merkmal *verhältnisskaliert* ist. Für N **Einzelwerte** $a_1, \ldots, a_N$ ist das geometrische Mittel G als

$$G = \sqrt[N]{a_1 \cdot a_2 \cdot \ldots \cdot a_N}$$

definiert.

Liegen die Daten in Form einer **Häufigkeitsverteilung** vor, d.h. treten die verschiedenen Merkmalswerte $x_1, \ldots, x_k$ mit den absoluten Häufigkeiten $h_1, \ldots, h_k$ auf, berechnet sich das geometrische Mittel nach der Formel

$$G = \sqrt[N]{x_1^{h_1} \cdot x_2^{h_2} \cdot \ldots \cdot x_k^{h_k}} \qquad \text{mit } N = \sum_{i=1}^{k} h_i.$$

Logarithmiert man die Formel für Einzelwerte auf beiden Seiten, so ergibt sich

$$\log G = \frac{1}{N} (\log a_1 + \log a_2 + \ldots + \log a_N)$$

oder

$$\log G = \frac{1}{N} \sum_{i=1}^{N} \log a_i;$$

man erhält also das interessante Ergebnis, daß der Logarithmus des geometrischen Mittels gleich dem arithmetischen Mittel der Logarithmen der Einzelwerte ist. Für das aus der Häufigkeitsverteilung berechnete geometrische Mittel ergibt sich entsprechend

$$\log G = \frac{1}{N} (h_1 \log x_1 + h_2 \log x_2 + \ldots + h_k \log x_k)$$

$$= \frac{1}{N} \sum_{i=1}^{k} h_i \log x_i$$

$$= \sum_{i=1}^{k} f_i \log x_i.$$

Beispiel: Ein Unternehmen erzielte in den Jahren 2007-2011 die in Tabelle 3.3 angegebenen Umsätze (in Mio. €); wie groß war der *durchschnittliche relative Umsatzzuwachs (Zuwachsrate)* pro Jahr?

Nr. i	Jahr	Umsatz (in Mio €)	Zuwachsrate in Prozent des Vorjahresumsatzes p_i	Wachstums-faktor q_i
1	2007	2,0	·	·
2	2008	2,4	+ 20,0000	1,200000
3	2009	2,9	+ 20,8333	1,208333
4	2010	2,7	− 6,8966	0,931034
5	2011	3,1	+ 14,8148	1,148148

Tab. 3.3: Umsätze, Zuwachsraten, Wachstumsfaktoren

Man bestimmt zunächst die jährlichen Zuwachsraten p_i in Prozent des Vorjahresumsatzes und daraus die sogenannten jährlichen Wachstumsfaktoren $q_i = 1 + p_i/100$; sodann berechnet man aus ihnen das *geometrische Mittel*

$$G = \sqrt[4]{1{,}200000 \cdot 1{,}208333 \cdot 0{,}931034 \cdot 1{,}148148}$$
$$= 1{,}115791.$$

Die ***durchschnittliche Zuwachsrate pro Jahr*** ergibt sich zu

$$(1{,}115791 - 1) \cdot 100\% = 11{,}5791\% \approx 11{,}6\%.$$

3.6. Ausgewählte Literatur

Harnett, Donald L., James L. Murphy, Introductory Statistical Analysis (3rd ed.). Reading (Mass.), Menlo Park (Cal.), London usw. 1982.

Kreyszig, Erwin, Statistische Methoden und ihre Anwendungen (7. Aufl., 5. unveränd. Nachdruck). Göttingen 1999.

Vogel, Friedrich, Beschreibende und schließende Statistik (13., korr. u. erw. Aufl.). München 2005.

Aufgaben zu Kapitel 3

3.1 Für die Daten der Aufgabe 2.1 sind aus der Häufigkeitsverteilung (vgl. Lösung der Aufgabe 2.1) arithmetisches Mittel, Modus und Median der Kundenankünfte zu ermitteln.

3.2 Welche Werte besitzen Modus und feinberechneter Median der Lebensdauerverteilung aus Aufgabe 2.2?

3.3 Die jährliche Zuwachsrate der Produktion eines bestimmten Haushaltsgerätes entwickelte sich in 5 Jahren wie folgt:

Jahr Nr.	Zuwachsrate in Prozent
1	10
2	20
3	5
4	8
5	15

Tab. 3.4: Jährliche Produktionszuwachsraten

Wie groß ist die durchschnittliche jährliche Zuwachsrate für den gesamten Zeitraum?

3.4 Man zeige, daß folgendes gilt:

$$\sum_{i=1}^{k} (x_i - \mu)\, f_i = 0.$$

Kapitel 4: Streuungsmaße ×

4.1. Einführung

Da die in Kapitel 3 behandelten Mittelwerte ausschließlich der Kennzeichnung des Verteilungszentrums dienen, wird durch sie allein eine Gesamtheit im allgemeinen nur unvollständig charakterisiert. So gibt das in Abschnitt 3.2 für das Beispiel von 250 Beschäftigten eines Betriebes berechnete arithmetische Mittel lediglich den *durchschnittlichen* Bruttomonatsverdienst zutreffend wieder. Es sagt jedoch nichts darüber aus, ob die Bruttomonatsverdienste der einzelnen Beschäftigten mehr oder weniger große *Abweichungen vom Mittelwert* aufweisen, d. h. ob sie eng oder weit *um das Zentrum der Verteilung streuen*. Der Beantwortung dieser ebenfalls interessanten Frage dient die zweite wichtige Gruppe der Kollektivmaßzahlen, nämlich die der **Streuungsmaße** *(Streuungsparameter, Variabilitätsmaße, Variationsmaße)*.

In den nachfolgenden Abschnitten werden nur die wichtigsten Streuungsmaße, und zwar *Varianz* und *Standardabweichung*, *Variationskoeffizient*, *mittlere absolute Abweichung* und *Spannweite* behandelt.

4.2. Varianz und Standardabweichung

Geht man von N *metrisch skalierten* **Einzelwerten** einer Grundgesamtheit $a_1, a_2, \ldots, a_N$ aus, die voneinander nicht verschieden zu sein brauchen, so könnte man versucht sein, als Streuungsmaß die Summe der Abweichungen der Einzelwerte a_i von ihrem arithmetischen Mittel μ, d. h.

$$\sum_{i=1}^{N} (a_i - \mu)$$

zu verwenden. Dieser Ausdruck nimmt jedoch – wie bereits in Abschnitt 3.2 gezeigt wurde – stets den Wert Null an und ist somit als Streuungsmaß ungeeignet. Da aber die *Quadrate der Abweichungen* der Einzelwerte a_i von ihrem arithmetischen Mittel μ sämtlich positiv sind, kann man statt dessen beispielsweise das *arithmetische Mittel der Abweichungsquadrate* als *Streuungsmaß* definieren:

$$\sigma^2 = \frac{1}{N} \sum_{i=1}^{N} (a_i - \mu)^2 \quad \text{mit} \quad \mu = \frac{1}{N} \sum_{i=1}^{N} a_i.$$

σ^2 wird als **Varianz** (V oder Var) bezeichnet und stellt das *bei weitem wichtigste Streuungsmaß* dar. Als *Dimension* besitzt σ^2 das *Quadrat* der Dimension der einzelnen Beobachtungswerte; werden diese z. B. in € gemessen, dann hat die entsprechende Varianz die Dimension €^{2}. Die Varianz σ^2 ist stets *größer oder gleich* 0; nimmt sie den Wert 0 an, so heißt das, daß überhaupt keine Streuung vorliegt, d. h. alle Einzelwerte einander gleich sind und somit auch mit ihrem Mittelwert μ übereinstimmen.

Die positive Quadratwurzel aus der Varianz wird als **Standardabweichung** (σ) bezeichnet:

$$\sigma = \sqrt{\sigma^2} = \sqrt{\frac{1}{N} \sum_{i=1}^{N} (a_i - \mu)^2}\,;$$

sie besitzt die *gleiche Dimension* wie die Beobachtungswerte.

Für das aus Abschnitt 3.2 bekannte *Beispiel* eines Angestellten, der den Weg zwischen Wohnung und Arbeitsstätte an 5 Tagen in 12, 10, 16, 12 und 17 Minuten zurücklegt, ergibt sich mit dem arithmetischen Mittel $\mu = 13{,}4$ Minuten die *Varianz*

$$\begin{aligned}\sigma^2 &= \frac{1}{5}\big[(12-13{,}4)^2 + (10-13{,}4)^2 + \\ &\quad + (16-13{,}4)^2 + (12-13{,}4)^2 + \\ &\quad + (17-13{,}4)^2\big] \\ &= \frac{1}{5}\,35{,}2 = 7{,}04 \text{ Minuten}^2\end{aligned}$$

und die *Standardabweichung*

$$\sigma = \sqrt{7{,}04} = 2{,}65 \text{ Minuten.}$$

Zur *Rechenvereinfachung* läßt sich die Varianzformel wie folgt umformen:

$$\begin{aligned}\sigma^2 &= \frac{1}{N} \sum_{i=1}^{N} (a_i - \mu)^2 \\ &= \frac{1}{N} \sum_{i=1}^{N} (a_i^2 - 2\mu a_i + \mu^2) \\ &= \frac{1}{N}\left(\sum_{i=1}^{N} a_i^2 - 2\mu \sum_{i=1}^{N} a_i + N\mu^2\right) \\ &= \frac{1}{N}\left(\sum_{i=1}^{N} a_i^2 - 2N\mu^2 + N\mu^2\right) \\ &= \frac{1}{N} \sum_{i=1}^{N} a_i^2 - \mu^2\,;\end{aligned}$$

für das *Beispiel* kann man σ^2 also auch einfacher als

$$\begin{aligned}\sigma^2 &= \frac{1}{5}(12^2 + 10^2 + 16^2 + 12^2 + 17^2) - 13{,}4^2 \\ &= \frac{1}{5}\,933 - 179{,}56 = 7{,}04 \text{ Minuten}^2\end{aligned}$$

berechnen.

Treten insgesamt nur k unterschiedliche Merkmalswerte $x_1, x_2, \ldots, x_k$ mit den absoluten Häufigkeiten h_i ($i = 1, \ldots, k$) bzw. den relativen Häufigkeiten f_i ($i = 1, \ldots, k$) auf, d. h. liegt eine **Häufigkeitsverteilung** vor, dann ergibt sich die *Varianz* als

$$\sigma^2 = \frac{1}{N} \sum_{i=1}^{k} (x_i - \mu)^2 h_i \quad \text{mit} \quad \mu = \frac{1}{N} \sum_{i=1}^{k} x_i h_i \quad \text{bzw.}$$

$$\sigma^2 = \sum_{i=1}^{k} (x_i - \mu)^2 f_i$$

oder zur *Rechenvereinfachung* umgeformt:

$$\sigma^2 = \frac{1}{N}\sum_{i=1}^{k} x_i^2 h_i - \mu^2 \text{ bzw.}$$

$$\sigma^2 = \sum_{i=1}^{k} x_i^2 f_i - \mu^2.$$

Für das uns bekannte *Beispiel* der Häufigkeitsverteilung der Verkaufszahlen einer bestimmten Zeitung (vgl. Tabelle 2.3 in Abschnitt 2.1) erhält man die *Varianz* (vgl. hierzu auch Tabelle 4.1) als

$$\sigma^2 = \frac{1}{N}\sum_{i=1}^{k} x_i^2 h_i - \mu^2$$

$$= \frac{1436}{200} - 2{,}25^2 = 2{,}1175 \quad \text{bzw.}$$

$$\sigma^2 = \sum_{i=1}^{k} x_i^2 f_i - \mu^2$$

$$= 7{,}180 - 2{,}25^2 = 2{,}1175 \text{ Stück}^2$$

und die *Standardabweichung* als

$$\sigma = \sqrt{2{,}1175} = 1{,}46 \text{ Stück.}$$

i	x_i	h_i	$x_i^2 h_i$		f_i	$x_i^2 f_i$
1	0	21	0		0,105	0
2	1	46	46		0,230	0,230
3	2	54	216		0,270	1,080
4	3	40	360	bzw.	0,200	1,800
5	4	24	384		0,120	1,920
6	5	10	250		0,050	1,250
7	6	5	180		0,025	0,900
Σ		200	1436		1,000	7,180

Tab. 4.1: Arbeitstabelle

Bei **Häufigkeitsverteilungen klassifizierter Daten** kann man die *Varianz näherungsweise berechnen*, indem man an die Stelle der Merkmalswerte x_i die *Klassenmitten* x_i' in die Formel einsetzt. Es ergibt sich so

$$\sigma^2 = \frac{1}{N}\sum_{i=1}^{k} (x_i' - \mu)^2 h_i \text{ mit } \mu = \frac{1}{N}\sum_{i=1}^{k} x_i' h_i \quad \text{bzw.}$$

$$\sigma^2 = \sum_{i=1}^{k} (x_i' - \mu)^2 f_i$$

oder für praktische Berechnung oft *einfacher*

$$\sigma^2 = \frac{1}{N}\sum_{i=1}^{k} x_i'^2 h_i - \mu^2 \quad \text{bzw.}$$

$$\sigma^2 = \sum_{i=1}^{k} x_i'^2 f_i - \mu^2,$$

wobei h_i und f_i hier wieder die absolute bzw. relative Klassenhäufigkeit der i-ten Klasse bezeichnen.

Für das *Beispiel* der Häufigkeitsverteilung der Bruttomonatsverdienste aus Abschnitt 2.3 ergibt sich die *Varianz näherungsweise* (vgl. hierzu auch Tabelle 4.2) als

$$\sigma^2 = \frac{1}{N}\sum_{i=1}^{k} x_i'^2 h_i - \mu^2$$

$$= \frac{1\,167\,265\,000}{250} - 2064{,}80^2 = 405\,660{,}96 \text{ €}^2$$

bzw.

$$\sigma^2 = \sum_{i=1}^{k} x_i'^2 f_i - \mu^2$$

$$= 4\,669\,060 - 2064{,}80^2 = 405\,660{,}96 \text{ €}^2$$

und die *Standardabweichung* als

$$\sigma = \sqrt{405\,660{,}96} = 636{,}92 \text{ €}.$$

i	x_i'	h_i	$x_i'^2 h_i$		f_i	$x_i'^2 f_i$
1	650	6	2535000		0,024	10140
2	950	13	11732500		0,052	46930
3	1250	22	34375000		0,088	137500
4	1550	32	76880000		0,128	307520
5	1850	40	136900000	bzw.	0,160	547600
6	2150	42	194145000		0,168	776580
7	2450	39	234097500		0,156	936390
8	2750	31	234437500		0,124	937750
9	3050	20	186050000		0,080	744200
10	3350	5	56112500		0,020	224450
Σ		250	1167265000		1,000	4669060

Tab. 4.2: Arbeitstabelle

Es läßt sich zeigen, daß bei einer *unimodalen (eingipfligen) Verteilung*, wie sie in unserem Beispiel vorliegt, die *aus den klassifizierten Daten berechnete Varianz größer ist als die aus den Originaldaten berechnete*. Liegt eine Klasseneinteilung mit konstanter Klassenbreite Δ x vor, dann läßt sich der Fehler mit Hilfe der sogenannten **Sheppardschen Korrektur** annähernd ausgleichen; die *korrigierte Varianz* $\sigma^2_{\text{korr.}}$ ergibt sich zu

$$\sigma^2_{\text{korr.}} = \sigma^2 - \frac{(\Delta x)^2}{12},$$

wobei σ^2 die aus den klassifizierten Daten näherungsweise berechnete Varianz bedeutet.

Für unser *Beispiel* erhalten wir bei einer Klassenbreite von Δ x = 300 € also genauer

$$\sigma^2_{\text{korr.}} = 405\,660{,}96 - \frac{300^2}{12} = 398\,160{,}96 \text{ €}^2 \text{ und}$$

$$\sigma_{\text{korr.}} = \sqrt{398\,160{,}96} = 631{,}00 \text{ €}.$$

Wie bereits ausgeführt wurde, ist die Varianz σ^2 das arithmetische Mittel der quadrierten Abweichungen **(mittlere quadratische Abweichung)** der Einzelwerte a_i vom arithmetischen Mittel μ. Setzt man an Stelle des arithmetischen Mittels μ irgendeinen beliebigen Wert M, ergibt sich die *mittlere quadratische Abweichung bezogen auf* M als

$$MQ(M) = \frac{1}{N} \sum_{i=1}^{N} (a_i - M)^2.$$

Zwischen MQ(M) und der Varianz σ^2 läßt sich nun die folgende Beziehung, der sogenannte **Verschiebungssatz,** herleiten:

$$MQ(M) = \frac{1}{N} \sum_{i=1}^{N} (a_i - \mu + \mu - M)^2$$

$$= \frac{1}{N}\left[\sum_{i=1}^{N} (a_i - \mu)^2 + 2(\mu - M) \sum_{i=1}^{N} (a_i - \mu) + N(\mu - M)^2\right],$$

$$= \frac{1}{N} \sum_{i=1}^{N} (a_i - \mu)^2 + (\mu - M)^2 \quad \text{oder}$$

$$MQ(M) = \sigma^2 + (\mu - M)^2.$$

Aus dem *Verschiebungssatz* erkennt man, daß der Ausdruck $(\mu - M)^2$ nur bei $M = \mu$ den Wert 0 annimmt und für $M \neq \mu$ größer als 0 ist. Die Tatsache, daß die mittlere quadratische Abweichung MQ(M) bezogen auf einen beliebigen Wert M nie kleiner sein kann als die mittlere quadratische Abweichung bezogen auf das arithmetische Mittel μ, bezeichnet man als die *Minimumeigenschaft des arithmetischen Mittels.*

Auf folgende **zwei wichtige Eigenschaften** der Varianz soll noch kurz eingegangen werden:

(1) Die durch *lineare Transformation* der Einzelwerte a_i entstehenden Werte a_i^*

$$a_i^* = \alpha + \beta a_i \qquad (i = 1, \ldots, N)$$

(vgl. Abschnitte 1.5 und 3.2) haben die *Varianz*

$$\sigma^{*2} = \frac{1}{N} \sum_{i=1}^{N} (a_i^* - \mu^*)^2.$$

Da aber, wie in Abschnitt 3.2 bewiesen, $\mu^* = \alpha + \beta\mu$ ist, ergibt sich

$$\sigma^{*2} = \frac{1}{N} \sum_{i=1}^{N} (\alpha + \beta a_i - \alpha - \beta\mu)^2 \quad \text{und}$$

$$\sigma^{*2} = \frac{\beta^2}{N} \sum_{i=1}^{N} (a_i - \mu)^2 \quad \text{und schließlich}$$

$$\sigma^{*2} = \beta^2\sigma^2;$$

für die *Standardabweichung* gilt entsprechend

$$\sigma^* = |\beta|\sigma.$$

Für den *wichtigen Sonderfall* $\beta = 1$ und damit für die Transformation $a_i^* = \alpha + a_i$ erhält man

$$\sigma^{*2} = \sigma^2 \text{ und } \sigma^* = \sigma.$$

Das bedeutet nichts anderes, als daß die *Varianz* (bzw. die *Standardabweichung*) *unverändert* bleibt, wenn man die Einzelwerte a_i um einen *bestimmten Wert* α *vergrößert oder verringert.* Die beiden aus je 3 Elementen bestehenden Gesamtheiten

I: $a_1 = 1, a_2 = 2, a_3 = 3$ und

II: $a_1^* = 1001, a_2^* = 1002, a_3^* = 1003$

besitzen also die *gleiche* Varianz, da $a_i^* = 1000 + a_i$ $(i = 1, 2, 3)$ ist.

Auch die **Standardisierung,** die sich bei der Anwendung bestimmter statistischer Methoden als notwendig erweist, kann als *spezielle lineare Transformation* aufgefaßt werden. Man bildet hier aus der Reihe der Einzelwerte a_i $(i = 1, \ldots, N)$ eine *neue Reihe von standardisierten Werten* z_i derart, daß man von jedem a_i das arithmetische Mittel μ abzieht und anschließend durch die Standardabweichung σ dividiert:

$$z_i = \frac{a_i - \mu}{\sigma}$$

Es ist hier

$$z_i = \alpha + \beta a_i \qquad (i = 1, \ldots, N)$$

$$\text{mit } \alpha = -\frac{\mu}{\sigma} \text{ und } \beta = \frac{1}{\sigma}.$$

Das arithmetische Mittel μ_Z und die Varianz σ_Z^2 der standardisierten Werte z_i sind dann stets

$$\mu_Z = \alpha + \beta\mu = -\frac{\mu}{\sigma} + \frac{1}{\sigma}\mu = 0 \text{ und}$$

$$\sigma_Z^2 = \beta^2\sigma^2 = \frac{1}{\sigma^2}\sigma^2 = 1.$$

(2) In Abschnitt 3.2 wurde gezeigt, daß das *arithmetische Mittel* μ einer Grundgesamtheit, die sich aus *zwei Teilgesamtheiten* mit den Umfängen N_1 und N_2 mit den Mittelwerten μ_1 und μ_2 zusammensetzt,

$$\mu = \frac{N_1\mu_1 + N_2\mu_2}{N_1 + N_2}$$

beträgt.
Die *Varianz dieser Grundgesamtheit* beträgt

$$\sigma^2 = \frac{1}{N_1 + N_2}\left(\sum_{i=1}^{N_1} (a_{1i} - \mu)^2 + \sum_{i=1}^{N_2} (a_{2i} - \mu)^2\right),$$

wobei a_{1i} $(i = 1, \ldots, N_1)$ die Elemente der ersten und a_{2i} $(i = 1, \ldots, N_2)$ die der zweiten Teilgesamtheit bedeuten. Da nun aber nach dem Verschiebungssatz

$$\sum_{i=1}^{N_1} (a_{1i} - \mu)^2 = N_1\sigma_1^2 + N_1(\mu_1 - \mu)^2 \text{ und}$$

$$\sum_{i=1}^{N_2} (a_{2i} - \mu)^2 = N_2\sigma_2^2 + N_2(\mu_2 - \mu)^2$$

gilt, erhält man

$$\sigma^2 = \frac{N_1\sigma_1^2 + N_2\sigma_2^2}{N_1 + N_2} + \frac{N_1(\mu_1 - \mu)^2 + N_2(\mu_2 - \mu)^2}{N_1 + N_2}$$

Nimmt man in dem bereits in Abschnitt 3.2 vorgestellten *Beispiel* an, daß die Standardabweichungen der Bruttomonatsverdienste in Betrieb A $\sigma_1 = 220{,}32$ € und in Betrieb B $\sigma_2 = 411{,}98$ € betragen, dann ergibt sich mit $\mu_1 = 1920{,}84$ €, $\mu_2 = 2012{,}17$ € und $\mu = 1959{,}98$ € die *Varianz*

$$\sigma^2 = \frac{400 \cdot 220{,}32^2 + 300 \cdot 411{,}98^2}{400 + 300} + \frac{400(1920{,}84 - 1959{,}98)^2 + 300(2012{,}17 - 1959{,}98)^2}{400 + 300}$$

$$= 102520{,}76 \text{ €}^2$$

und die *Standardabweichung*

$$\sigma = \sqrt{102520{,}76} = 320{,}19 \text{ €}.$$

4.3. Variationskoeffizient

Oft ist man daran interessiert, *Streuungen* zweier oder mehrerer Verteilungen mit sich stärker *voneinander unterscheidenden Mittelwerten* zu *vergleichen*. Dabei kann man *empirisch oft beobachten*, daß Varianz und Standardabweichung bei zahlenmäßig großen Beobachtungswerten größer sind als bei kleinen; so wird beispielsweise die Streuung der in einem Monat beobachteten Tagesumsätze eines Supermarktes größer sein als die eines kleinen Lebensmittelgeschäftes. Zur Herstellung der Vergleichbarkeit bezieht man daher die *Standardabweichung*, die ein *absolutes Streuungsmaß* ist, auf das arithmetische Mittel und erhält damit als *relatives Streuungsmaß* den **Variationskoeffizienten** VC:

$$VC = \frac{\sigma}{\mu} \text{ bzw. } VC = \frac{\sigma}{\mu} 100\%.$$

Sinnvoll ist die Berechnung des Variationskoeffizienten allerdings nur bei *verhältnisskalierten Merkmalen.*

4.4. Mittlere absolute Abweichung

Bei *metrisch skalierten Merkmalen* bietet sich als weiteres Streuungsmaß die **mittlere absolute Abweichung** (englisch: *Mean Absolute Deviation* [MAD] oder *Mean Deviation* [MD]) an. Sie ist das arithmetische Mittel der *absoluten Abweichungen* der einzelnen Merkmalswerte vom Mittelwert (z. B. vom *arithmetischen Mittel* μ oder vom *Median* Me).

Für N **Einzelwerte** $a_1, a_2, \ldots, a_N$ lautet ihre Definition *bezogen auf das arithmetische Mittel* μ

$$MAD = \frac{1}{N} \sum_{i=1}^{N} |a_i - \mu|.$$

Für das bekannte *Beispiel* der Wegezeiten eines Angestellten berechnet sich die mittlere absolute Abweichung mit $\mu = 13{,}4$ Minuten (vgl. Abschnitt 3.2) zu

$$MAD = \frac{1}{5}(|10 - 13{,}4| + |12 - 13{,}4| + |12 - 13{,}4| + |16 - 13{,}4| + |17 - 13{,}4|)$$

$$= \frac{12{,}4}{5} = 2{,}48 \text{ Minuten.}$$

Betrachtet man die absoluten Abweichungen der einzelnen Merkmalswerte vom Median, dann erhält man die *mittlere absolute Abweichung bezogen auf den Median*

$$MAD' = \frac{1}{N} \sum_{i=1}^{N} |a_i - Me|.$$

In dem soeben betrachteten *Beispiel* der Wegezeiten beträgt der Median Me = 12 Minuten (vgl. Abschnitt 3.3), und es ergibt sich

$$MAD' = \frac{1}{5}(|10 - 12| + |12 - 12| + |12 - 12| + |16 - 12| + |17 - 12|)$$

$$= \frac{11}{5} = 2{,}2 \text{ Minuten.}$$

Allgemein läßt sich zeigen, daß die mittlere absolute Abweichung bezogen auf einen beliebigen Wert nie kleiner sein kann als die mittlere absolute Abweichung bezogen auf den Median *(Minimumeigenschaft des Medians).*

Aus einer **Häufigkeitsverteilung** berechnet sich die mittlere absolute Abweichung bezogen auf μ nach den Formeln

$$MAD = \frac{1}{N} \sum_{i=1}^{k} |x_i - \mu| h_i \quad \text{bzw.}$$

$$MAD = \sum_{i=1}^{k} |x_i - \mu| f_i.$$

Für das *Beispiel* der Häufigkeitsverteilung der verkauften Zeitungen erhält man die mittlere absolute Abweichung (vgl. hierzu auch Tabelle 4.3) mit $\mu = 2{,}25$ (vgl. Abschnitt 3.2):

$$MAD = \frac{1}{N} \sum_{i=1}^{k} |x_i - \mu| h_i$$

$$= \frac{236{,}50}{200} = 1{,}1825 \text{ Stück} \quad \text{bzw.}$$

$$MAD = \sum_{i=1}^{k} |x_i - \mu| f_i$$

$$= 1{,}1825 \text{ Stück.}$$

i	x_i	h_i	$\lvert x_i - \mu \rvert h_i$		f_i	$\lvert x_i - \mu \rvert f_i$
1	0	21	47,25		0,105	0,23625
2	1	46	57,50		0,230	0,28750
3	2	54	13,50		0,270	0,06750
4	3	40	30,00	bzw.	0,200	0,15000
5	4	24	42,00		0,120	0,21000
6	5	10	27,50		0,050	0,13750
7	6	5	18,75		0,025	0,09375
Σ		200	236,50		1,000	1,18250

Tab. 4.3: Arbeitstabelle

Bei der Berechnung der mittleren absoluten Abweichung aus einer **Häufigkeitsverteilung klassifizierter Daten** werden in den oben für die Berechnung aus einer Häufigkeitsverteilung angegebenen Formeln die Merkmalswerte x_i einfach durch die *Klassenmitten* x_i' ersetzt.

Da die mittlere absolute Abweichung *einfacher zu berechnen und zu interpretieren* ist als die Varianz, wird sie trotz ihrer weniger befriedigenden mathematischen Eigenschaften doch verschiedentlich, etwa bei der Beurteilung der Genauigkeit betriebswirtschatlicher Prognosen, herangezogen.

4.5. Spannweite

Ein Streuungsmaß, das besonders seiner einfachen Berechnung wegen zur Anwendung kommt (z. B. in der Statistischen Qualitätskontrolle), ist die **Spannweite** (englisch: *Range*) R. Sie kann auch schon bei *ordinalskalierten Daten* verwendet werden.

Bei **Einzelwerten** ist sie einfach der Abstand zwischen dem größten und dem kleinsten Wert. Sind die Werte der Größe nach geordnet, ergibt sich

$$R = a_{[N]} - a_{[1]}.$$

Für das *Beispiel* der Wegezeiten eines Angestellten findet man

$$R = 17 - 10 = 7 \text{ Minuten.}$$

Aus der **Häufigkeitsverteilung** erhält man die Spannweite bei k Merkmalsausprägungen als Differenz zwischen größter (x_k) und kleinster (x_1) Ausprägung:

$$R = x_k - x_1.$$

So besitzt die Häufigkeitsverteilung für das *Beispiel* der Zeitungsverkäufe die Spannweite

$$R = 6 - 0 = 6 \text{ Zeitungen.}$$

Bei der **Häufigkeitsverteilung klassifizierter Daten** ist die Spannweite die Differenz zwischen der oberen Klassengrenze der obersten Klasse (x_k^o) und der unteren Klassengrenze der untersten Klasse (x_1^u):

$$R = x_k^o - x_1^u.$$

Die Verteilung des *Beispiels* der Bruttomonatsverdienste von 250 Beschäftigten eines Betriebes weist die Spannweite

$$R = 3500 - 500 = 3000 \text{ €}$$

auf.

Die Spannweite hat den beachtlichen *Nachteil*, daß sie ausschließlich aus *zwei Werten* berechnet wird und somit bei weitab liegenden *Extremwerten (Ausreißern) wenig aussagekräftig* ist.

4.6. Quartilsabstand, Box-and-Whisker Plot sowie Perzentile

Während der schon in Abschnitt 3.3 behandelte *Median* (Me) eine der Größe der Merkmalswerte nach geordnete Gesamtheit in *zwei* gleich große Teilgesamtheiten zerlegt, teilen die drei **Quartile** Q_1 (unteres Quartil), Q_2 (mittleres Quartil) und Q_3 (oberes Quartil) die Gesamtheit in *vier* gleich große Teilgesamtheiten, wobei Q_2 = Me gilt. – *Graphisch* lassen sich die Quartile ausgehend von den in den Abschnitten 2.2 und 2.4 besprochenen Summenhäufigkeitsfunktionen bestimmen; das untere Quartil Q_1 (bzw. das obere Quartil Q_3) wird ermittelt, indem bei $F(x) = 0{,}25$ (bzw. bei $F(x) = 0{,}75$) eine Parallele zur Abzisse gezogen wird und im Schnittpunkt mit der Summenhäufigkeitsfunktion auf die Abzisse gelotet wird (vgl. Abbildung 4.1).

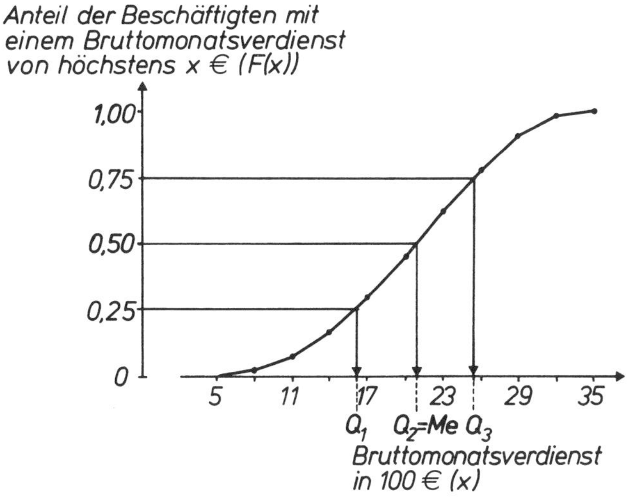

Abb. 4.1: Graphische Bestimmung der Quartile bei klassifizierten Daten

Rechnerisch ergeben sich Q_1 und Q_3 für das *Beispiel* der Bruttomonatsverdienste aus den Abschnitten 2.3 und 2.4, also bei *klassifizierten Daten,* analog der Feinberechnung des Medians (vgl. Abschnitt 3.3) zu

$$Q_1 = 1400 + \frac{0{,}250 - 0{,}164}{0{,}292 - 0{,}164} \cdot 300 = 1601{,}56 \text{ € und}$$

$$Q_3 = 2300 + \frac{0{,}750 - 0{,}620}{0{,}776 - 0{,}620} \cdot 300 = 2550{,}00 \text{ €;}$$

wegen Q_2 = Me ist Q_2 = 2085,71 DM (vgl. Abschnitt 3.3).

Bei *Einzelwerten* wird das untere Quartil Q_1 (bzw. das obere Quartil Q_3) zweckmäßigerweise als der größte Merkmalswert definiert, bei dem für die Summenhäufigkeitsfunktion $F(x) \leq 0{,}25$ (bzw. $F(x) \leq 0{,}75$) gilt.

Der **Quartilsabstand** (englisch: *Interquartile Range*) QA ist als Differenz $QA = Q_3 - Q_1$ definiert und gibt die *Spannweite der 50% mittleren Werte* an; für das *Beispiel* der Bruttomonatsverdienste ergibt sich

$$QA = Q_3 - Q_1 = 2550{,}00 - 1601{,}56 = 948{,}44 \text{ €.}$$

Gegenüber der Spannweite hat der Quartilsabstand als Streuungsmaß den Vorteil, gegen Ausreißer unempfindlicher zu sein.

Median, Quartile, kleinster und größter Wert, Spannweite und Quartilsabstand werden in dem aus der *Explorativen Da-*

tenanalyse bekannten **Box-and-Whisker Plot** (*„Schachtel-und-Barthaar-Schaubild"*) in übersichtlicher Form dargestellt. Der Box-and-Whisker Plot für das Beispiel der Bruttomonatsverdienste ist in Abbildung 4.2 wiedergegeben.

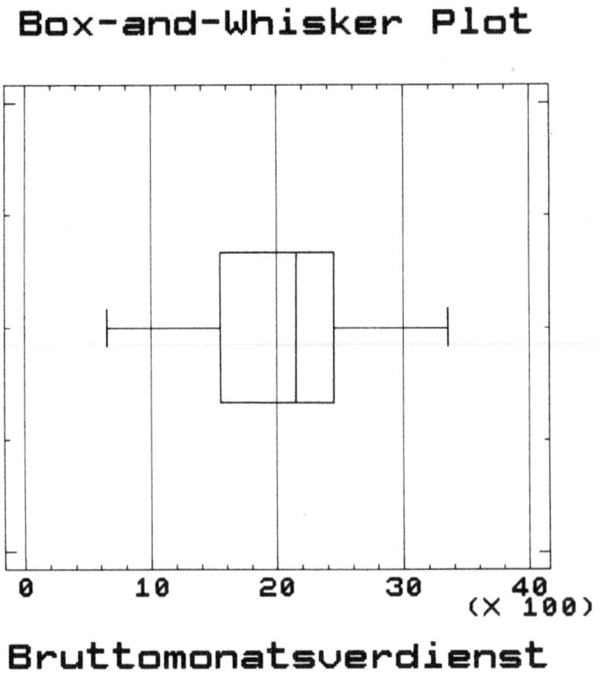

Abb. 4.2: Box-and-Whisker Plot

Die linke Seite der Schachtel bezeichnet das *untere Quartil*, die rechte Seite der Schachtel das *obere Quartil* und die senkrechte Linke innerhalb der Schachtel den *Median*. Die Breite der Schachtel entspricht dem *Quartilsabstand*, ist also der Bereich, in dem die mittleren 50% der Werte liegen. Das Ende des linken Barthaares gibt den *kleinsten* und das Ende des rechten Barthaares den *größten Wert* der Verteilung an; die Strecke zwischen den Endpunkten der beiden Barthaare entspricht der Spannweite (vgl. Abschnitt 4.5). – Aus der Tatsache, daß der Median in unserem *Beispiel* rechts von der Mitte der Schachtel liegt, ist zu ersehen, daß die Verteilung nicht symmetrisch, sondern linksschief ist.

Die **Perzentile** $P_1, P_2, \ldots, P_{99}$, die wie Median und Quartile zu den sogenannten *Quantilen* gehören, teilen die Gesamtheit in *einhundert* gleich große Teilgesamtheiten auf. So ist beispielsweise P_1 derjenige Merkmalswert, bis zu dem 1% und *über* dem 99% der Gesamtanzahl der Elemente liegen.

Betrachten wir den Fall *klassifizierter Daten*, so ergibt sich für das *Beispiel* der Bruttomonatsverdienste z. B. das 90. Perzentil zu P_{90} = 2900 € (vgl. Tabelle 2.7). – Eine Feinberechnung der Perzentile kann analog der Feinberechnung des Medians und der Quartile erfolgen.

Besteht die Gesamtheit aus *Einzelwerten*, so werden die Perzentile analog den Quartilen ermittelt.

4.7. Abschließende Bemerkungen

In Tabelle 4.4. sei zum Abschluß eine *Übersicht* darüber gegeben, welches **Skalenniveau** *erreicht sein muß*, damit man einen bestimmten Mittelwert oder ein bestimmtes Streuungsmaß *sinnvoll* berechnen kann.

Kollektivmaß	Skala			
	Nominal-skala	Ordinal-skala	Intervall-skala	Verhältnis-skala
Mittelwerte				
Modus	x	x	x	x
Median		x	x	x
Arithmetisches Mittel			x	x
Geometrisches Mittel				x
Streuungsmaße				
Spannweite		x	x	x
Quartilsabstand		x	x	x
Mittlere absolute Abweichung			x	x
Varianz, Standard-abweichung			x	x
Variations-koeffizient				x

Tab. 4.4: Kollektivmaße und Skalen

4.8. Ausgewählte Literatur

Harnett, Donald L., James L. Murphy, Introductory Statistical Analysis (3rd. ed.). Reading (Mass.), Menlo Park (Cal.), London usw. 1982.

Stange, Kurt, Angewandte Statistik, Teil 1 (2. Aufl.) Berlin, Heidelberg, New York 2001.

Vogel, Friedrich, Beschreibende und schließende Statistik (13., korr. u. erw. Aufl.). München 2005.

Aufgaben zu Kapitel 4

4.1 Man berechne für die Daten der Aufgabe 2.1 aus der Häufigkeitsverteilung (vgl. Lösung der Aufgabe 2.1) Varianz, Standardabweichung, mittlere absolute Abweichung und Spannweite.

4.2 Für die Häufigkeitsverteilung der Aufgabe 2.2 sind Varianz und korrigierte Varianz zu bestimmen.

4.3 Berechnen Sie für die beiden Gesamtheiten
I: 4, 6, 8, und
II: 102, 104, 106
Varianz, Standardabweichung, Variationskoeffizient, mittlere absolute Abweichung und Spannweite.

4.4 Standardisieren Sie die beiden in Aufgabe 4.3 genannten Gesamtheiten und prüfen Sie, ob jeweils $\mu_Z = 0$ und $\sigma_Z^2 = 1$ ist.

Kapitel 5: Wahrscheinlichkeitsrechnung I

5.1. Einführung

Die **Wahrscheinlichkeitsrechnung** bildet die *Grundlage für die Methoden der mathematischen Statistik,* die in den Wirtschaftswissenschaften große Bedeutung erlangt haben. Auch für den Wirtschaftswissenschaftler sind deshalb Grundkenntnisse der Wahrscheinlichkeitsrechnung unentbehrlich.

Viele Ergebnisse wirtschaftlicher Entscheidungen sind nicht streng determiniert (vorherbestimmbar), sondern besitzen **Zufallscharakter** *(stochastischen Charakter).* So wird sich etwa die Umsatzerhöhung, die der Erhöhung des Werbeetats einer Firma um 200000 € folgt, im voraus nicht genau angeben lassen.

Wichtige Grundlagen der Wahrscheinlichkeitstheorie wurden bereits im 16. und 17. Jahrhundert gelegt. So gelang es den beiden französischen Mathematikern, *Blaise Pascal* (1623–1661) und *Pierre Fermat* (1601–1665), Wahrscheinlichkeiten für die Gewinnaussichten gewisser *Glücksspiele* abzuleiten. Auch im folgenden sollen die Sätze der Wahrscheinlichkeitsrechnung zumeist an einfachen Glücksspielen, wie dem Münzwurf oder dem Würfeln, erläutert werden. Ihr Verständnis fällt nämlich anhand solcher einfachen Zufallsexperimente leichter als anhand realer Entscheidungssituationen, wie sie etwa im Wirtschaftsleben vorkommen. Eine Übertragung der auf diese Weise gewonnenen Erkenntnisse auf konkrete wirtschaftliche Probleme ist aber nicht selten ohne größere Schwierigkeiten möglich.

5.2. Wichtige Grundbegriffe

Ausgangspunkt der Wahrscheinlichkeitsrechnung ist das sogenannte **Zufallsexperiment.** Man versteht darunter einen *Vorgang,* der *nach einer ganz bestimmten Vorschrift ausgeführt* wird, der *beliebig oft wiederholbar* ist und dessen *Ergebnis vom Zufall abhängt,* d. h. im voraus nicht eindeutig bestimmt werden kann. Wird das Zufallsexperiment nicht nur einmal, sondern mehrmals durchgeführt, so setzt man voraus, daß sich die einzelnen *Ergebnisse* gegenseitig nicht beeinflussen, also *unabhängig voneinander* sind. – *Beispiele* für Zufallsexperimente sind das einmalige oder mehrmalige Werfen einer *Münze* oder eines *Würfels,* das Ziehen einer oder mehrerer *Karten* aus einem Kartenspiel oder die Ziehung der *Lottozahlen.* Aber auch die Entnahme einer *Zufallsstichprobe,* etwa zur Bestimmung der durchschnittlichen Brenndauer von Glühbirnen oder des Ausschußanteils einer Produktionsserie, kann als Zufallsexperiment aufgefaßt werden.

Jedes Zufallsexperiment besitzt eine Reihe möglicher elementarer Ergebnisse *(Elementarereignisse, Realisationen).* Bei jeder einzelnen Durchführung des Experiments kann einerseits immer nur *ein einziges* dieser **Elementarereignisse** eintreten; andererseits aber *muß* auch immer eines von ihnen eintreten. Besitzt ein Zufallsexperiment n mögliche Elementarereignisse $\{e_1\}, \ldots, \{e_n\}$, dann bildet die *Menge* $\{e_1, \ldots, e_n\}$ den **Ereignisraum** S dieses Zufallsexperiments:

$$S = \{e_1, \ldots, e_n\}.$$

Ein Ereignisraum ist *endlich,* wenn er nur endlich viele Elementarereignisse umfaßt; andernfalls ist er *unendlich.*

Beispiele für Elementarereignisse und Ereignisräume:

1. Zufallsexperiment: *Einmaliges Werfen eines Würfels:*
   Die *Elementarereignisse* sind die 6 möglichen Augenzahlen {1}, {2}, {3}, {4}, {5}, {6} und der *Ereignisraum* S ist

   $$S = \{1, 2, 3, 4, 5, 6\}.$$

2. Zufallsexperiment: *Einmaliges Werfen einer Münze:*
   Bezeichnet man das *Elementarereignis,* daß die Münze „Wappen" zeigt, mit {W}, und daß sie „Zahl" zeigt, mit {Z}, dann erhält man den *Ereignisraum*

   $$S = \{W, Z\}.$$

3. Zufallsexperiment: *Zweimaliges Werfen einer Münze (bzw. einmaliges Werfen von zwei Münzen):*
   Jedes *Elementarereignis* dieses Zufallsexperiments läßt sich als geordnetes Paar (i, j) darstellen, wobei i das Ergebnis des ersten Wurfes (bzw. der ersten Münze) und j das des zweiten Wurfes (bzw. der zweiten Münze) bezeichnet. Der *Ereignisraum* ist hier also

   $$S = \{WW, WZ, ZW, ZZ\}.$$

Neben dem Begriff des Elementarereignisses steht der allgemeinere Begriff des **Ereignisses.** Man versteht darunter *jede beliebige Teilmenge des Ereignisraumes;* d. h. jedes *Ereignis* setzt sich aus *einem* oder *mehreren Elementarereignissen* (bzw. das unmögliche Ereignis aus null Elementarereignissen) zusammen. Ein Ereignis tritt dann ein, wenn ein in ihm enthaltenes Elementarereignis eintritt.

Beispielsweise umfaßt beim Zufallsexperiment „einmaliges Werfen eines Würfels" das Ereignis A „Werfen einer geraden Augenzahl" drei Elementarereignisse, nämlich die Augenzahlen {2}, {4} und {6}; es gilt also

$$A = \{2, 4, 6\}.$$

Aus Ereignissen lassen sich mit Hilfe gewisser Operationen **neue Ereignisse** bilden. Eine erste mögliche Operation ist die *Vereinigung von Ereignissen:*

Die **Vereinigung** zweier Ereignisse A und B, nämlich das neue Ereignis $A \cup B$, ist als die *Menge aller Elementarereignisse, die zu* A *oder* B *gehören* definiert. *Exakter formuliert:* Die Vereinigung von A und B ist die Menge aller Elementarereignisse, die entweder zu A allein oder zu B allein oder sowohl zu A als auch zu B gemeinsam gehören.

Das neue Ereignis $A \cup B$ tritt also dann ein, wenn entweder Ereignis A oder Ereignis B allein oder die Ereignisse A und B gemeinsam eintreten.

Ereignisse und Ereignisraum S lassen sich im sogenannten **Vennschen Diagramm** anschaulich darstellen; die Ereignisse werden dabei als – sich möglicherweise überlappende – Flächen abgebildet (vgl. Abbildung 5.1).

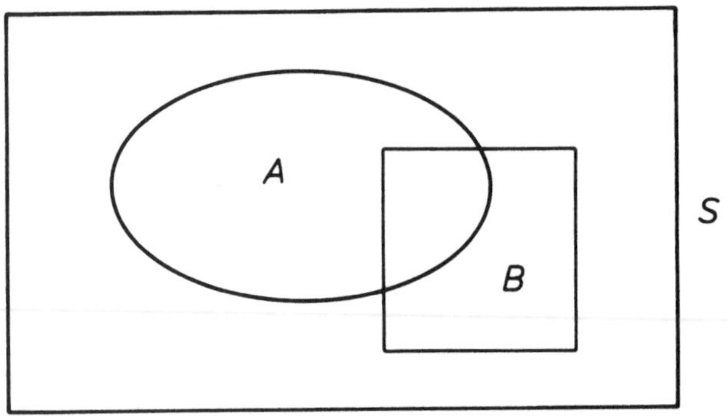

Abb. 5.1: Vennsches Diagramm

Die Vereinigung der Ereignisse A und B entspricht also der schraffierten Fläche in Abbildung 5.2.

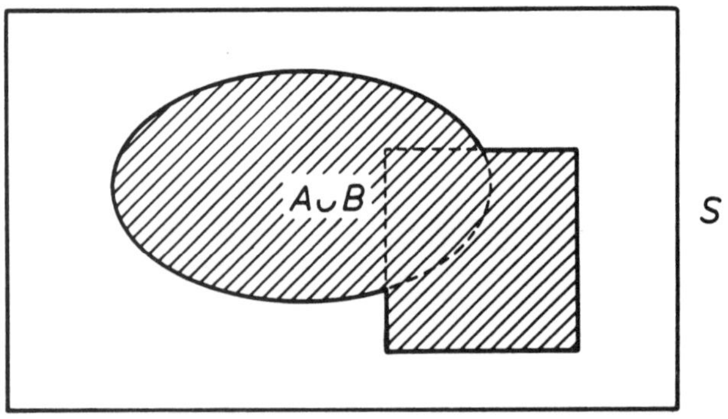

Abb. 5.2: Vereinigung zweier Ereignisse

Eine zweite mögliche Operation ist die *Durchschnittsbildung von Ereignissen:*

Der **Durchschnitt** zweier Ereignisse A und B, nämlich das neue Ereignis $A \cap B$, ist als die Menge aller Elementarereignisse, die zu A *und* B gehören definiert. *Exakter formuliert:* Der Durchschnitt von A und B ist die Menge aller Elementarereignisse, die sowohl zu A als auch zu B gehören.

Das neue Ereignis $A \cap B$ tritt also dann ein, wenn Ereignis A und Ereignis B gemeinsam eintreten. Der Durchschnitt der Ereignisse A und B entspricht der schraffierten Fläche in Abbildung 5.3.

Zwei Ereignisse A und B *schließen einander aus,* d. h. sie sind **disjunkt,** wenn es kein Elementarereignis gibt, das zu beiden gleichzeitig gehört. A und B sind also dann disjunkt, wenn $A \cap B = \emptyset$ gilt, wobei $\emptyset$ als das *unmögliche Ereignis* bezeichnet wird (vgl. Abbildung 5.4).

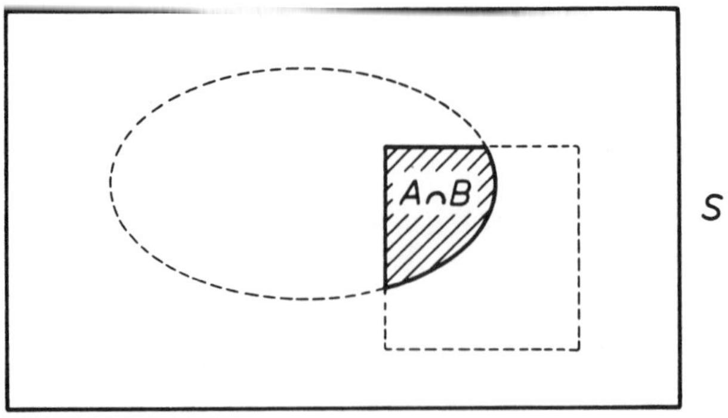

Abb. 5.3: Durchschnitt zweier Ereignisse

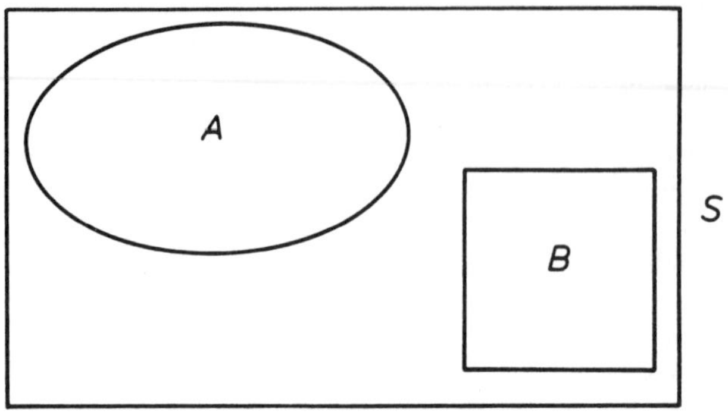

Abb. 5.4: Zwei disjunkte Ereignisse

Unter dem **Komplementärereignis** $\bar{A}$ (oft auch mit dem Symbol A^c bezeichnet) versteht man die *Menge sämtlicher Elementarereignisse des Ereignisraumes* S, *die nicht in Ereignis* A *enthalten sind.* Das Ereignis $\bar{A}$ tritt also immer dann ein, wenn das Ereignis A *nicht* eintritt (vgl. Abbildung 5.5). Somit gilt $A \cup \bar{A} = S$.

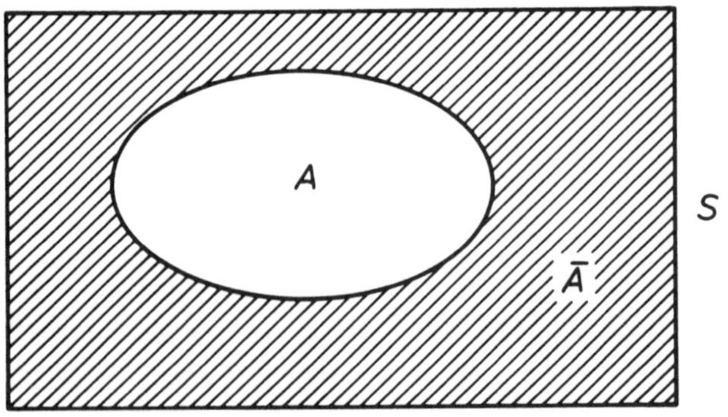

Abb. 5.5: Komplementärereignis

Der Ereignisraum S selbst ist das *sichere Ereignis,* da er sämtliche Elementarereignisse enthält. Sein Komplementärereignis $\bar{S} = \emptyset$ ist das unmögliche Ereignis.

Die Begriffe der *Vereinigung* und des *Durchschnitts* von Ereignissen sollen nun noch am *Beispiel* des Zufallsexperiments *„Zweimaliges Werfen eines Würfels"* veranschaulicht werden. Die einzelnen Elementarereignisse sind hier wieder geordnete Paare der Form (i, j), wobei i das Ergebnis des ersten Wurfes und j das des zweiten bezeichnet. Bei

$i = 1, \ldots, 6$ und $j = 1, \ldots, 6$ ergeben sich insgesamt $6 \cdot 6 = 36$ Elementarereignisse; der Ereignisraum ist

$$S = \left\{ \begin{array}{cccccc} (1,1), & (1,2), & (1,3), & (1,4), & (1,5), & (1,6), \\ (2,1), & (2,2), & (2,3), & (2,4), & (2,5), & (2,6), \\ \vdots & \vdots & \vdots & \vdots & \vdots & \vdots \\ (6,1), & (6,2), & (6,3), & (6,4), & (6,5), & (6,6) \end{array} \right\}.$$

Er ist in Abbildung 5.6 graphisch dargestellt.

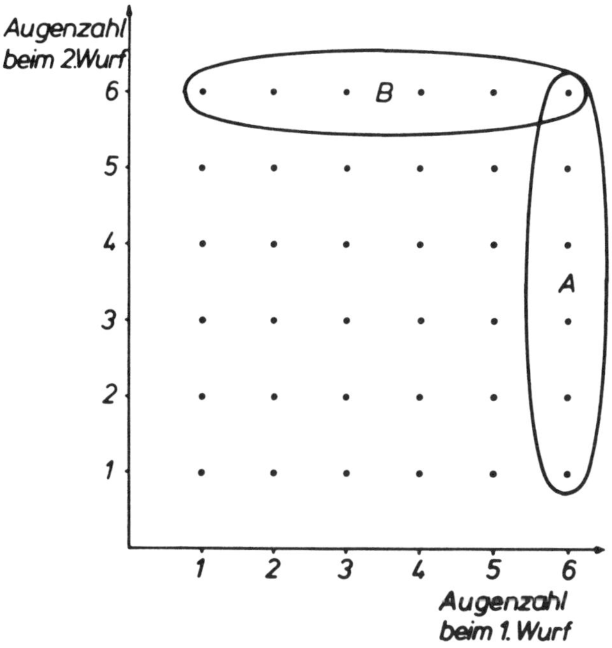

Abb. 5.6: Vennsches Diagramm zum Zufallsexperiment „Zweimaliges Werfen eines Würfels"

Sei A das Ereignis, daß beim *ersten* Wurf eine „6" geworfen wird, also

$$A = \{(6,1), (6,2), (6,3), (6,4), (6,5), (6,6)\},$$

und B das Ereignis, daß beim *zweiten* Wurf eine „6" fällt, also

$$B = \{(1,6), (2,6), (3,6), (4,6), (5,6), (6,6)\},$$

dann ist die *Vereinigung* der beiden Ereignisse A und B, nämlich $A \cup B$, das Ereignis, daß beim ersten *oder* zweiten Wurf eine „6" fällt, oder anders ausgedrückt, daß bei zwei Würfen wenigstens einmal die „6" erscheint:

$$A \cup B = \left\{ \begin{array}{l} (1,6), (2,6), (3,6), (4,6), (5,6), (6,6), \\ (6,1), (6,2), (6,3), (6,4), (6,5) \end{array} \right\}.$$

Der *Durchschnitt* der beiden Ereignisse A und B, nämlich $A \cap B$, ist das Ereignis, daß beim ersten *und* zweiten Wurf, also bei beiden Würfen, die „6" erscheint; er ist $A \cap B = \{(6,6)\}$.

5.3. Wahrscheinlichkeitsdefinitionen

Die **Wahrscheinlichkeit** ist ein *Maß zur Quantifizierung der Sicherheit bzw. Unsicherheit des Eintretens eines bestimmten Ereignisses im Rahmen eines Zufallsexperiments.* Nachfolgend sollen *vier wichtige Wahrscheinlichkeitsbegriffe* besprochen werden:

(1) Klassische Wahrscheinlichkeitsdefinition

Nach der klassischen Definition der Wahrscheinlichkeit (*Laplacesche* Definition der Wahrscheinlichkeit) ist die Wahrscheinlichkeit, daß bei einem bestimmten Zufallsexperiment das Ereignis A eintritt, *der Quotient aus der Zahl der für A günstigen Fälle und der Zahl aller gleichmöglichen Fälle:*

$$W(A) = \frac{\text{Anzahl der für A günstigen Fälle}}{\text{Anzahl aller gleichmöglichen Fälle}}.$$

Dabei werden zwei Ereignisse immer dann als gleichmöglich angesehen, wenn man keinen Grund zur Annahme hat, daß eines der beiden Ereignisse eher eintreten werde als das andere.

Beispiel: In einer Schachtel liegen 8 brauchbare und 2 unbrauchbare Blitzlichtbirnen. Gesucht ist die Wahrscheinlichkeit dafür, daß eine zufällig ausgewählte Birne brauchbar ist (Ereignis A). Der Ereignisraum S umfaßt hier insgesamt 10 mögliche Elementarereignisse, wovon 8 günstig sind. Damit erhält man

$$W(A) = \frac{8}{10} = 0{,}8.$$

Da die klassische Wahrscheinlichkeitsdefinition nur auf eine bestimmte Klasse von Zufallsexperimenten, nämlich auf solche mit gleichwahrscheinlichen Elementarereignissen, angewendet werden kann, ist ihre praktische Bedeutung begrenzt.

(2) Statistische Wahrscheinlichkeitsdefinition

Bei der statistischen Definition der Wahrscheinlichkeit (Definition der Wahrscheinlichkeit nach *Richard von Mises*) geht man von einem Zufallsexperiment aus, das aus einer langen Folge voneinander unabhängiger Versuche besteht. Die Wahrscheinlichkeit W (A) des Ereignisses A ist als der *Grenzwert der relativen Häufigkeit des Auftretens von* A definiert:

$$W(A) = \lim_{n \to \infty} f_n(A) = \lim_{n \to \infty} \frac{h_n(A)}{n},$$

wobei $f_n(A)$ die relative Häufigkeit des Ereignisses A bei n Versuchen und $h_n(A)$ die absolute Häufigkeit des Ereignisses A bei n Versuchen ist.

Beispiel: Wie groß ist die Wahrscheinlichkeit, mit einer Münze „Wappen" zu werfen? – Aus Abbildung 5.7 geht hervor, daß sich $f_n(A)$ mit zunehmender Zahl von Versuchen immer mehr dem Wert 0,5 nähert. Würde man bei einer Fortsetzung der Versuche feststellen, daß die Abweichungen der relativen Häufigkeit $f_n(A)$ von dem Wert 0,5 immer geringer werden, so wäre daraus die Schlußfolgerung zu ziehen, daß man es mit einer sogenannten *idealen Münze* zu tun hat, bei der die Wahrscheinlichkeit für „Wappen" ebensogroß ist wie die für „Zahl".

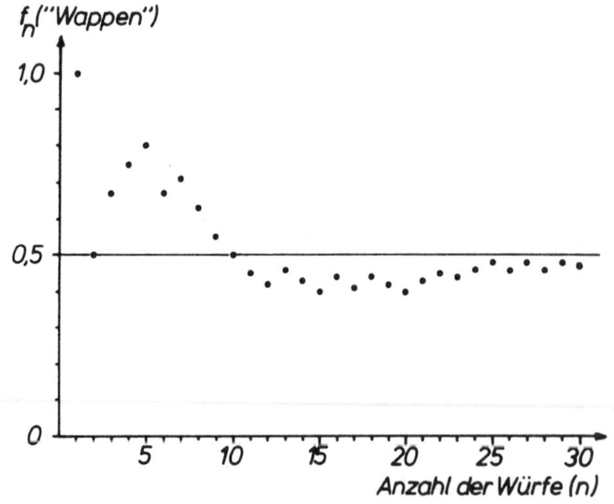

Abb. 5.7: Relative Häufigkeit des Ereignisses „Wappen"

(3) Subjektive Wahrscheinlichkeitsdefinition

In vielen Fällen, beispielsweise bei Entscheidungssituationen im Wirtschaftsleben, lassen sich die Wahrscheinlichkeiten weder unter Verwendung der klassischen, noch unter Zuhilfenahme der statistischen Wahrscheinlichkeitsdefinition *objektiv* bestimmen. Man muß sich dann sogenannter *subjektiver Wahrscheinlichkeiten* bedienen.

Der Begriff der subjektiven Wahrscheinlichkeit wurde von *Leonard J. Savage* entwickelt. Er vertrat den Standpunkt, daß alle Bemühungen einer Objektivierung von Wahrscheinlichkeiten scheitern müßten, daß also letztlich alle Wertangaben für Wahrscheinlichkeiten doch nur *vernünftige Glaubensaussagen* sein könnten.

Beispiel: Für das Ereignis A „morgen kein Regen" ist keine objektive Wahrscheinlichkeit bestimmbar, sondern lediglich eine mehr oder weniger fundierte Glaubensaussage zu machen. Eine zahlenmäßige Vorstellung von der subjektiven Wahrscheinlichkeit läßt sich unter Umständen aus der Überlegung gewinnen, welche *Wettchance* man dem Ereignis „morgen kein Regen" einräumen würde. Würde man mit der Quote 4:1 dafür wetten wollen, daß es morgen nicht regnet, bedeutet das, daß man dem Ereignis A („morgen kein Regen") eine viermal so große Chance gibt wie dem Komplementärereignis $\bar{A}$ („morgen Regen"); demzufolge wäre

$$W(A) = 0{,}8 \text{ und } W(\bar{A}) = 0{,}2.$$

Beträgt die Quote für ein Ereignis A allgemein a : b und die Quote gegen A demzufolge b : a, so ergibt sich die Wahrscheinlichkeit für A als

$$W(A) = \frac{a}{a+b}$$

und die für das Komplementärereignis $\bar{A}$ als

$$W(\bar{A}) = \frac{b}{a+b}.$$

Subjektive Wahrscheinlichkeiten gehen häufig in Entscheidungsmodelle bei Unsicherheit ein. Da das Ergebnis der Modellrechnung von den eingegebenen Wahrscheinlichkeiten abhängt, kann man versuchen, diese durch in der Regel mehrmalige Befragung einer Gruppe von Experten zu objektivieren. Dieses Vorgehen wird in der Literatur als *Delphi-Methode* bezeichnet.

(4) Axiomatische Wahrscheinlichkeitsdefinition

Die axiomatische Definition der Wahrscheinlichkeit geht auf *A. N. Kolmogorov* zurück. Sie will nicht das Wesen der Wahrscheinlichkeit erklären, sondern definiert lediglich ihre mathematischen Eigenschaften. Sie umfaßt die folgenden drei *Axiome* (keiner Beweise bedürfende Grundsätze):

1. Axiom: Die Wahrscheinlichkeit W(A) des Ereignisses A eines Zufallsexperiments ist eine eindeutig bestimmte, reelle, nichtnegative Zahl, die der Bedingung

$$0 \leq W(A) \leq 1$$

genügt.

2. Axiom: Bezeichnet man mit S das Ereignis, das alle Elementarereignisse eines Zufallsexperiments enthält, dann ist S das sichere Ereignis mit

$$W(S) = 1.$$

3. Axiom: Schließen sich zwei Ereignisse A und B eines Zufallsexperiments gegenseitig aus, so gilt

$$W(A \cup B) = W(A) + W(B).$$

5.4. Einige Folgerungen aus den Wahrscheinlichkeits-Axiomen

Aus dem 3. Axiom läßt sich die *Wahrscheinlichkeit der Vereinigung von mehr als zwei sich paarweise gegenseitig ausschließenden Ereignissen* $A_1, \ldots, A_n$ ableiten. Ist

$$A_i \cap A_j = \emptyset \qquad (i \neq j),$$

dann ist die Wahrscheinlichkeit dafür, daß *wenigstens eines* dieser n Ereignisse eintritt

$$W(A_1 \cup A_2 \cup \ldots \cup A_n) = W(A_1) + W(A_2) + \ldots + W(A_n).$$

Beispiel: Zwei Würfel werden geworfen; wie groß ist die Wahrscheinlichkeit, daß die Augensumme der beiden Würfel genau 4 beträgt (Ereignis A)? – Lösung: Beim Wurf zweier Würfel gibt es 36 gleichwahrscheinliche Elementarereignisse (i, j), wobei i = 1, ..., 6 (Ergebnis des 1. Würfels) und j = 1, ..., 6 (Ergebnis des 2. Würfels) ist (vgl. Abbildung 5.6). Jedes Elementarereignis besitzt die Wahrscheinlichkeit

$$W(\{(i, j)\}) = \frac{1}{36}.$$

Ereignis A setzt sich aus 3 Elementarereignissen zusammen:

$$A = \{(1,3)\} \cup \{(2,2)\} \cup \{(3,1)\}.$$

Damit ist

$$W(A) = W(\{(1,3)\}) + W(\{(2,2)\}) + W(\{(3,1)\})$$
$$= \frac{1}{36} + \frac{1}{36} + \frac{1}{36} = \frac{1}{12}.$$

Für die *Wahrscheinlichkeit des Komplementärereignisses* $\bar{A}$, nämlich $W(\bar{A})$, ergibt sich wegen

$$A \cup \bar{A} = S \quad \text{und} \quad W(A) + W(\bar{A}) = 1$$

der Ausdruck

$$W(\bar{A}) = 1 - W(A);$$

für das *Beispiel* des Werfens zweier Würfel ergibt sich die Wahrscheinlichkeit für das Ereignis, daß die Augensummen der beiden Würfel nicht 4 beträgt (Ereignis $\bar{A}$), als

$$W(\bar{A}) = 1 - \frac{1}{12} = \frac{11}{12}.$$

Die *Wahrscheinlichkeit des unmöglichen Ereignisses* $\emptyset$, nämlich $W(\emptyset)$, d.h. die Wahrscheinlichkeit für das Ereignis, das kein Elementarereignis enthält, ist entsprechend

$$W(\emptyset) = 1 - W(S)$$
$$= 0.$$

Damit gilt für die *Wahrscheinlichkeit des Durchschnitts zweier sich ausschließender Ereignisse* A und B

$$W(A \cap B) = W(\emptyset) = 0.$$

5.5. Additionssatz

Der **Additionssatz** lautet: Sind A und B zwei beliebige Ereignisse eines Zufallsexperiments, dann ist die Wahrscheinlichkeit des Ereignisses $A \cup B$

$$W(A \cup B) = W(A) + W(B) - W(A \cap B).$$

Die Wahrscheinlichkeit dafür, daß entweder A oder B auftritt oder A und B gemeinsam auftreten, ergibt sich also durch *Addition* der Wahrscheinlichkeit von A und der von B abzüglich der Wahrscheinlichkeit für das gemeinsame Auftreten von A und B.

Der Additionssatz kann wie folgt *abgeleitet* werden:

Aus der Abbildung 5.8 ist ersichtlich, daß sich das Ereignis $A \cup B$ auch als Vereinigung der beiden sich gegenseitig ausschließenden Ereignisse A und $\bar{A} \cap B$, d.h. als

$$A \cup B = A \cup (\bar{A} \cap B)$$

schreiben läßt; damit gilt

$$W(A \cup B) = W(A) + W(\bar{A} \cap B).$$

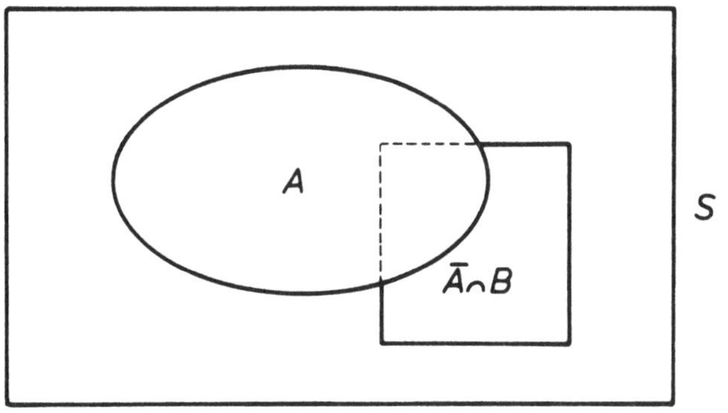

Abb. 5.8: Vennsches Diagramm zur Ableitung des Additionssatzes

Das Ereignis B kann als Vereinigung der beiden sich gegenseitig ausschließenden Ereignisse $A \cap B$ und $\bar{A} \cap B$ aufgefaßt werden:

$$B = (A \cap B) \cup (\bar{A} \cap B).$$

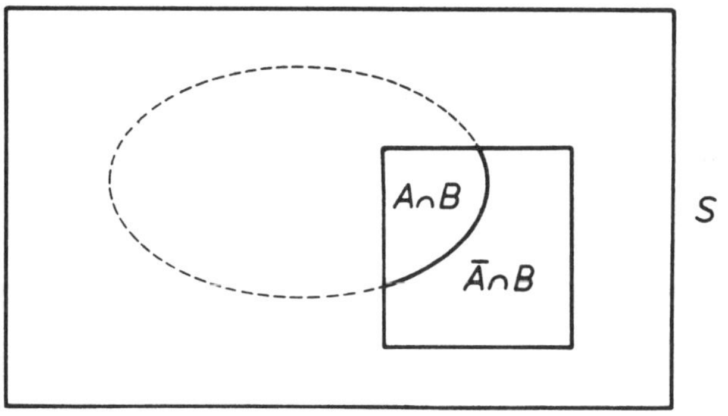

Abb. 5.9: Vennsches Diagramm zur Ableitung des Additionssatzes

Damit gilt

$$W(B) = W(A \cap B) + W(\bar{A} \cap B),$$

woraus folgt:

$$W(\bar{A} \cap B) = W(B) - W(A \cap B).$$

Ersetzt man in der Gleichung $W(A \cup B) = W(A) + W(\bar{A} \cap B)$ den Ausdruck $W(\bar{A} \cap B)$ durch $W(B) - W(A \cap B)$, so erhält man den Additionssatz für beliebige Ereignisse schließlich als

$$W(A \cup B) = W(A) + W(B) - W(A \cap B).$$

Bei der Berechnung der Wahrscheinlichkeit für das Ereignis $A \cup B$ ist von der Summe der Wahrscheinlichkeiten von A und B deshalb $W(A \cap B)$ abzuziehen, weil sonst im Falle, daß sich A und B *nicht gegenseitig ausschließen,* die Elementarereignisse des Durchschnitts doppelt erfaßt würden (sowohl bei Ereignis A als auch bei Ereignis B).

Für den Fall, daß die beiden Ereignisse A und B sich *gegenseitig ausschließen,* ist $W(A \cap B) = 0$ und der Additionssatz vereinfacht sich zu

$$W(A \cup B) = W(A) + W(B);$$

er ist dann also mit dem 3. Axiom der axiomatischen Definition der Wahrscheinlichkeit (vgl. Abschnitt 5.3.) identisch.

Beispiel: Zwei ideale Münzen werden geworfen. Gesucht ist die Wahrscheinlichkeit dafür, daß *wenigstens eine Münze* ,,Wappen" zeigt (Ereignis C).

Der Ereignisraum S dieses Zufallsexperiments besteht aus vier Elementarereignissen:

$$S = \{WW, WZ, ZW, ZZ\}.$$

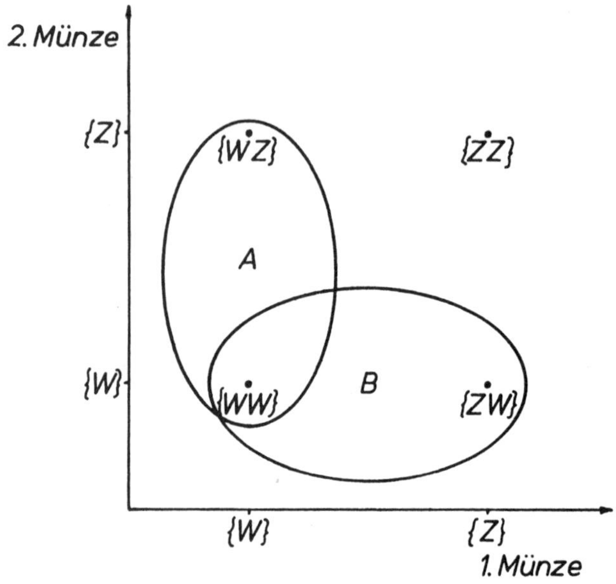

Abb. 5.10: Vennsches Diagramm zum Zufallsexperiment „Werfen zweier Münzen"

Alle vier Elementarereignisse sind gleichwahrscheinlich, besitzen also die Wahrscheinlichkeit $1/4 = 0{,}25$.

Ist A das Ereignis, daß die 1. Münze ,,Wappen" zeigt, dann beträgt $W(A) = 0{,}5$. Ebenso beträgt die Wahrscheinlichkeit, daß die 2. Münze ,,Wappen" zeigt (Ereignis B), $W(B) = 0{,}5$. Das gesuchte Ereignis ist

$$C = A \cup B.$$

Nach dem Additionssatz gilt

$$W(C) = W(A) + W(B) - W(A \cap B).$$

Aus $A \cap B = \{W\,W\}$ ergibt sich $W(A \cap B) = W(\{W\,W\}) = 0{,}25$.

Setzt man die Wahrscheinlichkeiten in den Ausdruck für W(C) ein, so findet man

$$W(C) = 0{,}5 + 0{,}5 - 0{,}25 = 0{,}75.$$

Die gesuchte Wahrscheinlichkeit läßt sich hier auch über eine sogenannte **Vierfeldertafel** berechnen. Die vier Elementarereignisse sind

$$\{WW\} = A \cap B,$$
$$\{WZ\} = A \cap \bar{B},$$
$$\{ZW\} = \bar{A} \cap B \text{ und}$$
$$\{ZZ\} = \bar{A} \cap \bar{B}$$

Die zugehörigen Wahrscheinlichkeiten lassen sich in der in Tabelle 5.1 wiedergegebenen Vierfeldertafel übersichtlich darstellen.

2. Münze / 1. Münze	,,Wappen" Ereignis B	,,Zahl" Ereignis $\bar{B}$	Σ
,,Wappen" Ereignis A	$W(A \cap B) = 0{,}25$	$W(A \cap \bar{B}) = 0{,}25$	$W(A) = 0{,}5$
,,Zahl" Ereignis $\bar{A}$	$W(\bar{A} \cap B) = 0{,}25$	$W(\bar{A} \cap \bar{B}) = 0{,}25$	$W(\bar{A}) = 0{,}5$
Σ	$W(B) = 0{,}5$	$W(\bar{B}) = 0{,}5$	$W(S) = 1{,}0$

Tab. 5.1: Vierfeldertafel

Das gesuchte Ereignis ,,wenigstens einmal Wappen", nämlich $C = A \cup B$, setzt sich aus drei disjunkten Ereignissen zusammen:

$$C = (A \cap B) \cup (\bar{A} \cap B) \cup (A \cap \bar{B});$$

damit findet man

$$\begin{aligned} W(C) &= W(A \cap B) + W(\bar{A} \cap B) + W(A \cap \bar{B}) \\ &= 0{,}25 + 0{,}25 + 0{,}25 \\ &= 0{,}75. \end{aligned}$$

Der Additionssatz läßt sich auch *auf mehr als zwei Ereignisse* ausdehnen. Für *drei beliebige Ereignisse* A_1, A_2 und A_3 gilt beispielsweise

$$\begin{aligned} &W(A_1 \cup A_2 \cup A_3) \\ &= W(A_1) + W(A_2) + W(A_3) \\ &\quad - W(A_1 \cap A_2) - W(A_1 \cap A_3) - W(A_2 \cap A_3) \\ &\quad + W(A_1 \cap A_2 \cap A_3). \end{aligned}$$

5.6. Ausgewählte Literatur

Bosch, Karl, Elementare Einführung in die Wahrscheinlichkeitsrechnung (9., erw. Aufl.). Wiesbaden 2006.

Feller, William, An Introduction to Probability Theory and its Applications, Vol. 1 (3rd ed.) und Vol. 2 (2nd ed.). New York, London, Sydney 1968 und 1971.

Kohler, Heinz, Essentials of Statistics. Glenview (Ill.), London, Boston 1988.

Olkin, Ingram, Leon J. Gleser, Cyrus Derman, Probability Models and Applications (2nd ed.). New York, London 1999.

Aufgaben zu Kapitel 5

5.1 Eine Münze wird dreimal geworfen. Beschreiben Sie den Ereignisraum dieses Zufallsexperiments.

5.2 In einer Schachtel liegen 6 Glühbirnen, darunter 2 fehlerhafte. 2 Glühbirnen werden zufällig nacheinander und ohne Zurücklegen ausgewählt. Stellen Sie den Ereignisraum dieses Zufallsexperiments graphisch dar.

5.3 Zwei ideale Würfel werden geworfen. Wie groß ist die Wahrscheinlichkeit,
a) eine Augensumme von 7 zu erhalten,
b) eine Augensumme von höchstens 11 zu erhalten?

5.4 Jemand bewirbt sich bei zwei Firmen A und B. Die Wahrscheinlichkeit der Annahme seiner Bewerbung schätzt er bei Firma A mit 0,5 und bei Firma B mit 0,6 ein. Weiterhin rechnet er mit einer Wahrscheinlichkeit von 0,3, von beiden Firmen angenommen zu werden. Wie groß ist die Wahrscheinlichkeit, von wenigstens einer der beiden Firmen eine Zusage zu erhalten?

5.5 Die Eingangstür eines Kaufhauses wird innerhalb der nächsten fünf Minuten mit einer Wahrscheinlichkeit von 0,9 von wenigstens 4 Kunden passiert und mit einer Wahrscheinlichkeit von 0,6 von höchstens 6 Kunden. Wie groß ist die Wahrscheinlichkeit, daß innerhalb der nächsten fünf Minuten 4, 5 oder 6 Kunden das Kaufhaus betreten?

Kapitel 6: Wahrscheinlichkeitsrechnung II

6.1. Bedingte Wahrscheinlichkeit

Oft hängt die Wahrscheinlichkeit für das Eintreten eines bestimmten Ereignisses B vom Eintreten eines anderen Ereignisses A ab. Die Wahrscheinlichkeit für B unter der *Voraussetzung,* daß ein anderes Ereignis A vorher eingetreten ist bzw. gleichzeitig mit B eintritt, bezeichnet man als **bedingte Wahrscheinlichkeit** *des Ereignisses* B *unter der Bedingung* A: W (B/A).

Beispiel: In einer Schachtel liegen 6 Blitzlichtbirnen, darunter 2 unbrauchbare. Zwei Birnen werden zufällig eine nach der anderen entnommen, ohne daß die erste vor der Entnahme der zweiten wieder in die Schachtel zurückgelegt wird *(Ziehen ohne Zurücklegen).* Gesucht ist die Wahrscheinlichkeit dafür, beim zweiten Zug eine brauchbare Birne zu entnehmen (Ereignis B), unter der *Voraussetzung,* daß bereits die erste gezogene Birne brauchbar war (Ereignis A).

Da die Ziehung ohne Zurücklegen erfolgt, kann eine bestimmte Birne in der Stichprobe nicht zweimal vorkommen. In Abbildung 6.1, in der der Ereignisraum S des Zufallsexperiments dargestellt ist, fehlen deshalb die den Elementarereignissen $\{(1,1)\}, \{(2,2)\}, \ldots, \{(6,6)\}$ entsprechenden Punkte. Der Ereignisraum umfaßt so insgesamt 30 gleichwahrscheinliche Elementarereignisse. Wenn man mit h(S) die Anzahl der zu S gehörenden Elementarereignisse bezeichnet, gilt $h(S) = 30$; entsprechend gilt $h(A) = 20$, $h(B) = 20$ und $h(A \cap B) = 12$.

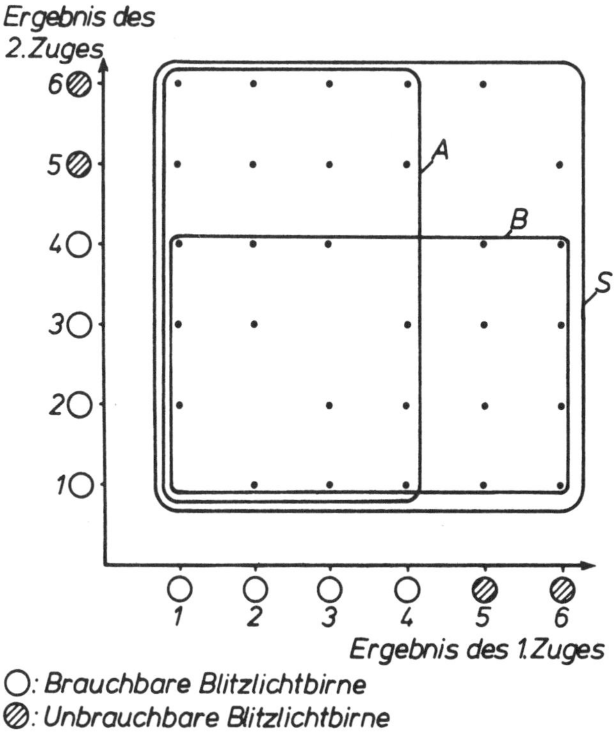

Abb. 6.1: Ereignisraum bei Ziehung von zwei Blitzlichtbirnen ohne Zurücklegen

Für die *Wahrscheinlichkeiten* der Ereignisse A, B und $A \cap B$ findet man

$$W(A) = \frac{h(A)}{h(S)} = \frac{20}{30} = \frac{2}{3},$$

$$W(B) = \frac{h(B)}{h(S)} = \frac{20}{30} = \frac{2}{3} \text{ und}$$

$$W(A \cap B) = \frac{h(A \cap B)}{h(S)} = \frac{12}{30} = \frac{2}{5}.$$

Da nun bekannt ist, daß beim ersten Zug das Ereignis A eingetreten ist, besteht der Ereignisraum beim zweiten Zug nicht mehr aus allen 30 Elementarereignissen von S, sondern nur noch aus den 20 Elementarereignissen von A; davon repräsentieren 12 den Fall, daß beim zweiten Zug eine brauchbare Birne gezogen wird. Diese 12 Elementarereignisse bilden das Ereignis $A \cap B$, so daß man findet:

$$W(B/A) = \frac{h(A \cap B)}{h(A)} = \frac{12}{20} = \frac{3}{5}$$

oder mit $h(A \cap B) = W(A \cap B) \cdot h(S)$ und
$h(A) = W(A) \cdot h(S)$

$$W(B/A) = \frac{W(A \cap B)}{W(A)} = \frac{2/5}{2/3} = \frac{3}{5}.$$

Die Formel

$$W(B/A) = \frac{W(A \cap B)}{W(A)}$$

ist die *Definition der bedingten Wahrscheinlichkeit* eines Ereignisses B unter der Bedingung A mit $W(A) > 0$; in analoger Weise gilt mit $W(B) > 0$

$$W(A/B) = \frac{W(A \cap B)}{W(B)}.$$

6.2. Unabhängigkeit von Ereignissen

Ein Ereignis B ist dann von einem Ereignis A *stochastisch unabhängig,* wenn das Eintreten des Ereignisses B von dem Eintreten oder Nichteintreten des Ereignisses A *nicht* abhängt. Zwei Ereignisse A und B sind dann voneinander unabhängig, wenn

$$W(B/A) = W(B/\bar{A}) \vee W(A/B) = W(A/\bar{B})$$

gilt.

Entsprechend ist Ereignis B von Ereignis A dann *stochastisch abhängig,* wenn

$$W(B/A) \neq W(B/\bar{A})$$

gilt.

Ist Ereignis B von Ereignis A unabhängig, so gilt

$$W(B/A) = W(B/\bar{A}) = \frac{W(\bar{A} \cap B)}{W(\bar{A})} = \frac{W(\bar{A} \cap B)}{1 - W(A)} \text{ und damit}$$

$$W(B/A) \cdot (1 - W(A)) = W(\bar{A} \cap B) \quad \text{bzw.}$$

$$W(B/A) - W(B/A) \cdot W(A) = W(\bar{A} \cap B).$$

Es ergibt sich

$$W(B/A) = W(B/A) \cdot W(A) + W(\bar{A} \cap B) = \frac{W(A \cap B)}{W(A)} W(A) + W(\bar{A} \cap B) = W(A \cap B) + W(\bar{A} \cap B)$$

und schließlich

$$= W(B).$$

Man kann also auch so formulieren: Ein Ereignis B ist von einem Ereignis A dann *unabhängig*, wenn die bedingte Wahrscheinlichkeit von B bezogen auf A gleich der nicht bedingten Wahrscheinlichkeit von B ist. Weiter läßt sich zeigen, daß bei Unabhängigkeit zweier Ereignisse A und B auch die Ereignisse $\bar{A}$ und B, A und $\bar{B}$ sowie $\bar{A}$ und $\bar{B}$ voneinander unabhängig sind.

Im *Beispiel* der Blitzlichtbirnen (vgl. Abschnitt 6.1) war die Wahrscheinlichkeit, beim zweiten Zug eine brauchbare Birne zu entnehmen (Ereignis B), unter der Voraussetzung, daß beim ersten Zug bereits eine brauchbare gezogen wurde (Ereignis A)

$$W(B/A) = \frac{3}{5}.$$

Wäre beim ersten Zug dagegen eine *unbrauchbare* Birne entnommen worden (Ereignis $\bar{A}$), dann wäre die bedingte Wahrscheinlichkeit, beim zweiten Zug eine brauchbare Birne zu erhalten,

$$W(B/\bar{A}) = \frac{W(\bar{A} \cap B)}{W(\bar{A})}$$

gewesen.

Mit

$$W(\bar{A}) = \frac{10}{30} = \frac{1}{3} \quad \text{und}$$

$$W(\bar{A} \cap B) = \frac{8}{30} = \frac{4}{15} \quad \text{hätte sich}$$

$$W(B/\bar{A}) = \frac{\frac{4}{15}}{\frac{1}{3}} = \frac{4}{5}$$

ergeben.

Da in diesem Beispiel bei der *Ziehung ohne Zurücklegen* also $W(B/A) \neq W(B/\bar{A})$ gilt, ist also Ereignis B von Ereignis A *abhängig*. – Der Leser möge sich selbst überzeugen, daß im Modellfall *Ziehung mit Zurücklegen* (die zweite Birne wird erst dann entnommen, wenn die erste in die Schachtel zurückgelegt ist und danach der Inhalt der Schachtel neu durchmischt wurde) A und B *unabhängig* voneinander sind.

Betrachten wir als weiteres *Beispiel* das Zufallsexperiment „*Einmaliges Werfen zweier idealer Münzen*", so ist die Wahrscheinlichkeit, daß die zweite Münze „Wappen" zeigt (Ereignis B) ebenfalls *unabhängig* davon, ob die erste Münze „Wappen" (Ereignis A) oder „Zahl" (Ereignis $\bar{A}$) zeigt. Es ist hier

$$\begin{aligned} A &= \{WW, WZ\} && \text{mit } W(A) = 0{,}50, \\ \bar{A} &= \{ZW, ZZ\} && \text{mit } W(\bar{A}) = 0{,}50, \\ B &= \{ZW, WW\} && \text{mit } W(B) = 0{,}50, \\ A \cap B &= \{WW\} && \text{mit } W(A \cap B) = 0{,}25 \text{ und} \\ \bar{A} \cap B &= \{ZW\} && \text{mit } W(\bar{A} \cap B) = 0{,}25. \end{aligned}$$

Damit ergibt sich

$$W(B/A) = \frac{W(A \cap B)}{W(A)} = \frac{0{,}25}{0{,}50} = 0{,}50 \text{ und}$$

$$W(B/\bar{A}) = \frac{W(\bar{A} \cap B)}{W(\bar{A})} = \frac{0{,}25}{0{,}50} = 0{,}50.$$

Es gilt also $W(B/A) = W(B/\bar{A})$, womit gezeigt ist, daß die beiden Ereignisse A und B *unabhängig* voneinander sind.

6.3. Multiplikationssatz

Aus der Definition der bedingten Wahrscheinlichkeit (vgl. Abschnitt 6.1), nämlich aus

$$W(B/A) = \frac{W(A \cap B)}{W(A)}$$

folgt unmittelbar der sogenannte **Multiplikationssatz:**

$$W(A \cap B) = W(A) \cdot W(B/A).$$

Er ermöglicht die Berechnung der *Wahrscheinlichkeit dafür, daß sowohl ein Ereignis* A *als auch ein Ereignis* B *eintritt* (Ereignis $A \cap B$).

Ebenso gilt natürlich

$$W(A \cap B) = W(B) \cdot W(A/B).$$

Betrachten wir noch einmal das *Beispiel* der *Entnahme von zwei Blitzlichtbirnen ohne Zurücklegen* (vgl. Abschnitt 6.1), wobei Ereignis A das Ereignis bezeichnet, beim ersten Zug eine brauchbare Birne zu entnehmen und Ereignis B, beim zweiten Zug eine brauchbare zu finden. Es handelt sich hier um ein *zweistufiges Zufallsexperiment,* dessen Ablauf sich anschaulich mit Hilfe eines sogenannten **Baumdiagramms** (vgl. Abb. 6.2) darstellen läßt. Die Wahrscheinlichkeiten der auf jeder Stufe möglichen Ereignisse sind an den entsprechenden „Ästen" eingetragen.

Beispielsweise läßt sich die Wahrscheinlichkeit, zweimal

hintereinander eine brauchbare Birne zu entnehmen, aus dem Baumdiagramm als

$$W(A \cap B) = \frac{12}{30} = \frac{2}{5}$$

ermitteln.

Sind die Ereignisse A und B *unabhängig* voneinander, dann ist $W(B/A) = W(B)$; der **Multiplikationssatz für unabhängige Ereignisse** lautet somit

$$W(A \cap B) = W(A) \cdot W(B).$$

Beispiel: Eine Münze wird zweimal geworfen; wie groß ist die Wahrscheinlichkeit, zweimal „Wappen" zu erhalten? Das Zufallsexperiment *„Zweimaliges Werfen einer Münze"* kann als ein *zweistufiges* Zufallsexperiment aufgefaßt werden (vgl. Abb. 6.3). Bei jeder einzelnen Durchführung ist die Wahrscheinlichkeit „Wappen" zu werfen $\frac{1}{2}$. Die beiden Würfe sind unabhängig voneinander. Bezeichnet man das Ereignis, daß der erste Wurf „Wappen" zeigt, mit A und das Ereignis, daß der zweite Wurf „Wappen" zeigt, mit B, dann gilt nach dem Multiplikationssatz für unabhängige Ereignisse

$$W(A \cap B) = W(A) \cdot W(B)$$

$$= \frac{1}{2} \cdot \frac{1}{2} = \frac{1}{4}.$$

Wie der Additionssatz läßt sich auch der *Multiplikationssatz* auf *mehr als zwei Ereignisse* ausdehnen. Für *drei Ereignisse* A_1, A_2 und A_3 gilt beispielsweise

$$W(A_1 \cap A_2 \cap A_3) = W(A_1) \cdot W(A_2/A_1) \cdot W(A_3/A_1 \cap A_2);$$

dabei ist $W(A_3/A_1 \cap A_2)$ die bedingte Wahrscheinlichkeit für Ereignis A_3 unter der Bedingung, daß vorher die Ereignisse A_1 und A_2 eingetreten sind.

Beispiel: Eine Partie (ein Los) von 50 Bauteilen eines bestimmten Typs umfaßt 20% Ausschuß. Bei der Abnahmeprüfung werden 3 Bauteile zufällig nacheinander ohne Zurücklegen ausgewählt. Die gesamte Lieferung soll nur dann angenommen werden, wenn alle 3 Bauteile einwandfrei sind. Wie groß ist die Annahmewahrscheinlichkeit? Bezeichnet man mit A_i das Ereignis, daß bei der i-ten Entnahme ein einwandfreies Bauteil entnommen wird, dann beträgt die Wahrscheinlichkeit für das Ereignis A_1 (einwandfreies Bauteil beim ersten Zug)

$$W(A_1) = \frac{40}{50},$$

da insgesamt $50 - 10 = 40$ einwandfreie Stücke in der Partie vorhanden sind. Die Wahrscheinlichkeit, beim zweiten Zug ebenfalls ein einwandfreies Bauteil zu ziehen, unter der Bedingung, daß beim ersten Zug bereits ein einwandfreies Stück entnommen wurde, ergibt sich zu

$$W(A_2/A_1) = \frac{39}{49}.$$

Entsprechend erhält man

$$W(A_3/A_1 \cap A_2) = \frac{38}{48}.$$

Das Ereignis, daß alle 3 Bauteile in Ordnung sind, ist

$$A_1 \cap A_2 \cap A_3;$$

seine Wahrscheinlichkeit ergibt sich nach dem Multiplikationssatz zu

$$W(A_1 \cap A_2 \cap A_3)) = W(A_1) \cdot W(A_2/A_1) \cdot W(A_3/A_1 \cap A_2)$$

$$= \frac{40}{50} \cdot \frac{39}{49} \cdot \frac{38}{48}$$

$$= 0{,}5041.$$

Auch der Begriff der *Unabhängigkeit von Ereignissen* läßt sich auf *mehr als zwei Ereignisse* ausdehnen. So sind beispielsweise *drei Ereignisse* A_1, A_2 und A_3 dann voneinander *unabhängig,* wenn die Beziehungen

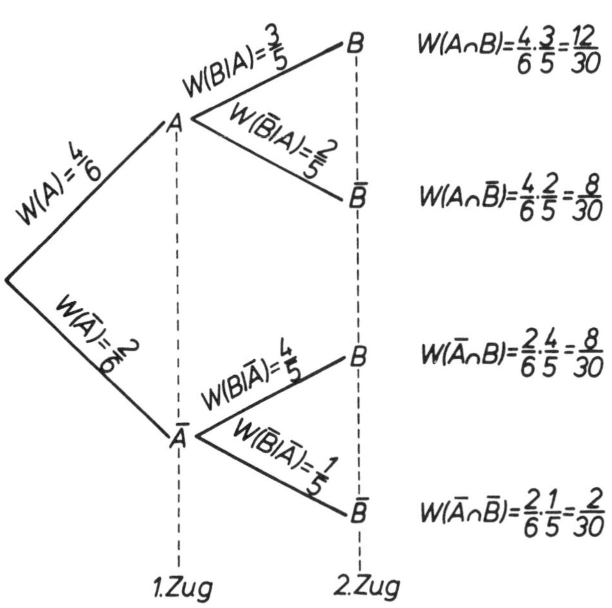

Abb. 6.2: Baumdiagramm

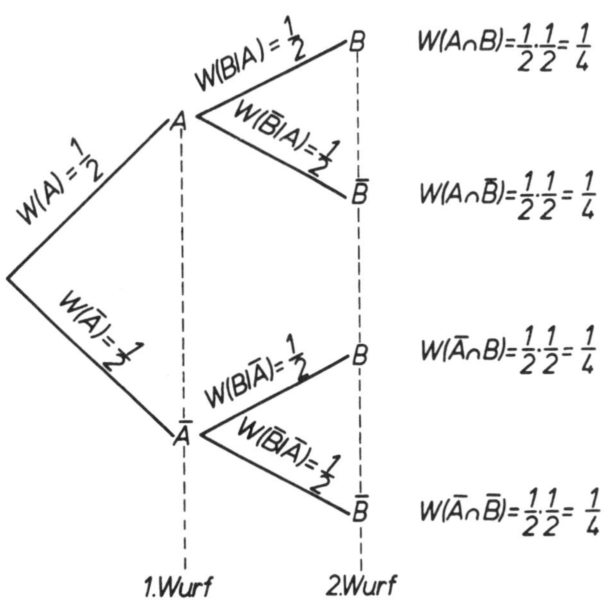

Abb. 6.3: Baumdiagramm

$W(A_1) = W(A_1/A_2) = W(A_1/A_3) = W(A_1/A_2 \cap A_3)$,
$W(A_2) = W(A_2/A_1) = W(A_2/A_3) = W(A_2/A_1 \cap A_3)$
und
$W(A_3) = W(A_3/A_1) = W(A_3/A_2) = W(A_3/A_1 \cap A_2)$

gelten. – Im Fall *dreier unabhängiger Ereignisse* lautet der *Multiplikationssatz* dann einfach

$$W(A_1 \cap A_2 \cap A_3) = W(A_1) \cdot W(A_2) \cdot W(A_3).$$

Beispiel: Bezeichnet man mit A_i das Ereignis, daß ein idealer Würfel eine „6" zeigt, dann erhält man für die Wahrscheinlichkeit, daß der Würfel dreimal hintereinander eine „6" zeigt:

$$W(A_1 \cap A_2 \cap A_3) = W(A_1) \cdot W(A_2) \cdot W(A_3) = \frac{1}{6} \cdot \frac{1}{6} \cdot \frac{1}{6} = 0{,}00463.$$

6.4. Theorem der totalen Wahrscheinlichkeit

Es seien $A_1, A_2, \ldots, A_n$ sich gegenseitig ausschließende Ereignisse, welche einen Ereignisraum S ganz ausfüllen, so daß also

$A_i \cap A_j = \emptyset$ $(i, j = 1, \ldots, n;\ i \neq j)$ und
$A_1 \cup A_2 \cup \ldots \cup A_n = S$

gilt. – Die Menge der Ereignisse $A_1, A_2, \ldots, A_n$, die diese angegebenen Eigenschaften besitzen, wird als **Einteilung** (englisch: *partition*) des Ereignisraumes S bezeichnet. In Abb. 6.4 ist eine solche Einteilung für das Beispiel $n = 10$ Ereignisse A_i $(i=1, \ldots, 10)$ veranschaulicht.

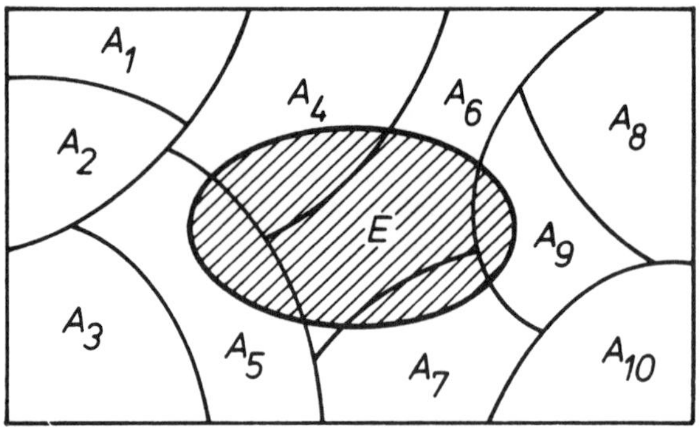

Abb. 6.4: Einteilung des Ereignisraumes

Jedes beliebige Ereignis E läßt sich nun als Vereinigung von sich gegenseitig ausschließenden Ereignissen, nämlich als

$$E = (E \cap A_1) \cup \ldots \cup (E \cap A_n)$$

darstellen. – Nach dem Additionssatz für sich gegenseitig ausschließende Ereignisse (vgl. Abschnitt 5.5) gilt

$$W(E) = W(E \cap A_1) + \ldots + W(E \cap A_n);$$

mit Hilfe des Multiplikationssatzes ergibt sich dann

$$W(E) = W(A_1) \cdot W(E/A_1) + \ldots + W(A_n) \cdot W(E/A_n)$$

oder kürzer

$$W(E) = \sum_{i=1}^{n} W(A_i) \cdot W(E/A_i).$$

Dieser Ausdruck wird auch als **Theorem der totalen Wahrscheinlichkeit** bezeichnet.

Beispiel: In einem Betrieb werden täglich 1000 Stück eines Produkts hergestellt. Davon liefert Maschine

M_1 100 Stück mit 5% Ausschußanteil,
M_2 400 Stück mit 4% Ausschußanteil und
M_3 500 Stück mit 2% Ausschußanteil.

Aus einer Tagesproduktion wird ein Stück zufällig ausgewählt. Wie groß ist die Wahrscheinlichkeit, daß das ausgewählte Stück fehlerhaft ist?

Bezeichnet man mit A_i $(i = 1, 2, 3)$ das Ereignis, daß ein ausgewähltes Stück von Maschine M_i hergestellt wurde, und mit E, daß es fehlerhaft ist, so lassen sich die folgenden Wahrscheinlichkeiten berechnen:

$W(A_1) = 100/1000 = 0{,}1$ und $W(E/A_1) = 5/100 = 0{,}05$,
$W(A_2) = 400/1000 = 0{,}4$ und $W(E/A_2) = 4/100 = 0{,}04$
sowie
$W(A_3) = 500/1000 = 0{,}5$ und $W(E/A_3) = 2/100 = 0{,}02$.

Da man für das Ereignis E

$$E = (E \cap A_1) \cup (E \cap A_2) \cup (E \cap A_3)$$

setzen kann, ist die gesuchte Wahrscheinlichkeit W(E)

$$W(E) = \sum_{i=1}^{3} W(A_i) \cdot W(E/A_i) = 0{,}1 \cdot 0{,}05 + 0{,}4 \cdot 0{,}04 + 0{,}5 \cdot 0{,}02 = 0{,}031.$$

6.5. Theorem von Bayes

Zur Ableitung des Theorems von *Bayes* gehen wir von einer *Einteilung* des Ereignisraumes S in n Ereignisse A_i $(i = 1, \ldots, n)$ aus (vgl. Abschnitt 6.4). Nach dem Multiplikationssatz (vgl. Abschnitt 6.3) gilt dann

$$W(A_j \cap E) = W(E) \cdot W(A_j/E) \text{ und}$$
$$W(A_j \cap E) = W(A_j) \cdot W(E/A_j).$$

Setzt man die beiden rechten Seiten dieser Gleichungen gleich, so ergibt sich

$$W(E) \cdot W(A_j/E) = W(A_j) \cdot W(E/A_j) \text{ und}$$
$$W(A_j/E) = \frac{W(A_j) \cdot W(E/A_j)}{W(E)}.$$

Nach der Formel der totalen Wahrscheinlichkeit (vgl. Abschnitt 6.4) kann man aber W(E) auch als

$$W(E) = \sum_{i=1}^{n} W(A_i) \cdot W(E/A_i)$$

schreiben. Damit erhält man

$$W(A_j/E) = \frac{W(A_j) \cdot W(E/A_j)}{\sum_{i=1}^{n} W(A_i) \cdot W(E/A_i)}.$$

Diese Beziehung geht auf *Thomas Bayes* (1702–1761) zurück und wird deshalb auch als das **Theorem von Bayes** *(Bayessche Regel)* bezeichnet.

Mit Hilfe der Bayesschen Regel kann man, wenn das Ereignis E eingetreten ist, nachträglich die Wahrscheinlichkeit dafür ermitteln, daß gleichzeitig mit E das Ereignis A_j eingetreten ist. Man nennt die Wahrscheinlichkeit W (A_j/E) daher auch die **a-posteriori-Wahrscheinlichkeit** des Ereignisses A_j. Die Wahrscheinlichkeit W (A_j) heißt im Gegensatz dazu die **a-priori-Wahrscheinlichkeit.**

Zur Veranschaulichung der Anwendungsmöglichkeiten der Bayesschen Regel soll noch einmal das *Beispiel* aus Abschnitt 6.4 betrachtet werden. Aus der Tagesproduktion wird wiederum ein Stück zufällig ausgewählt; dabei habe man festgestellt, daß es sich bei diesem Stück um ein *fehlerhaftes* handelt. – Gefragt wird nun nach den Wahrscheinlichkeiten dafür, daß dieses fehlerhafte Stück auf Maschine M_1 bzw. M_2 bzw. M_3 gefertigt wurde; gesucht sind also die Wahrscheinlichkeiten $W(A_1/E)$, $W(A_2/E)$ und $W(A_3/E)$. Nach dem Theorem von Bayes erhält man

$$W(A_1/E) = \frac{W(A_1) \cdot W(E/A_1)}{\sum\limits_{i=1}^{3} W(A_i) \cdot W(E/A_i)}$$

$$= \frac{0{,}1 \cdot 0{,}05}{0{,}1 \cdot 0{,}05 + 0{,}4 \cdot 0{,}04 + 0{,}5 \cdot 0{,}02}$$

$$= \frac{0{,}005}{0{,}031} = 0{,}16,$$

$$W(A_2/E) = \frac{0{,}4 \cdot 0{,}04}{0{,}031} = 0{,}52 \text{ und}$$

$$W(A_3/E) = \frac{0{,}5 \cdot 0{,}02}{0{,}031} = 0{,}32.$$

Man kann die Ereignisse A_i gewissermaßen als *Ursachen* auffassen, die eine gewisse Wirkung, nämlich das Ereignis E, auslösen. Das Bayessche Theorem liefert dann die Möglichkeit, die Wahrscheinlichkeit dafür auszurechnen, daß der beobachteten Wirkung eine der Ursachen A_i zugrundeliegt. So wäre in unserem Beispiel die Wahrscheinlichkeit dafür, daß das gefundene fehlerhafte Stück von Maschine M_2 stammt, am größten.

Das Theorem von *Bayes* wird in der Praxis auch dazu benutzt, *Wahrscheinlichkeiten von* **Hypothesen** *(Annahmen)* zu berechnen.

Beispiel: Fritz trifft seinen Freund Franz und bietet ihm folgendes Spiel an: Er wirft eine Münze; erscheint ,,Wappen", muß Franz eine Runde bezahlen, erscheint ,,Zahl", will Fritz selbst eine ausgeben. Franz hat nun den Verdacht, daß die von Fritz verwendete Münze zwei Wappenseiten besitzt; dieser *Hypothese,* nämlich dem Ereignis A ,,Münze besitzt zwei Wappenseiten", räumt er die subjektive Wahrscheinlichkeit W (A) = 0,8 ein, so daß der *Alternativhypothese* (Gegenannahme), es handele sich um eine echte Münze (Ereignis $\bar{A}$), die Wahrscheinlichkeit $W(\bar{A}) = 0{,}2$ zukommt. – Nun wirft Fritz die Münze und es erscheint – wie Franz befürchtet hat – ,,Wappen" (Ereignis E). Franz will nun unter Verwendung dieser zusätzlichen Information die Wahrscheinlichkeit dafür berechnen, daß es sich um eine Münze mit zwei Wappenseiten handelt.

Besitzt die Münze zwei Wappenseiten, dann ist W (E/A) = 1; ist die Münze echt, erhält man $W(E/\bar{A}) = 0{,}5$.

Mit diesen bedingten Wahrscheinlichkeiten ergibt sich die gesuchte Wahrscheinlichkeit für das Ereignis A unter der Bedingung, daß vorher das Ereignis E eingetreten ist, als

$$W(A/E) = \frac{W(A) \cdot W(E/A)}{W(A) \cdot W(E/A) + W(\bar{A}) \cdot W(E/\bar{A})}$$

$$= \frac{0{,}8 \cdot 1}{0{,}8 \cdot 1 + 0{,}2 \cdot 0{,}5}$$

$$= 0{,}889.$$

Nach dem ersten Wurf hat sich also die *Wahrscheinlichkeit der Hypothese* von Franz, Fritz spiele mit einer falschen Münze, von 0,8 auf 0,889 erhöht.

6.6. Ausgewählte Literatur

Bain, Lee J., Max Engelhardt, Introduction to Probability and Mathematical Statistics (2nd ed.). Boston (Mass.) 2000.

Kohler, Heinz, Essentials of Statistics. Glenview (Ill.), London, Boston 1988.

Maritz, J. S., T. Lwin, Empirical Bayes Methods (2nd ed.). London, New York 1989.

Parzen, Emanuel, Modern Probability Theory and its Applications (Nachdruck). New York, London, Sydney 1992.

Aufgaben zu Kapitel 6

6.1 Zwei Studenten versuchen unabhängig voneinander die gleiche Statistik-Aufgabe zu lösen, wobei jeder mit einer Lösungswahrscheinlichkeit von 0,6 arbeitet. Wie groß ist die Wahrscheinlichkeit dafür, daß wenigstens einer der Studenten das richtige Ergebnis findet?

6.2 Am Anfang seines Studiums glaubt ein Student, daß er dieses mit einer Wahrscheinlichkeit von 0,7 erfolgreich beenden wird. Mit erfolgreich abgeschlossenem Studium beträgt die Wahrscheinlichkeit, die gewünschte Position zu erhalten, 0,8, ohne Studienabschluß nur 0,1. Wie groß ist die Wahrscheinlichkeit, daß der Student die Position erhalten wird? Zeichnen Sie das der Aufgabenstellung entsprechende Baumdiagramm.

6.3 Ein Vertreter kauft jedes Jahr einen Pkw des Typs A oder des Typs B. Die Wahrscheinlichkeit, daß er im nächsten Jahr denjenigen Typ wählt, den er zur Zeit fährt, soll 0,7 betragen. Angenommen, er fährt zur Zeit den Typ A. Wie groß ist die Wahrscheinlichkeit, daß er im übernächsten Jahr wieder den Typ A erwirbt? Entwerfen Sie das zugehörende Baumdiagramm. Wie lautet die allgemeine Lösung, wenn die Wahrscheinlichkeit w beträgt?

6.4 Auf zwei verschiedenen Bändern B_1 und B_2 wird der gleiche Fernsehröhrentyp gefertigt. B_1 liefert 20% und B_2 80% der Produktion. Bei B_1 beträgt der Ausschußanteil 10%, bei B_2 5%. Aus der Gesamtproduktion wird eine Fernsehröhre zufällig ausgewählt. Wie groß ist die Wahrscheinlichkeit dafür, daß sie auf B_1 bzw. B_2 gefertigt wurde, wenn festgestellt wird,

a) daß sie von einwandfreier Qualität ist,

b) daß sie defekt ist?

Kapitel 7: Zufallsvariable I (Eindimensionale Zufallsvariable)

7.1. Begriff der Zufallsvariablen

Der Begriff der Zufallsvariablen soll zunächst anhand von Zufallsexperimenten erläutert werden, die einen *endlichen Ereignisraum* besitzen, d. h. deren Ereignisraum S nur eine bestimmte Anzahl von n Elementarereignissen $\{e_j\}$ oder vereinfacht geschrieben e_j (j = 1, ..., n) umfaßt (vgl. auch Abschnitt 5.2.). In den Kapiteln 5 und 6 waren für diese Klasse von Zufallsexperimenten die Wahrscheinlichkeiten für das Eintreten gewisser Ereignisse (Untermengen des Ereignisraumes S) berechnet worden.

In sehr vielen Fällen bestehen diese Ereignisse selbst aus *Zahlenwerten*, wie etwa die geworfene Augenzahl beim Würfeln oder die Anzahl der fehlerhaften Stücke in einer Zufallsstichprobe aus einer bestimmten Produktionsserie. In den übrigen Fällen lassen sich den Ereignissen häufig sinnvoll *Zahlenwerte zuordnen*; so könnte man beim Roulett dem Ereignis „Rot" den Zahlenwert 0 und dem Ereignis „Schwarz" den Zahlenwert 1 zuweisen.

Untersucht man beispielsweise beim *Zufallsexperiment „Zweimaliges Werfen einer Münze"* die Frage, wie oft „Wappen" erscheint, so wären die möglichen Werte 0, 1 oder 2. Welcher Wert konkret eintritt, läßt sich nicht im voraus sagen. Derartige *Variable*, wie hier die „Anzahl Wappen", *deren Werte vom Zufall abhängen*, heißen deshalb auch **Zufallsvariable** *(Zufallsveränderliche)* und werden im allgemeinen mit großen Buchstaben wie X, Y oder Z bezeichnet. Der *einzelne Wert*, den eine Zufallsvariable X annimmt, heißt **Realisation** *(Ausprägung)* der Zufallsvariablen und wird mit x bezeichnet. So besitzt zum Beispiel beim zweimaligen Werfen einer Münze die Zufallsvariable X: „Anzahl Wappen" die Ausprägungen $x_1 = 0$, $x_2 = 1$ und $x_3 = 2$.

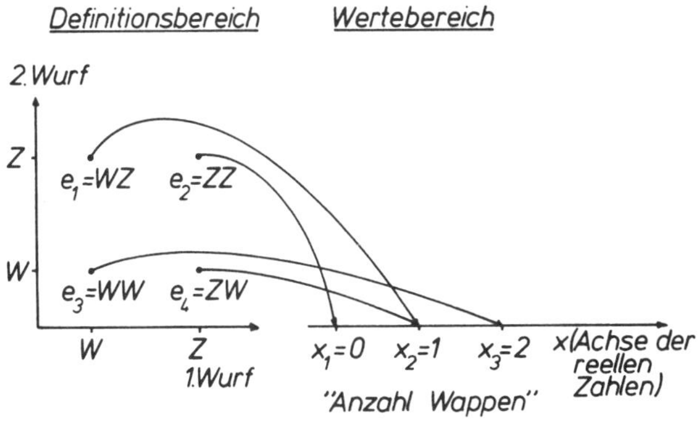

Abb. 7.1: Definitions- und Wertebereich der Zufallsvariablen X: „Anzahl Wappen" beim zweimaligen Werfen einer Münze

Aus Abb. 7.1 ist ersichtlich, daß sich die Zufallsvariable X auch als *Funktion* auffassen läßt, nämlich als die Funktion, die jedem Elementarereignis eine bestimmte reelle Zahl zuordnet; man könnte also $X(e_j) = x_i$ schreiben.

Allgemein läßt sich sagen, daß der **Definitionsbereich** einer Zufallsvariablen der *Ereignisraum* S des zugrundeliegenden Zufallsexperiments ist und der **Wertebereich** die *Menge der reellen Zahlen*.

Die bis jetzt behandelten Zufallsvariablen waren über *endliche Ereignisräume* definiert und umfaßten deshalb auch nur endlich viele Realisationen. Solche *Zufallsvariable, die nur endlich viele oder abzählbar unendlich viele Ausprägungen besitzen*, werden als **diskrete Zufallsvariable** bezeichnet. (Als abzählbar unendlich wird eine Menge bezeichnet, wenn sie zwar unendlich viele Elemente besitzt, sich aber jedem einzelnen Element eine natürliche Zahl zuordnen läßt.)

Im Gegensatz zu den diskreten Zufallsvariablen können die **stetigen** *(kontinuierlichen)* **Zufallsvariablen** zumindest in einem bestimmten Bereich der reellen Zahlen jeden beliebigen Zahlenwert annehmen. *Beispiele* für stetige Zufallsvariable sind etwa die Länge eines aus einem Produktionslos zufällig ausgewählten Werkstücks oder der Zeitaufwand, den ein Student für die Lösung einer bestimmten Statistik-Aufgabe benötigt. Aus Gründen der nicht beliebig erhöhbaren Meßgenauigkeit lassen sich in der Praxis allerdings Zufallsvariable nur diskret erfassen.

7.2. Wahrscheinlichkeitsfunktion und Verteilungsfunktion diskreter Zufallsvariabler

Die *Wahrscheinlichkeit*, mit der eine diskrete Zufallsvariable X die spezielle Ausprägung x_i annimmt, d. h. $W(X = x_i)$, ergibt sich als Summe der Wahrscheinlichkeiten derjenigen Elementarereignisse e_j, denen die Ausprägung x_i zugeordnet ist:

$$W(X = x_i) = \sum_{X(e_j) = x_i} W(e_j).$$

Liegen die unterschiedlichen Ausprägungen $x_1, x_2, \ldots$ einer Zufallsvariablen X vor, dann bezeichnet man die *Funktion* $f(x_i)$, *die für jede Ausprägung der Zufallsvariablen die Wahrscheinlichkeit ihres Auftretens angibt*, als **Wahrscheinlichkeitsfunktion** *(Wahrscheinlichkeitsverteilung)* der Zufallsvariablen X:

$$f(x_i) = W(X = x_i) \qquad (i = 1, 2, \ldots).$$

Jede Wahrscheinlichkeitsfunktion muß die beiden Eigenschaften

$$f(x_i) \geq 0 \qquad (i = 1, 2, \ldots)$$

und

$$\sum_i f(x_i) = 1$$

besitzen. – Damit haben die Wahrscheinlichkeiten $f(x_i)$ formal die gleichen Eigenschaften wie die in Kapitel 2 behandelten relativen Häufigkeiten f_i. Die Wahrscheinlichkeitsverteilung stellt somit ein *Analogon zur* in Kapitel 2 behandelten *Verteilung der relativen Häufigkeiten* dar.

Beispiel: Bei dreimaligem Werfen einer idealen Münze gibt es 8 gleichwahrscheinliche Elementarereignisse $e_1, e_2, \ldots, e_8$ (vgl. Tabelle 7.1). Definiert man als Zufallsvariable X die „Anzahl Wappen" je Versuch, so erhält man die in der letzten Spalte der Tabelle 7.1 dargestellte Wahrscheinlichkeitsfunktion f(x).

Elementarereignis e	Wahrscheinlichkeit W(e)	„Anzahl Wappen" x	Wahrscheinlichkeit W (X = x) = = f(x)
$e_1 = ZZZ$	$W(e_1) = 0{,}125$	$x_1 = 0$	$f(x_1) = 0{,}125$
$e_2 = ZZW$ $e_3 = ZWZ$ $e_4 = WZZ$	$W(e_2) = 0{,}125$ $W(e_3) = 0{,}125$ $W(e_4) = 0{,}125$	$x_2 = 1$	$f(x_2) = 0{,}375$
$e_5 = ZWW$ $e_6 = WZW$ $e_7 = WWZ$	$W(e_5) = 0{,}125$ $W(e_6) = 0{,}125$ $W(e_7) = 0{,}125$	$x_3 = 2$	$f(x_3) = 0{,}375$
$e_8 = WWW$	$W(e_8) = 0{,}125$	$x_4 = 3$	$f(x_4) = 0{,}125$

Tab. 7.1: Ableitung der Wahrscheinlichkeitsfunktion der Zufallsvariablen X: „Anzahl der Wappen" bei dreimaligem Werfen einer Münze

Die Wahrscheinlichkeitsfunktion in der letzten Spalte der Tabelle 7.1 läßt sich auch – wie in Abb. 7.2 gezeigt – *graphisch* darstellen.

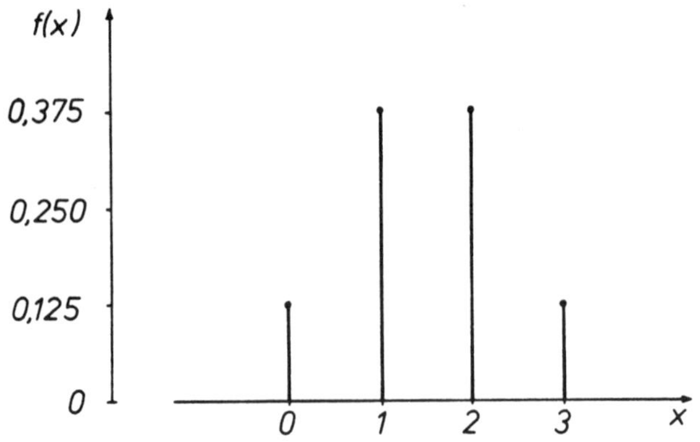

Abb. 7.2: Wahrscheinlichkeitsfunktion einer diskreten Zufallsvariablen

Es kann mit Hilfe der Wahrscheinlichkeitsfunktion selbstverständlich angegeben werden, wie groß die *Wahrscheinlichkeit* ist, *daß die Zufallsvariable einen Wert in einem Intervall* [a, b] *annimmt.* Es ist nämlich

$$W(a \leq X \leq b) = \sum_{a \leq x_i \leq b} W(X = x_i)$$

$$= \sum_{a \leq x_i \leq b} f(x_i).$$

Als **Verteilungsfunktion** F (x) einer Zufallsvariablen X bezeichnet man die *Funktion, die die Wahrscheinlichkeit dafür angibt, daß die Zufallsvariable* X *höchstens den Wert* x *annimmt.* Es ist also

$$F(x) = W(X \leq x).$$

Aus der Wahrscheinlichkeitsfunktion läßt sich die Beziehung

$$F(x) = W(X \leq x) = \sum_{x_i \leq x} f(x_i)$$

ableiten. Aus dieser Formel ist ersichtlich, daß die Verteilungsfunktion das *Analogon zur* in Kapitel 2 besprochen *Summenhäufigkeitsfunktion* bildet.

Für das *Beispiel der Zufallsvariablen „Anzahl Wappen" beim dreimaligen Werfen einer idealen Münze* erhält man die in Tabelle 7.2 wiedergegebene Verteilungsfunktion, die in Abb. 7.3 auch graphisch dargestellt ist.

x	F(x) = W(X ≤ x)
0	0,125
1	0,500
2	0,875
3	1,000

Tab. 7.2: Verteilungsfunktion der Zufallsvariablen „Anzahl Wappen" bei dreimaligem Werfen einer Münze

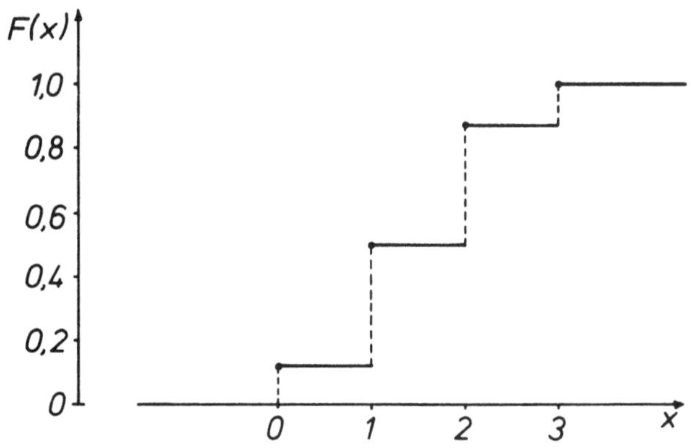

Abb. 7.3: Verteilungsfunktion einer diskreten Zufallsvariablen

Das Bild der Verteilungsfunktion einer diskreten Zufallsvariablen ist also das einer *Treppenfunktion*, bei der die Funktion jeweils in den Ausprägungen x_i um den Betrag $f(x_i)$ zunimmt und zwischen den einzelnen möglichen Ausprägungen konstant verläuft.

7.3. Wahrscheinlichkeitsdichte und Verteilungsfunktion stetiger Zufallsvariabler

Liegt eine **stetige Zufallsvariable** X vor, also eine *Zufallsvariable, die in einem bestimmten Intervall jeden beliebigen Wert annehmen kann*, dann ist die **Verteilungsfunktion** dieser Zufallsvariablen $F(x) = W(X \leq x)$ keine Treppenfunktion mehr, sondern eine *stetige Funktion*, die *beispielsweise* das in Abb. 7.4 dargestellte Bild aufweist. Würde die Zufallsvariable X etwa die Lebensdauer eines elektronischen Bauteils beschreiben, so würde F(x) die Wahrscheinlichkeit dafür angeben, daß ein Element eine Lebensdauer von höchstens x Zeiteinheiten besitzt.

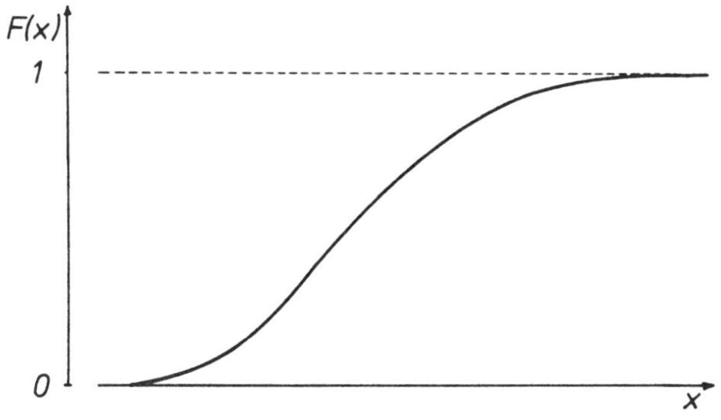

Abb. 7.4: Beispiel der Verteilungsfunktion einer stetigen Zufallsvariablen

Die *Verteilungsfunktion* F(x) hat im allgemeinen folgende **Eigenschaften:**

1. $0 \leq F(x) \leq 1$;
2. F(x) ist monoton wachsend, d. h. für $x_1 < x_2$ gilt $F(x_1) \leq F(x_2)$;
3. $\lim\limits_{x \to -\infty} F(x) = 0$;
4. $\lim\limits_{x \to +\infty} F(x) = 1$;
5. F(x) ist überall stetig.

Die *Ableitung der Verteilungsfunktion* ist bis auf höchstens endlich viele Stellen ebenfalls eine stetige Funktion. Sie wird als **Wahrscheinlichkeitsdichte** *(Dichtefunktion)* f(x) bezeichnet und entspricht der Wahrscheinlichkeitsfunktion im diskreten Fall. Es gilt demzufolge

$$F'(x) = f(x) \qquad \text{und}$$

$$F(x) = \int_{-\infty}^{x} f(v)\,dv.$$

Die Dichtefunktion zu der in Abbildung 7.4 dargestellten Verteilungsfunktion ist in Abbildung 7.5 wiedergegeben.

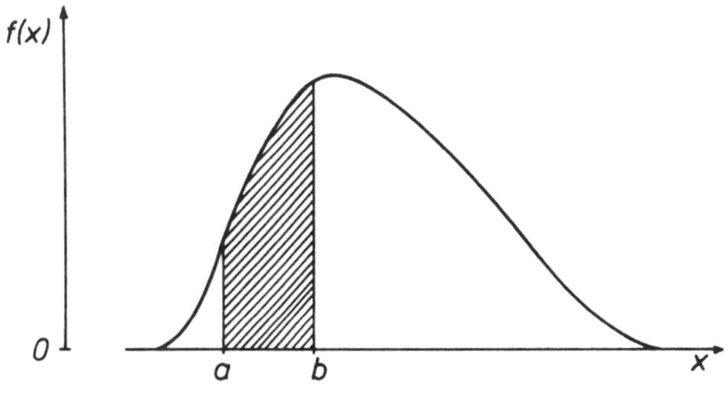

Abb. 7.5: Wahrscheinlichkeitsdichte (Dichtefunktion)

Die *Dichtefunktion* hat die **Eigenschaften**

$$f(x) \geq 0 \text{ und } \int_{-\infty}^{+\infty} f(x)\,dx = 1.$$

Die *Wahrscheinlichkeit* dafür, *daß die stetige Zufallsvariable X einen Wert annimmt, der im Intervall* [a, b] *liegt*, entspricht der *Fläche* unter der Dichtefunktion in den Grenzen a und b:

$$W(a \leq X \leq b) = \int_{a}^{b} f(x)\,dx.$$

Da die Dichtefunktion in Abb. 7.5 aus der in Abb. 7.4 dargestellten Verteilungsfunktion hervorgegangen ist, könnte man das dort angeführte *Beispiel* fortführen und die schraffierte Fläche als Wahrscheinlichkeit dafür interpretieren, daß ein Bauteil im Zeitintervall von a bis b ausfällt.

Insbesondere läßt sich zeigen, daß bei stetigen Zufallsvariablen die Wahrscheinlichkeit dafür, daß irgendein spezieller Wert x angenommen wird, immer 0 ist, so daß gilt:

$$W(X = x) = 0.$$

Aus diesem Grund ist es hier bei der Bestimmung der Wahrscheinlichkeit unerheblich, ob die beiden Grenzen a und b in das Intervall eingeschlossen werden oder nicht. Es ist also *bei stetigen Zufallsvariablen* immer

$$W(a \leq X \leq b) = W(a < X \leq b) = W(a \leq X < b) = W(a < X < b).$$

Eine *zweite Möglichkeit*, die *gesuchte Wahrscheinlichkeit* $W(a \leq X \leq b)$ *zu finden, bietet die Verteilungsfunktion*. Es ist nach Definition

$$W(X \leq a) = F(a) \text{ und}$$
$$W(X \leq b) = F(b);$$

damit ist

$$\begin{aligned} F(b) - F(a) &= W(X \leq b) - W(X \leq a) \\ &= W(a < X \leq b) \\ &= W(a \leq X \leq b). \end{aligned}$$

Beispiel: Die stetige Zufallsvariable X sei die Verspätung einer U-Bahn an einer bestimmten Haltestelle und habe die folgende Dichtefunktion (Dimension: Minuten):

$$f(x) = \begin{cases} 0{,}5 - 0{,}125\,x & \text{für } 0 \leq x \leq 4 \\ 0 & \text{für alle übrigen } x \end{cases}$$

Ihre graphische Darstellung ist in Abb. 7.6 wiedergegeben.

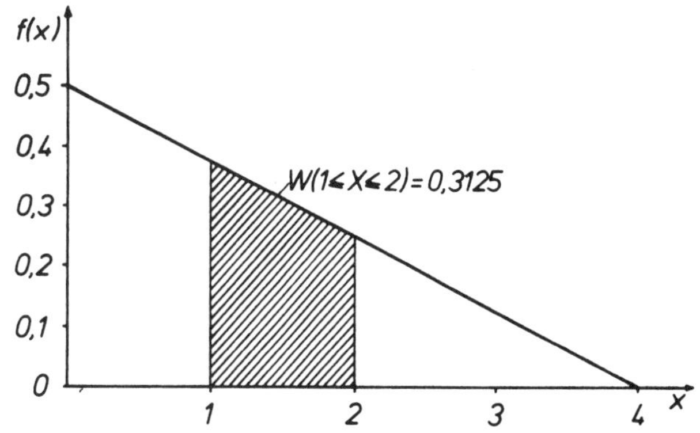

Abb. 7.6: Dichtefunktion

Die Funktion f(x) ist eine *Dichtefunktion*, denn es gilt

$$f(x) \geq 0 \text{ für alle } x$$

und

$$\int_{-\infty}^{+\infty} f(x)\,dx = \int_{-\infty}^{+\infty} (0{,}5 - 0{,}125x)\,dx$$
$$= \int_{0}^{4} (0{,}5 - 0{,}125x)\,dx$$
$$= \left[0{,}5x - \frac{0{,}125}{2}x^2\right]_0^4$$
$$= 2 - 1 = 1.$$

Die *Wahrscheinlichkeit dafür, daß* X *einen Wert zwischen* 1 *und* 2 *annimmt*, beträgt beispielsweise

$$W(1 \leq X \leq 2) = \int_1^2 f(x)\,dx$$
$$= \int_1^2 (0{,}5 - 0{,}125x)\,dx$$
$$= \left[0{,}5x - \frac{0{,}125}{2}x^2\right]_1^2$$
$$= 0{,}75 - 0{,}4375 = 0{,}3125.$$

Die *Verteilungsfunktion* F(x) erhält man zu

$$F(x) = \int_{-\infty}^{x} f(v)\,dv = \int_0^x (0{,}5 - 0{,}125v)\,dv$$
$$= \left[0{,}5v - \frac{0{,}125}{2}v^2\right]_0^x$$
$$= 0{,}5x - 0{,}0625x^2.$$

Es ist also

$$F(x) = \begin{cases} 0 & \text{für } x < 0 \\ 0{,}5x - 0{,}0625x^2 & \text{für } 0 \leq x \leq 4 \\ 1 & \text{für } x > 4 \end{cases}$$

Die Verteilungsfunktion ist in Abb. 7.7 graphisch dargestellt.

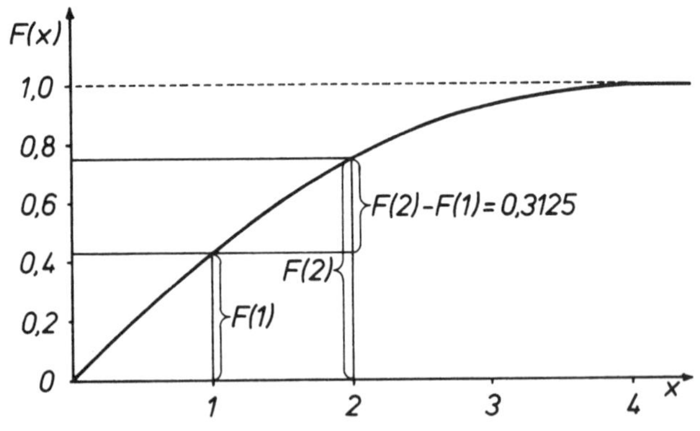

Abb. 7.7: Verteilungsfunktion

Die gesuchte Wahrscheinlichkeit $W(1 \leq X \leq 2)$ findet man unter Verwendung der Verteilungsfunktion als

$$W(1 \leq X \leq 2) = F(2) - F(1)$$
$$= 0{,}75 - 0{,}4375$$
$$= 0{,}3125.$$

7.4. Erwartungswert und Varianz von Zufallsvariablen

Wie die Häufigkeitsverteilungen der deskriptiven Statistik lassen sich auch die Wahrscheinlichkeitsverteilungen von Zufallsvariablen durch **Maßzahlen** *(Parameter)* charakterisieren.

Dem *arithmetischen Mittel* (vgl. Abschnitt 3.2) als *Lageparameter* entspricht hier der **Erwartungswert** E(X). Er ist für eine *diskrete Zufallsvariable* als

$$E(X) = \sum_i x_i W(X = x_i)$$
$$= \sum_i x_i f(x_i)$$

definiert.

Für eine *stetige Zufallsvariable* mit der Dichtefunktion f(x) gilt entsprechend

$$E(X) = \int_{-\infty}^{+\infty} x \cdot f(x)\,dx.$$

Nimmt die Dichtefunktion nur *in einem Intervall* $x_u \leq x \leq x_o$ *positive Werte* an, dann gilt insbesondere

$$E(X) = \int_{x_u}^{x_o} x \cdot f(x)\,dx.$$

Als *Streuungsparameter* findet die **Varianz** Var(X) (vgl. Abschnitt 4.2) Verwendung. Sie ist für *diskrete Zufallsvariable* als

$$Var(X) = \sum_i [x_i - E(X)]^2 f(x_i)$$

definiert.
Für *stetige Zufallsvariable* gilt

$$Var(X) = \int_{-\infty}^{+\infty} [x - E(X)]^2 f(x)\,dx,$$

bzw.

$$Var(X) = \int_{x_u}^{x_o} [x - E(X)]^2 f(x)\,dx.$$

Durch eine einfache *Umformung* dieser Varianzformeln erhält man die für praktische Berechnungen oft bequemeren Formeln

$$Var(X) = \sum_i x_i^2 f(x_i) - [E(X)]^2$$

bzw.

$$Var(X) = \int_{-\infty}^{+\infty} x^2 f(x)\,dx - [E(X)]^2.$$

Beispiel: Betrachtet man noch einmal das Zufallsexperiment *„Dreimaliges Werfen einer Münze"*, wobei X die „Anzahl Wappen" je Versuch sei, so drückt der *Erwartungswert* E(X) *die „Anzahl Wappen"* aus, *die man bei einer größeren Zahl von Versuchswiederholungen je Versuch im Durchschnitt erwarten kann.* Es ist hier (vgl. Tabelle 7.1)

$$E(X) = \sum_i x_i f(x_i)$$
$$= 0 \cdot 0{,}125 + 1 \cdot 0{,}375 + 2 \cdot 0{,}375 + 3 \cdot 0{,}125$$
$$= 0{,}375 + 0{,}750 + 0{,}375 = 1{,}5.$$

Für die *Varianz* erhält man

$$\mathrm{Var}(X) = \sum_i x_i^2 f(x_i) - [E(X)]^2$$

$$= 0 \cdot 0{,}125 + 1 \cdot 0{,}375 + 4 \cdot 0{,}375 + 9 \cdot 0{,}125 - 1{,}5^2$$

$$= 0{,}375 + 1{,}500 + 1{,}125 - 2{,}250$$

$$= 3{,}000 - 2{,}250 = 0{,}75.$$

Betrachten wir das obige Beispiel der *stetigen Zufallsvariablen* X mit der Dichtefunktion

$$f(x) = \begin{cases} 0{,}5 - 0{,}125x & \text{für } 0 \leq x \leq 4 \\ 0 & \text{für alle sonstigen } x, \end{cases}$$

dann findet man den *Erwartungswert* der Zufallsvariablen X zu

$$E(X) = \int_{x_u}^{x_o} x\, f(x)\,dx$$

$$= \int_0^4 x(0{,}5 - 0{,}125x)\,dx$$

$$= \int_0^4 (0{,}5x - 0{,}125x^2)\,dx$$

$$= \left[\frac{0{,}5}{2}x^2 - \frac{0{,}125}{3}x^3\right]_0^4$$

$$= 1{,}3333 \text{ Minuten.}$$

Für die *Varianz* erhält man

$$\mathrm{Var}(X) = \int_{x_u}^{x_o} x^2 f(x)\,dx - [E(X)]^2$$

$$= \int_0^4 x^2(0{,}5 - 0{,}125x)\,dx - 1{,}3333^2$$

$$= \int_0^4 (0{,}5x^2 - 0{,}125x^3)\,dx - 1{,}3333^2$$

$$= \left[\frac{0{,}5}{3}x^3 - \frac{0{,}125}{4}x^4\right]_0^4 - 1{,}3333^2$$

$$= 0{,}889 \text{ Minuten}^2.$$

7.5. Rechnen mit Erwartungswerten und Varianzen

Die Erwartungswertbildung läßt sich auch auf *Funktionen* der Zufallsvariablen X ausdehnen. Es sei $Y = g(X)$ eine Funktion der Zufallsvariablen X; der Erwartungswert von Y läßt sich dann im *diskreten Fall* wie folgt definieren:

$$E(Y) = E[g(X)] = \sum_i g(x_i) f(x_i).$$

Im *stetigen Fall* gilt entsprechend

$$E(Y) = E[g(X)] = \int_{-\infty}^{+\infty} g(x) f(x)\,dx.$$

So ist zum *Beispiel* für $Y = [X - E(X)]^2$

$$E(Y) = E\big[[X - E(X)]^2\big]$$

$$= \sum_i [x_i - E(X)]^2 f(x_i)$$

$$= \mathrm{Var}(X),$$

so daß man also

$$\mathrm{Var}(X) = E\big[[X - E(X)]^2\big]$$

schreiben kann.

Für **einige wichtige Funktionen** sind die **Erwartungswerte** und die **Varianzen** in Tabelle 7.3 zusammengestellt.

Y	E(Y)	Var(Y)
a	a	0
bX	bE(X)	b^2Var(X)
a + X	a + E(X)	Var(X)
a + bX	a + bE(X)	b^2Var(X)

Tab. 7.3: Erwartungswerte und Varianzen einiger Funktionen

Ein *wichtiger Anwendungsfall* der *linearen Transformation* $Y = a + bX$ (vgl. Abschnitt 1.5) ist die sogenannte **Standardisierung von Zufallsvariablen.** Bezeichnet man die Standardabweichung einer Zufallsvariablen X mit

$$\sigma_X = \sqrt{\mathrm{Var}(X)},$$

dann gilt für die standardisierte Zufallsvariable Z (vgl. hierzu auch die Ausführungen zur Standardisierung im allgemeinen in Abschnitt 4.2)

$$Z = \frac{X - E(X)}{\sigma_X}$$

oder

$$Z = \frac{1}{\sigma_X}X - \frac{E(X)}{\sigma_X}.$$

Es ist also hier $b = \frac{1}{\sigma_X}$ und $a = -\frac{E(X)}{\sigma_X}$.

Damit findet man für

$$E(Z) = a + bE(X) = -\frac{E(X)}{\sigma_X} + \frac{1}{\sigma_X}E(X) = 0$$

und für

$$\mathrm{Var}(Z) = b^2\mathrm{Var}(X) = \frac{1}{\sigma_X^2}\mathrm{Var}(X) = 1.$$

Standardisierte Zufallsvariable besitzen immer einen *Erwartungswert* von 0 und eine *Varianz* von 1.

7.6. Ausgewählte Literatur

Bain, Lee J., Max Engelhardt, Introduction to Probability and Mathematical Statistics (2nd ed.). Boston (Mass.) 2000.

DeGroot, Morris H., Mark J. Schervish, Probability and Statistics (4th rev. ed.). Reading (Mass.), Menlo Park (Cal.), Don Mills (Ont.) usw. 2001.

Fisz, Marek, Wahrscheinlichkeitsrechnung und mathematische Statistik (11. Aufl.). Berlin 1988.

Aufgaben zu Kapitel 7

7.1 Die Anzahl der in einer Reparaturwerkstatt pro Stunde abgefertigten Personenkraftwagen besitzt folgende Wahrscheinlichkeitsverteilung:

Anzahl der Personenkraftwagen x	Wahrscheinlichkeit $W(X = x) = f(x)$
0	0,5
1	0,3
2	0,2
Σ	1,0

(a) Wie groß ist die erwartete Anzahl der pro Stunde reparierten Personenkraftwagen?

(b) Wie groß ist die Varianz der Anzahl der pro Stunde reparierten Personenkraftwagen?

7.2 In einer Sendung von 8 Stück befinden sich 2 fehlerhafte Stücke. Es wird eine Zufallsstichprobe im Umfang von $n = 3$ Stück nacheinander *ohne Zurücklegen* entnommen. Mit X werde die Anzahl der fehlerhaften Stücke in dieser Stichprobe bezeichnet.

(a) Ermitteln Sie die Wahrscheinlichkeitsfunktion und die Verteilungsfunktion von X und stellen Sie diese graphisch dar.

(b) Berechnen Sie den Erwartungswert E(X) und die Varianz Var (X).

7.3 Es sei die folgende Funktion f(x) einer Zufallsvariablen X gegeben:

$$f(x) = \begin{cases} 2x & \text{für } 0 \leq x \leq 1 \\ 0 & \text{für alle anderen } x \end{cases}$$

(a) Zeigen Sie, daß f(x) eine Dichtefunktion ist.

(b) Bestimmen Sie die Verteilungsfunktion.

(c) Stellen Sie die Dichtefunktion und die Verteilungsfunktion graphisch dar.

(d) Bestimmen Sie die folgenden Wahrscheinlichkeiten:
(α) $W(0{,}2 \leq X \leq 0{,}6)$ und
(β) $W(X > 0{,}7)$.

7.4 Gegeben sei die Dichtefunktion f(x) einer Zufallsvariablen X:

$$f(x) = \begin{cases} -0{,}006x^2 + 0{,}06x & \text{für } 0 \leq x \leq 10 \\ 0 & \text{für alle anderen } x \end{cases}$$

(a) Berechnen Sie den Erwartungswert E(X).

(b) Berechnen Sie die Varianz Var (X).

Kapitel 8: Zufallsvariable II (Zweidimensionale Zufallsvariable)

8.1. Gemeinsame Wahrscheinlichkeits- und Verteilungsfunktion von mehreren Zufallsvariablen

Bei vielen Fragestellungen der Statistik betrachtet man als Ergebnis eines Zufallsexperiments nicht nur eine einzige Zufallsvariable, sondern *mehrere*. Werden zum Beispiel aus einer Gesamtheit von Familien einzelne ausgewählt, so könnte man bei jeder ausgewählten Familie die drei Variablen Familiengröße (X), Familieneinkommen (Y) und Konsumausgaben (Z) untersuchen. Aus Gründen der rechnerischen Einfachheit wollen wir uns im folgenden auf *diskrete Zufallsvariable* beschränken. Außerdem sollen nur *zwei* Zufallsvariable betrachtet werden, da sich dieser Fall graphisch noch gut veranschaulichen läßt und eine Verallgemeinerung auf den Fall von mehr als zwei Zufallsvariablen ohne größere Schwierigkeiten möglich ist.

Gegeben seien *zwei diskrete Zufallsvariable* X *und* Y mit den Ausprägungen $x_1, x_2, \ldots$ und $y_1, y_2, \ldots$ Die **gemeinsame Wahrscheinlichkeitsfunktion** $f(x_i, y_j)$ *(zweidimensionale Wahrscheinlichkeitsverteilung)* der Zufallsvariablen X und Y gibt dann die *Wahrscheinlichkeit dafür* an, *daß die Zufallsvariable* X *den Wert* x_i *und die Zufallsvariable* Y *gleichzeitig den Wert* y_j *annimmt.* Es ist also (vgl. auch Tabelle 8.1)

$$W(X = x_i \wedge Y = y_j) = f(x_i, y_j) \qquad (i, j = 1, 2, \ldots)$$

oder in anderer üblicher Schreibweise

$$W(X = x_i, Y = y_j) = f(x_i, y_j) \qquad (i, j = 1, 2, \ldots),$$

wobei immer gelten muß

$$f(x_i, y_j) \geq 0 \qquad (i, j = 1, 2, \ldots)$$

und

$$\sum_i \sum_j f(x_i, y_j) = 1.$$

x \ y	y_1	y_2	...	y_j	...	y_n
x_1	$f(x_1, y_1)$	$f(x_1, y_2)$	...	$f(x_1, y_j)$	...	$f(x_1, y_n)$
x_2	$f(x_2, y_1)$	$f(x_2, y_2)$	...	$f(x_2, y_j)$	...	$f(x_2, y_n)$
.	.	.	...	.	...	.
.	.	.	...	.	...	.
.	.	.	...	.	...	.
x_i	$f(x_i, y_1)$	$f(x_i, y_2)$	...	$f(x_i, y_j)$	...	$f(x_i, y_n)$
.	.	.	...	.	...	.
.	.	.	...	.	...	.
.	.	.	...	.	...	.
x_m	$f(x_m, y_1)$	$f(x_m, y_2)$	...	$f(x_m, y_j)$	...	$f(x_m, y_n)$

Tab. 8.1: Gemeinsame Wahrscheinlichkeitsfunktion der Zufallsvariablen X *und* Y

Beispiel: Wir betrachten eine Maschine, die zwei besonders störanfällige Bauteile B 1 und B 2 besitzt. X sei die Anzahl der Ausfälle pro Tag von B 1 und Y die Anzahl der Ausfälle pro Tag von B 2. Nimmt man an, daß X nur die Werte $x_1 = 0$, $x_2 = 1$ und $x_3 = 2$ und auch Y nur die Werte $y_1 = 0$, $y_2 = 1$ und $y_3 = 2$ annehmen kann, dann läßt sich die *gemeinsame Wahrscheinlichkeitsfunktion* sowohl *tabellarisch* (vgl. Tab. 8.2) als auch *graphisch* (vgl. Abb. 8.1) darstellen.

x \ y	0	1	2
0	0,30	0,14	0,02
1	0,18	0,10	0,02
2	0,12	0,06	0,06

Tab. 8.2: Gemeinsame Wahrscheinlichkeitsfunktion

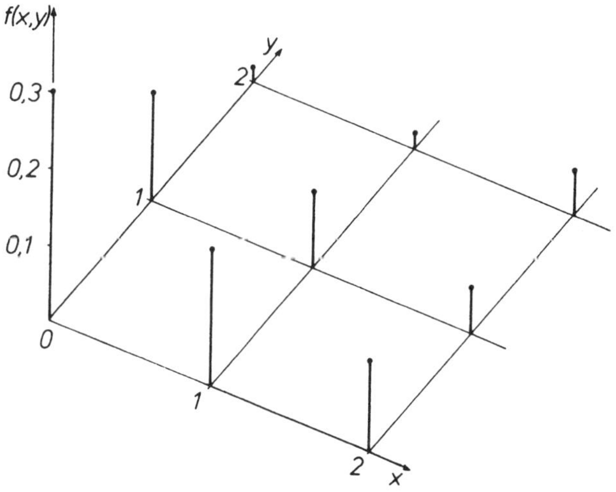

Abb. 8.1: Gemeinsame Wahrscheinlichkeitsfunktion

Beispielsweise beträgt die Wahrscheinlichkeit dafür, daß X den Wert 1 und Y den Wert 0 annimmt,

$$W(X = 1, Y = 0) = f(1,0) = 0{,}18.$$

Die **gemeinsame Verteilungsfunktion** F(x, y) beantwortet die Frage, mit welcher *Wahrscheinlichkeit die Zufallsvariable* X *höchstens den Wert* x *und zugleich die Zufallsvariable* Y *höchstens den Wert* y *annimmt:*

$$W(X \leq x, Y \leq y) = F(x, y).$$

Zwischen *Verteilungsfunktion* und *Wahrscheinlichkeitsfunktion* gilt die *Beziehung*

$$F(x, y) = \sum_{x_i \leq x} \sum_{y_j \leq y} f(x_i, y_j).$$

Für unser *Beispiel* ist die *gemeinsame Verteilungsfunktion* in Tabelle 8.3 und Abbildung 8.2 wiedergegeben.

x \ y	0	1	2
0	0,30	0,44	0,46
1	0,48	0,72	0,76
2	0,60	0,90	1,00

Tab. 8.3: Gemeinsame Verteilungsfunktion

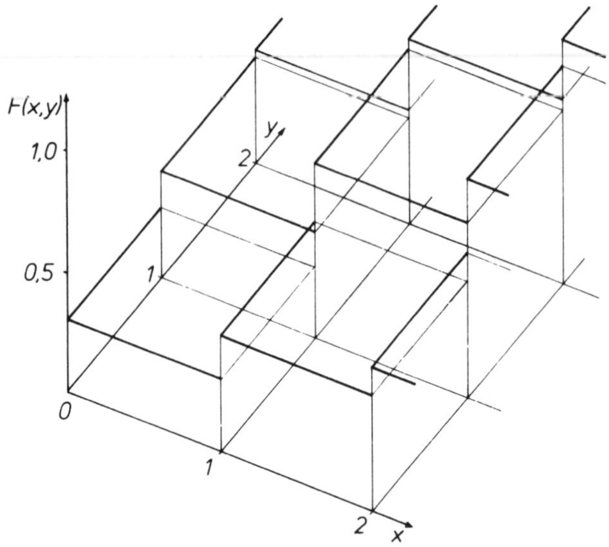

Abb. 8.2: Gemeinsame Verteilungsfunktion

Zwischen gemeinsamer Verteilungsfunktion und gemeinsamer Wahrscheinlichkeitsfunktion läßt sich auch die *rekursive Beziehung*

$$F(x_i, y_j) = F(x_i, y_{j-1}) + F(x_{i-1}, y_j) - F(x_{i-1}, y_{j-1}) + f(x_i, y_j)$$

ableiten, deren Gültigkeit sich der Leser an obigem Zahlenbeispiel verdeutlichen möge.

8.2. Randverteilungen

Aus der gemeinsamen Wahrscheinlichkeitsfunktion zweier diskreter Zufallsvariablen X und Y läßt sich sowohl für X als auch für Y eine **Randverteilung** ableiten. Die Randverteilung $f_X(x_i)$ für X gibt an, wie groß die *Wahrscheinlichkeit dafür* ist, *daß* X *einen speziellen Wert* x_i *annimmt, wobei es gleichgültig ist, welchen Wert die zweite Zufallsvariable* Y *annimmt*. Analoges gilt für die Randverteilung $f_Y(y_j)$ von Y. – Es ist (vgl. hierzu auch Tab. 8.1)

$$W(X = x_i) = f_X(x_i) = f(x_i, y_1) + f(x_i, y_2) + \dots = \sum_j f(x_i, y_j) \quad (i = 1, 2, \dots)$$

und

$$W(Y = y_j) = f_Y(y_j) = f(x_1, y_j) + f(x_2, y_j) + \dots = \sum_i f(x_i, y_j) \quad (j = 1, 2, \dots).$$

Die beiden *Randverteilungen* $f_X(x_i)$ und $f_Y(y_j)$ (*eine andere übliche Schreibweise* unter Weglassung der Indizes i und j ist auch einfach $f_X(x)$ und $f_Y(y)$) lassen sich also aus der Tabelle der *gemeinsamen Wahrscheinlichkeitsfunktion* durch Bildung der *Zeilensummen* bzw. *Spaltensummen* ableiten. Für unser *Beispiel* ergeben sich die in Tab. 8.4 dargestellten Randverteilungen $f_X(x)$ und $f_Y(y)$ aus Tab. 8.2.

x \ y	0	1	2	$f_X(x)$
0	0,30	0,14	0,02	0,46
1	0,18	0,10	0,02	0,30
2	0,12	0,06	0,06	0,24
$f_Y(y)$	0,60	0,30	0,10	1,00

Tab. 8.4: Die Randverteilungen $f_X(x)$ und $f_Y(y)$

Ausgehend vom Multiplikationssatz für unabhängige Ereignisse $W(A \cap B) = W(A) \cdot W(B)$ (vgl. Abschnitt 6.3) läßt sich die **stochastische Unabhängigkeit** (bzw. *Abhängigkeit*) von zwei Zufallsvariablen X und Y definieren. Gilt die Beziehung

$$W(X = x_i, Y = y_j) = W(X = x_i) \cdot W(Y = y_j),$$

oder

$$f(x_i, y_j) = f_X(x_i) \cdot f_Y(y_j) \qquad (i, j = 1, 2, \dots),$$

dann sind X und Y voneinander *unabhängig*. Ist diese Beziehung *nicht* für alle i und j erfüllt, dann sind die beiden Zufallsvariablen voneinander *abhängig*.

Betrachten wir ein *neues Beispiel* zweier diskreter Zufallsvariablen X und Y mit der in Tab. 8.5 wiedergegebenen gemeinsamen Wahrscheinlichkeitsverteilung $f(x_i, y_j)$ und den ebenfalls in Tab. 8.5 angegebenen Randverteilungen $f_X(x_i)$ und $f_Y(y_j)$, so sind X und Y in diesem Fall *stochastisch unabhängig*, da

$$f(x_i, y_j) = f_X(x_i) \cdot f_Y(y_j) \qquad (i, j = 1, 2)$$

gilt.

x \ y	1	2	$f_X(x)$
0	0,06	0,24	0,3
1	0,14	0,56	0,7
$f_Y(y)$	0,2	0,8	1

Tab. 8.5: Beispiel zweier unabhängiger Zufallsvariablen X und Y

8.3. Bedingte Verteilungen

Sucht man die *Wahrscheinlichkeit dafür, daß die Zufallsvariable* X *einen bestimmten Wert* x_i *annimmt, unter der Bedingung, daß* Y *einen Wert* y_j *angenommen hat,* also $W(X = x_i/Y = y_j)$, kommt man zu dem Begriff der **bedingten Verteilung.** Im *diskreten Fall* gelten folgende *Definitionen:*

$$W(X = x_i/Y = y_j) = \frac{W(X = x_i, Y = y_j)}{W(Y = y_j)} = \frac{f(x_i, y_j)}{f_Y(y_j)} = f(x_i/y_j)$$

und analog

$$W(Y = y_j/X = x_i) = \frac{W(X = x_i, Y = y_j)}{W(X = x_i)} = \frac{f(x_i, y_j)}{f_X(x_i)} = f(y_j/x_i).$$

Für unser *Beispiel* der Maschinenbauteile (vgl. Abschnitt 8.1) soll nun angenommen werden, daß $Y = 0$ eingetreten sei. Die *bedingte Verteilung* der Zufallsvariablen X ergibt sich dann aus der gemeinsamen Wahrscheinlichkeitsfunktion zu

$$f(x_i/0) = \frac{f(x_i, 0)}{f_Y(0)};$$

sie ist in Tab. 8.6 wiedergegeben.

x	f(x, 0)	f(x/0)
0	0,30	0,50
1	0,18	0,30
2	0,12	0,20
$\sum$	0,60	1,00

Tab. 8.6: Bedingte Wahrscheinlichkeitsverteilung von X

Wäre beispielsweise $X = 2$ eingetreten, dann wäre die bedingte Verteilung für Y

$$f(y_j/2) = \frac{f(2, y_j)}{f_X(2)}.$$

Die Ergebnisse sind in Tab. 8.7 dargestellt.

y	f(2, y)	f(y/2)
0	0,12	0,50
1	0,06	0,25
2	0,06	0,25
$\sum$	0,24	1,00

Tab. 8.7: Bedingte Wahrscheinlichkeitsverteilung von Y

8.4. Erwartungswerte, Varianzen, Kovarianz und Korrelationskoeffizient

Die Erwartungswertbildung, wie sie in Kapitel 7 für eine einzige Zufallsvariable behandelt wurde, läßt sich auch auf *mehrdimensionale Wahrscheinlichkeitsverteilungen* ausdehnen. Beschränken wir uns wieder auf den *zweidimensionalen* Fall und betrachten zwei diskrete Zufallsvariable X und Y mit der gemeinsamen Wahrscheinlichkeitsfunktion $f(x_i, y_j)$, so ist der **Erwartungswert** der *Zufallsvariablen* X, E(X), wie folgt definiert:

$$E(X) = \sum_i \sum_j x_i \, f(x_i, y_j),$$

da nach Abschnitt 8.2

$$\sum_j f(x_i, y_j) = f_X(x_i)$$

gilt, erhält man für E(X) auch

$$E(X) = \sum_i x_i \sum_j f(x_i, y_j) = \sum_i x_i f_X(x_i).$$

Der Erwartungswert der Zufallsvariablen X kann also auch mit Hilfe der *Randverteilung von* X berechnet werden.

Analog findet man für die **Varianz** der *Zufallsvariablen* X

$$\begin{aligned} Var(X) &= E\,[[X - E(X)]]^2 \\ &= \sum_i \sum_j [x_i - E(X)]^2 f(x_i, y_j) \\ &= \sum_i [x_i - E(X)]^2 \sum_j f(x_i, y_j) \\ &= \sum_i [x_i - E(X)]^2 f_X(x_i) \\ &= \sum_i x_i^2 f_X(x_i) - [E(X)]^2. \end{aligned}$$

Für die *Zufallsvariable* Y erhält man entsprechend

$$E(Y) = \sum_j y_j f_Y(y_j) \text{ und}$$

$$\begin{aligned} Var(Y) &= \sum_j [y_j - E(Y)]^2 f_Y(y_j) \\ &= \sum_j y_j^2 f_Y(y_j) - [E(Y)]^2. \end{aligned}$$

Bei dem *Beispiel* der ausfallenden Bauteile findet man die *Erwartungswerte*

$$\begin{aligned} E(X) &= \sum_{i=1}^{3} x_i f_X(x_i) \\ &= 0 \cdot 0{,}46 + 1 \cdot 0{,}30 + 2 \cdot 0{,}24 \\ &= 0{,}78 \text{ und} \end{aligned}$$

$$\begin{aligned} E(Y) &= \sum_{j=1}^{3} y_j f_Y(y_j) \\ &= 0 \cdot 0{,}60 + 1 \cdot 0{,}30 + 2 \cdot 0{,}10 \\ &= 0{,}50. \end{aligned}$$

Diese Erwartungswerte sind dahingehend zu interpretieren, daß bei Beobachtung einer Gesamtheit, bestehend aus einer längeren Folge von Arbeitstagen, Bauteil B 1 durchschnittlich täglich 0,78 mal und Bauteil B 2 durchschnittlich täglich 0,5 mal ausfällt.

Die *Varianzen* betragen

$$\mathrm{Var}(X) = \sum_{i=1}^{3} x_i^2 f_X(x_i) - [E(X)]^2$$

$$= 0 \cdot 0{,}46 + 1 \cdot 0{,}30 + 4 \cdot 0{,}24 - 0{,}78^2$$

$$= 0{,}6516 \quad \text{und}$$

$$\mathrm{Var}(Y) = \sum_{j=1}^{3} y_j^2 f_Y(y_j) - [E(Y)]^2$$

$$= 0 \cdot 0{,}60 + 1 \cdot 0{,}30 + 4 \cdot 0{,}10 - 0{,}5^2$$

$$= 0{,}45.$$

Neben diesen Parametern der Randverteilungen lassen sich mit Hilfe der *bedingten Verteilungen* **bedingte Erwartungswerte** und **bedingte Varianzen** bestimmen. Man erhält

$$E(X/y_j) = \sum_i x_i f(x_i/y_j) \quad \text{und}$$

$$E(Y/x_i) = \sum_j y_j f(y_j/x_i)$$

sowie

$$\mathrm{Var}(X/y_j) = \sum_i [x_i - E(X/y_j)]^2 f(x_i/y_j)$$

$$= \sum_i x_i^2 f(x_i/y_j) - [E(X/y_j)]^2 \quad \text{und}$$

$$\mathrm{Var}(Y/x_i) = \sum_j [y_j - E(Y/x_i)]^2 f(y_j/x_i)$$

$$= \sum y_j^2 f(y_j/x_i) - [E(Y/x_i)]^2.$$

Für die bedingte Verteilung von X unter der Bedingung Y = 0 ergibt sich in unserem *Beispiel*

$$E(X/0) = \sum_{i=1}^{3} x_i f(x_i/0)$$

$$= 0 \cdot 0{,}50 + 1 \cdot 0{,}30 + 2 \cdot 0{,}20$$

$$= 0{,}70 \quad \text{und}$$

$$\mathrm{Var}(X/0) = \sum_{i=1}^{3} x_i^2 f(x_i/0) - [E(X/0)]^2$$

$$= 0 \cdot 0{,}50 + 1 \cdot 0{,}30 + 4 \cdot 0{,}20 - 0{,}70^2$$

$$= 0{,}61.$$

Für die bedingte Verteilung von Y unter der Bedingung X = 2 erhält man entsprechend

$$E(Y/2) = \sum_{j=1}^{3} y_j f(y_j/2)$$

$$= 0 \cdot 0{,}50 + 1 \cdot 0{,}25 + 2 \cdot 0{,}25$$

$$= 0{,}75 \quad \text{und}$$

$$\mathrm{Var}(Y/2) = \sum_{j=1}^{3} y_j^2 f(y_j/2) - E[(Y/2)]^2$$

$$= 0 \cdot 0{,}50 + 1 \cdot 0{,}25 + 4 \cdot 0{,}25 - 0{,}75^2$$

$$= 0{,}6875.$$

Bei zweidimensionalen Verteilungen läßt sich oft beobachten, daß die beiden Zufallsvariablen mehr oder weniger ***korreliert*** sind, d. h., daß bei großen Werten von X auch Y tendenzmäßig größere Werte annimmt *(positive Korrelation)* bzw., daß großen Werten von X kleine Werte von Y zugeordnet sind *(negative Korrelation)*.

Ein Parameter, der die *Stärke dieses Zusammenhangs* beschreibt, ist die sogenannte **Kovarianz** Cov(X, Y), die als

$$\mathrm{Cov}(X, Y) = E[[X - E(X)] \cdot [Y - E(Y)]]$$

definiert ist. Man erhält

$$\mathrm{Cov}(X, Y) = \sum_i \sum_j [x_i - E(X)] \cdot [y_j - E(Y)] \cdot f(x_i, y_j)$$

$$= \sum_i \sum_j x_i y_j f(x_i, y_j) - E(X) \cdot E(Y)$$

$$= E(XY) - E(X) \cdot E(Y).$$

Da der Wert der Kovarianz von den Einheiten abhängt, in denen X und Y gemessen werden, verwendet man, um diesen Einfluß auszuschalten, meistens die in Vielfachen der jeweiligen Standardabweichungen gemessenen Abweichungen von den einzelnen Erwartungswerten. Man betrachtet also die Größe

$$\varrho(X, Y) = E\left[\frac{[X - E(X)]}{\sigma_X} \cdot \frac{[Y - E(Y)]}{\sigma_Y}\right]$$

$$\text{mit } \sigma_X = \sqrt{\mathrm{Var}(X)} \text{ und } \sigma_Y = \sqrt{\mathrm{Var}(Y)},$$

die als **Korrelationskoeffizient** bezeichnet wird. Es gilt die Beziehung

$$\varrho(X, Y) = \frac{E[[X - E(X)] \cdot [Y - E(Y)]]}{\sigma_X \cdot \sigma_Y} = \frac{\mathrm{Cov}(X,Y)}{\sigma_X \cdot \sigma_Y}.$$

Weiterhin läßt sich zeigen, daß $\varrho(X, Y)$ stets im *Bereich von* -1 *bis* $+1$ (die Grenzen eingeschlossen) liegt:

$$-1 \leq \varrho(X, Y) \leq +1.$$

Auf die weiteren Besonderheiten des Korrelationskoeffizienten wird später im Rahmen der *Regressionsanalyse* (insbesondere in den Abschnitten 20.5 und 21.4) eingegangen werden.

In unserem *Beispiel ist*

$$E(XY) = \sum_{i=1}^{3} \sum_{j=1}^{3} x_i y_j f(x_i, y_j)$$

$$\begin{aligned} = {} & 0 \cdot 0 \cdot 0{,}30 + 0 \cdot 1 \cdot 0{,}14 + 0 \cdot 2 \cdot 0{,}02 + \\ & + 1 \cdot 0 \cdot 0{,}18 + 1 \cdot 1 \cdot 0{,}10 + 1 \cdot 2 \cdot 0{,}02 + \\ & + 2 \cdot 0 \cdot 0{,}12 + 2 \cdot 1 \cdot 0{,}06 + 2 \cdot 2 \cdot 0{,}06 \\ = {} & 0{,}50. \end{aligned}$$

Damit ergibt sich die *Kovarianz* zu

$$\begin{aligned} \mathrm{Cov}(X, Y) &= E(XY) - E(X) E(Y) \\ &= 0{,}50 - 0{,}78 \cdot 0{,}50 \\ &= 0{,}11 \end{aligned}$$

und der *Korrelationskoeffizient* zu

$$\varrho(X, Y) = \frac{Cov(X, Y)}{\sigma_X \sigma_Y} = \frac{0{,}11}{\sqrt{0{,}6516} \cdot \sqrt{0{,}45}} = 0{,}2031.$$

Hier diente der Erwartungswert des Produkts XY, nämlich E(XY), lediglich der *Berechnung von Kovarianz und Korrelationskoeffizient*, wobei letzterer mit 0,2031 auf einen nur schwachen Zusammenhang der Ausfälle von Bauteil B 1 und Bauteil B 2 hindeutet. – Oft ist der *Ausdruck* E(XY) aber auch selbst *interpretierbar;* wäre beispielsweise die Zufallsvariable X die Zahl der Krankmeldungen pro Jahr in einem großen Betrieb und Y die Krankheitsdauer je Krankmeldung in Tagen, so wäre E(XY) die zu erwartende Anzahl der insgesamt wegen Krankheit ausfallenden Tage in einem Jahr.

Bei Vorliegen von *zwei unabhängigen Zufallsvariablen* X *und* Y gilt nach Abschnitt 8.2

$$f(x_i, y_j) = f_X(x_i)\, f_Y(y_j) \qquad (i, j = 1, 2, \ldots).$$

Setzen wir dies in die allgemeine Formel für E(XY), nämlich in

$$E(XY) = \sum_i \sum_j x_i y_j f(x_i, y_j)$$

ein, so erhalten wir

$$E(XY) = \sum_i \sum_j x_i y_j f_X(x_i)\, f_Y(y_j) = \sum_i x_i f_X(x_i) \sum_j y_j f_Y(y_j) = E(X)\, E(Y);$$

damit ergibt sich für die Kovarianz

$$Cov(X, Y) = E(XY) - E(X)\, E(Y) = E(X)\, E(Y) - E(X)\, E(Y) = 0.$$

Bei *unabhängigen Zufallsvariablen* besitzen also die *Kovarianz* und damit auch der *Korrelationskoeffizient immer den Wert* 0. Umgekehrt kann aber aus einer Kovarianz von 0 nicht allgemein auf Unabhängigkeit geschlossen werden.

8.5. Linearkombinationen von Zufallsvariablen

Ein wichtiger Funktionstyp ist die *Linearkombination*

$$Z = aX + bY \qquad (a, b \text{ sind Konstante})$$

der Zufallsvariablen X und Y; Z *ist ebenfalls wieder eine Zufallsvariable.* Die Konstanten a und b können als „*Gewichte*" aufgefaßt werden, mit denen die beiden Zufallsvariablen in Z eingehen. Für a = b = 1 ist Z die *Summe* sowie für a = 1 und b = — 1 die *Differenz* der beiden Zufallsvariablen; für a = b = 0,5 ist Z das *arithmetische Mittel* (der *Durchschnitt*) der beiden Zufallsvariablen.

Der *Erwartungswert* einer Funktion g(X, Y) der beiden Zufallsvariablen X und Y mit der gemeinsamen Wahrscheinlichkeitsfunktion $f(x_i, y_j)$ ist *allgemein definiert* als

$$E[g(X, Y)] = \sum_i \sum_j g(x_i, y_j)\, f(x_i, y_j).$$

Der *Erwartungswert der Linearkombination* Z ist, wie sich zeigen läßt

$$E(Z) = aE(X) + bE(Y).$$

Für die *Varianz* erhält man die Beziehung

$$Var(Z) = E[[Z - E(Z)]^2] = a^2 Var(X) + b^2 Var(Y) + 2ab\,Cov(X, Y).$$

Mit Hilfe dieser Gleichungen lassen sich unmittelbar die in Tab. 8.8 wiedergegebenen *Erwartungswerte* und *Varianzen* der *Summe*, der *Differenz* und des *Durchschnitts* der beiden Zufallsvariablen X und Y angeben.

In unserem *Beispiel* war X die Anzahl der Ausfälle (pro Tag) von Bauteil B 1, und Y die Anzahl der Ausfälle (pro Tag) von Bauteil B 2. Z = X + Y ist dann die *Gesamtzahl der Ausfälle* (pro Tag). Man findet für Z den *Erwartungswert*

Z	E(Z)	Var(Z)
$aX \pm bY$	$aE(X) \pm bE(Y)$	$a^2 Var(X) + b^2 Var(Y) \pm 2ab\,Cov(X, Y)$
$X + Y$ $(a = 1, b = 1)$	$E(X) + E(Y)$	$Var(X) + Var(Y) + 2Cov(X, Y)$
$X - Y$ $(a = 1, b = -1)$	$E(X) - E(Y)$	$Var(X) + Var(Y) - 2Cov(X, Y)$
$\frac{1}{2}(X + Y)$ $\left(a = \frac{1}{2}, b = \frac{1}{2}\right)$	$\frac{1}{2}\left[E(X) + E(Y)\right]$	$\frac{1}{4} Var(X) + \frac{1}{4} Var(Y) + \frac{1}{2} Cov(X, Y)$

Tab. 8.8: Erwartungswerte und Varianzen einiger Linearkombinationen von X *und* Y

$$E(Z) = E(X) + E(Y)$$

$$E(Z) = 0{,}78 + 0{,}50 = 1{,}28$$

und die *Varianz*

$$\begin{aligned} Var(Z) &= Var(X) + Var(Y) + 2\,Cov(X, Y) \\ &= 0{,}6516 + 0{,}45 + 2 \cdot 0{,}11 \\ &= 1{,}3216. \end{aligned}$$

Sind X und Y *unabhängige Zufallsvariablen*, dann ist die Kovarianz 0 (vgl. Abschnitt 8.4.) und die *Varianz der Summe* somit einfach *gleich der Summe der beiden Varianzen:*

$$Var(X + Y) = Var(X) + Var(Y);$$

für die *Differenz* der Zufallsvariablen gilt entsprechend

$$Var(X - Y) = Var(X) + Var(Y).$$

8.6. Ausgewählte Literatur

Bain, Lee J., Max Engelhardt, Introduction to Probability and Mathematical Statistics (2nd ed.). Boston (Mass.) 2000.

Fraser, D. A. S., Probability and Statistics: Theory and Applications. North Scituate (Mass.) 1976.

Olkin, Ingram, Leon J. Gleser, Cyrus Derman, Probability Models and Applications (2nd ed.). New York, London 1999.

Aufgaben zu Kapitel 8

8.1 Der TÜV einer Kreisstadt überprüfte in einer Woche 400 Pkw. Die Kontrolle ergab folgende zweidimensionale Häufigkeitsverteilung (vereinfachtes Modellbeispiel) der Variablen X (Zahl der Beanstandungen) und Y (Alter der Pkw in Jahren):

x \ y	2	4	6	Σ
0	100	80	50	230
1	10	40	40	90
2	10	30	20	60
3	0	10	10	20
Σ	120	160	120	400

Tab. 8.9: Zweidimensionale Häufigkeitsverteilung

Berechnen und interpretieren Sie:

(a) die gemeinsame Wahrscheinlichkeitsfunktion $f(x_i, y_j)$,

(b) die Randverteilungen von X und Y,

(c) die bedingte Verteilung $f(x_i/4)$,

(d) E(X) und E(Y) sowie Var(X) und Var (Y),

(e) E(X/4) und Var(X/4) und

(f) Cov(X, Y) sowie ϱ(X, Y).

8.2 (a) Geben Sie für das Beispiel der Maschinen-Bauteile B 1 und B 2 aus Abschnitt 8.1. eine gemeinsame Wahrscheinlichkeitsfunktion an, für die sich ein Korrelationskoeffizient $\varrho(X, Y) = 0$ ergibt.

(b) Geben Sie eine weitere gemeinsame Wahrscheinlichkeitsfunktion an, für die der Korrelationskoeffizient $\varrho(X, Y) = 1$ ist.

8.3 Zwei Zufallsvariable X und Y besitzen die in Tab. 8.10. wiedergegebene Wahrscheinlichkeitsfunktion.

x \ y	—4	0	2
4	1/8	1/4	1/8
5	3/16	1/16	1/4

Tab. 8.10: Gemeinsame Wahrscheinlichkeitsfunktion

Man zeige, daß X und Y voneinander stochastisch abhängig, aber nicht korreliert sind.

8.4 Aus einer Gruppe von Ehepaaren, bei denen beide Partner berufstätig sind, wird ein Paar zufällig ausgewählt. Wie groß sind Erwartungswert und Varianz der Summe der Einkommen beider Partner, wenn bekannt ist, daß das Einkommen des Mannes (X) einen Erwartungswert von E(X) = 2600 € bei einer Varianz von Var(X) = 250 €^{2} und das Einkommen der Frau (Y) einen Erwartungswert von E(Y) = 1850 € bei einer Varianz von Var(Y) = 300 €^{2} besitzen. Weiterhin soll die Kovarianz Cov(X, Y) = 136 €^{2} betragen.

Kapitel 9: Theoretische Verteilungen I (Diskrete Verteilungen)

9.1. Einführung

Den **theoretischen Verteilungen** *(statistischen Verteilungen, speziellen Wahrscheinlichkeitsverteilungen)* kommt sowohl in der deskriptiven (beschreibenden) als auch in der mathematischen Statistik zentrale Bedeutung zu. Während sie in der deskriptiven Statistik der approximativen funktionsmäßigen Beschreibung empirisch beobachteter Häufigkeitsverteilungen dienen, lassen sich mit ihnen in der mathematischen Statistik Wahrscheinlichkeiten für Ergebnisse bestimmter Zufallsexperimente angeben. In den Abschnitten 9.3 bis 9.5 werden mit der *Binomialverteilung*, der *Hypergeometrischen Verteilung* und der *Poissonverteilung* einige wichtige diskrete **eindimensionale Verteilungen** (Verteilungen nur einer einzigen Zufallsvariablen) behandelt; in Abschnitt 9.6 folgt dann mit der *Multinomialverteilung* eine diskrete **mehrdimensionale Verteilung** (Verteilung mehrerer Zufallsvariablen).

Da für das Verständnis dieser theoretischen Verteilungen – ebenso wie für das Verständnis einer Reihe anderer statistischer Methoden – Grundkenntnisse der *Kombinatorik* unentbehrlich sind, wird in Abschnitt 9.2 ein kurzer Überblick über die Kombinatorik vorangestellt.

9.2. Kombinatorik

In der **Kombinatorik** – einem Spezialgebiet der Mathematik – wird untersucht, wie eine gegebene Anzahl von Elementen unterschiedlich angeordnet und zu Gruppen zusammengefaßt werden kann.

Eine *Grundaufgabe der Kombinatorik* besteht darin, für N voneinander verschiedene Elemente $e_1, e_2, \ldots, e_N$ die *Anzahl der möglichen Anordnungen* zu bestimmen. Betrachtet man das *Beispiel* einer Gesamtheit mit N = 3 Elementen e_1, e_2 und e_3, so sind folgende sechs verschiedene Anordnungen möglich:

$$\begin{matrix} e_1 & e_2 & e_3 \\ e_1 & e_3 & e_2 \\ e_2 & e_1 & e_3 \\ e_2 & e_3 & e_1 \\ e_3 & e_1 & e_2 \\ e_3 & e_2 & e_1 \end{matrix}$$

Jede einzelne dieser Anordnungen wird als **Permutation** bezeichnet. *Allgemein* gilt, daß es für N voneinander verschiedene Elemente insgesamt

$$N \cdot (N-1) \cdot \ldots \cdot 2 \cdot 1 = N!$$

(gesprochen: N-Fakultät) *Permutationen* gibt. Aus Zweckmäßigkeitsgründen definiert man $0! = 1$; außerdem gilt die rekursive Beziehung

$$N! = N \cdot (N-1)!\,.$$

Für unser *Beispiel* mit N = 3 Elementen ergibt sich die Anzahl der möglichen Permutationen als

$$3! = 3 \cdot 2 \cdot 1 = 6.$$

Anordnungen von jeweils n der N Elemente heißen **Kombinationen n-ter Ordnung;** betrachten wir in unserem *Beispiel* mit N = 3 Elementen etwa die Anordnungen von jeweils n = 2 Elementen, so liegen Kombinationen 2-ter Ordnung vor. – Es gibt nun verschiedene Arten von Kombinationen:

- Je nachdem, ob ein Element in einer einzelnen Kombination nur ein einziges Mal oder mehrere Male auftreten kann, unterscheidet man *Kombinationen ohne Wiederholung* und *Kombinationen mit Wiederholung* einzelner Elemente.
- Je nachdem, ob Kombinationen, welche die gleiche Menge von Elementen in unterschiedlichen Reihenfolgen enthalten, als gleich oder verschieden angesehen werden, unterscheidet man *Kombinationen ohne Berücksichtigung der Anordnung* und *Kombinationen mit Berücksichtigung der Anordnung;* letztere werden auch als *Variationen* bezeichnet.

Wir wollen nun die verschiedenen Kombinationen im einzelnen betrachten:

(1) Kombinationen ohne Wiederholung einzelner Elemente

(a) *mit Berücksichtigung der Anordnung:*

Gehen wir von unserem *Beispiel* mit N = 3 Elementen aus und fragen, wieviele verschiedene Zweier-Kombinationen aus der Gesamtheit der drei Elemente e_1, e_2 und e_3 beim *„Ziehen ohne Zurücklegen“* (ein einmal ausgewähltes Element kann nicht ein zweites Mals ausgewählt werden!) möglich sind, so lassen sich folgende sechs Fälle unterscheiden:

$$\begin{matrix} e_1 & e_2 \\ e_2 & e_1 \\ e_1 & e_3 \\ e_3 & e_1 \\ e_2 & e_3 \\ e_3 & e_2 \end{matrix}$$

Werden *allgemein* n aus N Elementen ausgewählt, so beträgt die Anzahl der *Kombinationen ohne Wiederholung einzelner Elemente und mit Berücksichtigung der Anordnung*

$$\frac{N!}{(N-n)!}\,.$$

Für unser *Beispiel* ist die Anzahl

$$\frac{3!}{(3-2)!} = 6.$$

(b) *ohne Berücksichtigung der Anordnung:*

Läßt man die Anordnung der Elemente innerhalb der Kombinationen unberücksichtigt, d. h. sieht man in unserem Beispiel die Fälle

$$\begin{matrix} e_1 & e_2 & \text{und} & e_2 & e_1 \\ e_1 & e_3 & \text{und} & e_3 & e_1 \\ e_2 & e_3 & \text{und} & e_3 & e_2 \end{matrix}$$

jeweils als gleich an, so gibt es die folgenden drei verschiedenen Zweier-Kombinationen:

e_1 e_2
e_1 e_3
e_2 e_3

Da immer n! Kombinationen mit Berücksichtigung der Anordnung zu einer Kombination ohne Berücksichtigung der Anordnung zusammenfallen, ergibt sich die Anzahl der möglichen *Kombinationen ohne Wiederholung einzelner Elemente und ohne Berücksichtigung der Anordnung* zu

$$\frac{N!}{n!\,(N-n)!} = \binom{N}{n}$$

(Gesprochen: N über n).

Für unser *Beispiel* ist die Anzahl

$$\binom{3}{2} = \frac{3!}{2!\,1!} = 3.$$

Ausdrücke der Form $\binom{N}{n}$ werden als *Binomialkoeffizienten* bezeichnet.

(2) Kombinationen mit Wiederholung einzelner Elemente

(a) *mit Berücksichtigung der Anordnung:*

Für unser Beispiel mit N = 3 Elementen gibt es beim *„Ziehen mit Zurücklegen"* (ein einmal ausgewähltes Element wird vor der Auswahl des nächsten Elementes in die Gesamtheit „zurückgelegt" und kann deshalb erneut ausgewählt werden) folgende neun Zweier-Kombinationen

e_1 e_1 e_2 e_1 e_3 e_1
e_1 e_2 e_2 e_2 e_3 e_2
e_1 e_3 e_2 e_3 e_3 e_3

Allgemein beträgt die Anzahl der möglichen *Kombinationen mit Wiederholung einzelner Elemente und mit Berücksichtigung der Anordnung*

$$N^n.$$

Für unser *Beispiel* ist die Anzahl

$$3^2 = 9.$$

(b) *ohne Berücksichtigung der Anordnung:*

Läßt man die Anordnung der Elemente innerhalb der Kombinationen unberücksichtigt, d.h. sieht man in unserem Beispiel die Fälle

e_1 e_2 und e_2 e_1
e_1 e_3 und e_3 e_1
e_2 e_3 und e_3 e_2

jeweils als gleich an, so gibt es die folgenden sechs verschiedenen Zweier-Kombinationen:

e_1 e_1
e_1 e_2
e_1 e_3
e_2 e_2
e_2 e_3
e_3 e_3

Allgemein beträgt die Anzahl der möglichen *Kombinationen mit Wiederholung einzelner Elemente und ohne Berücksichtigung der Anordnung*

$$\binom{N+n-1}{n}.$$

Für unser *Beispiel* ist die Anzahl

$$\binom{3+2-1}{2} = \frac{4!}{2!\,2!} = 6.$$

Der Übersichtlichkeit wegen sind die *Formeln für die Berechnung der Anzahl der möglichen Kombinationen* für die verschiedenen Modellfälle in der nachfolgenden Tabelle 9.1 zusammengestellt.

Anordnung / Wiederholung	Mit Berücksichtigung der Anordnung	Ohne Berücksichtigung der Anordnung
Ohne Wiederholung	$\frac{N!}{(N-n)!}$	$\binom{N}{n}$
Mit Wiederholung	N^n	$\binom{N+n-1}{n}$

Tab. 9.1: Anzahl der Kombinationen n-*ter Ordnung aus* N *Elementen*

9.3. Binomialverteilung

Die Binomialverteilung geht als eine der ältesten statistischen Verteilungen auf *Jakob Bernoulli* (1654–1705) zurück, der sie in seiner erst 1713 veröffentlichten Schrift *Ars conjectandi* abgeleitet hatte. Mit ihr lassen sich die Wahrscheinlichkeiten für die Häufigkeit des Eintreffens bestimmter Ereignisse bei Bernoulli-Experimenten berechnen. Ein **Bernoulli-Experiment** *(Bernoulli-Modell)* besteht aus einer *Folge von Bernoulli-Versuchen;* dies sind Versuche, die den folgenden drei Bedingungen genügen:

1. Für jeden Versuch gibt es nur zwei mögliche Ausgänge (Ergebnisse) A und $\bar{A}$; wird etwa eine Münze geworfen, so gibt es nur die beiden Ereignisse A: „Zahl" und $\bar{A}$: „Wappen".
2. Die Erfolgswahrscheinlichkeiten θ bzw. $1-\theta$ der beiden Ereignisse A bzw. $\bar{A}$ sind konstant, ändern sich also von Versuch zu Versuch nicht; beim Werfen einer Münze sind die Wahrscheinlichkeiten, „Zahl" bzw. „Wappen" zu werfen, stets gleich (und zwar 0,5).
3. Die einzelnen Versuche sind voneinander unabhängig; bei mehrmaligem Münzwurf beeinflußt das Ergebnis eines Wurfes nicht die weiteren Ergebnisse.

Eine Folge von z.B. fünf Münzwürfen stellt ein *Bernoulli-Experiment mit 5 einzelnen Versuchen dar. Ob die Zufallsvariable* X „Zahl der Zahlen" dabei die *Realisation* x = 0, 1, 2, 3, 4 oder 5 annimmt, hängt vom Zufall ab. Jede Realisation x tritt mit einer bestimmten Wahrscheinlichkeit W (X = x) = f(x) ein, die – wie bei jedem Bernoulli-Experiment – nach der *Wahrscheinlichkeitsfunktion der* **Binomialverteilung** bestimmt werden kann.

Zur allgemeinen *Ableitung* dieser Wahrscheinlichkeiten gehen wir von einem *Bernoulli*-Experiment mit n Versuchen aus, wobei das Ereignis A jeweils mit der Wahrscheinlichkeit θ und das Ereignis $\bar{A}$ mit der Wahrscheinlichkeit $(1-\theta)$ eintreten möge. Die Zufallsvariable X sei die Zahl, die angibt, wie oft bei den n Versuchen A eingetreten ist; X ist diskret und kann die $n+1$ verschiedenen Realisationen $x=0, x=1, \ldots, x=n$ annehmen. Gesucht ist also die Wahrscheinlichkeit $W(X=x)$, d.h. die Wahrscheinlichkeit dafür, daß die Zufallsvariable X eine bestimmte Realisation x, z.B. $x=4$, annimmt.

Eine solche Realisation liegt beispielsweise dann vor, wenn bei einer Folge von n Versuchen zunächst bei den ersten x Versuchen Ereignis A und dann bei den restlichen $(n-x)$ Versuchen Ereignis $\bar{A}$ eintritt:

$$(\underbrace{A, A, \ldots, A}_{x \text{ mal}}, \underbrace{\bar{A}, \bar{A}, \ldots, \bar{A}}_{(n-x) \text{ mal}})$$

Da die einzelnen Versuche unabhängig voneinander sind, ergibt sich die Wahrscheinlichkeit dieser Folge nach dem Multiplikationssatz für unabhängige Ereignisse (vgl. Abschnitt 6.3) zu

$$\underbrace{\theta \cdot \ldots \cdot \theta}_{x \text{ mal}} \cdot \underbrace{(1-\theta) \cdot \ldots \cdot (1-\theta)}_{(n-x) \text{ mal}} = \theta^x (1-\theta)^{n-x}$$

Bei der hier betrachteten Folge traf das Ereignis A genau bei den ersten x Versuchen ein. Natürlich gibt es eine ganze Reihe anderer Folgen, bei denen ebenfalls genau x mal Ereignis A, jedoch in anderer Reihenfolge, eintritt. Mit Hilfe der Kombinatorik läßt sich bestimmen, wieviele verschiedene Möglichkeiten es gibt, bei n Versuchen x mal Ereignis A zu erhalten. Die Anzahl dieser Möglichkeiten entspricht der Anzahl der Kombinationen ohne Wiederholung und ohne Berücksichtigung der Anordnung (vgl. Abschnitt 9.2), ist also $\binom{n}{x}$; jede einzelne Folge besitzt die gleiche Wahrscheinlichkeit $\theta^x (1-\theta)^{n-x}$. – Da sich die einzelnen Folgen gegenseitig ausschließen, ergibt sich die gesuchte Wahrscheinlichkeit $W(X=x)$ nach dem Additionssatz für sich gegenseitig ausschließende Ereignisse (vgl. Abschnitt 5.5) schließlich zu

$$f_B(x/n; \theta) = \begin{cases} \binom{n}{x} \theta^x (1-\theta)^{n-x} & \text{für } x = 0, 1, \ldots, n, \\ 0 & \text{sonst.} \end{cases}$$

Diese Funktion $f_B(x/n; \theta)$ ist die **Wahrscheinlichkeitsfunktion** *der Binomialverteilung.*

Für unser *Beispiel* beträgt die Wahrscheinlichkeit, bei $n = 5$ Münzwürfen genau $x = 2$ mal „Zahl" zu werfen, also $W(X = 2)$,

$$f_B(2/5; 0{,}5) = \binom{5}{2} 0{,}5^2 (1-0{,}5)^{5-2} = 0{,}3125.$$

Die **Verteilungsfunktion** $F_B(x/n; \theta)$ *der Binomialverteilung* gibt die Wahrscheinlichkeit an, mit der eine binomialverteilte Zufallsvariable X *höchstens den Wert* x annehmen kann, also $W(X \leq x)$. Man erhält sie durch Summation der einzelnen binomialen Wahrscheinlichkeiten:

$$F_B(x/n; \theta) = f_B(0/n; \theta) + f_B(1/n; \theta) + \ldots + f_B(x/n; \theta)$$

$$= \binom{n}{0} \theta^0 (1-\theta)^n + \binom{n}{1} \theta^1 (1-\theta)^{n-1} + \ldots + \binom{n}{x} \theta^x (1-\theta)^{n-x};$$

wenn man v als Summationsindex einführt, ergibt sich kürzer

$$F_B(x/n; \theta) = \sum_{v=0}^{x} \binom{n}{v} \theta^v (1-\theta)^{n-v}.$$

Die Wahrscheinlichkeit also, bei $n = 5$ Würfen höchstens 2 mal „Zahl" (also 0, 1 oder 2 mal „Zahl") zu werfen, ergibt sich zu 0,5.

Wie aus den Abbildungen 9.1 und 9.2 hervorgeht, hängt die Gestalt der Binomialverteilung von ihren *beiden* **Funktionalparametern** (kurz: ,,Parametern") n und θ ab.

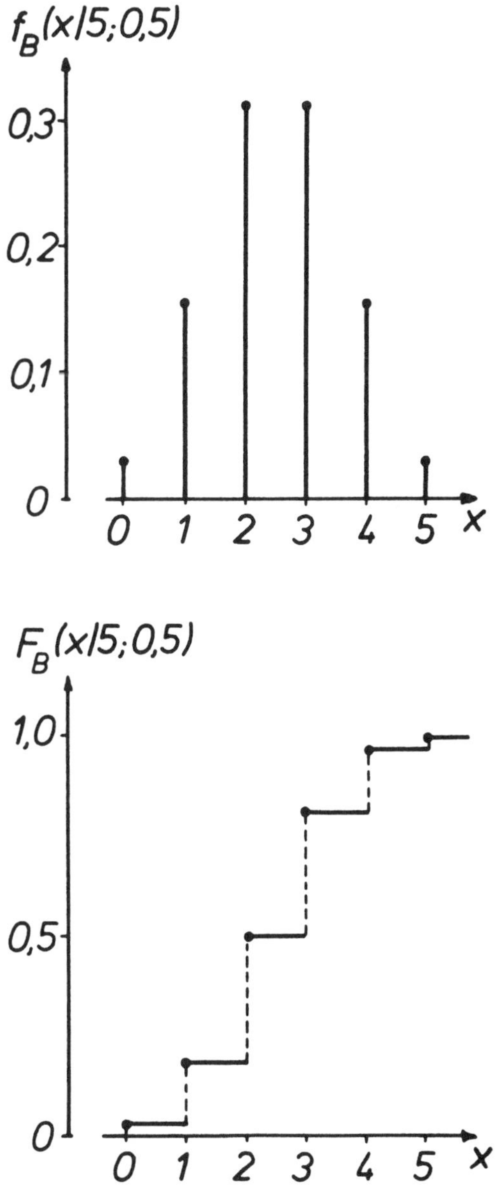

Abb. 9.1: Binomiale Wahrscheinlichkeits- und Verteilungsfunktion mit den Parametern $n = 5$ *und* $\theta = 0{,}5$

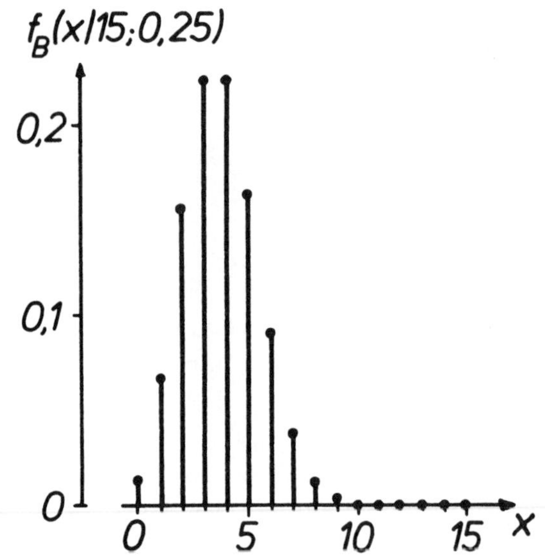

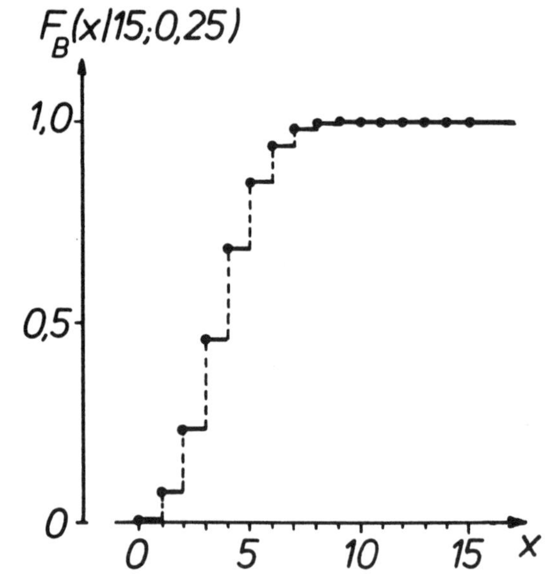

Abb. 9.2: Binomiale Wahrscheinlichkeits- und Verteilungsfunktion mit den Parametern n = 15 *und* θ = 0,25

Die Binomialverteilung liegt für ausgewählte Werte von θ und n in tabellierter Form vor. Man wird also in vielen Fällen auf die formelmäßige Berechnung der Wahrscheinlichkeiten verzichten und die Werte den entsprechenden *Tabellenwerken* entnehmen können.

Der **Erwartungswert** (Lageparameter) der Binomialverteilung ist $E(X) = n \cdot \theta$; wird das Bernoulli-Experiment „fünfmaliges Werfen einer Münze" sehr oft wiederholt, so gibt der Erwartungswert $E(X) = 5 \cdot 0{,}5 = 2{,}5$ an, wie oft man *im Durchschnitt* das Ereignis „Zahl" erhält. – Die **Varianz** (Streuungsparameter) der Binomialverteilung beträgt $Var(X) = n \cdot \theta\,(1 - \theta)$, in unserem Münzbeispiel also 1,25.

Zieht man aus einer Urne, die mit einem Anteil von θ schwarzen und 1 – θ weißen Kugeln gefüllt ist, eine **Zufallsstichprobe** von n Kugeln *mit* Zurücklegen (d. h. nach Registrierung der Farbe wird jede Kugel in die Urne zurückgelegt und diese vor dem nächsten Zug durchmischt), so stellt auch diese Versuchsanordnung ein *Bernoulli*-Experiment dar, in der Stichprobentheorie bekannt als *Urnenmodell mit Zurücklegen für ein dichotomes Merkmal* (nominalskaliertes Merkmal mit nur zwei Ausprägungen).

9.4. Hypergeometrische Verteilung

Die **Hypergeometrische Verteilung** entspricht dem *Urnenmodell ohne Zurücklegen:* Aus einer Urne, die mit M schwarzen und N-M weißen Kugeln, die also mit insgesamt N Kugeln gefüllt ist, wird eine Zufallsstichprobe im Umfang n entnommen, ohne daß jedoch eine einmal gezogene Kugel wieder in die Urne zurückgelegt wird; die Menge der in der Urne enthaltenen Kugeln vermindert sich also von Zug zu Zug um ein Element.

Die Wahrscheinlichkeit, unter den n gezogenen Kugeln *genau* x *schwarze* zu finden, läßt sich wie folgt bestimmen:

Da ohne Zurücklegen gezogen wird, kann jedes einzelne Element (jede Kugel) in der Stichprobe nur einmal auftreten; weiterhin spielt die Reihenfolge keine Rolle. Aus den M schwarzen Kugeln sollen genau x ausgewählt werden. Die Anzahl der Kombinationen ohne Wiederholung einzelner Elemente und ohne Berücksichtigung der Reihenfolge beträgt nun $\binom{M}{x}$. In analoger Weise beträgt die Anzahl der Möglichkeiten, aus den N – M weißen Kugeln der Urne die restlichen n-x Kugeln der Stichprobe zu ziehen, $\binom{N-M}{n-x}$. Da jede einzelne mögliche Stichprobe „x schwarze aus M schwarzen Kugeln" mit jeder einzelnen möglichen Stichprobe „n – x weiße aus N – M weißen Kugeln" kombiniert werden kann, beträgt die Gesamtzahl aller Möglichkeiten, daß genau x der n Kugeln schwarz sind, $\binom{M}{x}\binom{N-M}{n-x}$. Die Gesamtzahl der Möglichkeiten, aus einer Urne vom Umfang N eine Stichprobe im Umfang n zu ziehen, beträgt $\binom{N}{n}$. Die gesuchte Wahrscheinlichkeit ergibt sich nach dem *Laplace*schen Wahrscheinlichkeitsbegriff (vgl. Abschnitt 5.3) als Quotient

$$\frac{\binom{M}{x}\binom{N-M}{n-x}}{\binom{N}{n}}.$$

Damit erhält man die **Wahrscheinlichkeitsfunktion** *der Hypergeometrischen Verteilung* zu

$$f_H(x/N;n;M) = \begin{cases} \dfrac{\binom{M}{x}\binom{N-M}{n-x}}{\binom{N}{n}} & \text{für } x = 0,1,\ldots,n \\ 0 & \text{sonst.} \end{cases}$$

Die Wahrscheinlichkeit für *„höchstens* x *schwarze Kugeln"* ergibt sich aus der **Verteilungsfunktion** *der Hypergeometrischen Verteilung,* die – wie die der Binomialverteilung – durch Summation der Einzelwahrscheinlichkeiten entsteht.

Wie aus der oben angegebenen Wahrscheinlichkeitsfunktion ersichtlich ist, besitzt die Hypergeometrische Verteilung die *drei* **Parameter** N, n und M.

Ihr **Erwartungswert** ist $E(X) = n \cdot \frac{M}{N}$

und ihre **Varianz** $Var(X) = n \cdot \frac{M}{N} \cdot \frac{N-M}{N} \cdot \frac{N-n}{N-1}$.

Für große N, M, N − M und relativ kleine Werte von n kann die Hypergeometrische Verteilung gut durch die *Binomialverteilung* **approximiert** *(angenähert)* werden. Dabei wird für den Parameter θ der Binomialverteilung M/N gesetzt. – Der Vergleich einer Hypergeometrischen Verteilung mit den Parametern N = 500, M = 100 und n = 4 mit der entsprechenden Binomialverteilung (Parameter θ = M/N = 0,2 und n = 4) in Tabelle 9.2 zeigt die Güte der Übereinstimmung.

x	Hypergeometrische Verteilung f_H (x/500; 4; 100)	Binomial-verteilung f_B (x/4; 0,2)
0	0,4084	0,4096
1	0,4115	0,4096
2	0,1535	0,1536
3	0,0251	0,0256
4	0,0015	0,0016

Tab. 9.2 Vergleich der hypergeometrischen Wahrscheinlichkeitsfunktion f_H (x/500; 4; 100) *mit der binomialen Wahrscheinlichkeitsfunktion* f_B (x/4; 0,2)

Als eine *Faustregel* kann angegeben werden, daß die Approximation dann erfolgen darf, wenn n/N < 0,05 ist.

9.5. Poissonverteilung

Eine Ableitung der **Poissonverteilung** wurde von *Simeon Denis Poisson* bereits im Jahre 1837 veröffentlicht. Von *L. v. Bortkiewicz* wurde sie 1898 etwas irreführend als **„Das Gesetz der kleinen Zahlen"** bezeichnet.

Poisson leitete die nach ihm benannte Verteilung als Grenzfall der Binomialverteilung her, und zwar für eine sehr große Zahl n von Versuchen (streng genommen $n \to \infty$) und für eine sehr kleine Wahrscheinlichkeit θ für das Auftreten eines Ereignisses (streng genommen $\theta \to 0$). Bleibt bei diesem Grenzübergang der Ausdruck $n \cdot \theta$ endlich und konvergiert er gegen den Wert μ, so geht die binomiale Wahrscheinlichkeitsfunktion f_B (x/n; θ) in die **Wahrscheinlichkeitsfunktion** der einparametrischen, diskreten *Poissonverteilung,* nämlich

$$f_P(x/\mu) = \begin{cases} \frac{\mu^x e^{-\mu}}{x!} & \text{für } x = 0, 1, \ldots \quad (e = 2{,}71828\ldots) \\ 0 & \text{sonst} \end{cases}$$

über.

Erwartungswert und **Varianz** der Poissonverteilung sind gleich ihrem **Parameter** μ, d. h. es gilt $E(X) = Var(X) = \mu$.

In der Abbildung 9.3 sind Poissonverteilungen mit $\mu = 1$ und $\mu = 5$ dargestellt.

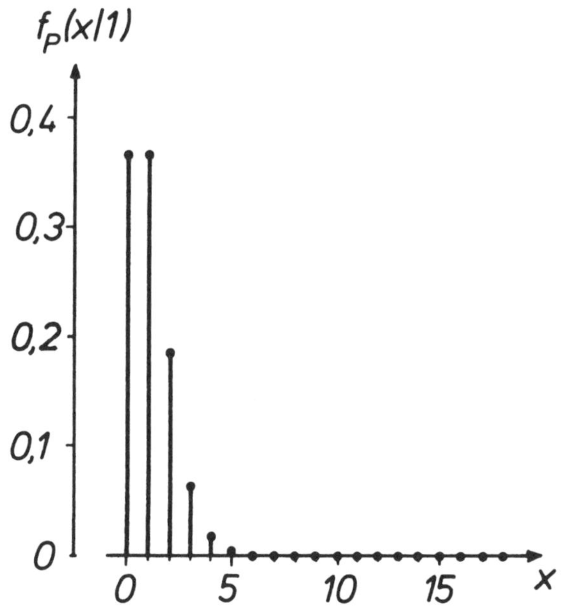

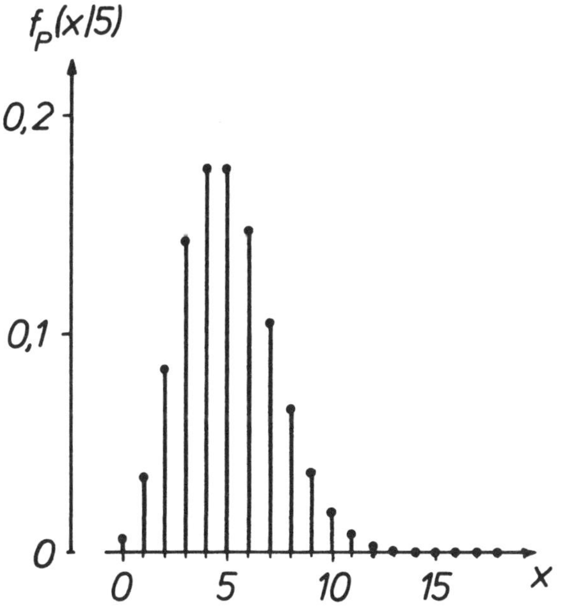

Abb. 9.3: Poissonsche Wahrscheinlichkeitsfunktionen für $\mu = 1$ *und* $\mu = 5$

Der Poissonverteilung kommt nicht nur in der mathematischen Statistik (z. B. in der *Stichprobentheorie*) Bedeutung zu, sondern sie eignet sich oft auch zur Beschreibung empirischer Verteilungen, wie sie in der *technischen Statistik* oder in *Warteschlangenmodellen* vorkommen (z. B. Verteilung der Anzahl der in einem Tunnel pro Minute ankommenden Kraftfahrzeuge).

Die *Binomialverteilung* kann durch die Poissonverteilung **approximiert** werden, wenn bei genügend großem n der Parameter θ klein ist. Der Parameter μ der zugehörenden Poissonverteilung errechnet sich dann zu $\mu = n \cdot \theta$. Für die Binomialverteilung mit n = 100 und θ = 0,02 zeigt die folgende Tabelle 9.3 die Güte der Annäherung durch die Poissonverteilung mit $\mu = n \cdot \theta = 2$.

x	Binomialverteilung f_B (x/100; 0,02)	Poissonverteilung f_p (x/2)
0	0,1326	0,1353
1	0,2707	0,2707
2	0,2734	0,2707
3	0,1823	0,1804
4	0,0902	0,0902
5	0,0353	0,0361
6	0,0114	0,0120
7	0,0031	0,0034
8	0,0007	0,0009
9	0,0002	0,0002

Tab. 9.3: Vergleich der binomialen Wahrscheinlichkeitsfunktion f_B (x/100; 0,02) *mit der Wahrscheinlichkeitsfunktion der Poissonverteilung* f_P (x/2)

Faustregel: Eine Approximation wird dann einen meist vernachlässigbaren Fehler aufweisen, wenn $n > 10$ und $\theta < 0{,}05$ ist.

Beispiel: In einem Unternehmen mit einer sehr großen Anzahl von Buchungen beträgt der Anteil der Fehlbuchungen $\theta = 0{,}001$. Man bestimme die Wahrscheinlichkeit dafür, daß bei der stichprobenweisen Prüfung, bei der $n = 2000$ Buchungen zufällig ausgewählt werden, genau $x = 3$ Fehlbuchungen gefunden werden. – Da die Gesamtheit aller Buchungen sehr groß ist, kann trotz Vorliegens einer Stichprobe ohne Zurücklegen in guter Näherung mit dem Stichprobenmodell mit Zurücklegen gearbeitet werden. Da ferner die zu prüfenden Buchungen *zufällig* aus der Gesamtheit aller Buchungen ausgewählt werden, kann die stichprobenweise Prüfung als ein Zufallsexperiment, und zwar als ein *Bernoulli*-Experiment (vgl. Abschnitt 9.3) mit den Parametern $n = 2000$ und $\theta = 0{,}001$ betrachtet werden. Die Wahrscheinlichkeit, daß sich unter den n geprüften Buchungen genau x Fehlbuchungen befinden, kann also mit Hilfe der *Binomialverteilung* als

$$W(X=3) = f_B(3/2000;\, 0{,}001) = \binom{2000}{3}\, 0{,}001^3 \cdot 0{,}999^{1997} = 0{,}1805$$

berechnet werden. – Über die *Poissonverteilung* erhält man mit $\mu = n \cdot \theta = 2$ *einfacher*

$$W(X=3) = f_P(3/2) = \frac{2^3 \cdot e^{-2}}{3!} = 0{,}1804.$$

Die Poissonverteilung ist auch als **Approximationsverteilung** der *Hypergeometrischen Verteilung* geeignet, sofern $M/N = \theta$ klein und N im Vergleich zu n groß ist (*Faustregel:* $M/N < 0{,}05$, $n > 10$ und $n/N < 0{,}05$); als Parameter der Poissonverteilung wählt man hier $\mu = n \cdot \frac{M}{N}$.

9.6. Multinomialverteilung

Die in Abschnitt 9.3 behandelte Binomialverteilung stellt den eindimensionalen Spezialfall einer mehrdimensionalen Verteilung, nämlich der **Multinomialverteilung,** dar. Bei der Binomialverteilung lag das Modell des *Bernoulli*-Experiments zugrunde: bei jedem einzelnen Versuch konnte ein Ereignis A mit der Wahrscheinlichkeit θ und ein Ereignis $\bar{A}$ mit der Wahrscheinlichkeit $1-\theta$ eintreten. Unterstellt man k *mögliche Ereignisse* $A_1, \ldots, A_k$ des einzelnen Versuchs und setzt *Unabhängigkeit* der einzelnen Versuche sowie *konstante Eintrittswahrscheinlichkeiten* $\theta_1, \ldots, \theta_k$ der Ereignisse $A_1, \ldots, A_k$ voraus, dann ist die Wahrscheinlichkeit, daß bei n hintereinander ausgeführten Versuchen genau x_1 mal Ereignis A_1, x_2 mal Ereignis A_2 usw. eintritt, gegeben durch die **Wahrscheinlichkeitsfunktion** *der Multinomialverteilung*

$$f_M(x_1, x_2, \ldots, x_k/n;\, \theta_1;\, \theta_2;\, \ldots, \theta_k) = \frac{n!}{x_1!\, x_2! \ldots x_k!}\, \theta_1^{x_1}\, \theta_2^{x_2} \cdot \ldots \cdot \theta_k^{x_k}$$

$$\text{mit } \sum_{i=1}^{k} x_i = n \text{ und } \sum_{i=1}^{k} \theta_i = 1 \qquad k = 2, 3, \ldots.$$

Für $k = 2$ erhält man als Spezialfall die Wahrscheinlichkeitsfunktion der Binomialverteilung mit $x_2 = n - x_1$ und $\theta_2 = 1 - \theta_1$.

Beispiel: Aus einer Lieferung von Obstkonserven, bei der ein Anteil $\theta_1 = 0{,}4$ von einwandfreier Qualität, ein Anteil $\theta_2 = 0{,}5$ von mittlerer Qualität und der Rest unbrauchbar ist, wird eine Stichprobe ,,mit Zurücklegen" im Umfang von $n = 10$ Dosen zufällig entnommen. Wie groß ist die Wahrscheinlichkeit, daß davon 6 Dosen von einwandfreier Qualität und 4 Dosen von mittlerer Qualität sind?

Bezeichnet man X_1 die Zufallsvariable ,,Anzahl der Dosen einwandfreier Qualität", mit X_2 die Zufallsvariable ,,Anzahl der Dosen mittlerer Qualität" und mit X_3 die Zufallsvariable ,,Anzahl der unbrauchbaren Dosen" in der Stichprobe, dann gilt:

$$W(X_1=6, X_2=4, X_3=0) = f_M(6, 4, 0/10;\, 0{,}4;\, 0{,}5;\, 0{,}1) = \frac{10!}{6!\, 4!\, 0!}\, 0{,}4^6\, 0{,}5^4\, 0{,}1^0 = 0{,}0538.$$

9.7. Ausgewählte Literatur

Elpelt, Bärbel, Joachim Hartung, Grundkurs Statistik (3. Aufl.). München 2004.

Forbes, Catherine, Merran Evans, Nicholas Hastings, Brian Peacock, Statistical Distributions (4th ed.). London 2010.

Johnson, Norman L., Adrienne W. Kemp, Samuel Kotz, Univariate Discrete Distributions (3rd ed.). Hoboken (N.J.) 2005.

Kreyszig, Erwin, Statistische Methoden und ihre Anwendungen (7. Aufl., 5. unveränd. Nachdruck). Göttingen 1999.

Wetzel, Wolfgang, Max-Detlev Jöhnk, Peter Naeve, Statistische Tabellen. Berlin 1967.

Aufgaben zu Kapitel 9

9.1 Berechnen Sie für Aufgabe 7.2 die Wahrscheinlichkeitsfunktion der Zufallsvariablen X ,,Anzahl der fehlerhaften Stücke in der Stichprobe" sowie Erwartungswert E(X) und Varianz Var(X) mit Hilfe der entsprechenden statistischen Verteilung.

9.2 Ein Versicherungsvertreter schließt mit 5 Kunden, die alle das gleiche Alter besitzen, Lebensversicherungsverträge ab. Nach der Sterbetafel beträgt die Wahrscheinlichkeit für jeden der 5 Kunden, die nächsten 30 Jahre zu überleben, 0,60. Berechnen Sie die Wahrscheinlichkeit dafür, daß nach 30 Jahren

a) genau 2 Kunden,
b) alle 5 Kunden und
c) wenigstens 2 Kunden noch am Leben sind.

9.3 Es ist festgestellt worden, daß die pro Minute in einer Telefonzentrale ankommenden Gespräche poissonverteilt sind mit demParameter $\mu = 2{,}5$ Gespräche pro Minute. Bestimmen Sie die Wahrscheinlichkeit dafür, daß in einer bestimmten Minute

a) kein Anruf erfolgt und
b) höchstens 2 Anrufe erfolgen.

9.4 Von 5000 neu angeschlossenen Telefonapparaten sind 1000 weiß. Es werden nacheinander 10 Teilnehmer angerufen. Wie groß ist die Wahrscheinlichkeit dafür, daß von diesen 10 Teilnehmern genau 3 ein weißes Telefon besitzen?

9.5 Bei der Herstellung eines Werkstücks beträgt der Ausschußanteil $\theta = 0{,}01$. Aus der laufenden Produktion wird nun zufällig eine Stichprobe im Umfang von $n = 100$ Stück entnommen. Bestimmen Sie die Wahrscheinlichkeit dafür, daß sich in der Stichprobe höchstens ein schlechtes Stück befindet.

Kapitel 10: Theoretische Verteilungen II (Stetige Verteilungen)

10.1. Gleichverteilung

Eine *diskrete Zufallsvariable* ist dann gleichverteilt, wenn jede ihrer k möglichen Ausprägungen $x_1, \ldots, x_k$ die gleiche Wahrscheinlichkeit besitzt, wenn also

$$W(X = x_i) = \frac{1}{k} \qquad (i = 1, \ldots, k)$$

gilt.

Zum *Beispiel* ist die Wahrscheinlichkeitsverteilung der Augenzahl eines idealen Würfels eine solche **diskrete Gleichverteilung** mit

$$W(X = x_i) = \frac{1}{k} = \frac{1}{6} \quad (i = 1, \ldots, 6).$$

Die **Dichtefunktion** $f_G(x/a; b)$ einer **stetigen Gleichverteilung** *(Rechteckverteilung)* ist in Abbildung 10.1 dargestellt: Die Realisationen x der *stetigen (kontinuierlichen) Zufallsvariablen* X liegen zwischen den beiden endlichen Grenzen a und b. Da diese Dichtefunktion, wie jede andere Dichtefunktion auch, die Eigenschaft

$$\int_{-\infty}^{+\infty} f(x)\,dx = 1$$

besitzt (vgl. Abschnitt 7.3), ergibt sich – wie man anhand der Abbildung 10.1 leicht überprüfen kann –

$$f_G(x/a; b) = \begin{cases} \dfrac{1}{b-a} & \text{für } a \leq x \leq b \\ 0 & \text{sonst.} \end{cases}$$

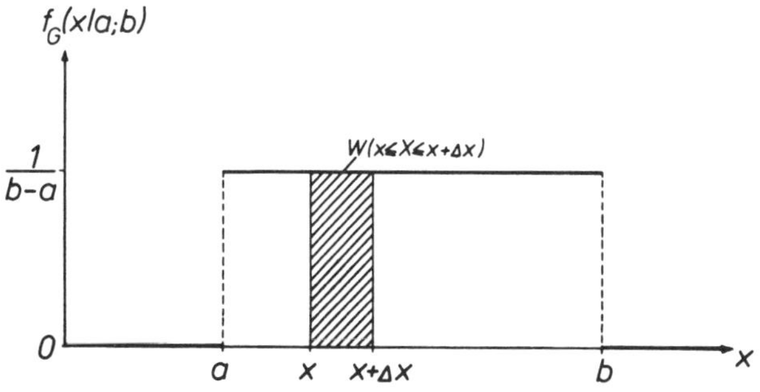

Abb. 10.1: Dichtefunktion der stetigen Gleichverteilung

Die Wahrscheinlichkeit dafür, daß die gleichverteilte Zufallsvariable X einen Wert zwischen x und $x + \Delta x$ annimmt, ergibt sich zu

$$W(x \leq X \leq x + \Delta x) = \frac{1}{b-a} \cdot \Delta x \ ;$$

das bedeutet aber, daß diese Wahrscheinlichkeit nur von der Differenz Δx, nicht aber von x abhängig ist.

Durch Integration der Dichtefunktion (vgl. Abschnitt 7.3) ergibt sich die **Verteilungsfunktion** der stetigen Gleichverteilung zu

$$F_G(x/a; b) = \begin{cases} 0 & \text{für } x < a \\ \dfrac{x-a}{b-a} & \text{für } a \leq x \leq b \\ 1 & \text{für } x > b \ ; \end{cases}$$

sie ist in Abbildung 10.2 dargestellt.

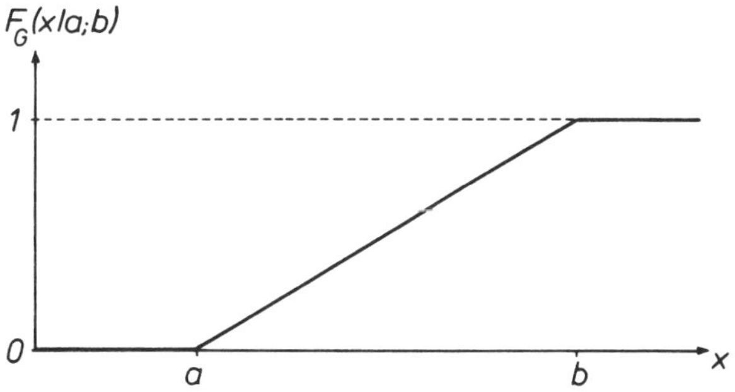

Abb. 10.2: Verteilungsfunktion der stetigen Gleichverteilung

Die **Parameter** der stetigen Gleichverteilung sind a und b. **Erwartungswert** und **Varianz** der Gleichverteilung ergeben sich nach den aus Abschnitt 7.4 bekannten Formeln zu

$$E(X) = \frac{a+b}{2} \quad \text{und}$$

$$Var(X) = \frac{(b-a)^2}{12} \ .$$

Beispiel: Die Zeit, die ein Student für den Weg von seiner Wohnung zur Universitätsbibliothek benötigt, sei gleichverteilt zwischen 30 und 40 Minuten. Wie groß ist die Wahrscheinlichkeit, daß er zwischen 32 und 35 Minuten benötigt? Welche Zeit wird er im Durchschnitt benötigen?

Die Dichtefunktion der entsprechenden Gleichverteilung lautet

$$f_G(x/30; 40) = \begin{cases} \dfrac{1}{40-30} = 0{,}1 & \text{für } 30 \leq x \leq 40 \\ 0 & \text{sonst.} \end{cases}$$

Die gesuchte Wahrscheinlichkeit erhält man zu

$$W(32 \leq X \leq 35) = 0{,}1 \cdot (35-32) = 0{,}3.$$

Die für den Weg durchschnittlich benötigte Zeit beträgt

$$E(X) = \frac{30+40}{2} = 35 \text{ Minuten.}$$

10.2. Exponentialverteilung

Eine stetige Zufallsvariable X besitzt eine Exponentialverteilung, wenn sie der **Dichtefunktion**

$$f_E(x/\lambda) = \begin{cases} \lambda e^{-\lambda x} & \text{für } x \geq 0 \text{ mit } \lambda > 0 \\ 0 & \text{sonst} \end{cases}$$

$$(e = 2{,}71828\ldots)$$

gehorcht.

Die Exponentialverteilung besitzt nur einen einzigen **Parameter,** nämlich λ. Für einige Werte von λ sind die entsprechenden Dichtefunktionen in Abbildung 10.3 dargestellt.

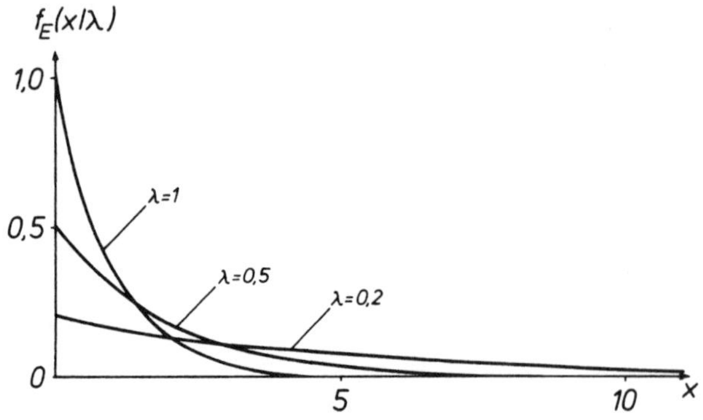

Abb. 10.3: Dichtefunktionen der Exponentialverteilung für $\lambda = 0{,}2,\ 0{,}5$ *und* 1

Die Wahrscheinlichkeit, mit der eine exponentialverteilte Zufallsvariable X höchstens den Wert x annehmen kann, also $W(X \leq x)$, ist durch ihre **Verteilungsfunktion** gegeben. Durch Integration der Dichtefunktion erhält man:

$$F_E(x/\lambda) = \begin{cases} 0 & \text{für } x < 0 \\ 1 - e^{-\lambda x} & \text{für } x \geq 0 \end{cases}$$

Für **Erwartungswert** und **Varianz** der Exponentialverteilung findet man mit Hilfe der aus Abschnitt 7.5 bekannten Formeln

$$E(X) = \frac{1}{\lambda} \quad \text{und}$$

$$\mathrm{Var}(X) = \frac{1}{\lambda^2}$$

Beispiel: Die Zeit in Minuten zwischen den Ankünften zweier Kunden an einem Bankschalter ist exponentialverteilt mit dem Parameter $\lambda = 0{,}4$. Man bestimme die Wahrscheinlichkeit dafür, daß zwischen den Ankünften zweier Kunden mehr als 2 Minuten verstreichen.

$$\begin{aligned} \text{Es ist } W(X > 2) &= 1 - W(X \leq 2) \\ &= 1 - F_E(2/0{,}4) \\ &= 1 - (1 - e^{-0{,}4 \cdot 2}) \\ &= e^{-0{,}8} = 0{,}4493. \end{aligned}$$

10.3. Normalverteilung

Die Normalverteilung ist wohl die **wichtigste statistische Verteilung** überhaupt. Sie wurde schon in einer im Jahre 1733 erschienenen Schrift von *Abraham DeMoivre* als Approximation an die Binomialverteilung abgeleitet. Nach *Carl Friedrich Gauß*, der in den Jahren 1809 und 1816 grundlegende Arbeiten über die Normalverteilung veröffentlichte, wird sie oft auch als **Gaußsche Glocken- oder Fehlerkurve** bezeichnet.

Sie ist eine stetige *Verteilung* und besitzt die *symmetrische* **Dichtefunktion**

$$f_n(x/\mu;\sigma^2) = \frac{1}{\sigma\sqrt{2\pi}}\, e^{-\frac{1}{2}\left(\frac{x-\mu}{\sigma}\right)^2}$$

für $-\infty < x < +\infty$ und $\sigma > 0$

($\pi = 3{,}14159\ldots$; $e = 2{,}71828\ldots$).

In der Abbildung 10.4 sind Dichtefunktionen von Normalverteilungen mit *verschiedenen* **Parametern** μ und σ^2 einander gegenübergestellt.

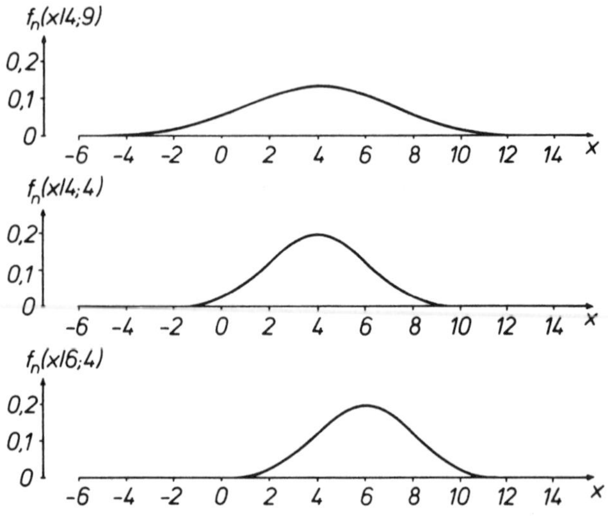

Abb. 10.4: Vergleich von Normalverteilungsdichten mit verschiedenen Parametern μ *und* σ^2

Die **Verteilungsfunktion** der Normalverteilung, nämlich

$$F_n(x/\mu;\sigma^2) = \int_{-\infty}^{x} \frac{1}{\sigma\sqrt{2\pi}}\, e^{-\frac{1}{2}\left(\frac{v-\mu}{\sigma}\right)^2} dv$$

hat, wie in Abbildung 10.5 gezeigt wird, eine S-förmige Gestalt.

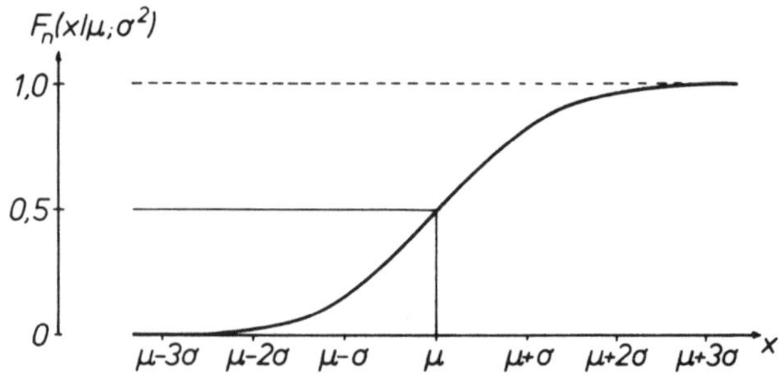

Abb. 10.5: Verteilungsfunktion der Normalverteilung

Bestimmt man mit Hilfe der aus Abschnitt 7.5 bekannten Formeln **Erwartungswert** und **Varianz** der Normalverteilung, so erhält man

$$E(X) = \mu \quad \text{und}$$

$$\mathrm{Var}(X) = \sigma^2$$

Der Parameter μ ist also der Erwartungswert und kennzeichnet die Lage der Normalverteilung; der Parameter σ^2 ist die Varianz und kennzeichnet ihre Streuung. Es läßt sich weiterhin zeigen, daß die *Dichtefunktion* der Normalverteilung ihr *Maximum* bei $x = \mu$ annimmt und die beiden *Wendepunkte* (WP) bei $x = \mu - \sigma$ und $x = \mu + \sigma$ liegen.

Als **Standardnormalverteilung** (*normierte Normalverteilung*) bezeichnet man die *Normalverteilung mit den Parametern* $\mu = 0$ *und* $\sigma^2 = 1$. Die Dichtefunktion der Standardnormalverteilung lautet also

$$f_n(x/0;1) = \frac{1}{\sqrt{2\pi}} e^{-\frac{1}{2}x^2} .$$

Eine standardnormalverteilte Zufallsvariable wird in der statistischen Literatur meist mit Z bezeichnet. Damit erhält man als *Dichtefunktion* an Stelle von $f_n(x/0;1)$ in anderer Schreibweise, bei der wir das Subskript n durch N ersetzen,

$$f_N(z) = \frac{1}{\sqrt{2\pi}} e^{-\frac{1}{2}z^2} .$$

Die Dichtefunktion $f_N(z)$ ist in Abbildung 10.6 dargestellt.

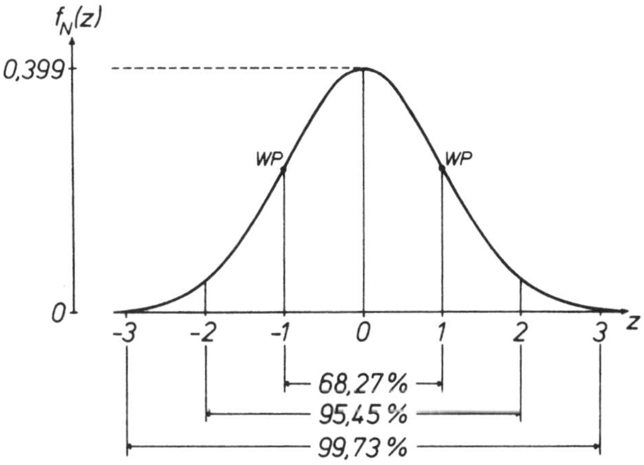

Abb. 10.6: Dichtefunktion der Standardnormalverteilung mit ausgewählten Flächenanteilen

Die *Verteilungsfunktion* der Standardnormalverteilung ergibt sich durch Integration der Dichtefunktion als

$$F_N(z) = \int_{-\infty}^{z} \frac{1}{\sqrt{2\pi}} e^{-\frac{1}{2}v^2} dv .$$

Jede mit μ und σ^2 *normalverteilte Zufallsvariable* X *kann durch* eine spezielle lineare Transformation, nämlich durch die schon aus Abschnitt 4.2 bekannte **Standardisierung,** hier

$$Z = \frac{X - \mu}{\sigma} ,$$

in eine standardnormalverteilte Zufallsvariable Z *überführt werden*. Durch Standardisierung geht also die $N(\mu,\sigma^2)$-verteilte Zufallsvariable X in die N(0,1)-verteilte Zufallsvariable Z über. Es läßt sich zeigen, daß zwischen der *nichtstandardisierten Verteilungsfunktion* $F_n(x/\mu;\sigma^2)$ und der *standardisierten Verteilungsfunktion* $F_N(z)$ die *Beziehung*

$$F_n(x/\mu;\sigma^2) = F_N\left(\frac{x - \mu}{\sigma}\right) = F_N(z)$$

besteht. Zwischen den entsprechenden *Dichtefunktionen* gilt die *Beziehung* $f_n(x/\mu;\sigma^2) = \frac{1}{\sigma} \cdot f_N(z)$. Es liegen deshalb üblicherweise auch nur die Dichte- und Verteilungsfunktion der Standardnormalverteilung in tabellierter Form vor. In Tabelle 10.1 sind einige Werte der Verteilungsfunktion der Standardnormalverteilung zusammengestellt. Dabei kann man sich auf die Werte für $z \geq 0$ beschränken, da die Normalverteilung symmetrisch ist und somit die Beziehung

$$F_N(-z) = 1 - F_N(z)$$

gilt.

z	$F_N(z)$	z	$F_N(z)$	z	$F_N(z)$
0,0	0,5000	1,0	0,8413	2,0	0,9772
0,1	0,5398	1,1	0,8643	2,1	0,9821
0,2	0,5793	1,2	0,8849	2,2	0,9861
0,3	0,6179	1,3	0,9032	2,3	0,9893
0,4	0,6554	1,4	0,9192	2,4	0,9918
0,5	0,6915	1,5	0,9332	2,5	0,9938
0,6	0,7257	1,6	0,9452	2,6	0,9953
0,7	0,7580	1,7	0,9554	2,7	0,9965
0,8	0,7881	1,8	0,9641	2,8	0,9974
0,9	0,8159	1,9	0,9713	2,9	0,9981

Tab. 10.1: Verteilungsfunktion der Standardnormalverteilung

Ist also beispielsweise die *Wahrscheinlichkeit dafür* gesucht, *daß eine normalverteilte Zufallsvariable* X *einen Wert zwischen* x_u *und* x_o *annimmt*, so findet man

$$\begin{aligned} W(x_u \leq X \leq x_o) &= W(x_u < X \leq x_o) \\ &= W(X \leq x_o) - W(X \leq x_u) \\ &= F_n(x_o/\mu;\sigma^2) - F_n(x_u/\mu;\sigma^2) . \end{aligned}$$

Mit Hilfe der oben stehenden Beziehung ergibt sich (vgl. auch Abbildung 10.7)

$$\begin{aligned} W(x_u < X \leq x_o) &= W(z_u < Z \leq z_o) \\ &= F_N(z_o) - F_N(z_u) \end{aligned}$$

$$\text{mit } z_u = \frac{x_u - \mu}{\sigma} \text{ und } z_o = \frac{x_o - \mu}{\sigma} .$$

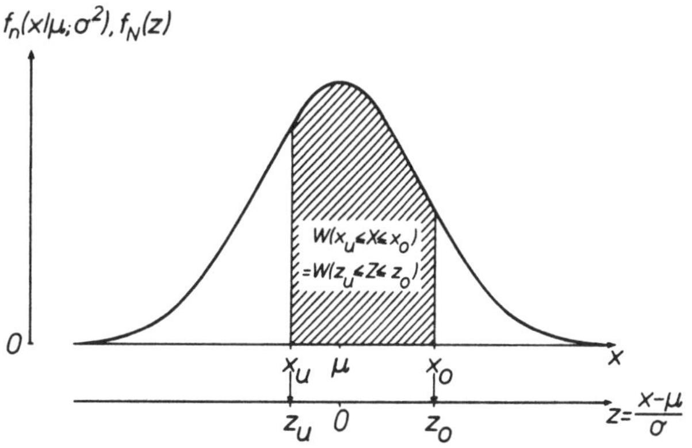

Abb. 10.7: Standardisierung der Normalverteilung

Beispiel zur Bestimmung von Wahrscheinlichkeiten für Normalverteilungen: Der Durchmesser der auf einer Hobelmaschine hergestellten Bretter sei normalverteilt mit dem Mittelwert $\mu = 1{,}2$ cm und der Varianz $\sigma^2 = 0{,}0016$ cm^2. Aus der Produktion wird ein Brett zufällig ausgewählt.

a) Wie groß ist die Wahrscheinlichkeit dafür, daß sein Durchmesser größer als 1,28 cm ist?

Bezeichnet man mit X den Durchmesser des ausgewählten Brettes, so ergibt sich (vgl. auch Abbildung 10.8)

$$W(X > 1{,}28) = 1 - W(X \leq 1{,}28)$$
$$= 1 - W(Z \leq z)$$

mit $z = \frac{1{,}28 - 1{,}2}{0{,}04} = 2\,.$

Damit ergibt sich

$$W(X > 1{,}28) = 1 - W(Z \leq 2)$$
$$= 1 - F_N(2)$$
$$= 1 - 0{,}9772 = 0{,}0228\,.$$

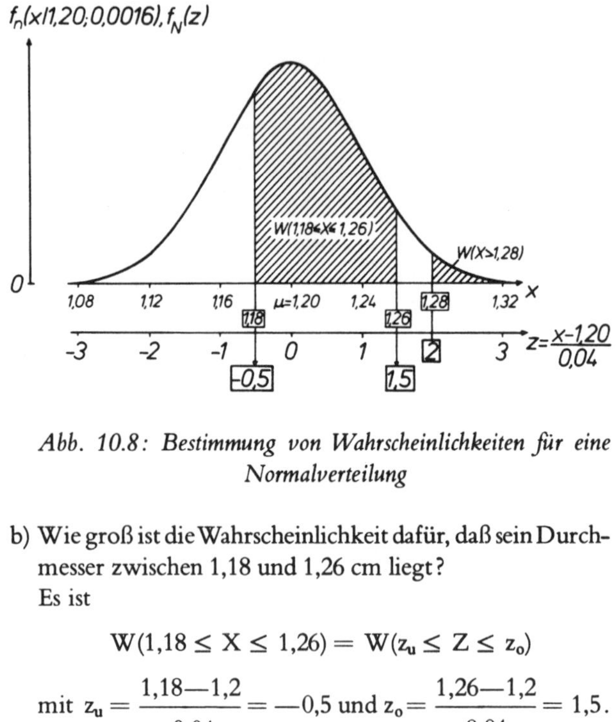

Abb. 10.8: Bestimmung von Wahrscheinlichkeiten für eine Normalverteilung

b) Wie groß ist die Wahrscheinlichkeit dafür, daß sein Durchmesser zwischen 1,18 und 1,26 cm liegt?

Es ist

$$W(1{,}18 \leq X \leq 1{,}26) = W(z_u \leq Z \leq z_o)$$

mit $z_u = \frac{1{,}18 - 1{,}2}{0{,}04} = -0{,}5$ und $z_o = \frac{1{,}26 - 1{,}2}{0{,}04} = 1{,}5.$

Damit erhält man

$$W(1{,}18 \leq X \leq 1{,}26) = W(-0{,}5 \leq Z \leq 1{,}5)$$
$$= F_N(1{,}5) - F_N(-0{,}5)$$
$$= 0{,}9332 - 0{,}3085 = 0{,}6247.$$

10.4. Chi-Quadrat-Verteilung

Die Formel der Chi-Quadrat-Verteilung geht auf den Astronomen *F. R. Helmert* (1875) zurück; den Namen aber gab ihr erst der bekannte englische Statistiker *Karl Pearson* im Jahre 1900.

Der Chi-Quadrat-Verteilung entspricht das folgende **stochastische Modell:** Sind $Z_1, Z_2, \ldots, Z_\nu$ unabhängig standardnormalverteilte Zufallsvariable (d. h. Zufallsvariable, die mit dem Erwartungswert 0 und der Varianz 1 normalverteilt sind), so besitzt die Quadratsumme $X^2 = Z_1^2 + Z_2^2 + \ldots + Z_\nu^2$ eine Chi-Quadrat-Verteilung mit ν Freiheitsgraden.

Die Chi-Quadrat-Verteilung liegt dem Chi-Quadrat-*Anpassungstest*, dem Chi-Quadrat-*Unabhängigkeitstest* und dem Chi-Quadrat-*Homogenitätstest* zugrunde. Außerdem benötigt man sie beispielsweise zur Bestimmung von Konfidenzintervallen für Varianzen.

Die **Dichtefunktion** der Chi-Quadrat-Verteilung lautet:

$$f_{Ch}(\chi^2/\nu) = \begin{cases} \dfrac{1}{2^{\nu/2}\Gamma\left(\frac{\nu}{2}\right)} e^{-\frac{\chi^2}{2}} (\chi^2)^{\left(\frac{\nu}{2}-1\right)} & \text{für } \chi^2 \geq 0 \\ 0 & \text{sonst}\,. \end{cases}$$

(Anmerkung: Mit $\Gamma(\nu)$ wird hier die Gammafunktion bezeichnet.)

Die **Verteilungsfunktion** der Chi-Quadrat-Verteilung ergibt sich daraus zu:

$$F_{Ch}(\chi^2/\nu) = \frac{1}{2^{\nu/2}\Gamma\left(\frac{\nu}{2}\right)} \int_0^{\chi^2} e^{-\frac{v}{2}} v^{\left(\frac{\nu}{2}-1\right)} dv$$

Da die Chi-Quadrat-Verteilung tabelliert vorliegt, braucht in der Praxis mit diesen Formeln nicht gearbeitet werden.

Den **Parameter** ν, die Anzahl der unabhängigen Zufallsvariablen, die X^2 bilden, bezeichnet man als *Anzahl der Freiheitsgrade*. Für einige Werte von ν ist die Chi-Quadrat-Verteilung in der folgenden Abbildung 10.9 dargestellt.

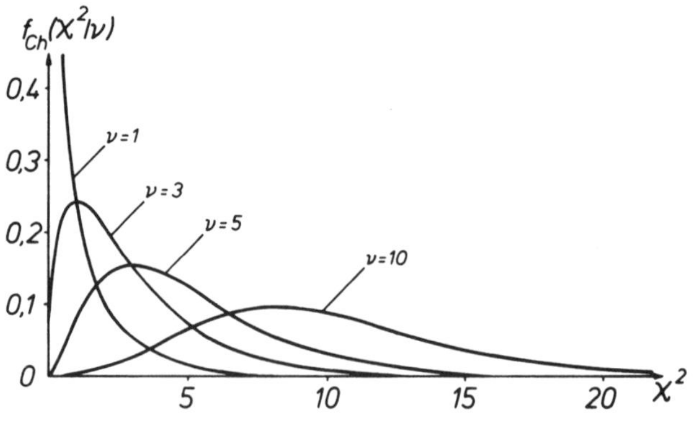

Abb. 10.9: Dichtefunktionen der Chi-Quadrat-Verteilung für $\nu = 1, 3, 5$ *und* 10 *Freiheitsgrade*

Die Chi-Quadrat-Verteilung besitzt den **Erwartungswert**

$$E(X^2) = \nu$$

und die **Varianz**

$$Var(X^2) = 2\nu\,.$$

Mit wachsendem ν nähert sich die Chi-Quadrat-Verteilung einer Normalverteilung mit den Parametern $\mu = \nu$ und $\sigma^2 = 2\nu$. Die Variable $Z = \frac{X^2 - \nu}{\sqrt{2\nu}}$ ist also *näherungsweise standardnormalverteilt*. Eine *bessere* **Approximation** liefert jedoch die Größe $\sqrt{2X^2}$; sie ist ebenfalls asymptotisch normalverteilt mit $\mu = \sqrt{2\nu - 1}$ und $\sigma^2 = 1$. Die standardisierte Größe

$$Z = \sqrt{2X^2} - \sqrt{2\nu - 1}$$

ist somit annähernd standardnormalverteilt.

10.5. Studentverteilung

Die Studentverteilung (auch t-Verteilung genannt) verdankt ihren Namen dem englischen Statistiker *W. S. Gosset*, der 1908 unter dem Pseudonym „Student" einen Artikel mit ihrer Ableitung veröffentlichte.

Dabei ging er von der Fragestellung aus, wie *Konfidenzintervalle für das arithmetische Mittel im Falle kleiner Stichproben* ($n < 30$) zu ermitteln sind, die aus Grundgesamtheiten stammen, die zwar als normalverteilt angenommen werden können, deren Varianz aber unbekannt ist.

Betrachtet man die beiden voneinander unabhängigen Zufallsvariablen Z und U, wobei Z standardnormalverteilt und U chi-quadratverteilt mit ν Freiheitsgraden ist, dann gehorcht die Zufallsvariable

$$T = \frac{Z}{\sqrt{\frac{U}{\nu}}}$$

einer Studentverteilung mit ν Freiheitsgraden.

Die **Dichtefunktion** der Studentverteilung lautet

$$f_S(t/\nu) = \frac{\Gamma\left(\frac{\nu+1}{2}\right)}{\sqrt{\nu\pi}\,\Gamma\left(\frac{\nu}{2}\right)} \cdot \frac{1}{\left(1 + \frac{t^2}{\nu}\right)^{(\nu+1)/2}}; \quad -\infty < t < +\infty$$

und die **Verteilungsfunktion**

$$F_S(t/\nu) = \frac{\Gamma\left(\frac{\nu+1}{2}\right)}{\sqrt{\nu\pi}\,\Gamma\left(\frac{\nu}{2}\right)} \int_{-\infty}^{t} \frac{dv}{\left(1 + \frac{v^2}{\nu}\right)^{(\nu+1)/2}}.$$

Auch die Studentverteilung kann den einschlägigen statistischen Tabellenwerken entnommen werden. Die Anzahl der Freiheitsgrade ν ist der **Parameter** der Studentverteilung.

Wie aus Abbildung 10.10 zu ersehen ist, besitzt die Studentverteilung eine ähnliche symmetrische Glockenform wie die Normalverteilung.

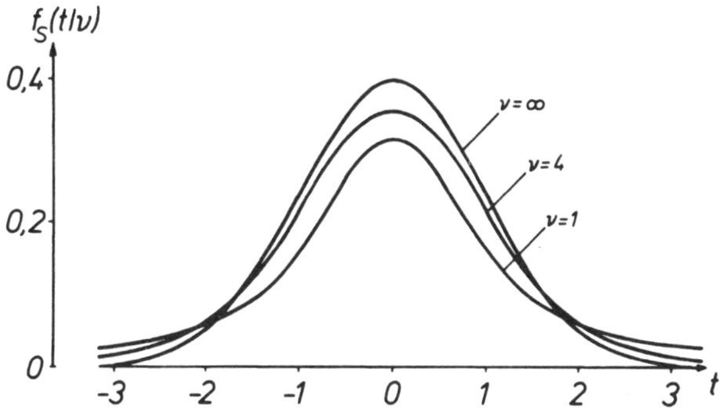

Abb. 10.10: Dichtefunktionen der Studentverteilung für $\nu = 1$, 4 und ∞ Freiheitsgrade

Für $\nu > 1$ ergibt sich der **Erwartungswert** der Studentverteilung zu

$$E(T) = 0,$$

und für $\nu > 2$ erhält man die **Varianz** zu

$$Var(T) = \frac{\nu}{\nu - 2}.$$

Für $\nu = 1$ existiert kein Erwartungswert und für $\nu \leqq 2$ keine Varianz. Für $\nu \to \infty$ geht die Studentverteilung in die Standardnormalverteilung über. Ab $\nu \geqq 30$ kann die Studentverteilung in guter Näherung durch die *Standardnormalverteilung* **approximiert** werden.

10.6. Ausgewählte Literatur

Forbes, Catherine, Merran Evans, Nicholas Hastings, Brian Peacock, Statistical Distributions (4th ed.). London 2010.

Härtter, Erich, Wahrscheinlichkeitsrechnung, Statistische und mathematische Grundlagen. Begriffe, Definitionen und Formeln. Göttingen 1997.

Johnson, Norman L., Samuel Kotz, N. Balakrishnan, Continuous Univariate Distributions, Vol. 1 (2nd ed.) und Vol. 2 (2nd ed.). New York, Chichester, Brisbane usw. 1994 und 1995.

Owen, D. B., Handbook of Statistical Tables. Reading (Mass.), Menlo Park (Cal.), London usw. 1962.

Aufgaben zu Kapitel 10

10.1 Man bestimme nach den allgemeinen Formeln aus Abschnitt 7.4 Erwartungswert und Varianz einer mit den Parametern a und b gleichverteilten Zufallsvariablen X.

10.2 An einem Bahnhof fährt die Schnellbahn exakt alle 20 Minuten ab. Wie groß ist die Wahrscheinlichkeit dafür, daß ein zufällig eintreffender Fahrgast mehr als 15 Minuten warten muß?

10.3 Die Zeit zwischen den Ankünften zweier Pkw an einer Ampel ist exponentialverteilt mit einem Erwartungswert von 0,25 Minuten.

(a) Man bestimme Dichte- und Verteilungsfunktion dieser Exponentialverteilung.

(b) Man bestimme die Wahrscheinlichkeit dafür, daß die Zeit zwischen zwei Pkw-Ankünften höchstens 0,5 Minuten beträgt.

(c) Man bestimme die Wahrscheinlichkeit dafür, daß die Zeit, die vergeht bis der nächste Pkw eintrifft, zwischen 0,2 und 0,3 Minuten liegt.

10.4 Die Brenndauer einer bestimmten Sorte Glühbirnen ist normalverteilt mit dem Mittelwert $\mu = 1200$ Stunden und der Varianz $\sigma^2 = 10000$ Stunden^2.

(a) Man berechne die Wahrscheinlichkeit dafür, daß eine zufällig ausgewählte Glühbirne weniger als 1000 Stunden brennt.

(b) Wie groß ist die Wahrscheinlichkeit dafür, daß eine zufällig ausgewählte Glühbirne eine Brenndauer von mehr als 1100 Stunden besitzt?

(c) Mit welcher Wahrscheinlichkeit liegt die Brenndauer einer zufällig ausgewählten Glühbirne zwischen 1000 und 1500 Stunden?

(d) Alle Glühbirnen mit weniger als 950 Stunden Brenndauer gelten als Ausschuß. Wieviel Prozent Ausschuß sind zu erwarten?

Kapitel 11: Theoretische Verteilungen III (Approximationen, Reproduktionseigenschaft)

11.1. Approximation der Binomialverteilung durch die Normalverteilung

Eine wichtige Eigenschaft der Normalverteilung besteht darin, daß man mit ihr andere Verteilungen gut **approximieren** kann. Betrachtet man etwa die **Binomialverteilung** mit der Wahrscheinlichkeitsfunktion (vgl. Abschnitt 9.3.)

$$f_B(x/n;\theta) = \binom{n}{x} \theta^x (1-\theta)^{n-x},$$

so zeigt sich, daß sich ihre Form mit wachsendem n immer mehr der Glockenform der Normalverteilung annähert. Diese Annäherung erfolgt um so schneller, je näher θ bei 0,5 liegt. Für praktische Zwecke kann als **Faustregel** angegeben werden, daß eine Approximation dann zulässig ist, wenn $n\theta(1-\theta) \geq 9$ ist.

Als **Erwartungswert** *der approximierenden Normalverteilung* verwendet man den Erwartungswert der Binomialverteilung, so daß also

$$\mu = n\theta$$

gilt.

Als **Varianz** *der approximierenden Normalverteilung* verwendet man die Varianz der Binomialverteilung, so daß also

$$\sigma^2 = n\theta(1-\theta)$$

gilt.

Beispiel: In Abbildung 11.1 ist der Binomialverteilung mit den Parametern $n = 100$ und $\theta = 0{,}2$ die entsprechende Normalverteilung mit den Parametern $\mu = 100 \cdot 0{,}2 = 20$ und $\sigma^2 = 100 \cdot 0{,}2 \cdot 0{,}8 = 16$ gegenübergestellt.

So wird etwa die Wahrscheinlichkeit dafür, daß die binomialverteilte Zufallsvariable X einen der Werte 21, 22, 23 oder 24 annimmt, durch die entsprechenden vier schraffierten Säulenflächen beschrieben. Nach der Formel der *Binomialverteilung* ergibt sich

$$W(21 \leq X \leq 24) = \sum_{x=21}^{24} f_B(x/100;\,0{,}2) = \sum_{x=21}^{24} \binom{100}{x} 0{,}2^x 0{,}8^{100-x} = 0{,}3092.$$

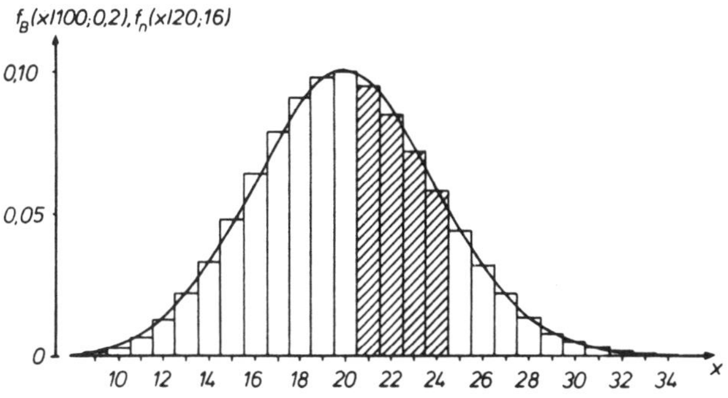

Abb. 11.1: Binomialverteilung und approximierende Normalverteilung

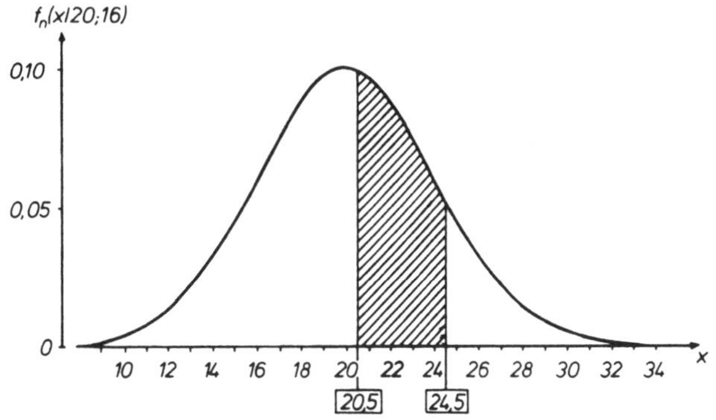

Abb. 11.2: Normalverteilung mit $\mu = 20$ *und* $\sigma^2 = 16$

Die gesuchte Wahrscheinlichkeit kann aber auch in guter Näherung über die *approximierende Normalverteilung* bestimmt werden. Wie aus den Abbildungen 11.1 und 11.2 ersichtlich ist, entspricht dieser Wahrscheinlichkeit die Fläche unter der Normalverteilung zwischen den Grenzen $x_u = 20{,}5$ und $x_o = 24{,}5$. Würde man hier als Grenzen $x_u = 21$ und $x_o = 24$ verwenden, dann würde man die Wahrscheinlichkeit unterschätzen. Die *Korrektur der Grenzen*, die hier bei der Approximation einer diskreten Verteilung (Binomialverteilung) durch eine stetige Verteilung (Normalverteilung) vorgenommen wird, bezeichnet man als **Stetigkeitskorrektur** *(Kontinuitätskorrektur)*. Sucht man also allgemein die *Wahrscheinlichkeit, daß eine binomialverteilte Zufallsvariable* X *einen Wert von* x_1 *bis* x_2 annimmt, so erhält man, falls die Approximation durch die Normalverteilung (vgl. Abschnitt 10.3) zulässig ist,

$$W(x_1 \leq X \leq x_2) \approx \int_{x_u = x_1 - 0{,}5}^{x_o = x_2 + 0{,}5} f_n(x/n\theta;\, n\theta(1-\theta))\,dx$$
$$= F_n(x_2 + 0{,}5/n\theta;\, n\theta(1-\theta)) - F_n(x_1 - 0{,}5/n\theta;\, n\theta(1-\theta)).$$

Für die oben gesuchte Wahrscheinlichkeit findet man also

$$W(21 \leq X \leq 24) \approx F_n(24 + 0{,}5/20;\,16) - F_n(21 - 0{,}5/20;\,16)$$

und damit über die Tabelle der Standardnormalverteilung mit

$$z_u = \frac{x_u - \mu}{\sigma} = \frac{21 - 0{,}5 - 20}{\sqrt{16}} = 0{,}125$$

und

$$z_o = \frac{x_o - \mu}{\sigma} = \frac{24 + 0{,}5 - 20}{\sqrt{16}} = 1{,}125:$$

$$W(21 \leq X \leq 24) \approx F_N(1{,}125) - F_N(0{,}125) = 0{,}8697 - 0{,}5497 = 0{,}3200.$$

Bei *größeren Werten von* n macht man keinen allzu großen Fehler, wenn man die *Stetigkeitskorrektur unterläßt.*

Beispiel: Aus langjähriger Erfahrung sei bekannt, daß 10% der gefertigten Stücke nicht den Qualitätsanforderungen genügen und nachgearbeitet werden müssen. Wie groß ist die Wahrscheinlichkeit dafür, daß sich in einer Produktionsserie von n = 120 Stück genau 14 fehlerhafte Stücke befinden, wenn der Produktionsvorgang als Bernoulli-Experiment mit $\theta = 0{,}1$ angesehen werden kann?

Die gesuchte Wahrscheinlichkeit ergibt sich nach der *Binomialverteilung* zu

$$\begin{aligned} W(X = 14) &= f_B(14/120;\,0{,}1) \\ &= \binom{120}{14}\,0{,}1^{14}0{,}9^{106} \\ &= 0{,}0945. \end{aligned}$$

Näherungsweise läßt sich diese Wahrscheinlichkeit aber auch über die *Normalverteilung* mit den Parametern

$$\begin{aligned} \mu &= 120 \cdot 0{,}1 = 12 \text{ und} \\ \sigma^2 &= 120 \cdot 0{,}1 \cdot 0{,}9 = 10{,}8 \end{aligned}$$

bestimmen. Bei Vornahme der Stetigkeitskorrektur erhält man

$$\begin{aligned} W(X = 14) &\approx \int_{13,5}^{14,5} f_n(x/12;\,10{,}8)\,dx \\ &= F_n(14{,}5/12;\,10{,}8) - F_n(13{,}5/12;\,10{,}8). \end{aligned}$$

Mit

$$z_u = \frac{13{,}5 - 12}{\sqrt{10{,}8}} = 0{,}456$$

und

$$z_o = \frac{14{,}5 - 12}{\sqrt{10{,}8}} = 0{,}761$$

findet man weiter

$$\begin{aligned} W(X = 14) &\approx F_N(0{,}761) - F_N(0{,}456) \\ &= 0{,}7767 - 0{,}6758 \\ &= 0{,}1009\,. \end{aligned}$$

11.2. Approximation der Hypergeometrischen Verteilung durch die Normalverteilung

Schon in Abschnitt 9.4 war gezeigt worden, daß sich die **Hypergeometrische Verteilung** bei Vorliegen bestimmter Parameterwerte durch die *Binomialverteilung* approximieren läßt.

Weiterhin gilt nun, daß mit wachsendem n sowohl die *Hypergeometrische Verteilung* als auch die *Binomialverteilung* in die *Normalverteilung* übergehen. – Der Hypergeometrischen Verteilung entspricht das Urnenmodell *ohne* Zurücklegen. Die Wahrscheinlichkeit, in einer Stichprobe des Umfangs n genau x schwarze Kugeln zu erhalten, wenn sich in der Grundgesamtheit des Umfangs N M schwarze Kugeln befinden, beträgt (vgl. Abschnitt 9.4)

$$f_H(x/N;\,n;\,M) = \frac{\binom{M}{x}\cdot\binom{N-M}{n-x}}{\binom{N}{n}}.$$

Bezeichnet man den *Anteil* der schwarzen Kugeln in der Grundgesamtheit mit θ, also $\theta = M/N$, dann ist eine Approximation durch die Normalverteilung immer dann zulässig, wenn $n\theta(1-\theta) \geq 9$ und n im Verhältnis zu N nicht allzu groß ist (**Faustregel:** $N \geq 2n$).

Als **Erwartungswert** *der approximierenden Normalverteilung* wird der Erwartungswert der Hypergeometrischen Verteilung verwendet:

$$\mu = n\frac{M}{N} = n\theta.$$

Entsprechend verwendet man für die **Varianz** *der approximierenden Normalverteilung* die Varianz der Hypergeometrischen Verteilung:

$$\begin{aligned} \sigma^2 &= n\frac{M}{N}\cdot\frac{N-M}{N}\cdot\frac{N-n}{N-1} \\ &= n\theta(1-\theta)\frac{N-n}{N-1}. \end{aligned}$$

Die *Wahrscheinlichkeit dafür, daß eine hypergeometrisch verteilte Zufallsvariable X einen Wert von* x_1 *bis* x_2 annimmt, ist damit über die Normalverteilung und unter Berücksichtigung der Stetigkeitskorrektur näherungsweise zu

$$W(x_1 \leq X \leq x_2) \approx \int_{x_u = x_1 - 0,5}^{x_o = x_2 + 0,5} f_n\left(x/n\theta;\,n\theta(1-\theta)\frac{N-n}{N-1}\right)dx$$

gegeben.

Beispiel: Von den 500 Studierenden eines Fachbereichs bestreiten 150 ihr Studium aus eigenen Mitteln. Wie groß ist die Wahrscheinlichkeit dafür, daß unter 50 zufällig ausgewählten Studierenden 15 bis 20 ihr Studium selbst finanzieren?

Die exakte Berechnung würde über die *Hypergeometrische Verteilung* erfolgen. Da hier die Bedingungen für eine *Approximation durch die Normalverteilung* erfüllt sind, erhält man mit $\theta = 150/500 = 0{,}3$ Erwartungswert und Varianz der approximierenden Normalverteilung zu

$$\mu = 50 \cdot 0{,}3 = 15 \text{ und}$$

$$\sigma^2 = 50 \cdot 0{,}3 \cdot 0{,}7 \cdot \frac{450}{499} = 9{,}4689.$$

Die gesuchte Wahrscheinlichkeit beträgt näherungsweise

$$\begin{aligned} W(15 \leq X \leq 20) &\approx \int_{14,5}^{20,5} f_n(x/15;\,9{,}4689)\,dx \\ &= F_n(20{,}5/15;\,9{,}4689) \\ &\quad - F_n(14{,}5/15;\,9{,}4689). \end{aligned}$$

Damit erhält man mit

$$z_u = \frac{14{,}5 - 15}{\sqrt{9{,}4689}} = -\,0{,}162$$

und

$$z_o = \frac{20{,}5 - 15}{\sqrt{9{,}4689}} = 1{,}787$$

$$\begin{aligned} W(15 \leq X \leq 20)) &\approx F_N(1{,}787) - F_N(-0{,}162) \\ &= 0{,}9630 - 0{,}4356 \\ &= 0{,}5274. \end{aligned}$$

11.3. Approximation der Poissonverteilung durch die Normalverteilung

Die Wahrscheinlichkeitsfunktion der **Poissonverteilung** lautet (vgl. Abschnitt 9.5)

$$f_p(x/\mu) = \frac{\mu^x e^{-\mu}}{x!}.$$

Ebenso wie die Binomialverteilung und die Hypergeometrische Verteilung geht auch die *Poissonverteilung* in die *Normalverteilung* über, und zwar dann, wenn ihr Parameter μ gegen ∞ strebt. Ist die **Faustregel** $\mu \geq 9$ erfüllt, wird der Approximationsfehler vernachlässigbar klein.

Da der Parameter μ der Poissonverteilung gleichzeitig ihr Erwartungswert und ihre Varianz ist (vgl. Abschnitt 9.5), wird μ auch als **Erwartungswert** und **Varianz** *der approximierenden Normalverteilung* verwendet.

Die *Wahrscheinlichkeit, mit der eine poissonverteilte Zufallsvariable* X *Werte von* x_1 *bis* x_2 annimmt, ergibt sich also angenähert zu

$$W(x_1 \leq X \leq x_2) \approx \int_{x_u = x_1 - 0{,}5}^{x_o = x_2 + 0{,}5} f_n(x/\mu; \mu)\,dx.$$

Beispiel: An einem Bankschalter sei die Anzahl der pro Viertelstunde eintreffenden Kunden poissonverteilt mit dem Parameter $\mu = 10$. Wie groß ist die Wahrscheinlichkeit dafür, daß in einer bestimmten Viertelstunde wenigstens 11 Kunden eintreffen?

Es ist

$$\begin{aligned} W(X \geq 11) &\approx \int_{10{,}5}^{\infty} f_n(x/10; 10)\,dx \\ &= 1 - F_n(10{,}5/10; 10); \end{aligned}$$

mit $z = \frac{10{,}5 - 10}{\sqrt{10}} = 0{,}158$

findet man

$$\begin{aligned} W(X \geq 11) &\approx 1 - W(Z \leq 0{,}158) \\ &= 1 - F_N(0{,}158) \\ &= 1 - 0{,}5628 \\ &= 0{,}4372. \end{aligned}$$

11.4. Überblick über einige wichtige eindimensionale Verteilungen und ihre Beziehungen

In Tabelle 11.1 wird ein zusammenfassender Überblick über die *Parameter*, die *Erwartungswerte* und die *Varianzen* einiger wichtiger eindimensionaler Verteilungen gegeben.

Zwischen den statistischen Verteilungen bestehen Beziehungen; einige der wichtigsten sind in Abbildung 11.3 in schematisierter Form überblicksweise zusammengestellt. Einheitlichen Genauigkeitskriterien genügende Approximationsregeln finden sich z. B. in dem statistischen Tabellenwerk von *Wetzel/Jöhnk/Naeve*.

Verteilung	Parameter	Erwartungswert	Varianz	Behandelt in Abschnitt
1. diskret:				
Binomialverteilung	$0 \leq \theta \leq 1$ $n = 1, 2, \ldots$	$n\theta$	$n\theta(1-\theta)$	9.3
Hypergeometrische Verteilung	$N = 1, 2, \ldots$ $M = 0, 1, \ldots, N$ $n = 1, 2, \ldots, N$	$n\frac{M}{N}$	$n\frac{M}{N} \cdot \frac{N-M}{N} \cdot \frac{N-n}{N-1}$	9.4
Poissonverteilung	$\mu > 0$	μ	μ	9.5
2. stetig:				
Gleichverteilung	$-\infty < a < b < +\infty$	$\frac{a+b}{2}$	$\frac{(b-a)^2}{12}$	10.1
Exponentialverteilung	$\lambda > 0$	$\frac{1}{\lambda}$	$\frac{1}{\lambda^2}$	10.2
Normalverteilung	$-\infty < \mu < +\infty$ $\sigma > 0$	μ	σ^2	10.3
Chi-Quadrat-verteilung	$\nu = 1, 2, \ldots$	ν	2ν	10.4
Studentverteilung	$\nu = 1, 2, \ldots$	0 für $\nu > 1$	$\frac{\nu}{\nu-2}$ für $\nu > 2$	10.5

Tab. 11.1: Parameter, Erwartungswerte und Varianzen einiger wichtiger eindimensionaler Verteilungen

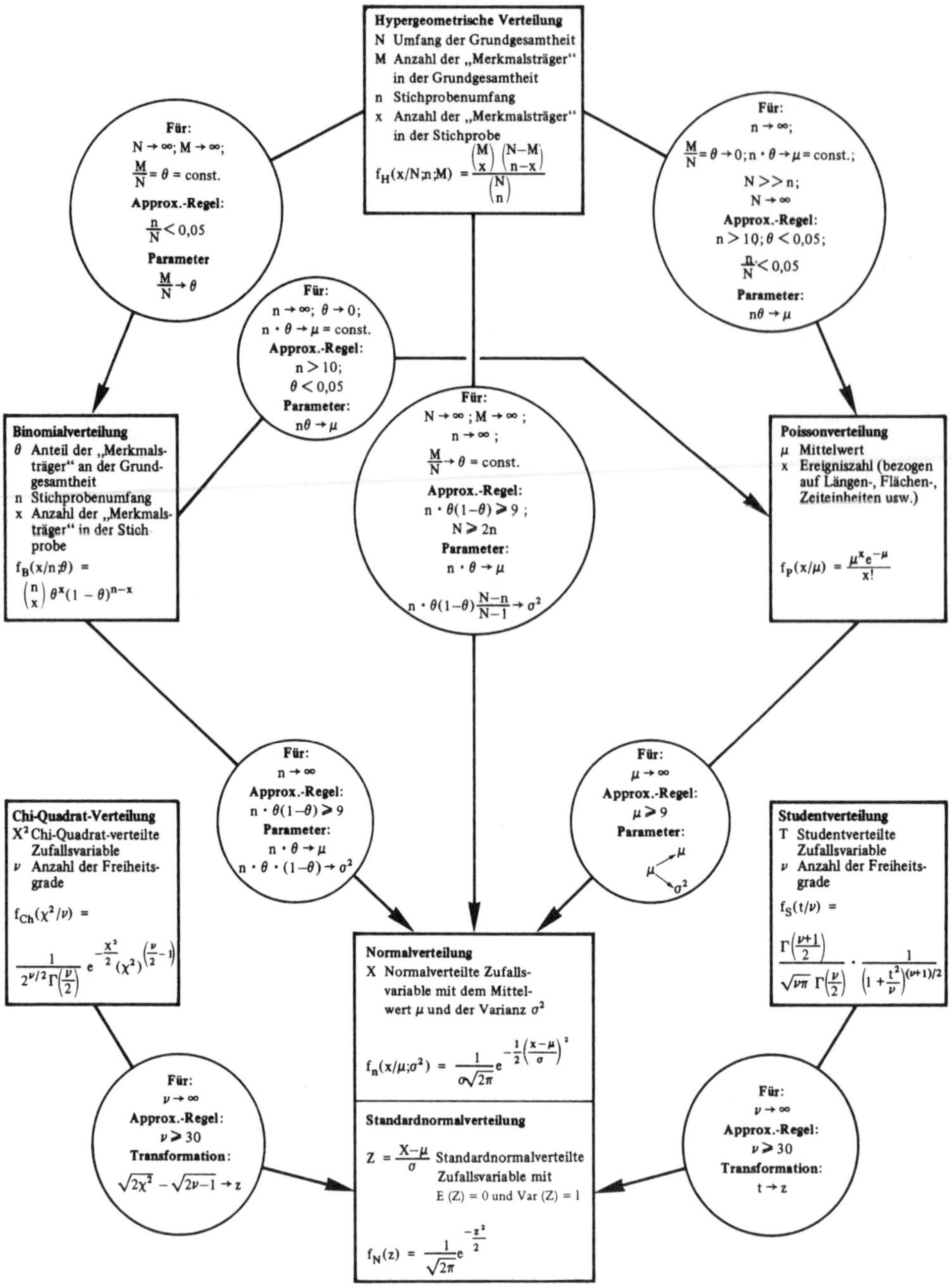

Abb. 11.3: Beziehungen zwischen einigen wichtigen eindimensionalen Verteilungen

11.5. Approximation empirischer Verteilungen durch die Normalverteilung

Neben theoretischen Verteilungen lassen sich oftmals auch **empirisch beobachtete Verteilungen** durch *Normalverteilungen* annähern. Arithmetisches Mittel und Varianz der empirischen Verteilung treten dabei an die Stelle der unbekannten **Parameter** μ *und* σ^2 *der approximierenden Normalverteilung.*

Beispiel: Die Lebensdauerverteilung einer Serie von $N = 100$ Motoren ist in Tabelle 11.2 wiedergegeben. Das arithmetische Mittel beträgt $\mu = 4{,}8$ Jahre, die Varianz $\sigma^2 = 2{,}1$ Jahre^2.

Die *empirische Verteilungsfunktion (Summenhäufigkeitsfunktion)* erhält man, indem man den oberen Klassengrenzen x_i^o die Summenhäufigkeiten F_i zuordnet. Die *nach der Normalverteilung zu erwartenden „theoretischen" Werte* ergeben sich aus der Verteilungsfunktion der Normalverteilung zu

$$F_n(x_i^o/\,\mu;\,\sigma^2) = F_n(x_i^o/4{,}8;\,2{,}1) \qquad (i = 1, \ldots, 10)$$

bzw. nach der Standardisierung

$$z_i^o = \frac{x_i^o - \mu}{\sigma} = \frac{x_i^o - 4{,}8}{\sqrt{2{,}1}}$$

aus der Tabelle der Verteilungsfunktion der Standardnormalverteilung zu

$$F_N(z_i^o) \qquad (i = 1, \ldots, 10);$$

dabei wird für die offene Randklasse $i = 10$ $F_N(z_{10}^o) = 1$ gesetzt. Die Ergebnisse dieser Berechnungen sind in Tabelle 11.3 zusammengestellt.

Die nach der Normalverteilung theoretisch zu erwartenden *relativen Häufigkeiten* f_i^e erhält man durch Differenzenbildung zu

$$f_i^e = F_N(z_i^o) - F_N(z_{i-1}^o) \qquad (i = 1, \ldots, 10),$$

wobei $F_N(z_0^o) = 0$ und $F_N(z_{10}^o) = 1$ gesetzt werden. Die theoretisch zu erwartenden *absoluten Häufigkeiten* h_i^e ergeben sich aus den zu erwartenden relativen Häufigkeiten f_i^e durch Multiplikation mit dem Umfang der Gesamtheit N als

$$h_i^e = N \cdot f_i^e = 100 f_i^e \qquad (i = 1, \ldots, 10).$$

Klasse i	Lebensdauer in Jahren	Anzahl der Motoren h_i	Anteil der Motoren f_i
1	bis 1	1	0,01
2	über 1 bis 2	3	0,03
3	über 2 bis 3	5	0,05
4	über 3 bis 4	20	0,20
5	über 4 bis 5	26	0,26
6	über 5 bis 6	24	0,24
7	über 6 bis 7	15	0,15
8	über 7 bis 8	5	0,05
9	über 8 bis 9	1	0,01
10	über 9	0	0

Tab. 11.2: Lebensdauerverteilung

Klasse i	Obere Klassengrenze x_i^o	Empirische Verteilungsfunktion F_i	Standardisierte obere Klassengrenze z_i^o	Theoretische Verteilungsfunktion $F_N(z_i^o)$
1	1	0,01	— 2,62	0,0044
2	2	0,04	— 1,93	0,0268
3	3	0,09	— 1,24	0,1075
4	4	0,29	— 0,55	0,2912
5	5	0,55	0,14	0,5557
6	6	0,79	0,83	0,7967
7	7	0,94	1,52	0,9357
8	8	0,99	2,21	0,9864
9	9	1,0	2,90	0,9981
10	.	1,0	.	1,0

Tab. 11.3: Empirische und theoretische Verteilungsfunktion

Wie aus Tabelle 11.4 und Abbildung 11.4 ersichtlich ist, besteht zwischen empirischer und theoretischer Verteilung eine recht gute Übereinstimmung. Im Rahmen der Testtheorie werden später statistische Verfahren behandelt, die es erlauben, die Güte der Übereinstimmung zu beurteilen.

Für die *Beurteilung, ob eine empirische Verteilung durch eine Normalverteilung angenähert werden kann* und zur *einfachen zeichnerischen Bestimmung der Parameter* dieser Normalverteilung eignet sich sehr gut das sogenannte **Wahrscheinlichkeitspapier** *(Wahrscheinlichkeitsnetz)*. Aus Abschnitt 10.3 (vgl. Abbildung 10.5) ist bekannt, daß die Verteilungsfunktion der Normalverteilung einen *S-förmigen Verlauf* aufweist. Im Wahrscheinlichkeitspapier wird der Ordinatenmaßstab nun in der Weise transformiert, daß die Verteilungsfunktion zur *Geraden* wird. – Die Werte der empirischen Verteilungsfunktion F_i werden über den entsprechenden Klassenobergrenzen x_i^o in das Wahrscheinlichkeitspapier eingetragen. Durch diese Punkte wird dann nach Augenmaß eine Ausgleichsgerade gelegt. Da die Verteilungsfunktion jeder Normalverteilung für $x = \mu$ den Wert 0,5 bzw. 50% und für $x = \mu + \sigma$ *ungefähr* den Wert 0,84 bzw. 84% annimmt (vgl. auch Abschnitt 10.3, Abbildung 10.6), lassen sich aus der Zeichnung (vgl. Abbildung 11.5) der Erwartungswert μ und die Standardabweichung σ der Normalverteilung bestimmen.

Klasse	Lebensdauer in Jahren	Empirische Verteilung		Theoretische Verteilung	
i		h_i	f_i	h_i^e	f_i^e
1	bis 1	1	0,01	0,4	0,0044
2	über 1 bis 2	3	0,03	2,2	0,0224
3	über 2 bis 3	5	0,05	8,1	0,0807
4	über 3 bis 4	20	0,20	18,4	0,1837
5	über 4 bis 5	26	0,26	26,4	0,2645
6	über 5 bis 6	24	0,24	24,1	0,2410
7	über 6 bis 7	15	0,15	13,9	0,1390
8	über 7 bis 8	5	0,05	5,1	0,0507
9	über 8 bis 9	1	0,01	1,2	0,0117
10	über 9	0	0	0,2	0,0019

Tab. 11.4: Empirische und theoretische Verteilung

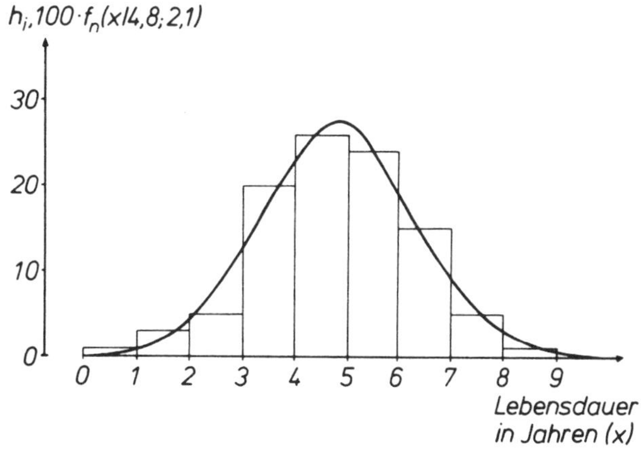

Abb. 11.4: Empirische und theoretische Verteilung

Dem Schnittpunkt der 50%-Linie mit der Ausgleichsgeraden ist der Abszissenwert $x = \mu$ zugeordnet und dem Schnittpunkt von 84%-Linie und Ausgleichsgeraden der Abszissenwert $x = \mu + \sigma$. Für unser Beispiel erhält man $\mu = 4{,}75$ Jahre und $\mu + \sigma = 6{,}25$ Jahre und damit $\sigma = 1{,}5$ Jahre und $\sigma^2 = 2{,}25$ Jahre^2.

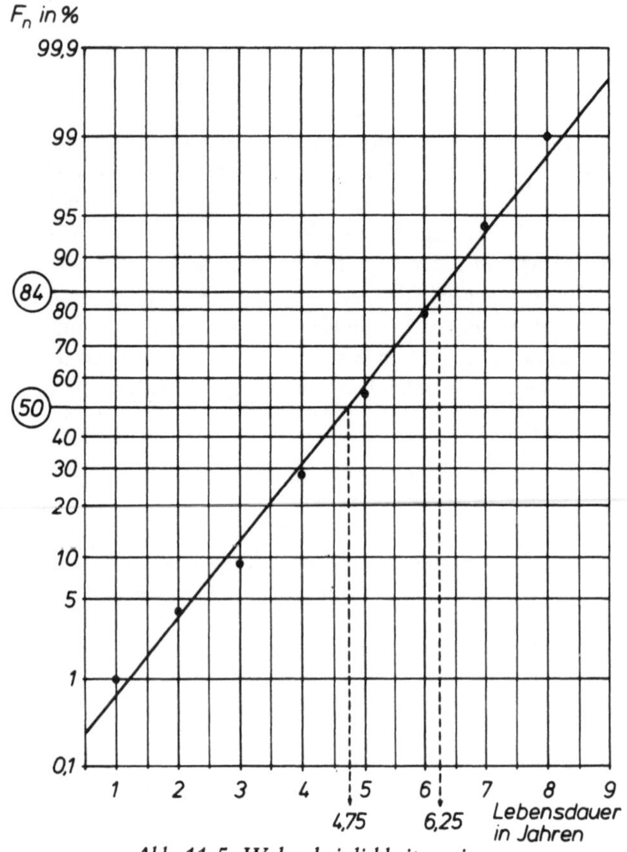

Abb. 11.5: Wahrscheinlichkeitspapier

11.6. Reproduktionseigenschaft von Verteilungen

Eine Reihe von statistischen Verteilungen wie z. B. *Poissonverteilung, Chi-Quadrat-Verteilung* und *Normalverteilung* besitzt die sogenannte **Reproduktionseigenschaft** *(Additivitätseigenschaft)*.

So gilt etwa für die **Normalverteilung** *(Additionstheorem der Normalverteilung)*, daß die *Summe* X *von* n *unabhängig normalverteilten Zufallsvariablen* $X_1, \ldots, X_n$, *also* $X = X_1 + \ldots + X_n$, *ebenfalls normalverteilt ist.* – Der *Erwartungswert* von X, μ_X, ergibt sich als Summe der einzelnen Erwartungswerte $\mu_1, \ldots, \mu_n$ der Zufallsvariablen $X_1, \ldots, X_n$; es gilt also

$$\mu_X = \mu_1 + \ldots + \mu_n.$$

Analog ergibt sich für die *Varianz* von X

$$\sigma_X^2 = \sigma_1^2 + \ldots + \sigma_n^2.$$

Beispiel: In einer Molkerei wird Butter mit einem Sollwert von $\mu = 250$g und einer Varianz von $\sigma^2 = 16\text{g}^2$ ausgeformt; die Gewichte seien normalverteilt. – Ein Kunde kauft 4 Packungen. Mit welcher Wahrscheinlichkeit beträgt das Gewicht der eingekauften Menge wenigstens 995g?

Bezeichnet man mit X das Gesamtgewicht und mit X_i ($i = 1, \ldots, 4$) das Gewicht der i-ten Packung, dann ist – Unabhängigkeit der einzelnen Gewichte vorausgesetzt –

$$X = X_1 + X_2 + X_3 + X_4$$

nach dem *Additionstheorem der Normalverteilung* ebenfalls normalverteilt. Die beiden Parameter betragen

$$\mu_X = 250 + 250 + 250 + 250 + = 1000\,\text{g und}$$
$$\sigma_X^2 = 16 + 16 + 16 + 16 = 64\text{g}^2.$$

Die gesuchte Wahrscheinlichkeit ergibt sich demnach zu

$$W(X > 995) = 1 - W(X \leq 995)$$
$$= 1 - F_n(995/1000; 64).$$

Es ist

$$z = \frac{995 - 1000}{\sqrt{64}} = -0{,}625.$$

Damit erhält man

$$W(X > 995) = 1 - F_N(-0{,}625)$$
$$= 1 - 0{,}2660 = 0{,}7340.$$

11.7. Ausgewählte Literatur

Bleymüller, Josef, Günther Gehlert, Statistische Formeln, Tabellen und Statistik-Software (12., überarb. Aufl.). München 2011.

Graf, Ulrich, Hans-Joachim Henning, Kurt Stange, Peter-Theodor Wilrich, Formeln und Tabellen der angewandten mathematischen Statistik (3.,völl. neu bearb. Aufl., 2., korr. Nachdruck). Berlin, Heidelberg, New York usw. 1997.

Mood, Alexander M., Franklin A. Graybill, Duane C. Boes, Introduction to the Theory of Statistics (3rd. ed.). Tokyo, Düsseldorf, Johannesburg usw. 1974.

Stange, Kurt, Angewandte Statistik, Teil 1 (2. Aufl.). Berlin, Heidelberg, New York 2001.

Wetzel, Wolfgang, Max-Detlev Jöhnk, Peter Naeve, Statistische Tabellen. Berlin 1967.

Aufgaben zu Kapitel 11

11.1 Aus einer Produktionsserie von 10000 Teilen mit einem Ausschußanteil von $\theta = 0{,}3$ werden zufällig $n = 50$ Teile „mit Zurücklegen" ausgewählt. Berechnen Sie näherungsweise die Wahrscheinlichkeit dafür, daß sich darunter 10 bis 20 fehlerhafte Stücke befinden.

11.2 Aus 500 Bauteilen mit 20% Ausschuß werden „ohne Zurücklegen" 100 ausgewählt. Berechnen Sie näherungsweise die Wahrscheinlichkeit dafür, daß sich darunter genau 20 schlechte Stücke befinden.

11.3 In einem Industriebetrieb fallen im Jahresdurchschnitt 1000000 Buchungen an. Der Anteil der Fehlbuchungen betrage 0,75%. Bei einer Betriebsprüfung werden 2000 Buchungen zufällig ausgewählt und überprüft. Die Buchführung wird als ordnungsmäßig angesehen, wenn der Prozentsatz der fehlerhaften Buchungen 1% nicht übersteigt. Berechnen Sie die Wahrscheinlichkeit dafür, daß die Ordnungsmäßigkeit der Buchführung verworfen wird.

11.4 Eine Fluggesellschaft hat festgestellt, daß das Körpergewicht der Fluggäste normalverteilt ist mit $\mu = 75$ kg und $\sigma^2 = 100\ \text{kg}^2$. Die Flugzeuge eines bestimmten Typs können jeweils 144 Personen aufnehmen. Geben Sie Erwartungswert und Varianz für das Gesamtgewicht der Fluggäste eines vollbesetzten Flugzeugs an. Bestimmen Sie die Wahrscheinlichkeit dafür, daß das Gesamtgewicht der Fluggäste eines vollbesetzten Flugzeugs größer als 11100 kg ist.

11.5 Eine Abfüllmaschine füllt Kaffee in Blechdosen ab. Die Gewichte der abgefüllten Kaffeemengen und der Dosen seien normalverteilt mit den Mittelwerten 500g bzw. 50g und den Varianzen 100g^2 bzw. 4g^2. Wie groß ist die Wahrscheinlichkeit, daß das Gewicht einer verkaufsfertigen Kaffeedose weniger als 540g beträgt?

Kapitel 12: Stichproben und Stichprobenverteilungen I

12.1. Einführung

Häufig stellt sich dem Statistiker die **Aufgabe, Informationen über bestimmte charakteristische Eigenschaften statistischer Gesamtheiten zu beschaffen.** Beispielsweise kann der *Anteil θ der berufstätigen Frauen in einer Gemeinde* oder das *monatliche Durchschnittseinkommen μ der deutschen Studenten* von Interesse sein.

Zwei Wege zur Bestimmung derartiger Maßzahlen (Parameter) von Grundgesamtheiten bieten sich an: Zum ersten können im Rahmen der sogenannten **Vollerhebung** *sämtliche Elemente der Grundgesamtheit* in die Erhebung einbezogen werden, zum zweiten kann im Wege der sogenannten **Teilerhebung** *nur ein Teil der Elemente der Grundgesamtheit* erhoben werden.

Die **wichtigsten Gründe für die Anwendung von Teilerhebungen** sind:

(1) Kostenersparnis

Da bei einer Teilerhebung eine kleinere Anzahl von Elementen erfaßt wird als bei einer Vollerhebung, ist sie – gleiche Erhebungskosten pro Element vorausgesetzt – billiger als die Vollerhebung.

(2) Zeitgewinn

Des kleineren Erhebungsumfangs wegen werden die Ergebnisse bei der Teilerhebung im allgemeinen auch schneller vorliegen als bei der Vollerhebung. Das ist besonders wichtig, wenn man für betriebs- oder wirtschaftspolitische Entscheidungen aktuelle Ergebnisse benötigt.

(3) Praktische Unmöglichkeit von Vollerhebungen

Manchmal ist eine Vollerhebung zwar theoretisch denkbar, aber praktisch nicht sinnvoll oder möglich. Soll etwa die durchschnittliche Brenndauer einer Produktionsserie Glühbirnen bestimmt werden, so müßte man sämtliche Glühbirnen bis zum Ausfall brennen lassen *(„zerstörende Prüfung“).* Hier bleibt also nur der Weg einer Teilerhebung.

Liegt eine *Teilerhebung* vor, so hat man aus den Eigenschaften einer Teilgesamtheit Schlußfolgerungen auf die Eigenschaften der Grundgesamtheit zu ziehen *(Repräsentationsschluß, indirekter Schluß).* Ein derartiges Vorgehen wird aber nur dann zweckmäßig sein, wenn erwartet werden darf, daß die Eigenschaften der Teilgesamtheit mit denen der Grundgesamtheit in guter Näherung übereinstimmen, d.h. wenn die *Teilgesamtheit als repräsentativ für die Grundgesamtheit* angesehen werden kann.

Bei den *Teilerhebungen* kann man nun *zwei Arten von Auswahlverfahren* unterscheiden: Zum einen gibt es *Verfahren, die auf dem Zufallsprinzip beruhen,* die **Zufallsauswahlverfahren** *(Zufallsstichproben);* zum zweiten gibt es die nicht auf dem Zufallsprinzip beruhenden **Verfahren der bewußten Auswahl** wie etwa das Quotenauswahlverfahren.

Bei den **Zufallsauswahlverfahren** besitzen *sämtliche Elemente der Grundgesamtheit bestimmte, von null verschiedene Wahrscheinlichkeiten, in die Stichprobe zu gelangen.* Das einfachste Verfahren aus dieser Gruppe ist die *uneingeschränkte Zufallsauswahl,* bei der *jedes Element der Grundgesamtheit die gleiche Wahrscheinlichkeit besitzt, gezogen zu werden.*

Wenn auch im folgenden nur *Zufallsauswahlverfahren* behandelt werden sollen, sei hier doch wenigstens kurz ein vor allem in der Markt- und Meinungsforschung häufig angewandtes Verfahren der bewußten Auswahl, das **Quotenauswahlverfahren,** erwähnt. Bei diesem Verfahren wird versucht, die in die Stichprobe aufzunehmenden Elemente so auszuwählen, daß die *Teilgesamtheit einen modellgerechten Miniaturquerschnitt der zu untersuchenden Grundgesamtheit* darstellt. Dabei geht man von sogenannten *Quotenmerkmalen* aus. Bei einer Umfrage zu einer bestimmten politischen Frage würde man als Quotenmerkmale etwa Geschlecht, Alter, Beruf, Größe der Wohngemeinde, Erwerbstätigkeit usw. verwenden, also Merkmale, von denen anzunehmen ist, daß sie mit dem Untersuchungsgegenstand *korreliert* sind. Da die Interviewer im Rahmen der ihnen vorgegebenen Quoten allerdings mehr oder weniger freie Hand bei der Auswahl der zu befragenden Personen haben, lassen sich wegen dieser *subjektiven Auswahlmomente keine wahrscheinlichkeitstheoretisch fundierten Aussagen über die Zuverlässigkeit der gewonnenen Ergebnisse* machen.

Im Gegensatz dazu lassen sich bei den **Zufallsauswahlverfahren** *mit Hilfe der mathematischen Statistik wahrscheinlichkeitstheoretisch fundierte Angaben über die Zuverlässigkeit der Ergebnisse* machen. Da wir uns im weiteren nur mit Zufallsauswahlverfahren beschäftigen werden, soll mit dem Begriff *„Stichprobe“* auch immer eine *Zufallsstichprobe* gemeint sein.

12.2. Praktische Verwirklichung einer Zufallsauswahl

Soll es sich bei der Stichprobenentnahme um eine **uneingeschränkte Zufallsauswahl** handeln, dann ist durch das Entnahmeverfahren sicherzustellen, daß *jedes Element der Grundgesamtheit die gleiche Wahrscheinlichkeit* besitzt, in die Stichprobe zu gelangen.

Liegen die Elemente der Grundgesamtheit *durchnumeriert* vor, dann könnte man für jedes Element einen Zettel mit der entsprechenden Nummer in eine Urne geben und die Elemente der Stichprobe durch **Auslosung** bestimmen.

Einfacher läßt sich die Auswahl aber durch die Verwendung einer **Zufallszahlentafel** treffen, die nichts anderes ist als eine *Folge der zufällig aneinandergereihten Ziffern* 0 *bis* 9. Umfaßt die Grundgesamtheit zum *Beispiel* Elemente mit den Nummern 00000 bis 99999 und würde man der verwendeten Zufallszahlentafel zuerst die Zahlenfolgen

58146 00051 38428 01811

entnehmen, so kämen die Elemente Nr. 58146, 00051, 38428 und 01811 als erste in die Auswahl. – Zufallszahlen kann man durch entsprechende *Würfel* (sogenannte *„Zufallszahlenwür-*

fel") selbst erzeugen. Benötigt man – etwa bei der Computer-Simulation eines betriebswirtschaftlichen Prozesses – eine größere Anzahl von Zufallszahlen, wird man sie mit Hilfe eines *Zufallszahlengenerators* (Algorithmus zur Bildung von Zufallszahlen) unmittelbar vom Rechner erzeugen lassen. Da die Zufallszahlen hier mit Hilfe einer mathematischen Formel „berechnet" werden, erhält man jedoch nicht „echte", sondern lediglich „*Pseudozufallszahlen*", bei denen sich nach vielen Gliedern eine Wiederholung der Reihe ergibt; da aber diese Periode im allgemeinen sehr lang ist, können auch Pseudozufallszahlen meist unbedenklich verwendet werden.

Häufig wird auch die **systematische Auswahl** angewandt. Sollen zum *Beispiel* aus 20000 durchnumerierten Elementen 100 zufällig ausgewählt werden, so bedeutet das, daß jedes 200. Element in die Stichprobe gelangt. Man würde bei der systematischen Auswahl unter den ersten 200 Elementen der Grundgesamtheit eines zufällig auswählen, etwa das 125. Element. Das zweite Element der Stichprobe wäre dann das Element mit der Ordnungsziffer 325. Die Stichprobe würde also aus den Elementen mit den Ordnungsziffern

$$125, 325, 525, \ldots, 19925$$

gebildet.

Beim **Schlußziffernverfahren** nimmt man alle Elemente mit einer bestimmten Schlußziffer oder Schlußziffernkombination in die Stichprobe auf. Durch geeignete Wahl der Schlußziffern läßt sich jeder beliebige Stichprobenumfang verwirklichen. So erreicht man beispielsweise einen Auswahlsatz von 10% beim Ziehen der Elemente mit der Schlußziffer 3; einen solchen von 12% beispielsweise mit der Schlußziffer 3 und den Schlußziffernkombinationen 51 und 82.

Bei Grundgesamtheiten, die aus *Personen* bestehen, verwendet man häufig die **Buchstabenauswahl.** Hier gelangen alle Personen in die Stichprobe, deren Namen mit einem bestimmten Buchstaben bzw. mit einer bestimmten Buchstabenkombination beginnen.

Diesem Verfahren verwandt ist die **Geburtstagsauswahl,** bei der die Stichprobe alle Personen umfaßt, die an einem bestimmten Tag bzw. an bestimmten Tagen Geburtstag haben.

Während man bei der *bewußten Auswahl* (z. B. beim Quotenauswahlverfahren) zu um so besseren Ergebnissen gelangt, je enger der Zusammenhang zwischen Auswahlmerkmal (bzw. Auswahlmerkmalen) und Untersuchungsmerkmal ist, läßt sich eine *echte Zufallsauswahl* nur dann verwirklichen, wenn *Auswahlmerkmal* (z. B. Anfangsbuchstabe des Familiennamens) *und Untersuchungsmerkmal nicht korreliert* sind.

12.3. Urnenmodelle

Betrachten wir noch einmal die beiden einführenden Beispiele aus Abschnitt 12.1: Beim ersten wird nach dem Anteil θ der berufstätigen Frauen in einer Gemeinde gefragt; es wird ein *nominalskaliertes Merkmal* (Berufstätigkeit) *mit nur zwei Ausprägungen* (berufstätig – nicht berufstätig), also ein *dichotomes Merkmal (Binärmerkmal),* untersucht. Beim zweiten Beispiel wird nach dem monatlichen Durchschnittseinkommen μ der deutschen Studenten gefragt; es wird ein *metrisch skaliertes Merkmal* untersucht. Den ersten Fall bezeichnet man auch als **homograde Fragestellung** und den zweiten als **heterograde Fragestellung.**

Bei beiden Beispielen ist es das *Ziel der Stichprobenentnahme*, Aussagen über die *Grundgesamtheit*, und zwar insbesondere über ihre *Parameter* (etwa über den Anteilswert bzw. das arithmetische Mittel und die Varianz) zu machen. Will man beispielsweise den unbekannten Anteil θ der berufstätigen Frauen einer Gemeinde ermitteln, so könnte eine Stichprobe des Umfangs $n = 200$ vielleicht einen Stichprobenanteilswert von $p = 0{,}28$ liefern. Man kann sich nun vorstellen, daß nach der ersten Stichprobe weitere Stichproben des gleichen Umfangs n entnommen werden. Jede dieser weiteren Stichproben würde einen neuen Stichprobenanteilswert p liefern, der sich – vom Spiel des Zufalls abhängig – mehr oder weniger stark vom ersten unterscheiden wird. Der *Stichprobenanteilswert* p ist also zufallsabhängig und kann als *Realisation der Zufallsvariablen* P: „Stichprobenanteilswert" aufgefaßt werden.

Man ist nun daran interessiert, die *Verteilung dieser Zufallsvariablen* P, die sogenannte **Stichprobenverteilung des Anteilswertes,** zu bestimmen und insbesondere ihre Beziehung zum Parameter der Grundgesamtheit, hier dem Anteilswert θ der Grundgesamtheit, aufzudecken. *Zur Ableitung derartiger Stichprobenverteilungen* benutzt man **Urnenmodelle als Analogmodelle.** Im folgenden sollen *zwei besonders wichtige Urnenmodelle* besprochen werden:

(1) Urnenmodell für ein dichotomes Merkmal

Die N Elemente der Grundgesamtheit werden durch N Kugeln in einer Urne repräsentiert. Die M Elemente der Grundgesamtheit, die die zu untersuchende *Eigenschaft* A aufweisen – in obigem Beispiel war es die Eigenschaft „berufstätig" – werden durch M *schwarze Kugeln* symbolisiert. Die restlichen N–M Elemente der Grundgesamtheit mit der *Eigenschaft* $\bar{A}$ – in obigem Beispiel war es die Eigenschaft „nicht berufstätig" – werden durch N–M *weiße Kugeln* dargestellt. Die Stichprobenentnahme vom Umfang n aus den N Elementen der Grundgesamtheit kann nun als Ziehung von n Kugeln aus einer Urne mit N Kugeln aufgefaßt werden. Der *Anteil* θ der schwarzen Kugeln in der Urne beträgt hierbei $\theta = M/N$. Enthält eine konkrete Stichprobe x schwarze Kugeln, dann beträgt der *Stichprobenanteilswert* $p = x/n$.

(2) Urnenmodell für ein metrisch skaliertes Merkmal

Auch hier werden die N Elemente der Grundgesamtheit durch N Kugeln in einer Urne repräsentiert. Den Kugeln sind die entsprechenden *Merkmalswerte* a_i $(i = 1, \ldots, N)$ der Elemente der Grundgesamtheit *aufgedruckt*. In dem oben angeführten zweiten Beispiel wären es die monatlichen Einkommen der einzelnen Studenten. Betrachtet man eine konkrete Stichprobe des Umfangs n und bezeichnet mit x_i den Merkmalswert, der auf der i-ten gezogenen Kugel aufgedruckt ist, dann liefert die Stichprobe eine Folge von n Merkmalswerten x_i $(i = 1, \ldots, n)$.

Das *arithmetische Mittel des Merkmalswertes* in der **Grundgesamtheit** beträgt (vgl. Abschnitt 3.2, Formel für die Berechnung aus Einzelwerten)

$$\mu = \frac{1}{N} \sum_{i=1}^{N} a_i$$

und die *Varianz* (vgl. Abschnitt 4.2, Formel für die Berechnung aus Einzelwerten)

$$\sigma^2 = \frac{1}{N} \sum_{i=1}^{N} (a_i - \mu)^2.$$

Für das *arithmetische Mittel* der **Stichprobe** ergibt sich analog

$$\bar{x} = \frac{1}{n} \sum_{i=1}^{n} x_i \, ;$$

die *Stichprobenvarianz* s^2 ist als

$$s^2 = \frac{1}{n-1} \sum_{i=1}^{n} (x_i - \bar{x})^2$$

definiert. – Zu beachten ist, daß bei dieser Definition der Stichprobenvarianz die Summe der quadrierten Abweichungen nicht durch n, sondern durch n—1 dividiert wird. Die so definierte Stichprobenvarianz s^2 ist, wie noch gezeigt werden wird, als *Schätzwert für die Varianz der Grundgesamtheit* σ^2 geeigneter (vgl. Abschnitt 15.4, Punkt [1], 3a).

Bei der *Ableitung der Stichprobenverteilungen* ist die **Technik der Entnahme** von Bedeutung. Wird bei einer speziellen Stichprobe die jeweils gezogene Kugel in die Urne zurückgegeben und deren Inhalt vor Entnahme der nächsten Kugel neu durchgemischt, dann spricht man vom **„Ziehen mit Zurücklegen"**. Bleibt die gezogene Kugel dagegen außerhalb der Urne, dann handelt es sich um **„Ziehen ohne Zurücklegen"**.

Die **Anzahl aller möglichen, voneinander verschiedenen Stichproben** hängt von der Entnahmetechnik ab. Beim *Ziehen mit Zurücklegen* kann jede der N Kugeln der Urne in der Folge der n Stichprobenelemente *öfter als einmal* auftreten; nach den Regeln der Kombinatorik (vgl. Abschnitt 9.2) beträgt die Anzahl sämtlicher möglicher Stichproben in diesem Fall N^n (Anzahl der Kombinationen mit Wiederholung einzelner Elemente und mit Berücksichtigung der Anordnung). Beim *Ziehen ohne Zurücklegen* kann dagegen jede der N Kugeln der Urne *höchstens einmal* in der Stichprobe vorkommen; die Anzahl der möglichen Stichproben beträgt hier $N!/(N-n)!$ (Anzahl der Kombinationen ohne Wiederholung einzelner Elemente und mit Berücksichtigung der Anordnung).

12.4. Stichprobenverteilung des Anteilswertes

Zur Ableitung der Stichprobenverteilung des Anteilswertes P gehen wir von dem in Abschnitt 12.3 bereits behandelten *Urnenmodell für ein dichotomes Merkmal* aus: Die Urne enthalte N Kugeln, davon M schwarze. Der Anteilswert der schwarzen Kugeln in der Grundgesamtheit sei mit $\theta = M/N$ bekannt. Es werden nun laufend Stichproben mit einem gleichbleibenden Umfang n gezogen. Die Zufallsvariable P sei der Anteil der schwarzen Kugeln in der Stichprobe. Die Wahrscheinlichkeitsverteilung der Zufallsvariablen P hängt von der Technik der Entnahme ab, d. h. davon, ob die *Stichprobe* (1) *ohne Zurücklegen* oder (2) *mit Zurücklegen* gezogen wird:

(1) Ziehen ohne Zurücklegen

Bei der *Stichprobenentnahme ohne Zurücklegen* liegen die Bedingungen für das **Modell der Hypergeometrischen Verteilung** vor (vgl. Abschnitt 9.4). Bezeichnet man mit X die Zufallsvariable: „Anzahl der schwarzen Kugeln in der Stichprobe", dann besitzt X also die folgende Wahrscheinlichkeitsfunktion:

$$f(x) = f_H(x/N; n; M) = \frac{\binom{M}{x}\binom{N-M}{n-x}}{\binom{N}{n}}.$$

Da zwischen dem Anteilswert P und der Anzahl X der schwarzen Kugeln in der Stichprobe die Beziehung $P = X/n$ bzw. $X = nP$ besteht, ergibt sich die Wahrscheinlichkeitsfunktion von P zu

$$f(p) = f_H(np/N; n; M) = \frac{\binom{M}{np}\binom{N-M}{n-np}}{\binom{N}{n}}.$$

Beispiel: Eine Urne enthält $N = 5$ Kugeln, davon $M = 2$ schwarze und $N - M = 3$ weiße. Es wird eine Stichprobe im Umfang von $n = 2$ Kugeln *ohne Zurücklegen* entnommen. Die Stichprobenverteilung der Zufallsvariablen X: „Anzahl der schwarzen Kugeln in der Stichprobe" und die der Zufallsvariablen P: „Anteil der schwarzen Kugeln in der Stichprobe" ist in Tabelle 12.1 und Abbildung 12.1 wiedergegeben.

x	$p = \frac{x}{n}$	$f_H(x/5; 2; 2) = f(p)$
0	0	0,3
1	0,5	0,6
2	1	0,1

Tab. 12.1: Stichprobenverteilung

Erwartungswert und *Varianz* der *Hypergeometrischen Verteilung* lauten – wie in Abschnitt 9.4 angegeben –

$$E(X) = n\frac{M}{N} = n\theta \quad \text{und}$$

$$Var(X) = n\theta(1-\theta)\frac{N-n}{N-1}.$$

Da zwischen der Anzahl der schwarzen Kugeln X und dem Anteilswert in der Stichprobe P die lineare Beziehung $P = X/n$ besteht, folgt nach Abschnitt 7.5 (vgl. Tabelle 7.3) für *Erwartungswert* und *Varianz* des **Stichprobenanteilswertes** P

$$E(P) = \frac{1}{n}E(X) = \theta \quad \text{und}$$

$$Var(P) = \frac{1}{n^2}Var(X) = \frac{\theta(1-\theta)}{n}\frac{N-n}{N-1}.$$

Für unser *Beispiel* ergibt sich

$$E(P) = \theta = \frac{M}{N} = \frac{2}{5} = 0{,}4 \quad \text{und}$$

$$Var(P) = \frac{\theta(1-\theta)}{n} \frac{N-n}{N-1} = \frac{0{,}4 \cdot 0{,}6}{2} \frac{5-2}{5-1} = 0{,}09.$$

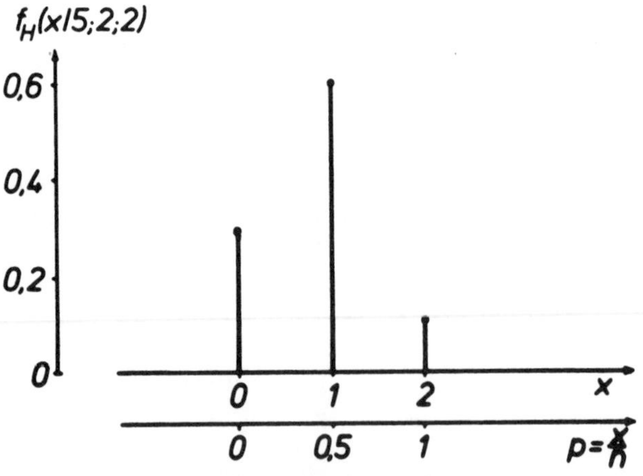

Abb. 12.1: Stichprobenverteilung

Die *Standardabweichung des Anteilswertes* P bezeichnet man auch als **Standardfehler des Anteilswertes;** sie ergibt sich zu

$$\sigma_P = \sqrt{Var(P)} = \sqrt{\frac{\theta(1-\theta)}{n}} \sqrt{\frac{N-n}{N-1}}\,.$$

Der Faktor $\sqrt{\frac{N-n}{N-1}}$ wird als **Korrekturfaktor für endliche Gesamtheiten** *(Endlichkeitskorrektur)* bezeichnet. Setzt man $\frac{N-n}{N-1} \approx \frac{N-n}{N}$, dann ergibt sich für den Korrekturfaktor $\sqrt{1-\frac{n}{N}} = \sqrt{1-f}$, wobei $f = \frac{n}{N}$ als *Auswahlsatz* bezeichnet wird. – Für einen festen Wert von n strebt dieser Faktor mit wachsendem N gegen 1:

$$\lim_{N\to\infty} \sqrt{\frac{N-n}{N-1}} = 1.$$

In praktischen Anwendungsfällen kann die Endlichkeitskorrektur gleich 1 gesetzt werden, wenn n bezüglich N genügend klein ist *(Faustregel: Auswahlsatz* $\frac{n}{N} < 0{,}05$). Der Standardfehler des Anteilwertes ergibt sich in diesem Fall einfach zu

$$\sigma_P = \sqrt{\frac{\theta(1-\theta)}{n}}\,.$$

Wie in Abschnitt 11.2 ausgeführt wurde, kann bei *Erfüllung bestimmter Approximationsbedingungen* die *Hypergeometrische Verteilung* durch die *Normalverteilung* angenähert werden. Unter Berücksichtigung der *Stetigkeitskorrektur* hatten wir

$$W(x_1 \leq X \leq x_2) \approx \int_{x_u = x_1 - 0{,}5}^{x_o = x_2 + 0{,}5} f_n\left(x/n\theta; n\theta(1-\theta)\frac{N-n}{N-1}\right) dx$$

erhalten.

Die *Stichprobenverteilung des Anteilswertes* P läßt sich demzufolge ebenfalls durch eine **Normalverteilung** mit den *Parametern*

$$\mu = E(P) = \theta \quad \text{und}$$

$$\sigma^2 = Var(P) = \sigma_P^2 = \frac{\theta(1-\theta)}{n} \frac{N-n}{N-1}$$

approximieren.

Für die Grenzen p_u und p_o erhält man

$$p_u = \frac{x_u}{n} = \frac{x_1 - 0{,}5}{n}$$

$$= \frac{x_1}{n} - \frac{1}{2n} = p_1 - \frac{1}{2n} \quad \text{und}$$

$$p_o = \frac{x_o}{n} = \frac{x_2 + 0{,}5}{n}$$

$$= \frac{x_2}{n} + \frac{1}{2n} = p_2 + \frac{1}{2n}.$$

Näherungsweise ergibt sich also die Wahrscheinlichkeit dafür, daß ein Stichprobenanteilswert zwischen p_1 und p_2 liegt, zu

$$W(p_1 \leq P \leq p_2) \approx \int_{p_u = p_1 - \frac{1}{2n}}^{p_o = p_2 + \frac{1}{2n}} f_n\left(p/\theta; \frac{\theta(1-\theta)}{n} \frac{N-n}{N-1}\right) dp.$$

Für große Werte von n *kann die Stetigkeitskorrektur vernachlässigt werden*, so daß sich näherungsweise

$$W(p_1 \leq P \leq p_2) \approx \int_{p_1}^{p_2} f_n\left(p/\theta; \frac{\theta(1-\theta)}{n} \frac{N-n}{N-1}\right) dp$$

ergibt.

Beispiel: In einer Produktionsserie von N = 2000 Bauteilen beträgt der Anteil der schlechten Stücke θ = 0,2. Es wird eine Stichprobe ohne Zurücklegen im Umfang n = 900 entnommen. Wie groß ist die Wahrscheinlichkeit dafür, daß der Anteil der schlechten Stücke in der Stichprobe zwischen 0,195 und 0,210 liegt?

Die Berechnung erfolgt über eine Normalverteilung mit

$$\mu = \theta = 0{,}2 \qquad \text{und}$$

$$\sigma_P = \sqrt{\frac{\theta(1-\theta)}{n}} \sqrt{\frac{N-n}{N-1}}$$

$$= \sqrt{\frac{0{,}2 \cdot 0{,}8}{900}} \sqrt{\frac{2000-900}{2000-1}}$$

$$= 0{,}0099.$$

Unter *Vernachlässigung der Stetigkeitskorrektur* gilt

$$W(0{,}195 \leq P \leq 0{,}210) \approx \int_{0{,}195}^{0{,}210} f_n(p/0{,}2; 0{,}0099^2)\,dp$$

$$= F_n(0{,}210/0{,}2; 0{,}0099^2)$$

$$- F_n(0{,}195/0{,}2; 0{,}0099^2).$$

Damit erhält man die standardisierten Werte mit

$$z = \frac{p - E(P)}{\sqrt{Var(P)}} = \frac{p - \theta}{\sigma_P} \quad \text{zu}$$

$$z_u = \frac{p_1 - \theta}{\sigma_P} = \frac{0{,}195 - 0{,}2}{0{,}0099} = -0{,}505 \quad \text{und}$$

$$z_o = \frac{p_2 - \theta}{\sigma_P} = \frac{0{,}210 - 0{,}2}{0{,}0099} = 1{,}010$$

und schließlich (vgl. Abbildung 12.2)

$$
\begin{aligned}
W(0{,}195 \leq P \leq 0{,}210) &\approx W(-0{,}505 \leq Z \leq 1{,}010) \\
&= F_N(1{,}010) - F_N(-0{,}505) \\
&= 0{,}8438 - 0{,}3068 \\
&= 0{,}5370 .
\end{aligned}
$$

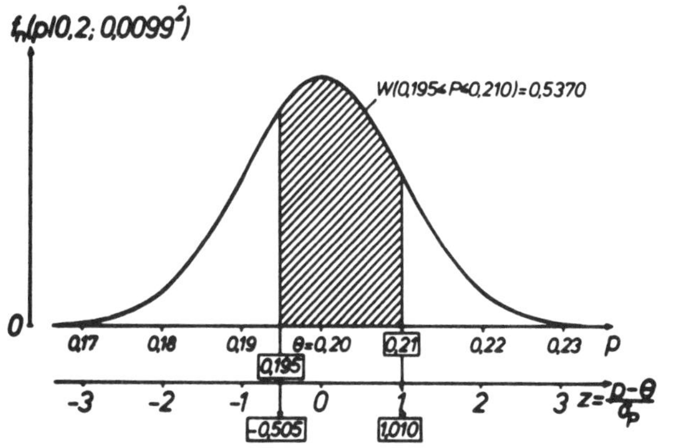

Abb. 12.2: Stichprobenverteilung des Anteilswertes P

(2) Ziehen mit Zurücklegen

Im Fall der *Stichprobenentnahme mit Zurücklegen* sind die Bedingungen eines Bernoulli-Experiments erfüllt. Die Wahrscheinlichkeitsverteilung der Zufallsvariablen X: „Anzahl der schwarzen Kugeln in der Stichprobe" kann also mit Hilfe der **Binomialverteilung** bestimmt werden. Nach den Ausführungen in Abschnitt 9.3 besitzt die Zufallsvariable X somit die Wahrscheinlichkeitsfunktion

$$f(x) = f_B(x/n;\theta) = \binom{n}{x}\theta^x(1-\theta)^{n-x}.$$

Für den Anteilswert P ergibt sich daraus die Wahrscheinlichkeitsfunktion

$$f(p) = f_B(np/n;\theta) = \binom{n}{np}\theta^{np}(1-\theta)^{n-np}.$$

Aus dem *Erwartungswert* der *Binomialverteilung*

$$E(X) = n\theta$$

und der *Varianz*

$$Var(X) = n\theta(1-\theta)$$

lassen sich – wie schon im Fall ohne Zurücklegen beschrieben – *Erwartungswert* und *Varianz* des **Stichprobenanteilswertes** P bestimmen; es gilt also:

$$E(P) = \frac{1}{n}E(x) = \theta \qquad \text{und}$$

$$Var(P) = \frac{1}{n^2}Var(X) = \frac{\theta(1-\theta)}{n} .$$

Der **Standardfehler des Anteilswertes** beim *Ziehen mit Zurücklegen* beträgt demnach

$$\sigma_P = \sqrt{\frac{\theta(1-\theta)}{n}} .$$

Auch hier kann man, wenn die Approximationsbedingungen erfüllt sind, die Stichprobenverteilung durch eine **Normalverteilung approximieren;** diese besitzt die gleichen Parameter wie die zu approximierende Binomialverteilung, also

$$\mu = E(P) = \theta \qquad \text{und}$$

$$\sigma^2 = Var(P) = \sigma_P^2 = \frac{\theta(1-\theta)}{n} .$$

Die Wahrscheinlichkeit dafür, daß die Stichprobe einen Anteilswert zwischen p_1 und p_2 liefert, ergibt sich bei *Berücksichtigung der Stetigkeitskorrektur* zu

$$W(p_1 \leq P \leq p_2) \approx \int_{p_u = p_1 - \frac{1}{2n}}^{p_o = p_2 + \frac{1}{2n}} f_n\left(p/\theta;\frac{\theta(1-\theta)}{n}\right) dp$$

und unter *Vernachlässigung der Stetigkeitskorrektur* zu

$$W(p_1 \leq P \leq p_2) \approx \int_{p_1}^{p_2} f_n\left(p/\theta;\frac{\theta(1-\theta)}{n}\right) dp .$$

Beispiel: In einem Betrieb beträgt der Anteil der weiblichen Arbeitnehmer 60%. Aus der Personalkartei wird eine Stichprobe im Umfang n = 400 mit Zurücklegen entnommen. Wie groß ist die Wahrscheinlichkeit dafür, daß der Anteil der weiblichen Arbeitnehmer in dieser Stichprobe größer als 65% ist?

Für die die Binomialverteilung approximierende Normalverteilung erhält man

$$\mu = \theta = 0{,}6 \qquad \text{und}$$

$$\sigma_P = \sqrt{\frac{\theta(1-\theta)}{n}}$$

$$= \sqrt{\frac{0{,}6 \cdot 0{,}4}{400}} = 0{,}0245 .$$

Unter *Vernachlässigung der Stetigkeitskorrektur* findet man

$$
\begin{aligned}
W(P > 0{,}65) &\approx \int_{0{,}65}^{\infty} f_n(p/0{,}6;0{,}0245^2)\,dp \\
&= 1 - F_n(0{,}65/0{,}6;0{,}0245^2) .
\end{aligned}
$$

Es ergibt sich

$$z = \frac{0{,}65 - 0{,}6}{0{,}0245} = 2{,}041$$

und damit

$$
\begin{aligned}
W(P > 0{,}65) &\approx W(Z > 2{,}041) \\
&= 1 - F_N(2{,}041) \\
&= 1 - 0{,}9794 \\
&= 0{,}0206 .
\end{aligned}
$$

Aus der in Abschnitt 11.4 wiedergegebenen Abbildung 11.3, in der die *Beziehungen zwischen einigen wichtigen eindimensionalen Verteilungen* zusammengestellt sind, ist ersichtlich, daß für die **Approximation** der **Hypergeometrischen Verteilung** (beim Urnenmodell ohne Zurücklegen) und der **Binomialverteilung** (beim Urnenmodell mit Zurücklegen) neben der Normalverteilung auch die **Poissonverteilung** in Frage kommen kann (vgl. hierzu Abschnitt 9.5).

12.5. Ausgewählte Literatur

Cochran, William G., Sampling Techniques (3rd ed.). New York 2011.

Harnett, Donald L., James L. Murphy, Introductory Statistical Analysis (3rd ed.). Reading (Mass.), Menlo Park (Cal.), London usw. 1982.

Krug, Walter, Martin Nourney, Jürgen Schmidt, Wirtschafts- und Sozialstatistik. Gewinnung von Daten (6., völl. neu bearb. u. erw. Aufl.). München, Wien 2001.

Leiner, Bernd, Stichprobentheorie – Grundlagen, Theorie und Technik (3., durchges. Aufl.). München, Wien 1994.

Aufgaben zu Kapitel 12

12.1 (a) Leiten Sie aus den in Abschnitt 7.4 angegebenen Formeln

$$E(X) = \sum_i x_i f(x_i) \qquad \text{und}$$

$$Var(X) = \sum_i x_i^2 f(x_i) - [E(X)]^2$$

die entsprechenden Formeln für E(P) und Var(P) ab.

(b) Berechnen Sie für die Werte der Tabelle 12.1 nach diesen Formeln den Erwartungswert und die Varianz.

12.2 Von 100 Fernsehgeräten einer Lieferung sind 50 Stück fehlerhaft. Es werden zufällig 4 Geräte „ohne Zurücklegen" ausgewählt. Wie groß ist die Wahrscheinlichkeit dafür, daß der Anteil der fehlerhaften Geräte in der Stichprobe genau 25% beträgt?

12.3 Von 2000 Einzelhändlern einer Stadt beurteilen 800 die Geschäftsaussichten des bevorstehenden Sommerschlußverkaufs optimistisch. Berechnen Sie die Wahrscheinlichkeit dafür, daß in einer Stichprobe von 400 Einzelhändlern der Anteil derjenigen, die optimistisch sind, höchstens 34% beträgt.

12.4 In einer Großstadt beträgt der Anteil der Anhänger eines Sportvereins 24%. Wie groß ist die Wahrscheinlichkeit dafür, daß der Anteil der Anhänger in einer Stichprobe im Umfang von 500 Personen größer als 26% ist?

12.5 Ein Batteriehersteller hat mit seinem Abnehmer folgende Vereinbarung getroffen: Aus jeder Lieferung, die jeweils 100000 Stück umfaßt, werden 250 Stück zufällig „ohne Zurücklegen" ausgewählt und überprüft. Enthält die Stichprobe mehr als 12 Batterien, die die vereinbarte Qualitätsnorm nicht erfüllen, dann wird die gesamte Lieferung abgelehnt. Berechnen Sie die Wahrscheinlichkeit dafür, daß eine bestimmte Lieferung abgelehnt wird, wenn sie einen Anteil von 10% fehlerhafter Batterien enthält.

Kapitel 13: Stichproben und Stichprobenverteilungen II

13.1. Stichprobenverteilung des arithmetischen Mittels

Zur Bestimmung der **Verteilung des arithmetischen Mittels $\bar{X}$ der Stichprobe** gehen wir von dem *Urnenmodell für ein metrisch skaliertes Merkmal* aus (vgl. Abschnitt 12.3., Punkt [2]): Aus einer Urne mit N Kugeln, auf denen die Merkmalswerte a_i $(i = 1, \ldots, N)$ aufgedruckt sind, wird eine Stichprobe im Umfang n entnommen.

Da es vom *Zufall* abhängt, welchen Merkmalswert die erste gezogene Kugel, die zweite gezogene Kugel usw. besitzen, kann diese Stichprobe – wie jede Zufallsstichprobe – als *Zufallsexperiment* aufgefaßt werden. Bezeichnen wir mit X_1 das Ergebnis des ersten Zuges, dann ist X_1 eine *Zufallsvariable*, die bei einer bestimmten Ausführung des Zufallsexperiments die *konkrete Realisation* x_1 annimmt. In gleicher Weise sind auch die Ergebnisse der weiteren Züge Zufallsvariable, die wir mit $X_2, \ldots, X_n$ bezeichnen. In Tabelle 13.1 sind die Zusammenhänge schematisch dargestellt.

Die Ziehung Nr. ...	1	2	...	i	...	n
ergibt den Merkmalswert als konkrete Realisation	x_1	x_2	...	x_i	...	x_n
der Zufallsvariablen	X_1	X_2	...	X_i	...	X_n

Tab. 13.1: Eine Stichprobe im Umfang n *dargestellt als Zufallsexperiment*

Das *arithmetische Mittel der Stichprobe*

$$\bar{X} = \frac{1}{n} \sum_{i=1}^{n} X_i$$

ist als Funktion von n Zufallsvariablen ebenfalls eine Zufallsvariable.

Eine *realisierte* Stichprobe besitzt als Folge der Werte x_1, $x_2, \ldots, x_n$ das arithmetische Mittel

$$\bar{x} = \frac{1}{n} \sum_{i=1}^{n} x_i .$$

Hier soll zunächst die Verteilung des arithmetischen Mittels für das Modell des *Ziehens mit Zurücklegen*, anschließend für das Modell der Entnahme *ohne Zurücklegen* hergeleitet werden.

(1) Da beim **Modell des Ziehens mit Zurücklegen** die einzelnen Ziehungen voneinander unabhängig sind, sind auch die n Zufallsvariablen X_i voneinander unabhängig. Besitzt die Grundgesamtheit das arithmetische Mittel μ und die Varianz σ^2, dann erhält man für **Erwartungswert** und **Varianz** der Verteilung des *arithmetischen Mittels der Stichprobe* unter Verwendung der in Abschnitt 8.5 für Linearkombinationen von Zufallsvariablen angegebenen Rechenregeln (erweitert von zwei auf n unabhängige Zufallsvariable!) folgendes:

$$\begin{aligned} E(\bar{X}) &= E\left[\frac{1}{n}(X_1 + X_2 + \ldots + X_n)\right] \\ &= \frac{1}{n}\left[E(X_1 + X_2 + \ldots + X_n)\right] \\ &= \frac{1}{n}\left[E(X_1) + E(X_2) + \ldots + E(X_n)\right]. \end{aligned}$$

Aus $E(X_1) = E(X_2) = \ldots = E(X_n) = \mu$ ergibt sich

$$E(\bar{X}) = \frac{1}{n} n\mu = \mu .$$

Entsprechend gilt

$$\begin{aligned} Var(\bar{X}) &= Var\left[\frac{1}{n}(X_1 + X_2 + \ldots + X_n)\right] \\ &= \frac{1}{n^2}\left[Var(X_1 + X_2 + \ldots + X_n)\right] \\ &= \frac{1}{n^2}\left[Var(X_1) + Var(X_2) + \ldots + Var(X_n)\right]. \end{aligned}$$

Da $Var(X_1) = Var(X_2) = \ldots = Var(X_n) = \sigma^2$ ist, ergibt sich

$$Var(\bar{X}) = \frac{1}{n^2} n\sigma^2 = \frac{\sigma^2}{n} ;$$

damit beträgt die *Standardabweichung des arithmetischen Mittels*, die auch als **Standardfehler des arithmetischen Mittels** bezeichnet wird,

$$\sigma_{\bar{X}} = \sqrt{Var(\bar{X})} = \frac{\sigma}{\sqrt{n}} .$$

Von der Wahrscheinlichkeitsverteilung des arithmetischen Mittels kennen wir jetzt *Erwartungswert und Varianz*. Über ihre **Verteilungsform** selbst ist noch nichts bekannt. Da jedoch jede der n Zufallsvariablen X_i die gleiche Verteilung besitzt, nämlich die der Grundgesamtheit, ist zu vermuten, daß die Verteilung des arithmetischen Mittels in irgendeiner Form von ihr abhängen wird.

Nehmen wir zuerst an, daß die *Grundgesamtheit normalverteilt* ist mit dem arithmetischen Mittel μ und der Varianz σ^2, dann ist die *Summe* $U = X_1 + X_2 + \ldots + X_n$ der n unabhängigen Zufallsvariablen $X_1, X_2, \ldots, X_n$ aufgrund der Reproduktionseigenschaft der Normalverteilung (vgl. Abschnitt 11.6) *ebenfalls normalverteilt.* Damit ist aber auch das *arithmetische Mittel* der Stichprobe $\bar{X}$ normalverteilt; es unterscheidet sich von U nur um den Faktor 1/n:

$$\bar{X} = \frac{1}{n}(X_1 + X_2 + \ldots + X_n) = \frac{1}{n}U .$$

Betrachten wir jetzt eine *beliebig verteilte Grundgesamtheit* mit dem arithmetischen Mittel μ und der Varianz σ^2, dann läßt sich hier anhand des **Zentralen Grenzwertsatzes,** eines fundamentalen Satzes der Statistik, folgende Aussage machen:

Die Verteilung des arithmetischen Mittel $\bar{X}$ *von* n *unabhängigen, identisch verteilten Zufallsvariablen* X_i (i = 1, ..., n) *strebt mit wachsendem Stichprobenumfang* n *gegen eine* **Normalverteilung** *mit dem Erwartungswert* $E(\bar{X}) = \mu$ *und der Varianz* $Var(\bar{X}) = \sigma^2/n$. – Gleichbedeutend damit ist die Aussage, daß *das arithmetische Mittel* $\bar{X}$ *„asymptotisch normalverteilt"* ist. Die *standardisierte Zufallsvariable*

$$Z = \frac{\bar{X} - \mu}{\frac{\sigma}{\sqrt{n}}}$$

ist dann *asymptotisch standardnormalverteilt.*

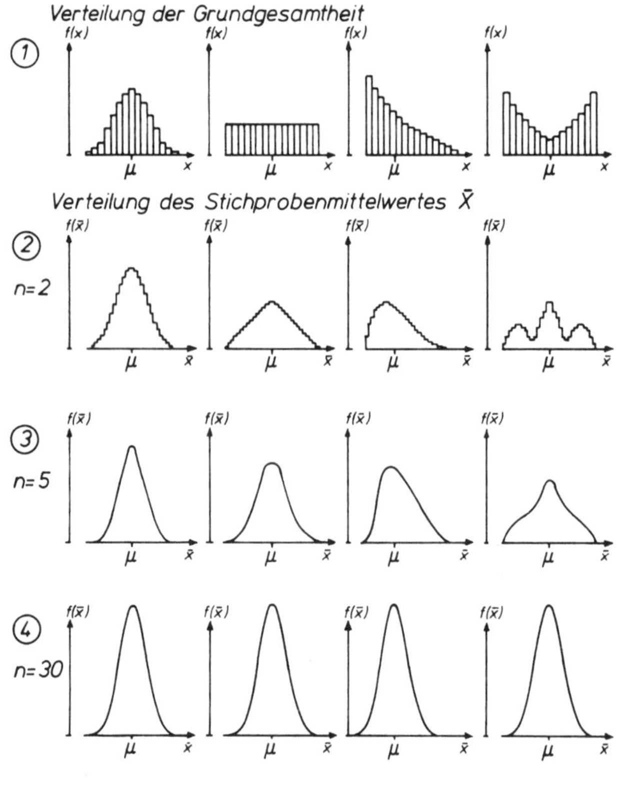

Abb. 13.1: Stichprobenverteilung von $\bar{X}$ *für verschiedene Grundgesamtheiten*

Auf den *Beweis* des Zentralen Grenzwertsatzes soll hier verzichtet werden; seine Gültigkeit wird jedoch anhand von vier verschieden verteilten Grundgesamtheiten in Abbildung 13.1 verdeutlicht. Dabei sind in der Zeile ① die verschiedenen Grundgesamtheiten dargestellt, die Zeilen ② bis ④ zeigen die resultierenden Verteilungen der Stichprobenmittelwerte bei Stichprobenumfängen von n = 2, n = 5 und n = 30.

Als *Faustregel* kann angegeben werden, daß für n > 30 das arithmetische Mittel der Stichprobe in guter Näherung normalverteilt ist.

(2) Beim **Modell des Ziehens ohne Zurücklegen** sind die n Zufallsvariablen X_i (i = 1, ..., n) nicht mehr unabhängig voneinander. Wie sich aber zeigen läßt, beträgt der **Erwartungswert** des arithmetischen Mittels der Stichprobe auch hier

$$E(\bar{X}) = \mu .$$

Für die **Varianz** des arithmetischen Mittels erhält man

$$Var(\bar{X}) = \frac{\sigma^2}{n}\frac{N-n}{N-1}$$

und damit für die *Standardabweichung* bzw. den *Standardfehler des arithmetischen Mittels*

$$\sigma_{\bar{X}} = \sqrt{Var(\bar{X})} = \frac{\sigma}{\sqrt{n}}\sqrt{\frac{N-n}{N-1}} .$$

$\sqrt{\frac{N-n}{N-1}}$ ist wieder der schon aus Abschnitt 12.4 bekannte *Korrekturfaktor für endliche Gesamtheiten.* Für n/N < 0,05 kann er vernachlässigt werden, so daß die Formel des Standardfehlers des arithmetischen Mittels beim Ziehen ohne Zurücklegen dann mit derjenigen beim Ziehen mit Zurücklegen übereinstimmt.

Obwohl beim Ziehen ohne Zurücklegen die Bedingung der Unabhängigkeit der einzelnen Zufallsvariablen nicht erfüllt ist, wird *auch hier* mit wachsendem Stichprobenumfang n der *Zentrale Grenzwertsatz* wirksam, sofern nur der Umfang der Grundgesamtheit N gegenüber n genügend groß ist. Ist diese Bedingung erfüllt, dann ist die *standardisierte Zufallsvariable*

$$Z = \frac{\bar{X} - \mu}{\frac{\sigma}{\sqrt{n}}\sqrt{\frac{N-n}{N-1}}}$$

asymptotisch standardnormalverteilt. Als *Faustregel* wird man die Normalverteilung des arithmetischen Mittels der Stichprobe für n > 30 und N ≥ 2 n annehmen können.

Beispiel: Eine bestimmte Reifensorte habe eine durchschnittliche Laufleistung von μ = 48000 km bei einer Standardabweichung von σ = 3600 km. Aus der laufenden Produktion wird eine Stichprobe im Umfang n = 64 entnommen. Mit welcher Wahrscheinlichkeit wird diese Stichprobe eine durchschnittliche Laufleistung von weniger als 47100 km aufweisen?

Das arithmetische Mittel $\bar{X}$ der Stichprobe ist annähernd normalverteilt mit

$$E(\bar{X}) = \mu = 48000 \text{ km} \quad \text{und}$$

$$\sigma_{\bar{X}} = \frac{\sigma}{\sqrt{n}} = \frac{3600}{\sqrt{64}} = 450 \text{ km} .$$

Es ist (vgl. Abbildung 13.2)

$$W(\bar{X} < 47100) = F_n(47100/48000; 450^2) .$$

Mit

$$z = \frac{\bar{x} - \mu}{\sigma_{\bar{X}}} = \frac{47100 - 48000}{450} = -2$$

erhält man

$$W(\bar{X} < 47100) = F_N(-2)$$
$$= 0{,}0228 .$$

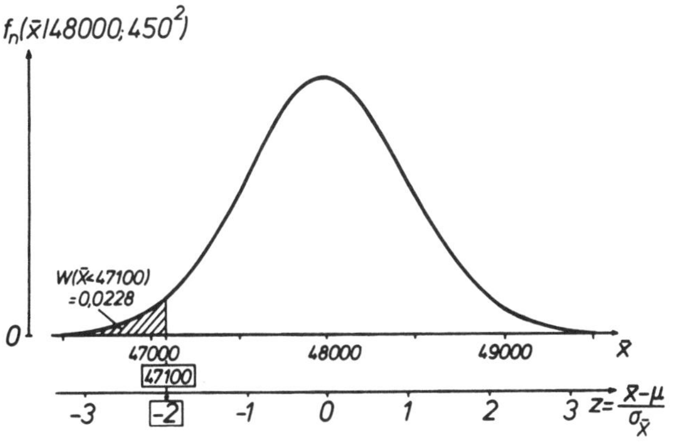

Abb. 13.2: Stichprobenverteilung des arithmetischen Mittels $\bar{X}$

Exkurs: Die Normalverteilung als Grenzverteilung des Anteilswertes P (vgl. Abschnitt 12.4) kann auch als Verteilung des arithmetischen Mittels wie folgt hergeleitet werden: Bei der Untersuchung eines dichotomen Merkmals läßt sich allen Elementen, die die zu untersuchende Eigenschaft A aufweisen, die Ziffer 1 zuordnen und allen Elementen, die die Eigenschaft A nicht aufweisen, die Ziffer 0. Numeriert man die Grundgesamtheit so durch, daß die ersten M Elemente die Eigenschaft A haben und die restlichen die Eigenschaft $\bar{A}$, dann gilt $a_i = 1$ $(i = 1, \ldots, M)$ und $a_i = 0$ $(i = M + 1, \ldots, N)$; die Grundgesamtheit besitzt also eine sogenannte **0–1-Verteilung.** Für das *arithmetische Mittel der Grundgesamtheit* erhält man einfach

$$\mu = \frac{1}{N} \sum_{i=1}^{N} a_i = \frac{M}{N} = \theta$$

und für die *Varianz*

$$\sigma^2 = \frac{1}{N} \sum_{i=1}^{N} a_i^2 - \mu^2 = \frac{M}{N} - \theta^2$$
$$= \theta - \theta^2 = \theta(1 - \theta) .$$

Wird nun aus dieser Grundgesamtheit eine *Stichprobe* im Umfang n entnommen, dann nimmt X_i, das Ergebnis der i-ten Ziehung, den Wert 1 an, wenn das gezogene Element die Eigenschaft A besitzt und den Wert 0, wenn das gezogene Element die Eigenschaft A nicht besitzt. Der Anteil der Elemente mit der Eigenschaft A in der Stichprobe ergibt sich zu

$$P = \frac{1}{n} \sum_{i=1}^{n} X_i ;$$

P läßt sich also als arithmetisches Mittel $\bar{X}$ einer Stichprobe im Umfang n aus einer 0–1-verteilten Grundgesamtheit interpretieren.

Beim *Ziehen mit Zurücklegen* sind die Ergebnisse der einzelnen Entnahmen unabhängig voneinander, so daß also auch die Zufallsvariablen X_i voneinander unabhängig sind. Alle X_i gehorchen hier der gleichen Verteilung, nämlich der 0–1-Verteilung der Grundgesamtheit. Für die Parameter der Stichprobenverteilung des Anteilswertes erhält man

$$E(P) = \mu = \theta \quad \text{und}$$

$$\text{Var}(P) = \frac{\sigma^2}{n} = \frac{\theta(1 - \theta)}{n} .$$

Beim *Ziehen ohne Zurücklegen* erhält man entsprechend

$$E(P) = \mu = \theta \quad \text{und}$$

$$\text{Var}(P) = \frac{\sigma^2}{n} \frac{N - n}{N - 1} = \frac{\theta(1 - \theta)}{n} \frac{N - n}{N - 1} .$$

Mit wachsendem Stichprobenumfang wird auch hier wieder der Zentrale Grenzwertsatz wirksam, so daß die *standardisierte Zufallsvariable*

$$Z = \frac{P - \theta}{\sigma_P}$$

asymptotisch standardnormalverteilt ist mit

$$\sigma_P = \sqrt{\frac{\theta(1 - \theta)}{n}} \quad \text{beim Ziehen mit Zurücklegen}$$

und

$$\sigma_P = \sqrt{\frac{\theta(1 - \theta)}{n} \frac{N - n}{N - 1}} \quad \text{beim Ziehen ohne Zurücklegen.}$$

13.2. Stichprobenverteilung der Varianz

Die **Verteilung der Varianz** S^2 **der Stichprobe** soll hier im Fall *mit Zurücklegen* behandelt werden, bei dem die Ergebnisse der einzelnen Ziehungen unabhängig voneinander sind. Weiterhin sei angenommen, daß die *Grundgesamtheit annähernd normalverteilt* ist mit dem arithmetischen Mittel μ und der Varianz σ^2. – Wird mit X_i wieder das Ergebnis des i-ten Zuges bezeichnet, dann sind unter den genannten Voraussetzungen die n Zufallsvariablen X_i $(i = 1, \ldots, n)$ alle unabhängig normalverteilt mit $E(X_i) = \mu$ $(i = 1, \ldots, n)$ und $\text{Var}(X_i) = \sigma^2$ $(i = 1, \ldots, n)$. Die Stichprobenvarianz S^2 ist als Funktion von n Zufallsvariablen X_i ebenfalls eine Zufallsvariable:

$$S^2 = \frac{1}{n - 1} \sum_{i=1}^{n} (X_i - \bar{X})^2 .$$

Für eine konkrete Stichprobe mit den Werten $x_1, x_2, \ldots, x_n$ ist die Stichprobenvarianz als

$$s^2 = \frac{1}{n - 1} \sum_{i=1}^{n} (x_i - \bar{x})^2$$

definiert (vgl. auch Abschnitt 12.3, Punkt [2]).

Zur *Ableitung der Stichprobenverteilung der Varianz* gehen wir nun von den n standardisierten unabhängigen Zufallsvariablen

$$Z_i = \frac{X_i - \mu}{\sigma} \qquad (i = 1, \ldots, n)$$

aus. Nach Abschnitt 10.4 gehorcht die Summe U von n quadrierten Z_i, also

$$U = Z_1^2 + Z_2^2 + \ldots + Z_n^2$$
$$= \sum_{i=1}^{n} Z_i^2 = \sum_{i=1}^{n} \frac{(X_i - \mu)^2}{\sigma^2},$$

einer Chi-Quadrat-Verteilung mit $\nu = n$ Freiheitsgraden.

Es läßt sich weiterhin zeigen, daß auch die Summe U^*, die aus U hervorgeht, indem man μ durch $\bar{X}$ ersetzt, also

$$U^* = \sum_{i=1}^{n} \frac{(X_i - \bar{X})^2}{\sigma^2},$$

ebenfalls einer Chi-Quadrat-Verteilung gehorcht, allerdings mit $\nu = n-1$ Freiheitsgraden. Aus der oben gegebenen Definition der Stichprobenvarianz folgt

$$\sum_{i=1}^{n} (X_i - \bar{X})^2 = (n-1)S^2$$

und damit

$$U^* = \frac{(n-1)S^2}{\sigma^2};$$

die *Zufallsvariable* $\frac{(n-1)S^2}{\sigma^2}$ *gehorcht also einer* **Chi-Quadrat-Verteilung** *mit* $\nu = n-1$ *Freiheitsgraden.*

13.3. Stichprobenverteilung der Differenz zweier arithmetischer Mittel

Man geht hier von folgendem Modell aus: Aus zwei Grundgesamtheiten Nr. 1 und Nr. 2 werden Stichproben des Umfanges n_1 und n_2 gezogen und die Stichprobenmittelwerte $\bar{x}_1$ und $\bar{x}_2$ sowie ihre Differenz $d = \bar{x}_1 - \bar{x}_2$ berechnet. Diese Differenz kann als Realisation einer Zufallsvariablen $D = \bar{X}_1 - \bar{X}_2$ aufgefaßt werden. Die **Stichprobenverteilung der Differenz der arithmetischen Mittel** läßt sich wie folgt herleiten:

In Abschnitt 11.6. war die *Reproduktionseigenschaft der Normalverteilung* erläutert worden, aus der folgt, daß die Summe U zweier unabhängig normalverteilter Zufallsvariabler X und Y ebenfalls normalverteilt ist mit dem Erwartungswert

$$E(U) = E(X) + E(Y)$$

und der Varianz

$$\mathrm{Var}(U) = \mathrm{Var}(X) + \mathrm{Var}(Y).$$

Es läßt sich nun allgemein zeigen, daß auch eine *Linearkombination* W zweier unabhängig *normalverteilter* Zufallsvariabler, also

$$W = aX + bY \qquad \text{(a und b sind reelle Konstante)}$$

einer *Normalverteilung* mit dem Erwartungswert

$$E(W) = aE(X) + bE(Y)$$

und der Varianz

$$\mathrm{Var}(W) = a^2\mathrm{Var}(X) + b^2\mathrm{Var}(Y)$$

gehorcht.

Betrachten wir die Differenz $D = \bar{X}_1 - \bar{X}_2$ zweier Stichprobenmittelwerte $\bar{X}_1$ und $\bar{X}_2$, die aus zwei voneinander unabhängigen Stichproben stammen, dann ist D eine *Linearkombination von* $\bar{X}_1$ *und* $\bar{X}_2$ *mit* $a = 1$ *und* $b = -1$.

Wir wollen annehmen, daß die beiden *Grundgesamtheiten annähernd normalverteilt* sind mit den arithmetischen Mitteln μ_1 und μ_2 und den Varianzen σ_1^2 und σ_2^2, oder wenn das nicht der Fall ist, daß die Stichprobenumfänge n_1 und n_2 so groß sind, daß der Zentrale Grenzwertsatz wirksam wird. Weiterhin soll unterstellt sein, daß die Umfänge der beiden Grundgesamtheiten N_1 und N_2 so groß sind, daß der Korrekturfaktor für endliche Gesamtheiten vernachlässigt werden kann. Das arithmetische Mittel $\bar{X}_1$ der Stichprobe aus der *ersten Grundgesamtheit* ist dann normalverteilt mit dem Erwartungswert

$$E(\bar{X}_1) = \mu_1$$

und der Varianz

$$\mathrm{Var}(\bar{X}_1) = \frac{\sigma_1^2}{n_1}.$$

Das arithmetische Mittel $\bar{X}_2$ der Stichprobe aus der *zweiten Grundgesamtheit* ist ebenfalls normalverteilt mit dem Erwartungswert

$$E(\bar{X}_2) = \mu_2$$

und der Varianz

$$\mathrm{Var}(\bar{X}_2) = \frac{\sigma_2^2}{n_2}.$$

Die Differenz der beiden Stichprobenmittelwerte $D = \bar{X}_1 - \bar{X}_2$ gehorcht dann, wenn die Stichproben voneinander unabhängig sind, ebenfalls einer **Normalverteilung** mit dem **Erwartungswert**

$$E(D) = E(\bar{X}_1 - \bar{X}_2) = E(\bar{X}_1) - E(\bar{X}_2) = \mu_1 - \mu_2$$

und der **Varianz**

$$\mathrm{Var}(D) = \mathrm{Var}(\bar{X}_1 - \bar{X}_2) = \mathrm{Var}(\bar{X}_1) + \mathrm{Var}(\bar{X}_2)$$
$$= \frac{\sigma_1^2}{n_1} + \frac{\sigma_2^2}{n_2}.$$

Die *Standardabweichung (der Standardfehler) der Differenz* der Stichprobenmittelwerte beträgt

$$\sigma_D = \sqrt{\frac{\sigma_1^2}{n_1} + \frac{\sigma_2^2}{n_2}}.$$

Die *standardisierte Zufallsvariable*

$$Z = \frac{D - E(D)}{\sigma_D} = \frac{(\bar{X}_1 - \bar{X}_2) - (\mu_1 - \mu_2)}{\sqrt{\frac{\sigma_1^2}{n_1} + \frac{\sigma_2^2}{n_2}}}$$

ist demnach *standardnormalverteilt.*

Beispiel: Die durchschnittliche Lebensdauer eines Automodells A betrage $\mu_1 = 9{,}5$ Jahre bei einer Standardabweichung von $\sigma_1 = 0{,}9$ Jahren. Die durchschnittliche Lebensdauer eines zweiten Automodells B betrage $\mu_2 = 9$ Jahre bei einer Standardabweichung von $\sigma_2 = 0{,}8$ Jahren. In einem Fuhrunternehmen sind 36 Wagen des Modells A und 49 Wagen des Modells B eingesetzt. Wie groß ist die Wahrscheinlichkeit dafür, daß das arithmetische Mittel der Lebensdauer der 36 Wagen des Modells A um mehr als ein Jahr größer ist als das arithmetische Mittel der 49 Wagen des Modells B?

Die Differenz der arithmetischen Mittel $D = \bar{X}_1 - \bar{X}_2$ ist normalverteilt mit

$$E(D) = \mu_1 - \mu_2 = 9{,}5 - 9{,}0 = 0{,}5 \text{ Jahren und}$$

$$\sigma_D = \sqrt{\frac{\sigma_1^2}{n_1} + \frac{\sigma_2^2}{n_2}}$$

$$= \sqrt{\frac{0{,}9^2}{36} + \frac{0{,}8^2}{49}} = 0{,}1886 \text{ Jahren.}$$

Es ist (vgl. Abbildung 13.3)

$$W(D > 1) = 1 - F_n(1/0{,}5; 0{,}1886^2);$$

mit

$$z = \frac{d - E(D)}{\sigma_D} = \frac{1 - 0{,}5}{0{,}1886} = 2{,}651$$

findet man (vgl. Abbildung 13.3)

$$W(D > 1) = 1 - F_N(2{,}651)$$

$$= 1 - 0{,}9960 = 0{,}0040\,.$$

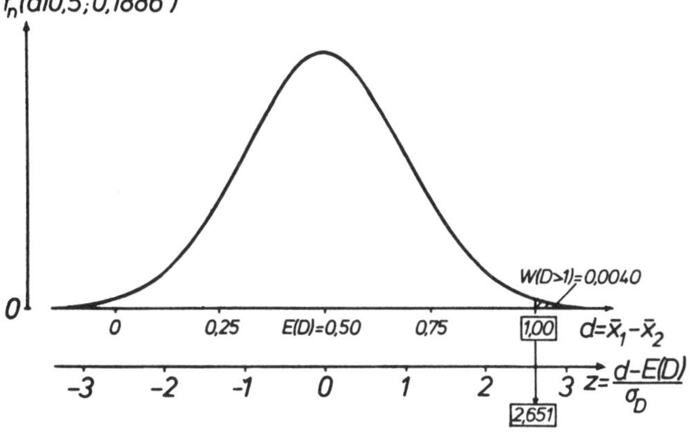

Abb. 13.3: Stichprobenverteilung der Differenz zweier arithmetischer Mittel $D = \bar{X}_1 - \bar{X}_2$

13.4. Stichprobenverteilung der Differenz zweier Anteilswerte

Bei der Untersuchung der **Stichprobenverteilung der Differenz zweier Anteilswerte** soll in ähnlicher Weise wie in Abschnitt 13.3. vorgegangen werden. Anstelle von $\bar{X}_1 - \bar{X}_2$ wird hier die Differenz $P_1 - P_2$ betrachtet. Auch hier wird unterstellt, daß die beiden Stichproben voneinander *unabhängig* sind und die *Stichprobenumfänge* n_1 *und* n_2 *so groß* sind, daß die einzelnen Stichprobenanteilswerte als *normalverteilt* angesehen werden können, und daß weiterhin die Umfänge der beiden *Grundgesamtheiten* N_1 und N_2 *so groß* sind, daß der *Korrekturfaktor für endliche Gesamtheiten weggelassen* werden kann.

Nach Abschnitt 12.4. besitzt der Anteilswert P_1 der Stichprobe vom Umfang n_1 aus der ersten Grundgesamtheit den Erwartungswert

$$E(P_1) = \theta_1$$

und die Varianz

$$Var(P_1) = \frac{\theta_1(1 - \theta_1)}{n_1}\,.$$

Der Anteilswert P_2 der Stichprobe vom Umfang n_2 aus der zweiten Grundgesamtheit hat den Erwartungswert

$$E(P_2) = \theta_2$$

und die Varianz

$$Var(P_2) = \frac{\theta_2(1 - \theta_2)}{n_2}\,.$$

Die Differenz $D = P_1 - P_2$ der beiden Anteilswerte ist nach den oben gemachten Voraussetzungen ebenfalls **normalverteilt.** Man erhält die Parameter dieser Normalverteilung, indem man in den entsprechenden Formeln für die Differenz der arithmetischen Mittel μ_1 durch θ_1, μ_2 durch θ_2, σ_1^2 durch $\theta_1(1 - \theta_1)$ und σ_2^2 durch $\theta_2(1 - \theta_2)$ ersetzt.

Man findet damit den **Erwartungswert** der Differenz zweier Anteilswerte zu

$$E(D) = E(P_1 - P_2) = E(P_1) - E(P_2) = \theta_1 - \theta_2\,.$$

Die **Varianz** ergibt sich zu

$$Var(D) = Var(P_1 - P_2) = Var(P_1) + Var(P_2)$$

$$= \frac{\theta_1(1 - \theta_1)}{n_1} + \frac{\theta_2(1 - \theta_2)}{n_2}\,.$$

Daraus erhält man die *Standardabweichung (den Standardfehler) der Anteilswertdifferenz* zu

$$\sigma_D = \sqrt{Var(P_1 - P_2)}$$

$$= \sqrt{\frac{\theta_1(1 - \theta_1)}{n_1} + \frac{\theta_2(1 - \theta_2)}{n_2}}\,.$$

Beispiel: Der Anteil der Anhänger einer Partei betrage in einer Stadt A $\theta_1 = 0{,}54$ und in einer Stadt B $\theta_2 = 0{,}50$. Wie groß ist die Wahrscheinlichkeit dafür, daß die Anteilswertdifferenz $D = P_1 - P_2$ zweier Stichproben vom Umfang $n_1 = n_2 = 100$ zwischen 0 und 0,09 liegt?

Die Anteilswertdifferenz $D = P_1 — P_2$ ist normalverteilt (siehe Abbildung 13.4) mit dem Erwartungswert

$$E(D) = \theta_1 — \theta_2 = 0{,}54 — 0{,}50 = 0{,}04$$

und der Standardabweichung

$$\sigma_D = \sqrt{\frac{\theta_1(1—\theta_1)}{n_1} + \frac{\theta_2(1—\theta_2)}{n_2}}$$

$$= \sqrt{\frac{0{,}54 \cdot 0{,}46}{100} + \frac{0{,}50 \cdot 0{,}50}{100}}$$

$$= 0{,}0706\,.$$

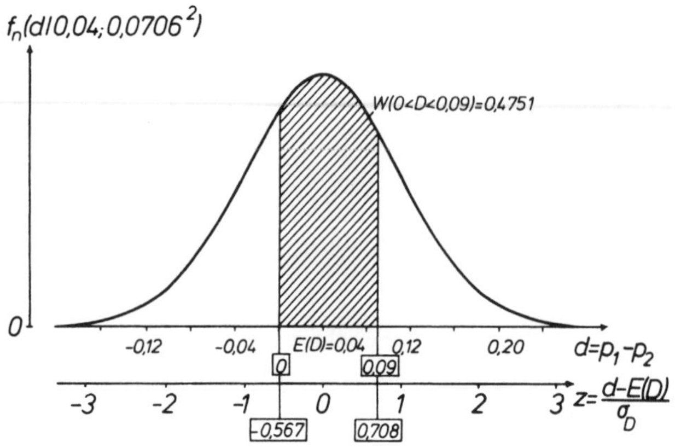

Abb. 13.4: Stichprobenverteilung der Differenz zweier Anteilswerte $D = P_1 — P_2$

Die gesuchte Wahrscheinlichkeit beträgt

$$W(0 < D < 0{,}09) =$$

$$= F_n(0{,}09/0{,}04;0{,}0706^2) — F_n(0/0{,}04;0706^2)\,.$$

Man findet die standardisierten Werte

$$z_u = \frac{d_u — E(D)}{\sigma_D} = \frac{0 — 0{,}04}{0{,}0706} = —0{,}567 \quad \text{und}$$

$$z_o = \frac{d_o — E(D)}{\sigma_D} = \frac{0{,}09 — 0{,}04}{0{,}0706} = 0{,}708\,.$$

Damit erhält man

$$W(0 < D < 0{,}09) = F_N(0{,}708) — F_N(—0{,}567)$$

$$= 0{,}7605 — 0{,}2854$$

$$= 0{,}4751\,.$$

13.5. Stichprobenverteilung des Quotienten zweier Varianzen

In Abschnitt 13.2. war für die Verteilung der Varianz einer Stichprobe vom Umfang n aus einer normalverteilten Grundgesamtheit mit der Varianz σ^2 festgestellt worden, daß die Zufallsvariable $U = \frac{(n—1)S^2}{\sigma^2}$ einer Chi-Quadrat-Verteilung mit $\nu = n — 1$ Freiheitsgraden gehorcht. Es sollen nun zwei *unabhängige Stichproben* des Umfangs n_1 bzw. n_2 aus zwei *normalverteilten Grundgesamtheiten* mit den Varianzen σ_1^2 bzw. σ_2^2 gezogen werden. Die beiden Zufallsvariablen

$$U_1 = \frac{(n_1—1)S_1^2}{\sigma_1^2} \quad \text{und} \quad U_2 = \frac{(n_2—1)S_2^2}{\sigma_2^2}$$

gehorchen dann jeweils einer **Chi-Quadrat-Verteilung** mit $\nu_1 = n_1 — 1$ bzw. $\nu_2 = n_2 — 1$ Freiheitsgraden.

Sind U_1 und U_2 allgemein zwei voneinander unabhängige Zufallsvariable, die Chi-Quadrat-Verteilungen mit ν_1 bzw. ν_2 Freiheitsgraden besitzen, dann gehorcht, wie *R. A. Fisher* gezeigt hat, der Quotient

$$F = \frac{\dfrac{U_1}{\nu_1}}{\dfrac{U_2}{\nu_2}}$$

einer sogenannten *F-Verteilung*, die tabelliert vorliegt.

Die Anzahl der Freiheitsgrade ν_1 und ν_2 sind die Parameter der F-Verteilung.

Sie besitzt für $\nu_2 > 2$ den **Erwartungswert**

$$E(F) = \frac{\nu_2}{\nu_2 — 2}$$

und für $\nu_2 > 4$ die **Varianz**

$$\text{Var}(F) = \frac{2\,\nu_2^2(\nu_1 + \nu_2 — 2)}{\nu_1(\nu_2 — 2)^2(\nu_2 — 4)}\,.$$

Für $\nu_2 \leq 2$ existiert kein Erwartungswert und für $\nu_2 \leq 4$ keine Varianz.

Setzt man für U_1 und U_2 die oben angeführten Ausdrücke ein, dann erhält man

$$F = \frac{\dfrac{U_1}{\nu_1}}{\dfrac{U_2}{\nu_2}} = \frac{\dfrac{(n_1—1)S_1^2}{\sigma_1^2(n_1—1)}}{\dfrac{(n_2—1)S_2^2}{\sigma_2^2(n_2—1)}} = \frac{S_1^2/\sigma_1^2}{S_2^2/\sigma_2^2}\,,$$

das einer **F-Verteilung** *mit* $\nu_1 = n_1 — 1$ *und* $\nu_2 = n_2 — 1$ *Freiheitsgraden* folgt.

13.6. Überblick über einige wichtige Stichprobenverteilungen

In Tabelle 13.2 wird ein zusammenfassender Überblick über einige wichtige Stichprobenverteilungen gegeben.

13.7. Ausgewählte Literatur

DeGroot, Morris H., Mark J. Schervish, Probability and Statistics (4th rev. ed.). Reading (Mass.), Menlo Park (Cal.), Don Mills (Ont.) usw. 2001.

Fisz, Marek, Wahrscheinlichkeitsrechnung und mathematische Statistik (11. Aufl.). Berlin 1988.

Fraser, D. A. S., Probability and Statistics: Theory and Applications. North Scituate (Mass.) 1976.

Krug, Walter, Martin Nourney, Jürgen Schmidt, Wirtschafts- und Sozialstatistik. Gewinnung von Daten (6., völl. neu bearb. u. erw. Aufl.). München, Wien 2001.

Zufallsvariable	Stichprobenverteilung (1) Ziehen ohne Zurücklegen	Parameter (2) Ziehen mit Zurücklegen	Behandelt in Abschnitt
P	(1) $f(p) = f_H(np/N; n; M)$ (Hypergeometrische Verteilung) (2) $f(p) = f_B(np/n; \theta)$ (Binomialverteilung)	$E(P) = \theta$ (1) $\mathrm{Var}(P) = \sigma_P^2 = \frac{\theta(1-\theta)}{n} \frac{N-n}{N-1}$ *) (2) $\mathrm{Var}(P) = \sigma_P^2 = \frac{\theta(1-\theta)}{n}$	12.4
	Normalverteilung **Bedingung:** $n\theta(1-\theta) \geq 9$		
$\bar{X}$	Normalverteilung **Bedingung:** Grundgesamtheit normalverteilt oder $n > 30$	$E(\bar{X}) = \mu$ (1) $\mathrm{Var}(\bar{X}) = \sigma_{\bar{X}}^2 = \frac{\sigma^2}{n} \frac{N-n}{N-1}$ *) (2) $\mathrm{Var}(\bar{X}) = \sigma_{\bar{X}}^2 = \frac{\sigma^2}{n}$	13.1
$T = \frac{\bar{X}-\mu}{S/\sqrt{n}}$	Studentverteilung **Bedingung:** Grundgesamtheit normalverteilt	$\nu = n-1$	14.2
	Standardnormalverteilung **Bedingung:** $n > 30$	•	
$U^* = \frac{(n-1)\,S^2}{\sigma^2}$	Chi-Quadrat-Verteilung **Bedingung:** Grundgesamtheit normalverteilt	$\nu = n-1$	13.2
$D = \bar{X}_1 - \bar{X}_2$	Normalverteilung **Bedingung:** Grundgesamtheiten normalverteilt oder $n_1 > 30$ und $n_2 > 30$	$E(D) = \mu_1 - \mu_2$ $\mathrm{Var}(D) = \sigma_D^2 = \frac{\sigma_1^2}{n_1} + \frac{\sigma_2^2}{n_2}$ Für: (2) und (1) mit $n_1/N_1 < 0{,}05$ und $n_2/N_2 < 0{,}05$	13.3
$D = P_1 - P_2$	Normalverteilung **Bedingung:** $n_1\theta_1(1-\theta_1) \geq 9$ und $n_2\theta_2(1-\theta_2) \geq 9$	$E(D) = \theta_1 - \theta_2$ $\mathrm{Var}(D) = \sigma_D^2 = \frac{\theta_1(1-\theta_1)}{n_1} + \frac{\theta_2(1-\theta_2)}{n_2}$ Für: (2) und (1) mit $n_1/N_1 < 0{,}05$ und $n_2/N_2 < 0{,}05$	13.4
$F = \frac{S_1^2/\sigma_1^2}{S_2^2/\sigma_2^2}$	F-Verteilung **Bedingung:** Grundgesamtheiten normalverteilt	$\nu_1 = n_1 - 1;\ \nu_2 = n_2 - 1$	13.5

*) Bei einem Auswahlsatz von $n/N < 0{,}05$ kann der Korrekturfaktor für endliche Gesamtheiten $\sqrt{\frac{N-n}{N-1}}$ vernachlässigt werden.

Tab. 13.2: Einige wichtige Stichprobenverteilungen

Mood, Alexander M., Franklin A. Graybill, Duane C. Boes, Introduction to the Theory of Statistics (3rd ed.). Tokyo, Düsseldorf, Johannesburg usw. 1974.

Aufgaben zu Kapitel 13

13.1 Aus einer Grundgesamtheit von $N = 5$ Personen mit den Lebensaltern A: 20, B: 22, C: 24, D: 26 und E: 28 Jahre werden Stichproben im Umfang $n = 2$ „mit Zurücklegen" gezogen.

(a) Berechnen Sie das arithmetische Mittel μ und die Varianz σ^2 der Lebensalter dieser Grundgesamtheit.

(b) Bestimmen Sie sämtliche mögliche Stichproben und die dazugehörenden Stichprobendurchschnittsalter $\bar{x}$.

(c) Bestimmen Sie die Wahrscheinlichkeitsverteilung des Stichprobendurchschnittsalters $\bar{X}$ und mit ihrer Hilfe den Erwartungswert $E(\bar{X})$ und die Varianz $Var(\bar{X})$ des Stichprobendurchschnittsalters.

(d) Berechnen Sie aus den Parametern der Grundgesamtheit mit Hilfe der in Abschnitt 13.1 angegebenen Formeln den Erwartungswert $E(\bar{X})$ und die Varianz $Var(\bar{X})$ des Stichprobendurchschnittsalters.

13.2 Die von einem Unternehmen hergestellten Glühlampen besitzen eine normalverteilte Lebensdauer mit dem Erwartungswert $\mu = 800$ Stunden und der Standardabweichung $\sigma = 40$ Stunden. Man bestimme die Wahrscheinlichkeit dafür, daß eine aus der laufenden Produktion gezogene Stichprobe vom Umfang $n = 16$ eine durchschnittliche Lebensdauer von weniger als 775 Stunden liefert.

13.3 Bei der Untersuchung von 300 Rechnungen eines Einzelhandelsgeschäftes ergab sich ein durchschnittlicher Rechnungsbetrag von $\mu = 15{,}30$ € bei einer Standardabweichung von $\sigma = 4{,}10$ €. Aus der Gesamtheit dieser Rechnungen wird eine Stichprobe im Umfang $n = 36$ „ohne Zurücklegen" entnommen. Wie groß ist die Wahrscheinlichkeit dafür, daß der durchschnittliche Rechnungsbetrag der Stichprobe zwischen 14,50 € und 16,50 € liegt?

13.4 In einer Kaffeerösterei wird auf zwei Maschinen Kaffee abgefüllt. Das durchschnittliche Füllgewicht der Packungen von Maschine 1 beträgt $\mu_1 = 510$ g bei einer Standardabweichung von $\sigma_1 = 6$ g. Bei Maschine 2 beträgt das durchschnittliche Füllgewicht $\mu_2 = 510$ g bei einer Standardabweichung von $\sigma_2 = 8$ g. Aus der laufenden Produktion wird nun je eine Stichprobe entnommen, und zwar bei Maschine 1 im Umfang von $n_1 = 80$ Packungen und bei Maschine 2 im Umfang von $n_2 = 120$ Packungen. Wie groß ist die Wahrscheinlichkeit dafür, daß sich die durchschnittlichen Füllgewichte der beiden Stichproben um höchstens 1 g unterscheiden?

Kapitel 14: Schätzverfahren I

14.1. Einführung

In den beiden vorangegangenen Kapiteln 12 und 13 waren Stichprobenverteilungen, wie zum Beispiel die Verteilung des Stichprobenanteilswertes oder die Verteilung des Stichprobenmittelwertes, behandelt worden. Wir waren dabei stets von uns *bekannten Grundgesamtheiten* ausgegangen und hatten von diesen auf die Verteilung der Stichprobengrößen geschlossen. Ein solcher *Schluß von der Grundgesamtheit auf eine Stichprobe* wird als **Inklusionsschluß** *(direkter Schluß)* bezeichnet. Bei den im folgenden darzustellenden **Schätzverfahren** stellt sich nun aber die in der Praxis viel wichtigere umgekehrte Aufgabe: Von einem Stichprobenergebnis ausgehend sollen die unbekannten Parameter einer Grundgesamtheit geschätzt werden. Dieser *Schluß von einer Stichprobe auf die Parameter der Grundgesamtheit*, aus der die Stichprobe entstammt, wird als **Repräsentationsschluß** *(indirekter Schluß)* bezeichnet.

Man unterscheidet **zwei Arten von Schätzverfahren** mit unterschiedlichem Aussagegehalt, nämlich *Punktschätzungen* und *Intervallschätzungen*.

Bei einer **Punktschätzung** wird für den zu schätzenden Parameter aufgrund des Ergebnisses der Stichprobe lediglich *ein einziger Schätzwert (Punktschätzwert)* angegeben. So kann man *beispielsweise* als Schätzwert für das unbekannte arithmetische Mittel μ der Grundgesamtheit, bezeichnet als $\hat{\mu}$, einfach das arithmetische Mittel $\bar{x}$ der Stichprobe verwenden, so daß also gilt

$$\hat{\mu} = \bar{x} .$$

Das arithmetische Mittel $\bar{x}$ ist eine konkrete Realisation der Zufallsvariablen $\bar{X}$. Im Rahmen der Schätztheorie wird $\bar{X}$ allgemein als *Schätzfunktion (Schätzer*, englisch: *estimator)* für μ benutzt, da sie gegenüber anderen möglichen Schätzfunktionen für μ, z. B. dem Median der Stichprobe, einige wünschenswerte Eigenschaften besitzt, auf die wir in Abschnitt 15.4 näher eingehen werden.

Da die konkreten, in einer Stichprobe realisierten *Merkmalsausprägungen zufallsabhängig* sind (vgl. Abschnitt 13.1), wird auch ein gefundener Punktschätzwert nur in den seltensten Fällen genau mit dem gesuchten Parameter der Grundgesamtheit übereinstimmen. Um wenigstens Aussagen über den *Bereich* (das *Intervall*) machen zu können, in dem der unbekannte Parameter zu erwarten ist, nimmt man eine **Intervallschätzung** vor. Hierbei wird ausgehend von dem Ergebnis der Stichprobe ein **Konfidenzintervall** *(Schätzintervall, Vertrauensbereich)* angegeben, in dem der zu schätzende Parameter der Grundgesamtheit mit einer bestimmten vorgegebenen Wahrscheinlichkeit liegt.

14.2. Konfidenzintervall für das arithmetische Mittel

In Abschnitt 13.1 war gezeigt worden, daß die *Zufallsvariable* $\bar{X}$ *bei normalverteilter Grundgesamtheit* bzw. *bei genügend großem Stichprobenumfang* n (Faustregel: $n > 30$) *ebenfalls normalverteilt* ist mit dem Erwartungswert $E(\bar{X}) = \mu$ und der Varianz $Var(\bar{X}) = \sigma^2_{\bar{X}}$, wobei beim Ziehen mit Zurücklegen

$$\sigma^2_{\bar{X}} = \frac{\sigma^2}{n}$$

und beim Ziehen ohne Zurücklegen

$$\sigma^2_{\bar{X}} = \frac{\sigma^2}{n} \frac{N-n}{N-1}$$

gilt; σ^2 bezeichnet dabei die Varianz und N den Umfang der Grundgesamtheit.

Aus Abbildung 14.1 geht hervor, daß beispielsweise dem zu μ *symmetrischen Intervall* $[\mu - 1{,}96\,\sigma_{\bar{X}}; \mu + 1{,}96\,\sigma_{\bar{X}}]$ eine Wahrscheinlichkeit von 0,95 entspricht; es gilt also

$$W(\mu - 1{,}96\,\sigma_{\bar{X}} \leq \bar{X} \leq \mu + 1{,}96\,\sigma_{\bar{X}}) = 0{,}95 .$$

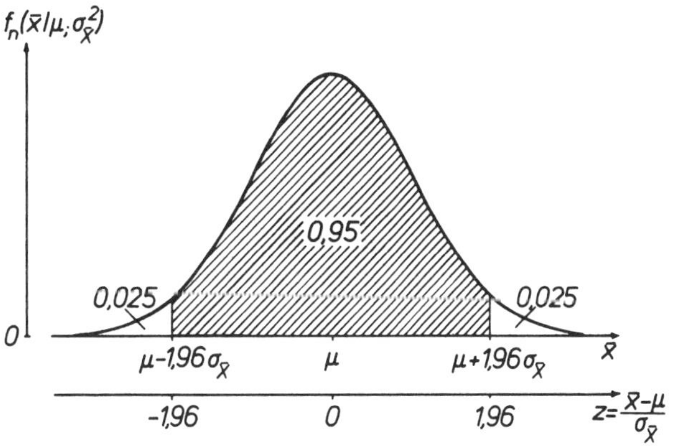

Abb. 14.1: Stichprobenverteilung des arithmetischen Mittels $\bar{X}$

Setzen wir an die Stelle der Wahrscheinlichkeit 0,95 allgemein die Wahrscheinlichkeit $1-\alpha$, so ergeben sich die in Abbildung 14.2 dargestellten Zusammenhänge. Die *Punkte auf der Abszisse, für die die Verteilungsfunktion* $F_N(z)$ *der Standardnormalverteilung die Werte* $\frac{\alpha}{2}$ *bzw.* $1-\frac{\alpha}{2}$ *annimmt, werden mit* $z_{\frac{\alpha}{2}}$ *bzw.* $z_{1-\frac{\alpha}{2}}$ *bezeichnet.*

Die Wahrscheinlichkeit dafür, daß $\bar{X}$ in das symmetrische **Wahrscheinlichkeitsintervall** (englisch: *probability interval*) $[\mu + z_{\frac{\alpha}{2}}\,\sigma_{\bar{X}}; \mu + z_{1-\frac{\alpha}{2}}\,\sigma_{\bar{X}}]$ fällt, beträgt also

$$W(\mu + z_{\frac{\alpha}{2}}\,\sigma_{\bar{X}} \leq \bar{X} \leq \mu + z_{1-\frac{\alpha}{2}}\,\sigma_{\bar{X}}) = 1-\alpha .$$

Aus Gründen der Symmetrie gilt aber

$$z_{\frac{\alpha}{2}} = -z_{1-\frac{\alpha}{2}} ,$$

so daß wir vereinfachend $z_{1-\frac{\alpha}{2}} = z$ und $z_{\frac{\alpha}{2}} = -z$ schreiben können und so

$$W(\mu - z\sigma_{\bar{X}} \leq \bar{X} \leq \mu + z\sigma_{\bar{X}}) = 1-\alpha$$

erhalten.

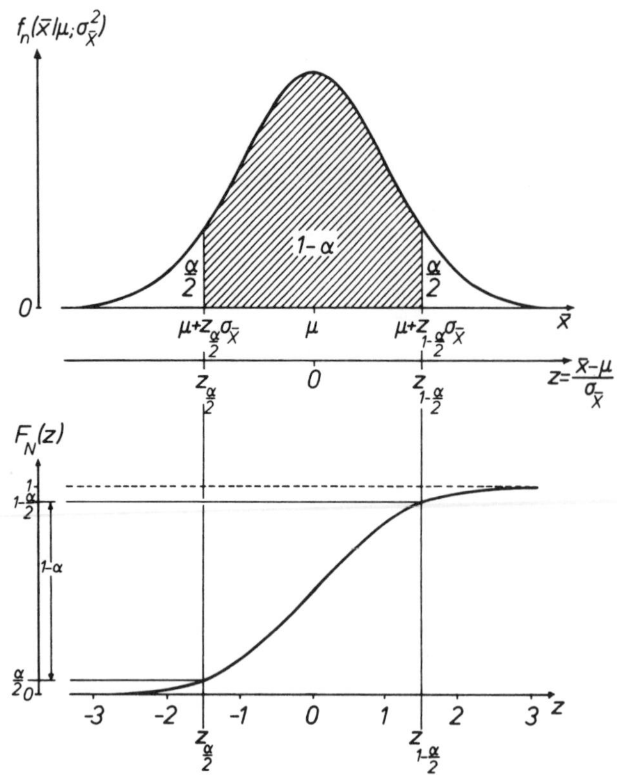

Abb. 14.2: Stichprobenverteilung des arithmetischen Mittels $\bar{X}$

In dem so gefundenen Wahrscheinlichkeitsintervall liegt $\bar{X}$ mit der Wahrscheinlichkeit $1-\alpha$. *Gesucht* ist bei der Schätzung von μ jedoch *nicht* dieses *Wahrscheinlichkeitsintervall für die Zufallsvariable* $\bar{X}$, sondern ein **Konfidenzintervall** *für das unbekannte arithmetische Mittel* μ *der Grundgesamtheit*. Dabei sind *zwei Fälle* zu unterscheiden, die nachfolgend getrennt behandelt werden:

1. Die *Varianz* σ^2 *der Grundgesamtheit ist bekannt* (oder aus früheren Erhebungen oder aus Probeerhebungen wenigstens in guter Näherung bekannt).
2. Die *Varianz* σ^2 *der Grundgesamtheit ist unbekannt.*

(1) Konfidenzintervall für μ bei bekannter Varianz σ^2

Ausgangspunkt sei die oben gefundene Beziehung

$$W(\mu - z\sigma_{\bar{X}} \leq \bar{X} \leq \mu + z\sigma_{\bar{X}}) = 1-\alpha\,.$$

Durch Subtraktion von μ innerhalb der Klammer findet man

$$W(-z\sigma_{\bar{X}} \leq \bar{X} - \mu \leq z\sigma_{\bar{X}}) = 1-\alpha\,.$$

Multipliziert man die Ungleichung in der Klammer mit -1, dann ändert sich die Richtung der Ungleichheitszeichen und es ergibt sich

$$W(z\sigma_{\bar{X}} \geq \mu - \bar{X} \geq -z\sigma_{\bar{X}}) = 1-\alpha \quad \text{bzw.}$$

$$W(\bar{X} + z\sigma_{\bar{X}} \geq \mu \geq \bar{X} - z\sigma_{\bar{X}}) = 1-\alpha\,.$$

Durch Umordnung der Ungleichung erhält man schließlich die Wahrscheinlichkeit für das gesuchte Konfidenzintervall $[\bar{X} - z\sigma_{\bar{X}}\,;\ \bar{X} + z\sigma_{\bar{X}}]$ als

$$W(\bar{X} - z\sigma_{\bar{X}} \leq \mu \leq \bar{X} + z\sigma_{\bar{X}}) = 1-\alpha\,.$$

Da $\bar{X}$ eine *Zufallsvariable* ist, sind die *Grenzen dieses Konfidenzintervalls zufallsabhängig*. Eine bestimmte Realisation von $\bar{X}$, mit anderen Worten ein *konkreter Stichprobenmittelwert* $\bar{x}$, führt zu dem **Konfidenzintervall**

$$\bar{x} - z\sigma_{\bar{X}} \leq \mu \leq \bar{x} + z\sigma_{\bar{X}}\,.$$

Zieht man nicht nur eine einzige Stichprobe, sondern eine zweite, eine dritte usw. (Umfang jeweils n), dann wird sich der Stichprobenmittelwert $\bar{x}_j$ ($j = 1, 2, \ldots$) von Stichprobe zu Stichprobe zufallsbedingt unterscheiden. Damit wird sich aber auch von Stichprobe zu Stichprobe ein anderes Konfidenzintervall für μ ergeben, wie das in Abbildung 14.3 für 10 verschiedene Stichproben dargestellt ist.

Wie in Abbildung 14.3 durch die beiden senkrechten gestrichelten Linien verdeutlicht wird, kann man aber auch

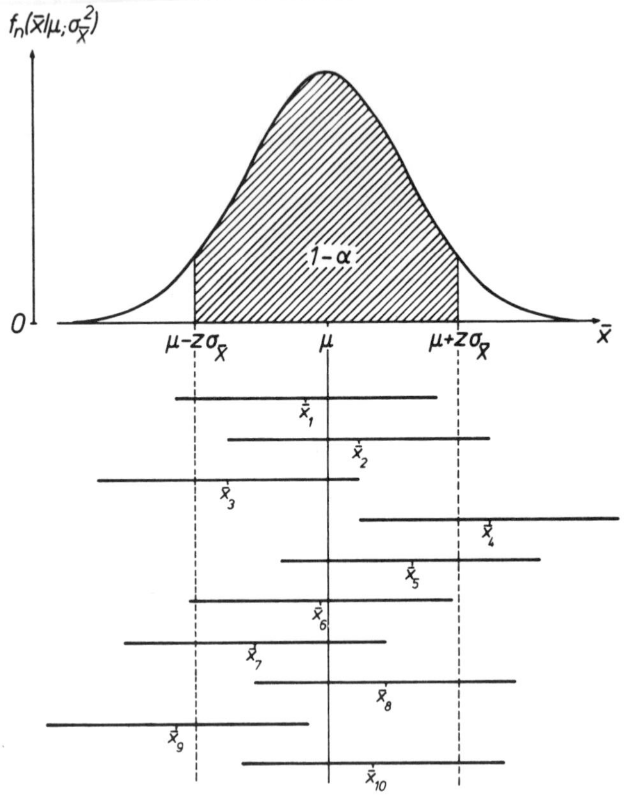

Abb. 14.3: Einige Stichprobenmittelwerte $\bar{x}_j$ ($j = 1, \ldots, 10$) *mit den zugehörigen Konfidenzintervallen*

um den Mittelwert μ der Grundgesamtheit (in der Zeichnung als bekannt vorausgesetzt) ein Wahrscheinlichkeitsintervall legen, in das der Stichprobenmittelwert $\bar{x}_j$ mit einer Wahrscheinlichkeit von $1-\alpha$ fällt.

Man sieht, daß ein Konfidenzintervall um $\bar{x}_j$ genau dann und nur dann den gesuchten Parameter μ umschließt, wenn dieses $\bar{x}_j$ innerhalb des Wahrscheinlichkeitsintervalles um μ liegt. Die Wahrscheinlichkeit $1-\alpha$ (oft auch als *Sicherheitsgrad* oder *Konfidenzniveau* bezeichnet) kann also als Wahrscheinlichkeit dafür interpretiert werden, daß ein Konfidenzintervall um den Mittelwert $\bar{X}$ einer Stichprobe den gesuchten Mittelwert μ der Grundgesamtheit überdeckt. Betrachten wir eine *konkrete Stichprobe*, so wird das durch sie bestimmte Konfidenzintervall das arithmetische Mittel μ der Grundgesamtheit entweder einschließen oder auch nicht; würde man aber eine *große Zahl von Stichproben* ziehen, so würde *das Konfidenzintervall in* $(1-\alpha)\cdot 100\%$ *aller Fälle den unbekannten Parameter* μ *einschließen.*

Beispiel: Eine aus $N = 10000$ Studenten zur Schätzung des Durchschnittsalters entnommene Stichprobe im Umfang $n = 49$ ergebe ein Durchschnittsalter von $\bar{x} = 24$ Jahren. Die Standardabweichung der Grundgesamtheit betrage $\sigma = 2{,}8$ Jahre. Man bestimme ein 99%-Konfidenzintervall für das Durchschnittsalter μ in der Grundgesamtheit.

Der Standardfehler des arithmetischen Mittels beträgt hier

$$\sigma_{\bar{x}} = \frac{\sigma}{\sqrt{n}} = \frac{2{,}8}{\sqrt{49}} = 0{,}4\,,$$

da aufgrund des kleinen Auswahlsatzes der Korrekturfaktor für endliche Gesamtheiten vernachlässigt werden kann. Aus der Tabelle der Standardnormalverteilung findet man für den Sicherheitsgrad $1-\alpha = 0{,}99$ den Wert $z = 2{,}58$. Damit ergibt sich das gesuchte Konfidenzintervall zu

$$\bar{x} - z\sigma_{\bar{x}} \leq \mu \leq \bar{x} + z\sigma_{\bar{x}}$$

$$24 - 2{,}58 \cdot 0{,}4 \leq \mu \leq 24 + 2{,}58 \cdot 0{,}4$$

$$22{,}97 \leq \mu \leq 25{,}03\,.$$

(2) Konfidenzintervall für μ bei unbekannter Varianz σ^2

Zur Bestimmung der für das Konfidenzintervall wichtigen Stichprobenverteilung von $\bar{X}$ soll von einer *wenigstens annähernd normalverteilten Grundgesamtheit sehr großen Umfangs* ausgegangen werden, so daß der Korrekturfaktor für endliche Gesamtheiten entfallen kann. Wie in Abschnitt 13.1 gezeigt, *gehorcht die Zufallsvariable*

$$Z = \frac{\bar{X}-\mu}{\sigma_{\bar{X}}} = \frac{\bar{X}-\mu}{\dfrac{\sigma}{\sqrt{n}}}$$

dann *einer Standardnormalverteilung.*

Da die Varianz σ^2 und damit auch der Standardfehler des arithmetischen Mittels $\sigma_{\bar{X}}$ unbekannt sind, muß σ^2 *geschätzt* werden; naheliegenderweise verwendet man als Schätzfunktion für σ^2 die Stichprobenvarianz S^2 und erhält somit die *neue Zufallsvariable*

$$T = \frac{\bar{X}-\mu}{\dfrac{S}{\sqrt{n}}}\,,$$

die – wie im folgenden gezeigt werden soll – einer *Studentverteilung mit* $\nu = n-1$ *Freiheitsgraden* gehorcht. Nach einigen Erweiterungen und Umformungen läßt sich T auch als

$$T = \frac{\dfrac{\bar{X}-\mu}{\sigma/\sqrt{n}}}{\sqrt{\dfrac{1}{n-1}\cdot\dfrac{(n-1)\,S^2}{\sigma^2}}}$$

schreiben; im *Zähler* steht jetzt die *standardnormalverteilte Zufallsvariable* Z und im *Nenner* tritt unter der Wurzel die aus Abschnitt 13.2 bekannte, *mit* $\nu = n-1$ *Freiheitsgraden chi-quadrat-verteilte Zufallsvariable*

$$U^* = \frac{(n-1)\,S^2}{\sigma^2}$$

auf; damit ist

$$T = \frac{Z}{\sqrt{\dfrac{U^*}{\nu}}}$$

nach Abschnitt 10.5 *studentverteilt mit* $\nu = n-1$ *Freiheitsgraden.*

Bezeichnet man mit $t_{\frac{\alpha}{2};\nu}$ bzw. $t_{1-\frac{\alpha}{2};\nu}$ die Punkte, bei denen die Verteilungsfunktion der Studentverteilung mit ν Freiheitsgraden die Werte $\frac{\alpha}{2}$ bzw. $1-\frac{\alpha}{2}$ besitzt, dann erhält man

$$W\left(t_{\frac{\alpha}{2};n-1} \leq \frac{\bar{X}-\mu}{\dfrac{S}{\sqrt{n}}} \leq t_{1-\frac{\alpha}{2};n-1}\right) = 1-\alpha\,.$$

Da die Studentverteilung symmetrisch ist, kann zur Vereinfachung

$$t = t_{1-\frac{\alpha}{2};n-1} = -t_{\frac{\alpha}{2};n-1}$$

gesetzt werden, so daß sich nach einigen Umformungen die Wahrscheinlichkeit für das Konfidenzintervall für das arithmetische Mittel μ der Grundgesamtheit als

$$W\left(\bar{X} - t\frac{S}{\sqrt{n}} \leq \mu \leq \bar{X} + t\frac{S}{\sqrt{n}}\right) = 1-\alpha$$

ergibt. Eine *konkrete Stichprobe* liefert den Stichprobenmittelwert $\bar{x}$ und die Stichprobenstandardabweichung s und damit das **Konfidenzintervall**

$$\bar{x} - t\frac{s}{\sqrt{n}} \leq \mu \leq \bar{x} + t\frac{s}{\sqrt{n}}\,.$$

Bezeichnet man den Schätzwert für den Standardfehler des arithmetischen Mittels mit $\hat{\sigma}_{\bar{X}}$, so läßt sich das *Konfidenzintervall* auch als

$$\bar{x} - t\hat{\sigma}_{\bar{X}} \leq \mu \leq \bar{x} + t\hat{\sigma}_{\bar{X}}$$

schreiben.

Beispiel: Von einer Maschine werden automatisch Tuben mit Alleskleber abgefüllt. Das Füllgewicht sei normalverteilt. Eine Stichprobe aus der laufenden Produktion im Umfang $n = 17$ liefere ein durchschnittliches Füllgewicht von $\bar{x} = 34$ g bei einer Standardabweichung von $s = 4$ g. Gesucht ist ein 95%-Konfidenzintervall für das durchschnittliche Füllgewicht in der Grundgesamtheit.

Für den Sicherheitsgrad $1-\alpha = 0{,}95$ und $\nu = n-1 = 16$ Freiheitsgrade liefert die Tabelle der Studentverteilung den Wert $t = 2{,}12$.

Nach Einsetzen dieser Werte in das Konfidenzintervall

$$\bar{x} - t\frac{s}{\sqrt{n}} \leq \mu \leq \bar{x} + t\frac{s}{\sqrt{n}}$$

erhält man

$$34 - 2{,}12 \cdot \frac{4}{\sqrt{17}} \leq \mu \leq 34 + 2{,}12\frac{4}{\sqrt{17}} \quad \text{oder}$$

$$31{,}94 \leq \mu \leq 36{,}06\,.$$

Für *Freiheitsgrade von* $\nu \geq 30$ kann zur *Approximation der Studentverteilung* (vgl. Abschnitt 10.5) die *Normalverteilung* verwendet werden.

Für *Stichprobenumfänge* von $n > 30$ kann die *Normalverteilung* auch *bei beliebiger Verteilung der Grundgesamtheit* angewandt werden.

14.3. Konfidenzintervall für den Anteilswert

Der *Anteilswert* P einer Stichprobe aus einer dichotomen Grundgesamtheit ist nach Abschnitt 12.4 bei *genügend großem Stichprobenumfang normalverteilt* mit dem Erwartungswert $E(P) = \theta$, wobei θ wieder den Anteilswert der Grundgesamtheit bezeichnet, und der Varianz $Var(P) = \sigma_P^2$. Beim Ziehen mit Zurücklegen ist

$$\sigma_P^2 = \frac{\theta(1-\theta)}{n}$$

und beim Ziehen ohne Zurücklegen

$$\sigma_P^2 = \frac{\theta(1-\theta)}{n}\,\frac{N-n}{N-1}\,.$$

Aus der *standardisierten Zufallsvariablen*

$$Z = \frac{P-\theta}{\sigma_P}$$

läßt sich dann analog zu Abschnitt 14.2 ein Konfidenzintervall für den Anteilswert in der Grundgesamtheit θ ableiten. Man erhält

$$W(P - z\sigma_P \leq \theta \leq P + z\sigma_P) = 1-\alpha$$

und daraus das *Konfidenzintervall*

$$p - z\sigma_P \leq \theta \leq p + z\sigma_P\,.$$

Da θ *unbekannt* ist, kennt man auch den in den Intervallgrenzen auftretenden Standardfehler σ_P des Anteilswertes nicht. Man verwendet hier – ausgehend vom Stichprobenanteilswert p – für die Stichprobenvarianz des Anteilswertes den Schätzwert

$$\hat{\sigma}_P^2 = \frac{p(1-p)}{n-1} \quad \text{beim Ziehen mit Zurücklegen}$$

und den Schätzwert

$$\hat{\sigma}_P^2 = \frac{p(1-p)}{n-1}\,\frac{N-n}{N}$$

beim Ziehen ohne Zurücklegen.

Liefert also eine *konkrete Stichprobe* den Anteilswert p, dann beträgt das **Konfidenzintervall**

$$p - z\hat{\sigma}_P \leq \theta \leq p + z\hat{\sigma}_P\,.$$

Beispiel: In einem Vorort mit $N = 10000$ Familien soll der Anteil θ der Familien mit mehr als einem Pkw geschätzt werden. In einer Stichprobe im Umfang $n = 100$ Familien mögen sich $x = 30$ Familien mit mehr als einem Pkw befinden. Man bestimme ein 95%-Konfidenzintervall für den Anteil θ der Familien mit mehr als einem Pkw in diesem Vorort.

Der Stichprobenanteilswert p beträgt

$$p = \frac{x}{n} = \frac{30}{100} = 0{,}3\,.$$

Für den Standardfehler des Anteilswertes σ_P findet man den Schätzwert

$$\hat{\sigma}_P = \sqrt{\frac{p(1-p)}{n-1}} = \sqrt{\frac{0{,}3 \cdot 0{,}7}{99}} = 0{,}046\,.$$

Da hier der Auswahlsatz n/N sehr klein ist, kann der Korrekturfaktor für endliche Gesamtheiten entfallen. Die Tabelle der Standardnormalverteilung liefert für $1-\alpha = 0{,}95$ den Wert $z = 1{,}96$. Nach Einsetzen dieser Werte in das Konfidenzintervall

$$p - z\hat{\sigma}_P \leq \theta \leq p + z\hat{\sigma}_P$$

erhält man

$$0{,}3 - 1{,}96 \cdot 0{,}046 \leq \theta \leq 0{,}3 + 1{,}96 \cdot 0{,}046 \quad \text{oder}$$

$$0{,}21 \leq \theta \leq 0{,}39\,.$$

14.4. Konfidenzintervall für die Varianz

Die Zufallsvariable

$$U^* = \frac{(n-1)S^2}{\sigma^2}$$

gehorcht nach Abschnitt 13.2 *bei Vorliegen einer normalverteilten Grundgesamtheit einer Chi-Quadrat-Verteilung mit* $\nu = n-1$ *Freiheitsgraden.* Bezeichnet man mit $\chi^2_{\frac{\alpha}{2};\nu}$ bzw. $\chi^2_{1-\frac{\alpha}{2};\nu}$ die Punkte, für welche die Verteilungsfunktion der Chi-Quadrat-Verteilung mit ν Freiheitsgraden die Werte $\frac{\alpha}{2}$ bzw. $1-\frac{\alpha}{2}$ erreicht, dann gilt also die Beziehung

$$W\left(\chi^2_{\frac{\alpha}{2};n-1} \leq \frac{(n-1)S^2}{\sigma^2} \leq \chi^2_{1-\frac{\alpha}{2};n-1}\right) = 1-\alpha\,.$$

Daraus erhält man nach einigen Umformungen die Wahrscheinlichkeit für das *Konfidenzintervall* der Varianz der Grundgesamtheit σ^2 zu

$$W\left(\frac{(n-1)\,S^2}{\chi^2_{1-\frac{\alpha}{2};\,n-1}} \leq \sigma^2 \leq \frac{(n-1)\,S^2}{\chi^2_{\frac{\alpha}{2};\,n-1}}\right) = 1-\alpha\,.$$

Liefert also eine *konkrete Stichprobe* die Stichprobenvarianz s^2, dann lautet das entsprechende **Konfidenzintervall**

$$\frac{(n-1)\,s^2}{\chi^2_{1-\frac{\alpha}{2};\,n-1}} \leq \sigma^2 \leq \frac{(n-1)\,s^2}{\chi^2_{\frac{\alpha}{2};\,n-1}}\,.$$

Beispiel: Eine zur Bestimmung des Durchschnittsalters einer größeren Personengruppe gezogene Stichprobe im Umfang $n = 20$ habe ein durchschnittliches Alter von $\bar{x} = 32{,}8$ Jahren und eine Standardabweichung von $s = 4{,}4$ Jahren ergeben. Die Lebensalter in der Grundgesamtheit seien normalverteilt. Gesucht sei ein 98%-Konfidenzintervall für die unbekannte Varianz σ^2 in der Grundgesamtheit.

Für den Sicherheitsgrad $1-\alpha = 0{,}98$ findet man aus der Tabelle der Chi-Quadrat-Verteilung die beiden Werte

$$\chi^2_{0{,}01;\,19} = 7{,}633 \quad \text{und}$$
$$\chi^2_{0{,}99;\,19} = 36{,}191$$

Damit ergibt sich das *Konfidenzintervall* für die unbekannte Varianz zu

$$\frac{(n-1)\,s^2}{\chi^2_{0{,}99;\,19}} \leq \sigma^2 \leq \frac{(n-1)\,s^2}{\chi^2_{0{,}01;\,19}} \quad \text{oder}$$

$$\frac{19 \cdot 4{,}4^2}{36{,}191} \leq \sigma^2 \leq \frac{19 \cdot 4{,}4^2}{7{,}633} \quad \text{oder schließlich}$$

$$10{,}164 \leq \sigma^2 \leq 48{,}191$$

14.5. Bestimmung des notwendigen Stichprobenumfangs

Bisher stellte sich die Aufgabe, aus einer Stichprobe von *gegebenem Umfang* n *bei gegebenem Sicherheitsgrad* $1-\alpha$ ein Konfidenzintervall für den zu schätzenden Parameter (z. B. μ oder θ) zu bestimmen. So ergab sich für das *arithmetische Mittel* μ das Konfidenzintervall

$$\bar{x} - z\sigma_{\bar{x}} \leq \mu \leq \bar{x} + z\sigma_{\bar{x}}\,,$$

das auch in der Form

$$\mu = \bar{x} \pm z\sigma_{\bar{x}}$$

geschrieben werden kann.

Setzen wir nun

$$\Delta\mu = z\sigma_{\bar{x}}\,,$$

so ergibt sich

$$\mu = \bar{x} \pm \Delta\mu\,,$$

wobei der sogenannte **absolute Fehler** $\Delta\mu$ (in der Stichprobentheorie oft auch mit e bezeichnet) ein *Maß für die Genauigkeit der Schätzung* darstellt. Die Differenz zwischen Ober- und Untergrenze des Konfidenzintervalls wird als *Breite des Konfidenzintervalls* bezeichnet und beträgt

$$2\Delta\mu = 2z\sigma_{\bar{x}}\,.$$

Häufig stellt sich in der Praxis die Aufgabe, einen Parameter mit *vorgegebener Genauigkeit* und *vorgegebenem Sicherheitsgrad* zu schätzen, oder anders ausgedrückt, zu vorgegebenem absoluten Fehler und vorgegebenem Sicherheitsgrad den **notwendigen Stichprobenumfang** n zu bestimmen.

Betrachten wir noch einmal die **Schätzung des arithmetischen Mittels** μ und unterstellen das *Modell des Ziehens mit Zurücklegen*, dann gilt für den absoluten Fehler

$$\Delta\mu = z\sigma_{\bar{x}} = z\frac{\sigma}{\sqrt{n}}\,.$$

Durch einige Umformungen erhält man daraus den *notwendigen Stichprobenumfang*

$$n = \frac{z^2 \cdot \sigma^2}{(\Delta\mu)^2}\,;$$

um das gewünschte Konfidenzintervall zu erhalten, muß n also *mindestens* die angegebene Größe aufweisen.

Beim *Ziehen ohne Zurücklegen* beträgt der absolute Fehler

$$\Delta\mu = z \cdot \frac{\sigma}{\sqrt{n}}\sqrt{\frac{N-n}{N-1}}\,.$$

Daraus erhält man durch einfache Umformung für den *notwendigen Stichprobenumfang* beim Modell des Ziehens ohne Zurücklegen die Beziehung

$$n = \frac{z^2 \cdot N \cdot \sigma^2}{(\Delta\mu)^2(N-1) + z^2 \cdot \sigma^2}$$

Um den notwendigen Stichprobenumfang zu berechnen, ist die *Kenntnis der Varianz der Grundgesamtheit* σ^2 *erforderlich.* Bei unbekannter Varianz muß man mit einem Näherungswert für σ^2 arbeiten. Dieser kann aus einer *Vorstichprobe* geringen Umfangs geschätzt oder aus *alten Erhebungen* ähnlicher Art übernommen werden.

Beispiel: Das Durchschnittsgewicht von $N = 2000$ Konservendosen ist mit einem Sicherheitsgrad von $1-\alpha = 0{,}99$ und bei einem absoluten Fehler von $\Delta\mu = 1$ g zu bestimmen. Eine Vorstichprobe lieferte die Varianz $s^2 = 36\ g^2$.

Für $1-\alpha = 0{,}99$ erhält man aus der Tabelle der Standardnormalverteilung $z = 2{,}58$. Damit ergibt sich der notwendige Stichprobenumfang n zu

$$n = \frac{z^2 N \sigma^2}{(\Delta\mu)^2(N-1) + z^2\sigma^2}$$

$$= \frac{2{,}58^2 \cdot 2000 \cdot 36}{1^2 \cdot 1999 + 2{,}58^2 \cdot 36}$$

$$= 214\,.$$

Soll ein **Anteilswert** θ *mit vorgegebener Genauigkeit bestimmt* werden, so geht man bei der Ableitung des notwendigen Stichprobenumfangs analog vor. Das Konfidenzintervall beträgt hier, wenn man annimmt, daß der Stichprobenumfang so groß ist, daß die *Normalverteilung* angewandt werden kann,

$$p - z\sigma_p \leq \theta \leq p + z\sigma_p \ .$$

Damit ergibt sich der absolute Fehler zu

$$\Delta\theta = z \cdot \sigma_p \ .$$

Aus dieser Beziehung läßt sich wieder der notwendige Stichprobenumfang berechnen. Beim Modell des *Ziehens mit Zurücklegen* ist

$$\Delta\theta = z \cdot \sqrt{\frac{\theta(1-\theta)}{n}} \ .$$

Daraus findet man den *notwendigen Stichprobenumfang* zu

$$n = \frac{z^2 \cdot \theta(1-\theta)}{(\Delta\theta)^2} \ .$$

Beim *Ziehen ohne Zurücklegen* beträgt der absolute Fehler

$$\Delta\theta = z \sqrt{\frac{\theta(1-\theta)}{n}} \sqrt{\frac{N-n}{N-1}} \ .$$

Daraus erhält man den *notwendigen Stichprobenumfang* beim Modell des Ziehens ohne Zurücklegen

$$n = \frac{z^2 \cdot N \cdot \theta(1-\theta)}{(\Delta\theta)^2(N-1) + z^2 \cdot \theta(1-\theta)} \ .$$

In beiden Bestimmungsgleichungen für den notwendigen Stichprobenumfang taucht der *unbekannte Anteilswert* θ auf. Als Schätzwert kann der Stichprobenanteilswert p einer Vorstichprobe oder ein aus einer früheren Erhebung bekannter Anteilswert verwendet werden. Hat man von der Größenordnung von θ überhaupt keine Vorstellung, dann muß der Ausdruck $\theta(1-\theta)$ abgeschätzt werden, wobei sich zeigen läßt, daß $\theta(1-\theta)$ höchstens den Wert 0,25 annehmen kann.

Beispiel: Ein Markenartikelhersteller will den Bekanntheitsgrad seines Produkts in der Bundesrepublik bestimmen. Der absolute Fehler soll $\Delta\theta = 0{,}02$ und der Sicherheitsgrad $1-\alpha = 0{,}95$ betragen. Wie groß ist der notwendige Stichprobenumfang zu wählen, wenn aus einer früheren Untersuchung mit einem Bekanntheitsgrad von 0,42 gerechnet werden kann?

Es ist zu vermuten, daß hier der Auswahlsatz kleiner als 5% werden wird, so daß man den notwendigen Stichprobenumfang nach der Formel für das Modell des Ziehens mit Zurücklegen bestimmen kann. Für $1-\alpha = 0{,}95$ erhält man $z = 1{,}96$ und damit

$$n = \frac{z^2 \cdot \theta(1-\theta)}{(\Delta\theta)^2} = \frac{1{,}96^2 \cdot 0{,}42 \cdot 0{,}58}{0{,}02^2} = 2340 \ .$$

14.6. Ausgewählte Literatur

Harnett, Donald L., James L. Murphy, Introductory Statistical Analysis (3rd ed.). Reading (Mass.), Menlo Park (Cal.), London usw. 1982.

Krug, Walter, Martin Nourney, Jürgen Schmidt, Wirtschafts- und Sozialstatistik. Gewinnung von Daten (6., völl. neu bearb. u. erw. Aufl.). München, Wien 2001.

Schaich, Eberhard, Schätz- und Testmethoden für Sozialwissenschaftler (3., verb. Aufl.). München 1998.

Walpole, Ronald E., Introduction to Statistics (3rd ed.). New York, London 1982.

Wonnacott, Thomas H., Ronald J. Wonnacott, Introductory Statistics for Business and Economics (5th ed.). New York, Chichester, Brisbane usw. 1990.

Aufgaben zu Kapitel 14

14.1 Eine Abfüllmaschine füllt Kaffeesahne zu je 100 g ab. Es kann angenommen werden, daß das Füllgewicht annähernd normalverteilt ist. Eine Stichprobe im Umfang $n = 5$ liefert die folgenden Werte (in g):

105, 107, 103, 106, 104 .

(a) Bestimmen Sie ein 95%-Konfidenzintervall für das durchschnittliche Füllgewicht in der Grundgesamtheit.

(b) Bestimmen Sie ein 80%-Konfidenzintervall für die Varianz des Füllgewichts in der Grundgesamtheit.

14.2 50 zufällig ausgewählte Personenkraftwagen des gleichen Typs wurden mit der gleichen Kraftstoffmenge ausgestattet. Mit dieser Füllung legten sie im Durchschnitt $\bar{x} = 50$ km bei einer Standardabweichung von $s = 7$ km zurück.

(a) Bestimmen Sie ein 95%-Konfidenzintervall für die durchschnittliche Kilometerleistung μ dieses Pkw-Typs.

(b) Wie groß müßte der Stichprobenumfang n gewählt werden, wenn bei gleicher Sicherheitswahrscheinlichkeit das Konfidenzintervall für die durchschnittliche Kilometerleistung μ eine Breite von 2 km aufweisen soll?

14.3 Ein Marktforschungsinstitut will in einer Großstadt den Monatsumsatz eines bestimmten Markenartikels feststellen. Von den 5000 Einzelhändlern werden 350 zufällig ausgewählt und befragt. Es ergibt sich ein durchschnittlicher Monatsumsatz von $\bar{x} = 560$,– € bei einer Standardabweichung von $s = 30$,– €.

(a) Bestimmen Sie ein 95%-Konfidenzintervall für den durchschnittlichen Monatsumsatz des Markenartikels in der Großstadt.

(b) In welchen Grenzen wird der gesamte Monatsumsatz dieses Markenartikels in der Großstadt liegen (Sicherheitsgrad 95%)?

(c) Wie groß wäre der Stichprobenumfang n festzulegen, wenn der absolute Fehler des symmetrischen Konfidenzintervalls für den unbekannten durchschnittlichen Monatsumsatz in der Grundgesamtheit $\Delta\mu = 1$,– € betragen soll (Sicherheitsgrad 95%)?

14.4 Von den 60000 Besuchern einer Sportveranstaltung wurden 196 zufällig ausgewählte Personen nach ihrem Wohnort befragt.

(a) Unter den 196 befragten Personen befanden sich 49 Einheimische. Berechnen Sie das 95,45%-Konfidenzintervall für den Anteil der Einheimischen bei der Veranstaltung.

(b) Wieviele Personen müßten in eine Befragung einbezogen werden, damit mit einer Sicherheitswahrscheinlichkeit von 95,45% der absolute Fehler $\Delta\theta$ der Stichprobenschätzung des Anteilswertes höchstens 0,01 beträgt?

Kapitel 15: Schätzverfahren II

15.1. Konfidenzintervall für die Differenz zweier arithmetischer Mittel

Bei der Bestimmung eines Konfidenzintervalls für die *Differenz zweier arithmetischer Mittel* gehen wir von der in Abschnitt 13.3 behandelten *Stichprobenverteilung der Differenz* $D = \bar{X}_1 - \bar{X}_2$ zweier arithmetischer Mittel aus: Aus den zwei *sehr großen Grundgesamtheiten* Nr. 1 und Nr. 2 wird je eine Stichprobe des Umfangs n_1 bzw. n_2 entnommen; die Stichprobenmittel sind Zufallsvariable, die mit $\bar{X}_1$ und $\bar{X}_2$ bezeichnet werden. Unterstellt man außer *Unabhängigkeit* beider Stichproben auch *genügend* **große Stichprobenumfänge** (Faustregel: $n_1 > 30$ und $n_2 > 30$), so ist $\bar{X}_1$ und auch $\bar{X}_2$ nach dem zentralen Grenzwertsatz normalverteilt. Unter diesen Modellannahmen ist die neue Zufallsvariable $D = \bar{X}_1 - \bar{X}_2$ ebenfalls *normalverteilt*, und zwar mit dem *Erwartungswert*

$$E(D) = E(\bar{X}_1 - \bar{X}_2) = \mu_1 - \mu_2$$

und der *Varianz*

$$\text{Var}(D) = \text{Var}(\bar{X}_1 - \bar{X}_2) = \frac{\sigma_1^2}{n_1} + \frac{\sigma_2^2}{n_2}$$

bzw. der *Standardabweichung*

$$\sigma_D = \sqrt{\text{Var}(D)}\ ;$$

μ_1 und μ_2 sind die arithmetischen Mittel und σ_1^2 und σ_2^2 die Varianzen der beiden Grundgesamtheiten.

Für die *normalverteilte* Zufallsvariable D gilt dann die Beziehung

$$W\big(E(D) - z\sigma_D \leq D \leq E(D) + z\sigma_D\big) = 1 - \alpha$$

oder ausführlich geschrieben

$$W\big((\mu_1 - \mu_2) - z\sigma_D \leq \bar{X}_1 - \bar{X}_2 \leq (\mu_1 - \mu_2) + z\sigma_D\big) = 1 - \alpha\ .$$

Nach einigen Umformungen (ähnlich denen in Abschnitt 14.2) ergibt sich die Wahrscheinlichkeit für das *Konfidenzintervall* $\big[(\bar{X}_1 - \bar{X}_2) - z\sigma_D\ ;\ (\bar{X}_1 - \bar{X}_2) + z\sigma_D\big]$ zu

$$W\big((\bar{X}_1 - \bar{X}_2) - z\sigma_D \leq \mu_1 - \mu_2 \leq (\bar{X}_1 - \bar{X}_2) + z\sigma_D\big) = 1 - \alpha\ .$$

Sind die beiden *Varianzen σ_1^2 und σ_2^2 unbekannt*, muß die Standardabweichung σ_D geschätzt werden; die *Schätzfunktion* für σ_D^2 lautet unter der Annahme $\sigma_1^2 \neq \sigma_2^2$

$$S_D^2 = \frac{S_1^2}{n_1} + \frac{S_2^2}{n_2}\ ,$$

wobei S_1^2 und S_2^2 die beiden Stichprobenvarianzen sind.

Aus zwei *konkreten* Stichproben mit den arithmetischen Mitteln $\bar{x}_1$ und $\bar{x}_2$ und den Varianzen s_1^2 und s_2^2 erhält man also das **Konfidenzintervall** *für die Differenz der arithmetischen Mittel in der Grundgesamtheit* zu

$$(\bar{x}_1 - \bar{x}_2) - z\hat{\sigma}_D \leq \mu_1 - \mu_2 \leq (\bar{x}_1 - \bar{x}_2) + z\hat{\sigma}_D$$

mit

$$\hat{\sigma}_D = s_D = \sqrt{\frac{s_1^2}{n_1} + \frac{s_2^2}{n_2}}\ .$$

Beispiel: Zur Klärung der Frage, wie groß der Unterschied zwischen den Gehältern graduierter Berufsanfänger (Gruppe 1) und diplomierter Berufsanfänger (Gruppe 2) einer bestimmten Ausbildungsrichtung ist, wurde zufällig eine Stichprobe im Umfang $n_1 = 40$ aus der ersten Gruppe und eine solche von $n_2 = 50$ aus der zweiten Gruppe gezogen. Für Gruppe 1 ergab sich ein Durchschnittsjahresgehalt von $\bar{x}_1 = 30200$ DM bei einer Standardabweichung von $s_1 = 5700$ DM und für Gruppe 2 ein solches von $\bar{x}_2 = 32300$ DM bei einer Standardabweichung von $s_2 = 7100$ DM. Zu bestimmen sei ein 95%-Konfidenzintervall für die Differenz der durchschnittlichen Anfangsgehälter $\mu_1 - \mu_2$.

Als *Schätzwert für die Standardabweichung der Differenz* findet man

$$\hat{\sigma}_D = s_D = \sqrt{\frac{5700^2}{40} + \frac{7100^2}{50}} = 1349{,}2\ .$$

Für den Sicherheitsgrad $1 - \alpha = 0{,}95$ liefert die Tabelle der Standardnormalverteilung den Wert $z = 1{,}96$. Damit ergibt sich das gesuchte *Konfidenzintervall* zu

$$(\bar{x}_1 - \bar{x}_2) - z\hat{\sigma}_D \leq \mu_1 - \mu_2 \leq (\bar{x}_1 - \bar{x}_2) + z\hat{\sigma}_D$$

oder

$$-2100 - 1{,}96 \cdot 1349{,}2 \leq \mu_1 - \mu_2 \leq -2100 + 1{,}96 \cdot 1349{,}2$$

bzw.

$$-4744{,}4 \leq \mu_1 - \mu_2 \leq 544{,}4\ .$$

Liegen zwei voneinander unabhängige **„kleine" Stichproben** (*Umfänge unter* 30) aus *normalverteilten Grundgesamtheiten* vor, dann wird anstelle der Normalverteilung die *Studentverteilung* (vgl. Abschnitt 10.5) verwendet. Das **Konfidenzintervall** lautet dann

$$(\bar{x}_1 - \bar{x}_2) - t\hat{\sigma}_D \leq \mu_1 - \mu_2 \leq (\bar{x}_1 - \bar{x}_2) + t\hat{\sigma}_D\ ,$$

wobei die *Anzahl der Freiheitsgrade* angenähert

$$\nu = \frac{\left(\frac{s_1^2}{n_1} + \frac{s_2^2}{n_2}\right)^2}{\frac{\left(\frac{s_1^2}{n_1}\right)^2}{n_1 - 1} + \frac{\left(\frac{s_2^2}{n_2}\right)^2}{n_2 - 1}}$$

beträgt; bei $\nu \geq 30$ kann nach den Approximationsregeln in Abschnitt 11.4 (Abbildung 11.3) wieder mit der *Normalverteilung* gearbeitet werden.

Beispiel: Zwei Studentengruppen werden nach zwei unterschiedlichen Lehrmethoden ausgebildet. Bei einem abschließenden Test erreichen die $n_1 = 15$ Teilnehmer der Gruppe 1 eine durchschnittliche Punktzahl von $\bar{x}_1 = 84$ bei einer Standardabweichung von $s_1 = 6$ Punkten. Die $n_2 = 10$ Teilnehmer der Gruppe 2 erreichen im Durchschnitt $\bar{x}_2 = 90$ Punkte bei einer Standardabweichung von $s_2 = 8$ Punkten. Man bestimme – *normalverteilte* Grundgesamtheiten vorausgesetzt – ein 95%-Konfidenzintervall für die Differenz der arithmetischen Mittel $\mu_1 - \mu_2$.

Die *Anzahl der Freiheitsgrade* beträgt hier

$$\nu = \frac{\left(\frac{6^2}{15} + \frac{8^2}{10}\right)^2}{\frac{\left(\frac{6^2}{15}\right)^2}{14} + \frac{\left(\frac{8^2}{10}\right)^2}{9}} = 15{,}6 \approx 15 .$$

Für $\nu = 15$ Freiheitsgrade und $1 - \alpha = 0{,}95$ liefert die Tabelle der Studentverteilung den Wert $t = 2{,}131$.

Als *Schätzwert für die Standardabweichung der Differenz* findet man

$$\hat{\sigma}_D = s_D = \sqrt{\frac{6^2}{15} + \frac{8^2}{10}} = 2{,}97 .$$

Damit ergibt sich das gesuchte Konfidenzintervall zu

$$(\bar{x}_1 - \bar{x}_2) - t\hat{\sigma}_D \leq \mu_1 - \mu_2 \leq (\bar{x}_1 - \bar{x}_2) + t\hat{\sigma}_D$$

oder

$$-6 - 2{,}131 \cdot 2{,}97 \leq \mu_1 - \mu_2 \leq -6 + 2{,}131 \cdot 2{,}97$$

oder schließlich

$$-12{,}3 \leq \mu_1 - \mu_2 \leq 0{,}3 .$$

15.2. Konfidenzintervall für die Differenz zweier Anteilswerte

Unter den Modellannahmen des Abschnitts 13.4 ist die *Differenz zweier Stichprobenanteilswerte* $D = P_1 - P_2$ bei genügend großen Stichprobenumfängen n_1 bzw. n_2 *normalverteilt* mit dem *Erwartungswert*

$$E(D) = E(P_1 - P_2) = \theta_1 - \theta_2$$

und der *Varianz*

$$\mathrm{Var}(D) = \mathrm{Var}(P_1 - P_2) = \frac{\theta_1(1-\theta_1)}{n_1} + \frac{\theta_2(1-\theta_2)}{n_2} .$$

Bezeichnen wir mit $\sigma_D = \sqrt{\mathrm{Var}(D)}$ wieder die Standardabweichung der Differenz, dann gilt

$$W\big(E(D) - z\sigma_D \leq D \leq E(D) + z\sigma_D\big) = 1 - \alpha$$

und damit

$$W\big((\theta_1 - \theta_2) - z\sigma_D \leq P_1 - P_2 \leq (\theta_1 - \theta_2) + z\sigma_D\big) = 1 - \alpha .$$

Nach einigen Umformungen ergibt sich daraus

$$W\big((P_1 - P_2) - z\sigma_D \leq \theta_1 - \theta_2 \leq (P_1 - P_2) + z\sigma_D\big) = 1 - \alpha .$$

Da nun aber die Anteilswerte θ_1 und θ_2 der beiden Grundgesamtheiten und damit die Standardabweichung der Differenz σ_D *unbekannt* sind, muß die Varianz der Differenz σ_D^2 *geschätzt* werden; als *Schätzfunktion* eignet sich

$$S_D^2 = \frac{P_1(1-P_1)}{n_1} + \frac{P_2(1-P_2)}{n_2} .$$

Liegen also zwei *realisierte* Stichproben des Umfangs n_1 bzw. n_2 mit den Stichprobenanteilswerten p_1 bzw. p_2 vor, dann ergibt sich das gesuchte **Konfidenzintervall** *für die Differenz der Anteilswerte* der Grundgesamtheiten zu

$$(p_1 - p_2) - z\hat{\sigma}_D \leq \theta_1 - \theta_2 \leq (p_1 - p_2) + z\hat{\sigma}_D$$

mit

$$\hat{\sigma}_D = s_D = \sqrt{\frac{p_1(1-p_1)}{n_1} + \frac{p_2(1-p_2)}{n_2}} .$$

Beispiel: Zu einer wichtigen kommunalpolitischen Frage werden $n_1 = 200$ Bewohner der Altstadt (Gruppe 1) und $n_2 = 500$ Bewohner von Neubaugebieten (Gruppe 2) befragt. In Gruppe 1 beträgt der Anteil der Zustimmenden $p_1 = 0{,}60$ und in Gruppe 2 $p_2 = 0{,}48$. Wie lautet das 99%-Konfidenzintervall für die Differenz $\theta_1 - \theta_2$ der Anteilswerte der beiden Grundgesamtheiten?

Der *Schätzwert für die Standardabweichung der Differenz* der Anteilswerte ergibt sich zu

$$\hat{\sigma}_D = s_D = \sqrt{\frac{0{,}60 \cdot 0{,}40}{200} + \frac{0{,}48 \cdot 0{,}52}{500}} = 0{,}0412 .$$

Für den Sicherheitsgrad $1 - \alpha = 0{,}99$ findet man aus der Tabelle der Standardnormalverteilung den Wert $z = 2{,}58$. Eingesetzt in die Formel des *Konfidenzintervalls*

$$(p_1 - p_2) - z\hat{\sigma}_D \leq \theta_1 - \theta_2 \leq (p_1 - p_2) + z\hat{\sigma}_D$$

ergibt sich

$$0{,}12 - 2{,}58 \cdot 0{,}0412 \leq \theta_1 - \theta_2 \leq 0{,}12 + 2{,}58 \cdot 0{,}0412$$

oder

$$0{,}014 \leq \theta_1 - \theta_2 \leq 0{,}226 .$$

15.3. Überblick über einige wichtige Konfidenzintervalle

In Tabelle 15.1 (auf S. 95) wird ein zusammenfassender Überblick über die in den Kapiteln 14 und 15 besprochenen Konfidenzintervalle gegeben, wobei danach unterschieden wird, ob es sich um „große" oder „kleine" Stichproben handelt.

Parameter	Konfidenzintervall	Standardfehler (1) Ziehen ohne Zurücklegen (2) Ziehen mit Zurücklegen	Anzuwendende Verteilung „kleine“ Stichproben	 „große“ Stichproben	Behandelt in Abschnitt
μ (σ bekannt)	$\bar{x} - z\sigma_{\bar{x}} \leq \mu \leq \bar{x} + z\sigma_{\bar{x}}$	(1) $\sigma_{\bar{x}} = \frac{\sigma}{\sqrt{n}}\sqrt{\frac{N-n}{N-1}}$ *) (2) $\sigma_{\bar{x}} = \frac{\sigma}{\sqrt{n}}$	Normalverteilung **Bedingung:** Grundgesamtheit normalverteilt	Normalverteilung **Faustregel:** $n > 30$	14.2(1)
μ (σ unbekannt)	$\bar{x} - t\hat{\sigma}_{\bar{x}} \leq \mu \leq \bar{x} + t\hat{\sigma}_{\bar{x}}$	(1) $\hat{\sigma}_{\bar{x}} = \frac{s}{\sqrt{n}}\sqrt{\frac{N-n}{N}}$ *) (2) $\hat{\sigma}_{\bar{x}} = \frac{s}{\sqrt{n}}$	Studentverteilung mit $\nu = n-1$ **Bedingung:** Grundgesamtheit normalverteilt	Normalverteilung **Faustregel:** $n > 30$ $t \rightarrow z$	14.2(2)
θ	$p - z\hat{\sigma}_P \leq \theta \leq p + z\hat{\sigma}_P$	(1) $\hat{\sigma}_P = \sqrt{\frac{p(1-p)}{n-1}}\sqrt{\frac{N-n}{N}}$ *) (2) $\hat{\sigma}_P = \sqrt{\frac{p(1-p)}{n-1}}$	•	Normalverteilung **Faustregel:** $np(1-p) \geq 9$	14.3
σ^2	$\frac{(n-1)s^2}{\chi^2_{1-\frac{\alpha}{2};\,n-1}} \leq \sigma^2 \leq \frac{(n-1)s^2}{\chi^2_{\frac{\alpha}{2};\,n-1}}$	•	Chi-Quadrat-Verteilung mit $\nu = n-1$ **Bedingung:** Grundgesamtheit normalverteilt	Normalverteilung ($z = \sqrt{2\chi^2} - \sqrt{2\nu - 1}$) $\chi^2_{1-\frac{\alpha}{2};n-1} = \frac{1}{2}(z_{1-\frac{\alpha}{2}} + \sqrt{2n-3})^2$ $\chi^2_{\frac{\alpha}{2};n-1} = \frac{1}{2}(-z_{1-\frac{\alpha}{2}} + \sqrt{2n-3})^2$ **Faustregel:** $n > 30$	14.4
$\mu_1 - \mu_2$	$(\bar{x}_1 - \bar{x}_2) - t\hat{\sigma}_D \leq \mu_1 - \mu_2 \leq (\bar{x}_1 - \bar{x}_2) + t\hat{\sigma}_D$	$\hat{\sigma}_D = \sqrt{\frac{s_1^2}{n_1} + \frac{s_2^2}{n_2}}$ Für: (2) und (1) mit $n_1/N_1 < 0{,}05$ und $n_2/N_2 < 0{,}05$	Studentverteilung mit $\nu = \frac{\left[\frac{s_1^2}{n_1} + \frac{s_2^2}{n_2}\right]^2}{\frac{\left[\frac{s_1^2}{n_1}\right]^2}{n_1-1} + \frac{\left[\frac{s_2^2}{n_2}\right]^2}{n_2-1}}$ **Bedingung:** Grundgesamtheiten normalverteilt	Normalverteilung **Faustregel:** $n_1 > 30$, $n_2 > 30$ $t \rightarrow z$	15.1
$\theta_1 - \theta_2$	$(p_1 - p_2) - z\hat{\sigma}_D \leq \theta_1 - \theta_2 \leq (p_1 - p_2) + z\hat{\sigma}_D$	$\hat{\sigma}_D = \sqrt{\frac{p_1(1-p_1)}{n_1} + \frac{p_2(1-p_2)}{n_2}}$ Für: (2) und (1) mit $n_1/N_1 < 0{,}05$ und $n_2/N_2 < 0{,}05$	•	Normalverteilung **Faustregel:** $n_1 p_1(1-p_1) \geq 9$, $n_2 p_2(1-p_2) \geq 9$	15.2

*) Bei einem Auswahlsatz von $n/N < 0{,}05$ kann der Korrekturfaktor für endliche Gesamtheiten $\sqrt{\frac{N-n}{N-1}}$ $\left(\text{bzw.} \sqrt{\frac{N-n}{N}}\right)$ vernachlässigt werden.

Tab. 15.1: Einige wichtige $(1-\alpha)100\%$-Konfidenzintervalle

15.4. Wünschenswerte Eigenschaften von Schätzfunktionen

Wie wir gesehen haben, besteht das Grundprinzip des statistischen Schätzens darin, daß man – ausgehend von einer oder auch mehreren Stichproben – Aussagen über den (oder auch die) *Parameter* der zugrundeliegenden Grundgesamtheit macht. Hierbei kann entweder ein *Konfidenzintervall* oder ein einzelner *Schätzwert* für den zu bestimmenden Parameter der Grundgesamtheit angegeben werden. *Abweichend von der bisherigen Symbolik* soll in diesem Abschnitt 15.4 der zu schätzende **Parameter** *allgemein mit* θ *bezeichnet* werden, gleichgültig ob es sich um das arithmetische Mittel μ, die Varianz σ^2, den Anteilswert θ oder irgendeinen anderen beliebigen Parameter der Grundgesamtheit handelt.

Die **Schätzfunktion** $\hat{\Theta}$ gibt an, *wie* aus den Ergebnissen einer Stichprobe *ein Schätzwert für* θ *zu bestimmen ist.* Da die Ergebnisse der einzelnen Ziehungen einer Zufallsstichprobe vom Umfang n Zufallsvariable $X_1, \ldots, X_n$ sind (vgl. Abschnitt 13.1), ist die *Schätzfunktion* $\hat{\Theta}$ als Funktion der n Zufallsvariablen ebenfalls eine *Zufallsvariable:*

$$\hat{\Theta} = f(X_1, \ldots, X_n) \ ;$$

für eine *konkrete Stichprobe* $x_1, \ldots, x_n$ liefert sie den *Punktschätzwert*

$$\hat{\theta} = f(x_1, \ldots, x_n) \ .$$

Erwartungswert $E(\hat{\Theta})$ und Varianz $\mathrm{Var}(\hat{\Theta}) = E[[\hat{\Theta} - E(\hat{\Theta})]^2]$ der Schätzfunktion gehen in den sogenannten **mittleren quadratischen Fehler** *(engl.: Mean Square Error, MSE)* $E[(\hat{\Theta} - \theta)^2]$ ein, der ein *Maß für die Güte einer Schätzfunktion* ist. Unter Übertragung des in Abschnitt 4.2 abgeleiteten Verschiebungssatzes auf die Zufallsvariable $\hat{\Theta}$ läßt sich die Beziehung

$$E[(\hat{\Theta} - \theta)^2] = \mathrm{Var}(\hat{\Theta}) + [E(\hat{\Theta}) - \theta]^2$$

herstellen; der Ausdruck $E(\hat{\Theta}) - \theta$ wird als **Verzerrung** (engl.: *bias*) bezeichnet. Es gilt also:

Mittlerer quadratischer Fehler
= *Varianz der Schätzfunktion* + *Quadrat der Verzerrung.*

Diese Beziehung wird bei der Festlegung von *Kriterien* verwendet, die es ermöglichen, aus der Vielzahl der für einen Parameter denkbaren Schätzfunktionen geeignete herauszufinden. **Vier wichtige Kriterien,** nämlich *Erwartungstreue, Effizienz, Konsistenz und Suffizienz* seien im folgenden kurz erläutert:

(1) Erwartungstreue

Eine Schätzfunktion wird dann als **erwartungstreu** (*unverzerrt*, engl.: *unbiased*) bezeichnet, *wenn ihr Erwartungswert mit dem wahren Parameter übereinstimmt*, wenn also

$$E(\hat{\Theta}) = \theta$$

ist, und zwar bei jedem beliebigen Stichprobenumfang n.

In Abbildung 15.1 sind die Dichten dreier Schätzfunktionen dargestellt; $\hat{\Theta}_1$ und $\hat{\Theta}_2$ sind erwartungstreu und $\hat{\Theta}_3$ ist verzerrt.

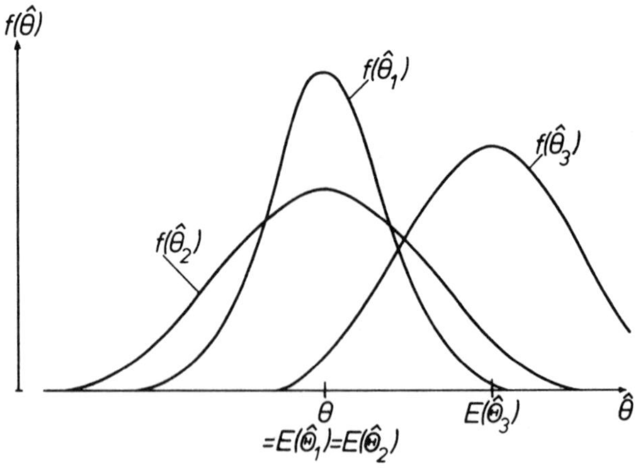

Abb. 15.1: Vergleich einiger Schätzfunktionen

Die drei uns bekannten Schätzfunktionen $\bar{X}$, P und S^2 sollen nun auf ihre Erwartungstreue hin untersucht werden:

1. Für das **arithmetische Mittel** $\bar{X}$ der Stichprobe gilt nach Abschnitt 13.1

   $$E(\bar{X}) = \mu \ ;$$

   $\bar{X}$ ist also eine *erwartungstreue Schätzfunktion* für das arithmetische Mittel μ der Grundgesamtheit.

2. Für den **Anteilswert** P der Stichprobe gilt nach Abschnitt 12.4

   $$E(P) = \theta \ ;$$

   P ist also eine *erwartungstreue Schätzfunktion* für den Anteilswert θ der Grundgesamtheit.

3. Die **Varianz** S^2 der Stichprobe hatten wir in Abschnitt 13.2 als

   $$S^2 = \frac{1}{n-1} \sum_{i=1}^{n} (X_i - \bar{X})^2$$

   definiert.

   a) Liegt das *Modell des Ziehens mit Zurücklegen* vor, sind also alle X_i $(i = 1, \ldots, n)$ unabhängig voneinander, läßt sich zeigen, daß S^2 eine *erwartungstreue Schätzfunktion* für die Varianz σ^2 der Grundgesamtheit ist:

$$E(S^2) = E\left[\frac{1}{n-1} \sum_{i=1}^{n} (X_i - \bar{X})^2\right]$$

$$= \frac{1}{n-1} E\left[\sum_{i=1}^{n} (X_i - \bar{X})^2\right]$$

$$= \frac{1}{n-1} E\left[\sum_{i=1}^{n} [(X_i - \mu) - (\bar{X} - \mu)]^2\right]$$

$$= \frac{1}{n-1} E\left[\sum_{i=1}^{n} [(X_i - \mu)^2 - 2(X_i - \mu)(\bar{X} - \mu) + (\bar{X} - \mu)^2]\right]$$

$$= \frac{1}{n-1} E\left[\sum_{i=1}^{n} (X_i - \mu)^2 - 2(\bar{X} - \mu) \sum_{i=1}^{n} (X_i - \mu) + n(\bar{X} - \mu)^2\right]$$

$$= \frac{1}{n-1} E\left[\sum_{i=1}^{n} (X_i-\mu)^2 - 2n(\bar{X}-\mu)^2 + n(\bar{X}-\mu)^2\right]$$

$$= \frac{1}{n-1} E\left[\sum_{i=1}^{n} (X_i-\mu)^2 - n(\bar{X}-\mu)^2\right]$$

$$= \frac{1}{n-1} \left[\sum_{i=1}^{n} E[(X_i-\mu)^2] - nE[(\bar{X}-\mu)^2]\right].$$

Da nun aber

$$E[(X_i-\mu)^2] = \sigma^2 \quad \text{und}$$

$$E[(\bar{X}-\mu)^2] = \sigma^2_{\bar{X}} = \frac{\sigma^2}{n} \quad \text{ist,}$$

ergibt sich

$$E(S^2) = \frac{1}{n-1}\left[n\sigma^2 - n\frac{\sigma^2}{n}\right]$$

$$= \frac{1}{n-1}\sigma^2(n-1) = \sigma^2$$

b) Liegt das *Modell des Ziehens ohne Zurücklegen* vor, dann ist S^2 *nicht erwartungstreu*; denn hier gilt, wie sich zeigen läßt,

$$E(S^2) = \sigma^2 \frac{N}{N-1}.$$

(2) Effizienz

Vergleicht man *zwei erwartungstreue Schätzfunktionen* miteinander, dann gilt diejenige als **effizienter** *(wirksamer)*, die eine *kleinere Varianz* aufweist. In Abbildung 15.1 ist demnach die Schätzfunktion $\hat{\Theta}_1$ effizienter als die Schätzfunktion $\hat{\Theta}_2$. Existiert unter sämtlichen erwartungstreuen Schätzfunktionen eine, die die *kleinste Varianz* aufweist, dann bezeichnet man diese als **absolut effizient,** oder kurz als **effizient.** $\hat{\Theta}$ ist also dann eine effiziente Schätzfunktion, wenn folgende beiden Bedingungen erfüllt sind:

1. $E(\hat{\Theta}) = \theta$ und
2. $Var(\hat{\Theta}) \leq Var(\hat{\Theta}^*)$, wobei $\hat{\Theta}^*$ jede beliebige andere erwartungstreue Schätzfunktion sein kann.

Wie sich zeigen läßt, ist das **arithmetische Mittel** $\bar{X}$ der Stichprobe beispielsweise im Fall einer normalverteilten Grundgesamtheit eine *effiziente Schätzfunktion* für μ.

(3) Konsistenz

Während bisher bei der Frage nach der Erwartungstreue und der Effizienz von einem *konstanten* Stichprobenumfang ausgegangen wurde, soll jetzt das *Verhalten einer Schätzfunktion bei wachsendem Stichprobenumfang* betrachtet werden.

Man nennt eine *Schätzfunktion* dann **konsistent,** *wenn der von ihr erzeugte Schätzwert bei laufender Vergrößerung des Stichprobenumfangs* ($n \to \infty$ bzw. $n \to N$) *mit dem zu schätzenden Parameter zusammenfällt.* In Abbildung 15.2 sind Wahrscheinlichkeitsverteilungen einer konsistenten Schätzfunktion in Abhängigkeit vom Stichprobenumfang dargestellt.

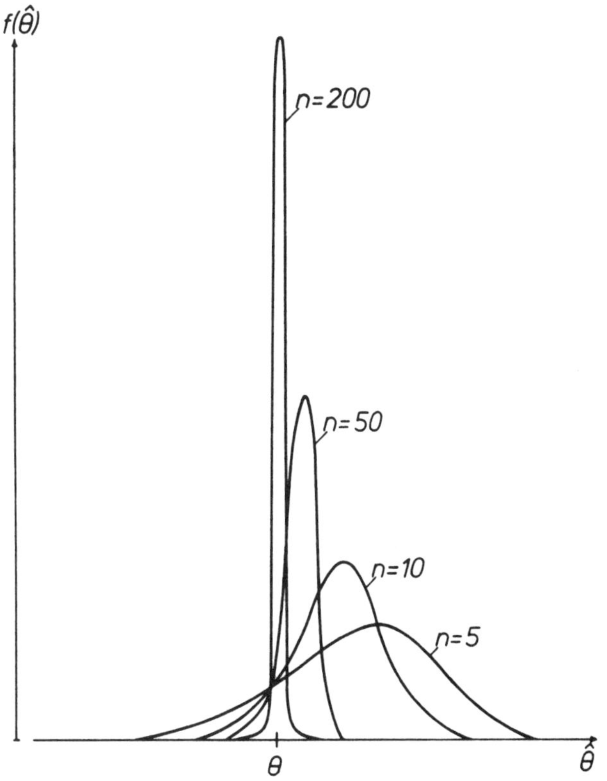

Abb. 15.2: Wahrscheinlichkeitsverteilungen einer konsistenten Schätzfunktion für verschiedene Stichprobenumfänge

Die Konsistenz einer Schätzfunktion läßt sich auch mit Hilfe des *mittleren quadratischen Fehlers* definieren. Man bezeichnet eine Schätzfunktion nämlich dann als konsistent, wenn mit Vergrößerung des Stichprobenumfangs der mittlere quadratische Fehler gegen 0 strebt, wenn also

$$\lim_{n\to\infty} E[(\hat{\Theta} - \theta)^2] = 0$$

ist.

Da die Beziehung

$$E[(\hat{\Theta}-\theta)^2] = Var(\hat{\Theta}) + (E(\hat{\Theta}) - \theta)^2$$

gilt, müssen bei einer konsistenten Schätzfunktion mit wachsendem Stichprobenumfang sowohl Varianz als auch Verzerrung gegen 0 streben.

Die für die **Varianz** σ^2 der Grundgesamtheit naheliegende *Schätzfunktion* $S^{*2} = \frac{1}{n}\sum_{i=1}^{n}(X_i-\bar{X})^2$ ist zwar *konsistent,* aber nicht erwartungstreu; man bevorzugt deshalb die Schätzfunktion

$$S^2 = \frac{1}{n-1}\sum_{i=1}^{n}(X_i-\bar{X})^2.$$

(4) Suffizienz

Eine *Schätzfunktion* wird dann als **suffizient** (*erschöpfend*) bezeichnet, *wenn sie sämtliche Informationen über den zu schätzenden Parameter, welche die Stichprobe enthält, ausschöpft.* Will man etwa das *arithmetische Mittel* μ einer Grundgesamtheit schätzen, dann wäre der *Median* der Stichprobe mit den Merkmalswerten $x_1, \dots, x_n$ *keine* suffiziente Schätzfunktion, da man zu seiner Bestimmung nicht die Merkmalswerte der Stichprobenelemente selbst, sondern lediglich deren *Ordnungsziffern* verwendet.

15.5. Verfahren zur Konstruktion von Schätzfunktionen

Bisher wurde nur beschrieben, welche *Eigenschaften* Schätzfunktionen *aufweisen sollten*; es war aber noch nichts darüber ausgesagt worden, *wie* man Schätzfunktionen *findet*, die den oben genannten Kriterien oder wenigstens einigen von ihnen genügen.

Die *beiden wichtigsten Verfahren* zur Konstruktion von Schätzfunktionen sind die auf *C. F. Gauß* (1777–1855) zurückgehende **Methode der kleinsten Quadrate** *(Methode der kleinsten Quadratsumme, Kleinste-Quadrate-Schätzung, KQS)* und die von *R. A. Fisher* (1890 bis 1962) entwickelte **Maximum-Likelihood-Methode** *(Größte-Dichte-Methode, Maximum-Likelihood-Schätzung, MLS)*.

Während auf die *Methode der kleinsten Quadrate* erst in einem späteren Kapitel im Rahmen der Regressionsanalyse eingegangen werden wird, soll die grundsätzliche Vorgehensweise bei **Maximum-Likelihood-Schätzungen** an einem einfachen *Beispiel* veranschaulicht werden:

Aus einem größeren Fertigungslos von Mikroprozessoren werde eine Stichprobe von $n = 5$ Stück mit Zurücklegen gezogen und geprüft. Dabei mögen sich $x = 2$ Stück als untauglich erweisen, so daß der Fehleranteil in der Stichprobe $p = x/n = 0{,}4$ beträgt. Wenn der Fehleranteil θ der Grundgesamtheit bekannt ist, kann die Wahrscheinlichkeit für $p = 0{,}4$ mit Hilfe der Binomialverteilung berechnet werden. Wir stellen uns nun vor, daß Stichproben aus den Grundgesamtheiten Nr. 1,2,3, ... mit unterschiedlichen Fehleranteilen von z. B. $\theta_1 = 0$, $\theta_2 = 0{,}1$, $\theta_3 = 0{,}2$, ... gezogen worden sind und berechnen für jede dieser Grundgesamtheiten die Wahrscheinlichkeit dafür, daß eine Stichprobe mit einem Fehleranteil von $p = 0{,}4$ auftritt. Als **ML-Schätzwert** *für das unbekannte* θ verwenden wir dann einfach *dasjenige* θ, *bei dem unser beobachtetes Stichprobenergebnis die größte Wahrscheinlichkeit (größte „Mutmaßlichkeit“, maximum likelihood)* besitzt.

Da unsere Stichprobe mit Zurücklegen gezogen wird, ist X, die Anzahl der fehlerhaften Stücke in der Stichprobe, wie wir aus Abschnitt 9.3 wissen, **binomialverteilt,** so daß

$$W(X = x) = f_B(x/n;\theta) = \binom{n}{x}\theta^x(1-\theta)^{n-x} \quad \text{oder}$$

$$W(X = 2) = \binom{5}{2}\theta^2(1-\theta)^3$$

gilt. In Tabelle 15.2 sind für einige Werte von θ die entsprechenden Wahrscheinlichkeiten zusammengestellt.

θ	$L(\theta) = W(X = 2/\theta)$
0,0	0,0
0,1	0,0729
0,2	0,2048
0,3	0,3087
0,4	**0,3456**
0,5	0,3125
0,6	0,2304
0,7	0,1323
0,8	0,0512
0,9	0,0081
1,0	0,0

Tab. 15.2: Die Wahrscheinlichkeit, bei $n = 5$ *gezogenen Stücken genau* $x = 2$ *fehlerhafte Stücke zu finden, in Abhängigkeit vom Fehleranteil* θ *der Grundgesamtheit*

In unserem Beispiel liegt die *maximale Wahrscheinlichkeit* $W(X = 2/\theta)$ bei einem Fehleranteil von $\theta = 0{,}4$ der Grundgesamtheit; der *Maximum-Likelihood-Schätzwert* $\hat{\theta}$ für den unbekannten Anteilswert der Grundgesamtheit ist also gleich dem Stichprobenanteilswert p

$$\hat{\theta} = p = 0{,}4 \ .$$

Bei der Berechnung der einzelnen Wahrscheinlichkeiten waren n und x fest vorgegeben und θ variabel. *Die Funktion, bei der der Parameter der Grundgesamtheit die Variable ist,* wird als **Likelihood-Funktion** $L(\theta)$ bezeichnet. Sie lautet in unserem Beispiel allgemein

$$L(\theta) = \binom{n}{x}\theta^x(1-\theta)^{n-x} .$$

Der **Maximum-Likelihood-Schätzwert** $\hat{\theta}$ ist also *derjenige Wert von* θ, *der die Likelihood-Funktion maximiert.*

Zur Bestimmung eines Maximums von $L(\theta)$ ist nach den Regeln der Differentialrechnung die erste Ableitung von $L(\theta)$ zu bilden und diese Null zu setzen:

$$\frac{dL(\theta)}{d\theta} = 0 \ .$$

Aus *rechentechnischen Gründen maximiert man allerdings meist nicht die Likelihood-Funktion* $L(\theta)$ *selbst, sondern ihren (natürlichen) Logarithmus* $\ln L(\theta)$. Da dieser eine streng monotone Transformation ist, nimmt die Funktion $\ln L(\theta)$ an der gleichen Stelle ihr Maximum an wie die ursprüngliche Funktion $L(\theta)$.

Bei unserem Beispiel lautet der Logarithmus der Likelihood-Funktion

$$\ln L(\theta) = \ln\binom{n}{x} + x\ln\theta + (n-x)\ln(1-\theta) \ .$$

Die erste Ableitung dieser Funktion ergibt sich nach den Regeln der Differentialrechnung zu

$$\frac{d\ln L(\theta)}{d\theta} = \frac{x}{\theta} - \frac{n-x}{1-\theta} \ ;$$

setzt man diese gleich 0, dann erhält man folgende *Bestimmungsgleichung* für den Maximum-Likelihood-Schätzwert $\hat{\theta}$:

$$\frac{x}{\hat{\theta}} - \frac{n-x}{1-\hat{\theta}} = 0 \; .$$

Daraus ergibt sich

$$x - x\hat{\theta} = n\hat{\theta} - x\hat{\theta}$$

oder

$$\hat{\theta} = \frac{x}{n} = p \; .$$

Weiterhin läßt sich zeigen, daß für $\theta = x/n$ die *zweite Ableitung negativ* wird und daß damit an dieser Stelle ein *Maximum der Likelihood-Funktion* liegt. Die *Zufallsvariable* P *stellt also die ML-Schätzfunktion für* θ dar.

Ohne Beweis sei noch erwähnt, daß der Maximum-Likelihood-Schätzwert für den Parameter μ der **Poissonverteilung** das *arithmetische Mittel der Stichprobe* $\bar{x}$ ist:

$$\hat{\mu} = \bar{x} = \frac{1}{n} \sum_{i=1}^{n} x_i \; ;$$

die Zufallsvariable $\bar{X}$ stellt also die ML-Schätzfunktion für μ dar.

Bei der **Normalverteilung** ergibt sich für das *arithmetische Mittel* μ ebenfalls als Maximum-Likelihood-Schätzwert das *arithmetische Mittel der Stichprobe* $\bar{x}$:

$$\hat{\mu} = \bar{x} = \frac{1}{n} \sum_{i=1}^{n} x_i \; .$$

Als Schätzwert für die *Varianz* σ^2 ergibt sich nach der Maximum-Likelihood-Methode *der verzerrte, aber konsistente Schätzwert*

$$\hat{\sigma}^2 = \frac{1}{n} \sum_{i=1}^{n} (x_i - \bar{x})^2 \; .$$

15.6. Ausgewählte Literatur

Kohler, Heinz, Essentials of Statistics, Glenview (Ill.), London, Boston 1988.

Krug, Walter, Martin Nourney, Jürgen Schmidt, Wirtschafts- und Sozialstatistik. Gewinnung von Daten (6.,völl. neu bearb. u. erw. Aufl.). München, Wien 2001.

Romano, Albert, Applied Statistics for Science and Industry. Boston, London, Sydney, Toronto 1977.

Walpole, Ronald E., Introduction to Statistics (3rd ed.). New York, London 1982.

Wonnacott, Thomas H., Ronald J. Wonnacott, Introductory Statistics (5th ed.). New York, Chichester, Brisbane usw. 1990.

Aufgaben zu Kapitel 15

15.1 Bei der Überprüfung zweier Abfüllmaschinen Nr. 1 und Nr. 2 liefern zwei Stichproben vom Umfang $n_1 = n_2 = 50$ aus der laufenden Produktion beider Maschinen ein durchschnittliches Füllgewicht von $\bar{x}_1 = 810$ g bei einer Standardabweichung von $s_1 = 4$ g bzw. ein durchschnittliches Füllgewicht von $\bar{x}_2 = 808$ g bei einer Standardabweichung von $s_2 = 2$ g. Man bestimme ein 95%-Konfidenzintervall für die Differenz der durchschnittlichen Füllgewichte $\mu_1 - \mu_2$.

15.2 Der mögliche Qualitätsunterschied zweier Batteriesorten 1 und 2 soll auf Stichprobenbasis geprüft werden. Dazu nimmt man aus einer Lieferung der Batteriesorte 1 eine Stichprobe im Umfang $n_1 = 12$, die eine durchschnittliche Lebensdauer von $\bar{x}_1 = 104$ Std. bei einer Standardabweichung von $s_1 = 5$ Std. besitzt; eine Stichprobe im Umfang $n_2 = 9$ aus einer Lieferung der Batteriesorte 2 führt zu einer durchschnittlichen Lebensdauer von $\bar{x}_2 = 98$ Std. bei einer Standardabweichung von $s_2 = 4$ Std. Man bestimme ein 95%-Konfidenzintervall für die Differenz $\mu_1 - \mu_2$, und zwar unter der Annahme, daß beide Stichproben aus normalverteilten Grundgesamtheiten stammen.

15.3 Ein Lebensmittelgroßmarkt erhält von zwei Lieferanten zwei sehr große Lieferungen von Obstkonserven. Aus jeder Lieferung werden je 100 Dosen zufällig ausgewählt und überprüft; dabei sind aus der ersten Lieferung 24 Dosen und aus der zweiten Lieferung 13 Dosen von minderer Qualität. Berechnen Sie ein 90%-Konfidenzintervall für die Differenz $\theta_1 - \theta_2$ zwischen den Anteilen von Dosen minderer Qualität.

15.4 Eine Zufallsvariable X habe den Erwartungswert $E(X) = \mu$ und die Varianz $Var(X) = \sigma^2$; M sei eine beliebige Konstante. Man zeige, daß folgende Beziehung gilt:

$$E\left[(X-M)^2\right] = \sigma^2 + (\mu - M)^2 \; .$$

Kapitel 16: Testverfahren I (Parametertests)

16.1. Einführung

Ebenso wie die in den vorangegangenen Kapiteln besprochenen *Schätzverfahren* basieren auch die **Testverfahren** *(Prüfverfahren)* auf der Stichprobentheorie. Im Rahmen der Schätzverfahren haben wir uns mit der Frage beschäftigt, wie man mit Hilfe von Zufallsstichproben unbekannte Parameter von Grundgesamtheiten *schätzen* kann. Im Rahmen der Testverfahren soll nun die Frage behandelt werden, wie man mit Hilfe von Zufallsstichproben *testen (überprüfen)* kann, ob bestimmte **Hypothesen** *(Annahmen, Behauptungen)* über unbekannte Grundgesamtheiten richtig oder falsch sind. Ein **statistischer Test** ist also ein *Verfahren, mit dessen Hilfe sich bestimmte Hypothesen auf ihre Richtigkeit hin überprüfen lassen.* Man unterscheidet zwei Arten von Hypothesen, nämlich

1. Hypothesen über unbekannte *Parameter* einer Grundgesamtheit *(Parameterhypothesen)*, die mit sogenannten **Parametertests** überprüft werden, und
2. Hypothesen über die unbekannte *Verteilungsform* einer Grundgesamtheit *(Verteilungshypothesen)*, die mit sogenannten **Verteilungstests** überprüft werden.

Während die *Verteilungstests*, zu denen beispielsweise der Chi-Quadrat-Anpassungstest gehört, erst in einem späteren Kapitel behandelt werden sollen, wollen wir nun die *Parametertests* besprechen.

16.2. Konzeption von Parametertests

An folgendem *Beispiel* soll zunächst erläutert werden, welche verschiedenen **Formulierungen für Parameterhypothesen** möglich sind: Der Fabrikant eines Massenartikels behauptet gegenüber einem Abnehmer, der *Ausschußanteil* θ in einer von ihm angebotenen Lieferung betrage genau 0,10 bzw. 10%. In der Terminologie der Testtheorie stellt er mit dieser Behauptung die sogenannte **Nullhypothese** (*Ausgangshypothese*, H_0)

$$H_0: \theta = 0{,}10$$

auf. Da sich H_0 hier nur auf einen *einzigen Wert*, nämlich $\theta_0 = 0{,}10$, bezieht, ist sie eine sogenannte **einfache Hypothese** *(Punkthypothese, konkretisierte Hypothese)*. Würde der Fabrikant beispielsweise behaupten, der Ausschußanteil betrage *höchstens* 0,10, dann gälte $\theta_0 \leq 0{,}10$ und es läge eine **zusammengesetzte Hypothese** *(Bereichshypothese, nicht konkretisierte Hypothese)* vor.

Die Beantwortung der Frage, ob die Nullhypothese richtig oder falsch ist, erfolgt mit Hilfe eines *statistischen Tests.* Bevor der Aufbau solcher Tests behandelt wird, wollen wir uns aber zunächst überlegen, welche Möglichkeiten zur Formulierung einer **Alternativhypothese** (*Gegenhypothese*, H_A, H_1) zur Nullhypothese $H_0: \theta = 0{,}10$ vorhanden sind. Die vielen denkbaren Alternativhypothesen sollen wie folgt *klassifiziert werden:*

(1) **Einfache Alternativhypothesen:**

Beispielsweise $H_A: \theta = 0{,}20$ (Gegenannahme: Ausschußanteil beträgt 0,20)

(2) **Zusammengesetzte Alternativhypothesen:**

a) *Einseitige Fragestellung* (Überprüfung durch *„einseitigen Test"*)

$H_A: \theta < 0{,}10$ (Gegenannahme: Ausschußanteil kleiner als 0,10)

oder

$H_A: \theta > 0{,}10$ (Gegenannahme: Ausschußanteil größer als 0,10)

b) *Zweiseitige Fragestellung* (Überprüfung durch *„zweiseitigen Test"*)

$H_A: \theta \neq 0{,}10$ (Gegenannahme: Ausschußanteil ungleich 0,10, d.h. entweder $\theta < 0{,}10$ oder $\theta > 0{,}10$)

Beispielsweise könnte also der in die Form der Nullhypothese gekleideten Behauptung des Fabrikanten

$$H_0: \theta = 0{,}10$$

vom Abnehmer die in Form der Alternativhypothese gekleidete Gegenbehauptung

$$H_A: \theta = 0{,}20$$

entgegengesetzt werden. Zur Überprüfung dieser Hypothesen wird nun eine *Stichprobe* gezogen, deren Ergebnis eine *Wahrscheinlichkeitsaussage* darüber ermöglichen soll, ob H_0 zutrifft oder nicht zutrifft. Je nachdem, welches konkrete Ergebnis die Stichprobe liefert, wird man H_0 entweder **ablehnen** *(zurückweisen, verwerfen)* oder **nicht ablehnen** *(„annehmen")*.

Die **Ablehnung von H_0** ist nun entweder die *richtige* oder die *falsche Entscheidung:* Wenn der wahre Zustand „H_0 trifft nicht zu" ist, so trifft man die richtige Entscheidung. Wenn hingegen der wahre Zustand „H_0 trifft zu" ist, trifft man die falsche Entscheidung: Man begeht dann einen sogenannten **α-Fehler** *(Fehler 1. Art)*, dem die Wahrscheinlichkeit α (**Signifikanzniveau,** *Irrtumswahrscheinlichkeit)* zugeordnet ist.

Auch die **Nichtablehnung** *(„Annahme")* **von H_0** ist entweder die richtige oder die falsche Entscheidung: Wenn der wahre Zustand „H_0 trifft zu" ist, so trifft man die richtige Entscheidung. Wenn hingegen der wahre Zustand „H_0 trifft nicht zu" ist, trifft man die falsche Entscheidung: Man begeht dann einen sogenannten **β-Fehler** *(Fehler 2. Art)*.

Ziel des Statistikers ist es, das Testverfahren so zu konzipieren, daß die *Wahrscheinlichkeit für den α-Fehler* (hier das *Fabrikantenrisiko*) und auch die für den β-Fehler (hier das *Abnehmerrisiko*) *in vertretbaren Grenzen* gehalten werden.

In unserem Beispiel war die Behauptung $\theta = 0{,}10$ als Nullhypothese H_0 und die Behauptung $\theta = 0{,}20$ als Alternativhypothese H_A formuliert worden; man hätte natürlich auch umgekehrt $H_0: \theta = 0{,}20$ und $H_A: \theta = 0{,}10$ formulieren können. Zu dem Problem, welche Hypothese als H_0 formuliert werden soll, findet man in der Literatur manchmal den Hinweis, daß als *Nullhypothese diejenige Annahme* festgelegt werden soll, *der die größere Bedeutung zukommt.*

Entscheidung	Wahrer Zustand	
	H_0 trifft zu	H_0 trifft nicht zu
H_0 wird nicht abgelehnt	Richtige Entscheidung	β-Fehler (Fehler 2. Art)
H_0 wird abgelehnt	α-Fehler (Fehler 1. Art)	Richtige Entscheidung

Tab. 16.1: Fehler beim Testen von Hypothesen

Bevor wir nun in den nächsten Abschnitten die Testverfahren für bestimmte Parameter, wie beispielsweise für den Anteilswert, das arithmetische Mittel usw. im einzelnen besprechen werden, sei noch darauf hingewiesen, daß es sich der Übersichtlichkeit wegen besonders empfiehlt, jeden Test nach folgendem, *fünf Schritte* umfassenden **Standardschema** zu entwickeln:

1. Aufstellung von Nullhypothese und Alternativhypothese sowie Festlegung des Signifikanzniveaus;
2. Festlegung einer geeigneten Prüfgröße und Bestimmung der Testverteilung bei Gültigkeit der Nullhypothese;
3. Bestimmung des kritischen Bereichs;
4. Berechnung des Wertes der Prüfgröße und
5. Entscheidung und Interpretation.

16.3. Einstichprobentests für den Anteilswert

Ein **Einstichprobentest** ist ein statistischer Test, bei dem die Entscheidung über die Ablehnung (Zurückweisung) oder Nichtablehnung („Annahme") einer Nullhypothese H_0 auf Grund des Ergebnisses *einer einzigen Stichprobe* getroffen wird.

Bei der Behandlung eines Einstichprobentests für den Anteilswert θ wollen wir an das im vorigen Abschnitt 16.2 besprochene *Beispiel* anknüpfen: Ein Fabrikant behauptet, daß bei dem von ihm gelieferten großen Los (der Partie) eines Massenartikels der Ausschußanteil genau $\theta = 0{,}10$ beträgt. In einer zur Qualitätsüberprüfung gezogenen Stichprobe ohne Zurücklegen im Umfang $n = 100$ werden $x = 13$ schlechte Stücke gefunden. Ist damit die Behauptung des Fabrikanten, der Ausschußanteil betrage 0,10, bei einem Signifikationsniveau $\alpha = 0{,}05$ widerlegt? – Die Lösung soll anhand des im Abschnitt 16.2 wiedergegebenen Standardschemas erläutert werden:

(1) Aufstellung von Nullhypothese und Alternativhypothese sowie Festlegung des Signifikanzniveaus

Die Behauptung des Fabrikanten, daß der Ausschußanteil genau $\theta = 0{,}10$ beträgt, stellt die *Nullhypothese* dar, so daß wir

$$H_0 : \theta = \theta_0 = 0{,}10$$

setzen können. Dieser Punkthypothese des Anbieters steht die Bereichshypothese des Abnehmers, der Ausschußanteil sei größer als 0,10, gegenüber. Diese einseitige Fragestellung entspricht der Interessenlage des Abnehmers, da er ja eine Lieferung, die einen kleineren Ausschußanteil enthält, sicher nicht ablehnen wird. Die Alternativhypothese lautet also

$$H_A : \theta > \theta_0 = 0{,}10 .$$

Das *Signifikanzniveau* α ist in unserem Beispiel das vom Fabrikanten zu tragende Risiko, welches darin besteht, daß die richtige Nullhypothese abgelehnt wird; laut Aufgabenstellung soll es $\alpha = 0{,}05$ betragen.

(2) Festlegung einer geeigneten Prüfgröße und Bestimmung der Testverteilung bei Gültigkeit der Nullhypothese

Der zweite Schritt besteht nun darin, eine geeignete **Prüfgröße** (engl.: *test statistic*) und ihre Verteilung, die sogenannte **Testverteilung** zu bestimmen, um davon ausgehend eine Entscheidung über Ablehnung oder Nichtablehnung der H_0 herbeizuführen.

Wir *unterstellen* zunächst, die Behauptung des Fabrikanten sei richtig, die *Nullhypothese treffe* also *zu*. Unter dieser Annahme kann die Stichprobe als aus einer dichotomen Grundgesamtheit (vgl. Abschnitt 12.3) mit dem Anteilswert $\theta_0 = 0{,}10$ gezogen betrachtet werden. Der *Stichprobenanteilswert* P, dessen konkrete Realisation hier $p = x/n = 13/100 = 0{,}13$ beträgt, ist nach Abschnitt 12.4(1) *näherungsweise normalverteilt*, da $n\theta_0(1-\theta_0) \geq 9$ gilt (vgl. Abschnitt 11.2). Sein Erwartungswert ist

$$E(P) = \theta_0 = 0{,}10$$

und seine Varianz

$$\mathrm{Var}(P) = \sigma_P^2 = \frac{\theta_0(1-\theta_0)}{n} \, \frac{N-n}{N-1} .$$

Da der Losumfang N als sehr groß angesehen werden kann, so daß $n/N < 0{,}05$ ist, gilt näherungsweise

$$\sigma_P^2 = \frac{\theta_0(1-\theta_0)}{n} = \frac{0{,}10 \cdot 0{,}90}{100} = 0{,}0009$$

bzw. $\sigma_P = \sqrt{0{,}0009} = 0{,}03$.

Bei Gültigkeit von H_0 ergibt sich für die *Zufallsvariable* P also die in Abbildung 16.1 dargestellte *Stichprobenverteilung*.

Als **Prüfgröße** *des Tests* verwendet man zweckmäßigerweise nicht P, sondern die standardisierte Zufallsvariable Z, wobei der Übersichtlichkeit wegen auf die Berücksichtigung der Stetigkeitskorrektur (vgl. Abschnitte 11.1 und 11.2) verzichtet wird:

$$Z = \frac{P - \theta_0}{\sigma_P} = \frac{P - \theta_0}{\sqrt{\dfrac{\theta_0(1-\theta_0)}{n}}} .$$

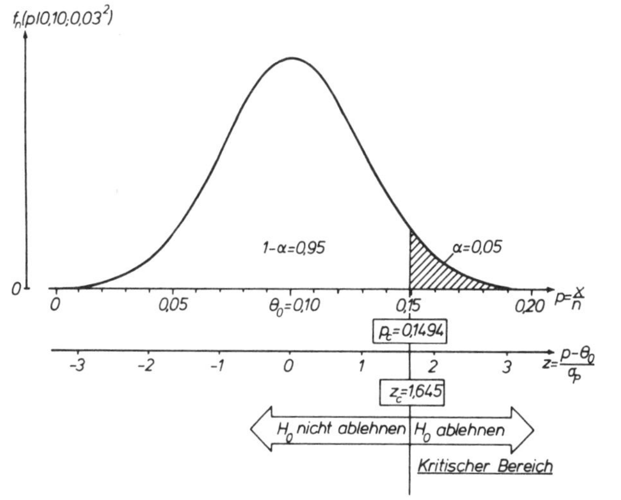

Abb. 16.1: Stichproben- und Testverteilung sowie kritischer Bereich

Z ist standardnormalverteilt, so daß also bei unserem Test die *Stichprobenverteilung der Prüfgröße*, die sogenannte **Testverteilung** *(Prüfverteilung)* die *Standardnormalverteilung* ist. Die Prüfgröße Z ist in Abbildung 16.1 auf der unteren Abszisse aufgetragen. Das Bild der Testverteilung stimmt mit dem der Stichprobenverteilung von P überein.

(3) Bestimmung des kritischen Bereichs

Das Signifikanzniveau, d. h. die Wahrscheinlichkeit eines α-Fehlers (hier das sogenannte Fabrikantenrisiko), ist mit $\alpha = 0{,}05$ vorgegeben. Dies bedeutet, daß man in *durchschnittlich* 5% *aller Fälle* bereit wäre, die *richtige Nullhypothese* zugunsten der *falschen Alternativhypothese* zu verwerfen. Wie man in der Tabelle der Standardnormalverteilung nachschlagen kann, entspricht einem $\alpha = 0{,}05$ bei einseitiger Fragestellung ein $z = 1{,}645$. Diesen dem Signifikanzniveau α zugeordneten z-Wert bezeichnet man in der Testtheorie als **kritischen Wert** und gibt ihm das Symbol z_c. Er trennt den **kritischen Bereich** *(Ablehnungsbereich, Rückweisungsbereich)* für H_0 vom **Nichtablehnungsbereich** („Annahme"-bereich) für H_0 (vgl. Abbildung 16.1).

Eine *konkrete* Stichprobe liefert also den Wert p und damit den Wert der Prüfgröße

$$z = \frac{p - \theta_0}{\sqrt{\dfrac{\theta_0(1-\theta_0)}{n}}}$$

Ist $z > z_c$, dann wird die Nullhypothese abgelehnt; man sagt auch, daß der Test zu einem **signifikanten** *Ergebnis* geführt habe. Ist $z \leq z_c$, dann kann die Nullhypothese nicht abgelehnt werden, das Testergebnis ist also **nicht signifikant.**

(4) Berechnung des Wertes der Prüfgröße

Beim nächsten Schritt wird nun der **konkrete Wert** z *der Prüfgröße* berechnet; er ist in unserem Beispiel

$$z = \frac{p - \theta_0}{\sqrt{\dfrac{\theta_0(1-\theta_0)}{n}}}$$

$$= \frac{0{,}13 - 0{,}10}{0{,}03} = 1 \; .$$

(5) Entscheidung und Interpretation

Der von uns berechnete Wert $z = 1$ fällt in den *Nichtablehnungsbereich* („Annahme"bereich) von H_0. Das Stichprobenergebnis berechtigt uns also nicht, H_0 und damit die Behauptung des Fabrikanten, der Ausschußanteil betrage 10%, als unrichtig abzulehnen. Es wäre andererseits aber falsch, das Stichprobenergebnis dahingehend zu interpretieren, daß H_0 und damit die Behauptung des Fabrikanten *richtig* sei, da man ja das gleiche Stichprobenergebnis auch bei einem Anteilswert von $\theta = 0{,}15$ oder $\theta = 0{,}20$ usw. hätte erhalten können. Eine *sichere* „Annahme" von H_0 ist also nicht möglich; es ist lediglich die Aussage erlaubt, daß das *Stichprobenergebnis mit der Behauptung des Fabrikanten „nicht in Widerspruch"* steht, die beobachtete Abweichung zwischen p und θ_0 also möglicherweise noch dem Zufall zuzuschreiben ist.

Die *Entscheidung* hätte *auch anhand des* **kritischen Anteilswertes** p_c erfolgen können: Aus der Beziehung

$$z_c = \frac{p_c - \theta_0}{\sigma_P}$$

findet man

$$p_c = \theta_0 + z_c \cdot \sigma_P$$
$$= 0{,}10 + 1{,}645 \cdot 0{,}03$$
$$= 0{,}1494 \; .$$

Ist $p > 0,\ 1494$, wird die Nullhypothese abgelehnt, ist $p \leq 0{,}1494$, wird sie dagegen nicht abgelehnt. Da in unserem Beispiel $p = 0{,}13$ beträgt, kann die Nullhypothese also nicht abgelehnt werden. – In der statistischen Qualitätskontrolle wird anstelle von p_c auch oft die sogenannte **Annahmekennzahl** $c = x_c = p_c \cdot n$ verwendet; sie gibt an, *wieviele schlechte Stücke in der Stichprobe höchstens sein dürfen, damit das Los angenommen wird.* Hier wäre also $c = 0{,}1494 \cdot 100 = 14{,}94$; damit wählt man als Annahmezahl $c = 15$.

In unserem Beispiel hatten wir ein Hypothesenpaar vom Typ

$$H_0 : \theta = \theta_0$$
$$H_A : \theta > \theta_0$$

getestet. Würde der Fabrikant behaupten, der *Ausschußsatz* betrage *höchstens* $\theta_0 = 0{,}10$, dann wäre *auch* die **Nullhypothese** H_0 keine Punkt-, sondern – wie H_A – eine **Bereichshypothese.** Es wäre also

$$H_0 : \theta \leq \theta_0 \quad \text{gegen}$$
$$H_A : \theta > \theta_0$$

zu prüfen. Bei der oben abgeleiteten Entscheidungsregel, H_0 für $z > 1{,}645$ zu verwerfen, wäre das Signifikanzniveau des Tests nur für $\theta = \theta_0$ genau $\alpha = 0{,}05$. Für jeden anderen möglichen Wert $\theta < \theta_0$ wäre $\alpha < 0{,}05$ (vgl. Abbildung 16.2). Das Signifikanzniveau α ist in diesem Fall als *maximales* Signifikanzniveau aufzufassen.

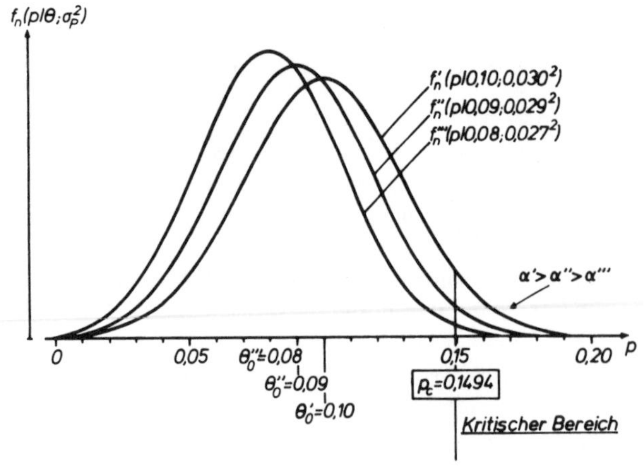

Abb. 16.2: Test einer Bereichshypothese gegen eine andere Bereichshypothese

Kehren wir nochmals zu unserem Beispiel zurück, so ist der in der Stichprobe gefundene Ausschußanteil $p = 0{,}13$ ein Zufallsergebnis. Bei $\theta = 0{,}10$ hätte man mit der gleichen Wahrscheinlichkeit auch ein $p = 0{,}07$ finden können. Die Tatsache, daß wir einen *einseitigen Test* durchführten, leitete sich deshalb *nicht* etwa *vom zufälligen Ergebnis der Stichprobe* ab, sondern allein aus der speziellen mit unserem Test zu beantwortenden Problemstellung. Sollten Abweichungen zwischen θ und θ_0 nicht nur in einer Richtung, sondern nach links *oder* rechts von Interesse sein, so testet man die Nullhypothese

$$H_0 : \theta = \theta_0 \quad \text{gegen}$$
$$H_A : \theta \neq \theta_0 \;;$$

es liegt dann ein *zweiseitiger Test* vor. Für das spezielle *Beispiel* der Wertekombination $\theta_0 = 0{,}10$, $\alpha = 0{,}05$ und $n = 100$ sind Testverteilung und kritischer Bereich in Abbildung 16.3 wiedergegeben. Bei der zweiseitigen Fragestellung betragen die *kritischen Werte* $z_c^u = -1{,}96$ und $z_c^o = +1{,}96$ bzw.

$$p_c^u = \theta_0 + z_c^u \cdot \sigma_P = 0{,}1 - 1{,}96 \cdot 0{,}03 = 0{,}0412$$

und

$$p_c^o = \theta_0 + z_c^o \cdot \sigma_P = 0{,}1 + 1{,}96 \cdot 0{,}03 = 0{,}1588\,.$$

Wie aus Abbildung 16.3 ersichtlich ist, besteht der *kritische Bereich* für H_0 aus zwei nicht zusammenhängenden Teilbereichen.

Sollte in unserem Beispiel der Behauptung des Fabrikanten $\theta_0 = 0{,}10$ die konkretisierte Behauptung des Abnehmers $\theta_A = 0{,}20$ entgegenstehen, so wären die *beiden Punkthypothesen*

$$H_0 : \theta = \theta_0 = 0{,}10 \quad \text{und}$$
$$H_A : \theta = \theta_A = 0{,}20$$

gegeneinander zu testen.

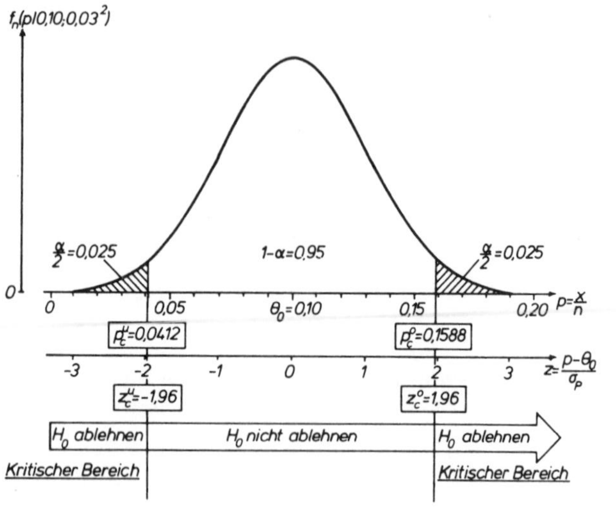

Abb. 16.3: Testverteilung und kritischer Bereich bei einem zweiseitigen Test

Die beiden Testverteilungen, nämlich die Testverteilung bei Gültigkeit von H_0 und diejenige bei Gültigkeit von H_A sowie die kritischen Bereiche sind in Abbildung 16.4 dargestellt.

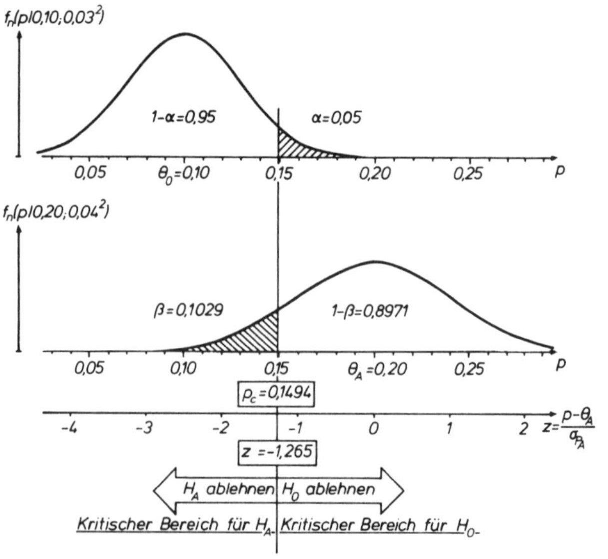

Abb. 16.4: Testverteilungen und kritische Bereiche für den Test $H_0 : \theta = 0{,}10$ *gegen* $H_A : \theta = 0{,}20$

Träfe H_A zu, dann wäre der Stichprobenanteilswert P normalverteilt mit dem Erwartungswert $E(P) = \theta_A = 0{,}20$ und der Varianz

$$\sigma_{P_A}^2 = \frac{\theta_A(1-\theta_A)}{n} = \frac{0{,}20 \cdot 0{,}80}{100} = 0{,}0016$$

bzw.

$$\sigma_{P_A} = \sqrt{0{,}0016} = 0{,}04\,.$$

Mit dem zum Signifikanzniveau $\alpha = 0{,}05$ berechneten kritischen Anteilswert $p_c = 0{,}1494$ läßt sich nun die **Wahrscheinlichkeit eines β-Fehlers** *berechnen*, also die Wahrscheinlichkeit dafür, daß die in Wahrheit richtige Alternativhypothese abgelehnt wird. Wie aus Abbildung 16.4 hervorgeht, ist

$$z = \frac{p_c - \theta_A}{\sigma_{p_A}} = \frac{0{,}1494 - 0{,}20}{0{,}04} = -1{,}265 \; ;$$

damit ergibt sich $\beta = F_N(-1{,}265) = 0{,}1029$.

Wie aus Abbildung 16.4 weiter hervorgeht, könnte β (hier das Abnehmerrisiko) *bei gegebenen Stichprobenumfang* n nur bei *gleichzeitiger Erhöhung von* α (hier des Fabrikantenrisikos) *gesenkt* werden.

Eine **Erhöhung des Stichprobenumfanges** n würde zu Testverteilungen geringerer Varianz und damit bei unveränderten kritischen Bereichen zu einer *gleichzeitigen Verminderung beider Fehlerrisiken* α *und* β führen.

16.4. Operationscharakteristik und Macht eines Tests

In Abschnitt 16.3 war für die konkretisierte Alternativhypothese

$$H_A : \theta = \theta_A = 0{,}20$$

ein $\beta = 0{,}1029$ berechnet worden, und zwar für $\alpha = 0{,}05$, $\theta_0 = 0{,}10$ und $n = 100$. *Für andere Werte von* θ_A würden sich ceteris paribus auch *andere Werte für* β ergeben. In Abbildung 16.5 sind für verschiedene Werte von θ_A die Stichprobenverteilungen und die resultierenden Werte von β dargestellt: Je kleiner die Differenz $\theta_A - \theta_0$ ist, desto größer sind ceteris paribus die Werte für β.

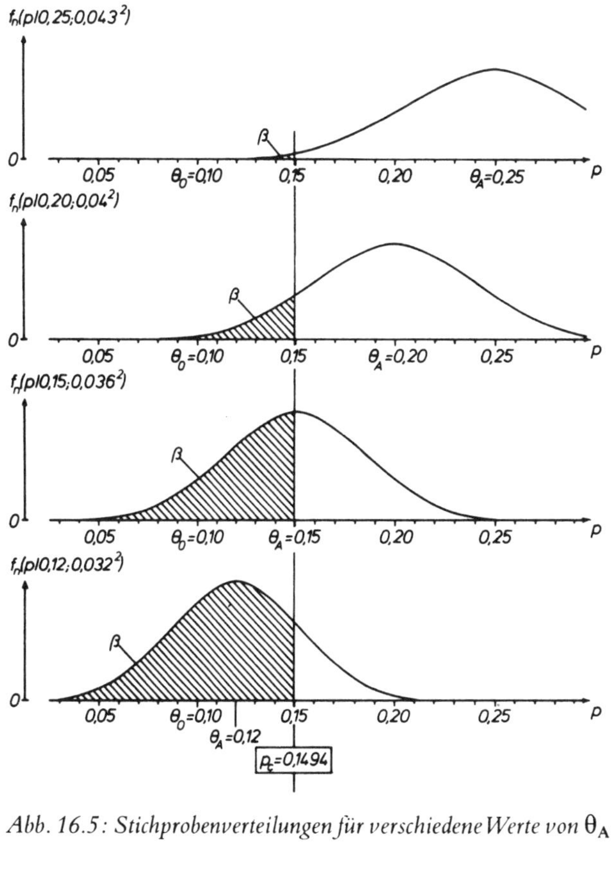

Abb. 16.5: Stichprobenverteilungen für verschiedene Werte von θ_A

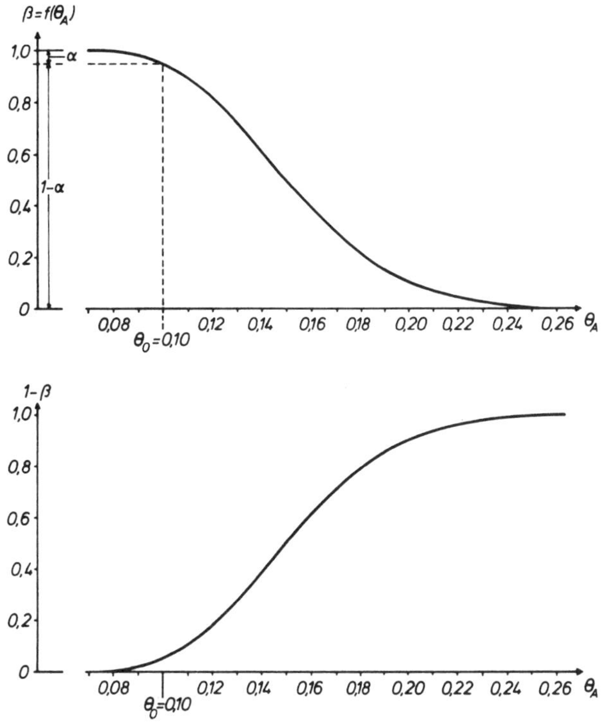

Abb. 16.6: OC-Kurve und Macht eines Tests

Die Wahrscheinlichkeit β – ausgedrückt als Funktion von θ_A – also

$$\beta = f(\theta_A)$$

wird als **Operationscharakteristik** *(OC-Kurve, Prüfplankurve)* des Tests bezeichnet (vgl. Abbildung 16.6).

Dagegen heißt die Funktion

$$1 - \beta = 1 - f(\theta_A)$$

Macht *(Gütefunktion*, engl.: *power function)* des Tests (vgl. ebenfalls Abbildung 16.6).

In Abbildung 16.7 sind **OC-Kurven für verschiedene Stichprobenumfänge** eingetragen. Je größer der Stichprobenumfang ist, desto steiler verläuft die OC-Kurve und desto größer ist die **Trennschärfe des Tests:** β war als Wahrscheinlichkeit dafür definiert worden, H_A abzulehnen, obwohl sie in Wirklichkeit zutrifft. Würde also der Ausschußanteil in Wirklichkeit beispielsweise $\theta_A = 0{,}16$ betragen, so wäre die Wahrscheinlichkeit dafür, daß diese Tatsache von unserem Test nicht erkannt würde, d.h. daß die in Wirklichkeit falsche H_0 angenommen würde,

für I: $n_I = 100$ $\quad\beta_I = 0{,}3857$,

für II: $n_{II} = 400$ $\quad\beta_{II} = 0{,}0270$ und

für III: $n_{III} = 1600$ $\quad\beta_{III} < 0{,}0001$.

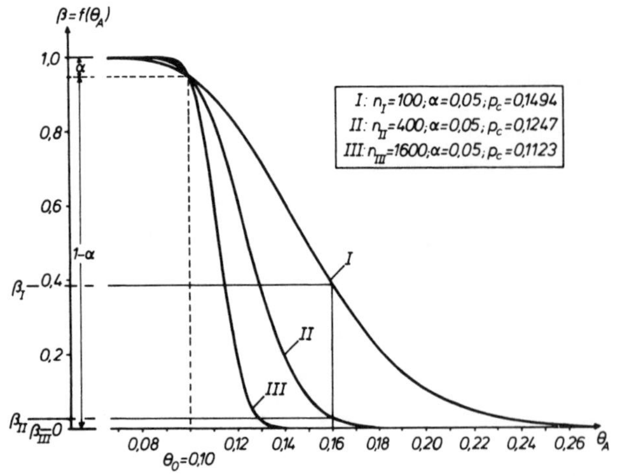

Abb. 16.7: OC-Kurven für verschiedene Stichprobenumfänge

16.5. Ausgewählte Literatur

Kohler, Heinz, Essentials of Statistics, Glenview (III), London, Boston 1988.

Pfaffenberger, Roger C., James H. Patterson, Statistical Methods for Business and Economics (4th ed.). Homewood (Ill.) 1991.

Romano, Albert, Applied Statistics for Science and Industry. Boston, London, Sydney, Toronto 1977.

Vogel, Friedrich, Beschreibende und schließende Statistik (13., korr. u. erw. Aufl.). München 2005.

Wonnacott, Thomas H., Ronald J. Wonnacott, Introductory Statistics for Business and Economics (5th ed.). New York, Chichester, Brisbane usw. 1990.

Aufgaben zu Kapitel 16

16.1 Der Bekanntheitsgrad eines Markenartikels betrug in der Vergangenheit $\theta = 0{,}67$. Nach einer Werbekampagne soll auf Stichprobenbasis geprüft werden, ob er sich verändert hat. In einer Stichprobe von $n = 2000$ Personen kannten $x = 1395$ Personen den Markenartikel. Interpretieren Sie das Ergebnis (Signifikanzniveau $\alpha = 0{,}05$).

16.2 Eine Maschine arbeitete in der Vergangenheit mit einem Ausschußanteil von $\theta = 0{,}26$. Nach einer Generalüberholung soll geprüft werden, ob der Ausschußanteil gesenkt wurde. Von $n = 400$ produzierten Teilen waren $x = 90$ fehlerhaft. Kann damit gefolgert werden, daß der Ausschußanteil tatsächlich gesunken ist (Signifikationsniveau $\alpha = 0{,}05$)?

16.3 Ein Abschlußprüfer ist der Ansicht, daß die Buchführung einer von ihm geprüften Firma als ordnungsmäßig zu betrachten sei, wenn der Prozentsatz fehlerhafter Belege nicht über 1% liegt; erst bei einem Fehlerprozentsatz von mehr als 1% will er die Ordnungsmäßigkeit der Buchführung verwerfen. Aus der als sehr groß angenommenen Grundgesamtheit aller Belege werden nun $n = 200$ zufällig ausgewählte geprüft und $x = 6$ fehlerhafte gefunden. Kann der Abschlußprüfer die Ordnungsmäßigkeit der Buchführung bestätigen (Signifikanzniveau $\alpha \leq 0{,}05$)?

16.4 Berechnen Sie, ausgehend von Abbildung 16.7, eine OC-Kurve für $n = 256$ ($\alpha = 0{,}05$; $\theta_0 = 0{,}10$; $p_c = 0{,}1308$).

Kapitel 17: Testverfahren II (Parametertests)

17.1. Einstichprobentests für das arithmetische Mittel

Bei **Einstichprobentests für das arithmetische Mittel** – wie übrigens auch bei Einstichprobentests für andere Parameter – kann man weitgehend *analog zu den* in Abschnitt 16.3 behandelten *Einstichprobentests für den Anteilswert* vorgehen. Wir werden uns deshalb in diesem Abschnitt – wie auch in den folgenden Abschnitten dieses Kapitels – stets der bereits in Kapitel 16 erarbeiteten testtheoretischen Begriffe bedienen.

Bei den Einstichprobentests für das arithmetische Mittel sollen folgende **zwei Fälle** getrennt behandelt werden:

(1) *Die Varianz der Grundgesamtheit ist bekannt oder wenigstens in guter Näherung bekannt.*
(2) *Die Varianz der Grundgesamtheit ist unbekannt.*

(1) Einstichprobentests für das arithmetische Mittel bei bekannter Varianz der Grundgesamtheit

Wir können hier auf die Ausführungen in Abschnitt 13.1 zurückgreifen, wo wir die Stichprobenverteilung des arithmetischen Mittels bestimmt hatten, und zwar differenziert nach

- *„großen" Stichproben* einerseits und *„kleinen" Stichproben aus normalverteilten Grundgesamtheiten* andererseits sowie nach
- *Entnahme mit Zurücklegen* und *Entnahme ohne Zurücklegen.*

Die Tests unterscheiden sich weiter danach

- ob eine *einseitige Fragestellung* oder eine *zweiseitige Fragestellung* gegeben ist und
- ob eine *Punkthypothese* oder eine *Bereichshypothese* zugrundeliegt.

Aus der *großen Anzahl möglicher Modellkonstellationen* wollen wir nachfolgend nur *eine einzige* herausgreifen und an einem Beispiel erläutern.

Beispiel: Das Durchschnittsgewicht von Masthähnchen lag in der Vergangenheit bei $\mu = 492{,}5$ g bei einer Standardabweichung von $\sigma = 18{,}9$ g. Nach Übergang zu einem neuen Futtermittel liefert eine Stichprobe im Umfang von $n = 81$ ein Durchschnittsgewicht von $\bar{x} = 496{,}3$ g. Kann man aufgrund dieses Stichprobenergebnisses schließen, daß sich das Durchschnittsgewicht in der Grundgesamtheit verändert hat, unter der Annahme einer gleichgebliebenen Standardabweichung σ (Signifikanzniveau $\alpha = 0{,}01$)? – Die Lösung soll anhand des bereits aus Kapitel 16 bekannten, fünf Schritte umfassenden Lösungsschemas durchgeführt werden.

(1) Aufstellung von Nullhypothese und Alternativhypothese sowie Festlegung des Signifikanzniveaus

$$H_0: \mu = 492{,}5 \text{ g}$$

$$H_A: \mu \neq 492{,}5 \text{ g}$$

Das Signifikanzniveau ist mit $\alpha = 0{,}01$ bereits gegeben.

(2) Festlegung einer geeigneten Prüfgröße und Bestimmung der Testverteilung bei Gültigkeit der Nullhypothese

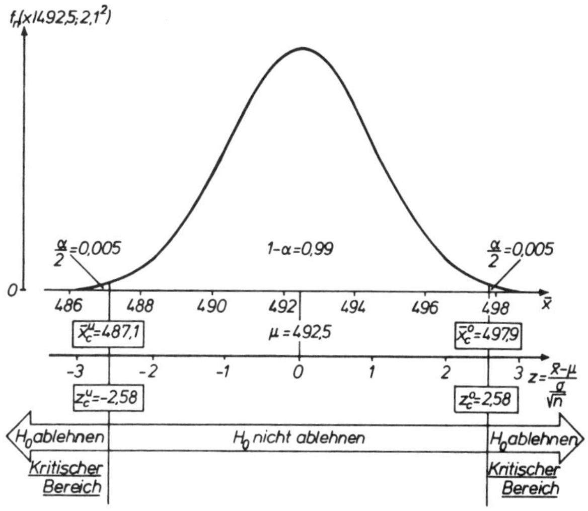

Abb. 17.1: Stichproben- und Testverteilung sowie kritischer Bereich

Bei Gültigkeit von H_0 (vgl. Abschnitt 13.1, (2) Modell *„Ziehen ohne Zurücklegen"*) ist die Zufallsvariable $\bar{X}$ *normalverteilt* mit dem Erwartungswert

$$E(\bar{X}) = \mu = 492{,}5 \text{ g}$$

und der Varianz

$$\operatorname{Var}(\bar{X}) = \sigma_{\bar{X}}^2 = \frac{\sigma^2}{n} \frac{N-n}{N-1} \,.$$

Da der Umfang der *Grundgesamtheit* N hier als *sehr groß* angesehen werden kann, so daß $n/N < 0{,}05$ ist, gilt näherungsweise

$$\sigma_{\bar{X}}^2 = \frac{\sigma_X^2}{n} \quad \text{bzw.} \quad \sigma_{\bar{X}} = \frac{\sigma}{\sqrt{n}} = \frac{18{,}9}{\sqrt{81}} = 2{,}1 \text{ g} \,.$$

Die Zufallsvariable $\bar{X}$ folgt also der in Abbildung 17.1 dargestellten Stichprobenverteilung.

Als Prüfgröße, d. h. als Zufallsvariable, anhand derer die Testentscheidung getroffen werden kann, bietet sich die standardisierte Zufallsvariable

$$Z = \frac{\bar{X}-\mu}{\sigma_{\bar{X}}} = \frac{\bar{X}-\mu}{\dfrac{\sigma}{\sqrt{n}}}$$

an; sie gehorcht der *Standardnormalverteilung* (vgl. untere Abszisse in Abbildung 17.1).

(3) Bestimmung des kritischen Bereichs

Bei der hier vorliegenden *zweiseitigen Fragestellung* und einem *Signifikanzniveau* von $\alpha = 0{,}01$ ergeben sich aus der Tabelle der Standardnormalverteilung die kritischen

Werte, d.h. die Grenzen des Nichtablehnungsbereichs zu

$$z_c^u = -2{,}58 \quad \text{und} \quad z_c^o = 2{,}58 \ ;$$

der absolute Betrag von z_c^u und z_c^o ist hier gleich, so daß wir einfach $|z_c^u| = |z_c^o| = z_c$ setzen können. Liefert also eine konkrete Stichprobe einen Wert von

$$z = \frac{\bar{x} - \mu}{\sigma_{\bar{X}}} \ ,$$

lautet die *Entscheidungsregel:*

Ablehnung von H_0 für $z < -2{,}58$ oder $z > 2{,}58$

d.h. für $|z| > z_c$ und

Nichtablehnung von H_0 für $-2{,}58 \leq z \leq 2{,}58$,

d.h. für $|z| \leq z_c$.

(4) Berechnung des Wertes der Prüfgröße

Der konkrete Wert z der Prüfgröße Z ist in unserem Beispiel

$$z = \frac{\bar{x} - \mu}{\sigma_{\bar{X}}} = \frac{496{,}3 - 492{,}5}{2{,}1} = 1{,}81 \ .$$

(5) Entscheidung und Interpretation

Da hier $|z| \leq z_c$ ist, kann H_0 nicht abgelehnt werden. Es kann also angenommen werden, daß das neue Futtermittel zu keiner Veränderung des Durchschnittsgewichtes geführt hat.

(2) Einstichprobentests für das arithmetische Mittel bei unbekannter Varianz der Grundgesamtheit

Wir wollen jetzt den in der Praxis häufiger anzutreffenden Fall untersuchen, daß bei dem Test des arithmetischen Mittels die *Varianz* σ^2 *der Grundgesamtheit unbekannt* ist. Als Schätzwert $\hat{\sigma}^2$ für die Varianz der Grundgesamtheit verwendet man die Stichprobenvarianz s^2. Bei der Ableitung des Konfidenzintervalls für das arithmetische Mittel bei unbekannter Varianz der Grundgesamtheit war in Abschnitt 14.2, (2) gezeigt worden, daß bei *Vorliegen einer normalverteilten Grundgesamtheit sehr großen Umfangs* die Zufallsvariable

$$T = \frac{\bar{X} - \mu}{\frac{S}{\sqrt{n}}}$$

einer *Studentverteilung mit* $\nu = n-1$ *Freiheitsgraden* gehorcht, wobei n wieder den Stichprobenumfang bezeichnet. Unter den oben genannten Voraussetzungen kann T auch als Prüfgröße für die hier zu besprechenden Tests verwendet werden. Da dieser Test also auf der Student- oder t-Verteilung (vgl. Abschnitt 10.5) beruht, gehört er zur Gruppe der sogenannten **t-Tests.** An einem Beispiel soll die typische Vorgehensweise gezeigt werden.

Beispiel: Eine Maschine stellt Plättchen her, deren Dicke *normalverteilt* ist, mit dem Sollwert (Mittelwert) $\mu = 0{,}25$ cm. Eine Stichprobe von $n = 10$ Plättchen liefert ein arithmetisches Mittel von $\bar{x} = 0{,}253$ cm bei einer Standardabweichung von $s = 0{,}003$ cm. Die Hypothese, daß die Maschine noch exakt arbeitet, ist auf einem Signifikanzniveau von $\alpha = 0{,}05$ zu überprüfen.

(1) Null- und Alternativhypothese sowie Signifikanzniveau

$$H_0: \mu = 0{,}25 \text{ cm}$$
$$H_A: \mu \neq 0{,}25 \text{ cm}$$
$$\alpha = 0{,}05 \ .$$

(2) Prüfgröße und Testverteilung

Die Prüfgröße

$$T = \frac{\bar{X} - \mu}{\frac{S}{\sqrt{n}}}$$

ist studentverteilt mit $\nu = n-1 = 9$ Freiheitsgraden.

(3) Kritischer Bereich

Bei zweiseitiger Fragestellung und einem Signifikanzniveau von $\alpha = 0{,}05$ liefert die Tabelle der Studentverteilung für $\nu = 9$ Freiheitsgrade den kritischen Wert $t_c = 2{,}262$ und damit

$$t_c^u = -t_c = -2{,}262 \quad \text{und} \quad t_c^o = t_c = 2{,}262 \ .$$

Für $t = \frac{\bar{x} - \mu}{s/\sqrt{n}} < -2{,}262$ oder

$t > 2{,}262$, d.h. $|t| > t_c$, wird H_0 abgelehnt;

für $-2{,}262 \leq t \leq 2{,}262$, d.h. $|t| \leq t_c$,
kann H_0 nicht abgelehnt werden (vgl. Abbildung 17.2).

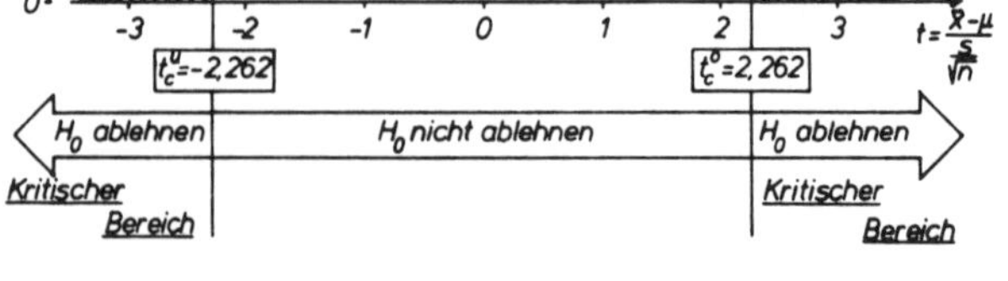

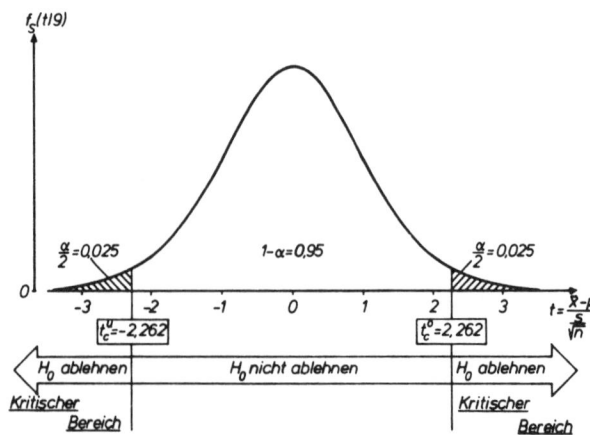

Abb. 17.2: Testverteilung und kritischer Bereich

(4) Berechnung der Prüfgröße

Es ist

$$t = \frac{\bar{x} - \mu}{s/\sqrt{n}} = \frac{0{,}253 - 0{,}25}{0{,}003/\sqrt{10}} = 3{,}162 \ .$$

(5) Entscheidung und Interpretation

Da hier $|t| > t_c$ ist, wird die Nullhypothese abgelehnt; man kann also davon ausgehen, daß die Maschine nicht mehr exakt arbeitet.

Die *Prüfgröße* T ist *asymptotisch standardnormalverteilt.* Man kann deshalb für große Stichprobenumfänge ($n > 30$) als Testverteilung die Standardnormalverteilung heranziehen.

17.2. Einstichprobentests für die Varianz

Bei Vorliegen einer *normalverteilten Grundgesamtheit* war nach Abschnitt 13.2 die Zufallsvariable

$$U^* = \frac{(n-1)\,S^2}{\sigma^2}$$

chi-quadrat-verteilt mit $\nu = n-1$ *Freiheitsgraden.* σ^2 bezeichnet hier wieder die Varianz der Grundgesamtheit und die Zufallsvariable S^2 die Varianz einer Stichprobe des Umfangs n. Man kann nun U^* als Prüfgröße für Tests, die sich auf die Varianz beziehen, verwenden. In Übereinstimmung mit einem Großteil der statistischen Literatur soll allerdings der *konkretisierte Wert der Prüfgröße* nicht mit u^*, sondern mit χ^2 bezeichnet werden,

$$\chi^2 = \frac{(n-1)\,s^2}{\sigma^2}$$

Beispiel: In der Vergangenheit betrug die Varianz der *normalverteilten Lebensdauer* einer bestimmten Batteriesorte $\sigma^2 = 1{,}1$ Jahre^2. Es soll nun auf Stichprobenbasis geprüft werden, ob sich durch Einführung eines kostengünstigeren Produktionsverfahrens die Varianz der Lebensdauer erhöht. Eine Stichprobe von $n = 25$ nach dem neuen Verfahren gefertigter Batterien liefert eine Varianz von $s^2 = 1{,}6$ Jahre^2 (Signifikanzniveau $\alpha = 0{,}01$).

(1) Null- und Alternativhypothese sowie Signifikanzniveau

$$H_0: \sigma^2 = 1{,}1 \text{ Jahre}^2$$

$$H_A: \sigma^2 > 1{,}1 \text{ Jahre}^2$$

$$\alpha = 0{,}01$$

(2) Prüfgröße und Testverteilung

Die Prüfgröße

$$U^* = \frac{(n-1)\,S^2}{\sigma^2}$$

gehorcht einer Chi-Quadrat-Verteilung mit $\nu = n-1 = 24$ Freiheitsgraden.

(3) Kritischer Bereich

Bei einem Signifikanzniveau von $\alpha = 0{,}01$ und $\nu = 24$ Freiheitsgraden erhält man aus der Tabelle der Chi-Quadrat-Verteilung für die hier vorliegende einseitige Fragestellung den kritischen Wert $\chi^2_c = 42{,}980$.

Für $\chi^2 = \dfrac{(n-1)\,s^2}{\sigma^2} > 42{,}980$ wird H_0 abgelehnt,

für $\chi^2 \leq 42{,}980$ kann H_0 nicht abgelehnt werden (vgl. Abbildung 17.3).

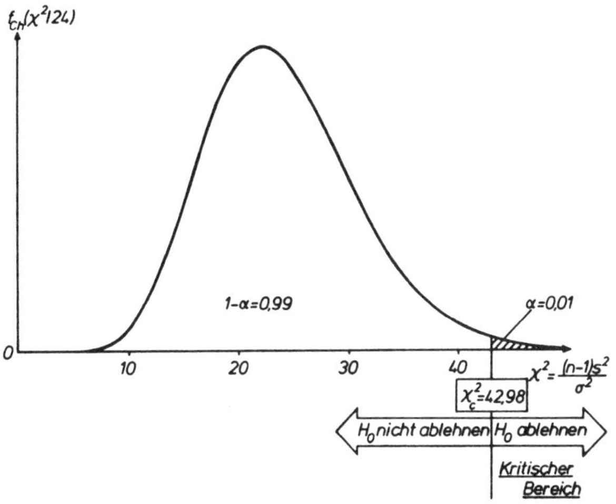

Abb. 17.3: Testverteilung und kritischer Bereich

(4) Berechnung der Prüfgröße

Man findet

$$\chi^2 = \frac{(n-1)\,s^2}{\sigma^2} = \frac{24 \cdot 1{,}6}{1{,}1} = 34{,}91 \; .$$

(5) Entscheidung und Interpretation

Da hier $\chi^2 \leq \chi^2_c$ gilt, kann die Nullhypothese nicht abgelehnt werden, d.h. aus dem Stichprobenergebnis kann nicht auf eine signifikante Erhöhung der Varianz der Grundgesamtheit geschlossen werden.

17.3. Zweistichprobentests für die Differenz zweier arithmetischer Mittel

Der Statistiker steht in der Praxis oft vor Aufgaben folgender Art: Aus *zwei Grundgesamtheiten* liegt je eine Stichprobe des Umfangs n_1 bzw. n_2 vor, die die zwei Stichprobenmittelwerte $\bar{x}_1$ bzw. $\bar{x}_2$ liefern. Es erhebt sich nun die Frage, ob aus einer beobachteten Differenz $d = \bar{x}_1 - \bar{x}_2$ auch auf eine Differenz $\mu_1 - \mu_2$ der arithmetischen Mittel der Grundgesamtheiten geschlossen werden kann.

Aus der Vielzahl möglicher Testsituationen seien nachfolgend lediglich die beiden Fälle (1) und (2) herausgegriffen:

Fall (1)

Modellvoraussetzungen:

a) Die beiden Stichproben sind voneinander unabhängig.
b) Beide Stichproben stammen aus normalverteilten Grundgesamtheiten, oder die beiden Stichprobenumfänge sind

so groß, daß der Zentrale Grenzwertsatz wirksam wird (vgl. Abschnitt 13.3).

c) Die Umfänge der beiden Grundgesamtheiten N_1 und N_2 sind so groß, daß die Korrekturfaktoren für endliche Gesamtheiten vernachlässigt werden können.

d) Die **Varianzen** σ_1^2 und σ_2^2 der beiden Grundgesamtheiten **sind verschieden:** $\sigma_1^2 \neq \sigma_2^2$.

Unter diesen Modellvoraussetzungen ist nach Abschnitt 13.3 die *Zufallsvariable*

$$Z = \frac{(\bar{X}_1 - \bar{X}_2) - (\mu_1 - \mu_2)}{\sqrt{\frac{\sigma_1^2}{n_1} + \frac{\sigma_2^2}{n_2}}}$$

standardnormalverteilt.

Sind σ_1^2 und σ_2^2 unbekannt, so liegt das bislang ungelöste *Behrens-Fisher-Problem* vor. Für große Stichproben ist jedoch die *Zufallsvariable*

$$Z = \frac{(\bar{X}_1 - \bar{X}_2) - (\mu_1 - \mu_2)}{\sqrt{\frac{S_1^2}{n_1} + \frac{S_2^2}{n_2}}}$$

asymptotisch standardnormalverteilt und kann somit bei dem Test der Mittelwertsdifferenzen als *Prüfgröße* verwendet werden. S_1^2 und S_2^2 sind die Stichprobenvarianzen, die als Schätzfunktionen für σ_1^2 und σ_2^2 dienen.

Beispiel: Zwei Übungsgruppen von Studenten, bestehend aus $n_1 = 40$ und $n_2 = 50$ Teilnehmern, wurde eine Klausur gestellt. In der ersten Gruppe wurde eine durchschnittliche Punktzahl von $\bar{x}_1 = 74$ bei einer Standardabweichung von $s_1 = 8$ Punkten, in der zweiten Gruppe eine durchschnittliche Punktzahl von $\bar{x}_2 = 78$ bei einer Standardabweichung von $s_2 = 7$ Punkten erreicht. Es soll geprüft werden, ob ein signifikanter Unterschied zwischen den Klausurergebnissen der beiden Gruppen besteht, wobei das Signifikanzniveau mit $\alpha = 0{,}05$ vorgegeben sei.

(1) Null- und Alternativhypothese sowie Signifikanzniveau

$$H_0: \mu_1 = \mu_2$$

$$H_A: \mu_1 \neq \mu_2$$

$$\alpha = 0{,}05$$

(2) Prüfgröße und Testverteilung

Die Prüfgröße beträgt

$$Z = \frac{\bar{X}_1 - \bar{X}_2}{\sqrt{\frac{S_1^2}{n_1} + \frac{S_2^2}{n_2}}} \; ;$$

sie ist asymptotisch standardnormalverteilt.

(3) Kritischer Bereich

Bei der vorliegenden zweiseitigen Fragestellung und einem Signifikanzniveau von $\alpha = 0{,}05$ erhält man den kritischen Wert $z_c = 1{,}96$. Gilt für den aus den Stichproben berechneten Wert z der Prüfgröße $|z| > 1{,}96$, dann wird H_0 abgelehnt; ist dagegen $|z| \leq 1{,}96$, dann kann H_0 nicht abgelehnt werden.

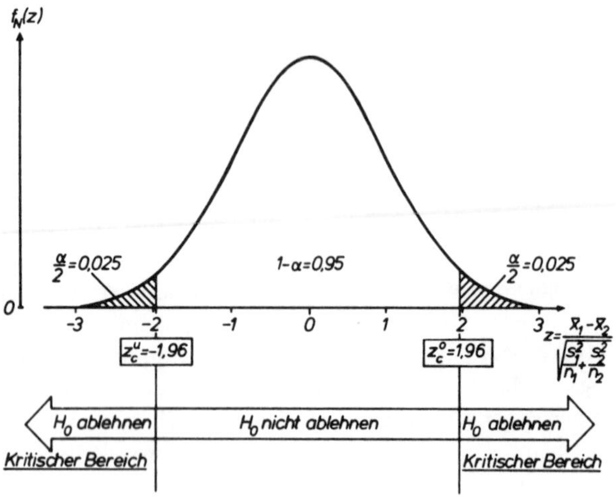

Abb. 17.4: Testverteilung und kritischer Bereich

(4) Berechnung der Prüfgröße

Aus den Ergebnissen der beiden Stichproben findet man

$$z = \frac{\bar{x}_1 - \bar{x}_2}{\sqrt{\frac{s_1^2}{n_1} + \frac{s_2^2}{n_2}}} = \frac{74 - 78}{\sqrt{\frac{8^2}{40} + \frac{7^2}{50}}} = -2{,}49\,.$$

(5) Entscheidung und Interpretation

Da wir hier $|z| > z_c$ erhalten, wird H_0 auf dem vorgegebenen Signifikanzniveau abgelehnt. Es muß also von einem signifikanten Unterschied der Ergebnisse der beiden Gruppen ausgegangen werden.

Fall (2)

Modellvoraussetzungen:

a) Die beiden Stichproben sind voneinander unabhängig.

b) Beide Stichproben stammen aus normalverteilten Grundgesamtheiten.

c) Die Umfänge der Grundgesamtheiten N_1 und N_2 sind so groß, daß die Korrekturfaktoren für endliche Gesamtheiten vernachlässigt werden können.

d) Es besteht **Varianzhomogenität,** d.h., es gilt $\sigma_1^2 = \sigma_2^2 = \sigma^2$.

Die *standardnormalverteilte Prüfgröße* beträgt dann

$$Z = \frac{(\bar{X}_1 - \bar{X}_2) - (\mu_1 - \mu_2)}{\sqrt{\frac{\sigma^2}{n_1} + \frac{\sigma^2}{n_2}}} = \frac{(\bar{X}_1 - \bar{X}_2) - (\mu_1 - \mu_2)}{\sigma\sqrt{\frac{1}{n_1} + \frac{1}{n_2}}} = \frac{(\bar{X}_1 - \bar{X}_2) - (\mu_1 - \mu_2)}{\sigma\sqrt{\frac{n_1 + n_2}{n_1 n_2}}} .$$

Zı *Schätzung* der unbekannten Varianz σ^2 wird man wieder die beiden Stichprobenvarianzen S_1^2 und S_2^2 heranziehen: Nach Abschnitt 13.2 gehorcht die Zufallsvariable

$$U_1^* = \frac{(n_1 - 1)\, S_1^2}{\sigma^2}$$

einer Chi-Quadrat-Verteilung mit $\nu_1 = n_1 - 1$ Freiheitsgraden. Die Zufallsvariable

$$U_2^* = \frac{(n_2 - 1)\, S_2^2}{\sigma^2}$$

gehorcht in analoger Weise einer Chi-Quadrat-Verteilung mit $\nu_2 = n_2 - 1$ Freiheitsgraden. Da U_1^* und U_2^* voneinander unabhängige Zufallsvariable sind und die Chi-Quadrat-Verteilung zur Klasse der reproduktiven Verteilungen gehört (vgl. Abschnitt 11.6), ist die Zufallsvariable

$$U = U_1^* + U_2^* = \frac{(n_1 - 1)\, S_1^2 + (n_2 - 1)\, S_2^2}{\sigma^2}$$

ebenfalls chi-quadrat-verteilt, und zwar mit $\nu = \nu_1 + \nu_2 = n_1 + n_2 - 2$ Freiheitsgraden. Nach Abschnitt 10.5 ist dann die Zufallsvariable

$$T = \frac{Z}{\sqrt{\frac{U}{\nu}}}$$

studentverteilt mit $\nu = n_1 + n_2 - 2$ Freiheitsgraden. Setzt man für Z, U und ν die entsprechenden Ausdrücke ein, dann erhält man

$$T = \frac{(\bar{X}_1 - \bar{X}_2) - (\mu_1 - \mu_2)}{\sigma\sqrt{\frac{n_1 + n_2}{n_1 n_2}}\sqrt{\frac{(n_1 - 1)\, S_1^2 + (n_2 - 1)\, S_2^2}{\sigma^2 (n_1 + n_2 - 2)}}}$$

und nach einigen Umformungen

$$T = \frac{(\bar{X}_1 - \bar{X}_2) - (\mu_1 - \mu_2)}{S\sqrt{\frac{n_1 + n_2}{n_1 n_2}}}$$

mit

$$S = \sqrt{\frac{(n_1 - 1)\, S_1^2 + (n_2 - 1)\, S_2^2}{n_1 + n_2 - 2}} .$$

S^2 ist also die *Schätzfunktion*, die zur Schätzung von σ^2 Anwendung findet; sie wird im Englischen als **„pooled variance“** bezeichnet. Aus den beiden Stichprobenvarianzen ermittelt man den *Schätzwert*

$$\hat{\sigma}^2 = s^2 = \frac{(n_1 - 1)\, s_1^2 + (n_2 - 1)\, s_2^2}{n_1 + n_2 - 2} .$$

T ist *studentverteilt mit* $\nu = n_1 + n_2 - 2$ *Freiheitsgraden* und kann als *Prüfgröße* des Tests verwendet werden. Dieser Test gehört also ebenfalls zur Gruppe der sogenannten t-Tests (vgl. Abschnitt 17.1, (2)).

Beispiel: Auf zwei Maschinen Nr. 1 und Nr. 2 wird Tee abgepackt. Auf Stichprobenbasis soll geprüft werden, ob die Maschine Nr. 1 mit einem größeren durchschnittlichen Füllgewicht arbeitet als die Maschine Nr. 2. Eine Stichprobe des Umfangs $n_1 = 12$ aus der laufenden Produktion der Maschine Nr. 1 liefert ein durchschnittliches Füllgewicht von $\bar{x}_1 = 130$ g bei einer Standardabweichung von $s_1 = 2{,}2$ g. Eine Stichprobe aus der Produktion der Maschine Nr. 2 vom Umfang $n_2 = 10$ ergibt ein durchschnittliches Füllgewicht von $\bar{x}_2 = 127$ g bei einer Standardabweichung von $s_2 = 1{,}8$ g. Aus der Vergangenheit sei bekannt, daß die Füllgewichte der beiden Maschinen *annähernd normalverteilt* sind und die *Varianzen* der Füllgewichte als *gleich* angenommen werden können (Signifikanzniveau $\alpha = 0{,}01$).

(1) Null- und Alternativhypothese sowie Signifikanzniveau

$$H_0\colon \mu_1 = \mu_2$$

$$H_A\colon \mu_1 > \mu_2$$

$$\alpha = 0{,}01 .$$

(2) Prüfgröße und Testverteilung

Die Prüfgröße lautet bei Gültigkeit der Nullhypothese

$$T = \frac{(\bar{X}_1 - \bar{X}_2)}{S\sqrt{\frac{n_1 + n_2}{n_1 n_2}}}$$

mit

$$S = \sqrt{\frac{(n_1 - 1)\, S_1^2 + (n_2 - 1)\, S_2^2}{n_1 + n_2 - 2}}$$

und ist *studentverteilt mit* $\nu = n_1 + n_2 - 2 = 20$ *Freiheitsgraden.*

(3) Kritischer Bereich

Es liegt hier eine einseitige Fragestellung vor. Aus der Tabelle der Studentverteilung findet man zu dem Signifikanzniveau von $\alpha = 0{,}01$ und $\nu = n_1 + n_2 - 2 = 20$ Freiheitsgraden den kritischen Wert $t_c = 2{,}528$. Für alle Werte t der Prüfgröße, für die $t \leq 2{,}528$ gilt, wird H_0 angenommen, für $t > 2{,}528$ wird H_0 abgelehnt.

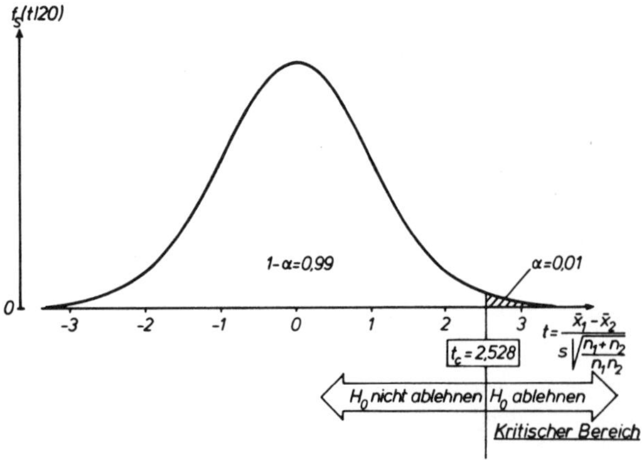

Abb. 17.5: Testverteilung und kritischer Bereich

(4) Berechnung der Prüfgröße

Man erhält

$$s^2 = \frac{(n_1-1)\,s_1^2 + (n_2-1)\,s_2^2}{n_1 + n_2 - 2}$$

$$= \frac{11 \cdot 2{,}2^2 + 9 \cdot 1{,}8^2}{20} = 4{,}12$$

$$t = \frac{\bar{x}_1 - \bar{x}_2}{s\sqrt{\dfrac{n_1+n_2}{n_1 n_2}}}$$

$$= \frac{130 - 127}{\sqrt{4{,}12}\sqrt{\dfrac{22}{120}}} = 3{,}45\,.$$

(5) Entscheidung und Interpretation

Es ist hier $t > t_c$; damit wird H_0 abgelehnt. Das durchschnittliche Füllgewicht der Maschine Nr. 1 ist also signifikant höher als das der Maschine Nr. 2.

17.4. Zweistichprobentests für die Differenz zweier Anteilswerte

Wie bei den vorangegangenen Testverfahren läßt sich bei der Beurteilung des Unterschiedes von Anteilswerten ein Test aus der entsprechenden Stichprobenverteilung herleiten. Bezeichnet man mit P_1 und P_2 wieder die Stichprobenanteilswerte zweier Stichproben, die den Umfang n_1 bzw. n_2 aufweisen und aus zwei Grundgesamtheiten mit den Anteilswerten θ_1 bzw. θ_2 stammen, dann ist nach Abschnitt 13.4 unter den *dort gemachten Voraussetzungen* die *Zufallsvariable*

$$Z = \frac{(P_1 - P_2) - (\theta_1 - \theta_2)}{\sqrt{\dfrac{\theta_1(1-\theta_1)}{n_1} + \dfrac{\theta_2(1-\theta_2)}{n_2}}}\,.$$

standardnormalverteilt. Beschränkt man sich auf den bei weitem wichtigsten Fall **„Nullhypothese: Anteilswerte der beiden Grundgesamtheiten sind gleich"**, also $H_0: \theta_1 = \theta_2 = \theta$, dann ergibt sich für Z und damit als *Prüfgröße* des Tests

$$Z = \frac{(P_1 - P_2)}{\sqrt{\theta(1-\theta)}\sqrt{\dfrac{n_1+n_2}{n_1 n_2}}}$$

Zur Schätzung des unbekannten Parameters θ nimmt man an, daß beide Stichproben aus der *gleichen Grundgesamtheit* entnommen wurden, und erhält somit die *Schätzfunktion*

$$P = \frac{n_1 P_1 + n_2 P_2}{n_1 + n_2}\,.$$

Beispiel: Eine Stichprobe im Umfang von $n_1 = 400$ Haushalten im Vorort A einer Großstadt ergab $x_1 = 39$ Haushalte mit einem Jahreseinkommen von mehr als 60000 €. Eine zweite Stichprobe im Umfang von $n_2 = 300$ Haushalten im Vorort B der gleichen Großstadt $x_2 = 45$ Haushalte mit einem Jahreseinkommen von mehr als 60000 €. Steht dieses Ergebnis mit der Hypothese in Widerspruch, daß der Anteil der Haushalte mit einem Jahreseinkommen von mehr als 60000 € in den beiden Vororten gleich ist (Signifikanzniveau $\alpha = 0{,}05$)?

(1) Null- und Alternativhypothese sowie Signifikanzniveau

$$H_0: \theta_1 = \theta_2$$
$$H_A: \theta_1 \neq \theta_2$$
$$\alpha = 0{,}05\,.$$

(2) Prüfgröße und Testverteilung

Die Prüfgröße

$$Z = \frac{(P_1 - P_2)}{\sqrt{P(1-P)}\sqrt{\dfrac{n_1+n_2}{n_1 n_2}}} \quad \text{mit } P = \frac{n_1 P_1 + n_2 P_2}{n_1 + n_2}$$

gehorcht bei Gültigkeit der Nullhypothese einer *Standardnormalverteilung*.

(3) Kritischer Bereich

Der kritische Wert beträgt hier $z_c = 1{,}96$.
Für $|z| > 1{,}96$ wird H_0 abgelehnt,
für $|z| \leq 1{,}96$ kann H_0 nicht abgelehnt werden.

(4) Berechnung der Prüfgröße

Man erhält

$$p_1 = \frac{x_1}{n_1} = \frac{39}{400} = 0{,}0975$$

$$p_2 = \frac{x_2}{n_2} = \frac{45}{300} = 0{,}1500$$

$$\hat{\theta} = p = \frac{n_1 p_1 + n_2 p_2}{n_1 + n_2}$$

$$= \frac{400 \cdot 0{,}0975 + 300 \cdot 0{,}1500}{400 + 300}$$

$$= 0{,}12$$

und damit

$$z = \frac{(p_1 - p_2)}{\sqrt{p(1-p)}\sqrt{\dfrac{n_1 + n_2}{n_1 n_2}}}$$

$$= \frac{0{,}0975 - 0{,}1500}{\sqrt{0{,}12 \cdot 0{,}88}\sqrt{\dfrac{400 + 300}{120000}}} = -2{,}12 \;.$$

(5) Entscheidung und Interpretation

Es ist hier $|z| > z_c$; damit muß H_0 verworfen werden, d.h. der Anteil der Haushalte mit einem Jahreseinkommen von mehr als 60000 € muß in den beiden Vororten als unterschiedlich angenommen werden.

17.5. Zweistichprobentests für den Quotienten zweier Varianzen

In Abschnitt 13.5 war festgestellt worden, daß die Zufallsvariable

$$F = \frac{S_1^2/\sigma_1^2}{S_2^2/\sigma_2^2}$$

einer F-Verteilung gehorcht mit $v_1 = n_1 - 1$ und $v_2 = n_2 - 1$ Freiheitsgraden. S_1^2 und S_2^2 sind hier die Stichprobenvarianzen zweier *unabhängiger Stichproben* aus zwei *normalverteilten Grundgesamtheiten* mit den Varianzen σ_1^2 und σ_2^2; n_1 und n_2 bezeichnen wieder die entsprechenden Stichprobenumfänge. Die Zufallsvariable F kann als Prüfgröße für den Test des Quotienten zweier Varianzen verwendet werden. In den allermeisten Fällen wird sicher die **Gleichheit zweier Varianzen** zu *überprüfen* sein, so daß die Prüfgröße des Tests bei Vorliegen der Nullhypothese $H_0: \sigma_1^2 = \sigma_2^2$ folgende Gestalt annimmt:

$$F = \frac{S_1^2}{S_2^2} \;.$$

Da die Prüfgröße F einer F-Verteilung folgt, wird dieser Test oft als **F-Test** bezeichnet.

Beispiel: Es soll untersucht werden, ob die Streuung der Angestelltengehälter in einem Unternehmen A größer ist als in einem Unternehmen B. Es möge davon ausgegangen werden können, daß die Gehälter in beiden Unternehmen *normalverteilt* sind. Eine Stichprobe von $n_1 = 21$ Angestellten des Unternehmens A liefert eine Standardabweichung der Gehälter von $s_1 = 322$ DM, eine zweite Stichprobe von $n_2 = 16$ Angestellten des Unternehmens B liefert eine Standardabweichung von $s_2 = 288$ DM (Signifikanzniveau $\alpha = 0{,}05$).

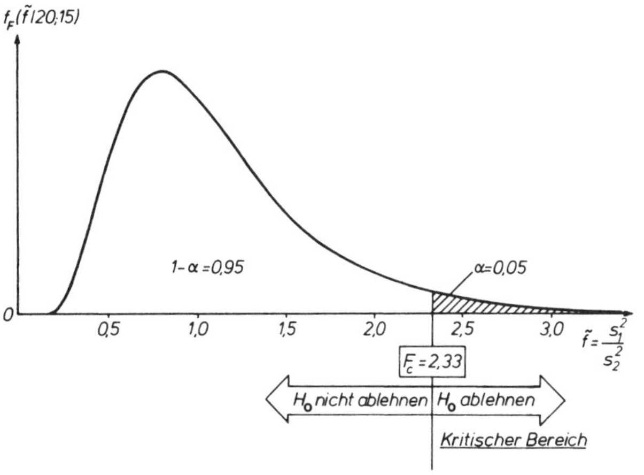

Abb. 17.6: Testverteilung und kritischer Bereich

(1) Null- und Alternativhypothese sowie Signifikanzniveau

$$H_0: \sigma_1^2 = \sigma_2^2$$

$$H_A: \sigma_1^2 > \sigma_2^2$$

$$\alpha = 0{,}05 \;.$$

(2) Prüfgröße und Testverteilung

Die Prüfgröße

$$F = \frac{S_1^2}{S_2^2}$$

gehorcht einer F-Verteilung mit $v_1 = n_1 - 1 = 20$ und $v_2 = n_2 - 1 = 15$ Freiheitsgraden.

(3) Kritischer Bereich

Die Tabelle der F-Verteilung liefert für ein Signifikanzniveau von $\alpha = 0{,}05$ und $v_1 = 20$, $v_2 = 15$ Freiheitsgrade den kritischen Wert $F_c = 2{,}33$.

Für $\tilde{f} = \dfrac{s_1^2}{s_2^2} > 2{,}33$ wird H_0 abgelehnt, für $\tilde{f} \leq 2{,}33$

kann H_0 nicht abgelehnt werden (die Realisation der Zufallsvariablen F soll mit $\tilde{f}$ bezeichnet werden, um eine Verwechslung mit dem allgemeinen Funktionssymbol f zu vermeiden).

(4) Berechnung der Prüfgröße

Man findet

$$\tilde{f} = \frac{s_1^2}{s_2^2} = \frac{322^2}{288^2} = 1{,}25\ .$$

(5) Entscheidung und Interpretation

Es ist hier $\tilde{f} \leq F_c$; damit kann die Nullhypothese also nicht abgelehnt werden, d.h. der beobachtete Unterschied der beiden Standardabweichungen ist nicht signifikant.

Der F-Test kann selbstverständlich auch als **zweiseitiger Test** aufgebaut werden. In diesem Fall wird der Nullhypothese $H_0: \sigma_1^2 = \sigma_2^2$ die Alternativhypothese $H_A: \sigma_1^2 \neq \sigma_2^2$ gegenübergestellt. Es ergeben sich dann zwei kritische Bereiche, denen jeweils die Irrtumswahrscheinlichkeit $\alpha/2$ zugeordnet ist (vgl. Abbildung 17.7). Die Nullhypothese wird dann nicht abgelehnt, wenn die Prüfgröße F einen Wert $\tilde{f}$ zwischen F_c^u und F_c^o annimmt,

Der *rechtsseitige kritische Wert* F_c^o ist so zu bestimmen, daß die Überschreitungswahrscheinlichkeit $\frac{\alpha}{2}$ beträgt, d.h., daß die Verteilungsfunktion der F-Verteilung bei F_c^o genau den Wert $1 - \frac{\alpha}{2}$ annimmt.
Es gilt also:

$$F_c^o = F_{1-\frac{\alpha}{2};\, v_1;\, v_2}.$$

Für den *linksseitigen kritischen Wert* F_c^u gilt die Beziehung:

$$F_c^u = F_{\frac{\alpha}{2};\, v_1;\, v_2}.$$

F_c^u kann man wie folgt aus den tabellierten rechtsseitigen kritischen Werten erhalten:
Aus:

$$W(F \leq F_{\frac{\alpha}{2};\, v_1;\, v_2}) = \frac{\alpha}{2}$$

folgt

$$W(F \geq F_{\frac{\alpha}{2};\, v_1;\, v_2}) = 1 - \frac{\alpha}{2}$$

und damit

$$W\left(\frac{1}{F} \leq \frac{1}{F_{\frac{\alpha}{2};\, v_1;\, v_2}}\right) = 1 - \frac{\alpha}{2} \qquad \text{(I)}.$$

Wenn nun

$$F = \frac{S_1^2}{S_2^2}$$

F-verteilt ist mit v_1 Freiheitsgraden im Zähler und v_2 Freiheitsgraden im Nenner, dann ist

$$\frac{1}{F} = \frac{S_2^2}{S_1^2}$$

ebenfalls F-verteilt, aber mit v_2 Freiheitsgraden im Zähler und v_1 Freiheitsgraden im Nenner. Es gilt also

$$W\left(\frac{1}{F} \leq F_{1-\frac{\alpha}{2};\, v_2;\, v_1}\right) = 1 - \frac{\alpha}{2} \qquad \text{(II)}.$$

Ein Vergleich der beiden Formeln (I) und (II) zeigt, daß folgende Beziehung besteht:

$$\frac{1}{F_{\frac{\alpha}{2};\, v_1;\, v_2}} = F_{1-\frac{\alpha}{2};\, v_2;\, v_1}$$

bzw.

$$F_{\frac{\alpha}{2};\, v_1;\, v_2} = \frac{1}{F_{1-\frac{\alpha}{2};\, v_2;\, v_1}}$$

Da in den Tabellensammlungen die *kritischen Werte* der F-Verteilung meist nur für die einseitige Fragestellung und für Signifikanzniveaus von 1% bzw. 5% tabelliert sind, ergibt sich bei Verwendung dieser kritischen Werte bei zweiseitiger Fragestellung ein Signifikanzniveau von 2% bzw. 10%.

Beispiel: Zwei Gruppen I und II von Studenten mit $n_1 = 15$ und $n_2 = 13$ Teilnehmern werden nach zwei unterschiedlichen Lehrmethoden ausgebildet. In einem abschließenden Test erreichen die Teilnehmer der Gruppe I eine durchschnittliche Punktzahl von $\bar{x}_1 = 50{,}7$ Punkten bei einer Standardabweichung von $s_1 = 4{,}3$ Punkten. Die Teilnehmer der Gruppe II erreichen eine durchschnittliche Punktzahl von ebenfalls $\bar{x}_2 = 50{,}7$ Punkten bei einer Standardabweichung von $s_2 = 9{,}1$ Punkten. Es soll nun auf einem Signifikanzniveau von $\alpha = 0{,}02$ geprüft werden, ob der beobachtete Unterschied der beiden Stichprobenstandardabweichungen signifikant ist.

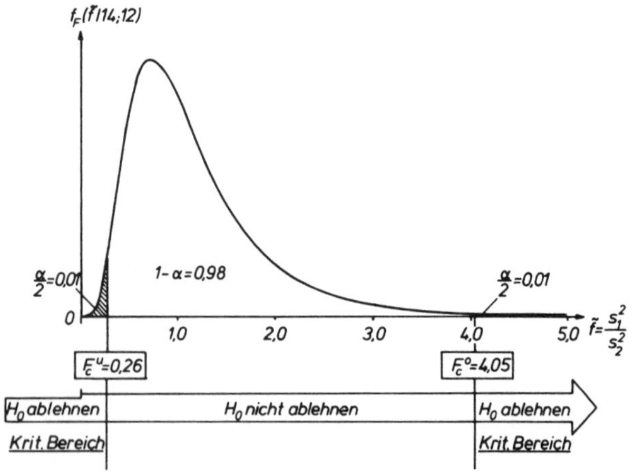

Abb. 17.7: Testverteilung und kritischer Bereich

(1) Null- und Alternativhypothese sowie Signifikanzniveau

$H_0: \sigma_1^2 = \sigma_2^2$

$H_A: \sigma_1^2 \neq \sigma_2^2$

$\alpha = 0{,}02$

(2) Prüfgröße und Testverteilung

$$F = \frac{S_1^2}{S_2^2}$$

gehorcht einer *F-Verteilung* mit $\nu_1 = n_1 - 1 = 14$ und $\nu_2 = n_2 - 1 = 12$ *Freiheitsgraden.*

(3) Kritischer Bereich

Aus der Tabelle der F-Verteilung ergibt sich der rechtsseitige kritische Wert F_c^o zu
$F_c^o = F_{0,99;\ 14;\ 12} = 4{,}05.$
Der linksseitige kritische Wert F_c^u beträgt

$$F_c^u = F_{0,01;\ 14;\ 12} = \frac{1}{F_{0,99;\ 12;\ 14}} = \frac{1}{3{,}80} = 0{,}26.$$

Es sei wieder $\tilde{f} = \frac{s_1^2}{s_2^2}$ der Wert der Prüfgröße.

Für $F_c^u \leq \tilde{f} \leq F_c^o$, also $0{,}26 \leq \tilde{f} \leq 4{,}05$, wird die Nullhypothese beibehalten; für $\tilde{f} < F_c^u$ bzw. $\tilde{f} > F_c^o$ wird H_0 abgelehnt.

(4) Berechnung der Prüfgröße

Es ist

$$\tilde{f} = \frac{s_1^2}{s_2^2} = \frac{4{,}3^2}{9{,}1^2} = 0{,}22.$$

(5) Entscheidung und Interpretation

Da $\tilde{f} < F_c^u$ ist, wird die Nullhypothese abgelehnt. Es kann also auf einen signifikanten Unterschied der beiden Varianzen und damit der beiden Standardabweichungen geschlossen werden.

17.6. Zweistichprobentests für die Differenz arithmetischer Mittel bei verbundenen Stichproben

Bei den in den vorangegangenen Abschnitten 17.3 bis 17.5 behandelten Zweistichprobentests waren die Beobachtungen der einen Stichprobe stets unabhängig von denen der anderen Stichprobe, d. h. es lagen *unabhängige (unverbundene) Stichproben* vor.

Im Gegensatz dazu spricht man von **verbundenen Stichproben** *(abhängigen oder paarigen Stichproben, paired samples),* wenn die Beobachtungen der einen Stichprobe von denen der anderen Stichprobe *nicht unabhängig* also *abhängig* sind. Eine verbundene Stichprobe liegt beispielsweise dann vor, wenn die *Merkmalsausprägungen* der ersten Stichprobe und die der zweiten Stichprobe *jeweils an demselben Merkmalsträger* erhoben werden. So könnte man beispielsweise zur Beantwortung der Frage, ob zwischen den Fächern Volkswirtschaftslehre und Betriebswirtschaftslehre ein signifikanter Leistungsunterschied besteht, bei Studenten die Zwischenprüfungsnoten der beiden Fächer erfassen. Der Vorteil der Erhebung beider Ausprägungen jeweils *am gleichen* Merkmalsträger liegt darin, daß individuelle Leistungsunterschiede, wie sie beim Vergleich von zwei aus verschiedenen Studenten bestehenden Stichproben möglicherweise auftreten, ausgeschaltet werden. Ein Zweistichprobentest auf der Basis verbundener Stichproben dürfte so meist effizienter sein als ein solcher auf der Basis unverbundener Stichproben.

Im folgenden sollen mit x_{1i} $(i = 1, \ldots, n)$ die Merkmalsausprägungen des ersten Merkmals und mit x_{2i} $(i = 1, \ldots, n)$ die Merkmalsausprägungen des zweiten Merkmals am Merkmalsträger i bezeichnet werden.

Bei der **Ableitung der Testverteilung** geht man davon aus, daß die Beobachtungswerte x_{1i} und x_{2i} Realisationen von *normalverteilten Zufallsvariablen* X_{1i} und X_{2i} mit den *Erwartungswerten* $E(X_{1i}) = \mu_{1i}$ und $E(X_{2i}) = \mu_{2i}$ $(i = 1, \ldots, n)$ sind. Unabhängig von i soll nun für alle Wertepaare

$$\mu_{2i} = \mu_{1i} + \delta \qquad (i = 1, \ldots, n)$$

gelten, wobei δ ein konstanter Betrag ist.
Betrachtet man die n Zufallsvariablen

$$D_i = X_{2i} - X_{1i} \qquad (i = 1, \ldots, n),$$

dann ist $E(D_i) = \mu_{2i} - \mu_{1i} = \delta$ $\quad (i = 1, \ldots, n)$. Es wird weiterhin angenommen, daß die Varianzen der Differenzen D_i unabhängig von i, also konstant sind, d. h. daß

$$Var(D_i) = \sigma_D^2 \qquad (i = 1, \ldots, n)$$

gilt.

Die n Differenzen D_i können als eine Stichprobe von n unabhängigen Werten angesehen werden, die, da die X_{1i} und X_{2i} normalverteilt sind, ebenfalls einer Normalverteilung gehorchen; dabei können die Differenzen D_i selbst dann noch in guter Näherung normalverteilt sein, wenn die Normalverteilungsannahme bezüglich X_{1i} und X_{2i} verletzt ist. Die Signifikanz der Differenzen kann nun analog der Vorgehensweise beim ,,Einstichprobentest für das arithmetische Mittel bei unbekannter Varianz der Grundgesamtheit" (Abschnitt 17.1 (2)) geprüft werden.

Da die Differenzen D_i normalverteilt sind, ist die *durchschnittliche Differenz* der n Paare

$$\bar{D} = \frac{1}{n} \sum_{i=1}^{n} D_i$$

ebenfalls normalverteilt mit dem Erwartungswert

$$E(\bar{D}) = \delta$$

und der Varianz

$$Var(\bar{D}) = \sigma_{\bar{D}}^2 = \frac{\sigma_D^2}{n}.$$

Als *Schätzfunktion* für die unbekannte Varianz der Differenzen σ_D^2 verwendet man

$$S_D^2 = \frac{1}{n-1} \sum_{i=1}^{n} (D_i - \bar{D})^2.$$

Die *Prüfgröße*

$$T = \frac{\bar{D} - \delta}{\frac{S_D}{\sqrt{n}}}$$

ist dann *studentverteilt* mit $\nu = n-1$ *Freiheitsgraden.*

Die typische Vorgehensweise bei dem Zweistichprobentest für abhängige Stichproben soll an folgendem Beispiel erläutert werden.

Beispiel: Ein Automobilhersteller interessiert sich für die Frage, ob ein bestimmtes von ihm produziertes PKW-Modell bei Verwendung von unverbleitem Superbenzin einen höheren Verbrauch aufweist als bei der Verwendung von verbleitem Superbenzin. An 12 zufällig ausgewählten Exemplaren dieses Modells wurden in einem Test folgende Werte erhoben:

PKW i	Verbrauch von verbleitem Superbenzin (l/100 km) x_{1i}	Verbrauch von unverbleitem Superbenzin (l/100 km) x_{2i}
1	7,4	7,8
2	9,0	8,8
3	7,9	9,0
4	9,8	10,5
5	8,6	9,3
6	10,2	11,1
7	7,8	8,1
8	9,5	9,3
9	9,1	10,4
10	8,4	10,0
11	8,9	9,1
12	8,8	8,7

Tab. 17.1: Verbrauch von verbleitem und unverbleitem Superbenzin

Die einzelnen Schritte des Tests sind dann:

(1) Null- und Alternativhypothese sowie Signifikanzniveau

Die Nullhypothese lautet hier: ,,Der Verbrauch ist bei Verwendung von verbleitem und unverbleitem Benzin gleich. ($\delta = 0$)" und die Alternativhypothese: ,,Der Verbrauch ist bei Verwendung von unverbleitem Superbenzin höher als bei Verwendung von verbleitem ($\delta > 0$)"; als Signifikanzniveau soll $\alpha = 0{,}05$ zugrundegelegt werden.
Es gilt also:
H_0: $\delta = 0$
H_A: $\delta > 0$
$\alpha = 0{,}05$

(2) Prüfgröße und Testverteilung

$$T = \frac{\bar{D}}{\frac{S_D}{\sqrt{n}}}$$ ist *studentverteilt mit*

$\nu = n - 1 = 11$ *Freiheitsgraden.*

(3) Kritischer Bereich

Bei einseitiger Fragestellung und einem Signifikanzniveau von $\alpha = 0{,}05$ liefert die Tabelle der Studentverteilung für $\nu = 11$ Freiheitsgrade den kritischen Wert $t_c = 1{,}796$. Für $t > 1{,}796$ wird H_0 abgelehnt, für $t \leq 1{,}796$ kann H_0 nicht abgelehnt werden.

(4) Berechnung der Prüfgröße

Die Berechnung des Wertes der Prüfgröße

$$t = \frac{\bar{d}}{\frac{s_D}{\sqrt{n}}}$$

erfolgt am besten anhand folgender Arbeitstabelle 17.2:

i	x_{1i}	x_{2i}	$d_i = x_{2i} - x_{1i}$	d_i^2
1	7,4	7,8	0,4	0,16
2	9,0	8,8	−0,2	0,04
3	7,9	9,0	1,1	1,21
4	9,8	10,5	0,7	0,49
5	8,6	9,3	0,7	0,49
6	10,2	11,1	0,9	0,81
7	7,8	8,1	0,3	0,09
8	9,5	9,3	−0,2	0,04
9	9,1	10,4	1,3	1,69
10	8,4	10,0	1,6	2,56
11	8,9	9,1	0,2	0,04
12	8,8	8,7	−0,1	0,01
Σ	•	•	6,7	7,63

Tab. 17.2: Arbeitstabelle

Damit ergibt sich das arithmetische Mittel der Differenzen zu

$$\bar{d} = \frac{1}{n} \Sigma\, d_i = \frac{6{,}7}{12} = 0{,}558.$$

Für die Varianz der Differenzen erhält man

$$s_D^2 = \frac{1}{n-1} \Sigma\, (d_i - \bar{d})^2$$

$$= \frac{n}{n-1} \left[\frac{\Sigma\, d_i^2}{n} - \bar{d}^2 \right]$$

$$= \frac{n}{n-1} \left[\frac{\Sigma\, d_i^2}{n} - \left(\frac{\Sigma\, d_i}{n} \right)^2 \right]$$

$$= \frac{12}{11} \cdot \left[\frac{7{,}63}{12} - \left(\frac{6{,}7}{12} \right)^2 \right] = 0{,}3536$$ und für

die Standardabweichung der Differenzen
$s_D = 0{,}595$.
Damit beträgt der Wert der Prüfgröße

$$t = \frac{\bar{d}}{\frac{s_D}{\sqrt{n}}} = \frac{0{,}558}{\frac{0{,}595}{\sqrt{12}}} = 3{,}25.$$

(5) Entscheidung und Interpretation

Da hier $t > t_c$ ist, wird H_0 abgelehnt. Es muß also auf einen signifikanten Mehrverbrauch von unverbleitem Superbenzin geschlossen werden.

17.7. Ausgewählte Literatur

Graf, Ulrich, Hans-Joachim Henning, Kurt Stange, Peter-Theodor Wilrich, Formeln und Tabellen der angewandten mathematischen Sta tistik (3., völl. neu bearb. Aufl., 2., korr. Nachdruck). Berlin, Heidelberg, New York usw. 1997.

Sachs, Lothar, Angewandte Statistik (13., akt. u. erw. Aufl.). Berlin, Heidelberg, New York usw. 2009

Stange, Kurt, Angewandte Statistik, Teil 1 (2. Aufl.) Berlin, Heidelberg, New York 2001.

Walpole, Ronald E., Introduction to Statistics (3rd. ed.). New York, London 1982.

Aufgaben zu Kapitel 17

17.1 Ein Schiffsmotorenhersteller behauptet, daß seine Maschinen im Durchschnitt höchstens 29,5 l Brennstoff pro Betriebsstunde verbrauchen. Eine Stichprobe im Umfang $n = 10$ Motoren liefert einen durchschnittlichen Verbrauch von $\bar{x} = 31$ l bei einer Standardabweichung von $s = 3{,}16$ l. Kann damit die Behauptung des Herstellers als widerlegt angesehen werden, wenn man voraussetzt, daß der Brennstoffverbrauch pro Betriebsstunde normalverteilt ist (Signifikanzniveau $\alpha = 0{,}05$)?

17.2 Ein Taxiunternehmen rüstete seine Pkw mit zwei verschiedenen Reifensorten A und B aus. 12 Reifen der Sorte A erreichten eine durchschnittliche Laufleistung von $\bar{x}_1 = 40000$ km bei einer Standardabweichung von $s_1 = 5950$ km; eine gleich große Stichprobe der Reifensorte B erreichte eine durchschnittliche Laufleistung von $\bar{x}_2 = 38000$ km bei einer Standardabweichung von $s_2 = 5150$ km. Wie beurteilen Sie die Hypothese, daß beide Reifensorten die gleiche durchschnittliche Laufleistung besitzen und somit der beobachtete Unterschied nur zufälliger Natur ist, wenn vorausgesetzt wird, daß die Laufleistungen normalverteilt sind, und zwar mit gleicher Varianz $\sigma_1^2 = \sigma_2^2$ (Signifikanzniveau $\alpha = 0{,}05$)?

17.3 In einem Farbfernsehgerätewerk wird die Qualität zweier besonders günstig angebotener größerer Lieferungen von Transistoren auf Stichprobenbasis überprüft. Die Stichprobe aus Lieferung 1 im Umfang $n_1 = 300$ liefert einen Ausschußanteil von $p_1 = 0{,}21$ und die aus Lieferung 2 im Umfang $n_2 = 200$ einen solchen von $p_2 = 0{,}25$. Kann aus diesen Ergebnissen geschlossen werden, daß die Transistoren aus Lieferung 2 einen größeren Ausschußanteil aufweisen als die aus Lieferung 1 (Signifikanzniveau $\alpha = 0{,}01$)?

17.4 Testen Sie die in Aufgabe 17.2 aufgestellte Nullhypothese $H_0 : \sigma_1^2 = \sigma_2^2$ gegen die Alternativhypothese $H_A : \sigma_1^2 > \sigma_2^2$ (Signifikanzniveau $\alpha = 0{,}05$).

Kapitel 18: Testverfahren III (Varianzanalyse)

18.1. Problemstellung und Modellannahmen der einfachen Varianzanalyse

In den Abschnitten 18.1 bis 18.5 soll zunächst die **einfache Varianzanalyse** *(Varianzanalyse mit Einfachklassifikation)* besprochen werden; in Abschnitt 18.6 folgt dann ein Ausblick auf *weitere Modelle der Varianzanalyse*, die über das Modell der einfachen Varianzanalyse hinausgehen.

Mit **Varianzanalyse** (englisch: **ANALYSIS OF VARIANCE**, ANOVA) soll hier ein **statistischer Test** bezeichnet werden, der zur Überprüfung der Frage benutzt werden kann, ob die *Differenz bzw. die Differenzen der arithmetischen Mittel* von *zwei* oder auch *von mehr als zwei Grundgesamtheiten* signifikant von Null verschieden ist bzw. sind oder nicht. Der Vorteil der Varianzanalyse gegenüber den in Abschnitt 17.3 behandelten Zweistichprobentests für die Differenz zweier arithmetischer Mittel ist also vor allem darin zu sehen, daß sie es gestattet, *auch mehr als zwei arithmetische Mittel gleichzeitig auf Homogenität zu testen*. In der Terminologie des Kapitels 17 stellt die Varianzanalyse also einen *„Zwei"- oder „Mehr-als-Zwei-Stichprobentest" für die Differenz von zwei oder von mehr als zwei arithmetischen Mitteln* dar; ihr Name rührt daher, daß in die *Prüfgrößen* die Stichproben*varianzen* eingehen.

Die Problemstellung der Varianzanalyse soll an folgendem *Beispiel* erläutert werden: Ein Reifenhersteller habe *drei Reifentypen* i ($i = 1,2,3$) in seinem Programm, die auf ihre *Haltbarkeit* getestet werden sollen. Dabei wird die Haltbarkeit durch die Größe „gefahrene Kilometer (in Tsd.) pro 1 mm Reifenverschleiß" gemessen. Die Frage des Herstellers lautet: Besitzen die drei Reifentypen bei einem Signifikanzniveau von $\alpha = 0{,}05$ die gleiche durchschnittliche Haltbarkeit?

Der Hersteller möge davon ausgehen können, daß die **Modellannahmen** *der Varianzanalyse* erfüllt sind, daß also neben der Unabhängigkeit der Stichproben insbesondere

1. die *Haltbarkeit* der Reifen jedes Typs i *normalverteilt* ist mit dem arithmetischen Mittel μ_i und der endlichen Varianz σ_i^2 und
2. daß *Varianzhomogenität* (häufig auch *Homoskedastizität* oder *Homoskedasie* genannt) besteht, d.h. daß die Varianzen der Haltbarkeit aller drei Reifentypen gleich sind

$$\sigma_1^2 = \sigma_2^2 = \sigma_3^2 = \sigma^2 .$$

Die **Null- und Alternativhypothese** lauten für unser Beispiel:

H_0: Alle drei Reifentypen besitzen die *gleiche durchschnittliche Haltbarkeit:*

$$\mu_1 = \mu_2 = \mu_3 = \mu .$$

Gleichbedeutend ist die Aussage, daß sämtliche Reifen der drei Typen *eine einzige Grundgesamtheit* bilden, in der die Haltbarkeit $N(\mu, \sigma^2)$-verteilt ist.

H_A: *Nicht alle* Reifentypen besitzen die *gleiche durchschnittliche Haltbarkeit:*

Mindestens zwei μ_i sind ungleich.

Gleichbedeutend ist die Aussage, daß *verschiedene Grundgesamtheiten* vorliegen, in denen die Haltbarkeit $N(\mu_i, \sigma^2)$-verteilt ist, wobei nicht alle μ_i gleich sind.

Aufgabe ist es nun zu untersuchen, ob die *nominalskalierte Größe* „Reifentyp" die *metrisch skalierte Größe* „Haltbarkeit" (vgl. Abschnitt 1.5) beeinflußt oder nicht. – Die *nominalskalierte Einflußgröße* wird in der Varianzanalyse allgemein **Faktor** genannt. Dieser Faktor, der nachfolgend mit „A" benannt werden soll, besitzt zwei oder mehr als zwei Ausprägungen (hier die Reifentypen 1, 2 und 3), die als **Ebenen** *(Stufen)* bezeichnet werden. Die *beeinflußte Größe* (hier: Haltbarkeit) wird im Modell der Varianzanalyse stets als *metrisch skaliert* angenommen.

In den Abbildungen 18.1 und 18.2 werden Beispiele für die *Lage der arithmetischen Mittel bei Gültigkeit der Nullhypothese und bei Gültigkeit der Alternativhypothese* dargestellt. Da bei beiden Hypothesen die Varianzen auf allen Ebenen als *gleich* unterstellt werden, unterscheiden sich die beiden Abbildungen nur durch die *Lage* der Normalverteilungen.

Das in Abbildung 18.2 eingetragene **Gesamtmittel** μ über alle drei Ebenen berechnet sich bei r Ebenen allgemein als

$$\mu = \frac{1}{r} \sum_{i=1}^{r} \mu_i .$$

Die dem Faktor A zuzuschreibenden Abweichungen

$$\alpha_i = \mu_i - \mu \qquad (i = 1, \ldots, r)$$

heißen **wahre Effekte** *(wahre Wirkungen) auf der i-ten Ebene* (α_i darf nicht mit dem Symbol α für das Signifikanzniveau verwechselt werden!).

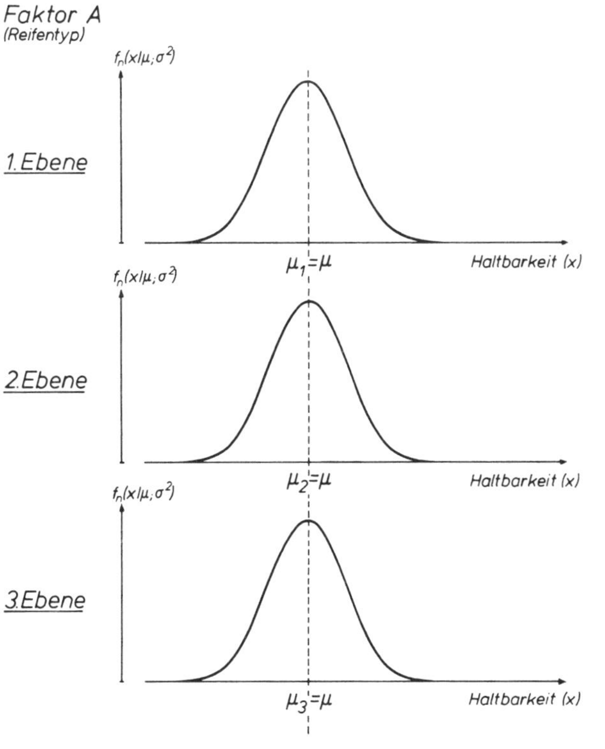

Abb. 18.1: Beispiel für die Lage der arithmetischen Mittel bei Gültigkeit der Nullhypothese

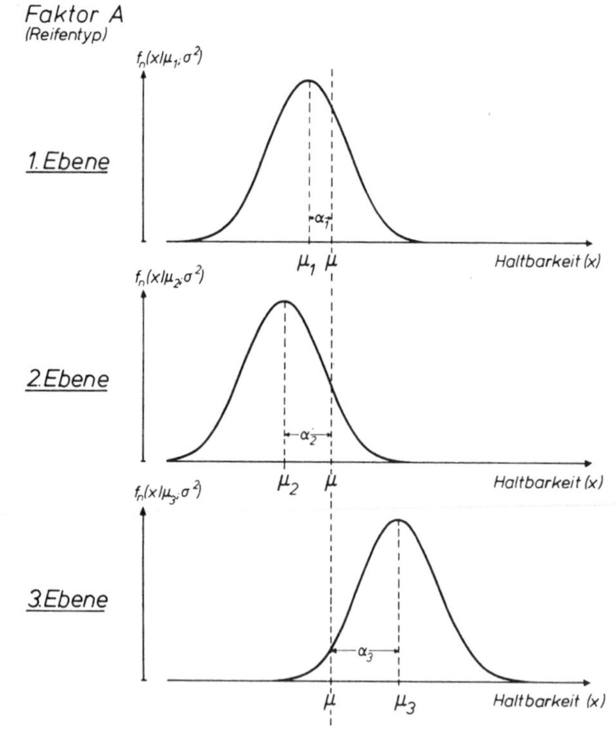

Abb. 18.2: Beispiel für die Lage der arithmetischen Mittel bei Gültigkeit der Alternativhypothese

μ und μ_i, und damit auch α_i sind *unbekannte Konstanten der Grundgesamtheit.* Für die *Summe der Effekte* gilt

$$\sum_{i=1}^{r} \alpha_i = \sum_{i=1}^{r} (\mu_i - \mu)$$
$$= \sum_{i=1}^{r} \mu_i - \sum_{i=1}^{r} \mu$$
$$= r\mu - r\mu = 0 \; .$$

Stellt man also direkt auf die *Effekte* ab, so lassen sich H_0 und H_A auch wie folgt formulieren:

H_0: Es liegen *keine wahren Effekte* vor:
$\alpha_1 = \alpha_2 = \ldots = \alpha_r = 0$.

H_A: Es liegen *wahre Effekte* vor,
d.h.: wenigstens ein α_i ist ungleich Null.

Reifentyp	Versuch (Reifen-Nr.) 1	2	3	4	5	Stichprobensumme	Stichprobenmittel
1	4	2	7	3	4	20	4
2	8	5	3	8	6	30	6
3	10	9	5	7	9	40	8
Stichproben-gesamtsumme	.					90	.
Stichproben-gesamtmittel	.					.	6

Tab. 18.1: Ergebnismatrix für das Beispiel aus Abschnitt 18.1

18.2. Ergebnismatrix der einfachen Varianzanalyse

In unserem *Beispiel* aus Abschnitt 18.1 habe der Hersteller zur Überprüfung der Frage, ob H_0 oder H_A zutrifft, in 5 Versuchen jeweils einen Reifen pro Typ zufällig herausgegriffen und auf seine Haltbarkeit hin untersucht. Zu jedem Reifentyp sei also eine Zufallsstichprobe von 5 Reifen gezogen worden, wobei die in Tabelle 18.1 wiedergegebene **Ergebnismatrix** ermittelt worden sei (Meßwerte in Tsd. km pro 1 mm Reifenverschleiß).

In Tabelle 18.2 ist die **Ergebnismatrix** bei Einfachklassifikation **in allgemeiner Schreibweise** wiedergegeben. Der Einfachheit halber soll davon ausgegangen werden, daß eine *gleiche Besetzung aller Ebenen* vorliegt, daß also der Stichprobenumfang auf allen Ebenen n beträgt.

Faktor A		Versuch (Stichproben-element Nr.) 1 ... k ... n	Stichprobensumme $x_{i.}$	Stichprobenmittel $\bar{x}_{i.}$
	1	$x_{11} \ldots x_{1k} \ldots x_{1n}$	$x_{1.}$	$\bar{x}_{1.}$
	.	. . .	.	.
	.	. . .	.	.
	.	. . .	.	.
Ebene (Stichprobe Nr.)	i	$x_{i1} \ldots x_{ik} \ldots x_{in}$	$x_{i.}$	$\bar{x}_{i.}$
	.	. . .	.	.
	.	. . .	.	.
	.	. . .	.	.
	r	$x_{r1} \ldots x_{rk} \ldots x_{rn}$	$x_{r.}$	$\bar{x}_{r.}$
Stichproben-gesamtsumme		.	$x_{..}$	.
Stichproben-gesamtmittel		.	.	$\bar{x}_{..}$

Tab. 18.2: Ergebnismatrix bei Einfachklassifikation in allgemeiner Schreibweise

In der Tabelle 18.2 bedeuten:

x_{ik}: der auf der Ebene i des Faktors A im Versuch k erhaltene Beobachtungswert (k-ter Meßwert der i-ten Stichprobe).

$x_{i.}$: die Summe der n Beobachtungswerte auf der Ebene i (in der i-ten Stichprobe); es gilt also

$$x_{i.} = \sum_{k=1}^{n} x_{ik} \; .$$

$\bar{x}_{i.}$: das arithmetische Mittel der n Beobachtungswerte der Ebene i (i-tes Stichprobenmittel); es gilt also:

$$\bar{x}_{i.} = \frac{x_{i.}}{n} = \frac{1}{n} \sum_{k=1}^{n} x_{ik} .$$

$x_{..}$: die Summe aller nr Beobachtungswerte (Stichprobengesamtsumme); es gilt also:

$$x_{..} = \sum_{i=1}^{r} \sum_{k=1}^{n} x_{ik} .$$

$\bar{x}_{..}$: das arithmetische Mittel sämtlicher nr Beobachtungswerte (Stichprobengesamtmittel); es gilt also:

$$\bar{x}_{..} = \frac{x_{..}}{nr} = \frac{1}{nr} \sum_{i=1}^{r} \sum_{k=1}^{n} x_{ik} .$$

$\bar{x}_{i.} - \bar{x}_{..}$: der auf der Ebene i (in der i-ten Stichprobe) *beobachtete Effekt.*

Für die *Beobachtungswerte in Tabelle* 18.1 ergeben sich die *Stichprobenmittel* $\bar{x}_{1.} = 4$, $\bar{x}_{2.} = 6$ und $\bar{x}_{3.} = 8$, das *Stichprobengesamtmittel* $\bar{x}_{..} = 6$ und die in der Stichprobe *beobachteten Effekte* $\bar{x}_{1.} - \bar{x}_{..} = -2$, $\bar{x}_{2.} - \bar{x}_{..} = 0$ und $\bar{x}_{3.} - \bar{x}_{..} = +2$. Ob allerdings in der Grundgesamtheit tatsächlich von Null verschiedene *wahre* Effekte α_1, α_2 und α_3 vorliegen, läßt sich aber mit Hilfe dieser in der Stichprobe beobachteten Effekte nicht ohne weiteres sagen, da sie im Rahmen von Zufallsabweichungen schwanken können.

Die Beobachtungswerte x_{ik} lassen sich durch eine *Modellgleichung* erklären, die man folgendermaßen erhält: Die *Abweichung eines zufällig aus der i-ten Ebene des Faktors* A *herausgegriffenen Beobachtungswertes* x_{ik} *vom Mittelwert* μ_i *dieser Ebene* ist der sogenannte **Versuchsfehler** e_{ik}; er beträgt

$$e_{ik} = x_{ik} - \mu_i$$

oder

$$e_{ik} = x_{ik} - (\mu + \alpha_i) .$$

Aus dieser Beziehung ergibt sich folgende **Modellgleichung für die einfache Varianzanalyse:**

$$x_{ik} = \mu + \alpha_i + e_{ik} .$$

18.3. Zerlegung der Abweichungsquadratsumme

Bevor in Abschnitt 18.4 Prüfgröße und Testverteilung der einfachen Varianzanalyse besprochen werden, soll in diesem Abschnitt mit der **Zerlegung der Abweichungsquadratsumme** ein *rechentechnisches Problem* behandelt werden. Die hier abgeleiteten Ergebnisse können nämlich vorteilhaft in den Rechengang der Varianzanalyse eingebaut werden.

Die Abweichung des k-ten Beobachtungswertes der i-ten Stichprobe x_{ik} vom Stichprobengesamtmittel $\bar{x}_{..}$ beträgt (vgl. Abschnitt 18.2) $x_{ik} - \bar{x}_{..}$. Die Abweichungsquadratsumme über alle Beobachtungswerte (Summe der Quadratischen Abweichungen Total, SQT) beträgt somit

$$SQT = \sum_{i=1}^{r} \sum_{k=1}^{n} (x_{ik} - \bar{x}_{..})^2 .$$

Fügt man in der Klammer $-\bar{x}_{i.} + \bar{x}_{i.}$ hinzu, so ergibt sich

$$SQT = \sum_{i=1}^{r} \sum_{k=1}^{n} \left[(x_{ik} - \bar{x}_{i.}) + (\bar{x}_{i.} - \bar{x}_{..})\right]^2 .$$

Durch Ausquadrieren erhält man weiter

$$SQT = \sum_{i=1}^{r} \sum_{k=1}^{n} \left[(x_{ik} - \bar{x}_{i.})^2 + 2(x_{ik} - \bar{x}_{i.})(\bar{x}_{i.} - \bar{x}_{..}) + (\bar{x}_{i.} - \bar{x}_{..})^2\right]$$

$$= \underbrace{\sum_{i=1}^{r} \sum_{k=1}^{n} (x_{ik} - \bar{x}_{i.})^2}_{=A} + \underbrace{2 \sum_{i=1}^{r} \sum_{k=1}^{n} (x_{ik} - \bar{x}_{i.})(\bar{x}_{i.} - \bar{x}_{..})}_{=B}$$

$$+ \underbrace{\sum_{i=1}^{r} \sum_{k=1}^{n} (\bar{x}_{i.} - \bar{x}_{..})^2}_{=C} .$$

Der in *Glied B* vorkommende Ausdruck $\bar{x}_{i.} - \bar{x}_{..}$ enthält k nicht als Summationsindex, so daß sich B umformen läßt in

$$B = 2 \sum_{i=1}^{r} \left[(\bar{x}_{i.} - \bar{x}_{..}) \sum_{k=1}^{n} (x_{ik} - \bar{x}_{i.})\right] ,$$

wobei $\sum_{k=1}^{n} (x_{ik} - \bar{x}_{i.})$ als Summe der Abweichungen der einzelnen Beobachtungswerte x_{ik} vom Stichprobenmittelwert $\bar{x}_{i.}$ für jedes i den Wert Null annimmt (vgl. Abschnitt 4.2), so daß das Glied B stets *verschwindet.*

In *Glied C* kommt k nicht als Summationsindex vor, so daß es sich in

$$C = n \sum_{i=1}^{r} (\bar{x}_{i.} - \bar{x}_{..})$$

umformen läßt.

Fassen wir die Teilergebnisse zusammen, erhalten wir folgende **Gleichung für die Zerlegung der Abweichungsquadratsumme:**

$$\underbrace{\sum_{i=1}^{r} \sum_{k=1}^{n} (x_{ik} - \bar{x}_{..})^2}_{SQT} = \underbrace{\sum_{i=1}^{r} \sum_{k=1}^{n} (x_{ik} - \bar{x}_{i.})^2}_{SQR} + \underbrace{n \sum_{i=1}^{r} (\bar{x}_{i.} - \bar{x}_{..})^2}_{SQA} ;$$

es bedeuten:

SQT: Summe der Quadratischen Abweichungen Total (englisch oft: Sum of Squares Total, SST).

SQR: Summe der Quadratischen Abweichungen des Restes (englisch oft: Sum of Squares Within the Groups, SSW); SQR ist ein Maß für die nicht durch den Faktor A beeinflußte „*Rest*"*variabilität (Restvariation, Reststreuung).*

SQA: mit der Anzahl der Versuche n multiplizierte *S*umme der *Q*uadratischen *A*bweichungen der Stichprobenmittel vom Stichprobengesamtmittel oder mit anderen Worten die n-*fache Summe der quadrierten beobachteten Effekte des Faktors A* (englisch oft: *S*um of *S*quares *B*etween the Groups, SSB).

Für das *Reifenbeispiel* aus Abschnitt 18.1 ergibt sich unter Zugrundelegung der Beobachtungswerte aus Tabelle 18.1:

$$\begin{aligned} SQR = \;& (4-4)^2+(2-4)^2+(7-4)^2+(3-4)^2+(4-4)^2 \\ +\;& (8-6)^2+(5-6)^2+(3-6)^2+(8-6)^2+(6-6)^2 \\ +\;& (10-8)^2+(9-8)^2+(5-8)^2+(7-8)^2+(9-8)^2 \\ =\;& 48 \end{aligned}$$

sowie

$$\begin{aligned} SQA &= 5\;\left[(4-6)^2+(6-6)^2+(8-6)^2\right] \\ &= 40 \end{aligned}$$

und damit

$$\begin{aligned} SQT &= SQR + SQA \\ &= 48 \quad + 40 = 88\,. \end{aligned}$$

Zu einer **rechentechnisch einfacheren Bestimmung** der bei der Varianzanalyse verwendeten Quadratsummen SQT, SQR und SQA bestimmt man zweckmäßigerweise zunächst (1) SQT, dann (2) SQA und berechnet dann (3) SQR = SQT — SQA.

SQT und SQA können – wie die folgenden Umformungen zeigen – *ohne vorherige Mittelwertsbildung allein aus Summenausdrücken* vereinfacht berechnet werden:

(1)
$$\begin{aligned} SQT &= \sum_{i=1}^{r}\sum_{k=1}^{n}(x_{ik}-\bar{x}_{..})^2 \\ &= \sum_{i=1}^{r}\sum_{k=1}^{n}x_{ik}^2-2\bar{x}_{..}\sum_{i=1}^{r}\sum_{k=1}^{n}x_{ik}+\sum_{i=1}^{r}\sum_{k=1}^{n}\bar{x}_{..}^2 \\ &= \sum_{i=1}^{r}\sum_{k=1}^{n}x_{ik}^2-2\bar{x}_{..}nr\bar{x}_{..}+nr\bar{x}_{..}^2 \\ &= \sum_{i=1}^{r}\sum_{k=1}^{n}x_{ik}^2-nr\bar{x}_{..}^2\;; \end{aligned}$$

wegen $\bar{x}_{..} = \frac{x_{..}}{nr}$ erhält man schließlich

$$SQT = \sum_{i=1}^{r}\sum_{k=1}^{n}x_{ik}^2-\frac{x_{..}^2}{nr}\;.$$

(2)
$$\begin{aligned} SQA &= n\sum_{i=1}^{r}(\bar{x}_{i.}-\bar{x}_{..})^2 \\ &= n\sum_{i=1}^{r}(\bar{x}_{i.}^2-2\bar{x}_{i.}\bar{x}_{..}+\bar{x}_{..}^2) \\ &= n\sum_{i=1}^{r}\bar{x}_{i.}^2-2n\bar{x}_{..}\sum_{i=1}^{r}\bar{x}_{i.}+n\sum_{i=1}^{r}\bar{x}_{..}^2 \\ &= n\sum_{i=1}^{r}\bar{x}_{i.}^2-2nr\bar{x}_{..}^2+nr\bar{x}_{..}^2 \\ &= n\sum_{i=1}^{r}\bar{x}_{i.}^2-nr\bar{x}_{..}^2\;; \end{aligned}$$

wegen $\bar{x}_{..} = \frac{x_{..}}{nr}$ und $\bar{x}_{i.} = \frac{x_{i.}}{n}$ erhält man schließlich

$$SQA = \frac{1}{n}\sum_{i=1}^{r}x_{i.}^2-\frac{x_{..}^2}{nr}\;.$$

Für unser *Reifenbeispiel* ergibt sich bei Verwendung der vereinfachten Formeln

(1)
$$\begin{aligned} SQT = \;& 4^2+2^2+7^2+3^2+4^2 \\ +\;& 8^2+5^2+3^2+8^2+6^2 \\ +\;& 10^2+9^2+5^2+7^2+9^2 \quad -\frac{90^2}{15} \\ =\;& 628-540 = 88\;, \end{aligned}$$

(2)
$$\begin{aligned} SQA &= \frac{1}{5}(20^2+30^2+40^2)-\frac{90^2}{15} \\ &= 580-540 = 40 \quad \text{und} \end{aligned}$$

(3) $SQR = 88-40 = 48\;.$

18.4. Prüfgröße und Testverteilung der einfachen Varianzanalyse

Mit der einfachen Varianzanalyse soll geprüft werden, ob auf Grund der beobachteten Unterschiede der Stichprobenmittelwerte $\bar{x}_{i.}(i=1,2,\ldots,r)$ die Nullhypothese

$$H_0: \mu_1 = \mu_2 = \ldots = \mu_r \quad \text{bzw.}$$

$$H_0: \alpha_1 = \alpha_1 = \ldots = \alpha_r$$

abgelehnt werden muß oder nicht.

Der **Ableitung der Prüfgröße der einfachen Varianzanalyse** liegt der Gedanke zugrunde, aus den Beobachtungswerten x_{ik} *zwei voneinander unabhängige Schätzwerte* $\hat{\sigma}_R^2$ *und* $\hat{\sigma}_A^2$ *für die Varianz der Grundgesamtheit zu berechnen*, und zwar $\hat{\sigma}_R^2$ ausgehend von der Varianz der Beobachtungswerte *innerhalb* der Stichproben und $\hat{\sigma}_A^2$ ausgehend von der Varianz der Stichprobenmittel (Varianz *zwischen* den Stichproben).

Bei Gültigkeit der Nullhypothese, d.h. bei Nichtvorhandensein wahrer Effekte, werden die beiden Schätzwerte $\hat{\sigma}_R^2$ und $\hat{\sigma}_A^2$ bis auf Zufallsabweichungen gleich sein. Bei Gültigkeit der Alternativhypothese, d.h. bei Vorhandensein wahrer Effekte, wird $\hat{\sigma}_A^2$ systematisch größer sein als $\hat{\sigma}_R^2$. *Ob sich die beiden Schätzwerte signifikant voneinander unterscheiden* (Schlußfolgerung: H_0 ablehnen) oder ob sie im Rahmen von Zufallsabweichungen als gleich angenommen werden müssen (Schlußfolgerung: H_0 nicht ablehnen), wird mit dem uns bereits aus Abschnitt 17.5 bekannten F-*Test* geprüft.

Diese Gedankengänge sollen nun *präzisiert* werden:

(1) Bestimmung des Schätzwerts $\hat{\sigma}_R^2$:

Aus der i-ten Stichprobe findet man als erwartungstreuen Schätzwert für σ^2 die *Stichprobenvarianz* s_i^2 (vgl. Abschnitt 15.4):

$$\hat{\sigma}^2 = s_i^2 = \frac{1}{n-1}\sum_{k=1}^{n}(x_{ik}-\bar{x}_{i.})^2\;.$$

Um keine Informationen zu verschenken, benutzt man zur Schätzung von σ^2 die *Stichprobenvarianzen aller* r *Stichproben* und erhält so den Schätzwert

$$\hat{\sigma}_R^2 = \frac{1}{r}\sum_{i=1}^{r} s_i^2$$

$$= \frac{1}{r}\sum_{i=1}^{r}\sum_{k=1}^{n}\frac{(x_{ik}-\bar{x}_{i.})^2}{n-1}$$

$$= \frac{1}{nr-r}\sum_{i=1}^{r}\sum_{k=1}^{n}(x_{ik}-\bar{x}_{i.})^2 .$$

Dieser *Schätzwert* $\hat{\sigma}_R^2$ ist *erwartungstreu* sowohl bei Nichtvorliegen als auch bei Vorliegen von Effekten. *Voraussetzung* dafür, daß eine Abschätzung von σ^2 auf diese Weise erfolgen kann, ist aber die *Varianzhomogenität* (d.h. gleiches σ^2 auf allen Ebenen des Faktors A – vgl. auch Abschnitt 18.1).

Nach Abschnitt 18.3 kann man für $\hat{\sigma}_R^2$ vereinfacht

$$\hat{\sigma}_R^2 = \frac{SQR}{nr-r}$$

schreiben, wobei $nr-r=\nu_R$ die Anzahl der Freiheitsgrade von SQR angibt.

Der Quotient SQR/ν_R wird in der Varianzanalyse als **Mittlere Quadratsumme des Restes** (Symbol MQR) bezeichnet, so daß also gilt

$$\hat{\sigma}_R^2 = MQR = \frac{SQR}{nr-r} ;$$

für unser *Reifenbeispiel* ergibt sich

$$\hat{\sigma}_R^2 = \frac{48}{15-3} = 4 .$$

(2) Bestimmung des Schätzwerts $\hat{\sigma}_A^2$:

Unterstellen wir die Richtigkeit der Nullhypothese, so ergibt sich als *erwartungstreuer Schätzwert* für die Varianz der Stichprobenmittelwerte

$$\hat{\sigma}_{\bar{x}}^2 = \frac{1}{r-1}\sum_{i=1}^{r}(\bar{x}_{i.}-\bar{x}_{..})^2 .$$

Aus der Beziehung

$$\sigma_{\bar{x}}^2 = \frac{\sigma^2}{n} \quad \text{(vgl. Abschnitt 13.1)}$$

erhält man dann für σ^2 den Schätzwert

$$\hat{\sigma}_A^2 = n\,\hat{\sigma}_{\bar{x}}^2 = \frac{n}{r-1}\sum_{i=1}^{r}(\bar{x}_{i.}-\bar{x}_{..})^2$$

und damit nach Abschnitt 18.3 einfacher

$$\hat{\sigma}_A^2 = \frac{SQA}{r-1} ,$$

wobei $r-1=\nu_A$ die Anzahl der Freiheitsgrade von SQA angibt.

Der Quotient SQA/ν_A wird als **Mittlere Quadratsumme der von Faktor** A **herrührenden Effekte** (Symbol MQA) bezeichnet, so daß also gilt

$$\hat{\sigma}_A^2 = MQA = \frac{SQA}{r-1} ;$$

für unser *Reifenbeispiel* ergibt sich

$$\hat{\sigma}_A^2 = MQA = \frac{40}{3-1} = 20 .$$

Es läßt sich weiterhin zeigen, daß bei Gültigkeit der Nullhypothese und *unabhängiger Entnahme* der Stichprobenelemente MQR *und* MQA *voneinander unabhängige Schätzwerte* für σ^2 sind. Unter der *Annahme der Normalverteilung der Zufallsfehler* folgt der Quotient MQA/MQR damit einer **F-Verteilung** *mit* ν_A, ν_R *Freiheitsgraden* (vgl Abschnitt 17.5).

Aus den Stichprobenwerten berechnet man also den konkreten Wert der **Prüfgröße**

$$\tilde{f} = \frac{MQA}{MQR}$$

und vergleicht ihn mit dem kritischen Wert F_c, der durch das Signifikanzniveau α des Tests und die Freiheitsgrade ν_A, ν_R festgelegt ist.

Ist $\tilde{f} \leq F_c$, wird die *Nullhypothese nicht abgelehnt*, d.h. es kann davon ausgegangen werden, daß alle Mittelwerte gleich sind. Ist dagegen $\tilde{f} > F_c$, wird die *Nullhypothese abgelehnt*.

Streuungs-ursache	Summe der Abweichungsquadrate	Anzahl der Freiheitsgrade	Mittlere Quadratsumme	Wert der Prüfgröße
Faktor A	$SQA = \frac{1}{n}\sum_{i=1}^{r} x_{i.}^2 - \frac{x_{..}^2}{nr}$	$\nu_A = r-1$	$MQA = \frac{SQA}{r-1}$	$\tilde{f} = \frac{MQA}{MQR}$
Rest	$SQR = SQT - SQA$	$\nu_R = nr-r$	$MQR = \frac{SQR}{nr-r}$	
Total	$SQT = \sum_{i=1}^{r}\sum_{k=1}^{n} x_{ik}^2 - \frac{x_{..}^2}{nr}$	$\nu_T = nr-1$	·	·

Tab. 18.3: Varianztabelle der einfachen Varianzanalyse

18.5. Varianztabelle der einfachen Varianzanalyse

Die praktische Durchführung der einfachen Varianzanalyse erfolgt zweckmäßigerweise anhand der in Tabelle 18.3 dargestellten **Varianztabelle** *(Varianztafel)*.

Für unser *Reifenbeispiel* ergibt sich unter Verwendung der schon in Abschnitt 18.3 berechneten Werte SQA = 40, SQR = 48 und SQT = 88 die in Tabelle 18.4 dargestellte Varianztabelle.

Streuungs-ursache	Summe der Ab-weichungs-quadrate	Anzahl der Freiheits-grade	Mittlere Quadrat-summe	Wert der Prüfgröße
Faktor A	40	2	20	$\tilde{f} = 5$
Rest	48	12	4	
Total	88	14	.	.

Tab. 18.4: Varianztabelle für das Reifenbeispiel

Legt man für den Test das angegebene Signifikanzniveau von $\alpha = 0{,}05$ zugrunde, liefert die Tabelle der F-Verteilung für $\nu_A = 2$, $\nu_R = 12$ Freiheitsgrade den kritischen Wert $F_c = 3{,}89$. Da $\tilde{f} > F_c$ ist, wird die Nullhypothese abgelehnt. Es kann also nicht angenommen werden, daß die drei Reifentypen die gleiche Haltbarkeit aufweisen.

Die Varianzanalyse gestattet zwar eine Entscheidung darüber, ob von Null verschiedene wahre Effekte vorliegen oder nicht, läßt jedoch *keine Aussage* zu, *auf welcher Ebene bzw. welchen Ebenen die von Null verschiedenen wahren Effekte auftreten*. Auch zur Beantwortung dieser weitergehenden Frage gibt es eine Reihe von Testverfahren, von denen der **Multiple Range-Test** von *Duncan* das bekannteste ist.

Die Varianzanalyse führt auch dann noch zu brauchbaren Ergebnissen, wenn die Modellannahme einer normalverteilten Grundgesamtheit (vgl. Abschnitt 18.1) nicht exakt erfüllt ist. Der F-*Test* reagiert nämlich als sogenannter **robuster Test** auf Abweichungen von der Normalverteilung nur schwach. Auch bei *nur angenähert normalverteilter Grundgesamtheit* ist also die *Varianzanalyse anwendbar*.

Die Ausführungen bezogen sich bisher auf die einfache Varianzanalyse bei gleicher Anzahl von Beobachtungswerten auf den einzelnen Ebenen (Modell: **Gleiche Besetzung der Ebenen**). Anwendungsbeispiele mit einer unterschiedlichen Anzahl von Beobachtungswerten auf den einzelnen Ebenen (Modell: **Ungleiche Besetzung der Ebenen**) erfordern, wie in der Literatur nachzulesen ist, lediglich geringfügige Modifikationen der hier angegebenen Formeln.

18.6. Ausblick auf weitere Modelle der Varianzanalyse

Bei der in den vorangegangenen Abschnitten besprochenen *einfachen Varianzanalyse* handelt es sich lediglich um das *varianzanalytische Grundmodell*, das in Anpassung an die Bedürfnisse der Praxis außerordentlich zahlreiche *Modellerweiterungen* erfahren hat. Da deren Behandlung den Rahmen dieses statistischen Grundkurses bei weitem sprengen würde, soll nur noch das Modell der „*Varianzanalyse mit zweifacher Klassifikation*" an einem *Beispiel* umrissen werden.

Während bei der **einfachen Varianzanalyse** *(Varianzanalyse mit Einfachklassifikation)* nur eine einzige nominalskalierte Einflußkategorie (Faktor A) mit ihren verschiedenen Ausprägungen (Ebenen) berücksichtigt wird, erfaßt die **zweifache Varianzanalyse** *(Varianzanalyse mit zweifacher Klassifikation) zwei* nominalskalierte Einflußkategorien (Faktor A und Faktor B) *gemeinsam*.

Das aus den vorangegangenen Abschnitten bekannte *Reifenbeispiel* könnte wie folgt zu einem Beispiel der zweifachen Varianzanalyse erweitert werden: Der Reifenhersteller sei daran interessiert, neben dem Reifentyp (Faktor A) auch die Straßenart (Faktor B) mit den Ausprägungen „Autobahn" und „Landstraße" hinsichtlich ihres Einflusses auf die Haltbarkeit der Reifen hin zu untersuchen. Mögliche, *mit der zweifachen Varianzanalyse zu beantwortende Fragen* lauten:

1. Besitzen die drei Reifentypen die gleiche durchschnittliche Haltbarkeit?
2. Ist die durchschnittliche Haltbarkeit für beide Straßenarten gleich?
3. Bestehen Wechselwirkungen (Interaktionen) zwischen Reifentyp und Straßenart dergestalt, daß es besonders für die Autobahn und besonders für die Landstraße geeignete Reifen gibt?

Über die zweifache Varianzanalyse hinaus wird in der Literatur auch das weite Gebiet der Modelle der **dreifachen Varianzanalyse** ausführlich behandelt.

Die **Berechnung der Prüfgrößen** ist für die *verschiedenen varianzanalytischen Modelle* bei Verwendung der entsprechenden Varianztabellen *ohne Schwierigkeiten möglich*. Bequemer ist die Verwendung der einschlägigen Prozeduren aus den bekannten Statistik-Programmsystemen für PCs.

18.7. Ausgewählte Literatur

Hochstädter, Dieter, Ulrike Kaiser, Varianz- und Kovarianzanalyse. Frankfurt a. M., Thun 1988.

Mickey, Ruth M., Olive Jean Dunn, Virginia A. Clark, Applied Statistics: Analysis of Variance and Regression (3rd. ed.). New York, London, Sydney, Toronto 2009.

Ott, Lyman, An Introduction to Statistical Methods and Data Analysis (6th ed.). Boston 2008.

Walpole, Ronald E., Introduction to Statistics (3rd. ed.). New York, London 1982.

Weber, Erna, Grundriß der Biologischen Statistik (9., durchges. Aufl.). Stuttgart 1991.

Zöfel, Peter, Univariate Varianzanalysen. Stuttgart, Jena 1992.

Aufgaben zu Kapitel 18

18.1 Die Varianten I, II und III eines neuen Produkts sollen einem Produkttest unterworfen werden. 30 Versuchspersonen stehen zur Verfügung; die Beurteilung erfolgt auf einer Punktskala 1 bis 100. – Wie müßte der

Versuch angelegt werden, um mit Hilfe der einfachen Varianzanalyse überprüfen zu können, ob die einzelnen Produktvarianten unterschiedlich bewertet werden? Skizzieren Sie das Schema der Ergebnismatrix. Welche Modellannahmen müssen erfüllt sein?

18.2 In einem größeren Unternehmen werden jeweils 5 Diplom-Kaufleute der Hochschulen I, II, III und IV einem Einstellungstest unterzogen, bei dem folgende Punktzahlen erreicht werden:

Hochschule	Teilnehmer Nr.				
	1	2	3	4	5
I	3	4	3	2	3
II	3	6	6	7	3
III	15	7	8	8	7
IV	9	8	9	9	10

Tab. 18.5: Ergebnistabelle des Tests

Überprüfen Sie die Hypothese, daß die Absolventen der einzelnen Hochschulen gleich qualifiziert sind (Signifikanzniveau $\alpha = 0{,}01$).

18.3 Fünf Mittelklassewagen sollen auf ihren durchschnittlichen Benzinverbrauch hin untersucht werden. Jeder Typ wird von jeweils fünf Testfahrern über eine längere Versuchsstrecke gefahren, wobei sich folgende Verbrauchswerte in l/100 km ergeben:

Wagentyp	Testfahrer Nr.				
	1	2	3	4	5
I	12,0	12,5	13,2	11,5	12,5
II	13,3	12,0	12,1	13,2	12,5
III	9,5	10,0	9,8	10,8	9,0
IV	10,8	12,0	12,4	11,0	11,5
V	9,1	10,3	10,5	9,0	10,1

Tab. 18.6: Ergebnistabelle des Tests

Haben die verschiedenen Wagentypen einen signifikant unterschiedlichen Verbrauch (Signifikanzniveau $\alpha = 0{,}05$)?

Kapitel 19: Testverfahren IV (Verteilungstests)

19.1. Chi-Quadrat-Anpassungstest

Die bisher behandelten Testverfahren dienten der Prüfung von *Parameterhypothesen*, d. h. von Hypothesen, die *Parameter* von Grundgesamtheiten betreffen; sie gehören also zur Gruppe der sogenannten **Parametrischen Testverfahren** (*Parametertests*). Häufig hat der Statistiker allerdings auch andere Hypothesen, wie beispielsweise *Verteilungshypothesen* (Hypothesen, die unbekannte *Verteilungen* von Grundgesamtheiten betreffen) zu testen. Testverfahren, die nicht der Prüfung von Parameterhypothesen dienen, werden in der Literatur als **Nichtparametrische Testverfahren** bezeichnet.

Bei der Prüfung einer **Verteilungshypothese** untersucht man, ob die in einer Stichprobe beobachtete Verteilung mit der für die unbekannte Verteilung der Grundgesamtheit gemachten Annahme in Widerspruch steht oder nicht. Anders formuliert: Man entscheidet, ob die Unterschiede zwischen der in der Stichprobe beobachteten und der auf Grund der Verteilungsannahme in der Stichprobe erwarteten Verteilung noch dem Zufall zugeschrieben werden können oder nicht. Da hier die *Güte der Anpassung* einer theoretischen Verteilung an eine empirische Verteilung überprüft wird, spricht man auch von einem sogenannten **Anpassungstest** (englisch: *Goodness-of-Fit-Test*).

Ein weit verbreitetes Testverfahren zur Prüfung von Verteilungshypothesen ist der *Chi-Quadrat-Test* in der Form des **Chi-Quadrat-Anpassungstests.** Die Nullhypothese lautet hier immer, daß die Grundgesamtheit einer bestimmten Verteilung gehorcht.

Die Vorgehensweise beim Chi-Quadrat-Anpassungstest soll an einem einfachen *Modellbeispiel*, und zwar zunächst für eine **diskrete Verteilung der Grundgesamtheit** erläutert werden: Bei 90 Ausspielungen eines Würfels seien die in Tabelle 19.1 wiedergegebenen absoluten Häufigkeiten h_i^o beobachtet (englisch: **o**bserved) worden. Auf einem Signifikanzniveau von $\alpha = 0{,}05$ soll geprüft werden, ob die Annahme, daß es sich hier um einen idealen Würfel handelt, abgelehnt werden muß oder nicht.

Augenzahl	1	2	3	4	5	6
Anzahl der Ausspielungen h_i^o	19	13	14	12	17	15

Tab. 19.1: Beobachtete absolute Häufigkeiten

(1) Null- und Alternativhypothese sowie Signifikanzniveau

H_0: Die Augenzahlen sind gleichverteilt.

H_A: Die Augenzahlen sind nicht gleichverteilt.

$\alpha = 0{,}05$

(2) Prüfgröße und Testverteilung

Bei Gültigkeit der Nullhypothese wären die erwarteten (englisch: **e**xpected) absoluten Häufigkeiten $h_i^e = 90/6 = 15$. In Tabelle 19.2 sind für jede Augenzahl die beobachtete und die erwartete Häufigkeit des Auftretens einander gegenübergestellt.

Augenzahl	1	2	3	4	5	6	Σ
h_i^o / h_i^e	19 / 15	13 / 15	14 / 15	12 / 15	17 / 15	15 / 15	90 / 90

Tab. 19.2: Beobachtete und erwartete absolute Häufigkeiten

Es läßt sich zeigen, daß die Prüfgröße X^2, deren konkrete Realisation

$$\chi^2 = \sum_{i=1}^{k} \frac{(h_i^o - h_i^e)^2}{h_i^e}$$

ist, näherungsweise einer *Chi-Quadrat-Verteilung* mit $\nu = k - 1$ Freiheitsgraden folgt, wobei k die Anzahl der Merkmalsausprägungen bezeichnet. *Voraussetzung* für die Anwendung der Chi-Quadrat-Verteilung ist allerdings, daß die *erwarteten absoluten Häufigkeiten* h_i^e *nicht zu klein* sind, wobei sich als *Faustregel* $h_i^e > 5$ für $i = 1, \ldots, k$ eingebürgert hat; diese Bedingung ist in unserem Beispiel in jeder der $k = 6$ Klassen erfüllt. – In Fällen, in denen diese Bedingung nicht erfüllt ist, müssen vor Anwendung des Tests Merkmalsklassen zu stärker besetzten Klassen zusammengefaßt werden.

(3) Kritischer Bereich

Aus der Tabelle der Chi-Quadrat-Verteilung erhält man für das Signifikanzniveau $\alpha = 0{,}05$ und $\nu = 6 - 1 = 5$ Freiheitsgrade den kritischen Wert $\chi_c^2 = 11{,}070$.
Für $\chi^2 > 11{,}070$ würde man die Nullhypothese ablehnen, für $\chi^2 \leq 11{,}070$ könnte die Nullhypothese nicht abgelehnt werden.

(4) Berechnung der Prüfgröße

$$\chi^2 = \frac{(19-15)^2}{15} + \frac{(13-15)^2}{15} + \frac{(14-15)^2}{15} + \frac{(12-15)^2}{15} + \frac{(17-15)^2}{15} + \frac{(15-15)^2}{15} = 2{,}267$$

(5) Entscheidung und Interpretation

Da $\chi^2 \leq \chi_c^2$ ist, kann die Nullhypothese „Gleichverteilung der Augenzahlen" nicht abgelehnt werden (vgl. Abbildung 19.1).

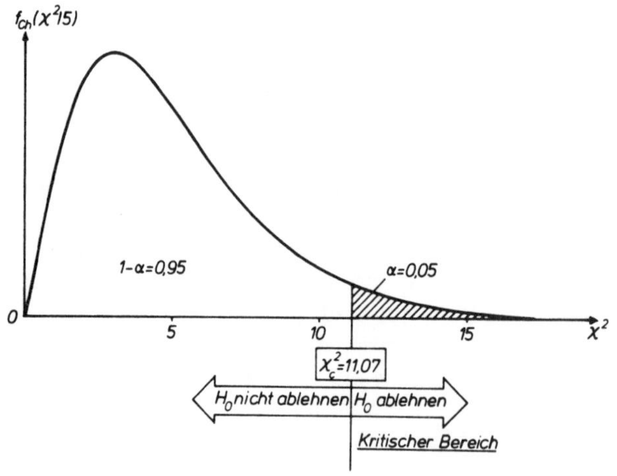

Abb. 19.1: Testverteilung und kritischer Bereich

Da die Chi-Quadrat-Verteilung zu den *stetigen* Verteilungen gehört, die Prüfgröße X^2 jedoch *diskret* ist, läßt sich die Güte der Approximation durch eine **Stetigkeitskorrektur** (in der Literatur oft als *Yates-Korrektur* bezeichnet) verbessern. Die konkrete Realisation der korrigierten Prüfgröße χ^2_{korr} lautet

$$\chi^2_{korr} = \sum_{i=1}^{k} \frac{(|h_i^o - h_i^e| - 0{,}5)^2}{h_i^e}$$

In der Praxis allerdings wird die Yates-Korrektur nur angewandt, wenn die Anzahl der Freiheitsgrade $\nu = 1$ beträgt.

Müssen zur Ermittlung der erwarteten Häufigkeiten und damit zur Bestimmung der theoretischen Verteilung aus der vorliegenden Stichprobe **Parameter dieser Verteilung geschätzt** werden, dann vermindert sich die Anzahl der Freiheitsgrade: Liegen k Merkmalsausprägungen vor und werden aus der Stichprobe m Parameter geschätzt, dann beträgt die Anzahl der Freiheitsgrade $\nu = k - m - 1$.

Beispiel: Die Anzahl der Kunden, die an einem Schalter jeweils in einem 5-Minuten-Intervall ankommen, ist in Tabelle 19.3 wiedergegeben. Auf einem Signifikanzniveau von $\alpha = 0{,}01$ soll geprüft werden, ob die Kundenankünfte *poissonverteilt* sind.

(1) Null- und Alternativhypothese sowie Signifikanzniveau

H_0: Die Kundenankünfte sind poissonverteilt.

H_A: Die Kundenankünfte sind nicht poissonverteilt.

$\alpha = 0{,}01$

(2) Prüfgröße und Testverteilung

Die Prüfgröße X^2 mit der konkreten Realisation

$$\chi^2 = \sum_{i=1}^{k} \frac{(h_i^o - h_i^e)^2}{h_i^e}$$

gehorcht näherungsweise einer Chi-Quadrat-Verteilung mit $\nu = k - m - 1$ Freiheitsgraden.

Zur Bestimmung der erwarteten Häufigkeiten h_i^e muß der *Parameter* μ *der Poissonverteilung* (vgl. Abschnitt 9.5) *geschätzt* werden. Ein erwartungstreuer Schätzwert $\hat{\mu}$ für μ ist das arithmetische Mittel der Stichprobe $\bar{x}$:

$$\hat{\mu} = \bar{x} = \frac{\Sigma x_i h_i^o}{\Sigma h_i^o} = \frac{140}{50} = 2{,}8\,.$$

Mit Hilfe der Wahrscheinlichkeitsfunktion der Poissonverteilung

$$f_p(x/\mu) = \frac{\mu^x e^{-\mu}}{x!}$$

lassen sich nun mit $\hat{\mu} = 2{,}8$ die einzelnen Wahrscheinlichkeiten berechnen. Interpretiert man diese Wahrscheinlichkeiten als *relative Häufigkeiten*, dann erhält man aus ihnen durch Multiplikation mit $n = \Sigma h_i^o = 50$ die *gesuchten erwarteten absoluten Häufigkeiten* h_i^e. Die einzelnen Rechenschritte sind in Tabelle 19.4 zusammengefaßt.

Da hier erwartete absolute Häufigkeiten h_i^e auftreten, die kleiner als 5 sind, werden benachbarte Klassen zusammengefaßt, so daß man schließlich die in Tabelle 19.5 wiedergegebenen Häufigkeiten erhält.

i	Anzahl der Kunden x_i	Anzahl der Intervalle mit x_i Kunden h_i^o
1	0	3
2	1	6
3	2	10
4	3	17
5	4	7
6	5	7
7	6 und mehr	0
	Σ	50

Tab. 19.3: Häufigkeitsverteilung der Kundenankünfte

i	Anzahl der Kunden x_i	Beobachtete Häufigkeiten h_i^o	$f_p(x_i/2{,}8)$	Erwartete Häufigkeiten $h_i^e = 50 f_p(x_i/2{,}8)$
1	0	3	0,0608	3,040
2	1	6	0,1703	8,515
3	2	10	0,2384	11,920
4	3	17	0,2225	11,125
5	4	7	0,1557	7,785
6	5	7	0,0872	4,360
7	6 und mehr	0	0,0651	3,255
	Σ	50	1,0000	50,000

Tab. 19.4: Beobachtete und erwartete absolute Häufigkeiten

i	Anzahl der Kunden x_i	Absolute Häufigkeiten	
		beobachtet h_i^o	erwartet h_i^e
1	bis 1	9	11,555
2	2	10	11,920
3	3	17	11,125
4	4	7	7,785
5	5 und mehr	7	7,615
Σ		50	50,000

Tab. 19.5: Beobachtete und erwartete absolute Häufigkeiten

(3) Kritischer Bereich

Die Anzahl der Merkmalsausprägungen beträgt $k = 5$ und die der geschätzten Parameter $m = 1$, so daß sich als Anzahl der Freiheitsgrade $v = k - m - 1 = 5 - 1 - 1 = 3$ ergibt. Damit findet man bei einem Signifikanzniveau von $\alpha = 0{,}01$ aus der Tabelle der Chi-Quadrat-Verteilung den kritischen Wert $\chi_c^2 = 11{,}345$. – Bei $\chi^2 > 11{,}345$ wird die Nullhypothese also abgelehnt, bei $\chi^2 \leq 11{,}345$ kann die Nullhypothese nicht abgelehnt werden.

(4) Berechnung der Prüfgröße

$$\chi^2 = \sum_{i=1}^{k} \frac{(h_i^o - h_i^e)^2}{h_i^e}$$

$$= \frac{(9-11{,}555)^2}{11{,}555} + \frac{(10-11{,}920)^2}{11{,}920} + \frac{(17-11{,}125)^2}{11{,}125} +$$

$$+ \frac{(7-7{,}785)^2}{7{,}785} + \frac{(7-7{,}615)^2}{7{,}615}$$

$$= 4{,}106$$

(5) Entscheidung und Interpretation

Da hier $\chi^2 \leq \chi_c^2$ gilt, kann die Nullhypothese nicht abgelehnt werden. Man kann also davon ausgehen, daß die Kundenankünfte einer Poissonverteilung gehorchen.

Liegt ein **stetiges Merkmal** oder ein **diskretes Merkmal mit sehr vielen Merkmalsprägungen** vor, dann unterteilt man zunächst die Merkmalsachse in k Klassen (Intervalle), berechnet dann anhand der theoretischen Verteilung die erwarteten absoluten Klassenhäufigkeiten h_i^e und vergleicht diese mit den beobachteten absoluten Klassenhäufigkeiten h_i^o.

Beispiel: Es soll auf einem Signifikanzniveau von $\alpha = 0{,}05$ geprüft werden, ob die Lebensdauer eines bestimmten Bleiakkumulatorentyps normalverteilt ist. Eine Stichprobe im Umfang von $n = 80$ Stück liefert die in Tabelle 19.6 wiedergegebene empirische Häufigkeitsverteilung, für die sich eine durchschnittliche Lebensdauer von $\bar{x} = 3{,}41$ Jahren und eine Standardabweichung von $s = 0{,}70$ Jahren ergibt.

i	Lebensdauer in Jahren	Anzahl der Akkumulatoren h_i^o
1	bis 1,95	4
2	über 1,95 bis 2,45	2
3	über 2,45 bis 2,95	8
4	über 2,95 bis 3,45	30
5	über 3,45 bis 3,95	20
6	über 3,95 bis 4,45	10
7	über 4,45	6
Σ		80

Tab. 19.6: Beobachtete Lebensdauerverteilung

(1) Null- und Alternativhypothese sowie Signifikanzniveau

H_0: Die Lebensdauer der Akkumulatoren ist normalverteilt.

H_A: Die Lebensdauer der Akkumulatoren ist nicht normalverteilt.

$\alpha = 0{,}05$

(2) Prüfgröße und Testverteilung

Die Prüfgröße X^2, deren konkrete Realisation

$$\chi^2 = \sum_{i=1}^{k} \frac{(h_i^o - h_i^e)^2}{h_i^e}$$

ist, gehorcht näherungsweise einer Chi-Quadrat-Verteilung mit $v = k - m - 1$ Freiheitsgraden.

Als *erwartungstreue Schätzwerte für die unbekannten Parameter* μ *und* σ^2 *der Normalverteilung* verwendet man das arithmetische Mittel $\bar{x}$ und die Varianz s^2 der Stichprobe:

$$\hat{\mu} = \bar{x} = 3{,}41 \text{ Jahre}$$

$$\hat{\sigma}^2 = s^2 = 0{,}49 \text{ Jahre}^2.$$

Zur Bestimmung der *erwarteten absoluten Klassenhäufigkeiten* h_i^e ermittelt man zuerst die Werte der Verteilungsfunktion der Normalverteilung für die oberen Klassengrenzen x_i^o, also $F_n(x_i^o/3{,}41; 0{,}49)$. Nach Abschnitt 10.3 gilt die Beziehung

$$F_n(x_i^o/\mu; \sigma^2) = F_N(z_i^o) \text{ mit } z_i^o = \frac{x_i^o - \mu}{\sigma} \quad (i = 1, \ldots, k),$$

aus der sich für unser Beispiel die Werte $F_N(z_i^o)$ der Tabelle 19.7 ergeben.

i	Obere Klassengrenze x_i^o	$z_i^o = \frac{x_i^o - 3{,}41}{0{,}7}$	$F_N(z_i^o)$
1	1,95	—2,086	0,0185
2	2,45	—1,371	0,0852
3	2,95	—0,657	0,2556
4	3,45	0,057	0,5227
5	3,95	0,771	0,7796
6	4,45	1,486	0,9314
7	∞	∞	1,0000

Tab. 19.7: Werte der erwarteten Verteilungsfunktion

Die Wahrscheinlichkeiten (die *erwarteten relativen Klassenhäufigkeiten*) f_i^e erhält man durch Differenzenbildung; so ergibt sich für Klasse i (i = 1, ..., 7) die erwartete relative Klassenhäufigkeit zu $f_i^e = F_N(z_i^o) - F_N(z_{i-1}^o)$, wobei $F_N(z_0^o) = 0$ gesetzt wird. Die *erwarteten absoluten Klassenhäufigkeiten* h_i^e ergeben sich dann durch Multiplikation der erwarteten relativen Klassenhäufigkeiten mit dem Stichprobenumfang n = 80 zu $h_i^e = nf_i^e = 80f_i^e$. Der Rechengang für unser Beispiel ist aus Tabelle 19.8 ersichtlich.

i	Lebensdauer in Jahren	Beobachtete absolute Häufigkeiten h_i^o	Erwartete relative Häufigkeiten f_i^e	Erwartete absolute Häufigkeiten $h_i^e = 80f_i^e$
1	bis 1,95	4	0,0185	1,48
2	über 1,95 bis 2,45	2	0,0667	5,34
3	über 2,45 bis 2,95	8	0,1704	13,63
4	über 2,95 bis 3,45	30	0,2671	21,37
5	über 3,45 bis 3,95	20	0,2569	20,55
6	über 3,95 bis 4,45	10	0,1518	12,14
7	über 4,45	6	0,0686	5,48
	Σ	80	1,0000	80,00

Tab. 19.8: Beobachtete und erwartete Häufigkeiten

i	Lebensdauer in Jahren	Absolute Häufigkeiten	
		beobachtet h_i^o	erwartet h_i^e
1	bis 2,45	6	6,82
2	über 2,45 bis 2,95	8	13,63
3	über 2,95 bis 3,45	30	21,37
4	über 3,45 bis 3,95	20	20,55
5	über 3,95 bis 4,45	10	12,14
6	über 4,45	6	5,49
	Σ	80	80,00

Tab. 19.9: Beobachtete und erwartete absolute Häufigkeiten

Da in Tabelle 19.8 in der ersten Klasse eine *erwartete* absolute Häufigkeit auftritt, die kleiner als 5 ist, faßt man die beiden ersten Klassen zusammen und erhält so Tabelle 19.9.

(3) Kritischer Bereich

Nach der Zusammenfassung beträgt die Zahl der Klassen jetzt k = 6. Da aus der Stichprobe m = 2 *Parameter geschätzt* werden, ergibt sich die Anzahl der Freiheitsgrade zu $\nu = k - m - 1 = 6 - 2 - 1 = 3$. Damit erhält man bei einem Signifikanzniveau von $\alpha = 0{,}05$ aus der Tabelle der Chi-Quadrat-Verteilung den kritischen Wert $\chi_c^2 = 7{,}815$; für $\chi^2 \leq 7{,}815$ wird also die Nullhypothese nicht abgelehnt, für $\chi^2 > 7{,}815$ wird sie abgelehnt.

(4) Berechnung der Prüfgröße

$$\chi^2 = \sum_{i=1}^{k} \frac{(h_i^o - h_i^e)^2}{h_i^e}$$

$$= \frac{(6-6{,}82)^2}{6{,}82} + \frac{(8-13{,}63)^2}{13{,}63} + \frac{(30-21{,}37)^2}{21{,}37} + \frac{(20-20{,}55)^2}{20{,}55} + \frac{(10-12{,}14)^2}{12{,}14} + \frac{(6-5{,}49)^2}{5{,}49}$$

$$= 6{,}349$$

(5) Entscheidung und Interpretation

Wegen $\chi^2 \leq \chi_c^2$ kann H_0 nicht abgelehnt werden. Die Lebensdauer des Akkumulatorentyps darf also als normalverteilt angesehen werden.

19.2. Chi-Quadrat-Unabhängigkeitstest

Neben dem Chi-Quadrat-Anpassungstest gehört auch der **Chi-Quadrat-Unabhängigkeitstest** zu den häufig verwendeten Testverfahren. Mit ihm läßt sich beispielsweise testen, ob *zwei nominalskalierte (qualitative) Merkmale voneinander unabhängig sind oder nicht.*

Die Vorgehensweise soll an einem *Beispiel* erläutert werden: 30 Wirtschaftsingenieure, 35 graduierte Betriebswirte und 35 Diplomkaufleute, die sich bei einem Unternehmen beworben haben, werden nach einem Eignungstest in die Kategorien „geeignet" und „ungeeignet" eingeordnet. Das Ergebnis ist in Tabelle 19.10 dargestellt; da es sich bei den beiden Merkmalen „Eignung" (Merkmal A) und Studienabschluß (Merkmal B) um *nominalskalierte oder auch höher skalierte Merkmale* handelt, liegt eine sogenannte **Kontingenztabelle** vor. – Die mit dem Chi-Quadrat-Unabhängigkeitstest zu prüfende Frage lautet, ob die Eignung vom Studienabschluß unabhängig ist oder nicht (Signifikanzniveau $\alpha = 0{,}05$). Dabei muß unterstellt werden können, daß es sich bei den Bewerbern um eine *Zufallsstichprobe aus einer größeren Grundgesamtheit*, wie z. B. aus der Gesamtheit aller deutschen Hochschulabsolventen eines bestimmten Jahres, handelt.

Eignung (A) \ Studienabschluß (B)	Wirtschaftsingenieur (B_1)	Graduierter Betriebswirt (B_2)	Diplom-Kaufmann (B_3)	Σ
geeignet (A_1)	$h^o_{11}=14$	$h^o_{12}=10$	$h^o_{13}=16$	$h^o_{1.}=40$
ungeeignet (A_2)	$h^o_{21}=16$	$h^o_{22}=25$	$h^o_{23}=19$	$h^o_{2.}=60$
Σ	$h^o_{.1}=30$	$h^o_{.2}=35$	$h^o_{.3}=35$	$h^o_{..}=n=100$

Tab. 19.10: Kontingenztabelle

Liegen allgemein zwei Merkmale A und B mit den Ausprägungen $A_i (i=1,\ldots,r)$ und $B_j (j=1,\ldots,s)$ vor, dann nimmt die Kontingenztabelle die in Tabelle 19.11 wiedergegebene Gestalt an.

Kategorie des Merkmals A \ Kategorie des Merkmals B	$B_1 \ldots B_j \ldots B_s$	Σ
A_1	$h^o_{11} \ldots h^o_{1j} \ldots h^o_{1s}$	$h^o_{1.}$
⋮	⋮	⋮
A_i	$h^o_{i1} \ldots h^o_{ij} \ldots h^o_{is}$	$h^o_{i.}$
⋮	⋮	⋮
A_r	$h^o_{r1} \ldots h^o_{rj} \ldots h^o_{rs}$	$h^o_{r.}$
Σ	$h^o_{.1} \ldots h^o_{.j} \ldots h^o_{.s}$	$h^o_{..}=n$

Tab. 19.11: Kontingenztabelle

Es ist also

$$h^o_{i.} = \sum_{j=1}^{s} h_{ij} \qquad (i=1,\ldots,r)\,,$$

$$h^o_{.j} = \sum_{i=1}^{r} h_{ij} \qquad (j=1,\ldots,s)$$

und $$h^o_{..} = \sum_{i=1}^{r} h_{i.} = \sum_{j=1}^{s} h_{.j} = n\,.$$

(1) Null- und Alternativhypothese sowie Signifikanzniveau

H_0: Die beiden Merkmale A und B sind voneinander unabhängig.

H_A: Die beiden Merkmale A und B sind nicht voneinander unabhängig, d.h. sie sind voneinander abhängig.

$\alpha = 0{,}05$

(2) Prüfgröße und Testverteilung

Zu berechnen sind zunächst die bei Gültigkeit der Nullhypothese in der Stichprobe *erwarteten absoluten Häufigkeiten* h^e_{ij}: Der *Anteil* der Stichprobenelemente mit der Merkmalsausprägung A_i beträgt

$$f(A_i) = \frac{h^o_{i.}}{n} \qquad (i=1,\ldots,r)\,,$$

und der der Stichprobenelemente mit der Merkmalsausprägung B_j

$$f(B_j) = \frac{h^o_{.j}}{n} \qquad (j=1,\ldots,s)\,.$$

Interpretieren wir diese *relativen Häufigkeiten* als *Wahrscheinlichkeiten*, dann ergibt sich im Fall der Unabhängigkeit der beiden Merkmale nach dem *Multiplikationssatz für unabhängige Ereignisse* (vgl. Abschnitt 6.3) als *relative Häufigkeit der Merkmalskombination* $(A_i \cap B_j)$

$$f(A_i \cap B_j) = f(A_i) \cdot f(B_j) \quad (i=1,\ldots,r;\ j=1,\ldots,s)$$

oder

$$f(A_i \cap B_j) = \frac{h^o_{i.}}{n} \cdot \frac{h^o_{.j}}{n}\,.$$

Die *erwartete absolute Häufigkeit* h^e_{ij} der Merkmalskombination $(A_i \cap B_j)$ ergibt sich dann zu

$$h^e_{ij} = n \cdot f(A_i \cap B_j) = \frac{h^o_{i.} h^o_{.j}}{n} \quad (i=1,\ldots,r;\ j=i,\ldots,s)\,.$$

Für unser *Beispiel* sind die erwarteten absoluten Häufigkeiten h^e_{ij} den beobachteten absoluten Häufigkeiten h^o_{ij} in Tabelle 19.12 gegenübergestellt.

Es läßt sich zeigen, daß die Prüfgröße X^2 mit der konkreten Realisation

$$\chi^2 = \sum_{i=1}^{r} \sum_{j=1}^{s} \frac{(h^o_{ij} - h^e_{ij})^2}{h^e_{ij}}$$

bzw.

$$\chi^2 = \sum_{i=1}^{r} \sum_{j=1}^{s} \frac{\left(h^o_{ij} - \frac{h^o_{i.} h^o_{.j}}{n}\right)^2}{\frac{h^o_{i.} h^o_{.j}}{n}}$$

wiederum näherungsweise einer Chi-Quadrat-Verteilung mit $\nu = (r-1)(s-1)$ Freiheitsgraden gehorcht. – Treten erwartete absolute Häufigkeiten h^e_{ij} auf, die kleiner als 5 sind, dann sind wieder Zeilen bzw. Spalten geeignet zusammenzufassen.

(3) Kritischer Bereich

Bei dem unserem Beispiel zugrundegelegten Signifikanzniveau von $\alpha = 0{,}05$ ergibt sich für $\nu = (r-1)(s-1) = 1 \cdot 2 = 2$ Freiheitsgrade aus der Tabelle der Chi-Quadrat-Verteilung der kritische Wert $\chi^2_c = 5{,}991$. Erst ein $\chi^2 > 5{,}991$ würde also zu einer Ablehnung der Nullhypothese führen.

Studienabschluß (B) / Eignung (A)	Wirtschaftsingenieur (B_1)	Graduierter Betriebswirt (B_2)	Diplom-Kaufmann (B_3)	$\sum$
geeignet (A_1)	14 / 12	10 / 14	16 / 14	40
ungeeignet (A_2)	16 / 18	25 / 21	19 / 21	60
$\sum$	30	35	35	100

Tab. 19.12: Kontingenztabelle

h^o_{ij} / h^e_{ij}

(4) Berechnung der Prüfgröße

$$\chi^2 = \sum_{i=1}^{r} \sum_{j=1}^{s} \frac{(h^o_{ij} - h^e_{ij})^2}{h^e_{ij}}$$

$$= \frac{(14-12)^2}{12} + \frac{(10-14)^2}{14} + \frac{(16-14)^2}{14} + \frac{(16-18)^2}{18} + \frac{(25-21)^2}{21} + \frac{(19-21)^2}{21}$$

$$= 2{,}937\,.$$

(5) Entscheidung und Interpretation

Da hier $\chi^2 \leq \chi^2_c$ ist, kann H_0 nicht abgelehnt werden. Man kann also nicht annehmen, daß die Eignung vom Studienabschluß abhängt.

19.3. Chi-Quadrat-Homogenitätstest

Beim *Chi-Quadrat-Anpassungstest* wurde untersucht, ob die in *einer Stichprobe* beobachtete Verteilung mit der für die unbekannte Verteilung der Grundgesamtheit gemachten Annahme in Widerspruch steht oder nicht; der Chi-Quadrat-Anpassungstest gehört also zur Gruppe der *Einstichprobentests.* Beim **Chi-Quadrat-Homogenitätstest** geht man jedoch von den beobachteten Verteilungen von *zwei* oder auch *mehr als zwei Stichproben* aus, so daß er zur Gruppe der *Zwei- und Mehrstichprobentests* gehört. Geprüft wird, ob die Stichproben aus der gleichen Grundgesamtheit stammen oder nicht.

Beispiel: In einer Statistik-Klausur, an der 200 Betriebswirte (Stichprobe Nr. 1) und 100 Volkswirte (Stichprobe Nr. 2) teilnahmen, wurden die in Tabelle 19.13 wiedergegebenen Ergebnisse erzielt. Gefragt ist, ob die beiden Gruppen bezüglich ihrer Klausurleistungen *homogen* sind, d.h. ob sie als Stichproben aus der gleichen Grundgesamtheit aufgefaßt werden können (Signifikanzniveau $\alpha = 0{,}05$).

Note i	Betriebswirte (Stichprobe Nr. 1)	Volkswirte (Stichprobe Nr. 2)	Σ
1	$h^o_{11} = 15$	$h^o_{12} = 0$	$h^o_{1.} = 15$
2	$h^o_{21} = 5$	$h^o_{22} = 25$	$h^o_{2.} = 30$
3	$h^o_{31} = 10$	$h^o_{32} = 50$	$h^o_{3.} = 60$
4	$h^o_{41} = 60$	$h^o_{42} = 15$	$h^o_{4.} = 75$
5	$h^o_{51} = 110$	$h^o_{52} = 10$	$h^o_{5.} = 120$
Σ	$h^o_{.1} = 200$	$h^o_{.2} = 100$	$n = 300$

Tab. 19.13: Ergebnisse zweier Stichproben

(1) Null- und Alternativhypothese sowie Signifikanzniveau

H_0: Die Qualifikation der beiden Gruppen stimmt überein.

H_A: Die Qualifikation der beiden Gruppen stimmt nicht überein.

$\alpha = 0{,}05$

(2) Prüfgröße und Testverteilung

Bei Gültigkeit der Nullhypothese erhält man die *erwarteten absoluten Häufigkeiten* h^e_{ij}, indem man die $h^o_{i.}$ Studenten jeder Note i im Verhältnis

$$h^o_{.1} : h^o_{.2} = 200 : 100 = 2 : 1$$

auf die beiden Gruppen aufteilt.

Man kann den *Homogenitätstest* auch als *Unabhängigkeitstest* mit den Merkmalen „Studienrichtung" und „Klausurnote" auffassen und die erwarteten absoluten Häufigkeiten über die schon bekannte Formel

$$h^e_{ij} = \frac{h^o_{i.} \cdot h^o_{.j}}{n}$$

berechnen. In beiden Fällen erhält man die in Tabelle 19.14 wiedergegebenen beobachteten und erwarteten absoluten Häufigkeiten.

Wie beim Chi-Quadrat-Unabhängigkeitstest gehorcht auch hier die Prüfgröße X^2 mit der konkreten Realisation

$$\chi^2 = \sum_{i=1}^{r} \sum_{j=1}^{s} \frac{(h^o_{ij} - h^e_{ij})^2}{h^e_{ij}}$$

einer Chi-Quadrat-Verteilung mit $\nu = (r-1) \cdot (s-1)$ Freiheitsgraden.

(3) Kritischer Bereich

Die Zahl der Freiheitsgrade beträgt $\nu = (r-1) \cdot (s-1) = 4 \cdot 1 = 4$. Als kritischer Wert ergibt sich damit für das Signifikanzniveau $\alpha = 0{,}05$ ein $\chi^2_c = 9{,}488$; d.h. für $\chi^2 \leq 9{,}488$ kann die Nullhypothese nicht abgelehnt werden.

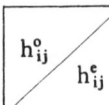

Note i	Betriebswirte (Stichprobe Nr. 1)	Volkswirte (Stichprobe Nr. 2)	Σ
1	15 / 10	0 / 5	15
2	5 / 20	25 / 10	30
3	10 / 40	50 / 20	60
4	60 / 50	15 / 25	75
5	110 / 80	10 / 40	120
Σ	200	100	300

h^o_{ij} / h^e_{ij}

Tab. 19.14: Beobachtete und erwartete absolute Häufigkeiten

(4) Berechnung der Prüfgröße

$$\chi^2 = \sum_{i=1}^{r} \sum_{j=1}^{s} \frac{(h^o_{ij} - h^e_{ij})^2}{h^e_{ij}}$$

$$= \frac{(15-10)^2}{10} + \frac{(0-5)^2}{5} + \frac{(5-20)^2}{20} +$$

$$+ \frac{(25-10)^2}{10} + \frac{(10-40)^2}{40} + \frac{(50-20)^2}{20} +$$

$$+ \frac{(60-50)^2}{50} + \frac{(15-25)^2}{25} + \frac{(110-80)^2}{80} +$$

$$+ \frac{(10-40)^2}{40}$$

$$= 148{,}5$$

(5) Entscheidung und Interpretation

Es ist also $\chi^2 > \chi^2_c$; damit muß die Nullhypothese „die Qualifikation der beiden Gruppen stimmt überein" abgelehnt werden.

19.4. Kolmogorov-Smirnov-Anpassungstest

Der **Kolmogorov-Smirnov-Anpassungstest** ist ebenso wie der Chi-Quadrat-Anpassungstest ein *Test zur Beurteilung der Güte der Anpassung einer erwarteten theoretischen Verteilung an eine beobachtete empirische Verteilung.* Man kann also mit seiner Hilfe entscheiden, ob die beobachteten Stichprobenwerte aus einer Grundgesamtheit mit der angenommenen theoretischen Verteilung stammen oder nicht. Sein Vorteil gegenüber dem Chi-Quadrat-Anpassungstest liegt vor allem darin, daß er auch *schon bei kleinen Stichprobenumfängen anwendbar* ist.

Die **Nullhypothese** besagt – wie bei dem in Abschnitt 19.1 besprochenen Chi-Quadrat-Anpassungstest – daß die *Grundgesamtheit einer bestimmten Verteilung gehorcht.* Die *Prüfgröße* des Kolmogorov-Smirnov-Tests wird allerdings nicht wie die des Chi-Quadrat-Tests ausgehend von *einzelnen absoluten Häufigkeiten*, sondern ausgehend von der *Verteilungsfunktion* gebildet. – Wir bezeichnen die Verteilungsfunktion der für die Grundgesamtheit angenommenen theoretischen Verteilung mit $F^e(x)$ und die beobachtete Summenhäufigkeitsfunktion der Stichprobe (empirische Verteilungsfunktion) mit $F^o(x)$ (vgl. Abschnitt 2.2). Bei Gültigkeit der Nullhypothese ist dann zu erwarten, daß die *beobachteten absoluten Abweichungen* $|F^e(x) - F^o(x)|$ der theoretischen von der empirischen Verteilungsfunktion für jeden Wert von x sehr gering sein werden. – Die *beobachtete maximale absolute Abweichung*

$$D = \max_x |F^e(x) - F^o(x)|$$

stellt die **Prüfgröße** des Tests dar. *Kolmogorov* und *Smirnov* haben nun gezeigt, daß die **Verteilung dieser Prüfgröße** D nicht von der speziellen für die Grundgesamtheit angenommenen theoretischen Verteilung abhängt, sondern *für alle stetigen Verteilungen dieselbe* ist. Die Verteilung der Prüfgröße D ist *allein vom Stichprobenumfang* n *abhängig* und liegt in *tabellierter Form* vor.

Die Vorgehensweise beim Kolmogorov-Smirnov-Anpassungstest sei an folgendem *Beispiel* erläutert: 10 Studenten benötigen für die Bearbeitung einer bestimmten Aufgabe die in Tabelle 19.15 wiedergegebenen Zeiten. Kann aus diesem Ergebnis geschlossen werden, daß die Bearbeitungszeit in der Grundgesamtheit aller Studenten normalverteilt ist mit $\mu = 110{,}2$ Minuten und $\sigma^2 = 9{,}9^2$ Minuten^2 (Signifikanzniveau $\alpha = 0{,}05$)?

(1) Null- und Alternativhypothese sowie Signifikanzniveau

H_O: Die Bearbeitungsdauer in der Grundgesamtheit aller Studenten ist normalverteilt mit $\mu = 110{,}2$ und $\sigma^2 = 9{,}9^2$.

H_A: Die Bearbeitungsdauer in der Grundgesamtheit aller Studenten ist nicht normalverteilt mit $\mu = 110{,}2$ und $\sigma^2 = 9{,}9^2$.

$\alpha = 0{,}05$

(2) Prüfgröße und Testverteilung

Die Prüfgröße D folgt der Kolmogorov-Smirnov-Verteilung, die in tabellierter Form vorliegt.

(3) Kritischer Bereich

Die Tabelle der kritischen Werte des Kolmogorov-Smirnov-Tests liefert für das Signifikanzniveau $\alpha = 0{,}05$ und den Stichprobenumfang $n = 10$ den kritischen Wert

Student Nr.	Bearbeitungszeit in Minuten
1	96
2	126
3	107
4	99
5	117
6	105
7	118
8	103
9	113
10	121

Tab. 19.15: Bearbeitungszeiten von 10 Studenten

$d_c = 0{,}409$. Das bedeutet, daß die Nullhypothese erst dann abgelehnt werden kann, wenn $d > 0{,}409$ ist.

(4) Berechnung der Prüfgröße

Zur Bestimmung der Summenhäufigkeitsfunktion $F^o(x)$ der Stichprobe werden die Stichprobenwerte der Größe nach geordnet. Die Verteilungsfunktion $F^e(x)$ der Normalverteilung mit $\mu = 110{,}2$ Minuten und $\sigma^2 = 9{,}9$ Minuten^2 läßt sich mit Hilfe der Tabelle der Standardnormalverteilung berechnen:

$$F_n^e(x/110{,}2;\, 9{,}9^2) = F_N^e(z) \text{ mit } z = \frac{x - 110{,}2}{9{,}9};$$

die Ergebnisse sind in Tabelle 19.16 zusammengefaßt.

Bearbeitungszeit in Minuten x	Summenhäufigkeitsfunktion $F^o(x)$	$z = \frac{x-110{,}2}{9{,}9}$	Theoretische Verteilungsfunktion $F_N^e(z) = F_n^e(x/110{,}2;\, 9{,}9^2)$
96	0,1	—1,434	0,0758
99	0,2	—1,131	0,1290
103	0,3	—0,727	0,2336
105	0,4	—0,525	0,2998
107	0,5	—0,323	0,3733
113	0,6	0,283	0,6114
117	0,7	0,687	0,7540
118	0,8	0,788	0,7847
121	0,9	1,091	0,8624
126	1,0	1,596	0,9448

Tab. 19.16: Summenhäufigkeitsfunktion und theoretische Verteilungsfunktion

In Abbildung 19.2 ist der beobachteten Summenhäufigkeitsfunktion $F^o(x)$ die theoretische Verteilungsfunktion $F_n^e(x/110{,}2;\, 9{,}9^2)$ gegenübergestellt.

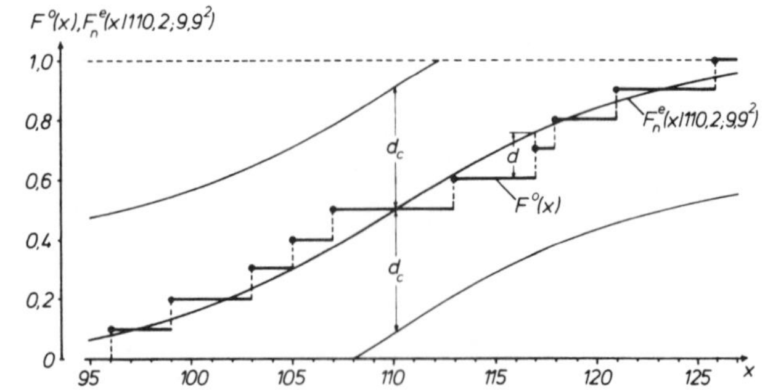

Abb. 19.2: Summenhäufigkeitsfunktion und theoretische Verteilungsfunktion

$F^o(x)$ ist eine *unstetige Treppenfunktion*, $F_n^e(x/110{,}2;\, 9{,}9^2)$ dagegen eine *stetige Funktion*; die maximale absolute Abweichung d zwischen diesen beiden Funktionen kann also nur an einer der *Sprungstellen* x_i auftreten. In Tabelle 19.17 sind die absoluten Abweichungen $|F_n^e(x_i/110{,}2;\, 9{,}9^2) - F^o(x_i)|$ und $|F_n^e(x_i/110{,}2;\, 9{,}9^2) - F^o(x_{i-1})|$ für alle Sprungstellen $x_i (i = 1, \ldots, 10)$ berechnet, wobei $F^o(x_0) = 0$ gesetzt wurde.

i	x_i	$F^o(x_i)$	$F_n^e(x_i)$	$\lvert F_n^e(x_i) - F^o(x_{i-1})\rvert$	$\lvert F_n^e(x_i) - F^o(x_i)\rvert$
1	96	0,1	0,0758	0,0758	0,0242
2	99	0,2	0,1290	0,0290	0,0710
3	103	0,3	0,2336	0,0336	0,0664
4	105	0,4	0,2998	0,0002	0,1002
5	107	0,5	0,3733	0,0267	0,1267
6	113	0,6	0,6114	0,1114	0,0114
7	117	0,7	0,7540	**0,1540**	0,0540
8	118	0,8	0,7847	0,0847	0,0153
9	121	0,9	0,8624	0,0624	0,0376
10	126	1,0	0,9448	0,0448	0,0552

Tab. 19.17: Beobachtete absolute Abweichungen der theoretischen Verteilungsfunktion von der beobachteten Summenhäufigkeitsfunktion

Man findet als maximale absolute Abweichung und damit als Wert der Prüfgröße D

$$d = 0{,}1540\,.$$

(5) Entscheidung und Interpretation

Da $d < d_c$, kann die Nullhypothese „Bearbeitungszeit normalverteilt mit $\mu = 110{,}2$ Minuten und $\sigma^2 = 9{,}9^2$ Minuten^2" nicht abgelehnt werden. – Man hätte zu dieser Entscheidung auch mit Hilfe der Abbildung 19.2 kommen können. Zeichnet man nämlich zu der Verteilungsfunktion $F_n^e(x/110{,}2;\, 9{,}9^2)$ zwei weitere Kurven im vertikalen Abstand von jeweils $d_c = 0{,}409$, dann erhält man einen **Korridor,** den die beobachtete Summenhäufigkeitsfunktion $F^o(x)$ nicht verlassen darf, wenn die Null-Hypothese nicht abgelehnt werden soll.

Für **große Stichprobenumfänge** n lassen sich *asymptotische kritische Werte* angeben; so beträgt der kritische Wert z. B. für $n > 100$ bei einem Signifikanzniveau von $\alpha = 0{,}05$ angenähert $d_c = 1{,}36 / \sqrt{n}$.

Bedingung für die Anwendung des Kolmogorov-Smirnov-Anpassungstests ist, daß die **theoretische Verteilung mit ihren Parametern vollständig bekannt** ist. – Werden die **Parameter der Verteilungsfunktion** $F^e(x)$ **aus der Stichprobe geschätzt,** läßt sich zeigen, daß das tatsächliche Signifikanzniveau des Tests zahlenmäßig kleiner ist als das dem tabellierten kritischen Wert d_c der Kolmogorov-Smirnov-Verteilung entsprechende; ein derartiger Test wird auch als *konservativ* bezeichnet. – Für den Fall einer Normalverteilung, bei der μ durch das Stichprobenmittel $\bar{x}$ und σ^2 durch die Stichprobenvarianz s^2 geschätzt werden, wurden von *Hubert W. Lilliefors* (Journal of the American Statistical Association, Vol. 62, 1967) kritische Werte für die maximale absolute Abweichung D berechnet, und zwar für verschiedene Signifikanzniveaus.

Der Kolmogorov-Smirnov-Test ist auch auf **diskrete theoretische Verteilungen** anwendbar. Verwendet man die kritischen Werte der Kolmogorov-Smirnov-Verteilung, so führt der Test zu konservativen Ergebnissen.

19.5. Überblick über einige wichtige Testverfahren

In Tabelle 19.18 wird ein zusammenfassender Überblick über die in den Kapiteln 16 bis 19 besprochenen Testverfahren gegeben. In der Spalte „Anzuwendende Verteilung" werden auch die *Bedingungen* für die Anwendung des jeweiligen Testverfahrens genannt. Meist kann mit einem Test jedoch auch schon dann gearbeitet werden, wenn die Bedingungen nur *näherungsweise erfüllt* sind.

Nullhypothese	Wert der Prüfgröße	Anzuwendende Verteilung	Behandelt in Abschnitt
$\mu = \mu_0$ (σ bekannt)	$z = \dfrac{\bar{x} - \mu_0}{\frac{\sigma}{\sqrt{n}}}$	Standardnormalverteilung *Bedingung:* Grundgesamtheit normalverteilt oder $n > 30$	17.1 (1)
$\mu = \mu_0$ (σ unbekannt)	$t = \dfrac{\bar{x} - \mu_0}{\frac{s}{\sqrt{n}}}$	Studentverteilung mit $\nu = n - 1$ *Bedingung:* Grundgesamtheit normalverteilt	17.1 (2)
$\theta = \theta_0$	$z = \dfrac{p - \theta_0}{\sqrt{\frac{\theta_0(1-\theta_0)}{n}}}$	Standardnormalverteilung *Bedingung:* $n\theta_0(1-\theta_0) \geqq 9$	16.3
$\sigma^2 = \sigma_0^2$	$\chi^2 = \dfrac{(n-1)s^2}{\sigma_0^2}$	Chi-Quadrat-Verteilung mit $\nu = n - 1$ *Bedingung:* Grundgesamtheit normalverteilt	17.2
$\mu_1 = \mu_2$ (σ_1, σ_2 bekannt)	$z = \dfrac{\bar{x}_1 - \bar{x}_2}{\sqrt{\frac{\sigma_1^2}{n_1} + \frac{\sigma_2^2}{n_2}}}$	Standardnormalverteilung *Bedingung:* Grundgesamtheiten normalverteilt oder $n_1 > 30$ und $n_2 > 30$	17.3 (1)
$\mu_1 = \mu_2$ (σ_1, σ_2 unbekannt und $\sigma_1 \neq \sigma_2$)	$z = \dfrac{\bar{x}_1 - \bar{x}_2}{\sqrt{\frac{s_1^2}{n_1} + \frac{s_2^2}{n_2}}}$	Standardnormalverteilung *Bedingung:* $n_1 > 30$ und $n_2 > 30$	17.3 (1)
$\mu_1 = \mu_2$ (σ_1, σ_2 unbekannt und $\sigma_1 = \sigma_2$)	$t = \dfrac{\bar{x}_1 - \bar{x}_2}{s\sqrt{\frac{n_1 + n_2}{n_1 n_2}}}$ mit $s = \sqrt{\dfrac{(n_1-1)s_1^2 + (n_2-1)s_2^2}{n_1 + n_2 - 2}}$	Studentverteilung mit $\nu = n_1 + n_2 - 2$ *Bedingung:* Grundgesamtheiten normalverteilt	17.3 (2)
$\theta_1 = \theta_2$	$z = \dfrac{p_1 - p_2}{\sqrt{p(1-p)}\sqrt{\frac{n_1 + n_2}{n_1 n_2}}}$ mit $p = \dfrac{n_1 p_1 + n_2 p_2}{n_1 + n_2}$	Standardnormalverteilung *Bedingung:* $n_1 p_1 (1 - p_1) \geqq 9$ und $n_2 p_2 (1 - p_2) \geqq 9$	17.4
$\sigma_1^2 = \sigma_2^2$	$F = \dfrac{s_1^2}{s_2^2}$	F-Verteilung mit $\nu_1 = n_1 - 1$ und $\nu_2 = n_2 - 1$ *Bedingung:* Grundgesamtheiten normalverteilt	17.5

Tab. 19.18: Einige wichtige Testverfahren (Teil 1)

(Die Formeln beziehen sich stets auf sehr große Grundgesamtheiten, so daß die Auswahlsätze kleiner als 5% angenommen werden können.)

Nullhypothese	Wert der Prüfgröße	Anzuwendende Verteilung	Behandelt in Abschnitt
$\mu_{2i} = \mu_{1i} + \delta$ $(i = 1, \ldots, n)$ und $\delta = 0$	$t = \frac{\bar{d}}{\frac{s}{\sqrt{n}}}$	Studentverteilung mit $v = n - 1$ *Bedingung:* Grundgesamtheiten normalverteilt	17.6
$\mu_1 = \mu_2 = \ldots = \mu_r$	$\tilde{f} = \frac{MQA}{MQR} = \frac{\frac{SQA}{r-1}}{\frac{SQR}{nr-r}}$	F-Verteilung mit $v_A = r - 1$ und $v_R = nr - r$ *Bedingung:* Grundgesamtheiten normalverteilt und $\sigma_1 = \sigma_2 = \ldots = \sigma_r$	18.5
Stichprobe stammt aus einer Grundgesamtheit mit bestimmter Verteilung *Chi-Quadrat-Anpassungstest*	$\chi^2 = \sum_{i=1}^{k} \frac{(h_i^o - h_i^e)^2}{h_i^e}$	Chi-Quadrat-Verteilung mit $\nu = k - m - 1$ k: Zahl der Klassen m: Zahl der geschätzten Parameter *Bedingung:* $h_i^e \geqslant 5$ $(i = 1, \ldots, k)$	19.1
Zwei Merkmale A und B sind unabhängig voneinander *Chi-Quadrat-Unabhängigkeitstest*	$\chi^2 = \sum_{i=1}^{r} \sum_{j=1}^{s} \frac{(h_{ij}^o - h_{ij}^e)^2}{h_{ij}^e}$	Chi-Quadrat-Verteilung mit $\nu = (r-1)(s-1)$ *Bedingung:* $h_{ij}^e \geqslant 5$ $(i = 1, \ldots, r;$ $j = 1, \ldots, s)$	19.2
Die Stichproben stammen aus der gleichen Grundgesamtheit *Chi-Quadrat-Homogenitätstest*	$= \sum_{i=1}^{r} \sum_{j=1}^{s} \frac{\left(h_{ij}^o - \frac{h_{i.}^o h_{.j}^o}{n}\right)^2}{\frac{h_{i.}^o h_{.j}^o}{n}}$		19.3
Stichprobe stammt aus einer Grundgesamtheit mit bestimmter Verteilung *Kolmogorov-Smirnov-Anpassungstest*	$d = \max_x \lvert F^e(x) - F^o(x) \rvert$	Verteilung der Kolmogorov-Smirnow-Prüfgröße	19.4

Tab. 19.18: Einige wichtige Testverfahren (Teil 2)

(Die Formeln beziehen sich stets auf sehr große Grundgesamtheiten, so daß die Auswahlsätze kleiner als 5% angenommen werden können.)

19.6. Ausgewählte Literatur

Büning, Herbert, Götz Trenkler, Nichtparametrische statistische Methoden (2., erw. u. völl. überarb. Aufl.). Berlin, New York 1994.
Fisz, Marek, Wahrscheinlichkeitsrechnung und mathematische Statistik (11. Aufl.). Berlin 1988.
Lindgren, Bernard W., Basic Ideas of Statistics. New York, London 1975.
Romano, Albert, Applied Statistics for Science and Industry. Boston, London, Sydney, Toronto 1977.
Schaich, Eberhard, Schätz- und Testmethoden für Sozialwissenschaftler (3., verb. Aufl.). München 1998.

Aufgaben zu Kapitel 19

19.1 Es wird behauptet, der folgende Ziffernblock sei aus einer Zufallszahlentafel entnommen worden. Prüfen Sie, ob diese Behauptung akzeptiert werden kann (Signifikanzniveau $\alpha = 0{,}05$).

3	1	1	3	6	3	2	1	0	8
9	7	3	8	3	5	3	4	1	9
3	2	1	1	7	8	3	3	8	2
8	1	9	9	1	3	3	7	0	5
4	5	7	4	0	0	0	3	0	5
1	1	8	4	1	3	6	9	0	1
1	4	6	6	1	2	8	7	8	2
4	0	2	5	6	7	8	7	8	2
4	4	4	8	9	7	4	9	4	3
4	1	9	4	5	4	0	6	5	7

Tab. 19.19: Ziffernblock

19.2 Bei einem Unternehmen bewerben sich 100 Personen um eine Reihe von offenen Stellen. 70 Personen können eine Berufsausbildung A, 30 eine Berufsausbildung $\bar{A}$ nachweisen. In einer Einstellungsprüfung werden von den Bewerbern 60 als geeignet befunden, davon 34 mit Ausbildung A. Prüfen Sie, ob damit die Hypothese, daß Berufsausbildung und Prüfungsergebnis voneinander unabhängig sind, als widerlegt angesehen werden kann (Signifikanzniveau $\alpha = 0{,}05$).

19.3 Die Beschäftigten eines Wirtschaftszweiges sind in zwei miteinander konkurrierenden Gewerkschaften Nr. 1 und Nr. 2 organisiert. Nach dem Zustandekommen eines neuen Tarifabkommens werden je 500 zufällig ausgewählte Gewerkschaftsmitglieder nach dem Grad ihrer Zufriedenheit befragt, und zwar mit dem in Tabelle 19.20 dargestellten Ergebnis.

Wird das Tarifabkommen von den Mitgliedern beider Gewerkschaften gleich beurteilt (Signifikanzniveau $\alpha = 0{,}05$)?

Gewerkschaft	Grad der Zufriedenheit			
	sehr zufrieden	zufrieden	unzufrieden	sehr unzufrieden
1	260	150	30	60
2	280	140	30	50

Tab. 19.20: Ergebnistabelle der Befragung

19.4 Eine 10 Elektronikbauteile eines bestimmten Typs umfassende Stichprobe erbrachte folgende Lebensdauer (in Stunden):

1490, 1610, 1740, 1860, 1930, 1990, 2080, 2150, 2230, 2420.

Steht dieses Ergebnis in Widerspruch zu der Behauptung der Herstellers, die Lebensdauer des Bauteils folge einer Normalverteilung mit den Parametern $\mu = 2000$ Stunden und $\sigma^2 = 78\,400$ Stunden^2 (Signifikanzniveau $\alpha = 0{,}05$)?

Kapitel 20: Regressionsanalyse I (Lineare Einfachregression – Methode der kleinsten Quadrate)

20.1. Einführung

In den Wirtschaftswissenschaften sind oft *Beziehungen zwischen zwei Merkmalen* oder auch solche *zwischen mehr als zwei Merkmalen* zu untersuchen. So könnte beispielsweise ein Unternehmer daran interessiert sein, auf welche Weise die bei der Herstellung eines bestimmten Produktes entstehenden Gesamtkosten von der Produktionsmenge abhängen; oder einem Wirtschaftsforscher könnte die Aufgabe gestellt sein, zu ermitteln, wie in einem typischen Arbeitnehmerhaushalt die nachgefragte Menge eines Gutes von dessen Preis, den Preisen gewisser anderer Güter und dem Haushaltseinkommen abhängt.

Bereits mit der in Kapitel 18 behandelten **Varianzanalyse** hatten wir eine statistische Methode zur Untersuchung der Beziehungen zwischen Merkmalen kennengelernt. So war in dem ausführlich besprochenen Reifenbeispiel die Frage zu beantworten, ob das *metrisch skalierte Merkmal* „Haltbarkeit“ (gefahrene km [in Tsd.] pro 1 mm Reifenverschleiß) von dem *nominal skalierten Merkmal* „Reifentyp“ abhängt. *Allgemein formuliert* ist die einfache Varianzanalyse stets dann anwendbar, wenn *bei beliebiger Skalierung des einen Merkmals das andere Merkmal metrisch skaliert* ist (vgl. auch Abschnitt 1.4). – Auch mit dem **Chi-Quadrat-Unabhängigkeitstest** (vgl. Abschnitt 19.2) wurden Beziehungen zwischen Merkmalen untersucht, wobei es sich hier um *zwei nominalskalierte Merkmale* handelte. *Allgemein formuliert* ist der Chi-Quadrat-Unabhängigkeitstest *bei beliebiger Skalierung der beiden Merkmale* anwendbar, da sich metrisch und ordinal skalierte Merkmale – wenn auch unter Informationsverlust – in nominalskalierte Merkmale überführen lassen. – Im Gegensatz zur Varianzanalyse und zum Chi-Quadrat-Unabhängigkeitstest beschäftigt sich die **Regressionsanalyse** *ausschließlich* mit der *Untersuchung von Abhängigkeiten zwischen metrisch skalierten Merkmalen*, im folgenden allgemein als *(quantitative) Variablen* bezeichnet. Die Aufgabe der Regressionsanalyse ist es, die *Art der Abhängigkeit* zu bestimmen, d. h. diejenige *mathematische Funktion* zu finden, durch die sich die zwischen den Variablen bestehende Abhängigkeit beschreiben läßt.

20.2. Kriterien für die Bestimmung von Regressionsfunktionen

Während bei der **Mehrfachregression** (der *multiplen Regression*) die *Beziehungen zwischen drei oder auch mehr Variablen* untersucht werden, wird bei der **Einfachregression** nur die *Beziehung zwischen zwei Variablen untersucht.*

Im Modell der **Einfachregression** wird angenommen, daß *eine Variable* Y *von einer zweiten Variablen* X *abhängig* ist, wobei Y als **abhängige Variable** *(Regressand)* und X als **unabhängige Variable** *(Regressor)* bezeichnet wird. Man spricht hier auch von einer *Regression von* Y *auf* X und nennt die *mathematische Funktion, die die Abhängigkeit zwischen den beiden Variablen beschreibt,* **yx-Regressionsfunktion.** Ist diese Funktion bekannt, kann man mit ihrer Hilfe aus Werten der unabhängigen Variablen X Aussagen über die zugehörenden Werte der abhängigen Variablen Y ableiten. Da unter Verwendung der yx-Regressionsfunktion aus Werten der unabhängigen Variablen X die Werte der abhängigen Variablen Y *„erklärt“* werden sollen, wird Y häufig als **zu erklärende** und X als **erklärende Variable** bezeichnet.

Hypothesen über Beziehungen zwischen ökonomischen Variablen werden von der ökonomischen Theorie aufgestellt. Die Theorie liefert aber nur in seltenen Fällen konkrete Hinweise über die mathematische Form der Beziehung. Im allgemeinen kann man *Hypothesen über die mathematische Form der Regressionsfunktion* nur aus *empirisch beobachteten* Werten der Variablen gewinnen. Man bedient sich dazu sehr häufig eines *graphischen Verfahrens.* Dazu wird im Fall einer Einfachregression jedes der beobachteten n Wertepaare (x_i, y_i) $(i = 1, \ldots, n)$ als Punkt mit der x-Koordinate x_i und der y-Koordinate y_i in einem xy-Koordinatensystem dargestellt. Man erhält so ein aus n Punkten bestehendes **Streuungsdiagramm** *(Punktwolke)* und versucht aus der Punktverteilung Hinweise auf einen zur Beschreibung der Beziehung zwischen X und Y geeigneten Funktionstyp zu erhalten.

In Abbildung 20.1 sind einige Streuungsdiagramme dargestellt, wie sie in dieser oder ähnlicher Form in der Praxis vorkommen können.

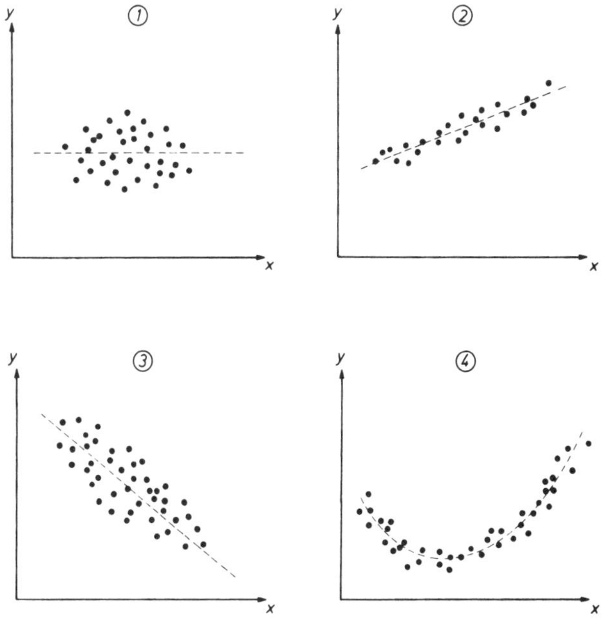

Abb. 20.1: Streuungsdiagramme beobachteter Wertepaare (x_i, y_i)

Das Streuungsdiagramm ① läßt *keinen Zusammenhang* zwischen den Variablen vermuten. Dagegen legen die drei übrigen Streuungsdiagramme das Bestehen eines Zusammenhanges nahe. Wie man aber leicht erkennt, existiert in diesen Fällen keine einfache mathematische Funktion, auf deren Funktionskurve *alle* beobachteten Punkte liegen. Aus später darzulegenden Gründen beschränkt man sich allerdings in der Regressionsanalyse darauf, eine Funktion zu finden, welche die im Streuungsdiagramm erkennbare *Grundtendenz des Zusammenhangs* beschreibt. In diesem Sinne deuten die Streuungsdiagramme ② und ③ auf *lineare Zusammenhänge* hin, wobei der lineare Zusammenhang im Streuungsdiagramm ② wesentlich *enger* ausgeprägt ist als bei ③. Im Streuungsdiagramm ④ schließlich wird ein *nichtlinearer Zusammenhang* anzunehmen sein.

Vornehmlich in Fällen wie unter ④ dargestellt wird es jedoch nicht immer möglich sein, eine eindeutige *Auswahl aus mehreren zur Beschreibung des Zusammenhangs geeigneten Funktionstypen* zu treffen. Es ist dann naheliegend, unter diesen Funktionen die mathematisch einfachste auszuwählen. In jedes Streuungsdiagramm wurde jeweils eine, die jeweilige Grundtendenz beschreibende, mögliche *Regressionskurve* eingezeichnet.

Besondere Bedeutung bei der Anwendung der Regressionsanalyse auf ökonomische Daten kommt den *linearen Funktionen* zu. Einmal hat es sich gezeigt, daß viele Zusammenhänge zwischen ökonomischen Variablen zumindest näherungsweise recht gut durch lineare Funktionen dargestellt werden können. Zum anderen ist es in vielen Fällen möglich, *nichtlineare Funktionen zu linearisieren*, d.h. durch geeignete Koordinatentransformationen in lineare Funktionen zu überführen. Dies ist vorteilhaft, da lineare Funktionen im Vergleich zu nichtlinearen Funktionen rechentechnisch vergleichsweise einfach zu handhaben sind.

Angenommen, es sei vertretbar, die in der Punktwolke zu beobachtende Tendenz durch eine **lineare Regressionsfunktion** *(Regressionsgerade)* zu beschreiben. Wir bezeichnen diese lineare Regressionsfunktion mit

$$\hat{y} = b_1 + b_2 x$$

oder, bezogen auf die n Einzelwerte x_i, mit

$$\hat{y}_i = b_1 + b_2 x_i \qquad (i = 1, \ldots, n)\,.$$

b_1 und b_2 sind die sogenannten **Regressionskoeffizienten.** b_1 bezeichnet den *Ordinatenabschnitt (absolutes Glied)* und b_2 die *Steigung* (*Tangens des Winkels* φ, den die Regressionsgerade mit der positiven x-Achse bildet) der Regressionsgeraden; $\hat{y}_i$ ist der durch die Regressionsgerade an der Stelle $X = x_i$ für y_i gelieferte Schätzwert. Die *Abweichungen* e_i *zwischen den beobachteten* y_i*-Werten und den geschätzten* $\hat{y}_i$*-Werten* werden als **Residuen** bezeichnet; somit gilt

$$e_i = y_i - \hat{y}_i \qquad (i = 1, \ldots, n)\,.$$

In Abbildung 20.2 sind diese Beziehungen graphisch veranschaulicht.

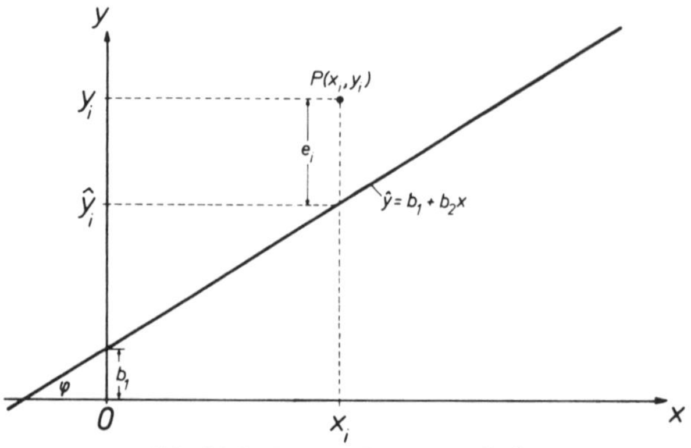

Abb. 20.2: Lineare Regressionsfunktion

In Abbildung 20.3 wurden durch die Punktwolke mehrere mögliche Regressionsgeraden mit unterschiedlichen numerischen Werten der Regressionskoeffizienten gelegt.

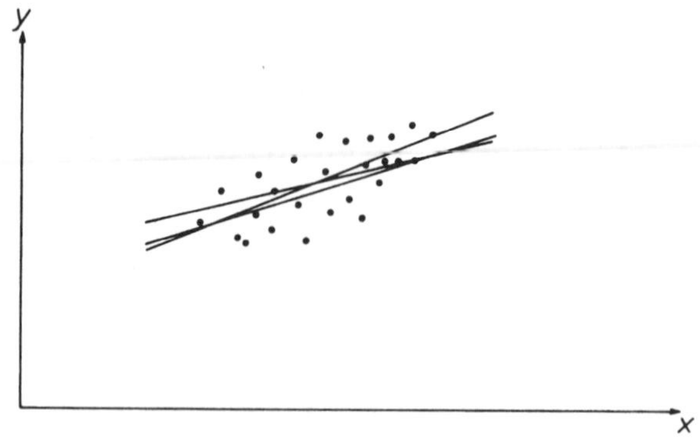

Abb. 20.3: Mögliche lineare Regressionsfunktionen

Unter den *prinzipiell unendlich vielen Regressionsgeraden*, die durch die Punktwolke gelegt werden können, ist nun *eine* zu finden, die die in der Punktwolke vorhandene Tendenz im Sinne eines zum Vergleich geeigneten Kriteriums „*möglichst gut*" beschreibt.

Da die Regressionsgerade verwendet werden soll, um aus den Werten der unabhängigen Variablen X die Werte der abhängigen Variablen Y möglichst genau zu schätzen, könnte es naheliegen, die Regressionsgerade so zu wählen, daß die *Summe der parallel zur* y*-Achse gemessenen einfachen Abweichungen den Wert Null annimmt,* also

$$\sum_{i=1}^{n} e_i = \sum_{i=1}^{n} (y_i - \hat{y}_i) = 0 \quad \text{gilt.}$$

Dieses Kriterium ist aber *nicht ausreichend*, weil es eine *eindeutige Festlegung einer „optimalen" Regressionsgeraden nicht ermöglicht.* So ist beispielsweise bei allen drei Regressions-

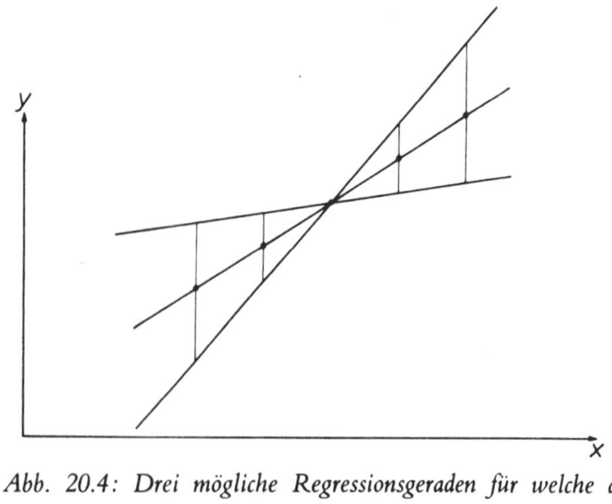

Abb. 20.4: Drei mögliche Regressionsgeraden für welche die Summe der einfachen Abweichungen Null beträgt

geraden in Abbildung 20.4 die Summe der einfachen Abweichungen Null, d.h. daß sie im Sinne dieses Kriteriums optimale Regressionsgeraden sind, obwohl sie zur Beschreibung der in der Punktwolke liegenden Tendenz, wie aus der Abbildung ersichtlich, unterschiedlich gut geeignet sind.

Als *weiteres Kriterium* liegt die *Minimierung der Summe der absoluten Abweichungen*

$$\sum_{i=1}^{n} |e_i| = \sum_{i=1}^{n} |y_i - \hat{y}_i|$$

nahe. Wie nicht näher dargelegt werden soll, führt auch dieses Verfahren nicht in allen Fällen zur *eindeutigen* Festlegung einer optimalen Regressionsfunktion. Außerdem bringt die praktische Berechnung außerordentlich *große rechentechnische Schwierigkeiten* mit sich.

Eine *eindeutige Festlegung* einer optimalen Regressionsgeraden ist im Sinne des *folgenden Kriteriums* möglich: *Man minimiert die Summe der Quadrate der einfachen Abweichungen*

$$SAQ = \sum_{i=1}^{n} e_i^2 = \sum_{i=1}^{n} (y_i - \hat{y}_i)^2 .$$

Wie sich zeigen wird, ist die Bestimmung der Regressionsgeraden, die dieses Kriterium erfüllt, *vergleichsweise einfach durchführbar.* In Abschnitt 20.4 wird zudem gezeigt werden, daß für die nach diesem Kriterium gefundene Regressionsgerade die *Summe der einfachen Abweichungen* $\sum e_i$ *den Wert Null annimmt.* Weitere Gründe für die Bevorzugung dieses Kriteriums gegenüber der Minimierung der Summe der absoluten Abweichungen sowie anderen möglichen Kriterien werden im folgenden Kapitel gegeben.

20.3. Bestimmung einer linearen Einfachregressionsfunktion nach der Methode der kleinsten Quadrate

Die *Minimierung der Summe der Abweichungsquadrate* ist in der Literatur als **Methode der kleinsten Quadrate** bekannt. Die Summe der Abweichungsquadrate wird als Funktion der Regressionskoeffizienten interpretiert. Im Fall einer linearen Einfachregression $\hat{y}_i = b_1 + b_2 x_i$ sind die Regressionskoeffizienten so zu bestimmen, daß die Funktion

$$SAQ\,(b_1, b_2) = \sum_{i=1}^{n} (y_i - \hat{y}_i)^2$$

$$= \sum_{i=1}^{n} (y_i - b_1 - b_2 x_i)^2$$

ein Minimum annimmt. Die y_i und x_i sind hier als beobachtete Werte *konstante Größen*, b_1 und b_2 sind die *Veränderlichen.* Es handelt sich hier also um das Problem der *Extremwertbestimmung einer Funktion mit zwei Veränderlichen.* Eine *notwendige Bedingung* für das Vorliegen eines Extremwertes besteht darin, daß die *beiden ersten partiellen Ableitungen Null werden:*

$$\frac{\delta SAQ}{\delta b_1} = \frac{\delta SAQ}{\delta b_2} = 0 .$$

Bildet man die beiden ersten partiellen Ableitungen, so erhält man

$$\frac{\delta SAQ}{\delta b_1} = -2 \cdot \sum_{i=1}^{n} (y_i - b_1 - b_2 x_i)$$

und $$\frac{\delta SAQ}{\delta b_2} = -2 \cdot \sum_{i=1}^{n} x_i (y_i - b_1 - b_2 x_i) .$$

Nullsetzen der beiden partiellen Ableitungen und Auflösung der Summen führt zu dem Gleichungssystem

$$n\,b_1 \quad + b_2 \sum_{i=1}^{n} x_i = \sum_{i=1}^{n} y_i$$

$$b_1 \sum_{i=1}^{n} x_i + b_2 \sum_{i=1}^{n} x_i^2 = \sum_{i=1}^{n} x_i y_i .$$

Die aus dem Prinzip der kleinsten Quadrate abgeleiteten *Bestimmungsgleichungen für die unbekannten Regressionskoeffizienten* werden in der Literatur oft als *(Kleinste-Quadrate-)* **Normalgleichungen** bezeichnet. Bei der Einfachregression besteht das Normalgleichungssystem aus zwei linearen Gleichungen zur Bestimmung von b_1 und b_2. Die Auflösung dieses Gleichungssystems nach b_1 und b_2 führt zu folgendem Ergebnis:

$$b_1 = \frac{\sum_{i=1}^{n} x_i^2 \sum_{i=1}^{n} y_i - \sum_{i=1}^{n} x_i \sum_{i=1}^{n} x_i y_i}{n \sum_{i=1}^{n} x_i^2 - \left(\sum_{i=1}^{n} x_i\right)^2}$$

$$b_2 = \frac{n \sum_{i=1}^{n} x_i y_i - \sum_{i=1}^{n} x_i \sum_{i=1}^{n} y_i}{n \sum_{i=1}^{n} x_i^2 - \left(\sum_{i=1}^{n} x_i\right)^2} .$$

Daß hier tatsächlich ein *Minimum der Funktion* SAQ vorliegt, läßt sich anhand der *höheren partiellen Ableitungen* überprüfen. Auf diesen Beweis sei hier jedoch verzichtet.

Beispiel: Ein Filialunternehmen will den Zusammenhang zwischen Jahresumsatz und Ladenverkaufsfläche untersuchen. In einem bestimmten Jahr liefern die $n = 12$ Filialen folgende Daten:

Filiale i	Verkaufsfläche (in Tsd. qm) x_i	Jahresumsatz (in Mio. €) y_i
1	0,31	2,93
2	0,98	5,27
3	1,21	6,85
4	1,29	7,01
5	1,12	7,02
6	1,49	8,35
7	0,78	4,33
8	0,94	5,77
9	1,29	7,68
10	0,48	3,16
11	0,24	1,52
12	0,55	3,15

Tab. 20.1: Jahresumsatz und Verkaufsfläche von 12 Filialen

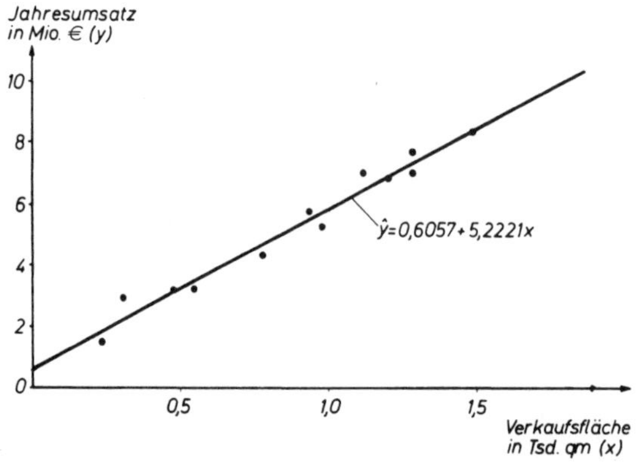

Abb. 20.5: Jahresumsatz in Abhängigkeit von der Verkaufsfläche

Trägt man die Beobachtungspunkte in ein xy-Koordinatensystem ein, so erkennt man, daß hier der Zusammenhang zwischen den beiden Variablen recht gut durch eine lineare Funktion wiedergegeben werden kann (vgl. Abbildung 20.5).

Die *zur Berechnung der Regressionskoeffizienten notwendigen Summen* lassen sich am besten anhand der folgenden Tabelle 20.2 bestimmen.

i	x_i	y_i	x_i^2	y_i^2	$x_i y_i$
1	0,31	2,93	0,0961	8,5849	0,9083
2	0,98	5,27	0,9604	27,7729	5,1646
3	1,21	6,85	1,4641	46,9225	8,2885
4	1,29	7,01	1,6641	49,1401	9,0429
5	1,12	7,02	1,2544	49,2804	7,8624
6	1,49	8,35	2,2201	69,7225	12,4415
7	0,78	4,33	0,6084	18,7489	3,3774
8	0,94	5,77	0,8836	33,2929	5,4238
9	1,29	7,68	1,6641	58,9824	9,9072
10	0,48	3,16	0,2304	9,9856	1,5168
11	0,24	1,52	0,0576	2,3104	0,3648
12	0,55	3,15	0,3025	9,9225	1,7325
Σ	10,68	63,04	11,4058	384,6660	66,0307

Tab. 20.2: Arbeitstabelle

Für unser *Beispiel* erhalten wir also:

$$n = 12;\ \sum x_i = 10{,}68;\ \sum x_i^2 = 11{,}4058;$$
$$\sum y_i = 63{,}04;\ \sum y_i^2 = 384{,}6660;\ \sum x_i y_i = 66{,}0307\,.$$

Damit findet man die **Kleinste-Quadrate-Regressionskoeffizienten** *(KQ-Regressionskoeffizienten)*

$$b_1 = \frac{\sum x_i^2 \sum y_i - \sum x_i \sum x_i y_i}{n \sum x_i^2 - (\sum x_i)^2}$$
$$= \frac{11{,}4058 \cdot 63{,}04 - 10{,}68 \cdot 66{,}0307}{12 \cdot 11{,}4058 - 10{,}68 \cdot 10{,}68}$$
$$= \frac{13{,}813756}{22{,}8072} = 0{,}605675 \approx 0{,}6057 \text{ und}$$

$$b_2 = \frac{n \sum x_i y_i - \sum x_i \sum y_i}{n \sum x_i^2 - (\sum x_i)^2}$$
$$= \frac{12 \cdot 66{,}0307 - 10{,}68 \cdot 63{,}04}{12 \cdot 11{,}4058 - 10{,}68 \cdot 10{,}68}$$
$$= \frac{119{,}1012}{22{,}8072} = 5{,}222088 \approx 5{,}2221\,.$$

Die **Kleinste-Quadrate-Regressionsfunktion** *(KQ-Regressionsfunktion)* lautet demnach:

$$\hat{y} = 0{,}6057 + 5{,}2221\,x;$$

sie ist in Abbildung 20.5 graphisch dargestellt.

20.4. Eigenschaften von linearen Kleinste-Quadrate-Einfachregressionen

Auf **vier wichtige Eigenschaften** *der linearen, nach der Methode der kleinsten Quadrate geschätzten Einfachregression sei noch kurz hingewiesen* (Bei den folgenden Ausführungen wird, wenn nicht anders ausdrücklich erwähnt, zur Vereinfachung der Schreibweise der Begriff „Regression" immer im Sinne von „Kleinste-Quadrate-Regression" verwandt).

(1) Die Summe der Residuen $\sum e_i$ ist Null.

Aus dem Nullsetzen der ersten partiellen Ableitung nach b_1

$$\sum_{i=1}^{n} (y_i - b_1 - b_2 x_i) = 0$$

folgt
$$\sum_{i=1}^{n} (y_i - \hat{y}_i) = 0$$

und damit
$$\sum_{i=1}^{n} e_i = 0\,.$$

Die Regressionsgerade ist somit auch eine *fehlerausgleichende Gerade* in dem Sinne, daß die Summe der (einfachen) positiven Abweichungen gleich der der (einfachen) negativen ist.

(2) Die Summe $\sum x_i e_i$ ist Null.

Aus dem Nullsetzen der ersten partiellen Ableitung nach b_2

$$\sum_{i=1}^{n} x_i (y_i - b_1 - b_2 x_i) = 0$$

folgt
$$\sum_{i=1}^{n} x_i (y_i - \hat{y}_i) = 0$$

und damit
$$\sum_{i=1}^{n} x_i e_i = 0\,.$$

(3) Das arithmetische Mittel $\bar{y}$ der beobachteten y_i-Werte ist gleich dem arithmetischen Mittel $\bar{\hat{y}}$ der geschätzten $\hat{y}_i$-Werte.

Aus $$\sum_{i=1}^{n} (y_i - \hat{y}_i) = 0$$

folgt $$\sum_{i=1}^{n} y_i = \sum_{i=1}^{n} \hat{y}_i$$

$$\frac{1}{n}\sum_{i=1}^{n} y_i = \frac{1}{n}\sum_{i=1}^{n} \hat{y}_i$$

und damit $\bar{y} = \bar{\hat{y}}$.

(4) Die Regressionsgerade läuft durch den Schwerpunkt $\bar{P}(\bar{x}, \bar{y})$ der Punktwolke.

Dabei ist

$$\bar{x} = \frac{1}{n}\sum_{i=1}^{n} x_i$$

und $$\bar{y} = \frac{1}{n}\sum_{i=1}^{n} y_i .$$

Es ist weiterhin

$$y_i = b_1 + b_2 x_i + e_i .$$

Summiert man auf beiden Seiten dieser Gleichung über alle i, so erhält man

$$\sum_{i=1}^{n} y_i = n\, b_1 + b_2 \sum_{i=1}^{n} x_i + \sum_{i=1}^{n} e_i .$$

Multipliziert man links und rechts mit dem Faktor 1/n und berücksichtigt man, daß $\Sigma e_i = 0$ gilt, so findet man

$$\frac{1}{n}\sum_{i=1}^{n} y_i = b_1 + b_2 \frac{1}{n}\sum_{i=1}^{n} x_i$$

und damit $\bar{y} = b_1 + b_2 \bar{x}$.

Die Koordinaten des Schwerpunkts $\bar{P}$ erfüllen also die Gleichung der Regressionsgeraden.

Aus der unter (4) angeführten Eigenschaft der Regressionsgeraden läßt sich eine *alternative Schreibweise für die Regressionsgerade* ableiten. Nach Abschnitt 20.2 lautet die Gleichung der Regressionsgeraden

$$\hat{y}_i = b_1 + b_2 x_i .$$

Subtrahiert man nun davon $\bar{y} = b_1 + b_2 \bar{x}$, dann erhält man

$$\hat{y}_i - \bar{y} = (b_1 - b_1) + b_2 (x_i - \bar{x})$$
$$= b_2 (x_i - \bar{x}) .$$

Bezeichnet man die Abweichungen der Werte $\hat{y}_i$ und x_i von ihren arithmetischen Mitteln mit

$$\hat{y}_i^* = \hat{y}_i - \bar{y}$$

und $$x_i^* = x_i - \bar{x} ,$$

dann erhält man schließlich für die Regressionsgerade

$$\hat{y}_i^* = b_2 x_i^* .$$

20.5. Zerlegung der Abweichungsquadratsumme und lineares einfaches Bestimmtheitsmaß

Unter Verwendung der Regressionsfunktion – im obigen Fall einer linearen Einfachregressionsfunktion – sollen die Werte der abhängigen Variablen aus den Werten der unabhängigen oder allgemein formuliert die *Variation (Streuung, Variabilität) der abhängigen Variablen aus der Variation der unabhängigen Variablen erklärt* werden. In Abbildung 20.6 sind eine Regressionsfunktion und ein beobachteter Punkt $P(x_i, y_i)$ eingetragen.

Als *zu erklärende Variation* an der Stelle $X = x_i$ kann die einfache Abweichung des beobachteten Wertes y_i vom Mittelwert $\bar{y}$ der abhängigen Variablen, also $y_i - \bar{y}$, angesehen

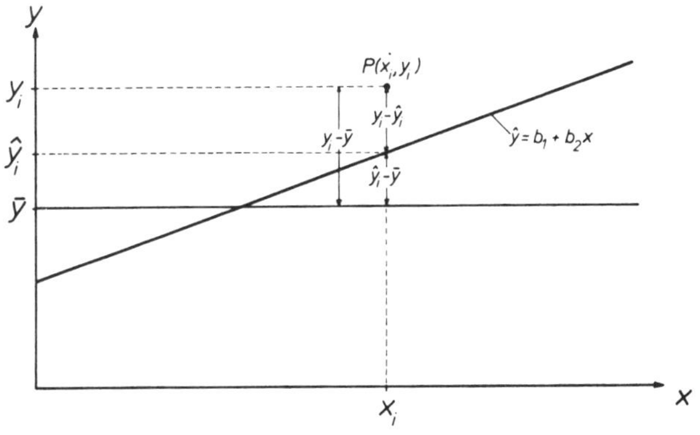

Abb. 20.6: Zerlegung der zu erklärenden Einzelabweichung

werden. Als *Erklärungswert* für y_i wird an der Stelle x_i der Wert $\hat{y}_i$ (y-Koordinate des an dieser Stelle auf der Regressionsfunktion liegenden Punktes) geliefert. Als *durch die Regressionsfunktion erklärte Variation* kann dann analog die einfache Abweichung $\hat{y}_i - \bar{y}$ angesehen werden. Sie wird als erklärte Abweichung bezeichnet. Entsprechend kann das *Residuum* $e_i = y_i - \hat{y}_i$ als *nichterklärte Abweichung* bezeichnet werden. Es gilt

$$(y_i - \bar{y}) = (y_i - \hat{y}_i) + (\hat{y}_i - \bar{y}) \quad (i=1,\ldots,n)$$

$$\begin{pmatrix}\text{zu erklärende}\\ \text{Abweichung}\end{pmatrix} = \begin{pmatrix}\text{nichterklärte}\\ \text{Abweichung}\end{pmatrix} + \begin{pmatrix}\text{erklärte}\\ \text{Abweichung}\end{pmatrix} .$$

Aus ähnlichen Überlegungen, wie sie zur Begründung der Bevorzugung der *Summe der Quadrate der einfachen Abweichungen* gegenüber den einfachen Abweichungen als Kriterium für die Bestimmung der Regressionsfunktion angeführt wurden, sollen auch hier für die Messung der Variation statt der einfachen Abweichungen die *Abweichungsquadrate* verwandt werden. Über alle n Beobachtungspunkte summiert erhält man die folgenden Quadratsummen:

$$SQT = \sum_{i=1}^{n} (y_i - \bar{y})^2$$ = Quadratsumme der zu erklärenden Abweichungen oder *zu erklärende Gesamtabweichungsquadratsumme*

$$SQR = \sum_{i=1}^{n} (y_i - \hat{y}_i)^2 = \sum_{i=1}^{n} e_i^2 =$$ Quadratsumme der nichterklärten Abweichungen (Quadratsumme der Residuen) oder *nichterklärte Abweichungsquadratsumme*

$$SQE = \sum_{i=1}^{n} (\hat{y}_i - \bar{y})^2 =$$ Quadratsumme der erklärten Abweichungen oder (durch die Regression) *erklärte Abweichungsquadratsumme*

Wie nunmehr gezeigt werden soll, läßt sich für eine *lineare KQ-Regressionsfunktion* zwischen diesen Quadratsummen eine *einfache Beziehung* herleiten. Quadriert man die Gleichung

$$(y_i - \bar{y}) = (y_i - \hat{y}_i) + (\hat{y}_i - \bar{y})$$

auf beiden Seiten und summiert über alle i, dann erhält man

$$\sum_{i=1}^{n} (y_i - \bar{y})^2 = \sum_{i=1}^{n} \left[(y_i - \hat{y}_i)^2 + 2(y_i - \hat{y}_i)(\hat{y}_i - \bar{y}) + (\hat{y}_i - \bar{y})^2\right]$$

$$= \underbrace{\sum_{i=1}^{n} (y_i - \hat{y}_i)^2}_{=A} + \underbrace{2\sum_{i=1}^{n} (y_i - \hat{y}_i)(\hat{y}_i - \bar{y})}_{=2B} + \underbrace{\sum_{i=1}^{n} (\hat{y}_i - \bar{y})^2}_{=C}.$$

Der Ausdruck

$$B = \sum_{i=1}^{n} (y_i - \hat{y}_i)(\hat{y}_i - \bar{y})$$

kann wegen

$$e_i = y_i - \hat{y}_i$$

auch als

$$B = \sum_{i=1}^{n} e_i(\hat{y}_i - \bar{y})$$

$$= \sum_{i=1}^{n} e_i\hat{y}_i - \bar{y}\sum_{i=1}^{n} e_i$$

geschrieben werden. Da nach Abschnitt 20.4 bei einer KQ-Regression $\Sigma e_i = 0$ gilt, ist

$$B = \sum_{i=1}^{n} e_i\hat{y}_i .$$

Aus $\hat{y}_i = b_1 + b_2x_i$ ergibt sich weiterhin

$$B = \sum_{i=1}^{n} e_i(b_1 + b_2x_i)$$

$$= b_1\sum_{i=1}^{n} e_i + b_2\sum_{i=1}^{n} e_ix_i = 0,$$

da nach Abschnitt 20.4 bei einer KQ-Regression neben $\Sigma e_i = 0$ auch $\Sigma e_ix_i = 0$ gilt.

Ausdruck A läßt sich auch wie folgt schreiben:

$$A = \sum_{i=1}^{n} (y_i - \hat{y}_i)^2 = \sum_{i=1}^{n} e_i^2 .$$

Man erhält somit die folgende **Zerlegung der Gesamtabweichungsquadratsumme der abhängigen Variablen**

$$\underbrace{\sum_{i=1}^{n} (y_i - \bar{y})^2}_{SQT} = \underbrace{\sum_{i=1}^{n} e_i^2}_{SQR} + \underbrace{\sum_{i=1}^{n} (\hat{y}_i - \bar{y})^2}_{SQE} .$$

Die zu erklärende Gesamtabweichungsquadratsumme SQT *läßt sich in die nicht erklärte Abweichungsquadratsumme* SQR (Quadratsumme der Residuen) *und in die* (durch die Regressionsfunktion) *erklärte Abweichungsquadratsumme* SQE *zerlegen.*

Es ist in diesem Zusammenhang darauf hinzuweisen, daß die oben dargestellte Möglichkeit einer einfachen Zerlegung von SQT in SQR und SQE hier für eine lineare KQ-Regressionsfunktion nachgewiesen wurde. Die bei der Ableitung benutzten Eigenschaften, so beispielsweise die der Residuen, sind *für andere lineare Regressionsfunktionen allgemein nicht erfüllt*; damit ist in solchen Fällen die dargestellte *einfache Zerlegung nicht möglich.*

Als *Maß für die durch die lineare Regressionsfunktion gelieferte Erklärung der Variation* der abhängigen Variablen aus der Variation der unabhängigen Variablen kann die folgende Größe gebildet werden:

$$r^2 = \frac{SQE}{SQT} = \frac{\sum_{i=1}^{n} (\hat{y}_i - \bar{y})^2}{\sum_{i=1}^{n} (y_i - \bar{y})^2} \quad \text{also}$$

$$r^2 = \frac{\text{erklärte Abweichungsquadratsumme}}{\text{zu erklärende Gesamtabweichungsquadratsumme}} .$$

r^2 ist somit der *Anteil der durch die Regressionsfunktion erklärten Abweichungsquadratsumme an der zu erklärenden Gesamtabweichungsquadratsumme* und wird, da hier auf eine lineare Einfachregression Bezug genommen wird, als *lineares* **einfaches Bestimmtheitsmaß** bezeichnet. (Wird in den folgenden Ausführungen auf die Angabe der Funktionsform der Regressionsfunktion, auf die Bezug genommen wird, verzichtet, dann wird damit implizit eine lineare Regressionsfunktion unterstellt.)

Zur näheren Erläuterung sollen zunächst zwei in Abbildung 20.7 dargestellte *Grenzfälle* betrachtet werden.

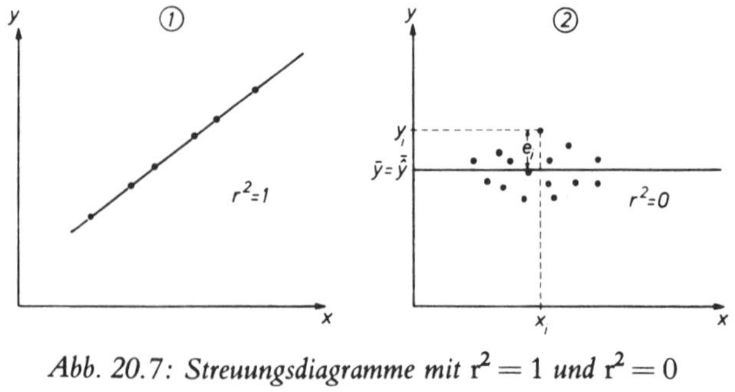

Abb. 20.7: Streuungsdiagramme mit $r^2 = 1$ *und* $r^2 = 0$

Im Streuungsdiagramm ① liegen sämtliche Beobachtungswerte auf einer Regressionsgeraden mit einer von Null verschiedenen Steigung. Es gilt somit $\hat{y}_i = y_i$ $(i=1,\ldots,n)$ und damit SQR = 0 und SQT = SQE. Für diesen Fall einer *vollständigen (perfekten) Erklärung* der y_i durch die Regressionsgerade erhält man somit einen *Wert des Bestimmtheitsmaßes von* 1.

Im Streuungsdiagramm ② streuen die Beobachtungspunkte um eine parallel zur x-Achse verlaufende Regressionsgerade d. h., es gilt hier $b_2 = 0$ und damit $\hat{y}_i = b_1$ $(i=1,\ldots,n)$. Damit ist aber auch $\bar{\hat{y}} = b_1$ und da, wie gezeigt, für die KQ-Regression $\bar{\hat{y}} = \bar{y}$ gilt, folgt $b_1 = \bar{y}$ und damit

$$\hat{y}_i = \bar{\hat{y}} = \bar{y} \qquad (i=1,\ldots,n)\,.$$

Für die Residuen ergibt sich damit

$$e_i = y_i - \hat{y}_i = y_i - \bar{y} \qquad (i=1,\ldots,n);$$

d. h. für alle Punkte ist die nichterklärte Abweichung gleich der zu erklärenden Abweichung und die erklärte Abweichung damit Null. Damit erhält man auch

$$SQE = 0\,.$$

Da SQT > 0 ist, erhält man in diesem Fall, in dem durch die (horizontale) Regressionsgerade *kein Beitrag zur Erklärung der Variation der abhängigen Variablen* geliefert wird, somit einen *Wert des Bestimmtheitsmaßes von Null.* (In dem Sonderfall, in dem alle Punkte auf einer horizontalen Regressionsgeraden liegen und damit SQE = SQT = 0 sind, ist der Wert des Bestimmtheitsmaßes unbestimmt, soll aber zweckmäßigerweise ebenfalls gleich Null gesetzt werden.)

Aus der Zerlegung der Gesamtabweichungsquadratsumme folgt unmittelbar:

$$0 \leq r^2 \leq 1\,.$$

Das *Bestimmtheitsmaß* r^2 kann somit nur *Werte zwischen den beiden Grenzfällen* $r^2 = 0$ *(kein Erklärungsbeitrag) und* $r^2 = 1$ *(vollständige Erklärung)* annehmen.

Für die in den Streuungsdiagrammen ① und ② von Abbildung 20.8 dargestellten *Normalfälle,* in denen die *Punkte um eine Regressionsgerade mit von Null verschiedener Steigung streuen,* erhält man somit einen *Wert des Bestimmtheitsmaßes zwischen* 0 *und* 1. Bei gegebener Steigung wird dabei das Bestimmtheitsmaß sich um so mehr dem Wert 1 nähern, je geringer die Streuung der Punkte um die Regressionsgerade ist.

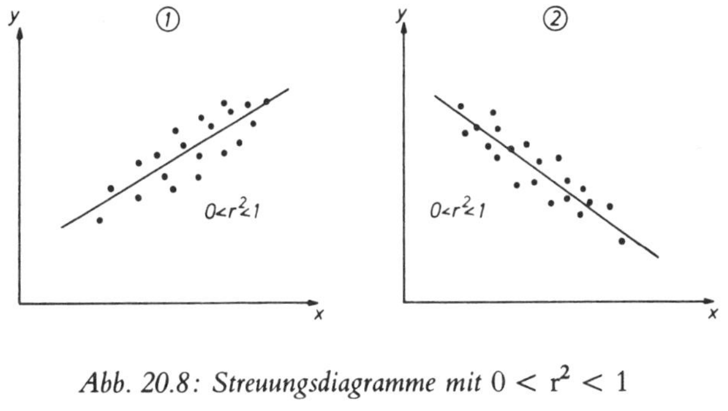

Abb. 20.8: Streuungsdiagramme mit $0 < r^2 < 1$

Zur Messung des Erklärungsbeitrags der Regressionsfunktion wird auch manchmal der als *Quadratwurzel aus dem einfachen linearen Bestimmtheitsmaß* r^2 definierte *lineare* **Einfachkorrelationskoeffizient** r verwandt. Sein *absoluter Betrag* schwankt somit auch *zwischen* 1 *(vollständige Erklärung, vollständige Korrelation) und* 0 *(fehlende Erklärung, fehlende Korrelation). Definitionsgemäß* gibt man dem linearen Einfachkorrelationskoeffizienten das *Vorzeichen der Steigung der Regressionsgeraden.* (Es läßt sich zeigen, daß der hier definierte Einfachkorrelationskoeffizient r formal mit dem aus einer anderen Modellvorstellung abgeleiteten Produktmomentkorrelationskoeffizient, auch Korrelationskoeffizient nach *Bravais-Pearson* genannt, übereinstimmt.) Im Streuungsdiagramm ① der Abbildung 20.8 würde er damit einen (zwischen 0 und + 1 liegenden) *positiven* Wert, im Streuungsdiagramm ② einem (zwischen 0 und —1 liegenden) *negativen* Wert annehmen. Bei den folgenden Darstellungen soll aber wegen der unmittelbar einfachen Interpretationsmöglichkeit allgemein das Bestimmtheitsmaß für die Messung des Erklärungsbeitrags verwandt werden.

Mit SQE = SQT — SQR erhält man

$$r^2 = \frac{SQT - SQR}{SQT} = 1 - \frac{SQR}{SQT}$$

$$= 1 - \frac{\sum\limits_{i=1}^{n} e_i^2}{\sum\limits_{i=1}^{n} (y_i - \bar{y})^2}\,.$$

Für die *praktische Berechnung* des Bestimmtheitsmaßes macht man sich die beiden Beziehungen

$$\sum_{i=1}^{n} e_i^2 = \sum_{i=1}^{n} y_i^2 - b_1 \sum_{i=1}^{n} y_i - b_2 \sum_{i=1}^{n} x_i y_i$$

und

$$\sum_{i=1}^{n} (y_i - \bar{y})^2 = \sum_{i=1}^{n} y_i^2 - \frac{1}{n}\Big(\sum_{i=1}^{n} y_i\Big)^2$$

zunutze.

Zur Berechnung des einfachen linearen Bestimmtheitsmaßes ist somit nur die Kenntnis des Regressionskoeffizienten und der bereits in Tabelle 20.2 ermittelten Summen erforderlich.

In unserem *Beispiel* ergibt sich

$$\sum e_i^2 = 384{,}6660 - 0{,}605675 \cdot 63{,}04 - 5{,}222088 \cdot 66{,}0307$$

$$= 1{,}666 \text{ und}$$

$$\sum (y_i - \bar{y})^2 = 384{,}6660 - \frac{(63{,}04)^2}{12}$$

$$= 53{,}496$$

und damit

$$r^2 = 1 - \frac{1{,}666}{53{,}496} = 0{,}969\,;$$

das bedeutet, daß 96,9% der Variation der Jahresumsätze durch die Regressionsfunktion erklärt werden. Der Korrelationskoeffizient lautet

$$r = +\sqrt{0{,}969} = +\ 0{,}984\ .$$

20.6. Ausgewählte Literatur

Assenmacher, Walter, Einführung in die Ökonometrie (6., vollst. überarb. u. erw. Aufl.). München 2002.

Draper, N. R., H. Smith, Applied Regression Analysis (3rd ed.). New York, Sydney, London 1998.

Heil, Johann, Einführung in die Ökonometrie (6., durchges. u. verb. Aufl.). München 2000.

Kennedy, Peter, A Guide to Econometrics (5th ed.). Oxford 2003.

Myers, Raymond H., Classical and Modern Regression with Applications (2nd ed.). Boston 2000.

Rönz, Bernd, Erhard Förster, Regressions- und Korrelationsanalyse. Wiesbaden 1992.

Wonnacott, Thomas H., Ronald J. Wonnacott, Introductory Statistics for Business and Economics (5th ed.). New York, Chichester, Brisbane usw. 1990.

Aufgaben zu Kapitel 20

20.1 Man zeige, daß die folgende Beziehung gilt:

$$\sum_{i=1}^{n} e_i^2 = \sum_{i=1}^{n} y_i^2 - b_1 \sum_{i=1}^{n} y_i - b_2 \sum_{i=1}^{n} x_i y_i$$

$$\left(\text{Hinweis: } \sum_{i=1}^{n} e_i^2 = \sum_{i=1}^{n} e_i (y_i - b_1 - b_2 x_i)\right).$$

20.2 In einem Unternehmen wurden für $n = 12$ Beobachtungszeiträume folgende Gesamtkosten in Abhängigkeit von der Produktionsmenge beobachtet:

Beobachtungszeitraum i	Produktionsmenge (in Tsd. Stück) x_i	Gesamtkosten (in Tsd. €) y_i
1	45	205
2	30	128
3	35	165
4	40	175
5	20	104
6	55	240
7	65	275
8	58	250
9	30	142
10	60	265
11	25	112
12	49	214

Tab. 20.3: Produktionsmenge und Gesamtkosten von 12 Beobachtungszeiträumen

Bestimmen Sie nach der Methode der kleinsten Quadrate eine lineare Gesamtkostenfunktion der Form $\hat{y} = b_1 + b_2 x$.

20.3 Bestimmen Sie für Aufgabe 20.2 das Bestimmtheitsmaß und interpretieren Sie es.

Kapitel 21: Regressionsanalyse II (Lineare Einfachregression – Schätz- und Testverfahren)

21.1. Stichprobenmodell der linearen Einfachregression

Im vorigen Kapitel wurde dargestellt, wie man die Regressionskoeffizienten b_1 und b_2 einer linearen Regressionsfunktion zur Bestimmung eines (linearen) Zusammenhangs zwischen einer unabhängigen Variablen X und einer abhängigen Variablen Y unter Anwendung der *Methode der kleinsten Quadrate* aus *n* beobachteten *Wertepaaren* (x_i, y_i) bestimmen kann. Man kann diese n Wertepaare aber auch als eine **Stichprobe aus einer übergeordneten realen oder hypothetischen zweidimensionalen Grundgesamtheit** interpretieren. Das dazu in der Regressionsanalyse üblicherweise unterstellte **stochastische Modell** *(Stichprobenmodell)* soll zunächst einmal in Form eines bewußt einfach gehaltenen *Beispiels* vorgestellt werden.

Angenommen, zwischen den *Werten der abhängigen Variablen* y_i' und den *Werten der unabhängigen Variablen* x_i bestehe die *exakte Funktion*

$$y_i' = \beta_1 + \beta_2 x_i = 3 + 0{,}5\, x_i \qquad (i = 1, \ldots, n)\,.$$

Diese Funktion soll, wie aus den späteren Ausführungen verständlich werden wird, als **„wahre" Funktion** zwischen den Variablen oder auch als **Regressionsfunktion der Grundgesamtheit** bezeichnet werden. $\beta_1 = 3$ und $\beta_2 = 0{,}5$ sind die *Regressionskoeffizienten der Regressionsfunktion der Grundgesamtheit* und stellen *Parameter der Grundgesamtheit* dar. Es werde unterstellt, daß nur für die $n = 3$ Werte $x_1 = 2$, $x_2 = 4$ und $x_3 = 8$ Beobachtungen der abhängigen Variablen durchgeführt werden. Es wird nun weiterhin unterstellt, daß y_i' durch einen als **Störkomponente** bezeichneten Fehler u_i überlagert wird, der dazu führt, daß man nicht y_i', sondern nur den *störkomponentenüberlagerten Wert* $y_i = y_i' + u_i$ beobachtet.

$$y_i = y_i' + u_i = \beta_1 + \beta_2 x_i + u_i$$
$$= 3 + 0{,}5\, x_i + u_i\,.$$

Es sollen nun die bei *fortlaufender Wiederholung der Beobachtung an der Stelle* x_i beobachteten Werte der Störkomponenten $u_{i1}, u_{i2}, \ldots, u_{ij}, \ldots$, als *Realisationen einer Zufallsvariablen* U_i, die auch als **Störvariable** bezeichnet wird, aufgefaßt werden. Entsprechend sind die y_{ij} nunmehr als *Realisationen einer Zufallsvariablen* Y_i zu interpretieren. Allgemein kann man schreiben:

$$Y_i = \beta_1 + \beta_2 x_i + U_i = 3 + 0{,}5\, x_i + U_i\,.$$

Über die *Verteilung* der im obigen Beispiel mit 3 Beobachtungspunkten gegebenen 3 Zufallsvariablen U_1, U_2 und U_3 sollen nun folgende *einfache Annahmen* gemacht werden. Sie seien 3 unabhängige diskrete Zufallsvariable, die jeweils mit einer Wahrscheinlichkeit von 0,5 die beiden Werte $u_{i1} = -3$ und $u_{i2} = +3$ $(i = 1,2,3)$ annehmen können. Damit sind die Erwartungswerte der 3 Verteilungen 0 und die Varianzen $\sigma_U^2 = 9$. Für die Verteilungen der drei Zufallsvariablen gilt somit:

$$E(U_1) = E(U_2) = E(U_3) = 0$$
$$\sigma_{U_1}^2 = \sigma_{U_2}^2 = \sigma_{U_3}^2 = 9$$
$$\mathrm{Cov}(U_1, U_2) = \mathrm{Cov}(U_1, U_3) = \mathrm{Cov}(U_2, U_3) = 0\,.$$

Für den Wert $x_1 = 2$ erhält man daher mit einer Wahrscheinlichkeit von jeweils 0,5 die beiden y-Koordinaten:

$$y_{11} = 3 + 0{,}5\, x_i + u_{11} = 3 + 0{,}5 \cdot 2 - 3 = 1$$
$$y_{12} = 3 + 0{,}5\, x_i + u_{12} = 3 + 0{,}5 \cdot 2 + 3 = 7$$

und damit die beiden (gleichwahrscheinlichen) Punkte P_{11} (2,1) und P_{12} (2,7). Entsprechend erhält man für x_2 die Punkte P_{21} (4,2) und P_{22} (4,8) sowie für x_3 die Punkte P_{31} (8,4) und P_{32} (8,10). Die Grundgesamtheit aller möglichen Wertepaare besteht somit hier aus diesen 6 Punkten. Sie sind zusammen mit der „wahren" Funktion in Abbildung 21.1 dargestellt.

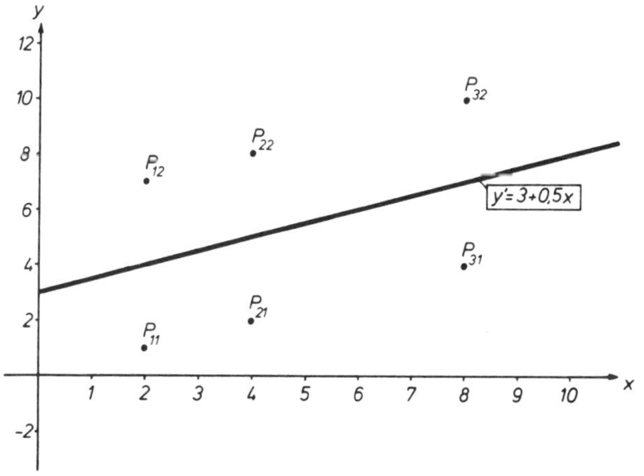

Abb. 21.1: Streuungsdiagramm und Regressionsfunktion der Grundgesamtheit des einfachen Beispiels

Wir entnehmen nun der Grundgesamtheit von 6 Punkten auf die folgende Weise *Stichproben aus jeweils drei Punkten,* d.h. Stichproben vom Umfang $n = 3$. Es wird jeweils für jeden Wert x_i *genau ein Wert* aus den beiden zugehörigen Punkten $P(x_i, y_{i1})$ und $P(x_i, y_{i2})$ zufällig ausgewählt. Ein analoges **Urnenmodell** kann wie folgt beschrieben werden: Für jeden Wert x_i ist eine Urne vorhanden, in der sich alle diesen x_i zugeordneten Werte y_{ij} befinden, d.h. in obigem Beispiel befinden sich in jeder der 3 Urnen 2 Kugeln, die den Wertepaaren (x_i, y_{i1}) und (x_i, y_{i2}) entsprechen. Da bei diesem *Auswahlverfahren* die *Werte der unabhängigen Variablen als gegebene (nichtstochastische) Größen* behandelt werden, während die *Werte der abhängigen Variablen zufällig* ausgewählt werden, spricht man hier auch von *einseitiger Zufallsauswahl.* Bei diesem Auswahlverfahren ergeben sich in obigem Beispiel die in Tabelle 21.1 dargestellten $2 \cdot 2 \cdot 2 = 8$

gleichwahrscheinlichen *Dreipunktstichproben*, d.h. bei unbegrenzter Wiederholung der Stichprobenentnahme nach obigem Verfahren sollten die *relativen Häufigkeiten* für die Beobachtung dieser einzelnen Stichproben gegen eine *Gleichverteilung* konvergieren. Für jede Stichprobe wird eine *lineare KQ-Stichprobenregressionsfunktion* errechnet. Die *KQ-Stichprobenregressionskoeffizienten* b_1 und b_2 sind ebenfalls in der Tabelle angegeben.

Stich-proben-nummer	Punkte (Wertepaare) in der Stichprobe	KQ-Stichprobenregressions-koeffizienten	
		b_1	b_2
1	(2,7) (4,8) (8,10)	6	0,5000
2	(2,7) (4,8) (8,4)	9	—0,5714
3	(2,7) (4,2) (8,10)	3	0,7143
4	(2,7) (4,2) (8,4)	6	—0,3571
5	(2,1) (4,8) (8,10)	0	1,3571
6	(2,1) (4,8) (8,4)	3	0,2857
7	(2,1) (4,2) (8,10)	—3	1,5714
8	(2,1) (4,2) (8,4)	0	0,5000
Mittel-werte		$\bar{b}_1 = 3$	$\bar{b}_2 = 0,5$

Tab. 21.1: Mögliche Dreipunktstichproben aus der Grundgesamtheit des einfachen Beispiels

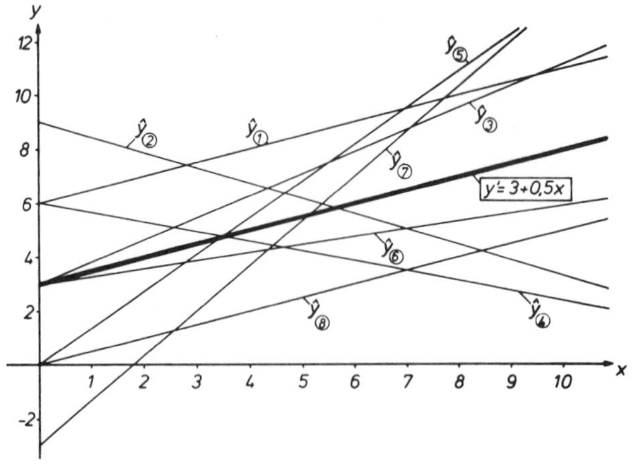

Abb. 21.2: Regressionsfunktion der Grundgesamtheit und sämtliche 8 Stichprobenregressionsfunktionen des einfachen Stichprobenmodells

Die Werte der Stichprobenregressionskoeffizienten schwanken von Stichprobe zu Stichprobe. Die 8 möglichen gleichwahrscheinlichen Stichprobenregressionsgeraden $\hat{y}_{①}, \ldots, \hat{y}_{⑧}$ sind in Abbildung 21.2 zusammen mit der „wahren" Funktion dargestellt. Aus dieser Interpretation wird auch deutlich, warum die „wahre" Funktion auch häufig als Regressionsfunktion der Grundgesamtheit und ihre Parameter β_1 und β_2 als Regressionskoeffizienten der Regressionsfunktion der Grundgesamtheit bezeichnet werden. Auch die **Varianz der Störvariablen** σ_U^2 ist in diesem Sinne ein *Parameter* der Grundgesamtheit. Wie aus Abbildung 21.2 und Tabelle 21.1 ersichtlich, fällt in unserem Beispiel keine der Stichprobenregressionsfunktionen mit der Regressionsfunktion der Grundgesamtheit zusammen, d.h. in keiner Stichprobe stimmen beide Stichprobenregressionskoeffizienten mit den entsprechenden Parametern der Regressionsfunktion der Grundgesamtheit überein. Bildet man aber über alle Stichproben die ungewogenen Mittelwerte der Regressionskoeffizienten, die wegen der Gleichverteilung der Stichproben zugleich die Erwartungswerte sind, erkennt man *Übereinstimmung der Erwartungswerte mit den entsprechenden Parametern der Grundgesamtheit.* In obigem Beispiel sind somit die *KQ-Stichprobenregressionskoeffizienten* b_1 *und* b_2 *unverzerrte Schätzwerte* für die entsprechenden *Regressionskoeffizienten* β_1 *und* β_2 *der Grundgesamtheit.*

Dieses im Hinblick auf die Zahl der möglichen Punkte der Grundgesamtheit *stark vereinfachte* Modell besitzt aber schon *alle wesentlichen Eigenschaften* eines in der Regressionsanalyse üblichen stochastischen Modells, welches in der hier dargestellten Form als **Stichprobenmodell der linearen Einfachregression** bezeichnet werden soll. Seine **Annahmen** werden nunmehr zusammenfassend aufgeführt. Gleichzeitig soll auch eine nähere *Interpretation der Störvariablen* gegeben werden.

(1) Es wird angenommen, daß die n Werte x_i $(i = 1, \ldots, n)$ **der unabhängigen Variablen feste** *(nichtzufällige)* **Größen sind.** Das bedeutet einmal, daß die x_i *frei von zufälligen Meßfehlern* sind und weiterhin, daß *diese Werte bei Wiederholung der Stichprobenentnahme exakt beibehalten* werden. Man kann dieses Entnahmemodell durch das folgende *Urnenmodell* beschreiben: Für *jeden möglichen Wert der unabhängigen Variablen* existiere *eine Urne*, in der sich alle diesem Wert der unabhängigen Variablen zugeordneten Werte der abhängigen Variablen befinden. Jede Urne enthält daher nur Wertepaare mit demselben Wert der unabhängigen Variablen. Es werden nun nach einem *nicht näher festgelegten Verfahren* n Urnen mit den Werten $x_1, x_2, \ldots, x_i, \ldots, x_n$ ausgewählt. (Dabei soll unterstellt werden, daß die x_i verschieden, zumindest aber nicht alle einander gleich sind, da sich sonst keine Regressionsfunktion errechnen läßt.) Eine Stichprobe aus n Wertepaaren wird gebildet, indem man für jeden der n Werte x_i genau einen Wert der abhängigen Variablen aus der zugehörigen Urne entnimmt. Man erhält so eine *erste* Stichprobe aus den n Wertepaaren (x_1, y_{11}), $(x_2, y_{21}), \ldots, (x_i, y_{i1}), \ldots, (x_n, y_{n1})$. Eine *Wiederholung* der Stichprobenentnahme erfolgt nun in der Weise, daß für jeden der gegebenen x_i-Werte genau *ein* weiterer Wert der abhängigen Variablen aus der zugehörenden Urne entnommen wird. Man erhält so eine *zweite* Stichprobe mit den n Wertepaaren (x_1, y_{21}), $(x_2, y_{22}), \ldots, (x_i, y_{i2}), \ldots, (x_n, y_{n2})$. In dieser Weise kann das Entnahmeverfahren fortgesetzt werden. Während die n Werte $x_1, x_2, \ldots, x_i, \ldots, x_n$ von Stichprobe zu Stichprobe beibehaltene feste Werte sind, variieren die y_{ij} üblicherweise von Stichprobe zu Stichprobe und können als *Realisationen der* n *Zufallsvariablen* $Y_1, Y_2, \ldots, Y_i, \ldots, Y_n$ interpretiert werden.

(2) **Es wird angenommen, daß die Werte der abhängigen Variablen erklärt werden können als Summe aus einer systematischen Komponente linear in** X **und einer Störkomponente** U. Für die Wertekombination (x_i, y_i) gilt somit

$$y_i = \beta_1 + \beta_2 x_i + u_i \, .$$

Darin sind β_1 *(absolutes Glied)* und β_2 *(Steigung)*, die Regressionskoeffizienten der Regressionsfunktion der Grundgesamtheit, als *Parameter der Grundgesamtheit* über alle n Beobachtungen einer Stichprobe wie auch über alle Stichprobenwiederholungen konstante Größen. u_i stellt die Abweichung eines Wertes y_i an der Stelle $X = x_i$ von der Regressionsfunktion der Grundgesamtheit dar, in der *geometrischen Interpretation* ist das der *parallel zur y-Achse gemessene Abstand des Punktes* $P(x_i, y_i)$ *von der Regressionsgeraden der Grundgesamtheit*, d.h. $u_i = y_i - y'_i$. Bei Wiederholung einer Beobachtung an der Stelle $X = x_i$ werden üblicherweise die Werte u_i und damit auch die y_i von Stichprobe zu Stichprobe schwanken, während $\beta_1 + \beta_2 x_i$ konstant bleibt. $\beta_1 + \beta_2 x_i$ wird deshalb als **systematische** oder auch deterministische **Komponente** der Regressionsgleichung bezeichnet. Die von Stichprobe zu Stichprobe variierenden u_i bilden die nichtsystematische oder auch **stochastische Komponente** und werden als Realisationen einer Zufallsvariablen U_i interpretiert. Die $U_i (i = 1, \ldots, n)$ werden, wie bereits erwähnt, als *Störvariablen* bezeichnet. Sie erfassen einmal die *Wirkungen aller übrigen die abhängige Variable beeinflussenden und nicht explizit in die Regressionsfunktion aufgenommenen erklärenden Variablen* auf Y. Im vorliegenden Fall sind dies alle Variablen, die einen Erklärungsbeitrag für Y liefern, außer X. Diese *nicht explizit auftretenden* Variablen werden häufig auch **latente Variable** genannt. Bei Wiederholung einer Beobachtung für einen gegebenen Wert x_i werden die Werte der latenten Variablen von Stichprobe zu Stichprobe schwanken und damit auch die Störvariable U_i. Die Störvariablen erfassen weiterhin *Meßfehler bei der abhängigen Variablen*. Die Interpretation der Störvariablen U_i als *Zufallsvariablen* **ist damit naheliegend. Der** *gesamte Wert* **der abhängigen Variablen wird somit interpretiert als** *Ergebnis des additiven Zusammenwirkens* einer auf die (explizite) erklärende Variable X zurückzuführenden *systematischen Komponente* und einer auf die latenten erklärenden Variablen und die Meßfehler der abhängigen Variablen zurückzuführenden *stochastischen Komponente*. Die an der Stelle $X = x_i$ von Stichprobe zu Stichprobe schwankenden Werte y_i werden damit ebenfalls als Realisationen einer Zufallsvariablen Y/x_i – oder kürzer mit Y_i bezeichnet – interpretiert. Man erhält für jeden der n Werte x_i

$$Y_i = \underbrace{\beta_1 + \beta_2 x_i}_{\substack{\text{systematische} \\ \text{Komponente}}} + \underbrace{U_i}_{\substack{\text{stochastische} \\ \text{Komponente} \\ \text{(Störvariable)}}} \qquad (i = 1, \ldots, n).$$

(3) Über die n Störvariablen U_i werden folgende Annahmen gemacht: **Die** U_i **sind Zufallsvariable mit den folgenden Eigenschaften**

(3a) $E(U_i) = 0 \qquad (i = 1, \ldots, n)$

(3b) $Var(U_i) = \sigma_U^2 \qquad (i = 1, \ldots, n)$

(3c) $Cov(U_i, U_j) = 0 \; (i = 1, \ldots, n; j = 1, \ldots, n; i \neq j)$.

3a und 3b besagen, daß alle *bedingten Verteilungen der* U_i den *Erwartungswert* 0 und die *konstante Varianz* σ_U^2 aufweisen. Letzteres wird auch als Eigenschaft der **Homoskedastizität** bezeichnet. 3c schließlich fordert, daß die *Störvariablen nicht miteinander korreliert* sind (vgl. Abschnitt 8.4).

Für die abhängige Zufallsvariable Y_i folgt aus diesen Annahmen

$$E(Y_i) = E(\beta_1 + \beta_2 x_i + U_i) \; (i = 1, \ldots, n) \, .$$

Da β_1 und β_2 Konstante sind, folgt nach Abschnitt 7.5

$$E(Y_i) = \beta_1 + \beta_2 x_i + E(U_i)$$
$$= \beta_1 + \beta_2 x_i = y'_i \qquad (i = 1, \ldots, n)$$

und

$$Var(Y_i) = Var(\beta_1 + \beta_2 x_i + U_i)$$
$$= Var(U_i) = \sigma_U^2 \qquad (i = 1, \ldots, n) \, .$$

Die y-*Koordinate des auf der Regressionsfunktion der Grundgesamtheit an der Stelle* $X = x_i$ *liegenden Punktes* $y'_i = \beta_1 + \beta_2 x_i$ läßt sich somit unter obigen Annahmen über die U_i als *Erwartungswert* $E(Y_i)$ *der bedingten Verteilung* der abhängigen Variablen an dieser Stelle interpretieren. Die *Varianzen der Verteilungen der* Y_i *und der* U_i *stimmen überein* (vgl. dazu Abbildung 21.3).

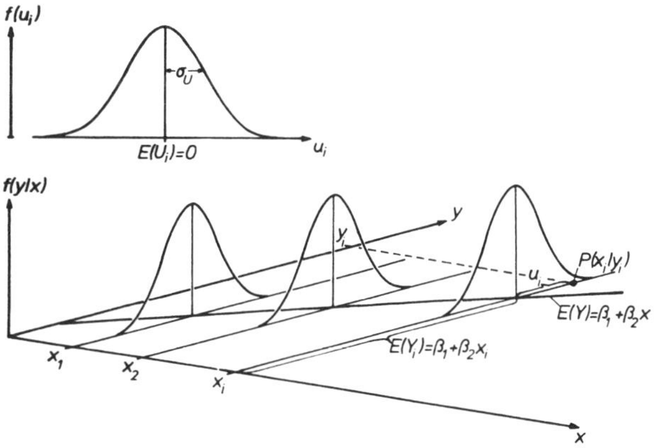

Abb. 21.3: Regressionsfunktion der Grundgesamtheit und bedingte Verteilungen der (stetigen) Störvariablen U_i *bzw. der abhängigen Variablen* Y_i

Die im folgenden dargestellten Aussagen über die Eigenschaften der Stichprobenverteilungen von KQ-Schätzwerten setzen die Erfüllung aller oder eines Teils der oben gemachten Annahmen zwingend voraus. So sind beispielsweise die angegebenen Formeln für die Standardfehler nur bei Erfüllung aller oben gemachten Voraussetzungen gültig. Aus diesem Grund wird es sich auch als zweckmäßig erweisen, die Erfüllung der allgemeinen Annahmen mit Hilfe der durch eine konkrete Stichprobe erhaltenen Daten ex post zu überprüfen *(Residualanalyse)*.

21.2. Verteilungen der Stichprobenregressionskoeffizienten bei linearer Einfachregression

Die in den einzelnen Stichproben aus jeweils n beobachteten Wertepaaren nach der Methode der kleinsten Quadrate berechneten *Regressionskoeffizienten* b_1 *und* b_2 *der linearen Stichprobenregressionsfunktion* der Form

$$\hat{y}_i = b_1 + b_2 x_i$$

werden üblicherweise von Stichprobe zu Stichprobe schwanken und können als *Realisationen der beiden Zufallsvariablen (Schätzfunktionen)*

$$B_1 = \frac{\sum_{i=1}^{n} x_i^2 \sum_{i=1}^{n} Y_i - \sum_{i=1}^{n} x_i \sum_{i=1}^{n} x_i Y_i}{n \sum_{i=1}^{n} x_i^2 - \left(\sum_{i=1}^{n} x_i\right)^2}$$

und $$B_2 = \frac{n \sum_{i=1}^{n} x_i Y_i - \sum_{i=1}^{n} x_i \sum_{i=1}^{n} Y_i}{n \sum_{i=1}^{n} x_i^2 - \left(\sum_{i=1}^{n} x_i\right)^2}$$

aufgefaßt werden, wobei voraussetzungsgemäß die x_i *fest vorgegeben* sind und nur die Y_i Zufallsvariable darstellen.

B_1 und B_2 sind *Linearkombinationen der* n *Zufallsvariablen* Y_i $(i = 1, \ldots, n)$ und damit **lineare Schätzfunktionen.** Nach einigen Umformungen erhält man nämlich

$$B_2 = \sum_{i=1}^{n} w_i Y_i$$

mit

$$w_i = \frac{x_i - \bar{x}}{\sum_{i=1}^{n} (x_i - \bar{x})^2}$$

und

$$B_1 = \sum_{i=1}^{n} \left(\frac{1}{n} - \bar{x} w_i\right) Y_i .$$

Weiterhin läßt sich zeigen, daß B_1 und B_2 *unter den Annahmen* 1, 2 *und* 3a *unverzerrte Schätzfunktionen* sind. Es gilt also

$$E(B_1) = \beta_1$$

und $$E(B_2) = \beta_2 .$$

Als **Varianzen der Stichprobenregressionskoeffizienten** erhält man *unter den Annahmen* 1, 2, 3b *und* 3c

$$\mathrm{Var}(B_1) = \sigma_{B_1}^2 = E\left[[B_1 - E(B_1)]^2\right] = \frac{\sum_{i=1}^{n} x_i^2}{n \sum_{i=1}^{n} (x_i - \bar{x})^2} \sigma_U^2$$

und $$\mathrm{Var}(B_2) = \sigma_{B_2}^2 = E\left[[B_2 - E(B_2)]^2\right] = \frac{\sigma_U^2}{\sum_{i=1}^{n} (x_i - \bar{x})^2} .$$

σ_{B_1} und σ_{B_2} sind die **Standardabweichungen** oder auch **Standardfehler der Stichprobenregressionskoeffizienten.**

Als **Kovarianz der Stichprobenregressionskoeffizienten** erhält man (vgl. Abschnitt 8.4)

$$\mathrm{Cov}(B_1, B_2) = E\left[[B_1 - E(B_1)]\ [B_2 - E(B_2)]\right] = \frac{-\bar{x}}{\sum_{i=1}^{n} (x_i - \bar{x})^2} \sigma_U^2 .$$

Es läßt sich weiterhin zeigen, daß *unter den Annahmen* 1, 2, 3a, 3b *und* 3c *von allen linearen, unverzerrten Schätzfunktionen die KQ-Schätzfunktionen die kleinste Varianz* aufweisen. Diese Aussage wird in der Literatur als **Gauß-Markov-Theorem** bezeichnet. Eine Schätzfunktion, die die oben genannten Eigenschaften besitzt, wird in der englischsprachigen Literatur auch als BLUE (Best Linear Unbiased Estimator) bezeichnet.

Die *bisherigen Aussagen* sind für *beliebige Verteilungen* der U_i, sofern 3a, 3b und 3c erfüllt sind, *gültig*. Es soll nun unterstellt werden, **die U_i seien normalverteilt mit dem Erwartungswert** 0 **und der Varianz** σ_U^2. Diese Annahme kann für den Fall, daß die latenten Variablen zumindest näherungsweise normalverteilt sind, oder ihr summarischer Einfluß sich aus den Wirkungen einer großen Zahl latenter Variablen zusammensetzt, unter denen keine einen dominierenden Einfluß ausübt, zumindest näherungsweise als erfüllt angesehen werden, zumal auch Meßfehlerverteilungen sich häufig durch Normalverteilungen approximieren lassen.

Da

$$Y_i = \beta_1 + \beta_2 x_i + U_i \qquad (i = 1, \ldots, n)$$

gilt, sind die Y_i *als lineare Funktionen normalverteilter Zufallsvariabler* U_i *ebenfalls normalverteilt.* Wie wir gesehen haben, sind die *Schätzfunktionen* B_1 *und* B_2 *Linearkombinationen der* Y_i und damit *ebenfalls normalverteilt* (vgl. Abschnitt 11.6) mit den oben angegebenen Erwartungswerten und Varianzen. Die *standardisierten Zufallsvariablen*

$$Z = \frac{B_1 - E(B_1)}{\sigma_{B_1}} = \frac{B_1 - \beta_1}{\sigma_{B_1}}$$

und $$Z = \frac{B_2 - E(B_2)}{\sigma_{B_2}} = \frac{B_2 - \beta_2}{\sigma_{B_2}}$$

sind dann *standardnormalverteilt.*

Unter Anwendung der oben angegebenen Formeln könnte man beispielsweise bei *bekannter* Regressionsfunktion der Grundgesamtheit und *bekannter* Varianz der Störvariablen für einen gegebenen Stichprobenumfang unter Verwendung der Tabelle der Standardnormalverteilung die Wahrscheinlichkeit, in einer zufällig gezogenen Stichprobe einen Stichprobenregressionskoeffizienten B_2 zwischen zwei vorgegebenen Grenzwerten b_2^u und b_2^o zu beobachten, also

$$W(b_2^u \leq B_2 \leq b_2^o)$$

bestimmen (Schluß von der Grundgesamtheit auf die Stichprobe). Die *übliche Aufgabenstellung* ist jedoch *umgekehrt*. Wir haben eine Stichprobe von n Wertepaaren und eine Stichprobenregressionsfunktion. Die *Regressionsfunktion der Grundgesamtheit* und die *Varianz der Störvariablen* sind *unbekannt*. Unter Verwendung der unter der Voraussetzung der Gültigkeit der Annahmen 1, 2, 3a, 3b und 3c abgeleiteten Formeln können, wie im folgenden gezeigt wird, aus den Ergebnissen dieser Stichprobe *Konfidenzintervalle* über die Regressionskoeffizienten der Grundgesamtheit bestimmt bzw. *Hypothesen* über sie getestet werden. Dazu ist es aber notwendig, die in den Formeln für die Varianzen und die Kovarianz der Regressionskoeffizienten enthaltene *unbekannte Varianz der Störvariablen σ_U^2 aus der Stichprobe zu schätzen*. Es liegt nahe, dazu die beobachteten KQ-Residuen e_i der Stichprobenregressionsfunktion zu verwenden. Wie sich zeigen läßt, ist ein *unverzerrter Schätzwert* für die unbekannte Varianz der Störvariablen σ_U^2 die wie folgt definierte **Varianz der Residuen**

$$\hat{\sigma}_U^2 = s_E^2 = \frac{1}{n-2} \sum_{i=1}^{n} e_i^2$$

oder nach der aus Abschnitt 20.5 bekannten Beziehung

$$s_E^2 = \frac{1}{n-2}\left[\sum_{i=1}^{n} y_i^2 - b_1 \sum_{i=1}^{n} y_i - b_2 \sum_{i=1}^{n} x_i y_i\right].$$

s_E ist die **Standardabweichung der Residuen.** Sie wird zahlenmäßig um so kleiner sein, je geringer die Streuung der Beobachtungswerte um die Stichprobenregressionsgerade ist. Als *unverzerrte Schätzwerte* für die Varianzen der Stichprobenregressionskoeffizienten erhält man unter Verwendung der Varianz der Residuen s_E^2

$$\hat{\sigma}_{B_1}^2 = s_{B_1}^2 = \frac{\sum_{i=1}^{n} x_i^2}{n \sum_{i=1}^{n} (x_i - \bar{x})^2} s_E^2$$

und

$$\hat{\sigma}_{B_2}^2 = s_{B_2}^2 = \frac{s_E^2}{\sum_{i=1}^{n} (x_i - \bar{x})^2}.$$

$s_{B_1}^2$ kann wieder als *Realisation einer Zufallsvariablen (Schätzfunktion)* $S_{B_1}^2$ und $s_{B_2}^2$ als *Realisation einer Zufallsvariablen (Schätzfunktion)* $S_{B_2}^2$ angesehen werden. Wie sich zeigen läßt, gehorchen die beiden Zufallsvariablen

$$T = \frac{B_1 - \beta_1}{S_{B_1}}$$

und

$$T = \frac{B_2 - \beta_2}{S_{B_2}},$$

jeweils einer *Studentverteilung mit* $\nu = n - 2$ *Freiheitsgraden.*

In Fortführung unseres *Beispiels* erhält man

$$s_E^2 = \frac{1}{n-2} \sum e_i^2 = \frac{1{,}666}{10} = 0{,}1666$$

und

$$\sum (x_i - \bar{x})^2 = \sum x_i^2 - \frac{(\sum x_i)^2}{n}$$

$$= 11{,}4058 - \frac{10{,}68^2}{12}$$

$$= 1{,}9006\,.$$

Damit ergeben sich für die Varianzen bzw. Standardfehler der Stichprobenregressionskoeffizienten die folgenden Schätzwerte

$$s_{B_1}^2 = \frac{\sum x_i^2}{n \sum (x_i - \bar{x})^2} s_E^2$$

$$= \frac{11{,}4058}{12 \cdot 1{,}9006} 0{,}1666$$

$$= 0{,}083$$

bzw. $s_{B_1} = 0{,}289$

und

$$s_{B_2}^2 = \frac{s_E^2}{\sum (x_i - \bar{x})^2}$$

$$= \frac{0{,}1666}{1{,}9006} = 0{,}088$$

bzw. $s_{B_2} = 0{,}296$.

21.3. Konfidenzintervalle für die Regressionskoeffizienten bei linearer Einfachregression

Ausgehend von den Stichprobenverteilungen der Regressionskoeffizienten lassen sich nun in analoger Weise zu dem Vorgehen in Abschnitt 14.2 **Konfidenzintervalle für die Regressionskoeffizienten** bilden.

Die *Zufallsvariable*

$$T = \frac{B_1 - \beta_1}{S_{B_1}}$$

ist *studentverteilt mit* $\nu = n - 2$ *Freiheitsgraden.* Für den zum Sicherheitsgrad $1 - \alpha$ gehörenden Wert $t = t_{1-\frac{\alpha}{2}; n-2}$ der Studentverteilung gilt also

$$W\left(-t \leq \frac{B_1 - \beta_1}{S_{B_1}} \leq t\right) = 1 - \alpha.$$

Damit ergibt sich nach einigen Umformungen

$$W(B_1 - tS_{B_1} \leq \beta_1 \leq B_1 + tS_{B_1}) = 1 - \alpha\,.$$

Eine *konkrete Stichprobe* liefert nun die Schätzwerte b_1 und s_{B_1}. Damit ergibt sich das *Konfidenzintervall für den Regressionskoeffizienten* β_1 zu

$$b_1 - ts_{B_1} \leq \beta_1 \leq b_1 + ts_{B_1}\,.$$

In analoger Weise erhält man das *Konfidenzintervall für den Regressionskoeffizienten* β_2 zu

$$b_2 - ts_{B_2} \leq \beta_2 \leq b_2 + ts_{B_2}\,.$$

Wollen wir für jeden der beiden Regressionskoeffizienten unseres *Beispiels* ein 95%-*Konfidenzintervall* bestimmen, dann liefert die Tabelle der Studentverteilung für $1-\alpha = 0{,}95$ und $v = n-2 = 10$ den Wert $t = 2{,}228$. Das 95%-Konfidenzintervall für den Regressionskoeffizienten β_1 ergibt sich zu

$$b_1 - ts_{B_1} \leq \beta_1 \leq b_1 + ts_{B_1}$$

$$0{,}6057 - 2{,}228 \cdot 0{,}289 \leq \beta_1 \leq 0{,}6057 + 2{,}228 \cdot 0{,}289$$

$$-0{,}038 \leq \beta_1 \leq 1{,}250\,.$$

Das heißt, daß mit einer Sicherheitswahrscheinlichkeit von 95% der unbekannte Parameter β_1 (das absolute Glied) der (unbekannten) Regressionsfunktion der Grundgesamtheit zwischen $-0{,}038$ und $+1{,}250$ liegt.

Für den Regressionskoeffizienten β_2 findet man das folgende 95%-*Konfidenzintervall*

$$b_2 - ts_{B_2} \leq \beta_2 \leq b_2 + ts_{B_2}$$

$$5{,}2221 - 2{,}228 \cdot 0{,}296 \leq \beta_2 \leq 5{,}2221 + 2{,}228 \cdot 0{,}296$$

$$4{,}563 \leq \beta_2 \leq 5{,}882\,.$$

Mit 95% Sicherheitswahrscheinlichkeit liegt der unbekannte Parameter β_2 (die Steigung) der Regressionsfunktion der Grundgesamtheit zwischen 4,563 und 5,882.

21.4. Tests für die Regressionskoeffizienten bei linearer Einfachregression

Mit Hilfe der Stichprobenverteilungen lassen sich neben der Bestimmung von Konfidenzintervallen aber auch **Tests für die Regressionskoeffizienten** durchführen. Würde man etwa von der *Nullhypothese* H_0 ausgehen, daß *in der Grundgesamtheit kein Zusammenhang zwischen den beiden Variablen* besteht, dann ist diese Hypothese gleichbedeutend mit der Annahme $\beta_2 = 0$. Die *Alternativhypothese* H_A kann je nach Interessenlage *zweiseitig* ($H_A: \beta_2 \neq 0$) oder *einseitig* ($H_A: \beta_2 > 0$ bzw. $H_A: \beta_2 < 0$) formuliert werden. Für das *Beispiel* der Untersuchung der Abhängigkeit zwischen Jahresumsatz und Verkaufsfläche empfiehlt sich die *einseitige Alternativhypothese* $H_A: \beta_2 > 0$, da eine negative Korrelation zwischen diesen beiden Variablen nicht zu erwarten sein wird. Der Test selbst kann in den schon bekannten fünf Schritten erfolgen; es soll dabei ein *Signifikanzniveau* von $\alpha = 0{,}01$ zugrundegelegt werden.

(1) Null- und Alternativhypothese sowie Signifikanzniveau

$$H_0: \beta_2 = 0$$

$$H_A: \beta_2 > 0$$

$$\alpha = 0{,}01.$$

(2) Prüfgröße und Testverteilung

Bei Gültigkeit der Nullhypothese gehorcht die Prüfgröße

$$T = \frac{B_2 - \beta_2}{S_{B_2}} = \frac{B_2}{S_{B_2}}$$

einer *Studentverteilung mit* $v = n-2 = 10$ *Freiheitsgraden.*

(3) Kritischer Bereich

Die Tabelle der Studentverteilung liefert für ein Signifikanzniveau von $\alpha = 0{,}01$ bei $v = 10$ Freiheitsgraden und einseitiger Fragestellung den *kritischen Wert* $t_c = 2{,}764$.

Für $t = \frac{b_2}{s_{B_2}} > 2{,}764$ wird H_0 abgelehnt, für $t \leq 2{,}764$ kann H_0 nicht abgelehnt werden.

(4) Berechnung der Prüfgröße

Man erhält

$$t = \frac{b_2}{s_{B_2}} = \frac{5{,}2221}{0{,}296} = 17{,}64\,.$$

(5) Entscheidung und Interpretation

Da $t > t_c$ ist, wird H_0 abgelehnt, d. h. es ist mit einer positiven Korrelation zwischen Jahresumsatz und Verkaufsfläche zu rechnen. Der beobachtete Stichprobenregressionskoeffizient b_2 ist bei Zugrundelegung des Signifikanzniveaus von $\alpha = 0{,}01$ *statistisch gegen Null gesichert.*

In analoger Weise kann auch für den Regressionskoeffizienten β_1 etwa die Hypothese $H_0: \beta_1 = 0$ getestet werden.

Eine zweite Möglichkeit, die *Hypothese* zu testen, daß *in der Grundgesamtheit kein Zusammenhang zwischen den beiden Variablen* X *und* Y besteht ($H_0: \beta_2 = 0$ gegen $H_A: \beta_2 \neq 0$), ist ein Testverfahren, das zur *Gruppe des F-Tests* gehört (vgl. auch Abschnitt 18.4). Wie nicht näher dargestellt werden soll, ist dieses Verfahren im Rahmen der Einfachregression dem oben dargestellten Test für den Regressionskoeffizienten β_2 in dem Sinn *gleichwertig*, daß die beiden Verfahren *ineinander überführbar* sind. Der Vorteil des F-Tests liegt jedoch darin, daß er im Fall einer Mehrfachregression in relativ einfacher Weise auch zum Test von Hypothesen, die sich simultan auf mehrere Regressionskoeffizienten beziehen, ausgedehnt werden kann.

Ausgangspunkt bei diesem F-Test ist die *Zerlegung der zu erklärenden Gesamtabweichungsquadratsumme* SQT. Nach Abschnitt 20.5 gilt

$$SQT = SQR + SQE\,,$$

wobei SQR die *nicht erklärte Abweichungsquadratsumme* und SQE die *durch die Regression erklärte (d. h. auf X zurückführbare) Abweichungsquadratsumme* ist. Wie sich zeigen läßt, beträgt bei *Einfachregressionen* die Zahl der Freiheitsgrade bei SQE $v_E = 1$ und bei SQR $v_R = n-2$. Wenn man die Abweichungsquadratsummen durch die entsprechende Zahl der Freiheitsgrade teilt, erhält man die **Mittlere erklärte Abweichungsquadratsumme**

$$MQE = \frac{SQE}{1}$$

und die **Mittlere nicht erklärte Abweichungsquadratsumme**

$$MQR = \frac{SQR}{n-2}\,.$$

Bei Gültigkeit der oben formulierten Nullhypothese folgt der *Quotient* MQE/MQR einer *F-Verteilung mit* $\nu_E = 1$ *und* $\nu_R = n - 2$ *Freiheitsgraden.* Bei der Durchführung des Tests berechnet man aus der *konkreten Stichprobe* den Wert der *Prüfgröße*

$$\tilde{f} = \frac{MQE}{MQR}$$

und vergleicht ihn mit dem durch das *Signifikanzniveau* vorgegebenen *kritischen Wert* F_c der F-Verteilung. Die praktischen Berechnungen erfolgen am besten anhand der schon aus Kapitel 18 bekannten *Varianztabelle* (vgl. Tabelle 21.2)

Streuungsursache	Summe der Abweichungsquadrate	Anzahl der Freiheitsgrade	Mittlere Abweichungsquadratsumme	Wert der Prüfgröße
Erklärende Variable X	SQE $= \sum(\hat{y}_i - \bar{y})^2$	1	$MQE = \frac{SQE}{1}$	$\tilde{f} = \frac{MQE}{MQR}$
Rest	$SQR = \sum e_i^2$	$n-2$	$MQR = \frac{SQR}{n-2}$	
Total	SQT $= \sum(y_i - \bar{y})^2$	$n-1$	.	.

Tab. 21.2: Varianztabelle zum F-Test

Unter Einführung des *Bestimmtheitsmaßes* r^2 kann man über die aus Abschnitt 20.5 bekannten Beziehungen

$$\sum_{i=1}^{n} (\hat{y}_i - \bar{y})^2 = r^2 \sum_{i=1}^{n} (y_i - \bar{y})^2$$

und

$$\sum_{i=1}^{n} e_i^2 = (1 - r^2) \sum_{i=1}^{n} (y_i - \bar{y})^2$$

die *Varianztabelle* auch in folgender, inhaltlich gleichwertiger Form wiedergeben (vgl. Tabelle 21.3).

Streuungsursache	Summe der Abweichungsquadrate	Anzahl der Freiheitsgrade	Mittlere Abweichungsquadratsumme	Wert der Prüfgröße
Erklärende Variable X	SQE $= r^2 \sum(y_i - \bar{y})^2$	1	$MQE = \frac{SQE}{1}$	$\tilde{f} = \frac{r^2(n-2)}{1-r^2}$
Rest	SQR $= (1-r^2) \sum(y_i - \bar{y})^2$	$n-2$	$MQR = \frac{SQR}{n-2}$	
Total	SQT $= \sum(y_i - \bar{y})^2$	$n-1$	.	.

Tab. 21.3: Varianztabelle zum F-Test

Die für unser *Beispiel* ermittelten Werte sind in der Varianztabelle 21.4 enthalten.

Streuungsursache	Summe der Abweichungsquadrate	Anzahl der Freiheitsgrade	Mittlere Abweichungsquadratsumme	Wert der Prüfgröße
Erklärende Variable X	51,830	1	51,830	$\tilde{f} = 311,1$
Rest	1,666	10	0,1666	
Total	53,496	11	.	.

Tab. 21.4: Varianztabelle zum F-Test des Beispiels

Geht man von einem Signifikanzniveau von $\alpha = 0,01$ aus, dann erhält man für $\nu_E = 1$ und $\nu_R = 10$ den kritischen Wert $F_c = 10,04$. Da hier $\tilde{f} > F_c$ ist, wird die Nullhypothese abgelehnt.

21.5. Ausgewählte Literatur

Draper, N. R., H. Smith, Applied Regression Analysis (3rd ed.). New York, Sydney, London 1998.

Wonnacott, Thomas H., Ronald J. Wonnacott, Introductory Statistics for Business and Economics (5th ed.). New York, Chichester, Brisbane usw. 1990.

Aufgaben zu Kapitel 21

21.1 Bestimmen Sie für die Gesamtkostenfunktion aus Aufgabe 20.2 ein 95%-Konfidenzintervall für die Grenzkosten (Regressionskoeffizient β_2) und ein 95%-Konfidenzintervall für die fixen Kosten (Regressionskoeffizient β_1).

21.2 Für 8 in verschiedenen Straßen einer Innenstadt gelegene Zeitschriftengeschäfte, von denen jedes einzelne das einzige Geschäft dieser Branche in der jeweiligen Straße ist, wurden folgende Werte für Jahresumsatz und (jahres-)durchschnittliche tägliche Passantenfrequenz bestimmt:

Geschäft i	Passantenfrequenz in Tsd. Passanten pro Tag x_i	Jahresumsatz in Tsd. € y_i
1	20	265
2	10	150
3	19	250
4	14	180
5	15	210
6	8	110
7	17	220
8	11	144

Tab. 21.5: Passantenfrequenz und Jahresumsatz von 8 Geschäften

a) Bestimmen Sie nach der Methode der kleinsten Quadrate eine lineare Regressionsfunktion der Form $\hat{y} = b_1 + b_2x$.

b) Prüfen Sie, ob der Regressionskoeffizient β_2 gegen Null gesichert ist (Signifikanzniveau $\alpha = 0,01$).

21.3 Bei der Untersuchung der Abhängigkeit der monatlichen Konsumausgaben (Y) von dem Monatseinkommen (X) wurde eine Stichprobe von $n = 18$ Familien herangezogen. Aus den Beobachtungsdaten ergab sich $\sum(y_i - \bar{y})^2 = 751$ und $\sum e_i^2 = 300$. Prüfen Sie unter Verwendung des F-Tests die Hypothese, daß **keine** Abhängigkeit zwischen den monatlichen Konsumausgaben und dem Monatseinkommen vorliegt (Signifikanzniveau $\alpha = 0{,}05$).

Kapitel 22: Regressionsanalyse III (Lineare Einfachregression – Prognosen, Residualanalyse)

22.1. Prognosen mit Hilfe linearer Einfachregressionen

Wie bereits erwähnt, soll eine empirisch ermittelte Einfachregression auch dazu dienen, aus gegebenen Werten der unabhängigen Variablen X zugehörige Werte der abhängigen Variablen Y abzuleiten, oder wie man auch sagt, zu *prognostizieren.*

Angenommen, *für den Wert* $X = x_0$ *der unabhängigen Variablen* soll eine **Prognose der abhängigen Variablen** durchgeführt werden. x_0 kann dabei einer der beobachteten (engl.: "observed") x_i-Werte oder aber auch ein beliebig anderer x-Wert sein. Es wird jedoch unterstellt, daß an der Stelle $X = x_0$ die in Abschnitt 21.1 getroffenen *Annahmen* 1, 2, 3a, 3b *und* 3c *gültig* sind und daß darüberhinaus die *Störvariable* U_0 *an der Stelle* $X = x_0$ *normalverteilt* ist.

Im Hinblick darauf, welcher Wert der abhängigen Variablen an der Stelle $X = x_0$ prognostiziert werden soll, kann man zwei Fälle unterscheiden:

(1) Es soll eine **Schätzung** *(Prognose)* der y-*Koordinate* y_0' *der Regressionsfunktion der Grundgesamtheit* (der „wahren" Regressionsfunktion) an der Stelle $X = x_0$ erfolgen. Da y_0' gleich dem Erwartungswert $E(Y_0/x_0)$ – kürzer mit $E(Y_0)$ bezeichnet – der bedingten Verteilung der abhängigen Variablen Y an der Stelle $X = x_0$ ist (vgl. Abschnitt 21.1), heißt das, daß man hier den **Erwartungswert der bedingten Verteilung,** nämlich

$$E(Y_0) = \beta_1 + \beta_2 x_0 ,$$

schätzen will.

(2) Es soll eine **Schätzung** *(Prognose)* für einen aus der bedingten Verteilung der abhängigen Variablen Y_0 stammenden **Einzelwert** y_0 *an der Stelle* $X = x_0$ vorgenommen werden. y_0 ist also eine einzelne *Realisation der Zufallsvariablen* Y_0.

Die beiden Aufgabenstellungen können auch an dem aus Abschnitt 21.1 bereits bekannten *Urnenmodell* erläutert werden. Für jeden der Werte x der unabhängigen Variablen X existiert eine Urne, die die zugehörigen y-Werte der abhängigen Variablen Y enthält. Man kann sich vorstellen, daß diese Werte auf die sich in der Urne befindenden Kugeln aufgedruckt sind. Es wird nun die Urne mit dem x-Wert x_0 ausgewählt. Im Fall (1) soll der *Mittelwert* dieser y-Werte, also der *Erwartungswert* $E(Y_0)$ *ihrer Verteilung*, geschätzt (prognostiziert) werden. Im Fall (2) soll der y-Wert einer einzelnen, zufällig dieser Urne entnommenen Kugel, also der *Einzelwert* y_0 geschätzt (prognostiziert) werden.

Da es sich bei der *Prognose des Erwartungswertes* $E(Y_0)$ um die Prognose eines Durchschnittswertes handelt, spricht man hier von der **Bestimmung eines durchschnittlichen Prognosewertes** oder einer *Durchschnittsprognose.* Im Falle der *Prognose des Einzelwertes* oder individuellen Wertes y_0 spricht man demgegenüber von der **Bestimmung eines individuellen Prognosewertes** oder einer *individuellen Prognose.*

Die Fälle (1) und (2) werden in den folgenden Abschnitten 22.2 und 22.3 näher untersucht. Neben der Bestimmung von *Punktschätzwerten* sollen dabei auch *Schätzintervalle* angegeben werden. Es ist jedoch darauf hinzuweisen, daß es sich bei den dabei abgeleiteten *Prognosefehlern* um *modellinterne Fehler* handelt, deren Ursachen nur in der *Stochastizität des Regressionsmodells* liegen. *Modellexterne Fehler,* die aus der *Verletzung der Modellannahmen* oder aus *Fehlern bei der Prognose der Werte* x_0 *der abhängigen Variablen* X herrühren können, werden dagegen *nicht erfaßt.*

22.2. Prognose des Erwartungswertes $E(Y_0)$ bei linearer Einfachregression

Angenommen, eine konkrete Stichprobe liefert die n Wertepaare (x_i, y_i) $(i = 1, \ldots, n)$. Nach der *Methode der kleinsten Quadrate* (vgl. Abschnitt 20.3) erhält man daraus die *lineare Stichprobenregressionsfunktion*

$$\hat{y} = b_1 + b_2 x .$$

Es liegt nun nahe, diese Stichprobenregressionsfunktion zur *Schätzung des Erwartungswertes* $E(Y_0)$ der bedingten Verteilung an der Stelle $X = x_0$ heranzuziehen und als **durchschnittlichen Prognosewert** den *(Punkt-)Schätzwert*

$$\hat{y}_0 = b_1 + b_2 x_0$$

zu verwenden. $\hat{y}_0$ kann als *Realisation einer Zufallsvariablen (Schätzfunktion)*

$$\hat{Y}_0 = B_1 + B_2 x_0$$

interpretiert werden. $\hat{Y}_0$ ist eine *unverzerrte Schätzfunktion,* denn es gilt

$$\begin{aligned} E(\hat{Y}_0) &= E(B_1 + B_2 x_0) \\ &= E(B_1) + E(B_2) x_0 \\ &= \beta_1 + \beta_2 x_0 \\ &= E(Y_0) . \end{aligned}$$

Als eine *Linearkombination* der beiden *normalverteilten Zufallsvariablen* B_1 *und* B_2 (vgl. Abschnitt 21.2) ist $\hat{Y}_0$ *ebenfalls normalverteilt.* Als Varianz $\sigma^2_{\hat{Y}_0}$ von $\hat{Y}_0$ und damit als **Varianz des durchschnittlichen Prognosewertes** ergibt sich

$$Var(\hat{Y}_0) = \sigma^2_{\hat{Y}_0} = Var(B_1 + B_2 x_0) .$$

Nach den Rechenregeln über Varianzen erhält man nach Abschnitt 8.5

$$\sigma^2_{\hat{Y}_0} = Var(B_1) + x_0^2 Var(B_2) + 2 x_0 Cov(B_1, B_2)$$

und damit nach Abschnitt 21.2

$$\sigma^2_{\hat{Y}_o} = \frac{\sum_{i=1}^{n} x_i^2}{n \sum_{i=1}^{n} (x_i - \bar{x})^2} \sigma_U^2 + x_o^2 \frac{\sigma_U^2}{\sum_{i=1}^{n} (x_i - \bar{x})^2} + $$

$$+ 2x_o \frac{-\bar{x}}{\sum_{i=1}^{n} (x_i - \bar{x})^2} \sigma_U^2$$

und nach einigen Umformungen

$$\sigma^2_{\hat{Y}_o} = \sigma_U^2 \left[\frac{1}{n} + \frac{(x_o - \bar{x})^2}{\sum_{i=1}^{n} (x_i - \bar{x})^2} \right] .$$

$\sigma_{\hat{Y}_0}$ ist die **Standardabweichung** oder der **Standardfehler des durchschnittlichen Prognosewertes.** Die Zufallsvariable

$$Z = \frac{\hat{Y}_0 - E(Y_0)}{\sigma_{\hat{Y}_0}}$$

folgt einer *Standardnormalverteilung*. Wenn als *unverzerrter Schätzwert* für die unbekannte Varianz σ_U^2 die *Varianz der Residuen*

$$s_E^2 = \frac{1}{n-2} \sum_{i=1}^{n} (y_i - \hat{y}_i)^2 = \frac{1}{n-2} \sum_{i=1}^{n} e_i^2$$

verwendet wird, erhält man als *unverzerrten Schätzwert* für die Varianz des durchschnittlichen Prognosewertes

$$\hat{\sigma}^2_{\hat{Y}_o} = s^2_{\hat{Y}_o} = s_E^2 \left[\frac{1}{n} + \frac{(x_o - \bar{x})^2}{\sum_{i=1}^{n} (x_i - \bar{x})^2} \right] .$$

$s^2_{\hat{Y}_o}$ ist wiederum die *Realisation einer Zufallsvariablen (Schätzfunktion)* $S^2_{\hat{Y}_o}$. Wie sich zeigen läßt, ist die Zufallsvariable

$$T = \frac{\hat{Y}_0 - E(Y_0)}{S_{\hat{Y}_0}}$$

studentverteilt mit $\nu = n-2$ *Freiheitsgraden*. Für einen Sicherheitsgrad $1-\alpha$ liefert die Tabelle der Studentverteilung den Wert $t = t_{1-\frac{\alpha}{2}; n-2}$, und man erhält damit nach einigen Umformungen

$$W(\hat{Y}_0 - tS_{\hat{Y}_0} \leq E(Y_0) \leq \hat{Y}_0 + tS_{\hat{Y}_0}) = 1-\alpha .$$

Für eine *konkrete Stichprobe* ergibt sich damit das folgende **Konfidenzintervall für den durchschnittlichen Prognosewert**

$$\hat{y}_0 - ts_{\hat{Y}_0} \leq E(Y_0) \leq \hat{y}_0 + ts_{\hat{Y}_0}$$

mit $\hat{y}_0 = b_1 + b_2 x_o$

und $s_{\hat{Y}_0} = s_E \sqrt{\frac{1}{n} + \frac{(x_o - \bar{x})^2}{\sum_{i=1}^{n} (x_i - \bar{x})^2}}$.

Betrachten wir unser *Beispiel* aus Abschnitt 20.3, bei dem die Abhängigkeit des Jahresumsatzes von der Verkaufsfläche für n = 12 Filialen eines in einer bestimmten Branche tätigen Filialunternehmens untersucht wurde. Gesucht seien jetzt die Grenzen eines 99%-Konfidenzintervalls, in denen der durchschnittliche Jahresumsatz der Geschäfte dieser Branche mit einer Verkaufsfläche von $x_o = 1{,}4$ Tsd. qm zu erwarten sein wird.

Das gesuchte Konfidenzintervall lautet allgemein

$$\hat{y}_0 - ts_{\hat{Y}_0} \leq E(Y_0) \leq \hat{y}_0 + ts_{\hat{Y}_0} .$$

Aus der Stichprobenregressionsfunktion

$$\hat{y}_i = 0{,}6057 + 5{,}2221 \cdot x_i$$

erhält man für $X = x_o$ den Schätzwert

$$\hat{y}_0 = 0{,}6057 + 5{,}2221 \cdot x_o$$
$$= 0{,}6057 + 5{,}2221 \cdot 1{,}4$$
$$= 7{,}9166 .$$

Als Schätzwert für die Varianz des durchschnittlichen Prognosewertes findet man

$$s^2_{\hat{Y}_o} = s_E^2 \left[\frac{1}{n} + \frac{(x_o - \bar{x})^2}{\sum (x_i - \bar{x})^2} \right]$$

und mit $\bar{x} = \frac{1}{n} \sum x_i = \frac{10{,}68}{12} = 0{,}89$

$$s^2_{\hat{Y}_o} = 0{,}1666 \left[\frac{1}{12} + \frac{(1{,}40 - 0{,}89)^2}{1{,}9006} \right]$$

$$= 0{,}037$$

und damit

$$s_{\hat{Y}_0} = 0{,}192 .$$

Für den Sicherheitsgrad $1-\alpha = 0{,}99$ und $\nu = n-2 = 10$ Freiheitsgrade findet man aus der Tabelle der Studentverteilung $t = 3{,}169$.

Damit erhält man das folgende 99%-Konfidenzintervall

$$7{,}9166 - 3{,}169 \cdot 0{,}192 \leq E(Y_0) \leq 7{,}9166 + 3{,}169 \cdot 0{,}192$$

$$7{,}308 \leq E(Y_0) \leq 8{,}525 .$$

Mit einer Sicherheitswahrscheinlichkeit von $1-\alpha = 0{,}99$ wird also der durchschnittliche Jahresumsatz der Geschäfte dieser Branche mit einer Verkaufsfläche von $x_o = 1{,}4$ Tsd. qm zwischen 7,308 und 8,525 Mio. DM zu erwarten sein.

22.3. Prognose des individuellen Wertes y_0 bei linearer Einfachregression

In diesem Abschnitt soll die **Prognose eines individuellen Wertes** y_0, also eines einzelnen aus der bedingten Verteilung der y-Werte an der Stelle $X = x_o$ stammenden Wertes dargestellt werden.

Es gilt nun für die Zufallsvariable Y_0, als deren Realisation y_0 angesehen werden kann, gemäß unseren Annahmen

$$Y_0 = \beta_1 + \beta_2 x_o + U_o .$$

Da die *Störvariable* U_o nach unseren Voraussetzungen *normalverteilt* ist mit dem Erwartungswert $E(U_o) = 0$ und der Varianz $Var(U_o) = \sigma_U^2$, ist Y_0 *ebenfalls normalverteilt* mit dem

Erwartungswert $E(Y_0) = \beta_1 + \beta_2 x_o$ und der Varianz $Var(Y_0) = \sigma_U^2$. Es liegt nun nahe, für y_0 den gleichen (Punkt-)Schätzwert zu nehmen wie für $E(Y_0)$, nämlich

$$\hat{y}_0 = b_1 + b_2 x_o \ ,$$

die *Realisation der Schätzfunktion*

$$\hat{Y}_0 = B_1 + B_2 x_o \ .$$

Die Differenz $\hat{Y}_0 - Y_0$ wird als **Fehler der individuellen Prognose** oder auch als *Einzelprognosefehler* bezeichnet. Unter den oben gemachten Annahmen ist $\hat{Y}_0 - Y_0$ *normalverteilt* mit dem Erwartungswert

$$\begin{aligned} E(\hat{Y}_0 - Y_0) &= E(\hat{Y}_0) - E(Y_0) \\ &= \beta_1 + \beta_2 x_o - \beta_1 - \beta_2 x_o - E(U_o) \\ &= 0 \ . \end{aligned}$$

$\hat{Y}_0$ ist damit also eine *unverzerrte Schätzfunktion* für den Einzelwert Y_0. Die **Varianz** σ_F^2 *des individuellen Prognosefehlers* und damit auch **des individuellen Prognosewertes** ergibt sich zu

$$\begin{aligned} Var(\hat{Y}_0 - Y_0) = \sigma_F^2 &= Var(\hat{Y}_0) + Var(Y_0) = \sigma_{\hat{Y}_0}^2 + \sigma_U^2 \\ &= \sigma_U^2 \left[\frac{1}{n} + \frac{(x_o - \bar{x})^2}{\sum_{i=1}^{n} (x_i - \bar{x})^2} \right] + \sigma_U^2 \\ &= \sigma_U^2 \left[1 + \frac{1}{n} + \frac{(x_o - \bar{x})^2}{\sum_{i=1}^{n} (x_i - \bar{x})^2} \right] . \end{aligned}$$

Die Varianz σ_F^2 des individuellen Prognosewertes setzt sich also additiv aus *zwei Komponenten* zusammen: Aus der *Varianz der y-Werte an der Stelle* $X = x_o$, nämlich σ_U^2, und aus der *Varianz der Schätzfunktion* $\hat{Y}_0$, nämlich $\sigma_{\hat{Y}_0}^2$. Während die Größe der zweiten Komponente durch Veränderung des Stichprobenumfangs beeinflußbar ist, ist die Größe der ersten Komponente nicht beeinflußbar *(„modellinhärent")*.

σ_F ist die **Standardabweichung** oder der **Standardfehler des individuellen Prognosewertes.** Die Zufallsvariable

$$\begin{aligned} Z &= \frac{(\hat{Y}_0 - Y_0) - E(\hat{Y}_0 - Y_0)}{\sigma_F} \\ &= \frac{\hat{Y}_0 - Y_0}{\sigma_F} \end{aligned}$$

ist *standardnormalverteilt.* Wird wieder s_E^2, die *Varianz der Residuen,* als *unverzerrter Schätzwert* für die unbekannte Varianz σ_U^2 der Störvariablen verwendet, dann erhält man den *unverzerrten Schätzwert*

$$\hat{\sigma}_F^2 = s_F^2 = s_E^2 \left[1 + \frac{1}{n} + \frac{(x_o - \bar{x})^2}{\sum_{i=1}^{n} (x_i - \bar{x})^2} \right] .$$

Es läßt sich zeigen, daß die Zufallsvariable

$$T = \frac{\hat{Y}_0 - Y_0}{S_F}$$

studentverteilt ist mit $\nu = n - 2$ *Freiheitsgraden.* Mit Hilfe der Studentverteilung läßt sich also für einen vorgegebenen Sicherheitsgrad $1 - \alpha$ ein *Schätzintervall für den individuellen Wert* y_0 bestimmen. Da es sich aber bei y_0 um keinen *Parameter,* sondern um einen *Einzelwert* handelt, spricht man hier nicht von einem Konfidenzintervall, sondern von einem **Prognoseintervall.** Man erhält

$$W(\hat{Y}_0 - tS_F \leq Y_0 \leq \hat{Y}_0 + tS_F) = 1 - \alpha \ .$$

Aus einer *konkreten Stichprobe* ergibt sich somit das folgende Prognoseintervall:

$$\hat{y}_0 - ts_F \leq y_0 \leq \hat{y}_0 + ts_F$$

mit $\hat{y}_0 = b_1 + b_2 x_o$

und $s_F = s_E \sqrt{1 + \frac{1}{n} + \frac{(x_o - \bar{x})^2}{\sum_{i=1}^{n} (x_i - \bar{x})^2}}$.

Soll in unserem *Beispiel* etwa der Jahresumsatz eines einzelnen Geschäftes mit einer Verkaufsfläche von $x_o = 1{,}4$ Tsd. qm prognostiziert werden, dann ergibt sich das gesuchte Prognoseintervall zu

$$\hat{y}_0 - ts_F \leq y_0 \leq \hat{y}_0 + ts_F$$

mit dem Punktschätzwert

$$\begin{aligned} y_0 &= b_1 + b_2 x_o \\ \hat{y}_0 &= 0{,}6057 + 5{,}2221 \cdot x_o \\ &= 0{,}6057 + 5{,}2221 \cdot 1{,}4 \\ &= 7{,}9166 \end{aligned}$$

und dem Schätzwert für die Varianz des individuellen Prognosewertes

$$\begin{aligned} s_F^2 &= s_E^2 \left[1 + \frac{1}{n} + \frac{(x_o - \bar{x})^2}{\sum (x_i - \bar{x})^2} \right] \\ &= 0{,}1666 \left[1 + \frac{1}{12} + \frac{(1{,}40 - 0{,}89)^2}{1{,}9006} \right] \\ &= 0{,}203. \end{aligned}$$

Der Standardfehler des individuellen Prognosewertes beträgt damit

$$s_F = 0{,}451.$$

Für den Sicherheitsgrad $1 - \alpha = 0{,}99$ und $\nu = 10$ Freiheitsgrade ergibt sich wieder aus der Tabelle der Studentverteilung der Wert $t = 3{,}169$.

Damit findet man das 99%-Konfidenzintervall

$$7{,}9166 - 3{,}169 \cdot 0{,}451 \leq y_0 \leq 7{,}9166 + 3{,}169 \cdot 0{,}451$$
$$6{,}487 \leq y_0 \leq 9{,}346$$

Mit einer Sicherheitswahrscheinlichkeit von $1 - \alpha = 0{,}99$ wird also der Jahresumsatz eines einzelnen Geschäftes mit einer Verkaufsfläche von $x_o = 1{,}4$ Tsd. qm zwischen 6,487 und 9,346 Mio. DM liegen.

Wie aus den Formeln für die Standardfehler des durchschnittlichen und des individuellen Prognosewertes hervorgeht, hängt die *zahlenmäßige Größe der Standardfehler* von dem *Abstand von* x_o *zu* $\bar{x}$, also von $|x_o - \bar{x}|$ ab. Mit wachsendem Abstand von $\bar{x}$ wächst sowohl $\sigma_{\hat{Y}_0}$ als auch σ_F und damit sowohl die Breite des Konfidenzintervalls für $E(Y_0)$ als auch die Breite des Prognoseintervalls für y_0. In Abbildung 22.1 sind für einen Sicherheitsgrad von $1 - \alpha = 0{,}99$ für unser *Beispiel* Konfidenzintervall- und Prognoseintervallgrenzen in Abhängigkeit von x eingetragen.
Man kann diese Ergebnisse, die wir zur Ableitung von Schätzintervallen benutzt haben, auch zum **Testen von Hypothesen** verwenden. Insbesondere läßt sich anhand eines *beobachteten Punktes* (x_o, y_0) überprüfen, ob die gefundene *Regressionsfunktion an der Stelle* $X = x$ *Gültigkeit besitzt* oder nicht. Auf die Beschreibung dieses Tests soll jedoch in dieser Einführung verzichtet werden.

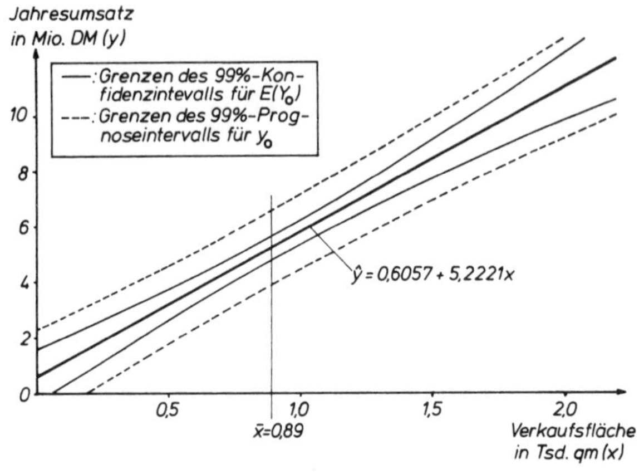

Abb. 22.1: Grenzen des 99%-Konfidenzintervalls für $E(Y_o)$ *und des 99%-Prognoseintervalls für* y_o *in Abhängigkeit von* x

22.4. Analyse der Residuen bei linearer Einfachregression

Die bisher abgeleiteten Ergebnisse setzen die *Geltung der allgemeinen Modellannahmen* voraus. Eine *ex-post Überprüfung* der Modellannahmen ist durch eine **Analyse der Residuen** $e_i = y_i - \hat{y}_i$ $(i = 1, \ldots, n)$ möglich. Wir wollen hier vor allem Möglichkeiten der *graphischen Residualanalyse* betrachten, obwohl auch *statistische Testverfahren* anwendbar sind. Dabei sei darauf hingewiesen, daß die Anwendung der Residualanalyse nicht auf lineare Einfachregressionen beschränkt ist, sondern in *analoger Weise* auch bei *nichtlinearen* und *multiplen Regressionen* möglich ist. Im folgenden wollen wir uns nur auf die praktisch wichtigsten Fälle der graphischen Analyse beschränken.

Zunächst sollen die *Residuen* e_i *den entsprechenden Werten* x_i *der unabhängigen Variablen gegenübergestellt* werden. In Abbildung 22.2 sind *vier mögliche Fälle* aufgezeigt.

Nach Abschnitt 20.3 gilt bei der *Schätzung der Regressionskoeffizienten* nach der *Methode der kleinsten Quadrate*

$$\sum_{i=1}^{n} e_i = 0 \, .$$

Das bedeutet aber, daß das *arithmetische Mittel* $\bar{e}$ *der* n *Residuen* ebenfalls *Null* ist, also

$$\bar{e} = \frac{1}{n} \sum_{i=1}^{n} e_i = 0$$

gilt. Die Nullachse $(e = 0)$ wird also immer so durch das xe-**Streuungsdiagramm** verlaufen, daß die Summe der positiven Residuen gleich der Summe der negativen Residuen ist.

Im Fall ① der Abbildung 22.2 streuen die Residuen mit einem tendenziell gleichen Mittelwert von 0 und tendenziell gleicher Varianz um die x-Achse. Man kann daraus den Schluß ziehen, daß – bezogen auf X – der gewählte *mathematische Ansatz für die Regressionsfunktion adäquat* ist, und daß auch die *Homoskedastizitätsannahme* als *erfüllt* angesehen werden kann. Man spricht hier auch von **richtiger Spezifikation des Regressionsmodells** im *Hinblick auf diese beiden Annahmen*. Die Annahmen der Normalverteilung der Störvariablen könnte man über die Residuen e_i mit Hilfe eines *Chi-Quadrat-Anpassungstests* überprüfen (vgl. Abschnitt 19.1).

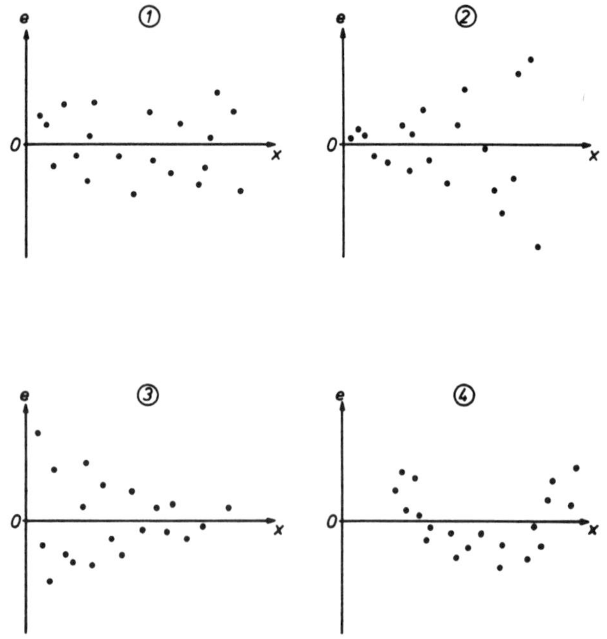

Abb. 22.2: Vier mögliche Beziehungen zwischen den Residuen e_i *und den Werten* x_i *der unabhängigen Variablen*

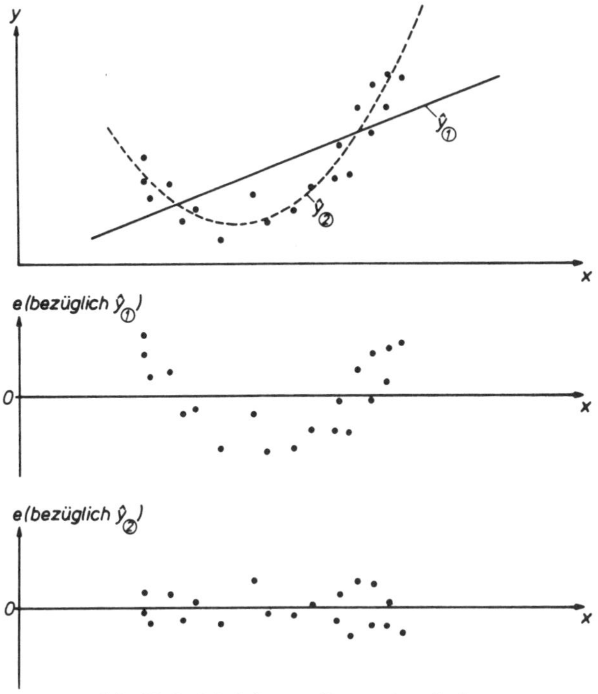

Abb. 22.3: Nichtlineare Regressionsfunktion

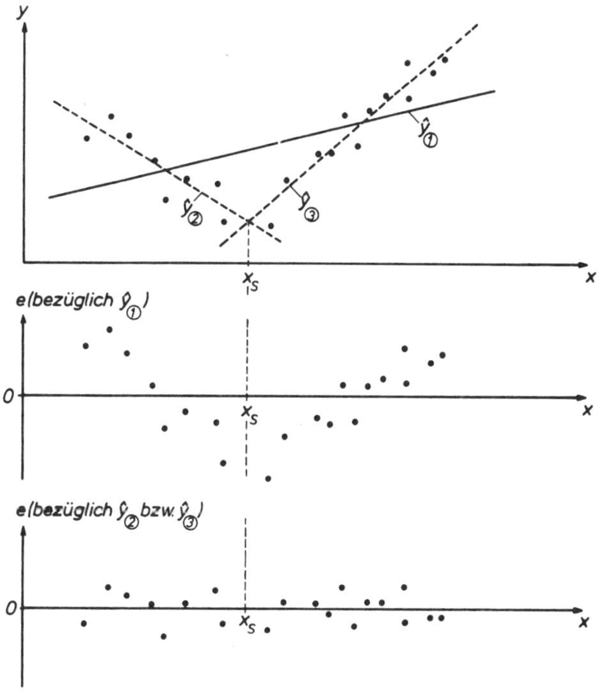

Abb. 22.4: Strukturbruch

Die tendenziellen Veränderungen der Residuen, wie sie in den Fällen ②, ③ und ④ beobachtet werden, deuten darauf hin, daß eine oder mehrere Modellannahmen nicht erfüllt sind. So läßt beispielsweise eine sich mit x_i verändernde Varianz der Residuen, wie sie in den Fällen ② und ③ beobachtet werden kann, auf eine *Verletzung der Homoskedastizitätsannahme* und somit auf das Bestehen von **Heteroskedastizität** schließen. Wie sich zeigen läßt, sind in diesem Fall die *KQ-Schätzwerte* b_1 *und* b_2 ebenfalls *unverzerrt*, jedoch *nicht* mehr *absolut effizient*; auch die oben angegebenen *Formeln für die Standardfehler* der Regressionskoeffizienten sind *nicht* mehr *anwendbar*.

xe-Streuungsdiagramme vom Typ des Falles ④ lassen zwei mögliche Interpretationen zu. Ist die *Tendenz* der bezüglich x_i bedingten Mittelwerte der Residuen e_i *nichtlinear*, wird man daraus folgern, daß ein *nichtlinearer Regressionsansatz* gewählt werden muß. Es liegt hier also eine **Fehlspezifikation der Regressionsfunktion** vor. Man wird daher zu einer geeigneten *nichtlinearen Regressionsfunktion* übergehen. Dieser Fall ist in Abbildung 22.3 dargestellt.

In Abbildung 22.4 ist die zweite Interpretationsmöglichkeit dargestellt. Hier weisen die in Abhängigkeit von x_i aufgetragenen *Mittelwerte der Residuen* e_i eine *lineare Tendenz* auf, die entsprechende Gerade verändert jedoch an der Stelle $X = x_S$ ihre Steigung. Man spricht hier von einem **Strukturbruch.** Die Abhängigkeit wird hier nicht durch eine lineare Regressionsfunktion, sondern durch zwei, für beide Teilbereiche unterschiedliche lineare (Teil-)Regressionsfunktionen beschrieben. Zur *Prognose* wird man deshalb die jeweils *für den entsprechenden Teilbereich gültige Regressionsfunktion* heranziehen. Wie später gezeigt wird, kann man aber in bestimmten Fällen auch über die *Einführung von künstlichen Variablen*, die nach ihrem englischen Namen *dummy variables* auch als **Dummyvariablen** bezeichnet werden, eine *gemeinsame multiple Regressionsfunktion* bilden.

Die *Annahme* der *Nichtkorreliertheit der Störvariablen* wird insbesondere dann zu überprüfen sein, wenn es sich bei den *Beobachtungswerten* der Variablen X und Y um *Zeitreihen* handelt, also $i = 1, 2, \ldots, n$ die aufeinanderfolgenden Zeiträume bzw. Zeitpunkte bezeichnet. Man stellt dann dem Residuum e_i der Periode i das Residuum e_{i-k} der k-ten Vorperiode (i—k) in einem (e_{i-k}, e_i)-Koordinatensystem gegenüber. Obwohl theoretisch k alle Werte 1, 2, ... annehmen kann, beschränkt man sich in der Praxis meistens auf den Fall $k = 1$. Man erhält dann ein (e_{i-1}, e_i)-**Streuungsdiagramm,** wie es in Abbildung 22.5 in zwei denkbaren Varianten dargestellt ist.

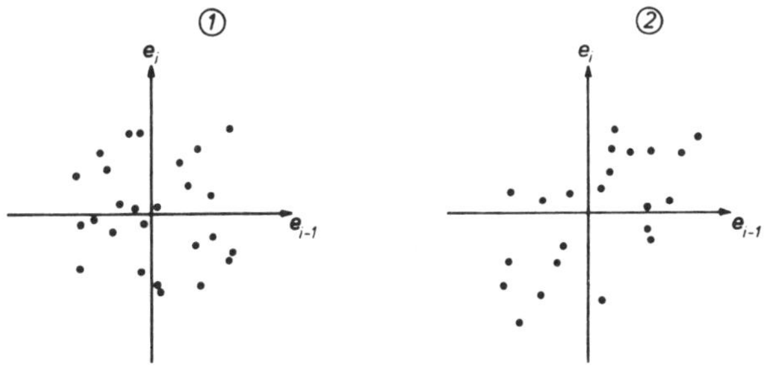

Abb. 22.5: Autokorrelation

Im Gegensatz zu Fall ① besteht im Fall ② eine (positive) *Korrelation aufeinanderfolgender Residuen*, d. h. es liegt eine sogenannte **Autokorrelation der Residuen** vor. Bei Fall ② kann man vermuten, daß die Annahme der Nichtkorreliertheit der Störvariablen verletzt ist. Die Konsequenz der *Nichterfüllung dieser Annahme* ist, daß die *KQ-Schätzwerte* b_1 *und* b_2 zwar *unverzerrt*, aber *nicht* mehr *absolut effizient* sind. Auch die *Formeln für die Standardfehler* der Regressionskoeffizienten sind *nicht* mehr *anwendbar*, da sie zu beachtlichen *Unterschätzungen* der tatsächlichen Standardfehler führen.

Autokorrelation kann nicht nur bei zeitlich aufeinanderfolgenden Residuen beobachtet werden, sondern auch bei Residuen, die nach einem anderen natürlichen Ordnungskriterium aufeinanderfolgen. Autokorrelation der Residuen kann auch oft festgestellt werden, wenn eine weitere wichtige erklärende Variable nicht in das Regressionsmodell aufgenommen wurde, oder auch, wenn die gewählte funktionale Form der Regressionsfunktion nicht zutrifft. *Autokorrelation* kann demnach auch als *Folge* eines *nicht ausreichend spezifizierten Regressionsmodells* angesehen werden.

Handelt es sich bei den für die Schätzung verwendeten Beobachtungswerten um eine, nach einem bestimmten Kriterium *inhomogene Masse*, kann eine weitere Analyse der Residuen empfehlenswert sein. Die Vorgehensweise soll an einem *Beispiel* erläutert werden. Angenommen, bei der Schätzung einer Regressionsfunktion, die die Abhängigkeit der Konsumausgaben vom Einkommen für Arbeitnehmerhaushalte beschreiben soll, seien Daten von Arbeiter-, Angestellten- und Beamtenhaushalten verwendet worden. Ein xe-Streuungsdiagramm aller Residuen (vgl. Abbildung 22.6 Fall ①) ergibt keinen Hinweis auf Verletzung der Modellannahmen. Es besteht nun die Vermutung, daß diese Arbeitnehmergruppen unterschiedliches Konsumverhalten zeigen. Zur Überprüfung empfiehlt es sich, die Residuen getrennt für jede Arbeitnehmergruppe darzustellen. Zeigen sich nun starke Unterschiede in den Streuungsdiagrammen (vgl. Abbildung 22.6 Fälle ② , ③ und ④) läßt sich auf unterschiedliches Konsumverhalten schließen.

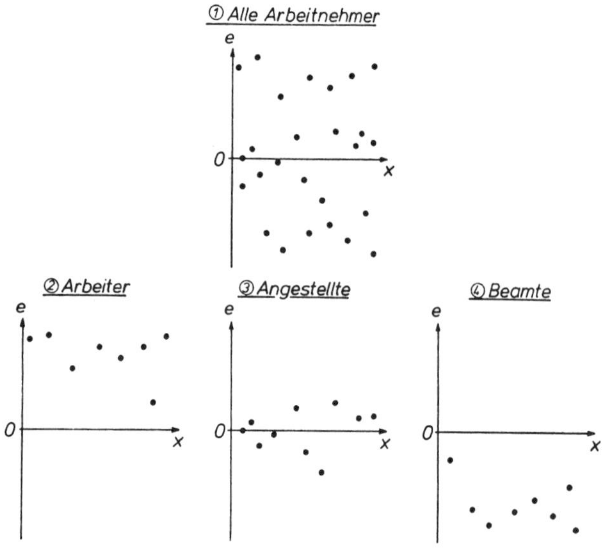

Abb. 22.6: xe-*Streuungsdiagramme für alle Arbeitnehmer insgesamt und für die drei Arbeitnehmergruppen*

Man sollte in vorliegendem Fall für jede Gruppe getrennt eine eigene Regressionsfunktion bestimmen, da auf diese Weise eine genauere Beschreibung des Konsumverhaltens möglich ist. Eine gleichwertige Beschreibung durch eine für alle Beobachtungswerte gemeinsame Regressionsfunktion ist durch Verwendung von *Dummyvariablen* in einem multiplen Regressionsansatz möglich.

Oft dürften in den der Residualanalyse zugrundeliegenden *Streuungsdiagrammen* nicht nur eine, sondern *mehrere Ursachen* wie Nichtlinearität und Strukturbruch oder Heteroskedastizität und Autokorrelation *gleichzeitig wirksam* werden. Derartige Streuungsdiagramme sind jedoch selten in eindeutiger Weise interpretierbar.

22.5. Überblick über einige wichtige Konfidenzintervalle und Testverfahren bei linearer Einfachregression

In der Tabelle 22.1 wird ein zusammenfassender Überblick über die wichtigsten Konfidenzinterwalle der linearen Einfachregression gegeben, wie sie in den Kapiteln 21 und 22 besprochen wurden.

In der Tabelle 22.2 sind noch einmal die Testverfahren für die beiden Regressionskoeffizienten der linearen Einfachregression zusammengestellt.

In beiden Tabellen bedeuten:

$$b_1 = \frac{\sum_{i=1}^{n} x_i^2 \sum_{i=1}^{n} y_i - \sum_{i=1}^{n} x_i \sum_{i=1}^{n} x_i y_i}{n \sum_{i=1}^{n} x_i^2 - \left(\sum_{i=1}^{n} x_i\right)^2}$$

$$b_2 = \frac{n \sum_{i=1}^{n} x_i y_i - \sum_{i=1}^{n} x_i \sum_{i=1}^{n} y_i}{n \sum_{i=1}^{n} x_i^2 - \left(\sum_{i=1}^{n} x_i\right)^2}$$

$$s_E = \sqrt{\frac{1}{n-2} \sum_{i=1}^{n} (y_i - \hat{y}_i)^2} = \sqrt{\frac{1}{n-2} \sum_{i=1}^{n} e_i^2}$$

$$= \sqrt{\frac{1}{n-2} \left[\sum_{i=1}^{n} y_i^2 - b_1 \sum_{i=1}^{n} y_i - b_2 \sum_{i=1}^{n} x_i y_i \right]}.$$

Parameter	Konfidenzintervall	Standardfehler	Anzuwendende Verteilung	Behandelt in Abschnitt
β_1	$b_1 - ts_{B_1} \leq \beta_1 \leq b_1 + ts_{B_1}$	$s_{B_1} = s_E \sqrt{\dfrac{\sum_{i=1}^{n} x_i^2}{n \sum_{i=1}^{n} (x_i - \bar{x})^2}}$	Studentverteilung mit $\nu = n-2$. Bedingung: Gültigkeit der Modellannahmen der Abschnitte 21.1 und 21.2	21.3
β_2	$b_2 - ts_{B_2} \leq \beta_2 \leq b_2 + ts_{B_2}$	$s_{B_2} = \dfrac{s_E}{\sqrt{\sum_{i=1}^{n} (x_i - \bar{x})^2}}$		21.3
$E(Y_0)$	$\hat{y}_0 - ts_{\hat{Y}_0} \leq E(Y_0) \leq \hat{y}_0 + ts_{\hat{Y}_0}$ mit: $\hat{y}_0 = b_1 + b_2 x_o$	$s_{\hat{Y}_0} = s_E \sqrt{\dfrac{1}{n} + \dfrac{(x_o - \bar{x})^2}{\sum_{i=1}^{n} (x_i - \bar{x})^2}}$		22.2
Einzelwert: y_0	Prognoseintervall: $\hat{y}_0 - ts_F \leq y_0 \leq \hat{y}_0 + ts_F$ mit: $\hat{y}_0 = b_1 + b_2 x_o$	$s_F = s_E \sqrt{1 + \dfrac{1}{n} + \dfrac{(x_o - \bar{x})^2}{\sum_{i=1}^{n} (x_i - \bar{x})^2}}$		22.3

Tab. 22.1: Überblick über einige wichtige $(1-\alpha)100\%$-Konfidenzintervalle bei linearer Einfachregression

Nullhypothese	Wert der Prüfgröße	Anzuwendende Verteilung	Behandelt in Abschnitt
$\beta_1 = 0$	$t = \dfrac{b_1}{s_{B_1}}$ mit $s_{B_1} = s_E \sqrt{\dfrac{\sum_{i=1}^{n} x_i^2}{n \sum_{i=1}^{n} (x_i - \bar{x})^2}}$	Studentverteilung mit $\nu = n-2$. Bedingung: Gültigkeit der Modellannahmen der Abschnitte 21.1 und 21.2	21.4
$\beta_2 = 0$	$t = \dfrac{b_2}{s_{B_2}}$ mit $s_{B_2} = \dfrac{s_E}{\sqrt{\sum_{i=1}^{n} (x_i - \bar{x})^2}}$		21.4

Tab. 22.2: Testverfahren für die Regressionskoeffizienten bei linearer Einfachregression

22.6. Ausgewählte Literatur

Chatterjee, Samprit, Ali S. Hadi, Bertram Price, Regression Analysis by Example (3rd ed.). New York usw. 1999.

Draper, N. R., H. Smith, Applied Regression Analysis (3rd ed.). New York, Sydney, London 1998.

Schaich, Eberhard, Schätz- und Testmethoden für Sozialwissenschaftler (3., verb. Aufl.). München 1998.

Aufgaben zu Kapitel 22

22.1 Bestimmen Sie anhand der Daten von Aufgabe 20.2

(a) ein 99%-Konfidenzintervall für die durchschnittlichen Gesamtkosten der Beobachtungszeiträume mit einer Produktionsmenge von $x_o = 52$ Tsd. Stück,

(b) ein 95%-Prognoseintervall für die Gesamtkosten eines einzelnen Beobachtungszeitraums mit einer Produktionsmenge von $x_o = 70$ Tsd. Stück.

22.2 Man zeige, daß die Varianz $\sigma^2_{B_1}$ des Regressionskoeffizienten B_1 gleich der Varianz $\sigma^2_{\hat{Y}_o}$ des durchschnittlichen Prognosewertes an der Stelle $x_o = 0$ ist.

22.3 Von einem neu eingeführten Markenartikel wurden in den ersten 6 Monaten folgende Mengen abgesetzt:

Monat x_i	Abgesetzte Menge (in Tsd. Stück) y_i
1	0,5
2	2,7
3	6,4
4	15,9
5	40,2
6	105,3

Tab. 22.3: Absatzentwicklung eines Markenartikels

Bestimmen Sie nach der Methode der kleinsten Quadrate eine lineare Regressionsfunktion der Form $\hat{y} = b_1 + b_2 x$, und überprüfen Sie anhand der Residuen, ob hier die Verwendung einer linearen Regressionsfunktion sinnvoll ist.

Kapitel 23: Regressionsanalyse IV (Lineare Mehrfachregression – Schätz- und Testverfahren)

23.1. Modell der linearen Mehrfachregression

In den bisherigen Untersuchungen wurden nur Regressionsfunktionen mit *zwei* Variablen X und Y betrachtet, bei denen Y die abhängige (zu erklärende) und X die *einzige unabhängige (erklärende) Variable* war. In Erweiterung dieses Modells der Einfachregression wollen wir nun ein Modell betrachten, bei dem *mehrere erklärende Variable* auftreten. Handelt es sich dabei um *lineare Beziehungen*, spricht man von dem **Modell der linearen Mehrfachregression.** Nur dieses Modell soll im folgenden näher untersucht werden. In den Wirtschaftswissenschaften kommt diesem Modell deshalb besondere Bedeutung zu, weil die empirisch beobachteten Änderungen einer ökonomischen Variablen allgemein nur durch *mehrere Variable* hinreichend erklärt werden können.

Bezeichnen wir die *Gesamtzahl der Variablen* mit k, dann soll die *abhängige Variable* Y durch die (k—1) *unabhängigen Variablen* $X_2, X_3, \ldots, X_k$ erklärt werden. Dies bedeutet, daß *zwischen den* k *Variablen in der Grundgesamtheit* die *folgende lineare Beziehung* unterstellt wird:

$$Y_i = \beta_1 + \beta_2 x_{2i} + \beta_3 x_{3i} + \ldots + \beta_k x_{ki} + U_i \qquad (i = 1, \ldots, n).$$

Wie an späterer Stelle dargestellt, ist es aus formalen Gründen zweckmäßig, auch dem Regressionskoeffizienten β_1 eine Variable X_1 zuzuordnen, für deren Werte $x_{1i} = 1$ $(i = 1, \ldots, n)$ gilt. Aus diesem Grund werden die (k—1) erklärenden Variablen mit $X_2, \ldots, X_k$ bezeichnet.

Analog zur linearen Einfachregression soll wieder *angenommen* werden, daß die *Werte aller unabhängigen Variablen feste (nicht zufällige) Größen* sind. Auch die *drei Annahmen* 3a, 3b, 3c, die in Abschnitt 21.1 bezüglich der Störvariablen U_i getroffen wurden, nämlich

(3a) $E(U_i) = 0 \qquad (i = 1, \ldots, n)$
(3b) $Var(U_i) = \sigma_U^2 \qquad (i = 1, \ldots, n)$
(3x) $Cov(U_i, U_j) = 0 \qquad (i = 1, \ldots, n;\ j = 1, \ldots, n;\ i \neq j)$

sollen *weiterhin Gültigkeit* haben. Als *zusätzliche Forderung* soll noch verlangt werden, daß *zwischen den* (k—1) *unabhängigen Variablen* $X_2, X_3, \ldots, X_k$ *keine vollständige lineare Abhängigkeit* besteht, daß sich also keine der unabhängigen Variablen als lineare Funktion von anderen unabhängigen Variablen schreiben läßt, da dann – wie hier nicht näher dargestellt werden soll – eine *eindeutige Schätzung der Regressionskoeffizienten nicht möglich* ist.

Eine *einfache geometrische Interpretation des Modells* läßt sich im Fall k = 3, also im Fall der **linearen Zweifachregression**

$$Y_i = \beta_1 + \beta_2 x_{2i} + \beta_3 x_{3i} + U_i \qquad (i = 1, \ldots, n)$$

geben. Für den Erwartungswert der abhängigen Variablen Y_i, nämlich $E(Y_i)$, erhält man

$$E(Y_i) = E(\beta_1 + \beta_2 x_{2i} + \beta_3 x_{3i} + U_i)$$
$$= \beta_1 + \beta_2 x_{2i} + \beta_3 x_{3i} \qquad (i = 1, \ldots, n),$$

da $E(U_i) = 0$ für $i = 1, \ldots, n$ gilt. Diese Gleichung stellt in einem dreidimensionalen Koordinatensystem die *Gleichung einer Ebene* dar. In Abbildung 23.1 ist ein *Ausschnitt* dieser **Regressionsebene** *der Grundgesamtheit* dargestellt.

Das *absolute Glied* β_1 wird durch den *Abstand des Schnittpunktes* der Regressionsebene mit der y-Achse vom Koordinatenursprung dargestellt. β_2 ist der *Tangens des Winkels* φ_2, den die *Schnittgerade* von Regressionsebene und x_2y-Koordinatenebene mit der x_2-Achse bildet. Da für alle Punkte der x_2y-Koordinatenebene $X_3 = 0$ ist, lautet die *Funktion dieser Schnittgeraden* $E(Y) = \beta_1 + \beta_2 x_2$. β_3 ist der *Tangens des Winkels* φ_3, den die Schnittgerade von Regressionsebene und

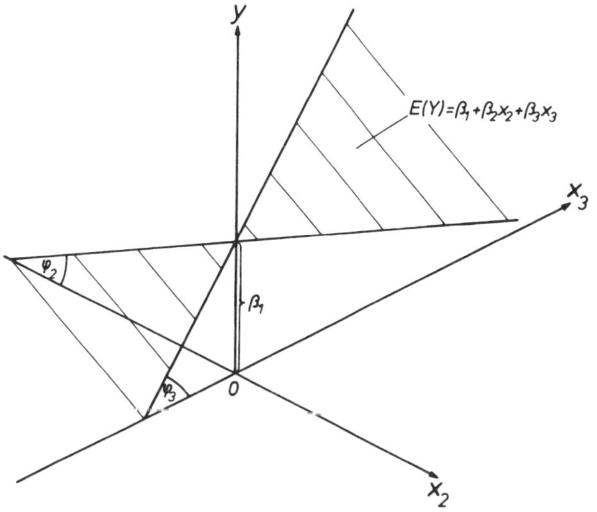

Abb. 23.1: Ausschnitt aus der Regressionsebene
$E(Y) = \beta_1 + \beta_2 x_2 + \beta_3 x_3$

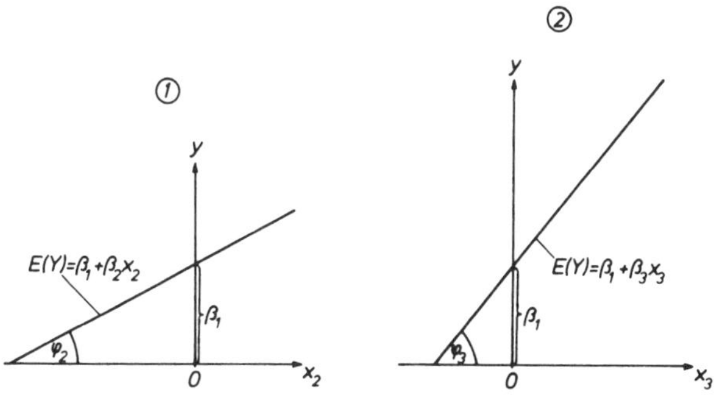

Abb. 23.2: Schnittgeraden der Regressionsebene mit der x_2y-*Koordinatenebene (Fall ①) und der* x_3y-*Koordinatenebene (Fall ②)*

x_3y-Koordinatenebene mit der x_3-Achse bildet. Da für alle Punkte der x_3y-Koordinatenebene $X_2 = 0$ ist, lautet die *Funktion dieser Schnittgeraden* $E(Y) = \beta_1 + \beta_3 x_3$. In Abbildung 23.2 sind die beiden Schnittgeraden graphisch veranschaulicht.

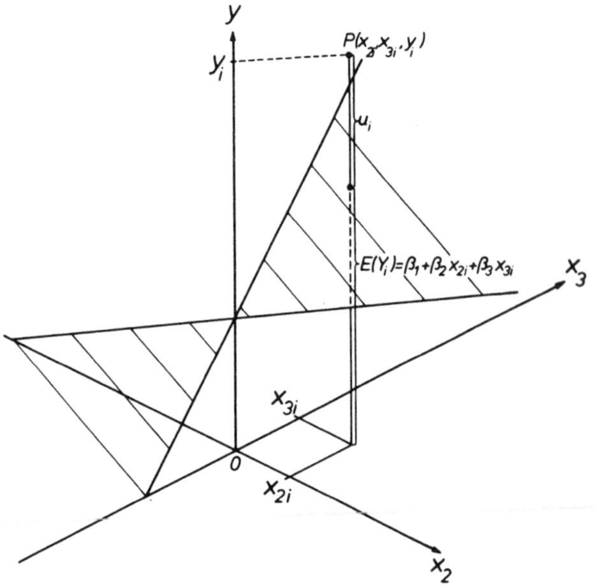

Abb. 23.3: Darstellung eines Beobachtungspunktes $P(x_{2i}, x_{3i}, y_i)$ *und seiner Beziehung zur Regressionsebene*

Gehen wir von einer *Stichprobe des Umfangs* n aus, die aus den n *Wertetripeln* (x_{2i}, x_{3i}, y_i) $(i = 1, \ldots, n)$ besteht, dann lassen sich diese Wertetripel als *Punktwolke von* n *Punkten in dem dreidimensionalen Koordinatensystem* auffassen. In Abbildung 23.3 ist *ein Punkt* P mit den Koordinaten (x_{2i}, x_{3i}, y_i) eingezeichnet. Der *Wert* u_i *der Störvariablen* an der Stelle $X_2 = x_{2i}$ und $X_3 = x_{3i}$ läßt sich als der parallel zur y-Achse gemessene *Abstand des Punktes* P von der Regressionsebene interpretieren.

23.2. Schätzung der Regressionskoeffizienten bei linearer Mehrfachregression

Die *Grundaufgabe der linearen Mehrfachregression* besteht darin, aus den n vorliegenden **Beobachtungstupeln** $(x_{2i}, x_{3i}, \ldots, x_{ki}, y_i)$ $(i = 1, \ldots, n)$ der *Stichprobe* die *unbekannten Regressionskoeffizienten* $\beta_1, \beta_2, \ldots, \beta_k$ *der Regressionsfunktion der Grundgesamtheit* nach der *Methode der kleinsten Quadrate* zu schätzen. Bezeichnen wir die **Schätzwerte für die Regressionskoeffizienten** mit $b_1, b_2, \ldots, b_k$, dann läßt sich die **Stichprobenregressionsfunktion** wie folgt schreiben:

$$\hat{y}_i = b_1 + b_2 x_{2i} + b_3 x_{3i} + \ldots + b_k x_{ki} \qquad (i = 1, \ldots, n).$$

$\hat{y}_i$ ist wieder der durch die Regressionsfunktion für y_i gelieferte *Schätzwert*. Die *Abweichungen* e_i zwischen den beobachteten y_i-Werten und den geschätzten $\hat{y}_i$-Werten, also $e_i = y_i - \hat{y}_i$ $(i = 1, \ldots, n)$, sind die schon aus der linearen Einfachregression bekannten *Residuen*.

Bei einer *Schätzung nach der Methode der kleinsten Quadrate* (vgl. Abschnitt 20.3) wird gefordert, daß die Regressionskoeffizienten $b_1, b_2, \ldots, b_k$ so zu bestimmen sind, daß die *Summe der quadrierten Abweichungen*

$$SAQ = \sum_{i=1}^{n} e_i^2 = \sum_{i=1}^{n} (y_i - \hat{y}_i)^2$$

ein Minimum annimmt.

Im Fall einer *Zweifachregression* bedeutet das *geometrisch*, daß durch die aus n *Beobachtungspunkten im dreidimensionalen Koordinatensystem gegebene Punktwolke* eine *(Stichproben-) Regressionsebene* derart gelegt werden soll, daß die *Summe der* parallel zur y-Achse gemessenen *Abweichungsquadrate* dieser Punkte von der Ebene ein *Minimum* wird.

Die Funktion

$$SAQ = \sum_{i=1}^{n} (y_i - b_1 - b_2 x_{2i} - \ldots - b_k x_{ki})^2$$

ist eine Funktion der k *Veränderlichen* $b_1, b_2, \ldots, b_k$. Eine *notwendige Bedingung* für die Existenz eines Extremwertes besteht darin, daß die *ersten partiellen Ableitungen Null* werden.

$$\frac{\delta SAQ}{\delta b_1} = \frac{\delta SAQ}{\delta b_2} = \ldots = \frac{\delta SAQ}{\delta b_k} = 0.$$

Da Bildung und Nullsetzen der partiellen Ableitungen analog der Vorgehensweise bei der *linearen Einfachregression* erfolgen (vgl. Abschnitt 20.3), wollen wir diese Schritte hier übergehen. Man erhält das folgende *lineare Gleichungssystem zur Bestimmung der Stichprobenregressionskoeffizienten* $b_1, b_2, \ldots, b_k$, bestehend aus k **Normalgleichungen**:

$$\begin{aligned}
b_1 n \quad &+ b_2 \sum_{i=1}^{n} x_{2i} &&+ \ldots + b_k \sum_{i=1}^{n} x_{ki} &&= \sum_{i=1}^{n} y_i \\
b_1 \sum_{i=1}^{n} x_{2i} &+ b_2 \sum_{i=1}^{n} x_{2i}^2 &&+ \ldots + b_k \sum_{i=1}^{n} x_{2i} x_{ki} &&= \sum_{i=1}^{n} x_{2i} y_i \\
b_1 \sum_{i=1}^{n} x_{3i} &+ b_2 \sum_{i=1}^{n} x_{3i} x_{2i} &&+ \ldots + b_k \sum_{i=1}^{n} x_{3i} x_{ki} &&= \sum_{i=1}^{n} x_{3i} y_i \\
&\;\;\vdots && \qquad\vdots && \;\;\vdots \\
b_1 \sum_{i=1}^{n} x_{ki} &+ b_2 \sum_{i=1}^{n} x_{ki} x_{2i} &&+ \ldots + b_k \sum_{i=1}^{n} x_{ki}^2 &&= \sum_{i=1}^{n} x_{ki} y_i .
\end{aligned}$$

Eine *vereinfachte Bestimmung der Normalgleichungen* ist mit folgendem **allgemeinen Bildungsgesetz** möglich, das sich aus den Differentiationsregeln ableiten läßt: Man multipliziert die Gleichung

$$y_i = b_1 + b_2 x_{2i} + \ldots + b_k x_{ki}$$

nacheinander mit *allen bei den Regressionskoeffizienten stehenden Faktoren* durch, *summiert über alle* i und erhält so nacheinander die k Normalgleichungen.

Dieses Vorgehen sei am *Beispiel der Zweifachregressionsfunktion* $\hat{y}_i = b_1 + b_2 x_{2i} + b_3 x_{3i}$ erläutert, bei der die *Ausgangsgleichung* $y_i = b_1 + b_2 x_{2i} + b_3 x_{3i}$ lautet:

(1) Bildung der ersten Normalgleichung

Der b_1 zugeordnete Faktor ist 1.

Es ergibt sich also die ursprüngliche Gleichung

$$y_i = b_1 + b_2 x_{2i} + b_3 x_{3i} .$$

Die Summation über alle i liefert die *erste Normalgleichung:*

$$\sum_{i=1}^{n} y_i = nb_1 + b_2 \sum_{i=1}^{n} x_{2i} + b_3 \sum_{i=1}^{n} x_{3i} .$$

(2) Bildung der zweiten Normalgleichung

Der b_2 zugeordnete Faktor ist x_{2i}. Multipliziert man die Ausgangsgleichung mit x_{2i}, dann ergibt sich

$$x_{2i}y_i = b_1x_{2i} + b_2x_{2i}^2 + b_3x_{2i}x_{3i} .$$

Die Summation führt zur *zweiten Normalgleichung:*

$$\sum_{i=1}^{n} x_{2i}y_i = b_1 \sum_{i=1}^{n} x_{2i} + b_2 \sum_{i=1}^{n} x_{2i}^2 + b_3 \sum_{i=1}^{n} x_{2i}x_{3i} .$$

(3) Bildung der dritten Normalgleichung

Der Faktor, der b_3 zugeordnet ist, ist x_{3i}. Die Multiplikation der Ausgangsgleichung mit x_{3i} liefert

$$x_{3i}y_i = b_1x_{3i} + b_2x_{3i}x_{2i} + b_3x_{3i}^2 .$$

Die Summation ergibt die *dritte Normalgleichung:*

$$\sum_{i=1}^{n} x_{3i}y_i = b_1 \sum_{i=1}^{n} x_{3i} + b_2 \sum_{i=1}^{n} x_{3i}x_{2i} + b_3 \sum_{i=1}^{n} x_{3i}^2 .$$

Ein Vorteil dieses allgemeinen Bildungsgesetzes ist, daß es auch bei *bestimmten nichtlinearen* Regressionsfunktionen zur Bestimmung der Normalgleichungen angewandt werden kann.

Als *Beispiel* zur linearen Mehrfachregression soll das aus Abschnitt 20.3 bereits bekannte Beispiel der Untersuchung des Zusammenhanges zwischen dem Jahresumsatz und der Verkaufsfläche von $n = 12$ Filialen herangezogen werden. Wir wollen neben der ersten erklärenden Variablen „Verkaufsfläche", jetzt mit X_2 bezeichnet, als *weitere erklärende Variable* die (jahres-)durchschnittliche tägliche „Passantenfrequenz", mit X_3 bezeichnet, einführen. Die Ausgangsdaten sind in Tabelle 23.1 wiedergegeben.

Filiale i	Verkaufsfläche (in Tsd. qm) x_{2i}	Passantenfrequenz (in Tsd. Passanten pro Tag) x_{3i}	Jahresumsatz (in Mio. €) y_i
1	0,31	10,24	2,93
2	0,98	7,51	5,27
3	1,21	10,81	6,85
4	1,29	9,89	7,01
5	1,12	13,72	7,02
6	1,49	13,92	8,35
7	0,78	8,54	4,33
8	0,94	12,36	5,77
9	1,29	12,27	7,68
10	0,48	11,01	3,16
11	0,24	8,25	1,52
12	0,55	9,31	3,15

Tab. 23.1: Jahresumsatz, Verkaufsfläche und tägliche Passantenfrequenz von 12 Filialen

Aus den Daten der Tabelle 23.1 soll nun eine *lineare Zweifachregressionsfunktion* der Form

$$\hat{y} = b_1 + b_2x_2 + b_3x_3$$

bestimmt werden. Die zur Berechnung der Regressionskoeffizienten notwendigen Summen können anhand einer *Arbeitstabelle*, die analog zu Tabelle 20.2 aufgebaut ist, ermittelt werden:

$$\begin{array}{llll} n = 12 & \sum y_i = 63{,}04 & \sum x_{2i}y_i = 66{,}0307 \\ \sum x_{2i} = 10{,}68 & \sum x_{2i}^2 = 11{,}4058 & \sum x_{3i}y_i = 704{,}6918 \\ \sum x_{3i} = 127{,}83 & \sum x_{3i}^2 = 1410{,}1435 & \sum x_{2i}x_{3i} = 118{,}9728 . \end{array}$$

Das *Normalgleichungssystem* der linearen Zweifachregression lautet, wie oben gezeigt wurde:

$$\begin{aligned} b_1n + b_2\sum x_{2i} + b_3\sum x_{3i} &= \sum y_i \\ b_1\sum x_{2i} + b_2\sum x_{2i}^2 + b_3\sum x_{2i}x_{3i} &= \sum x_{2i}y_i \\ b_1\sum x_{3i} + b_2\sum x_{3i}x_{2i} + b_3\sum x_{3i}^2 &= \sum x_{3i}y_i . \end{aligned}$$

Für unser *Beispiel* ergibt sich:

$$\begin{aligned} 12\, b_1 + 10{,}68\, b_2 + 127{,}83\, b_3 &= 63{,}04 \\ 10{,}68\, b_1 + 11{,}4058\, b_2 + 118{,}9728\, b_3 &= 66{,}0307 \\ 127{,}83\, b_1 + 118{,}9728\, b_2 + 1410{,}1435\, b_3 &= 704{,}6918 . \end{aligned}$$

Die *Auflösung dieses linearen Gleichungssystems* liefert die *KQ-Schätzwerte*

$$\begin{aligned} b_1 &= -0{,}8319459 \\ b_2 &= 4{,}7429480 \\ b_3 &= 0{,}1749876 . \end{aligned}$$

Die *KQ-Regressionsfunktion* lautet also:

$$\hat{y} = -0{,}832 + 4{,}743\, x_2 + 0{,}175\, x_3 .$$

Eine *wesentliche Vereinfachung* erfährt die Behandlung der Mehrfachregression dann, wenn man zur **Matrix-Schreibweise** übergeht. Die Anwendung der elementaren Rechenoperationen der Matrizenrechnung hat den *Vorteil der einfachen und übersichtlichen Durchführung des Rechenganges*, unabhängig von der Gesamtzahl der Variablen.

Wir gehen wieder von n *Beobachtungstupeln* ($x_{2i}, x_{3i}, \ldots, x_{ki}, y_i$) ($i = 1, \ldots, n$) aus, und nehmen an, daß zwischen den ($k-1$) erklärenden Variablen $X_2, X_3, \ldots, X_k$ und der abhängigen Variablen Y eine *lineare stochastische Beziehung* besteht. Für die n Beobachtungstupel gilt also

$$y_i = \beta_1 + \beta_2x_{2i} + \beta_3x_{3i} + \ldots + \beta_kx_{ki} + u_i \quad (i = 1, \ldots, n)$$

oder ausführlich geschrieben

$$\begin{aligned} y_1 &= \beta_1 + \beta_2x_{21} + \beta_3x_{31} + \ldots + \beta_kx_{k1} + u_1 \\ y_2 &= \beta_1 + \beta_2x_{22} + \beta_3x_{32} + \ldots + \beta_kx_{k2} + u_2 \\ y_3 &= \beta_1 + \beta_2x_{23} + \beta_3x_{33} + \ldots + \beta_kx_{k3} + u_3 \\ &\;\;\vdots \\ y_n &= \beta_1 + \beta_2x_{2n} + \beta_3x_{3n} + \ldots + \beta_kx_{kn} + u_n . \end{aligned}$$

Man *definiert* nun die folgenden **Matrizen:**

$$\mathbf{y} = \begin{bmatrix} y_1 \\ y_2 \\ y_3 \\ \cdot \\ \cdot \\ \cdot \\ y_n \end{bmatrix} \quad \boldsymbol{\beta} = \begin{bmatrix} \beta_1 \\ \beta_2 \\ \beta_3 \\ \cdot \\ \cdot \\ \cdot \\ \beta_k \end{bmatrix} \quad \mathbf{u} = \begin{bmatrix} u_1 \\ u_2 \\ u_3 \\ \cdot \\ \cdot \\ \cdot \\ u_n \end{bmatrix}$$

$$\mathbf{X} = \begin{bmatrix} 1 & x_{21} & x_{31} & \dots & x_{k1} \\ 1 & x_{22} & x_{32} & \dots & x_{k2} \\ 1 & x_{23} & x_{33} & \dots & x_{k3} \\ \cdot & \cdot & \cdot & & \cdot \\ \cdot & \cdot & \cdot & & \cdot \\ \cdot & \cdot & \cdot & & \cdot \\ 1 & x_{2n} & x_{3n} & \dots & x_{kn} \end{bmatrix}.$$

Dabei ist:

- **y** eine *einspaltige Matrix mit* n *Zeilen,* die die n *Beobachtungswerte der abhängigen Variablen* Y enthält; eine einspaltige Matrix mit n Zeilen wird häufig als **Spaltenvektor** *der Dimension* n bezeichnet.
- **X** eine Matrix der Dimension (n x k), d.h. *eine Matrix mit* n *Zeilen und* k *Spalten,* die die *Beobachtungswerte der unabhängigen Variablen* $X_1, X_2, \dots, X_k$ enthält, wobei $x_{1i} = 1$ $(i = 1, \dots, n)$ gesetzt wird,
- **β** ein *Spaltenvektor der Dimension* k, der die *Regressionskoeffizienten der Regressionsfunktion der Grundgesamtheit* enthält und
- **u** ein *Spaltenvektor der Dimension* n, der die *Werte der Störvariablen* enthält.

Unter Anwendung der Regeln der Matrizenrechnung läßt sich das obige Gleichungssystem in Matrix-Schreibweise wie folgt darstellen:

$$\mathbf{y} = \mathbf{X}\boldsymbol{\beta} + \mathbf{u}\,.$$

In analoger Weise läßt sich die *Stichprobenregressionsfunktion*

$$\hat{y}_i = b_1 + b_2 x_{2i} + \dots + b_k x_{ki} \qquad (i = 1, \dots, n)$$

als

$$\hat{\mathbf{y}} = \mathbf{X}\mathbf{b}$$

darstellen mit

$$\hat{\mathbf{y}} = \begin{bmatrix} \hat{y}_1 \\ \hat{y}_2 \\ \hat{y}_3 \\ \cdot \\ \cdot \\ \cdot \\ \hat{y}_n \end{bmatrix} \quad \text{und } \mathbf{b} = \begin{bmatrix} b_1 \\ b_2 \\ b_3 \\ \cdot \\ \cdot \\ \cdot \\ b_k \end{bmatrix}.$$

- **ŷ** ist ein *Spaltenvektor der Dimension* n, der die *geschätzten Werte der abhängigen Variablen* Y enthält,
- **b** ist ein *Spaltenvektor der Dimension* k, der die *Stichprobenregressionskoeffizienten,* also die Schätzwerte für die Regressionskoeffizienten der Grundgesamtheit enthält.

Die Normalgleichungen zur Bestimmung der Regressionskoeffizienten lauten:

$$\begin{array}{llll} b_1 n & + b_2 \sum x_{2i} & + \dots + b_k \sum x_{ki} & = \sum y_i \\ b_1 \sum x_{2i} & + b_2 \sum x_{2i}^2 & + \dots + b_k \sum x_{2i}x_{ki} & = \sum x_{2i}y_i \\ \cdot & \cdot & \cdot & \cdot \\ \cdot & \cdot & \cdot & \cdot \\ \cdot & \cdot & \cdot & \cdot \\ b_1 \sum x_{ki} & + b_2 \sum x_{ki}x_{2i} & + \dots + b_k \sum x_{ki}^2 & = \sum x_{ki}y_i \end{array}$$

oder als Matrizen geschrieben

$$\begin{bmatrix} n & \sum x_{2i} & \dots & \sum x_{ki} \\ \sum x_{2i} & \sum x_{2i}^2 & \dots & \sum x_{2i}x_{ki} \\ \cdot & \cdot & & \cdot \\ \cdot & \cdot & & \cdot \\ \cdot & \cdot & & \cdot \\ \sum x_{ki} & \sum x_{ki}x_{2i} & \dots & \sum x_{ki}^2 \end{bmatrix} \begin{bmatrix} b_1 \\ b_2 \\ \cdot \\ \cdot \\ \cdot \\ b_k \end{bmatrix} = \begin{bmatrix} \sum y_i \\ \sum x_{2i}y_i \\ \cdot \\ \cdot \\ \cdot \\ \sum x_{ki}y_i \end{bmatrix}.$$

Bezeichnet man mit **X′** die *Transponierte von* **X**, d.h. die Matrix, die aus **X** hervorgeht, wenn *Zeilen und Spalten miteinander vertauscht* werden, dann ist

$$\mathbf{X}' = \begin{bmatrix} 1 & 1 & \dots & 1 \\ x_{21} & x_{22} & \dots & x_{2n} \\ \cdot & \cdot & & \cdot \\ \cdot & \cdot & & \cdot \\ \cdot & \cdot & & \cdot \\ x_{k1} & x_{k2} & \dots & x_{kn} \end{bmatrix}$$

und nach den Regeln der Matrizenmultiplikation

$$\mathbf{X}'\mathbf{X} = \begin{bmatrix} 1 & 1 & \dots & 1 \\ x_{21} & x_{22} & \dots & x_{2n} \\ \cdot & \cdot & & \cdot \\ \cdot & \cdot & & \cdot \\ \cdot & \cdot & & \cdot \\ x_{k1} & x_{k2} & \dots & x_{kn} \end{bmatrix} \begin{bmatrix} 1 & x_{21} & \dots & x_{k1} \\ 1 & x_{22} & \dots & x_{k2} \\ \cdot & \cdot & & \cdot \\ \cdot & \cdot & & \cdot \\ \cdot & \cdot & & \cdot \\ 1 & x_{2n} & \dots & x_{kn} \end{bmatrix}$$

$$= \begin{bmatrix} n & \sum x_{2i} & \dots & \sum x_{ki} \\ \sum x_{2i} & \sum x_{2i}^2 & \dots & \sum x_{2i}x_{ki} \\ \cdot & \cdot & & \cdot \\ \cdot & \cdot & & \cdot \\ \cdot & \cdot & & \cdot \\ \sum x_{ki} & \sum x_{ki}x_{2i} & \dots & \sum x_{ki}^2 \end{bmatrix}$$

und

$$\mathbf{X}'\mathbf{y} = \begin{bmatrix} 1 & 1 & \dots & 1 \\ x_{21} & x_{22} & \dots & x_{2n} \\ \cdot & \cdot & & \cdot \\ \cdot & \cdot & & \cdot \\ \cdot & \cdot & & \cdot \\ x_{k1} & x_{k2} & \dots & x_{kn} \end{bmatrix} \begin{bmatrix} y_1 \\ y_2 \\ \cdot \\ \cdot \\ \cdot \\ y_n \end{bmatrix}$$

$$= \begin{bmatrix} \sum y_i \\ \sum x_{2i}y_i \\ \cdot \\ \cdot \\ \cdot \\ \sum x_{ki}y_i \end{bmatrix}.$$

Unter Verwendung dieser, Ergebnisse läßt sich das **Normalgleichungssystem** in **Matrix-Schreibweise** wie folgt darstellen:

$$(\mathbf{X}'\mathbf{X})\,\mathbf{b} = \mathbf{X}'\mathbf{y}\,.$$

Die *Auflösung dieser Matrizengleichung* nach dem gesuchten Spaltenvektor **b** erhält man, wenn man beide Seiten von links mit der *Inversen von* $(\mathbf{X}'\mathbf{X})$, also mit $(\mathbf{X}'\mathbf{X})^{-1}$, multipliziert.

Es ergibt sich

$$(\mathbf{X}'\mathbf{X})^{-1}\,(\mathbf{X}'\mathbf{X})\,\mathbf{b} = (\mathbf{X}'\mathbf{X})^{-1}\,\mathbf{X}'\mathbf{y}$$

und damit

$$\mathbf{b} = (\mathbf{X}'\mathbf{X})^{-1}\,\mathbf{X}'\mathbf{y}\,,$$

da definitionsgemäß $(\mathbf{X}'\mathbf{X})^{-1}\,(\mathbf{X}'\mathbf{X}) = \mathbf{I}$ ist, wobei **I** die *Einheitsmatrix* darstellt.

Der *Rechengang* soll im einzelnen noch einmal an dem vorangegangenen *Beispiel zur Zweifachregression* erläutert werden. Es war

$$\mathbf{X}'\mathbf{X} = \begin{bmatrix} n & \sum x_{2i} & \sum x_{3i} \\ \sum x_{2i} & \sum x_{2i}^2 & \sum x_{2i}x_{3i} \\ \sum x_{3i} & \sum x_{3i}x_{2i} & \sum x_{3i}^2 \end{bmatrix} = \begin{bmatrix} 12 & 10{,}68 & 127{,}83 \\ 10{,}68 & 11{,}4058 & 118{,}9728 \\ 127{,}83 & 118{,}9728 & 1410{,}1435 \end{bmatrix}$$

$$\mathbf{X}'\mathbf{y} = \begin{bmatrix} \sum y_i \\ \sum x_{2i}y_i \\ \sum x_{3i}y_i \end{bmatrix} = \begin{bmatrix} 63{,}04 \\ 66{,}0307 \\ 704{,}6918 \end{bmatrix}.$$

Die Inverse zu $\mathbf{X}'\mathbf{X}$ ergibt sich zu

$$(\mathbf{X}'\mathbf{X})^{-1} = \begin{bmatrix} 2{,}47451876 & 0{,}189775177 & -0{,}2403271846 \\ 0{,}189775177 & 0{,}7454682884 & -0{,}0800978131 \\ -0{,}2403271846 & -0{,}0800978131 & 0{,}0292526861 \end{bmatrix}.$$

Damit erhält man

$$\mathbf{b} = (\mathbf{X}'\mathbf{X})^{-1}\,\mathbf{X}'\mathbf{y} = \begin{bmatrix} b_1 \\ b_2 \\ b_3 \end{bmatrix} = \begin{bmatrix} -0{,}8319459 \\ 4{,}7429480 \\ 0{,}1749876 \end{bmatrix}.$$

Die *Stichprobenregressionskoeffizienten* betragen

$$b_1 = -0{,}8319459$$
$$b_2 = 4{,}7429480$$
$$b_3 = 0{,}1749876\,.$$

23.3. Verteilungen der Stichprobenregressionskoeffizienten bei linearer Mehrfachregression

Die *Stichprobenregressionskoeffizienten* $b_1, b_2, \ldots, b_k$ können als *Realisationen der entsprechenden Zufallsvariablen (Schätzfunktionen)* $B_1, B_2, \ldots, B_k$ angesehen werden. Wie sich zeigen läßt, sind $B_1, B_2, \ldots, B_k$ unter den gemachten Voraussetzungen **beste lineare unverzerrte Schätzfunktionen.** Es gilt somit für die Erwartungswerte

$$E(B_j) = \beta_j \qquad (j = 1, \ldots, k)\,.$$

Die *symmetrische Matrix* **V**, die *alle Varianzen und Kovarianzen der Stichprobenregressionskoeffizienten* enthält, besitzt die *Dimension* (k x k) und ist wie folgt *definiert*

$$\mathbf{V} = \begin{bmatrix} Var(B_1) & Cov(B_1, B_2) & Cov(B_1, B_3) \ldots & Cov(B_1, B_k) \\ Cov(B_2, B_1) & Var(B_2) & Cov(B_2, B_3) \ldots & Cov(B_2, B_k) \\ Cov(B_3, B_1) & Cov(B_3, B_2) & Var(B_3) \quad \ldots & Cov(B_3, B_k) \\ \cdot & \cdot & \cdot & \cdot \\ \cdot & \cdot & \cdot & \cdot \\ \cdot & \cdot & \cdot & \cdot \\ Cov(B_k, B_1) & Cov(B_k, B_2) & Cov(B_k, B_3) \ldots & Var(B_k) \end{bmatrix}.$$

V wird auch **als Varianz-Kovarianz-Matrix** *der Stichprobenregressionskoeffizienten* bezeichnet. Die Varianzen der Stichprobenregressionskoeffizienten sind die *Elemente der Hauptdiagonalen* der Matrix **V**. Bezeichnen wir das j-te Element der Hauptdiagonalen mit v_{jj}, dann gilt also

$$Var(B_j) = \sigma_{B_j}^2 = v_{jj} \qquad (j = 1, \ldots, k)\,.$$

Wie sich zeigen läßt, kann *unter den getroffenen Modellannahmen folgende Beziehung* zwischen den Matrizen **V** und $(\mathbf{X}'\mathbf{X})$ hergeleitet werden

$$\mathbf{V} = \sigma_U^2\,(\mathbf{X}'\mathbf{X})^{-1}\,,$$

wobei σ_U^2 die Varianz der Störvariablen ist. Wird als *zusätzliche Annahme* für die *Verteilung der Störvariablen* die *Normalverteilung* unterstellt, dann sind auch die $B_1, B_2, \ldots, B_k$ *normalverteilt* mit den *Erwartungswerten* $E(B_j) = \beta_j$ $(j = 1, \ldots, k)$ und den *Varianzen* $Var(B_j) = v_{jj}$ $(j = 1, \ldots, k)$ bzw. den *Standardfehlern* $\sigma_{B_j} = \sqrt{v_{jj}}$ $(j = 1, \ldots, k)$; das heißt aber, daß die *Zufallsvariable*

$$Z = \frac{B_j - \beta_j}{\sigma_{B_j}} \qquad (j = 1, \ldots, k)$$

standardnormalverteilt ist.

Zur *Berechnung der Varianz-Kovarianz-Matrix* **V** muß die *unbekannte Varianz* σ_U^2 *der Störvariablen geschätzt* werden. Ein *unverzerrter Schätzwert für* σ_U^2 ist die *Varianz der Residuen* s_E^2, die im Fall der Mehrfachregression mit (k—1) erklärenden Variablen wie folgt definiert wird

$$\hat{\sigma}_U^2 = s_E^2 = \frac{1}{n-k}\sum_{i=1}^{n} e_i^2\,.$$

Für *KQ-Schätzwerte* läßt sich zur Berechnung von s_E^2 die folgende einfache Beziehung ableiten:

$$s_E^2 = \frac{1}{n-k}\left[\sum_{i=1}^{n} y_i^2 - b_1\sum_{i=1}^{n} y_i - b_2\sum_{i=1}^{n} x_{2i}y_i - \ldots - b_k\sum_{i=1}^{n} x_{ki}y_i\right].$$

Für die *Matrix* $\hat{\mathbf{V}}$ *der unverzerrten Schätzwerte der Varianzen und Kovarianzen* gilt analog

$$\hat{\mathbf{V}} = \hat{\sigma}_U^2 (\mathbf{X}'\mathbf{X})^{-1} = s_E^2 (\mathbf{X}'\mathbf{X})^{-1} .$$

Für unser Beispiel erhalten wir

$$s_E^2 = \frac{1}{n-3} \left[\sum y_i^2 - b_1 \sum y_i - b_2 \sum x_{2i} y_i - b_3 \sum x_{3i} y_i\right]$$

$$= \frac{1}{9} \left[384{,}666 - (-0{,}8319459) \cdot 63{,}04 - \right.$$
$$\left. - 4{,}7429480 \cdot 66{,}0307 - 0{,}1749876 \cdot 704{,}6918\right]$$
$$= 0{,}0688 .$$

Damit ergibt sich die *(geschätzte) Varianz-Kovarianz-Matrix* $\hat{\mathbf{V}}$ zu

$$\hat{\mathbf{V}} = s_E^2 (\mathbf{X}'\mathbf{X})^{-1}$$

$$= 0{,}0688 \begin{bmatrix} 2{,}4751876 & 0{,}189775177 & -0{,}2403271846 \\ 0{,}1897752 & 0{,}7454682884 & -0{,}0800978131 \\ -0{,}2403272 & -0{,}0800978131 & 0{,}0292526861 \end{bmatrix}$$

$$= \begin{bmatrix} 0{,}1703 & 0{,}0131 & -0{,}0165 \\ 0{,}0131 & 0{,}0513 & -0{,}0055 \\ -0{,}0165 & -0{,}0055 & 0{,}0020 \end{bmatrix} .$$

Als *Schätzwerte für die Varianzen bzw. Standardfehler der Stichprobenregressionskoeffizienten* ergeben sich somit die folgenden Werte

$$s_{B_1}^2 = 0{,}1703 \text{ bzw. } s_{B_1} = 0{,}413 ,$$
$$s_{B_2}^2 = 0{,}0513 \text{ bzw. } s_{B_2} = 0{,}226 \text{ und}$$
$$s_{B_3}^2 = 0{,}0020 \text{ bzw. } s_{B_3} = 0{,}045 .$$

23.4. Konfidenzintervalle und Tests für die Regressionskoeffizienten bei linearer Mehrfachregression

Die Konstruktion von **Konfidenzintervallen bei linearer Mehrfachregression** erfolgt analog dem Vorgehen bei linearer Einfachregression (vgl. Abschnitt 21.4). Man kann zeigen, daß die *Zufallsvariable*

$$T = \frac{B_j - \beta_j}{S_{B_j}} \qquad (j = 1, \ldots, k)$$

studentverteilt ist mit $\nu = n - k$ *Freiheitsgraden.* Für den zu einem *Sicherheitsgrad* von $1-\alpha$ gehörenden Wert $t = t_{1-\frac{\alpha}{2};\, n-k}$ der Studentverteilung gilt also

$$W(B_j - tS_{B_j} \leq \beta_j \leq B_j + tS_{B_j}) = 1 - \alpha \qquad (j = 1, \ldots, k) .$$

Eine *konkrete Stichprobe* liefert für den Regressionskoeffizienten β_j das *Konfidenzintervall*

$$b_j - ts_{B_j} \leq \beta_j \leq b_j + ts_{B_j} \qquad (j = 1, \ldots, k) .$$

Bestimmt man in unserem *Beispiel* für die Regressionskoeffizienten β_1, β_2 und β_3 95%-Konfidenzintervalle, dann erhält man mit $1-\alpha = 0{,}95$, $\nu = n - 3 = 9$ und damit $t = 2{,}262$ für β_1

$$b_1 - ts_{B_1} \leq \beta_1 \leq b_1 + ts_{B_1}$$
$$-0{,}832 - 2{,}262 \cdot 0{,}413 \leq \beta_1 \leq -0{,}832 + 2{,}262 \cdot 0{,}413$$
$$-1{,}766 \leq \beta_1 \leq 0{,}102 .$$

β_1 wird also mit einer Sicherheitswahrscheinlichkeit von 95% zwischen $-1{,}766$ und $0{,}102$ liegen.

Für β_2 erhält man das Konfidenzintervall

$$b_2 - ts_{B_2} \leq \beta_2 \leq b_2 + ts_{B_2}$$
$$4{,}743 - 2{,}262 \cdot 0{,}226 \leq \beta_2 \leq 4{,}743 + 2{,}262 \cdot 0{,}226$$
$$4{,}232 \leq \beta_2 \leq 5{,}254 ,$$

damit wird also β_2 mit einer Sicherheitswahrscheinlichkeit von 95% zwischen 4,232 und 5,254 liegen.

Für β_3 schließlich ergibt sich

$$b_3 - ts_{B_3} \leq \beta_3 \leq b_3 + ts_{B_3}$$
$$0{,}175 - 2{,}262 \cdot 0{,}045 \leq \beta_3 \leq 0{,}175 + 2{,}262 \cdot 0{,}045$$
$$0{,}073 \leq \beta_3 \leq 0{,}277 .$$

β_3 wird mit einer Sicherheitswahrscheinlichkeit von 95% zwischen 0,073 und 0,277 liegen.

Die *mit* $\nu = n - k$ *Freiheitsgraden studentverteilte Zufallsvariable*

$$T = \frac{B_j - \beta_j}{S_{B_j}}$$

kann auch als *Prüfgröße* der **Tests der Regressionskoeffizienten** verwendet werden. Wenn wir etwa im Rahmen unseres *Beispiels* bei einem *Signifikanzniveau* von $\alpha = 0{,}05$ überprüfen wollen, ob der bei der linearen Zweifachregression erhaltene Stichprobenregressionskoeffizient $b_3 = 0{,}175$ auf eine *signifikante positive Abhängigkeit* zwischen Jahresumsatz und täglicher Passantenfrequenz schließen läßt, kann wie folgt vorgegangen werden:

(1) Null- und Alternativhypothese sowie Signifikanzniveau

$$H_0: \beta_3 = 0$$
$$H_A: \beta_3 > 0$$
$$\alpha = 0{,}05 ;$$

(2) Prüfgröße und Testverteilung

Bei Gültigkeit der Nullhypothese folgt die Prüfgröße

$$T = \frac{B_3 - \beta_3}{S_{B_3}} = \frac{B_3}{S_{B_3}}$$

einer Studentverteilung mit $\nu = n - 3 = 9$ Freiheitsgraden.

(3) Kritischer Bereich

Man findet bei einseitiger Fragestellung für ein Signifikanzniveau von $\alpha = 0{,}05$ und $\nu = 9$ Freiheitsgrade aus der Tabelle der Studentverteilung den kritischen Wert $t_c = 1{,}833$. Für

$t = \frac{b_3}{s_{B_3}} > 1{,}833$ wird also die Nullhypothese abgelehnt,

für $t \leq 1{,}833$ kann die Nullhypothese nicht abgelehnt werden.

(4) Berechnung der Prüfgröße

Man erhält

$$t = \frac{b_3}{s_{B_3}} = \frac{0{,}175}{0{,}045} = 3{,}89 \; .$$

(5) Entscheidung und Interpretation

Da $t > t_c$ ist, wird die Nullhypothese abgelehnt; d. h. es ist mit einer positiven Korrelation zwischen Jahresumsatz und täglicher Passantenfrequenz zu rechnen. Der beobachtete Stichprobenregressionskoeffizient $b_3 = 0{,}175$ ist also bei einem Signifikanzniveau von $\alpha = 0{,}05$ *statistisch gegen Null gesichert.*

Es sei noch darauf hingewiesen, daß bei mehr als zwei erklärenden Variablen der *Aufwand zur Berechnung* der für die Ermittlung der Regressionskoeffizienten und Standardfehler erforderlichen Matrix $(\mathbf{X}'\mathbf{X})^{-1}$ *mit wachsender Zahl der erklärenden Variablen stark ansteigt.*

23.5. Ausgewählte Literatur

Draper, N. R., H. Smith, Applied Regression Analysis (3rd ed.). New York, Sydney, London 1998.

Eckey, Hans-Friedrich, Reinhold Kosfeld, Christian Dreger, Ökonometrie. Grundlagen, Methoden, Beispiele (4. durchges. Aufl.). Wiesbaden 2011.

Kmenta, Jan, Elements of Econometrics (2nd ed.). Ann Arbor 1997.

Kutner, Michael H., Cristopher J. Nachtsheim, John Neter, Applied Linear Regression Models (4th ed.) with Student CD. Homewood (Ill.) 2004.

Aufgaben zu Kapitel 23

23.1 Entwickeln Sie für die Regressionsfunktion

$$\hat{y} = b_1 + b_2 x_2 + b_3 x_3 + b_4 x_4$$

mit Hilfe des allgemeinen Bildungsgesetzes für Normalgleichungen das Normalgleichungssystem zur Bestimmung der KQ-Schätzwerte $b_1, \ldots, b_4$.

23.2 Für ein Land soll untersucht werden, inwieweit der Export von den relativen Exportpreisen und dem Welthandelsvolumen abhängt. Für 8 Jahre liegen die folgenden Indexreihen vor.

Jahr i	Index des Welthandels-volumens x_{2i}	Index der relativen Exportpreise x_{3i}	Index der Exporte y_i
1	100	100	100
2	109	119	111
3	129	111	119
4	121	91	109
5	142	82	121
6	158	101	131
7	171	120	149
8	200	130	170

Tab. 23.2: Ergebnistabelle

(a) Bestimmen Sie nach der Methode der kleinsten Quadrate eine lineare Regressionsfunktion der Form

$$\hat{y} = b_1 + b_2 x_2 + b_3 x_3 \; .$$

(b) Bestimmen Sie ein 95% Konfidenzintervall für den Regressionskoeffizienten β_2.

(c) Prüfen Sie, ob der Stichprobenregressionskoeffizient b_3 statistisch gegen Null gesichert ist. (Signifikanzniveau $\alpha = 0{,}05$).

Kapitel 24: Regressionsanalyse V (Lineare und nichtlineare Mehrfachregression)

24.1. Multiples und partielles Bestimmtheitsmaß bei linearen Regressionen

In Abschnitt 20.5 war gezeigt worden, daß sich bei *der linearen KQ-Einfachregression* $\hat{y}_i = b_1 + b_2 x_i$ die *Gesamtvariation* der abhängigen Variablen Y, gemessen durch die **Gesamtabweichungsquadratsumme**

$$SQT = \sum_{i=1}^{n} (y_i - \bar{y})^2,$$

in *zwei* Bestandteile zerlegen läßt, nämlich in die **nicht erklärte Abweichungsquadratsumme**

$$SQR = \sum_{i=1}^{n} (y_i - \hat{y}_i)^2 = \sum_{i=1}^{n} e_i^2$$

$$= \sum_{i=1}^{n} y_i^2 - b_1 \sum_{i=1}^{n} y_i - b_2 \sum_{i=1}^{n} x_{2i} y_i - \ldots$$

$$\ldots - b_k \sum_{i=1}^{n} x_{ki} y_i$$

und in die **erklärte Abweichungsquadratsumme**

$$SQE = \sum_{i=1}^{n} (\hat{y}_i - \bar{y})^2.$$

Wie sich zeigen läßt, gilt die aus Abschnitt 20.5 bekannte Beziehung

$$SQT = SQR + SQE$$

auch im **Fall der linearen Mehrfachregression** mit der *KQ-Regressionsfunktion*

$$\hat{y}_i = b_1 + b_2 x_{2i} + \ldots + b_k x_{ki}.$$

Analog zur linearen Einfachregression kann hier auch als *Maß für die* über die lineare Regressionsfunktion gelieferte *Erklärung der Variation der abhängigen Variablen* Y *aus der Variation der unabhängigen Variablen* $X_2, X_3, \ldots, X_k$ ein **lineares multiples Bestimmtheitsmaß** gebildet werden. Es wird mit $r^2_{Y \cdot 23 \ldots k}$ bezeichnet und lautet

$$r^2_{Y \cdot 23 \ldots k} = \frac{SQE}{SQT} = \frac{\sum_{i=1}^{n} (\hat{y}_i - \bar{y})^2}{\sum_{i=1}^{n} (y_i - \bar{y})^2}$$

oder, da SQE = SQT — SQR gilt,

$$r^2_{Y \cdot 23 \ldots k} = 1 - \frac{SQR}{SQT} = 1 - \frac{\sum_{i=1}^{n} e_i^2}{\sum_{i=1}^{n} (y_i - \bar{y})^2}.$$

Die *Quadratwurzel des linearen multiplen Bestimmtheitsmaßes*, also $r_{Y \cdot 23 \ldots k}$, wird als **linearer multipler Korrelationskoeffizient** bezeichnet. Im Gegensatz zur linearen Einfachregression wird bei der Mehrfachregression der Korrelationskoeffizient als **absolute** *Größe* definiert. Dies erweist sich als zweckmäßig, da die Regressionskoeffizienten in Mehrfachregressionen *unterschiedliche Vorzeichen* haben können.

Das *multiple Bestimmtheitsmaß* und damit auch der *multiple Korrelationskoeffizient* können nur *Werte zwischen* 0 *(kein Erklärungsbeitrag) und* 1 *(vollständige Erklärung)* annehmen; es gilt also $0 \leq r_{Y \cdot 23 \ldots k} \leq 1$.

Für unser *Beispiel* zur Untersuchung der Abhängigkeit des Jahresumsatzes von der Verkaufsfläche und der Passantenfrequenz (vgl. Abschnitt 23.2) ergibt sich mit

$$SQR = \sum e_i^2$$

$$= \sum y_i^2 - b_1 \sum y_i - b_2 \sum x_{2i} y_i - b_3 \sum x_{3i} y_i$$

$$= 384{,}666 - (-0{,}8319459) \cdot 63{,}04$$

$$- 4{,}7429480 \cdot 66{,}0307 - 0{,}1749876 \cdot 704{,}6918$$

$$= 0{,}619$$

und (vgl. Abschnitt 20.5)

$$SQT = \sum (y_i - \bar{y})^2$$

$$= 53{,}496$$

$$r^2_{Y \cdot 23} = 1 - \frac{SQR}{SQT}$$

$$= 1 - \frac{0{,}619}{53{,}496} = 0{,}9884.$$

Das heißt, daß 98,84% der Variation der Jahresumsätze durch die multiple Regressionsfunktion (Zweifachregression) erklärt werden. Der multiple Korrelationskoeffizient beträgt

$$r_{Y \cdot 23} = \sqrt{0{,}9884} = 0{,}994.$$

Als ein *weiteres Korrelationsmaß* bei Mehrfachregressionen wollen wir das **lineare partielle Bestimmtheitsmaß** bzw. den **linearen partiellen Korrelationskoeffizienten** betrachten. Wir wollen von einer (k—2)-fach-Regression mit den erklärenden Variablen $X_2, X_3, \ldots, X_{k-1}$ ausgehen. Von der *Gesamtabweichungsquadratsumme* SQT der abhängigen Variablen Y wird durch die (k—2)-fach-Regression der *Anteil* $r^2_{Y \cdot 23 \ldots (k-1)}$, also der *Betrag*

$$SQE(X_2, \ldots, X_{k-1}) = r^2_{Y \cdot 23 \ldots (k-1)} \cdot SQT,$$

erklärt. Die durch $X_2, X_3, \ldots, X_{k-1}$ *nicht erklärte Abweichungsquadratsumme* beträgt

$$SQR(X_2, \ldots, X_{k-1}) = SQT - SQE(X_2, \ldots, X_{k-1})$$

$$= (1 - r^2_{Y \cdot 23 \ldots (k-1)}) \cdot SQT.$$

Führt man jetzt eine **zusätzliche** *erklärende Variable* X_k ein, d.h. geht man von einer (k—2)-fach-Regression zu einer (k—1)-fach-Regression über, dann beträgt der durch $X_2, X_3, \ldots, X_{k-1}, X_k$ *erklärte Anteil der Abweichungsquadrat-*

summe $r^2_{Y \cdot 23 \ldots k}$ und damit die *erklärte Abweichungsquadratsumme*

$$SQE(X_2, \ldots, X_k) = r^2_{Y \cdot 23 \ldots k} \cdot SQT .$$

Die **zusätzlich erklärte Abweichungsquadratsumme** – wir wollen sie mit $SQE(X_k/X_2, \ldots, X_{k-1})$ bezeichnen –, die auf die *Einführung von* X_k *zurückzuführen* ist, beträgt demnach

$$\begin{aligned} SQE(X_k/X_2, \ldots, X_{k-1}) &= SQE(X_2, \ldots, X_k) - \\ &\quad - SQE(X_2, \ldots, X_{k-1}) \\ &= (r^2_{Y \cdot 23 \ldots k} - r^2_{Y \cdot 23 \ldots (k-1)}) \cdot SQT . \end{aligned}$$

Das *lineare partielle Bestimmtheitsmaß* $r^2_{Yk \cdot 23 \ldots (k-1)}$ wird definiert als *Quotient der zusätzlich erklärten Abweichungsquadratsumme* $SQE(X_k/X_2, \ldots, X_{k-1})$ *zu der bisher*, d.h. vor Einführung von X_k, *nicht erklärten Abweichungsquadratsumme*

$$\begin{aligned} r^2_{Yk \cdot 23 \ldots (k-1)} &= \frac{SQE(X_k/X_2, \ldots, X_{k-1})}{SQR(X_2, \ldots, X_{k-1})} \\ &= \frac{r^2_{Y \cdot 23 \ldots k} - r^2_{Y \cdot 23 \ldots (k-1)}}{1 - r^2_{Y \cdot 23 \ldots (k-1)}} \end{aligned}$$

$$= \frac{\text{durch } X_k \text{ zusätzlich erklärte Abweichungsquadratsumme}}{\text{durch } X_2, \ldots, X_{k-1} \text{ nicht erklärte Abweichungsquadratsumme}} .$$

Auf die *Variation der abhängigen Variablen* bezogen kann man sagen, daß das *partielle Bestimmtheitsmaß* der *Anteil der durch* X_k *zusätzlich erklärten Variation an der durch* $X_2, \ldots, X_{k-1}$ *nicht erklärten Restvariation* ist. Die *Quadratwurzel aus dem linearen partiellen Bestimmtheitsmaß* ist der *lineare partielle Korrelationskoeffizient* $r_{Yk \cdot 23 \ldots (k-1)}$, für den $0 \leq r_{Yk \cdot 23 \ldots (k-1)} \leq 1$ gilt. Durch die Indexschreibweise und unter Verwendung eines Trennungspunktes wird dargestellt, daß hier in einer (k – 1)-fach-Regression das partielle Bestimmtheitsmaß bzw. der partielle Korrelationskoeffizient bezogen auf die Variable X_k gebildet wird. In gleicher Weise können diese partiellen Maße auf jede der übrigen erklärenden Variablen bezogen gebildet werden. So würde zum Beispiel der partielle Korrelationskoeffizient bezogen auf die Variable X_3 mit $r_{Y3 \cdot 24 \ldots k}$ bezeichnet werden.

Wir wollen nun unser *Beispiel* fortführen. In Abschnitt 20.5 hatten wir zwischen den Variablen „Jahresumsatz" (Y) und „Verkaufsfläche" (jetzt mit X_2 bezeichnet) das einfache Bestimmtheitsmaß, nunmehr in Anlehnung an die Schreibweise des multiplen Bestimmtheitsmaßes mit $r^2_{Y \cdot 2}$ oder vereinfacht mit r^2_{Y2} bezeichnet,

$$r^2_{Y2} = 0{,}969$$

gefunden.

Es soll nun untersucht werden, welchen Anteil der (durch diese Einfachregression unerklärten) Restvariation durch die Einführung einer zusätzlichen Variablen „Passantenfrequenz" (X_3) erklärt werden kann. Als multiples Bestimmtheitsmaß ergab sich oben

$$r^2_{Y \cdot 23} = 0{,}9884 .$$

Das partielle Bestimmtheitsmaß $r^2_{Y3 \cdot 2}$ erhält man somit zu

$$\begin{aligned} r^2_{Y3 \cdot 2} &= \frac{r^2_{Y \cdot 23} - r^2_{Y2}}{1 - r^2_{Y2}} \\ &= \frac{0{,}9884 - 0{,}969}{1 - 0{,}969} = 0{,}626 \end{aligned}$$

d.h., daß 62,6% der durch X_2 nicht erklärten Variation der abhängigen Variablen durch die Einführung von X_3 erklärt werden kann.

Wären wir zunächst von einer Einfachregression zwischen Jahresumsatz (Y) und Passantenfrequenz (X_3) ausgegangen, und hätten dann als zusätzliche Variable die Verkaufsfläche (X_2) eingeführt, hätte man für das nunmehr auf X_2 bezogene partielle Bestimmtheitsmaß $r^2_{Y2 \cdot 3} = 0{,}980$ erhalten. Das heißt, 98% der durch X_3 nicht erklärten Variation von Y wird durch die zusätzliche Hereinnahme von X_2 erklärt.

In Analogie zum Fall der Einfachregression (vgl. Abschnitt 21.4) kann die *Hypothese*, daß zwischen der abhängigen Variablen Y und den erklärenden Variablen $X_2, \ldots, X_k$ in der Grundgesamtheit *keine lineare Abhängigkeit (Korrelation)* besteht ($H_0 : \beta_2 = \beta_3 = \ldots = \beta_k = 0$), mit Hilfe eines *F-Tests* überprüft werden.

Die Gesamtabweichungsquadratsumme SQT läßt sich wie folgt aufteilen:

$$SQT = SQR + SQE .$$

Wie sich zeigen läßt, beträgt bei der (k—1)-fach-Regression die *Zahl der Freiheitsgrade* bei der durch die Regression erklärten Abweichungsquadratsumme SQE $\nu_E = k-1$ und bei der nicht erklärten Abweichungsquadratsumme SQR $\nu_R = n-k$. Durch Division der Abweichungsquadratsummen durch die entsprechenden Freiheitsgrade erhält man die *Mittlere erklärte Abweichungsquadratsumme*

$$MQE = \frac{SQE}{k-1}$$

und die *Mittlere nicht erklärte Abweichungsquadratsumme*

$$MQR = \frac{SQR}{n-k} .$$

Der *Quotient* MQE/MQR *folgt einer F-Verteilung mit* $\nu_E = k-1$ *und* $\nu_R = n-k$ *Freiheitsgraden*. Eine *konkrete Stichprobe* liefert den *Wert der Prüfgröße*

$$\hat{f} = \frac{MQE}{MQR} .$$

Man vergleicht diesen Wert mit dem durch das *Signifikanzniveau* vorgegebenen *kritischen Wert* F_c der F-Verteilung. Für $\hat{f} \leq F_c$ wird die Nullhypothese nicht verworfen, d.h. man schließt, daß in der Grundgesamtheit keine Korrelation zwischen abhängiger und erklärenden Variablen besteht. Für $\hat{f} > F_c$ wird dagegen die *Nullhypothese* abgelehnt, d.h. man schließt, daß in der Grundgesamtheit Korrelation vorliegt, oder anders ausgedrückt, daß nicht *alle* β_j Null sind. Die praktischen Berechnungen bei der Durchführung des Tests erfolgen zweckmäßigerweise anhand einer *Varianztabelle* (vgl. Tabelle 24.1), wie sie schon von der Einfachregression her bekannt ist (vgl. Abschnitt 21.4).

Streuungs-ursache	Summe der Abweichungs-quadrate	Anzahl der Freiheits-grade	Mittlere Abweichungs-quadratsumme	Wert der Prüfgröße
Erklärende Variable $X_2, \ldots, X_k$	$SQE = \sum (\hat{y}_i - \bar{y})^2$	$k-1$	$MQE = \dfrac{SQE}{k-1}$	$\hat{f} = \dfrac{MQE}{MQR}$
Rest	$SQR = \sum e_i^2$	$n-k$	$MQR = \dfrac{SQR}{n-k}$	
Total	$SQT = \sum (y_i - \bar{y})^2$	$n-1$	.	.

Tab. 24.1: Varianztabelle zum F-Test

Für unser *Beispiel* würde sich die in Tabelle 24.2 wieder-gegebene Varianztabelle ergeben.

Bei einem Signifikanzniveau von $\alpha = 0,01$ erhält man für $v_E = 2$ und $v_R = 9$ Freiheitsgrade den kritischen Wert $F_c = 8,02$. Da hier also $\hat{f} > F_c$ gilt, muß die Nullhypothese abgelehnt werden.

Streuungs-ursache	Summe der Abweichungs-quadrate	Anzahl der Freiheits-grade	Mittlere Abweichungs-quadratsumme	Wert der Prüfgröße
Erklärende Variable X_2, X_3	52,877	2	26,4385	$\hat{f} = 384,3$
Rest	0,619	9	0,0688	
Total	53,496	11	.	.

Tab. 24.2: Varianztabelle zum F-Test des Beispiels

Unter *Verwendung des multiplen Bestimmtheitsmaßes* läßt sich auch hier eine inhaltlich **gleichwertige** *Varianztabelle* aufstellen (vgl. Tabelle 24.3).

Bei der Behandlung von Mehrfachregressionen erhebt sich oft die Frage, ob eine **weitere,** zusätzlich in die Regressionsbeziehung aufgenommene **erklärende Variable** zu einer **signifikanten Erhöhung des erklärten Teils der Variation** der abhängigen Variablen führt oder nicht. Anders formuliert: Liegt eine Mehrfachregression mit $(k-2)$ erklärenden Variablen $X_2, \ldots, X_{k-1}$ vor, fragt es sich, ob durch die zusätzliche Aufnahme einer weiteren erklärenden Variablen X_k die *erklärte Abweichungsquadratsumme signifikant erhöht* wird.

Eine *mögliche Vorgehensweise* wäre, die $(k-1)$-fach-Regressionsfunktion mit den erklärenden Variablen $X_2, X_3, \ldots, X_{k-1}, X_k$ zu schätzen und dann mit Hilfe des Stichprobenregressionskoeffizienten b_k die Nullhypothese $H_0 : \beta_k = 0$ etwa gegen die Alternativhypothese $H_A : \beta_k \neq 0$ zu testen (vgl. Abschnitt 23.4). Eine diesem Test *gleichwertige Möglichkeit*, die Nullhypothese zu testen, daß die Variable X_k zu keiner signifikanten Erhöhung des Erklärungsbeitrages führt, bietet der **partielle F-Test** (vgl. Tabelle 24.4).

Der *Quotient* $MQE(X_k/X_2, \ldots, X_{k-1})/MQR(X_2, \ldots, X_k)$ *gehorcht einer F-Verteilung mit* $v_E = 1$ *und* $v_R = n-k$ *Freiheitsgraden*. Aus der *konkreten Stichprobe* bildet man den *Wert der Prüfgröße*

$$\hat{f} = \frac{MQE(X_k/X_2, \ldots, X_{k-1})}{MQR(X_2, \ldots, X_k)}$$

und vergleicht ihn mit dem durch das *Signifikanzniveau* vorgegebenen *kritischen Wert* F_c.

Streuungs-ursache	Summe der Abweichungsquadrate	Anzahl der Frei-heitsgrade	Mittlere Abweichungsquadratsumme	Wert der Prüfgröße
Erklärende Variable $X_2, \ldots, X_k$	$SQE = r_{Y \cdot 23 \ldots k}^2 \, SQT$	$k-1$	$MQE = \dfrac{SQE}{k-1}$	$\hat{f} = \dfrac{(n-k)\, r_{Y \cdot 23 \ldots k}^2}{(k-1)\,(1 - r_{Y \cdot 23 \ldots k}^2)}$
Rest	$SQR = (1 - r_{Y \cdot 23 \ldots k}^2)\, SQT$	$n-k$	$MQR = \dfrac{SQR}{n-k}$	
Total	$SQT = \sum (y_i - \bar{y})^2$	$n-1$	.	.

Tab. 24.3: Varianztabelle zum F-Test

Streuungs-ursache	Summe der Abweichungsquadrate	Anzahl der Frei-heitsgrade	Mittlere Abweichungsquadratsumme	Wert der Prüfgröße
Erklärende Variable $X_2, \ldots, X_{k-1}$	$SQE(X_2, \ldots, X_{k-1}) = r_{Y \cdot 23 \ldots (k-1)}^2 \, SQT$	$k-2$	$MQE(X_2, \ldots, X_{k-1}) = SQE(X_2, \ldots, X_{k-1})/(k-2)$	$\hat{f} = \dfrac{MQE(X_k/X_2, \ldots, X_{k-1})}{MQR(X_2, \ldots, X_k)}$
Hinzufügung der erklärenden Variablen X_k	$SQE(X_k/X_2, \ldots, X_{k-1}) = (r_{Y \cdot 23 \ldots k}^2 - r_{Y \cdot 23 \ldots (k-1)}^2)\, SQT$	1	$MQE(X_k/X_2, \ldots, X_{k-1}) = SQE(X_k/X_2, \ldots, X_{k-1})$	$= \dfrac{(n-k)\,(r_{Y \cdot 23 \ldots k}^2 - r_{Y \cdot 23 \ldots (k-1)}^2)}{(1 - r_{Y \cdot 23 \ldots k}^2)}$
Rest	$SQR(X_2, \ldots, X_k) = (1 - r_{Y \cdot 23 \ldots k}^2)\, SQT$	$n-k$	$MQR(X_2, \ldots, X_k) = SQR(X_2, \ldots, X_k)/(n-k)$	
Total	$SQT = \sum (y_i - \bar{y})^2$	$n-1$	.	.

Tab. 24.4: Tabelle zum partiellen F-Test

Wir wollen nun für unser *Beispiel* untersuchen, ob die Einführung der zusätzlichen erklärenden Variablen „Passantenfrequenz“ zu einer signifikanten Erhöhung der erklärten Abweichungsquadratsumme führt. Folgende Abweichungsquadratsummen ergeben sich:

$$\begin{aligned}
SQT &= 53{,}496 \\
SQR(X_2, X_3) &= 0{,}619 \\
SQE(X_2, X_3) &= SQT - SQR(X_2, X_3) \\
&= 53{,}496 - 0{,}619 \\
&= 52{,}877 \\
SQE(X_2) &= 51{,}830 \\
SQE(X_3/X_2) &= SQE(X_2, X_3) - SQE(X_2) \\
&= 52{,}877 - 51{,}830 \\
&= 1{,}047
\end{aligned}$$

In Tabelle 24.5 sind die weiteren Berechnungen durchgeführt.

Streuungsursache	Summe der Abweichungsquadrate	Anzahl der Freiheitsgrade	Mittlere Abweichungsquadratsumme	Wert der Prüfgröße
Erklärende Variable X_2	51,830	1	51,830	
Hinzufügung der erklärenden Variablen X_3	1,047	1	1,047	$\tilde{f} = \frac{1{,}047}{0{,}0688}$
Rest	0,619	9	0,0688	= 15,2
Total	53,496	11	.	.

Tab. 24.5: Varianztabelle zum partiellen F-Test des Beispiels

Legen wir ein Signifikanzniveau von $\alpha = 0{,}01$ zugrunde, dann ergibt sich für $\nu_E = 1$ und $\nu_R = 9$ ein kritischer Wert von $F_c = 10{,}56$. Da $\tilde{f} > F_c$ ist, wird die Nullhypothese abgelehnt. Es kann also geschlossen werden, daß die Aufnahme von X_3 zu einer signifikanten Erhöhung des erklärten Teils der Variation der abhängigen Variablen führt.

Der partielle F-Test findet vornehmlich im Rahmen von *Variablenauswahlverfahren* Anwendung, bei denen aus *alternativen Möglichkeiten* ein *optimaler Satz erklärender Variabler* gefunden werden soll.

24.2. Variablenauswahlverfahren

Bei dem in Abschnitt 23.1 dargestellten Modell der linearen Mehrfachregression wurde unterstellt, daß die erklärenden Variablen bekannt seien. *Häufig existiert aber zu Beginn einer Analyse eine große Zahl von Variablen, von denen vermutet wird, daß sie die zu erklärende Variable Y beeinflussen.* So könnten z. B. in einer Nachfragefunktion die Preise einer großen Zahl konkurrierender Güter als erklärende Variablen in Betracht kommen. Da das **multiple Bestimmtheitsmaß** im allgemeinen mit zunehmender Zahl an erklärenden Variablen zunimmt, könnte es naheliegen, vorsichtshalber alle möglichen Variablen aufzunehmen. Es besteht dann aber die Möglichkeit, daß in der Regressionsfunktion erklärende Variablen enthalten sind, die keinen oder nur einen geringen Einfluß auf die zu erklärende Variable ausüben. Daneben könnte die Zahl der erklärenden Variablen in bezug auf die gegebene Stichprobe so groß sein, daß nur noch eine geringe Zahl an Freiheitsgraden verbleibt. Weiterhin ist bei einer großen Zahl erklärender Variablen die Wahrscheinlichkeit hoch, daß erklärende Variablen miteinander korreliert sind. Dieser als **Interkorrelation** oder auch als **Multikollinearität** bezeichnete Sachverhalt bedeutet, daß der Einfluß einer Variablen auch über andere Variablen erfaßt wird. Er kann bewirken, daß erhöhte Standardfehler für die Regressionskoeffizienten ausgewiesen werden und die Einzeleinflüsse der erklärenden Variablen nicht mehr oder nicht mehr eindeutig bestimmt werden können.

Dann stellt sich die Aufgabe, eine Kombination möglichst nicht miteinander korrelierter einflußreicher Variablen auszuwählen und in die Regressionsfunktion aufzunehmen.

Zur Variablenauswahl sind u. a. die folgenden Verfahren entwickelt worden.

(1) Alle möglichen Regressionen (*alle possible regressions*)

Zwischen Y und den $(p - 1)$ erklärenden Variablen $X_2, \ldots, X_p$ werden *alle Einfach-, Zweifach- bis* $(p - 1)$*-fach-Regressionen berechnet.* Für *jede Zahl* von erklärenden Variablen wird die Regressionsfunktion mit dem höchsten multiplen Bestimmtheitsmaß ausgewählt. Zur Auswahl der Regressionsfunktion mit der angemessenen Zahl an erklärenden Variablen $(k - 1)$, mit $1 \leq k \leq p$ wird hier nicht das multiple Bestimmtheitsmaß $r^2_{y \cdot 23 \ldots k}$, kurz als R^2 bezeichnet, sondern ein **korrigiertes multiples Bestimmtheitsmaß**

$$R_c^2 = R^2 - \frac{k-1}{n-k}\,(1 - R^2),$$

welches die Anzahl der Regressionskoeffizienten berücksichtigt, verwandt. Gewählt wird das Modell mit dem *höchsten Wert* für R_c^2. Da bei diesem Verfahren alle theoretisch möglichen Regressionsfunktionen verglichen werden, ist es den folgenden, bei denen jeweils eine Beschränkung auf einen Teil erfolgt, bei einem allerdings wesentlich höheren und mit der Zahl der Variablen progressiv steigendem Rechenaufwand, überlegen.

(2) Vorwärtsauswahl (*forward selection*)

Es werden zunächst *alle Einfachregressionen* zwischen Y und den $(p - 1)$ erklärenden Variablen berechnet. Über einen F-Test (vgl. Tabelle 21.2) wird dann überprüft, ob zwischen Y und jeder Variablen bei einem gegebenen Signifikanzniveau auf einen *linearen Zusammenhang* geschlossen werden kann. Sind alle Testergebnisse nicht signifikant, wird das Verfahren abgebrochen. Andernfalls wird die Variable in die Regressionsfunktion aufgenommen, die den *höchsten F-Wert* aufweist, d. h. den *höchsten Einfachkorrelationskoeffizienten* besitzt. Anschließend werden alle Zweifachregressionen, die sich aus der Kombination mit der bereits aufgenommenen Variablen ergeben, berechnet. Als *zweite Variable* wird jene aufgenommen, die den *höchsten partiellen F-Wert besitzt und einen vorgegebenen kritischen* F_c*-Wert übersteigt* (vgl. Tabelle 24.4). Nach Neuberechnung der Regressionsfunktion wird das Verfahren solange fortgesetzt, bis keine noch nicht aufgenommene Variable mehr einen signifikanten partiellen F-Wert aufweist.

Über den partiellen F-Test werden hier, wie in den folgenden Verfahren *alle* Variablen ausgeschlossen, die bei einem vorgegebenen Signifikanzniveau die abhängige Variable nicht beeinflussen und/oder deren Wirkungen über bereits in der Regressionsfunktion enthaltene Variablen erfaßt werden.

(3) Rückwärtsauswahl (*backward elimination*)

Die Rückwärtsauswahl kann als eine *Umkehrung des Verfahrens der Vorwärtsauswahl* betrachtet werden. Ausgehend von einer Regressionsfunktion zwischen Y und allen (p − 1) erklärenden Variablen wird jede Variable auf Signifikanz überprüft. Sind alle Variablen signifikant, wird die (p − 1)-fach Regressionsfunktion gewählt. Anderenfalls wird von den nicht signifikanten Variablen diejenige *ausgeschlossen,* die den *kleinsten partiellen F-Wert* aufweist. Die Regressionsfunktion wird dann neu berechnet und das Verfahren fortgesetzt, bis alle verbleibenden erklärenden Variablen signifikante partielle F-Werte aufweisen. Ob eine auf einer früheren Stufe ausgeschlossene Variable sich in einem späteren Stadium wieder als signifikant erweisen könnte, wird bei diesem Verfahren nicht überprüft.

(4) Schrittweise Regression (*stepwise regression*)

Dieses Verfahren kann als eine *Kombination* der beiden vorhergehenden Verfahren angesehen werden. Wie bei der Vorwärtsauswahl beginnt dieses Verfahren mit der Prüfung, ob ein linearer Zusammenhang vorliegt und wählt unter den signifikanten Variablen diejenige aus, die den *höchsten linearen Einfachkorrelationskoeffizienten* aufweist. Anschließend wird wie bei der Vorwärtsauswahl *die* Variable mit dem *höchsten signifikanten partiellen F-Wert* aufgenommen. Auf jeder Stufe des Verfahrens werden nach Aufnahme einer neuen Variablen, wie bei der Rückwärtsauswahl, *alle* Variablen der Regressionsfunktion auf Signifikanz überprüft. Sind eine oder mehrere Variablen nicht signifikant, wird *diejenige ausgeschlossen, die den kleinsten partiellen F-Wert* besitzt. Anschließend wird die Regressionsfunktion neu berechnet. Dieses Verfahren wird fortgesetzt, bis keine Variable mehr aufgenommen werden kann und alle nicht signifikanten Variablen aus der Regressionsfunktion ausgeschlossen sind. Damit werden die Nachteile des Verfahrens der Vorwärtsauswahl und der Rückwärtsauswahl bei nicht wesentlich höherem Rechenaufwand, jedoch deutlich geringerem als bei der Bestimmung aller möglicher Regressionen, vermieden.

Werden diese Verfahren auf denselben Satz vermuteter erklärender Variablen angewandt, ist die *Übereinstimmung zwischen den letztlich ausgewählten Variablenkombinationen tendenziell um so höher, je geringer die Interkorrelation zwischen den erklärenden Variablen ist.*

24.3. Prognosen mit Hilfe linearer Mehrfachregressionen

In den Abschnitten 22.1 bis 22.3 war beschrieben worden, wie man mit Hilfe linearer Einfachregressionen aus vorgegebenen Werten der unabhängigen Variablen X zugehörige **Werte der abhängigen Variablen** Y **prognostizieren** kann. Bei der *linearen Mehrfachregression* besteht jetzt die Aufgabe darin, für vorgegebene Werte der unabhängigen Variablen $X_2, X_3, \ldots, X_k$, also etwa für $X_2 = x_{2o}, X_3 = x_{3o}, \ldots, X_k = x_{ko}$ den Wert der abhängigen Variablen zu prognostizieren (x_{jo} soll hier ein beobachteter oder gegebener Wert der Variablen X_j sein). Da die Vorgehensweise hier dem Fall der linearen Einfachregression weitestgehend entspricht, wollen wir uns nur auf die Angabe der Ergebnisse beschränken.

Die aus den n *Beobachtungstupeln* $(x_{2i}, x_{3i}, \ldots, x_{ki}, y_i)$ $(i = 1, \ldots, n)$ geschätzte *Stichprobenregressionsfunktion*

$$\hat{y} = b_1 + b_2 x_2 + \ldots + b_k x_k$$

wird zur *Schätzung des durchschnittlichen Prognosewertes,* also des Erwartungswertes $E(Y_0)$, und des *individuellen Prognosewertes* y_0 verwendet. Man erhält also in beiden Fällen für $X_2 = x_{2o}, X_3 = x_{3o}, \ldots, X_k = x_{ko}$ den Schätzwert

$$\hat{y}_0 = b_1 + b_2 x_{2o} + \ldots + b_k x_{ko}\,.$$

Als **Varianz** $\sigma^2_{\hat{Y}_o}$ **des durchschnittlichen Prognosewertes** ergibt sich

$$\sigma^2_{\hat{Y}_o} = \sum_{j=2}^{k} (x_{jo} - \bar{x}_j)^2 \sigma^2_{Bj} + 2 \sum_{\substack{j,m=2\\ m<j}}^{k} (x_{mo} - \bar{x}_m)(x_{jo} - \bar{x}_j) \operatorname{Cov}(B_m, B_j) + \frac{\sigma^2_U}{n}\,;$$

dabei bedeuten

$\bar{x}_j$ das arithmetische Mittel der x_{ji}-Werte, also $\bar{x}_j = \frac{1}{n} \sum_{i=1}^{n} x_{ji}$,

$\sigma^2_{B_j}$ die Varianz des Stichprobenregressionskoeffizienten B_j,

$\operatorname{Cov}(B_m, B_j)$ die Kovarianz zwischen den Stichprobenregressionskoeffizienten B_m und B_j und

σ^2_U die Varianz der Störvariablen.

Einen *unverzerrten Schätzwert für die Varianz des durchschnittlichen Prognosewertes* erhält man, wenn man als Schätzwert für σ^2_U die *Varianz der Residuen*

$$s^2_E = \frac{1}{n-k} \sum_{i=1}^{n} (y_i - \hat{y}_i)^2 = \frac{1}{n-k} \sum_{i=1}^{n} e_i^2$$

und als Schätzwerte für die Varianzen und Kovarianzen s^2_B und $\widehat{\operatorname{Cov}}(B_m, B_j)$, die Elemente der geschätzten *Varianz-Kovarianz-Matrix* $\hat{\mathbf{V}}$ (vgl. Abschnitt 23.3) verwendet. Es ergibt sich

$$\hat{\sigma}^2_{\hat{Y}_o} = s^2_{\hat{Y}_o} = \sum_{j=2}^{k} (x_{jo} - \bar{x}_j)^2 s^2_{Bj} + 2 \sum_{\substack{m,j=2\\ m<j}}^{k} (x_{mo} - \bar{x}_m)(x_{jo} - \bar{x}_j) \widehat{\operatorname{Cov}}(B_m, B_j) + \frac{s^2_E}{n}\,.$$

Für die **Varianz des individuellen Prognosewertes**

$$\sigma^2_F = \sigma^2_{\hat{Y}_0} + \sigma^2_U\,.$$

findet man als *unverzerrten Schätzwert*

$$\hat{\sigma}^2_F = s^2_F = s^2_{\hat{Y}_o} + s^2_E\,.$$

Da die beiden *Zufallsvariablen*

$$T = \frac{\hat{Y}_0 - E(Y_0)}{S_{\hat{Y}o}}$$

und

$$T = \frac{\hat{Y}_0 - Y_0}{S_F}$$

studentverteilt sind *mit* $v = n-k$ *Freiheitsgraden*, lassen sich wie im Fall der linearen Einfachregression (vgl. Abschnitt 22.2 und Abschnitt 22.3) ein **Konfidenzintervall** *für den durchschnittlichen Prognosewert* und ein **Prognoseintervall** *für den individuellen Prognosewert* angeben.

Wir wollen etwa für unser *Beispiel* ein 99%-Prognoseintervall für den Jahresumsatz eines einzelnen Geschäftes mit einer Verkaufsfläche von $x_{2_o} = 1{,}2$ Tsd. qm und einer Passantenfrequenz von $x_{3_o} = 8{,}2$ Tsd. Passanten angeben. Als Schätzwert für die Varianz des individuellen Prognosewertes ergibt sich

$$s_F^2 = s_{\hat{Y}o}^2 + s_E^2$$

mit

$$s_{\hat{Y}o}^2 = (x_{2_o} - \bar{x}_2)^2 s_{B_2}^2 + (x_{3_o} - \bar{x}_3)^2 s_{B_3}^2 + 2\,(x_{2_o} - \bar{x}_2)(x_{3_o} - \bar{x}_3)\,\widehat{Cov}(B_2, B_3) + \frac{s_E^2}{n}\,.$$

Man erhält

$$\bar{x}_2 = \frac{1}{n}\sum x_{2i} = \frac{10{,}68}{12} = 0{,}89$$

$$\bar{x}_3 = \frac{1}{n}\sum x_{3i} = \frac{127{,}83}{12} = 10{,}6525\,.$$

In Abschnitt 23.3 ergab sich folgende (geschätzte) Varianz-Kovarianz-Matrix

$$\hat{\mathbf{V}} = \begin{bmatrix} 0{,}1703 & 0{,}0131 & -0{,}0165 \\ 0{,}0131 & 0{,}0513 & -0{,}0055 \\ -0{,}0165 & -0{,}0055 & 0{,}0020 \end{bmatrix}$$

Damit findet man

$$s_{B_2}^2 = 0{,}0513$$

$$s_{B_3}^2 = 0{,}0020$$

$$\widehat{Cov}(B_2, B_3) = -0{,}0055$$

und mit $s_E^2 = 0{,}0688$

$$s_{\hat{Y}o}^2 = (1{,}2 - 0{,}89)^2 \cdot 0{,}0513 + (8{,}2 - 10{,}6525)^2 \cdot 0{,}002 + 2\,(1{,}2 - 0{,}89)\,(8{,}2 - 10{,}6525)\,(-0{,}0055) + \frac{0{,}0688}{12} = 0{,}0311\,.$$

Damit erhält man

$$s_F^2 = 0{,}0311 + 0{,}0688 = 0{,}0999$$

und damit den *Standardfehler des individuellen Prognosewertes* zu

$$s_F = \sqrt{0{,}0999} = 0{,}316\,.$$

Als *Schätzwert* des Jahresumsatzes dieses Geschäfts erhält man

$$\hat{y}_0 = b_1 + b_2 x_{2_o} + b_3 x_{3_o} = -0{,}832 + 4{,}743 x_{2_o} + 0{,}175 x_{3_o} = -0{,}832 + 4{,}743 \cdot 1{,}2 + 0{,}175 \cdot 8{,}2 = 6{,}295\,.$$

Für den Sicherheitsgrad $(1-\alpha) = 0{,}99$ und $v = n-3 = 9$ Freiheitsgrade ergibt sich aus der Tabelle der Studentverteilung der Wert $t = 3{,}250$. Das Prognoseintervall lautet allgemein

$$\hat{y}_0 - ts_F \le y_0 \le \hat{y}_0 + ts_F\,.$$

Für unser Beispiel erhalten wir also

$$6{,}295 - 3{,}250 \cdot 0{,}316 \le y_0 \le 6{,}295 + 3{,}250 \cdot 0{,}316$$

$$5{,}268 \le y_0 \le 7{,}322$$

Mit einer Sicherheitswahrscheinlichkeit von $1-\alpha = 0{,}99$ wird der Jahresumsatz eines einzelnen Geschäftes mit einer Verkaufsfläche von $x_{2_o} = 1{,}2$ Tsd. qm und einer Passantenfrequenz von $x_{3_o} = 8{,}2$ Tsd. Passanten also zwischen 5,268 und 7,322 Mio. DM liegen.

24.4. Nichtlineare Regressionsfunktionen

Bisher wurden nur *lineare Regressionsfunktionen* untersucht. Aus der ökonomischen Theorie oder auch aus der Analyse der Residuen ergibt sich manchmal die Notwendigkeit, zu **nichtlinearen Regressionsfunktionen** überzugehen.

In der Praxis ist es oft *schwierig*, aus der Menge der nichtlinearen Funktionstypen einen *Funktionstyp exakt festzulegen*. Durch Wiederholung des Regressionsansatzes kann man aber versuchen, einen einfachen nichtlinearen Funktionstyp zu finden, mit dem sich die Abhängigkeit zwischen den Variablen möglichst gut beschreiben läßt. Im folgenden sollen Möglichkeiten zur Schätzung der Regressionskoeffizienten für einige *wichtige nichtlineare Funktionstypen* dargestellt werden. Als ersten Funktionstyp wollen wir das **Polynom** der Form

$$Y_i = \beta_1 + \beta_2 x_i + \beta_3 x_i^2 + \ldots + \beta_k x_i^{k-1} + U_i \quad (i = 1, \ldots, n)$$

betrachten.

Im Fall $k = 3$ erhält man die **Einfachparabel**

$$Y_i = \beta_1 + \beta_2 x_i + \beta_3 x_i^2 + U_i\,.$$

Die entsprechende *Stichprobenregressionsfunktion* lautet

$$\hat{y}_i = b_1 + b_2 x_i + b_3 x_i^2\,.$$

Bestimmen wir die *Normalgleichungen* mit Hilfe des in Abschnitt 23.2 behandelten *allgemeinen Bildungsgesetzes*, so lautet *die Ausgangsgleichung*

$$y_i = b_1 + b_2 x_i + b_3 x_i^2 \; .$$

Die bei den Regressionskoeffizienten stehenden Faktoren sind 1, x_i, x_i^2. Multipliziert man nun die Ausgangsgleichung nacheinander mit diesen Faktoren und summiert über alle i, dann ergeben sich die drei Normalgleichungen

$$\sum_{i=1}^{n} y_i = b_1 n + b_2 \sum_{i=1}^{n} x_i + b_3 \sum_{i=1}^{n} x_i^2$$

$$\sum_{i=1}^{n} x_i y_i = b_1 \sum_{i=1}^{n} x_i + b_2 \sum_{i=1}^{n} x_i^2 + b_3 \sum_{i=1}^{n} x_i^3$$

$$\sum_{i=1}^{n} x_i^2 y_i = b_1 \sum_{i=1}^{n} x_i^2 + b_2 \sum_{i=1}^{n} x_i^3 + b_3 \sum_{i=1}^{n} x_i^4 \; .$$

Bei *Geltung der üblichen Modellannahmen* können auch hier entsprechende Aussagen über die *stochastischen Eigenschaften* dieser *KQ-Schätzwerte* gemacht werden, die beispielsweise die *Bestimmung von Konfidenzintervallen* oder den *Test von Hypothesen* ermöglichen.

Man kann diese **nichtlineare Einfachregression** (Einfachparabel) aber auch als **lineare Zweifachregression** mit den beiden unabhängigen Variablen $X_2 = X$ und $X_3 = X^2$, d. h. $\hat{y}_i = b_1 + b_2 x_{2i} + b_3 x_{3i}$, interpretieren. Die Schätzung der Einfachparabel wird damit auf die Schätzung der linearen Zweifachregressionsfunktion zurückgeführt. Dies hat den großen *Vorteil*, daß *alle dort abgeleiteten Ergebnisse* auf die Einfachparabel *übertragen werden können*. In analoger Weise können auch *Polynome höheren Grades auf lineare Mehrfachregressionsfunktionen zurückgeführt werden*. Ebenso können auch *Polynome zweiten und höheren Grades mit mehreren erklärenden Variablen in lineare Mehrfachregressionen überführt werden*.

Durch geeignete **Variablentransformationen** ist bei einer Reihe von *weiteren nichtlinearen Funktionen* eine Rückführung auf *lineare Funktionen* möglich *(Linearisierung)* und damit das *Instrumentarium der linearen Regressionsanalyse anwendbar*.

Betrachten wir etwa die folgende Regressionsfunktion – sie wird auch als **Potenzfunktion** bezeichnet –

$$Y_i = \beta_1 x_i^{\beta_2} U_i \qquad (i = 1, \ldots, n) \; ,$$

wobei man eine *multiplikative Verknüpfung der Störvariablen mit der erklärenden Variablen* unterstellt, dann liefert die *Logarithmierung* dieser Gleichung

$$\log Y_i = \log \beta_1 + \beta_2 \log x_i + \log U_i \quad (i = 1, \ldots, n) \; .$$

Setzt man nun

$$\log Y_i = Y_i' \; ,$$
$$\log \beta_1 = \beta_1' \; ,$$
$$\log x_i = x_i' \text{ und}$$
$$\log U_i = U_i' \; ,$$

erhält man

$$Y_i' = \beta_1' + \beta_2 x_i' + U_i' \qquad (i = 1, \ldots, n) \; .$$

Durch die *logarithmische Transformation aller Variablen* erhält man somit die *Gleichung einer linearen Einfachregressionsfunktion*. Sind die unter 3a, 3b und 3c (vgl. Abschnitt 21.1) formulierten Annahmen für die Störvariablen U_i' erfüllt, können die für die lineare Einfachregression angegebenen Formeln zur Anwendung kommen.

Durch logarithmische Transformation kann die **allgemeine Potenzfunktion** mit (k—1) unabhängigen Variablen $X_2, \ldots, X_k$, nämlich

$$Y_i = \beta_1 x_{2i}^{\beta_2} x_{3i}^{\beta_3} \ldots x_{ki}^{\beta_k} \cdot U_i \qquad (i = 1, \ldots, n)$$

in eine *lineare* (k—1)*-fach-Regressionsfunktion*

$$Y_i' = \beta_1' + \beta_2 x_{2i}' + \beta_3 x_{3i}' + \ldots + \beta_k x_{ki}' + U_i' \qquad (i = 1, \ldots, n)$$

mit

$$Y_i' = \log Y_i \; ,$$
$$\beta_1' = \log \beta_1 \; ,$$
$$x_{ji}' = \log x_{ji} \quad (j = 2, \ldots, k) \text{ und}$$
$$U_i' = \log U_i$$

überführt werden.

Ein weiterer Funktionstyp, der durch *logarithmische Transformation* linearisiert werden kann, ist die zur Beschreibung von Wachstumsprozessen häufig herangezogene **Exponentialfunktion:**

$$Y_i = \beta_1 e^{\beta_2 x_i} U_i \qquad (i = 1, \ldots, n; \; e = 2{,}71828 \ldots)$$

Durch auf die Basis e der *natürlichen Logarithmen* bezogene *Logarithmierung* erhält man

$$\ln Y_i = \ln \beta_1 + \beta_2 x_i + \ln U_i \qquad (i = 1, \ldots, n)$$

oder

$$Y_i' = \beta_1' + \beta_2 x_i + U_i' \qquad (i = 1, \ldots, n)$$

mit

$$Y_i' = \ln Y_i$$
$$\beta_1' = \ln \beta_1 \text{ und}$$
$$U_i' = \ln U_i \; .$$

In Abbildung 24.1 sind Potenzfunktionen und in Abbildung 24.2 Exponentialfunktionen für verschiedene Parameterwerte eingezeichnet.

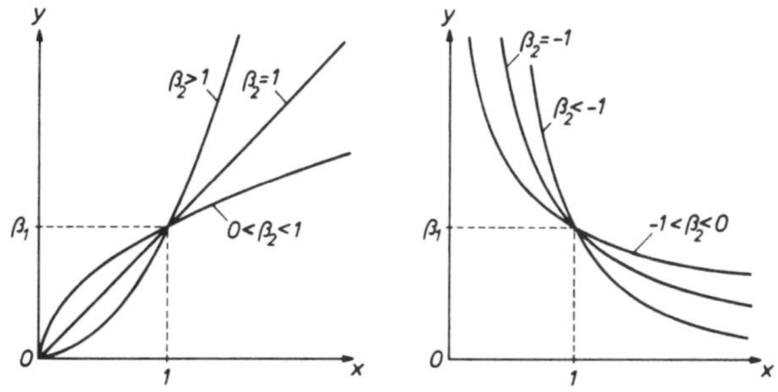

Abb. 24.1: Potenzfunktion $y = \beta_1 x^{\beta_2}$ *für verschiedene Werte von* β_2

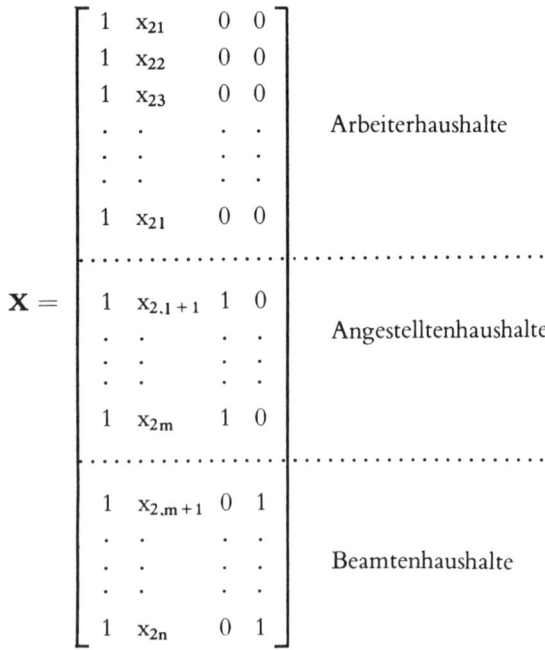

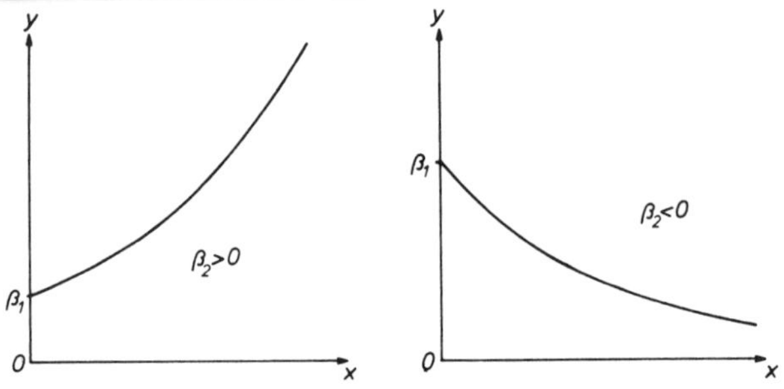

Abb. 24.2: Exponentialfunktion $y = \beta_1 e^{\beta_2 x}$ *für* $\beta_2 > 0$ *und* $\beta_2 < 0$

24.5. Verwendung von Dummyvariablen in der Regressionsanalyse

In Abschnitt 22.4 war im Rahmen der Residualanalyse ein *Beispiel* für eine Abhängigkeit zwischen Konsumausgaben und Einkommen von Arbeitnehmerhaushalten dargestellt worden. Die Residualanalyse führte zu dem Ergebnis, daß die drei Gruppen von Arbeitnehmerhaushalten, nämlich Arbeiter-, Angestellten- und Beamtenhaushalte *unterschiedliches* (und zwar niveauverschiedenes) Konsumverhalten aufweisen. Man könnte jetzt nach einer diesen drei Gruppen entsprechenden *Aufteilung der Gesamtstichprobe in Teilstichproben* für jede dieser Arbeitnehmergruppen eine *eigene Regressionsfunktion* bestimmen. Eine andere Möglichkeit, das unterschiedliche Konsumverhalten in einer Regressionsfunktion für die Gesamtstichprobe zu erfassen, besteht im Übergang zu einer *multiplen Regressionsfunktion* unter Verwendung von **Dummyvariablen** *(Indikatorvariablen)*, die die unterschiedliche soziale Gruppenzugehörigkeit erfassen.

Dummyvariable sind Variable, die *nur die Werte* 0 *und* 1 annehmen können. Der Vorteil ihrer Verwendung liegt vor allem darin, daß *qualitative Variable*, wie in unserem *Beispiel* die soziale Stellung des Arbeitnehmerhaushaltes, durch sie „*quantifiziert*" werden können.

In unserem *Beispiel* sollen mit Y die Konsumausgaben und mit X_2 das Einkommen bezeichnet werden. Es wird davon ausgegangen, daß *für jede Gruppe* eine *lineare Konsumfunktion* vorliegt. Diese drei Konsumfunktionen unterscheiden sich in Übereinstimmung mit den Ergebnissen der Residualanalyse bei *gleicher Steigung* nur durch das *absolute Glied*. Allgemein kann eine *qualitative Variable mit* s *Ausprägungen durch* (s—1) *Dummyvariable beschrieben* werden. In unserem Beispiel hat die qualitative Variable 3 Ausprägungen. Wir führen somit 2 Dummyvariable ein, deren Werte wie folgt definiert werden:

$$X_3 = \begin{cases} 1 \text{ für Angestelltenhaushalte} \\ 0 \text{ für alle anderen Haushalte} \end{cases}$$

$$X_4 = \begin{cases} 1 \text{ für Beamtenhaushalte} \\ 0 \text{ für alle anderen Haushalte} \end{cases}$$

Unter obigen Voraussetzungen lautet die *gemeinsame Regressionsfunktion* für alle Arbeitnehmerhaushalte wie folgt

$$Y_i = \beta_1 + \beta_2 x_{2i} + \beta_3 x_{3i} + \beta_4 x_{4i} + U_i \quad (i = 1, \ldots, n).$$

Daraus ergibt sich als Konsumfunktion für die *Arbeiterhaushalte* ($X_3 = 0$, $X_4 = 0$)

$$Y_i = \beta_1 + \beta_2 x_{2i} + U_i$$

mit dem absoluten Glied β_1.

Für die *Angestelltenhaushalte* ($X_3 = 1$, $X_4 = 0$) erhält man

$$Y_i = \beta_1 + \beta_3 + \beta_2 x_{2i} + U_i$$

mit dem absoluten Glied $(\beta_1 + \beta_3)$.

Für die *Beamtenhaushalte* ($X_3 = 0$, $X_4 = 1$) erhält man entsprechend

$$Y_i = \beta_1 + \beta_4 + \beta_2 x_{2i} + U_i$$

mit dem absoluten Glied $(\beta_1 + \beta_4)$.

β_3 und β_4 messen somit jeweils die *Niveauunterschiede* der Konsumfunktionen für Angestellten- bzw. Beamtenhaushalten gegenüber den Arbeiterhaushalten. Durch die oben gegebene Definition der Dummyvariablen wird erreicht, daß die Niveaudifferenzen β_3 und β_4 nur aus Beobachtungswerten der jeweils zugeordneten Haushaltsgruppen geschätzt werden.

Die *Stichprobenregressionsfunktion* würde hier lauten:

$$\hat{y}_i = b_1 + b_2 x_{2i} + b_3 x_{3i} + b_4 x_{4i}.$$

Die *Datenmatrix* **X** hätte das folgende Aussehen:

$$\mathbf{X} = \begin{bmatrix} 1 & x_{21} & 0 & 0 \\ 1 & x_{22} & 0 & 0 \\ 1 & x_{23} & 0 & 0 \\ \vdots & \vdots & \vdots & \vdots \\ 1 & x_{2l} & 0 & 0 \\ \hdashline 1 & x_{2.l+1} & 1 & 0 \\ \vdots & \vdots & \vdots & \vdots \\ 1 & x_{2m} & 1 & 0 \\ \hdashline 1 & x_{2.m+1} & 0 & 1 \\ \vdots & \vdots & \vdots & \vdots \\ 1 & x_{2n} & 0 & 1 \end{bmatrix} \begin{matrix} \text{Arbeiterhaushalte} \\ \\ \text{Angestelltenhaushalte} \\ \\ \text{Beamtenhaushalte} \end{matrix}$$

Die *Stichprobenregressionskoeffizienten* $b_1, \ldots, b_4$ können nun mit den in Abschnitt 23.2 beschriebenen Verfahren bestimmt werden.

Dummyvariable werden in der Regressionsrechnung wie „*normale*" (quantitative) *Variable* behandelt. Die entsprechenden Verfahren zur *Bestimmung von Konfidenzintervallen* sowie zum *Testen von Hypothesen* über die Regressionskoeffizienten der Grundgesamtheit können somit auch hier angewandt werden. Auch *mehrere qualitative Variable* können in analoger Form durch Dummyvariable „*quantifiziert*" werden. Allgemein können durch die Verwendung von

Dummyvariablen die *Anwendungsmöglichkeiten der Regressionsanalyse beträchtlich erweitert* werden.

24.6. Ausgewählte Literatur

Chatterjee, Samprit, Ali S. Hadi, Bertram Price, Regression Analysis by Example (3rd ed.). New York usw. 1999.

Heil, Johann, Einführung in die Ökonometrie (6., durchges. u. verb. Aufl.). München 2000.

Kmenta, Jan, Elements of Econometrics (2nd ed.). Ann Arbor 1997.

Kutner, Michael H., Cristopher J. Nachtsheim, John Neter, Applied Linear Regression Models (4th ed.) with Student CD. Homewood (Ill.) 2004.

Sen, Ashish, Muni Srivastava, Regression Analysis – Theory, Methods and Applications (4. Aufl.). New York, Berlin, Heidelberg usw. 1997.

Aufgaben zu Kapitel 24

24.1 Prüfen Sie unter Verwendung des F-Tests für die Daten der Aufgabe 23.2 die Hypothese, daß der Export von den relativen Exportpreisen und dem Welthandelsvolumen unabhängig ist (Signifikanzniveau $\alpha = 0{,}05$).

24.2 Man gebe unter Zugrundelegung der Daten der Aufgabe 23.2 für ein beliebiges Jahr mit einem Index des Welthandelsvolumens von $x_{2o} = 170$ und einem Index der relativen Exportpreise von $x_{3o} = 110$ ein 95%-Prognoseintervall für den Index der Exporte an.

24.3 Für $n = 10$ Beobachtungszeiträume wurden in einem Unternehmen folgende Gesamtkosten in Abhängigkeit von der Produktionsmenge festgestellt.

Beobachtungszeitraum i	Produktionsmenge (in Tsd. Stück) x_i	Gesamtkosten (in Tsd. €) y_i
1	3,2	32,2
2	4,1	32,7
3	10,7	70,1
4	8,7	48,2
5	6,5	38,6
6	9,4	55,4
7	11,2	77,2
8	1,4	24,3
9	6,0	37,5
10	4,2	34,0

Tab. 24.6: Produktionsmenge und Gesamtkosten von 10 *Unternehmen*

Bestimmen Sie nach der Methode der kleinsten Quadrate eine Gesamtkostenfunktion der Form

$\hat{y} = b_1 + b_2 x + b_3 x^2 + b_4 x^3$.

Kapitel 25: Indizes

25.1. Einführung

Indizes *(Indexzahlen)* wollen im allgemeinen *Aussagen über Gruppen verschiedener, aber ähnlicher Merkmalswerte* machen. Die Berechnung eines Index ist deshalb immer mit dem gleichzeitigen *Verlust der zugrundeliegenden Einzelinformationen* verbunden. Dieser Verlust wird aber bewußt in Kauf genommen, da es das *Ziel* und der *Vorteil* eines Index ist, die *durchschnittliche Veränderung einer Vielzahl gleichartiger Tatbestände in einer einzigen Zahl auszudrücken. Zeitliche, regionale oder sachliche Unterschiede* von unter bestimmten Zielsetzungen als gleichartig angesehenen Erscheinungen können so in einer Weise *verglichen* und *analysiert* werden, wie das unter Zugrundelegung der oft nicht übersehbaren Fülle von Einzeldaten kaum möglich wäre.

In den *Wirtschaftswissenschaften* sind die *drei Indexarten*

1. **Preisindizes,**
2. **Mengenindizes** und
3. **Umsatzindizes** *(Wertindizes)*

von besonderem Interesse. Auf die verschiedenen Berechnungsarten wird in Abschnitt 25.2 eingegangen.

Beschränken wir uns zuerst auf *Preisindizes* und *zeitliche Vergleiche:* Liegen für eine *Gruppe von Gütern* die *Preise* (Preis = Geldmenge pro Mengeneinheit des betreffenden Gutes) der **Basiszeit** (Symbol: 0) und die der **Berichtszeit** (Symbol: 1) vor und ebenfalls die zu diesen Preisen in Basis- und Berichtszeit *transferierten Mengen,* so ist es die **Aufgabe eines Preisindex,** *die Preisentwicklung der Gesamtheit von Gütern zwischen Basis- und Berichtszeit in einer einzigen Zahl anzugeben.* Bei der Basis- oder Berichtszeit kann es sich entweder um *Zeitpunkte* oder *Zeitintervalle* handeln.

Beispiel: Die Zahlen in Tabelle 25.1 seien gegeben

Gut	Preis		Menge	
Nr. j	Basiszeit 0	Berichtszeit 1	Basiszeit 0	Berichtszeit 1
1	4	6	5	4
2	6	8	10	15
3	10	12	8	16

Tab. 25.1: Preise und Mengen

Bezeichnet man mit

$p_0^{(j)}$ den Preis des Gutes j zur Basiszeit

$p_1^{(j)}$ den Preis des Gutes j zur Berichtszeit,

$q_0^{(j)}$ die Menge des Gutes j zur Basiszeit und mit

$q_1^{(j)}$ die Menge des Gutes j zur Berichtszeit,

so kann man die Preisentwicklung der 3 Güter einzeln durch **Preismeßzahlen** (englisch: price-relatives)

$$r^{(j)} = \frac{p_1^{(j)}}{p_0^{(j)}}$$

wiedergeben; für die 3 Güter des *Beispiels* ergibt sich

$$r^{(1)} = \frac{p_1^{(1)}}{p_0^{(1)}} = \frac{6}{4} = 1{,}50; \quad r^{(2)} = \frac{p_1^{(2)}}{p_0^{(2)}} = \frac{8}{6} = 1{,}33 \quad \text{und}$$

$$r^{(3)} = \frac{p_1^{(3)}}{p_0^{(3)}} = \frac{12}{10} = 1{,}20\,.$$

Ein einfacher Weg einen **Preisindex für die Berichtszeit** 1 **bezogen auf die Basiszeit** 0 (Symbol: P_{01}) zu bestimmen, wäre die Bildung des *ungewogenen arithmetischen Mittels* (vgl. Abschnitt 3.2):

$$P_{01} = \frac{\frac{p_1^{(1)}}{p_0^{(1)}} + \frac{p_1^{(2)}}{p_0^{(2)}} + \frac{p_1^{(3)}}{p_0^{(3)}}}{3} = \frac{r^{(1)} + r^{(2)} + r^{(3)}}{3}$$

$$= \frac{1{,}50 + 1{,}33 + 1{,}20}{3} = 1{,}34\,.$$

Allgemein für n Waren lautet die Formel für P_{01}

$$P_{01} = \frac{\sum_{j=1}^{n} \frac{p_1^{(j)}}{p_0^{(j)}}}{n} = \frac{\sum_{j=1}^{n} r^{(j)}}{n}\,.$$

Dieses Vorgehen, bei dem bei der Mittelwertbildung alle Güter gleichgewichtet werden, ist dann *unbefriedigend,* wenn Güter in *unterschiedlichen Mengen* vorkommen. Will man der unterschiedlichen Bedeutung der einzelnen Güter gerecht werden, so muß man die *Güter* im Index *gewichten* oder m. a. W. mit **Gewichten** $w^{(j)}$ versehen. Der Preisindex

$$P_{01} = \frac{\sum_{j=1}^{n} \frac{p_1^{(j)}}{p_0^{(j)}} w^{(j)}}{\sum_{j=1}^{n} w^{(j)}} = \frac{\sum_{j=1}^{n} r^{(j)} w^{(j)}}{\sum_{j=1}^{n} w^{(j)}}$$

stellt also ein *gewogenes arithmetisches Mittel von* n *Preismeßzahlen* dar. Die *Wahl geeigneter Gewichte* ist das *zentrale Problem* bei der Indexkonstruktion.

25.2. Einige Indexformeln

(1) Preisindizes

Werden in die am Ende des Abschnitts 25.1 angegebene Preisindexformel als *Gewichte* $w^{(j)}$ die *Ausgabensummen* für die einzelnen Güter zur *Basiszeit,* nämlich $w^{(j)} = p_0^{(j)} q_0^{(j)}$, eingesetzt, so ergibt sich die Formel des **Preisindex nach *Laspeyres*** $({}_LP_{01})$ in der *Form des gewogenen arithmetischen Mittels von Preismeßzahlen* zu

$$_LP_{01} = \frac{\sum_{j=1}^{n} r^{(j)} \cdot p_0^{(j)} q_0^{(j)}}{\sum_{j=1}^{n} p_0^{(j)} q_0^{(j)}} \cdot 100\%$$

$$= \frac{\sum_{j=1}^{n} \frac{p_1^{(j)}}{p_0^{(j)}} \cdot p_0^{(j)} q_0^{(j)}}{\sum_{j=1}^{n} p_0^{(j)} q_0^{(j)}} \cdot 100\% \quad \text{und}$$

in der *Aggregatform* zu

$$_LP_{01} = \frac{\sum_{j=1}^{n} p_1^{(j)} q_0^{(j)}}{\sum_{j=1}^{n} p_0^{(j)} q_0^{(j)}} \cdot 100\% \; ;$$

dabei wird gewöhnlich mit 100% multipliziert, um den Index als *Prozentzahl* auszudrücken.

Der Ausdruck $\sum_{j=1}^{n} p_0^{(j)} q_0^{(j)}$ ist die *Ausgabensumme für sämtliche Güter zur Basiszeit.*

Beim **Preisindex nach *Paasche*** ($_PP_{01}$) werden als *Gewichte* bei der Bildung des arithmetischen Mittels von Preismeßzahlen die *fiktiven Ausgabenbeträge* „Mengen der Berichtszeit ($q_1^{(j)}$) zu Preisen der Basiszeit ($p_0^{(j)}$)", also $p_0^{(j)} q_1^{(j)}$ verwendet, so daß sich die Indexformel in der *Form des gewogenen arithmetischen Mittels von Preismeßzahlen* zu

$$_PP_{01} = \frac{\sum_{j=1}^{n} r^{(j)} p_0^{(j)} q_1^{(j)}}{\sum_{j=1}^{n} p_0^{(j)} q_1^{(j)}} \cdot 100\%$$

$$= \frac{\sum_{j=1}^{n} \frac{p_1^{(j)}}{p_0^{(j)}} \cdot p_0^{(j)} q_1^{(j)}}{\sum_{j=1}^{n} p_0^{(j)} q_1^{(j)}} \cdot 100\% \quad \text{und}$$

in der *Aggregatform zu*

$$_PP_{01} = \frac{\sum_{j=1}^{n} p_1^{(j)} q_1^{(j)}}{\sum_{j=1}^{n} p_0^{(j)} q_1^{(j)}} \cdot 100\%$$

ergibt.

Gewöhnlich wird ein Index für mehrere jeweils auf die gleiche Basiszeit bezogene Berichtszeiten berechnet *(Indexreihe)*. Dabei wird beim Index nach *Laspeyres* das Gewichtungsschema der Basisperiode über die gesamte Indexreihe *konstant* beibehalten, während beim Index nach *Paasche* das Gewichtungsschema aus der jeweiligen Berichtszeit stammt, also im allgemeinen *variabel* ist.

Drückt man die *geordnete Menge der Preise zur Basiszeit,* nämlich

$(p_0^{(1)}, p_0^{(2)}, \ldots, p_0^{(n)})$, als Zeilenvektor $\mathbf{p}_0$,

die *geordnete Menge der Preise zur Berichtszeit*, nämlich

$(p_1^{(1)}, p_1^{(2)}, \ldots, p_1^{(n)})$, als Zeilenvektor $\mathbf{p}_1$,

die *geordnete Menge der Mengen zur Basiszeit*, nämlich

$(q_0^{(1)}, q_0^{(2)}, \ldots, q_0^{(n)})$, als Zeilenvektor $\mathbf{q}_0$ und

die *geordnete Menge der Mengen zur Berichtszeit*, nämlich

$(q_1^{(1)}, q_1^{(2)}, \ldots, q_1^{(n)})$, als Zeilenvektor $\mathbf{q}_1$ aus,

so läßt sich der **Preisindex nach *Laspeyers*** auch in der Form

$$_LP_{01} = \frac{\mathbf{p}_1 \mathbf{q}_0'}{\mathbf{p}_0 \mathbf{q}_0'} \cdot 100\%$$

und der **Preisindex nach *Paasche*** in der Form

$$_PP_{01} = \frac{\mathbf{p}_1 \mathbf{q}_1'}{\mathbf{p}_0 \mathbf{q}_1'} \cdot 100\%$$

schreiben, wobei $\mathbf{q}_0'$ und $\mathbf{q}_1'$ Spaltenvektoren sind. – $\mathbf{q}_0$ wird oft auch als **Warenkorb** *(Mengenstruktur) der Basiszeit* und $\mathbf{q}_1$ als **Warenkorb** *der Berichtszeit* bezeichnet.

Ergibt sich für einen Preisindex nach Laspeyres $_LP_{01}$ = 112%, so heißt das, daß der Warenkorb der Basiszeit in der Berichtszeit 12% mehr kostet als in der Basiszeit; ein Preisindex nach *Paasche* $_PP_{01}$ = 112% würde dagegen bedeuten, daß sich die Ausgaben für den Warenkorb der Berichtszeit zwischen Basis- und Berichtszeit um 12% erhöht haben.

(2) Mengenindizes

Während bei den *Preis*indizes die *Mengen* für Basis- und Berichtszeit jeweils *konstant* gehalten werden, um die reine *Preisentwicklung* zu erfassen, werden bei den *Mengen*indizes, die eine Aussage über die durchschnittliche *Mengenänderung* treffen sollen, die *Preise konstant* gehalten. *Gewichtet* man mit den *Preisen der Basiszeit,* erhält man den **Mengenindex nach *Laspeyres***

$$_LQ_{01} = \frac{\sum q_1 p_0}{\sum q_0 p_0} \cdot 100\% \, ,$$

wobei der Summationsindex und die Summationsgrenzen der einfacheren Schreibweise wegen weggelassen werden.

Werden zur *Gewichtung* die *Preise der Berichtszeit* herangezogen, erhält man den **Mengenindex nach *Paasche***

$$_PQ_{01} = \frac{\sum q_1 p_1}{\sum q_0 p_1} \cdot 100\% \, .$$

(3) Umsatzindizes *(Wertindizes)*

Um die *Veränderung des Umsatzes* von Basis- zur Berichtszeit zu erfassen, verwendet man den **Umsatzindex** *(Wertindex)*

$$U_{01} = \frac{\sum p_1 q_1}{\sum p_0 q_0} \cdot 100\% \, .$$

Für das in Tabelle 25.1 angegebene *Beispiel* sollen nun die verschiedenen Preis- und Mengenindizes sowie der Umsatzindex bestimmt werden; die Berechnung erfolgt hier jeweils nach der Formel in der *Aggregatform,* während in der amtlichen Statistik häufig die Berechnung in der Form des *gewogenen arithmetischen Mittels von Meßzahlen* erfolgt.

Gut	Preis		Menge					
Nr.	Basis-zeit	Berichts-zeit	Basis-zeit	Berichts-zeit	p_1q_0	p_0q_0	p_1q_1	p_0q_1
j	p_0	p_1	q_0	q_1				
1	4	6	5	4	30	20	24	16
2	6	8	10	15	80	60	120	90
3	10	12	8	16	96	80	192	160
$\sum$	.	.	.	.	206	160	336	266

Tab. 25.2: Arbeitstabelle

Preisindex nach *Laspeyres:*

$$_LP_{01} = \frac{\sum p_1 q_0}{\sum p_0 q_0} 100\%$$

$$= \frac{206}{160} 100\% = 128{,}8\% \, .$$

Preisindex nach *Paasche:*

$$_PP_{01} = \frac{\sum p_1 q_1}{\sum p_0 q_1} 100\%$$

$$= \frac{336}{266} 100\% = 126{,}3\% \, .$$

Mengenindex nach *Laspeyres:*

$$_LQ_{01} = \frac{\sum q_1 p_0}{\sum q_0 p_0} 100\%$$

$$= \frac{266}{160} 100\% = 166{,}3\% \, .$$

Mengenindex nach *Paasche:*

$$_PQ_{01} = \frac{\sum q_1 p_1}{\sum q_0 p_1} 100\%$$

$$= \frac{336}{206} 100\% = 163{,}1\% \, .$$

Umsatzindex:

$$U_{01} = \frac{\sum p_1 q_1}{\sum p_0 q_0} 100\%$$

$$= \frac{336}{160} 100\% = 210\% \, .$$

(4) Einige Sonderformen von Indizes

Neben den oft verwendeten Formeln von ***Laspeyres*** und ***Paasche*** gibt es noch *zahlreiche andere Indexformeln,* von denen hier einige kurz erwähnt seien; der Erläuterung zugrunde gelegt werden nur *Preis*indizes.

Aus der *Kreuzung der Indizes von Laspeyres und Paasche* ergibt sich bei *arithmetischer Kreuzung* der **Index nach *Drobisch***

$$_DP_{01} = \frac{1}{2} ({_LP_{01}} + {_PP_{01}}) \quad \text{und}$$

bei *geometrischer Kreuzung* der ***Fishersche* Idealindex**

$$_FP_{01} = \sqrt{{_LP_{01}} \cdot {_PP_{01}}} \, .$$

Aus der *Kreuzung der Gewichte* ergibt sich bei *arithmetischer Kreuzung* die sogenannte ***Marshall-Edgeworth*-Formel**

$$P_{01} = \frac{\sum p_1 \left(\frac{q_0 + q_1}{2}\right)}{\sum p_0 \left(\frac{q_0 + q_1}{2}\right)} \cdot 100\%$$

$$= \frac{\sum p_1 (q_0 + q_1)}{\sum q_0 (q_0 + q_1)} \cdot 100\%$$

und bei *geometrischer Kreuzung*

$$P_{01} = \frac{\sum p_1 \sqrt{q_0 q_1}}{\sum p_0 \sqrt{q_0 q_1}} \cdot 100\% \, .$$

Eine gewisse Bedeutung kommt auch dem **Index nach *Lowe*** ($_{Lo}P_{01}$) zu: Wird ein Preisindex über mehrere Zeitpunkte (1, 2, . . ., t) hinweg berechnet, so lautet seine Formel unter Heranziehung der *Durchschnittsmenge*

$$\bar{q} = \frac{q_0 + q_1 + \ldots + q_t}{t + 1}$$

$$_{Lo}P_{01} = \frac{\sum p_1 \bar{q}}{\sum p_0 \bar{q}} 100\% \; ;$$

der *Mengenindex* ist in analoger Weise definiert als ZqiP

$$_{Lo}Q_{01} = \frac{\sum q_1 \bar{p}}{\sum q_0 \bar{p}} 100\% \quad \text{mit}$$

$$\bar{p} = \frac{p_0 + p_1 + \ldots + p_t}{t + 1} \, .$$

Bei der großen Zahl von Indexformeln ist es im konkreten Fall nicht einfach, eine geeignete auszuwählen. ***Irving Fisher*** stellte deshalb um das Jahr 1920 sein berühmtes System **formal-mathematischer Kriterien** auf, denen seiner Meinung nach eine gute Indexzahl genügen müßte; es läßt sich allerdings zeigen, daß dieses System inkonsistent ist. Da Indizes in der wirtschaftspolitischen Diskussion eine wichtige Rolle spielen, wird der Wirtschaftswissenschaftler bei der Auswahl der Indexformel im allgemeinen weniger Wert auf die Erfüllung formal-mathematischer Kriterien als auf **leichte Interpretierbarkeit, Aktualität** und **gute Repräsentation** legen. Wegen seiner leichten Verständlichkeit und einfachen Berechenbarkeit wird in der *Praxis* der *Index nach Laspeyres häufig bevorzugt.*

25.3. Aufbau eines Gesamtindex aus Hauptgruppen-(Abteilungs)indizes und Gruppenindizes

Bei Indizes, die Aussagen über einen relativ inhomogenen Bereich machen wollen, ist es oft sinnvoll, neben dem für den Gesamtbereich berechneten **Gesamtindex Haupt-**

gruppen(Abteilungs)indizes und/oder **Gruppenindizes** für in sich homogene Teilbereiche zu berechnen. So werden beispielsweise bei dem vom Statistischen Bundesamt laufend veröffentlichten *Verbraucherpreisindex* neben dem *Gesamtindex* auch *zwölf Abteilungsindizes* ausgewiesen (vgl. Tabelle 25.3); der Berechnung liegt die Preisindexformel nach *Laspeyres* zugrunde.

Bezeichnet man mit ${}_LP_{01}$ den *Gesamtindex,* mit ${}_LP_{01}^{(i)}$ (i = 1, ..., 12) die *Abteilungsindizes* und mit $w^{(i)}$ (i = 1, . . ., 12) die *Gewichte der einzelnen Abteilungen,* so läßt sich der **Gesamtindex** als gewogenes **arithmetisches Mittel der Abteilungsindizes** nach der Formel

$${}_LP_{01} = \sum_{i=1}^{12} {}_LP_{01}^{(i)} w^{(i)} \text{ mit } \sum_{i=1}^{12} w^{(i)} = 1.$$

berechnen. Die **Gewichte** $w^{(i)}$ geben für die einzelnen Abteilungen im *Falle der Laspeyres-Formel* die *Ausgabenanteile an den Gesamtausgaben in der Basisperiode* an. Sind im Gesamtindex insgesamt n Güter und in den einzelnen Abteilungen jeweils n_i Güter berücksichtigt, so ergibt sich für die *Abteilung* i das *Gewicht* $w^{(i)}$ nach der Formel

$$w^{(i)} = \frac{\sum_{k=1}^{n_i} p_0^{(k)} q_0^{(k)}}{\sum_{j=1}^{n} p_0^{(j)} q_0^{(j)}} \text{ mit } \sum_{i=1}^{12} n_i = n.$$

In Tabelle 25.3 sind für den *Verbraucherpreisindex* Gewichte (Basisjahr 2005) und Indexstände im Oktober 2011 angegeben, und zwar sowohl für die zwölf Abteilungsindizes als auch für den Gesamtindex.

Abteilung		Gewichtung (Wägungsschema) $w^{(i)}$ [%]	Indexstand Oktober 2011 (2005 = 100)
Nr. i	Bezeichnung		
01	Nahrungsmittel und alkoholfreie Getränke	10,4	115,6
02	Alkoholische Getränke, Tabakwaren	3,9	115,6
03	Bekleidung und Schuhe	4,9	109,8
04	Wohnung, Wasser, Strom, Gas und andere Brennstoffe	30,8	114,3
05	Einrichtungsgegenstände und ähnliches für den Haushalt und deren Instandhaltung	5,6	105,3
06	Gesundheitspflege	4,0	105,6
07	Verkehr	13,2	117,8
08	Nachrichtenübermittlung	3,1	84,9
09	Freizeit, Unterhaltung und Kultur	11,6	102,1
10	Bildungswesen	0,7	115,9
11	Beherbergungs- und Gaststättendienstleistungen	4,4	111,3
12	Andere Waren und Dienstleistungen	7,4	110,1
Verbraucherpreisindex insgesamt		100,0	111,1

Tab. 25.3: Verbraucherpreisindex

Nach dem gleichen Prinzip, wie der Gesamtindex aus den Hauptgruppenindizes gebildet wird, erfolgt die **Bildung der Hauptgruppen(Abteilungs)indizes aus den Gruppenindizes.**

25.4. Umbasierung, Verknüpfung und Preisbereinigung von Indizes

(1) Umbasierung

Oft steht man vor der Aufgabe, *einen bestimmten Index* von der *alten Indexbasis* auf eine *neue Indexbasis umzustellen,* d. h. eine **Umbasierung** vorzunehmen.

Beispiel: Der Index der Erzeugerpreise gewerblicher Produkte (Inlandsabsatz) in der Bundesrepublik Deutschland, wie er in Tabelle 25.4 wiedergegeben ist, soll von der alten Indexbasis 2005 beispielsweise auf die Indexbasis 2007 umgestellt werden. Ein Grund dafür könnte sein, daß ein anderes Land mit der Basis 2007 arbeitet und damit ein direkter Vergleich der Indizes nicht möglich ist.

Jahr t	Index $I_{05,t}$ (2005 = 100) %
2005	100,0
2006	105,4
2007	106,8
2008	112,7
2009	108,0
2010	109,7

Tab. 25.4: Index der Erzeugerpreise gewerblicher Produkte (Inlandsabsatz) in der Bundesrepublik Deutschland zur Basis 2005

Aus den ursprünglichen Werten $I_{05,t}$ erhält man die entsprechenden Werte zur Basis 2007, also $I_{07,t}$, über die Beziehung

$$I_{07,t} = \frac{I_{05,t}}{I_{05,07}} \cdot 100\%;$$

für t = 2006 ergibt sich beispielsweise

$$I_{07,06} = \frac{I_{05,06}}{I_{05,07}} \cdot 100\% = \frac{105,4}{106,8} \cdot 100\% = 98,7\%$$

Die Werte des umbasierten Index sind in der Tabelle 25.5 wiedergegeben.

Jahr t	Index $I_{07,t}$ (2007 = 100) %
2005	93,6
2006	98,7
2007	100,0
2008	105,5
2009	101,1
2010	102,7

Tab. 25.5: Index der Erzeugerpreise gewerblicher Produkte (Inlandsabsatz) in der Bundesrepublik Deutschland umbasiert auf die Basis 2007

(2) Verknüpfung

Ein weiteres in der Praxis öfter auftretendes Problem ist die **Verknüpfung** von Indizes. Vornehmlich bei Indexreihen, denen ein konstantes Gewichtungsschema zugrunde liegt, wird dieses im allgemeinen im Laufe der Zeit an Aktualität einbüßen und durch ein neues ersetzt werden müssen. So wird etwa beim nach der Laspeyres-Formel berechneten Verbraucherpreisindex der Warenkorb der Basisperiode wegen Veränderungen der Verbrauchsgewohnheiten, Aufkommen neuer Güter und Qualitätsveränderungen von Zeit zu Zeit durch einen aktuellen Warenkorb ausgetauscht. Ist man an der *Preisentwicklung über eine größere Zeitspanne* hinweg interessiert, muß man deshalb den *alten Index mit dem neuen Index verknüpfen.*

Beispiel: In der Bundesrepublik Deutschland wurde der Verbraucherpreisindex von der Basis 2000 auf die Basis 2005 umgestellt; die Werte des alten und des neuen Index sind in Tabelle 25.6 wiedergegeben.

Jahr t	Alter Index $I_{00,t}$ (2000 = 100) %	Neuer Index $I_{05,t}$ (2005 = 100) %
2000	100,0	–
2001	102,0	–
2002	103,4	–
2003	104,5	–
2004	106,2	–
2005	108,3	100,0
2006	–	101,6
2007	–	103,9

Tab. 25.6: Alter und neuer Index

Will man die Preisentwicklung von 2000 bis 2007 in einer *einzigen Indexreihe* zusammenfassen, so kann eine Verknüpfung des alten Index mit dem neuen Index vorgenommen werden. Dabei ist es möglich, *entweder (a) den alten Index fortzuführen* oder *(b) den neuen Index zurückzurechnen,* wobei die Werte des fortgeführten und die des zurückgerechneten Index mit einem ⋆ bezeichnet werden. Hierbei wird *unterstellt,* daß sich der *neue Index in der Vergangenheit proportional zum alten Index* entwickelt hat, *bzw.* daß sich der *alte Index in der Zukunft proportional zum neuen Index* entwickelt.

(a) Fortführung des alten Index:

Für das Jahr 2007 ergibt sich beispielsweise

$$\frac{I^{\star}_{00,07}}{I_{00,05}} = \frac{I_{05,07}}{100} \text{ und daraus}$$

$$I^{\star}_{00,07} = \frac{I_{00,05} \cdot I_{05,07}}{100} = \frac{108{,}3 \cdot 103{,}9}{100} = 112{,}5$$

(b) Rückrechnung des neuen Index:

Für das Jahr 2001 ergibt sich beispielsweise

$$\frac{I^{\star}_{05,00}}{100} = \frac{I_{00,01}}{I_{00,05}} \text{ und daraus}$$

$$I^{\star}_{05,00} = \frac{I_{00,01} \cdot 100}{I_{00,05}} = \frac{102{,}0 \cdot 100}{108{,}3} = 94{,}2$$

Füllt man die noch verbliebenen Lücken analog auf, so ergibt sich die Tabelle 25.7, in der die fortgeführten bzw. zurückgerechneten Werte in Klammern gesetzt sind.

Jahr t	Alter Index $I_{00,t}$ (2000 = 100) %	Neuer Index $I_{05,t}$ (2005 = 100) %
2000	100,0	(92,3)
2001	102,0	(94,2)
2002	103,2	(95,3)
2003	104,5	(96,5)
2004	106,2	(98,1)
2005	108,3	100,0
2006	(110,0)	101,6
2007	(112,5)	103,9

Tab. 25.7: Alter und neuer Index und ihre fortgeführten und zurückgerechneten Werte (in Klammern!)

(3) Preisbereinigung

Will man die *reale Veränderung* wirtschaftlicher Tatbestände im Zeitablauf analysieren, so ist dies häufig erst nach *Ausschaltung von Preisveränderungen* **(Preisbereinigung)** möglich. Interessiert man sich zum Beispiel dafür, wie stark die Bruttomonatsverdienste im Produzierenden Gewerbe in der Bundesrepublik Deutschland in der Zeit von 2007 bis 2010 *real* angestiegen sind, so muß der vom Statistischen Bundesamt berechnete Index der Bruttomonatsverdienste im Produzierenden Gewerbe (vgl. Tab. 25.8, Spalte 1) um die Veränderungen des Verbraucherpreisindex (vgl. Tab. 25.8, Spalte 2) bereinigt werden. *Bei einem Anstieg des Verbraucherpreisindex,* wie er hier vorliegt, nennt man die Preisbereinigung *Deflationierung.*

Die Preisbereinigung erfolgt nach der **Formel**

$$\text{Realer Lohn- bzw. Gehaltsindex} = \frac{\text{Nominaler Lohn- bzw. Gehaltsindex}}{\text{Verbraucherpreisindex}} \cdot 100\%;$$

dabei ist es zweckmäßig, dem Index im Zähler und dem im Nenner die *gleiche Basis* zuzuordnen. Gegebenenfalls ist zur Vereinheitlichung der Basis eine Umbasierung vorzunehmen. Der nach dieser Formel berechnete *Reallohnindex* ist in Tab. 25.8, Spalte 3 wiedergegeben.

Jahr t	Index der Bruttomonatsverdienste (2010 = 100) %	Verbraucherpreisindex[1)] (2010 = 100) %	Reallohnindex (2010 = 100) %
(0)	(1)	(2)	(3)
2007	94,5	96,0	98,4
2008	97,4	98,5	98,9
2009	97,4	98,9	98,5
2010	100,0	100,0	100,0

[1)] Eigens zur Berechnung des Reallohnindex wurde vom Statistischen Bundesamt u. a. eine Umbasierung von Basisjahr 2005 auf das Basisjahr 2010 vorgenommen. Der hier dargestellte Verbraucherpreisindex ist somit nicht mit den Darstellungen in anderen Veröffentlichungen vergleichbar (Vgl. hierzu: Statistisches Bundesamt: Verdienste und Arbeitskosten. Reallohnindex und Index der Bruttomonatsverdienste einschl. Sonderzahlungen 2. Vierteljahr 2011).

Tab. 25.8: Deflationierung des Index der Bruttomonatsverdienste im Produzierenden Gewerbe und im Dienstleistungsbereich in der Bundesrepublik Deutschland (Die Werte entsprechen jeweils dem Jahresdurchschnitt.)

25.5. Einige wichtige Indizes aus dem Bereich der Wirtschaft

Im folgenden sollen **einige wichtige Indizes aus dem Bereich der Wirtschaft der Bundesrepublik Deutschland** behandelt werden. Beiträge zu ihren methodischen Grundlagen finden sich in der vom Statistischen Bundesamt monatlich herausgegebenen Zeitschrift *Wirtschaft und Statistik*.

(1) Verbraucherpreisindex

Der Verbraucherpreisindex ist wohl der wichtigste Index überhaupt; er soll die *durchschnittliche Preisveränderung aller Waren und Dienstleistungen messen, die von privaten Haushalten für Konsumzwecke gekauft werden.*

Während vom *Statistischen Bundesamt vor dem Jahr 2000* Preisindizes für die Lebenshaltung sowohl für Deutschland *insgesamt* als auch für das Frühere Bundesgebiet und für die Neuen Bundesländer *getrennt* berechnet wurden, wird heute *nur noch ein einziger* Index, nämlich der **Verbraucherpreisindex für Deutschland (VPI)** berechnet; dieser ist an die Stelle des *Preisindex für die Lebenshaltung aller privaten Haushalte in Deutschland* getreten.

Gleichzeitig *entfiel auch die Berechnung von Preisindizes für spezielle Haushaltstypen;* diese Einschränkung des Programms der amtlichen Statistik war nach Angaben des Statistischen Bundesamtes überfällig, weil die speziellen Haushaltstypen die aktuellen Bevölkerungsstrukturen nicht mehr zutreffend abbildeten und weil sich die Ergebnisse der Indizes im längerfristigen Verlauf kaum unterschieden.

(Vgl. hierzu: *Ute Egner:* Umstellung des Verbraucherpreisindex auf Basis 2000 – Die wichtigsten Änderungen im Überblick. Wirtschaft und Statistik, 2003, S. 423–432 und *Wolfgang Buchwald:* Vom Preisindex für die Lebenshaltung zum Verbraucherpreisindex – Rückschau und Ausblick. Wirtschaft und Statistik, 2004, S. 11–18.)

Bei der zur Jahreswende 2007/2008 vorgenommenen turnusmäßigen Überarbeitung des VPI wurden u. a. das Wägungsschema aktualisiert und die Basis vom Jahr 2000 auf 2005 umgestellt.

Die **Ergebnisse der Berechnungen** für den Verbraucherpreisindex werden z. B. in der Zeitschrift *Wirtschaft und Statistik monatlich* veröffentlicht oder können im Internet über die Seite *Verbraucherpreisindex* des Statistischen Bundesamtes mit der Adresse www.destatis.de abgerufen werden.

Der dem Verbraucherpreisindex zugrunde liegende **Warenkorb** oder m. a. W. die ihm zugrunde liegende **Verbrauchsstruktur** wird auf der Grundlage der Ausgaben der privaten Haushalte für die Käufe von Waren und Dienstleistungen bestimmt. Sie wird auf *Stichprobenbasis in regelmäßigen Haushaltsbefragungen* ermittelt. In Deutschland sind das die Einkommens- und Verbrauchsstichprobe (EVS) und die Statistik der Laufenden Wirtschaftsrechnung (LWR). Zusätzlich werden die Ergebnisse der Volkswirtschaftlichen Gesamtrechnungen, der Steuerstatistik, anderer amtlichen Statistiken, der Zahlungsbilanzstatistik der Deutschen Bundesbank und weitere Quellen verwendet.

Der Verbraucherpreisindex ist ein **Laspeyres-Preisindex** mit festem Basisjahr, d. h. die Indexwerte beziehen sich auf die Verbrauchsstrukturen des Jahres, das als Basisjahr festgelegt wird. Normalerweise erfolgt die *Neugewichtung in Fünf-Jahres-Abständen.* Das aktuelle Basisjahr ist 2005 (vgl. hierzu auch oben Tab. 25.3).

Die Gebietsauswahl und die Geschäftsstellen sollen bei den **Preisermittlungen** konstant gehalten werden. – Jeweils zur Monatsmitte erheben in 190 Berichtsgemeinden rund 560 Preisermittler im Auftrag der Statistischen Landesämter und etwa 15 Mitarbeiter des Statistischen Bundesamtes die Einzelpreise. Die Berichtsgemeinden sind regional über das gesamte Bundesgebiet verteilt. Großstädte werden ebenso abgedeckt wie mittlere und kleinere Gemeinden. Insgesamt werden Preise in knapp 40 000 Berichtsstellen (z. B. Einzelhandelsgeschäfte, Dienstleister) ermittelt.

Im Verbraucherpreisindex werden die Preisveränderungen von etwa **700 genau beschriebenen Waren und Dienstleistungen** zusammengefasst. Die Waren und Dienstleistungen werden mit dem Ziel ausgewählt, den Verbrauch der privaten Haushalte hinreichend genau zu repräsentieren.

Insgesamt werden etwa **350 000 Einzelpreise** für das gesamte Bundesgebiet ermittelt. Erfasst werden Anschaffungspreise (einschließlich Umsatzsteuer und Verbrauchssteuern) nach Abzug allgemein gewährter Preisnachlässe.

Aus den einzelnen Preisreihen wird in den 16 Statistischen Landesämtern und im Statistischen Bundesamt der **Verbraucherpreisindex für Deutschland** berechnet.

(Vgl. zu den obigen Ausführungen: Statistisches Bundesamt, *Stichwort: Verbraucherpreisindex für Deutschland*).

Bei einer **kritischen Würdigung der Aussagekraft** *des Verbraucherpreisindex* sind unter anderem folgende Punkte zu beachten:

1. Die *Ergebnisse sind für einen konkreten Haushalt umso aussagekräftiger,* je größer die Übereinstimmung zwischen seinem individuellen Warenkorb und dem des Indexhaushalts ist.
2. *Qualitätsveränderungen* bei Waren und Dienstleistungen sind nur schwer exakt zu erfassen.
3. *Der Warenkorb* oder m. a. W. *das Verbrauchsschema* kann bei sich rasch ändernden Verbrauchsgewohnheiten schnell veralten.

Der Stand des Verbraucherpreisindex für Deutschland betrug im Oktober 2011: 111,1% (2005 =100).

(2) Index der Einzelhandelspreise

Ein für den Verbraucher ebenfalls wichtiger Preisindex ist der **Index der Einzelhandelspreise,** der vom Statistischen Bundesamt in zwei Versionen, nämlich *mit* und *ohne* Mehrwertsteuer, berechnet wird (vgl. hierzu: *Günther Elbel, Jürgen Preißmann:* Neuberechnung des Index der Einzelhandelspreise. Wirtschaft und Statistik, 2009, S. 470–483). Er ist auf die privaten Haushalte abgestellt und soll die *Entwicklung der Verkaufspreise der im Einzelhandel gekauften Waren* widerspiegeln.

Wie der Verbraucherpreisindex wird auch der Index der Einzelhandelspreise nach der *Laspeyres-Formel* berechnet. Er unterscheidet sich von ihm allerdings vor allem dadurch, daß sein Wägungsschema keine Güter erfaßt, die nicht im Einzelhandel zu erwerben sind, wie z. B. Wasser, Strom und Dienstleistungen.

Für die Ableitung der *Gewichte* des Einzelhandelspreisindex liegen Ergebnisse aus der Strukturerhebung im Handel vor.

Einzelhandelspreisindizes werden häufig in privatrechtlichen Verträgen in *Preis- und Wertsicherungsklauseln* verwendet, um wiederkehrende Zahlungen abzusichern. – Sein Stand (m. MWSt) betrug im September 2011: 109,0% (2005 = 100).

(3) Index der Großhandelsverkaufspreise

Der vom Statistischen Bundesamt berechnete **Index der Großhandelsverkaufspreise** soll die durchschnittliche *Entwicklung der Verkaufspreise (ohne Umsatzsteuer) des Großhandels* beim Inlandsabsatz wiedergeben. Die Berechnung erfolgt auch hier wieder nach der *Laspeyres-Formel;* als Gewichte (Wägungszahlen) dienen die Umsatzanteile jeweils derjenigen Artikel im Basisjahr, für die Einzelpreisreihen als repräsentativ angesehen werden (vgl. hierzu: Statistisches Bundesamt: Preise/Index der Großhandelsverkaufspreise, September 2011 – Fachserie 17, Reihe 6 –).

Insgesamt liegen dem Index der Großhandelsverkaufspreise 3575 Preisreihen für 406 repräsentativ ausgewählte Güterarten zugrunde, die in 1030 Berichtstellen monatlich erhoben werden; das zur Zeit geltende Wägungsschema wurde aus der Umsatzstruktur des Großhandels im Basisjahr 2005 abgeleitet. – Sein Stand betrug im September 2011: 119,8% (2005 = 100).

(4) Indizes zum Kaufkraftvergleich

Neben dem *intertemporalen Kaufkraftvergleich,* dem in erster Linie die oben genannten Preisindizes dienen, gibt es den *interregionalen Preisvergleich zwischen Ländern mit verschiedenen Währungen,* der auch als **Kaufkraftvergleich** bezeichnet wird (vgl. hierzu *Gerd Ströhl u. a.:* Die Neuberechnung von Verbrauchergeldparitäten im Rahmen des Internationalen Vergleichs der Preise für die Lebenshaltung. Wirtschaft und Statistik, 2001, S. 730–747). Im folgenden wird anhand eines stark vereinfachten *Modellbeispiels* nur auf eine einzige elementare Methode des *bilateralen Kaufkraftvergleichs,* d. h. des Kaufkraftvergleichs zwischen zwei Ländern, eingegangen. Andere mögliche Vergleichsweisen beim bilateralen Kaufkraftvergleich sowie auch der *multilaterale Kaufkraftvergleich* zwischen mehr als zwei Ländern sollen hier nicht behandelt werden.

Beispiel: Kaufkraftvergleich zwischen der Bundesrepublik Deutschland (D) und den Vereinigten Staaten (USA).

Es interessieren hier – wie bei allen Kaufkraftvergleichen – nur die *Preise der für die Lebenshaltung relevanten Güter* und nicht etwa die Preise der für den Außenhandel in Betracht kommenden Waren.

Von *den verschiedenen Möglichkeiten* zur Berechnung von **Kaufkraftparitäten** (das Statistische Bundesamt verwendet den Ausdruck **Verbrauchergeldparitäten**) sollen *nur die folgenden* genannt werden (fiktive Zahlen):

(a) Ein *deutscher Standardwarenkorb* (Repräsentative Güterauswahl und Struktur der Verbrauchsausgaben der privaten Haushalte in der Bundesrepublik Deutschland) koste

$$\textit{in USA}: \sum p_{USA} \cdot q_D = 2617{,}40 \text{ US-\$} \quad \text{und}$$
$$\textit{in D}: \sum p_D \cdot q_D = 1914{,}28 \text{ €}.$$

Setzt man diese Summen ins Verhältnis, so erhält man die *Kaufkraft- bzw. Verbrauchergeldparität*

$$VGP_{D,USA} = \frac{\sum p_{USA} \cdot q_D}{\sum p_D \cdot q_D} = \frac{2617{,}40 \text{ US-\$}}{1914{,}28} = 1{,}3673 \left[\frac{\text{US-\$}}{\text{€}}\right];$$

der deutsche Standardwarenkorb kostet also in den USA mit 2617,40 US-$ das 1,3673-fache wie in Deutschland mit 1914,28 €.

(b) Ein *amerikanischer Standardwarenkorb* (Repräsentative Güterauswahl und Struktur der Verbrauchsausgaben der privaten Haushalte in den Vereinigten Staaten) koste

$$\textit{in D}: \sum p_D \cdot q_{USA} = 2026{,}85 \text{ €} \quad \text{und}$$
$$\textit{in USA}: \sum p_{USA} \cdot q_{USA} = 1743{,}00 \text{ US-\$}.$$

Hier ergibt sich die *Kaufkraft- bzw. Verbrauchergeldparität* zu

$$VGP_{USA,D} = \frac{\sum p_D \cdot q_{USA}}{\sum p_{USA} \cdot q_{USA}} = \frac{2026{,}85 \text{ €}}{1743{,}00 \text{ US-\$}} = 1{,}1629 \left[\frac{\text{€}}{\text{US-\$}}\right];$$

der amerikanische Standardwarenkorb kostet also in Deutschland mit 2026,85 € das 1,1629-fache wie in den USA mit 1743,00 US-$.

(c) Zur Bildung einer *durchschnittlichen Kaufkraftparität* ist es hier zweckmäßig, das *geometrische Mittel* aus den unter (a) und (b) genannten Kaufkraftparitäten zu berechnen. Man erhält:

$$\sqrt{1{,}3673 \cdot 1{,}1629} = 1{,}2610$$

Die hier berechnete Kaufkraftparität muß von der **Valutaparität** (dem *Wechselkurs*) unterschieden werden. Die Tatsache, daß stärkere Abweichungen der Kaufkraftparität von der Valutaparität durchaus möglich sind, hängt damit zusammen, daß für die Festsetzung der Wechselkurse in erster Linie nicht die Verbraucherpreise maßgebend sind, sondern andere Faktoren wie z. B. die Import- und Exportgüterpreise.

Zur **Verwendung der Verbrauchergeldparitäten** ist zu sagen, dass sie *erst dann aussagekräftig* sind, wenn der *Wechselkurs* bekannt ist, zu dem ausländische Währungen gegen EURO getauscht werden. Sind die *Zielgruppe Deutsche, die ins Ausland (beispielsweise in die USA) ziehen* und dort zumindest eine gewisse Zeit lang ihr gewohntes Verbrauchsverhalten beibehalten, dann gilt für sie die aus dem deutschen Standardwarenkorb ermittelte Verbrauchergeldparität: 1 US-$ = 1,3673 €. Bringt 1 € am Wechselschalter 1,4748 US-$ (Devisenkurs), dann kostet der deutsche Standardwarenkorb in den USA nur:

$$\frac{\text{Verbrauchergeldparität}}{\text{Devisenkurs}} \cdot 100\% = \frac{1{,}3673}{1{,}4748} \cdot 100\% = 92{,}7\%$$

(Deutschland 100%)

Der Kaufkraftgewinn beträgt somit

$$\frac{100}{92{,}7} \cdot 100\% - 100\% = 7{,}87\%.$$

Die vom Statistischen Bundesamt veröffentlichte Fachserie 17, Reihe 10: Preise/Internationaler Vergleich der Verbraucherpreise wurde nach der Veröffentlichung der Ergebnisse für Dezember 2009 eingestellt.

(5) Nominallohn- und Reallohnindizes

Nominallohn- und Reallohnindizes wollen die *durchschnittliche Veränderung des Lohnniveaus* messen. Da der Nominallohn als Preis für die Arbeit definiert ist, können Nominallohnindizes als Preisindizes im weiteren Sinne aufgefaßt werden.

Vom Statistischen Bundesamt werden Indizes der Tarifverdienste und Arbeitszeiten (**Tarifindizes**) berechnet, welche die durchschnittliche Entwicklung der *tariflichen Monats- und Stundenverdienste* sowie der *tariflichen Wochenarbeitszeiten* der Arbeitnehmerinnen und Arbeitnehmer in Deutschland messen (vgl. hierzu: *Mirjam Bick:* Neuberechnung der Indizes der Tarifverdienste und Arbeitszeiten. Wirtschaft und Statistik, 2009, S. 801–808). – Dabei bleibt die zahlenmäßige Struktur der Arbeitnehmer nach Wirtschaftszweigen und Entgeltgruppen des Basisjahres (2005) in den Indexberechnungen der Folgejahre unverändert. Den Verdienstindizes liegt so die Indexformel nach *Laspeyres* folgenden Typs zugrunde:

$$ {}_{L}I_{01} = \frac{\sum\limits_{j=1}^{n} \frac{L_1^{(j)}}{L_0^{(j)}} L_0^{(j)} Z_0^{(j)}}{\sum\limits_{j=1}^{n} L_0^{(j)} Z_0^{(j)}} 100\%; $$

es bedeuten:

$L_0^{(j)}$ Tarifverdienst je Beschäftigten der Beschäftigungsgruppe j im Basiszeitraum,

$L_1^{(j)}$ Tarifverdienst je Beschäftigten der Beschäftigungsgruppe j im Berichtszeitraum und

$Z_0^{(j)}$ Anzahl der Beschäftigten der Beschäftigungsgruppe j im Basiszeitraum.

Beispielsweise im *Produzierenden Gewerbe, Dienstleistungsbereich* war der Indexstand des vierteljährlich berechneten Index im Juli 2011 für die *Monatsverdienste* der Arbeitnehmer 113,2% und für die *Stundenverdienste* der Arbeitnehmer 112,7% (2005 = 100).

Wenn *nicht* der *Nominallohn, sondern* der *Reallohn* der Arbeiter interessiert, so können die Nominallohnindizes nach folgender Formel preisbereinigt werden (vgl. Abschnitt 25.4 (3) Preisbereinigung):

$$ \textbf{Reallohnindex} = \frac{\text{Nominallohnindex}}{\text{Verbraucherpreisindex}} \cdot 100\%. $$

Den Arbeitnehmer interessiert besonders, was vom Bruttoverdienst als verfügbares Einkommen verbleibt, also der **Nettoverdienst. –** Dieser Frage ist das Statistische Bundesamt in der Untersuchung *Verdienste und Arbeitskosten Nettoverdienste – Modellrechnung – 2010* (Fachserie 16, Reihe 2.5, erschienen am 11. 5. 2011) nachgegangen.

Als *Nettoverdienst* wird hier der Bruttomonatsverdienst inklusive Sonderzahlungen abzüglich der Steuern (Lohnsteuer und Solidaritätszuschlag) sowie der Beiträge des Arbeitnehmers zur Sozialversicherung verstanden.

Die Modellrechnungen wurden für das frühere Bundesgebiet und die Neuen Länder getrennt durchgeführt, und zwar für verschiedene Arbeitnehmergruppen, Mann und Frau, Familienstand, Kinderzahl; bei Ehepaaren wurden weiterhin die Fälle Doppelverdiener, Alleinverdienender Ehemann und Alleinverdienende Ehefrau unterschieden.

Die vorliegende Untersuchung (jährliche Erscheinungsfolge) umfasst die Jahre 2007–2010.

(6) Produktionsindizes für das Produzierende Gewerbe

Die **Produktionsindizes für das Produzierende Gewerbe** werden monatlich berechnet und sind *wichtige Indikatoren der kurzfristigen Wirtschaftsentwicklung.*

In Anlehnung an das Statistische Bundesamt formuliert, ist es *ihre Aufgabe, die gesamte Wertschöpfung eines Wirtschaftszweiges (unter Ausschaltung der Preisveränderungen) repräsentativ fortzuschreiben.*

Der *Gesamtproduktionsindex* für das Produzierende Gewerbe *setzt sich* aus den *Gruppenindizes der einzelnen Wirtschaftszweige zusammen.* Dabei werden diese Wirtschaftszweigindizes mit den **Bruttowertschöpfungen zu Faktorkosten** gewichtet, um die Überrepräsentation von Wirtschaftszweigen höherer Fertigungsstufen zu verhindern. In *Tabelle 25.9: Bestimmung der Bruttowertschöpfung zu Faktorkosten* ist dargestellt, wie die Größe *Bruttowertschöpfung zu Faktorkosten* ausgehend vom *Bruttoproduktionswert* bestimmt wird. (Vgl. *Christiane Bald-Herbel:* Umstellung der Produktions- und Produktivitätsindizes im Produzierenden Gewerbe auf Basis 2000 = 100. Wirtschaft und Statistik, 2003, S. 475–485 sowie *Christiane Bald-Herbel:* Umstellung der Konjunkturindizes im Produzierenden Gewerbe auf Basis 2005. Wirtschaft und Statistik, 2009, S: 223–231).

Der *Anteil der Bruttowertschöpfung des Wirtschaftszweiges* j ($BWS^{(j)}$)*im Basisjahr an der gesamten Bruttowertschöpfung aller Wirtschaftszweige* $\left(\sum_j BWS^{(j)}\right)$ *im Basisjahr* stellt also das *Gewicht* dar, *mit dem der j-te Wirtschaftszweig im Index vertreten* ist.

Der Gesamtproduktionsindex für das Produzierende Gewerbe ist also

$$ I_{01} = \sum_j I_{01}^{(j)} \frac{BWS^{(j)}}{\sum_j BWS^{(j)}}, $$

wobei die Wirtschaftszweigindizes $I_{01}^{(j)}$ *Mengenindizes* sind, *die die reale Entwicklung der Bruttoproduktion der einzelnen Wirtschaftszweige beschreiben.* Bezeichnet man mit

<table>
<tr><th colspan="5">Ableitung der Wertschöpfungsgröße [1]) des Produktionsindex</th></tr>
<tr><td colspan="4">Verbrauch an Roh-, Hilfs- und Betriebsstoffen ....</td><td rowspan="10">Brutto-produktions-wert</td></tr>
<tr><td colspan="4">Einsatz an Handelsware ....</td></tr>
<tr><td colspan="4">Kosten für durch andere Unternehmen ausgeführte Lohnarbeiten ....</td></tr>
<tr><td colspan="3">Kosten für sonstige industrielle / handwerkliche Dienstleistungen (nur fremde Leistungen) ....</td><td rowspan="7">Netto-produktions-wert</td></tr>
<tr><td colspan="3">Kosten für Leiharbeitnehmer ....</td></tr>
<tr><td colspan="3">Mieten und Pachten ....</td></tr>
<tr><td colspan="3">Sonstige Kosten ....</td></tr>
<tr><td colspan="2">Sonstige indirekte Steuern abzüglich Subventionen für die laufende Produktion ....</td><td rowspan="3">Brutto-wert-schöpfung</td></tr>
<tr><td>Abschrei-bungen ...</td><td rowspan="2">Brutto-wert-schöpfung zu Faktorkosten</td></tr>
<tr><td>Nettowert-schöpfung zu Faktor-kosten ...</td></tr>
<tr><td colspan="5">1) Ohne Umsatzsteuer.</td></tr>
</table>

Tab. 25.9: Bestimmung der Bruttowertschöpfung zu Faktorkosten (Entn. aus: Christiane Bald-Herbel, a. a. O., S. 480)

$q_0^{(ij)}$ den Mengenausstoß des i-ten Erzeugnisses im Wirtschaftszweig j im Basismonat und mit

$q_1^{(ij)}$ den Mengenausstoß des i-ten Erzeugnisses im Wirtschaftszweig j im Berichtsmonat und mit

$P_0^{(ij)}$ den Durchschnittspreis des i-ten Erzeugnisses im Wirtschaftszweig j zur Basiszeit,

dann gilt für $I_{01}^{(j)}$ folgende Berechnungsformel:

$$ I_{01}^{(j)} = \frac{\sum_i q_1^{(ij)} p_0^{(ij)}}{\sum_i q_0^{(ij)} p_0^{(ij)}}; $$

die einzelnen Wirtschaftszweigindizes sind also *Mengenindizes nach Laspeyres.*

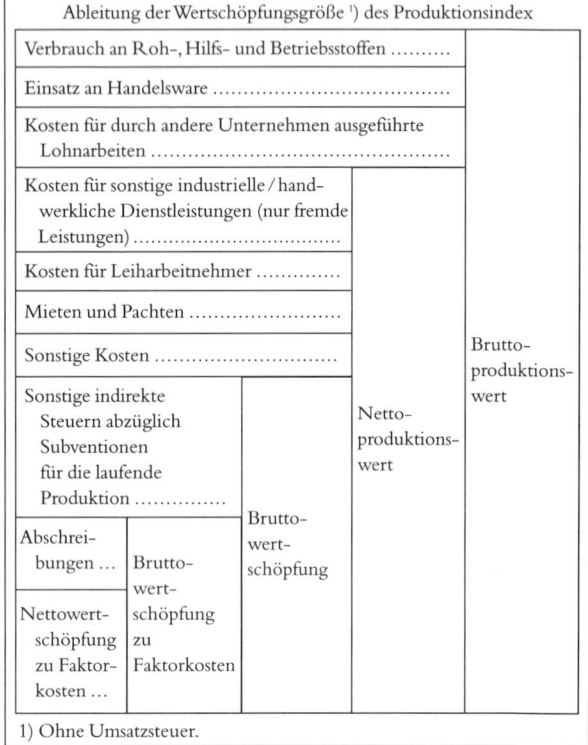

Da es unmöglich ist, den Mengenausstoß der einzelnen Erzeugnisse monatlich zu erfassen, werden die einzelnen Wirtschaftszweigindizes $I_{01}^{(j)}$ aus Meßzahlen berechnet, welche die Entwicklung eines Wirtschaftszweiges repräsentativ wiedergeben. Der Produktionsindex für das Produzierende Gewerbe betrug 2006: 109,8% (2000 = 100).

25.6. Ausgewählte Literatur

Abels, Heiner, Horst Degen, Wirtschafts- und Bevölkerungsstatistik (3., vollst. überarb. u. erw. Aufl.) Wiesbaden 1992.
Allen, R. G. D., Index Numbers in Theory and Practice. Piscataway (N. J.) 2008.
Eichhorn, W., R. Henn, O. Opitz, R. W. Shepard (Hrsg.), Theory and Applications of Economic Indices. Heidelberg 1987.
Lippe, Peter Michael von der, Wirtschaftsstatistik (5., völl. neubearb. u. erw. Aufl.). Stuttgart, New York 1996.
Neubauer, Werner, Preisstatistik. München 1996.
Selvanathan, E. A., D. S. Prasada Rao, Index Numbers – A Stochastic Approach. Houndsmill, Basingstoke, Hampshire, London 1994.

Aufgaben zu Kapitel 25

25.1 Für vier Warenarten seien die in Tabelle 25.10 angegebenen Werte bekannt.

Warenart	Preis			Menge		
	2005	2006	2007	2005	2006	2007
A	1,2	2,0	2,5	1000	1200	1400
B	1,5	1,8	2,1	400	1000	1300
C	0,5	1,5	1,3	1000	800	1200
D	2,0	3,0	3,4	800	700	900

Tab. 25.10: Preise und Mengen für vier Warenarten

a) Berechnen Sie für 2006 und 2007 Preis- und Mengenindizes nach *Laspeyres* und *Paasche* zur Basis 2005.
b) Ermitteln Sie den Preis- und Mengenindex nach *Lowe* für 2007 zur Basis 2005.

25.2 Für das Hochbaugewerbe eines Landes wurden die in Tabelle 25.11 angegebenen Reihen ermittelt.

Jahr	Preisindex nach *Laspeyres* in %	Umsatz in Mrd. Währungseinheiten
1990	100	2,0
2000	145	4,5
2010	180	6,0

Tab. 25.11: Preisindex und Umsatz für 3 Jahre

Berechnen Sie für die Produktion im Hochbaugewerbe einen Mengenindex nach *Paasche* für die Jahre 2000 und 2010 zur Basis 1990.

25.3 Ein Unternehmen berechnete von 2005 bis 2008 für seine Erzeugnisse einen Preisindex zur Basis 2005. Da das Gewichtungsschema im Laufe der Jahre an Aktualität verloren hatte, wurde ab 2008 ein neuer Preisindex zur Basis 2008 berechnet. Die Werte des alten und des neuen Index sind in Tabelle 25.12 wiedergegeben.

Um die Preisentwicklung von 2005 bis 2011 in einer einzigen Indexreihe zusammenzufassen, soll eine Verknüpfung des alten mit dem neuen Index vorgenommen werden.

Welche Indexreihe ergibt sich
a) bei Fortführung des alten Index und
b) bei Rückrechnung des neuen Index?

Jahr t	Alter Index $I_{05,t}$ (2005 = 100)	Neuer Index $I_{08,t}$ (2008 = 100)
2005	100	.
2006	105	.
2007	113	.
2008	117	100
2009	.	106
2010	.	111
2011	.	115

Tab. 25.12: Alter und neuer Index

25.4 Der vom Statistischen Bundesamt berechnete Verbraucherpreisindex (2005 = 100) stand 2008 bei 106,6 (Jahresdurchschnitt) und im Mai 2011 bei 110,5. – Der ebenfalls vom Statistischen Bundesamt berechnete Index der durchschnittlichen Bruttomonatsverdienste der Vollbeschäftigten Arbeitnehmer/-innen im Produzierenden Gewerbe und Dienstleistungsbereich (2010 = 100) betrug 2008 96,6 (Jahresdurchschnitt) und im 2. Vj. 2011 102,8.
Um wie viele Prozent haben sich die durchschnittlichen Bruttomonatsverdienste von 2008 (Jahresdurchschnitt) bis zum 2. Vj. 2011 *real* verändert?

25.5 Anhand der nachgefragten Mengen und der entsprechenden Preise von 4 Gütern (Modellbeispiel) soll ein Kaufkraftvergleich zwischen Euro ( ) und Schweizer Franken (CHF) vorgenommen werden; dabei soll von den in Tabelle 25.13 wiedergegebenen Daten ausgegangen werden.

Gut	Bundesrepublik Deutschland (D)		Schweiz (CH)	
	Menge	Preis €	Menge	Preis CHF
A	10	2,56	5	3,74
B	15	4,09	20	5,90
C	30	3,07	25	4,41
D	20	7,67	25	11,21

Tab. 25.13: Mengen und Preise für 4 Güter

a) Berechnen Sie die Kaufkraftparität anhand des deutschen „Warenkorbes".
b) Berechnen Sie die Kaufkraftparität anhand des Schweizer „Warenkorbes".
c) Berechnen Sie die Kaufkraftparität als geometrisches Mittel aus den unter a) und b) berechneten Kaufkraftparitäten.

Kapitel 26: Konzentrationsmessung

Von Prof. Dr. Gerhart Bruckmann

26.1. Einführung

In den Wirtschaftswissenschaften wird der Begriff der **Konzentration** in zwei unterschiedlichen Bedeutungen verwendet:

(a) Zur Charakterisierung einer *bestehenden* Ungleichverteilung (**statische Konzentration,** Konzentration als *Zustand*), etwa in dem Satz: „Die Textilindustrie des Bundeslandes A ist stark konzentriert."

(b) Zur Charakterisierung der *Zunahme* einer Ungleichverteilung (**dynamische Konzentration,** Konzentration als *Prozeß*), etwa in dem Satz: „Zwischen 1960 und 1980 war die Textilindustrie des Bundeslandes A einer starken Konzentration unterworfen."

In der wirtschaftswissenschaftlichen Praxis haben bisher fast ausschließlich Maßzahlen der *statischen* Konzentration Anwendung gefunden. Die Analyse der Konzentration als *Prozeß* erfolgt üblicherweise durch eine *komparativ-statische Betrachtung*, d.h. es werden statische Maßzahlen der Konzentration für verschiedene Zeiträume berechnet und einander gegenübergestellt (etwa für die Textilindustrie des Bundeslandes A für die Jahre 1960, 1970 und 1980). Im Folgenden seien daher vornehmlich die am häufigsten verwendeten **Maßzahlen der statischen Konzentration** dargestellt; wenn von *Konzentration* gesprochen werden wird, sei darunter also stets Konzentration als *Zustand (statische Konzentration)* verstanden.

In gewisser Weise ist der Begriff der Konzentration mit dem der Streuung verwandt (vgl. weiter unten den Zusammenhang zwischen *Herfindahl*-Index und Variationskoeffizient), aber nicht identisch: Eine *Maßzahl der Streuung* (vgl. Abschnitt 4.1) soll zum Ausdruck bringen, wie stark sich die einzelnen Elemente einer Grundgesamtheit voneinander unterscheiden, eine *Maßzahl der Konzentration* soll beantworten, *wie sich eine gesamte Merkmalssumme auf die einzelnen Elemente aufteilt.* Die Elemente der Grundgesamtheit werden daher in der Konzentrationsmessung auch als *Merkmalsträger* (statistische Einheiten, vgl. Abschnitt 1.4) bezeichnet. Dies sei an einem (fiktiven) *Beispiel* verschiedener denkbarer Verteilungen des Gesamtumsatzes eines Industriezweiges auf die einzelnen Unternehmen dieses Industriezweiges veranschaulicht (siehe Tab. 26.1).

Vergleicht man die Verteilungen A, B und C, so liegt es nahe, Verteilung A als die am stärksten konzentrierte zu bezeichnen: Der gesamte Merkmalsbetrag entfällt auf einen einzigen Merkmalsträger *(maximale Konzentration)*. In Verteilung C ist die Konzentration am geringsten: Auf jedes der fünf Unternehmen entfällt ein gleich großer Anteil der gesamten Merkmalssumme *(minimale Konzentration)*; Verteilung B liegt zwischen diesen beiden Extremfällen. Aber schon beim Vergleich von Verteilung B mit Verteilung D kommen wir in Schwierigkeiten: Zwar entfallen auf das größte Unternehmen bei Verteilung D 50%, bei Verteilung B nur 36% des Gesamtumsatzes, bei den kleineren Betrieben ist jedoch die Ungleichheit bei Verteilung B stärker ausge-

Unternehmen	Verteilung							
	A	B	C	D	E	F	G	H
a	1000	360	200	500	1000	180	100	199
b	0	300	200	140	280	180	100	199
c	0	200	200	130	260	150	100	199
d	0	80	200	120	240	150	100	199
e	0	60	200	110	220	100	100	199
f						100	100	1
g						40	100	1
h						40	100	1
i						30	100	1
j						30	100	1
Gesamtumsatz	1000	1000	1000	1000	2000	1000	1000	1000

Tab. 26.1: Fiktive Größenverteilungen von Unternehmungen

prägt. Verteilung E unterscheidet sich von Verteilung D dadurch, daß jedes der fünf Unternehmen doppelt so groß ist; bedeutet dies stärkere Konzentration? Und wie ist es, wenn wir Verteilung B mit Verteilung F vergleichen? Bei Verteilung F haben wir zwar doppelt so viele Unternehmen, jedoch entfallen bei beiden Verteilungen auf die größten 20% der Unternehmen 36% des Gesamtumsatzes, auf die größten 40% der Unternehmen 66% des Gesamtumsatzes usw. Dieser Unterschied wird besonders deutlich bei einem Vergleich von Verteilung C mit Verteilung G: In beiden Verteilungen haben wir minimale Konzentration – in einem Fall fünf Unternehmen mit je 20% und im anderen Fall zehn Unternehmen mit je 10% vom Gesamtumsatz. Bedeutet dies gleich hohe oder ungleich hohe Konzentration?

Um diese Fragen beantworten zu können, ist es erforderlich, *zwei Konzepte* der (statischen) Konzentration zu unterscheiden: Das Konzept der **absoluten Konzentration** *(Konzentration i. e. S.)* und das der **relativen Konzentration** *(Disparität, Ungleichheit)*. Etwas unscharf formuliert, besteht der Unterschied darin, daß von *absoluter* Konzentration dann gesprochen wird, wenn ein Großteil des gesamten Merkmalsbetrages auf eine kleine *Zahl* von Merkmalsträgern entfällt, von *relativer* Konzentration, wenn ein Großteil des gesamten Merkmalsbetrages auf einen kleinen *Anteil* der Merkmalsträger entfällt. So wäre etwa vom Standpunkt der *absoluten* Konzentration aus Verteilung B stärker konzentriert als Verteilung F, vom Standpunkt der *relativen* Konzentration aus wären jedoch die beiden Verteilungen B und F gleich stark konzentriert. Analoges gilt für die Verteilungen C und G.

26.2. Maßzahlen der absoluten Konzentration

Gegeben sei eine Anzahl von N Elementen (Merkmalsträgern), z. B. die Umsatzzahlen der einzelnen Unternehmen eines Industriezweiges, nach ihrer Größe geordnet:

$$a_{[1]} \leqq a_{[2]} \leqq \ldots \leqq a_{[N]}.$$

Der gesamte Merkmalsbetrag $\sum_{i=1}^{N} a_{[i]}$ wäre demnach der Gesamtumsatz dieses Industriezweiges in einem gegebenen Zeitraum. Anstelle der einzelnen *Merkmalsträger* können wir auch die *Anteile der einzelnen Merkmalsträger am Gesamtumsatz* betrachten

$$p_{[1]} \leqq p_{[2]} \leqq \ldots \leqq p_{[N]},$$

wobei

$$p_{[i]} = \frac{a_{[i]}}{\sum_{i=1}^{N} a_{[i]}} \quad (i = 1, 2, \ldots, N).$$

Ein sehr einfacher Weg zur *Messung der (absoluten) Konzentration* besteht darin, jenen *Anteil am gesamten Merkmalsbetrag* anzugeben, der *auf die größten m Merkmalsträger entfällt.* Damit kann eine **Konzentrationsrate** definiert werden als

$$C_m = \frac{\sum_{i=N-m+1}^{N} a_{[i]}}{\sum_{i=1}^{N} a_{[i]}} = \frac{\sum_{i=N-m+1}^{N} p_{[i]}}{\sum_{i=1}^{N} p_{[i]}} = \sum_{i=N-m+1}^{N} p_{[i]}.$$

Anstelle der Bezeichnung *Konzentrationsrate* werden manchmal auch die Bezeichnungen *Konzentrationskoeffizient, Konzentrationsgrad* oder *Konzentrationsverhältnis* (englisch: *concentration ratio*) verwendet.

Wählt man etwa $m = 2$, so erhält man im Beispiel als Konzentrationsrate für Verteilung A 1,0, für Verteilung B 0,66 und für Verteilung C 0,40.

Aufgrund seiner Einfachheit ist dieses Meßverfahren auch heute noch sehr weit verbreitet: So wird oft für eine (größere) Zahl von Industriezweigen, für verschiedene Länder und/oder Zeitpunkte, angegeben, welcher Anteil des gesamten Merkmalsbetrages auf die größten drei, fünf oder acht Unternehmen entfällt.

Dieses Verfahren ist jedoch *unzulänglich.* Durch die Beschränkung auf ein einziges, vorgegebenes m bleibt *die gesamte sonstige, in der Verteilung enthaltene Information unausgeschöpft.* Damit hängt es aber oft von der (willkürlichen) Festlegung von m ab, welcher Industriezweig als stärker konzentriert anzusehen ist. Vergleicht man etwa Verteilung B mit Verteilung D, so erscheint für $m = 1$ Verteilung D stärker konzentriert, für $m = 2$ und $m = 3$ jedoch Verteilung B.

Fordert man von einem Index der absoluten Konzentration, daß er *die gesamte in der Verteilung enthaltene Information ausschöpft* und darüber hinaus noch einer Anzahl weiterer Kriterien genügt, so lassen sich ganze *Familien geeigneter Maßzahlen* angeben. Unter diesen Maßzahlen zeichnet sich der ***Herfindahl*-Index** (auch als ***Hirschman*-Index** bezeichnet) durch den Vorteil *besonders leichter Berechenbarkeit* aus; auch brauchen die Merkmalsträger nicht der Größe nach geordnet zu sein. Dieser Index ist definiert als

$$H = \sum_{i=1}^{N} p_i^2 = \frac{\sum_{i=1}^{N} a_i^2}{\left(\sum_{i=1}^{N} a_i\right)^2}.$$

Wie man durch Einsetzen unmittelbar erkennt, nimmt der *Herfindahl*-Index für *maximale Konzentration* ($p_1 = p_2 = \ldots = p_{N-1} = 0, p_N = 1$, z.B. Verteilung A) den Wert 1 an; bei *minimaler Konzentration* (gleichmäßiger Verteilung, $p_1 = p_2 = \ldots = p_N = \frac{1}{N}$) gilt

$$H = N \left(\frac{1}{N}\right)^2 = \frac{1}{N}.$$

Es gilt also

$$\frac{1}{N} \leqq H \leqq 1.$$

Für Verteilung G (zehn gleich große Unternehmen mit einem Anteil von je 10% am Gesamtumsatz) gilt demnach $H = 0{,}1$, für Verteilung C (fünf gleich große Unternehmen mit einem Anteil von je 20% am Gesamtumsatz) nimmt der *Herfindahl*-Index mit $H = 0{,}2$ einen doppelt so hohen Wert an. Genau dies sollte aber von einem Index der absoluten Konzentration erwartet werden; es ist daher kein Schönheitsfehler, wenn der *Herfindahl*-Index im Falle *minimaler Konzentration* nicht den Wert 0, sondern den Wert 1/N annimmt. In dieser Eigenschaft kommt nur zum Ausdruck, daß es vom Standpunkt der absoluten Konzentration eben einen Unterschied macht, ob der betreffende Industriezweig fünf gleich große Unternehmen oder deren zehn umfaßt. So nimmt der *Herfindahl*-Index auch für Verteilung B einen doppelt so hohen Wert an wie für Verteilung F; für Verteilung E nimmt er jedoch, wie man schon aus der Definitionsformel erkennt, denselben Wert an wie für Verteilung D, d.h. er ist invariant gegenüber einer proportionalen Veränderung des auf die einzelnen Merkmalsträger entfallenden Merkmalsbetrages.

Vergleichen wir noch den *Herfindahl*-Index für Verteilung C ($H = 0{,}200$) mit dem für Verteilung H ($H = 0{,}198$), so erkennen wir, daß die Hinzufügung einer Anzahl von sehr kleinen Merkmalsträgern den Wert des *Herfindahl*-Index kaum verändert; wenn ein Industriezweig aus fünf Unternehmen (mit je 20% Umsatzanteil) oder aber aus zehn Unternehmen besteht, von denen fünf einen Umsatzanteil von je 19,9% und fünf einen Umsatzanteil von je 0,1% haben, so ist die *absolute Konzentration* praktisch dieselbe. Es läßt sich noch schärfer formulieren: Fügt man am unteren Ende der Verteilung eine Anzahl von Merkmalsträgern hinzu, auf die jeweils ein Merkmalsbetrag von 0 entfällt, so bleibt der Wert des *Herfindahl*-Index unverändert.

Zwischen dem *Herfindahl*-Index H und der *Varianz* σ^2 bzw. dem *Variationskoeffizienten* $VC = \sigma/\mu$ besteht der **Zusammenhang:**

$$H = \frac{1}{N}\left((VC)^2 + 1\right) = \frac{1}{N}\left(\frac{\sigma^2}{\mu^2} + 1\right).$$

26.3. Maßzahlen der relativen Konzentration (Disparität, Ungleichheit)

Der *Begriff der relativen Konzentration* sei zunächst anhand der ***Lorenz*-Kurve** für die Verteilungen A, B und C veranschaulicht. In einem quadratischen Schaubild werden auf der *Abszisse* die einzelnen Merkmalsträger in gleichen Abständen eingezeichnet, auf der *Ordinate* werden die zugehörigen kumulierten Anteile am gesamten Merkmalsbetrag aufgetragen. So entfällt z. B. bei Verteilung B auf das kleinste Unternehmen (d. i. auf die kleinsten 20% aller Unternehmen) ein Anteil von 6%, auf die beiden kleinsten Unternehmen (d. i., auf die kleinsten 40% der Unternehmen) miteinander ein kumulierter Anteil von 14%, auf die drei kleinsten Unternehmen 34%, auf die vier kleinsten 64% und auf alle fünf Unternehmen 100%. Der Streckenzug, der die entsprechenden Punkte miteinander verbindet, heißt die ***Lorenz*-Kurve der Konzentration** (siehe unten).

Je stärker die Konzentration, desto stärker erscheint die *Lorenz*-Kurve nach rechts unten gebaucht und desto größer ist die (schraffierte) Fläche zwischen Hauptdiagonale und *Lorenz*-Kurve: Im Fall maximaler Konzentration umfaßt sie (nahezu) die gesamte Quadrathälfte unterhalb der Hauptdiagonale, im Falle minimaler Konzentration wird dieses Flächenstück 0.

Es liegt also nahe, die *Fläche zwischen Hauptdiagonale und Lorenz-Kurve* als Konzentrationsmaß heranzuziehen. Bezeichnet man die Koordinaten der Punkte der *Lorenz*-Kurve mit (u_i, v_i), $i = 1, 2, \ldots, N$ und normiert Breite und Höhe des Quadrates auf 1 ($u_N = v_N = 1$), so gilt

$$u_i = \frac{i}{N} \qquad \text{und}$$

$$v_i = \sum_{j=1}^{i} p_{[j]} = \frac{\sum_{j=1}^{i} a_{[j]}}{\sum_{j=1}^{N} a_{[j]}}\,.$$

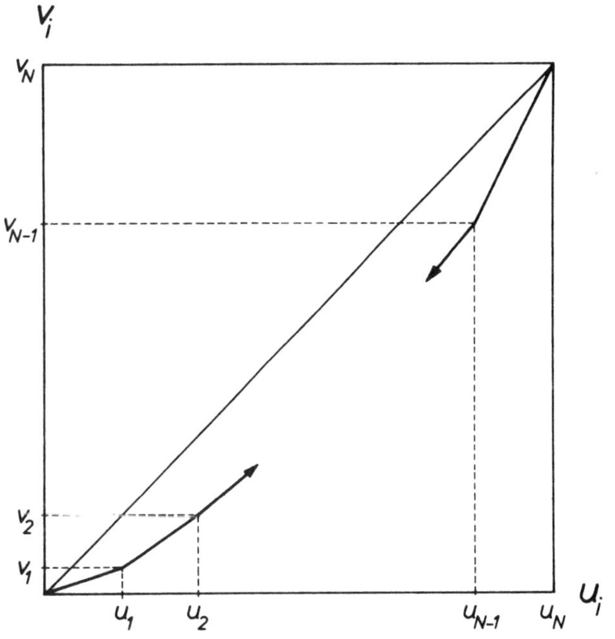

Abb. 26.2: Darstellung der Ableitung des Konzentrationsmaßes nach Lorenz-Münzner

Setzen wir ferner $u_0 = v_0 = 0$, so ergibt sich für das Flächenstück unterhalb der *Lorenz*-Kurve

$$F_u = \frac{1}{N}\left(\frac{v_0 + v_1}{2} + \frac{v_1 + v_2}{2} + \ldots + \frac{v_{N-1} + v_N}{2}\right) =$$

$$= \frac{1}{N}\left(\sum_{i=0}^{N} v_i - \frac{v_0}{2} - \frac{v_N}{2}\right) = \frac{1}{N}\left(\sum_{i=1}^{N} v_i - \frac{1}{2}\right).$$

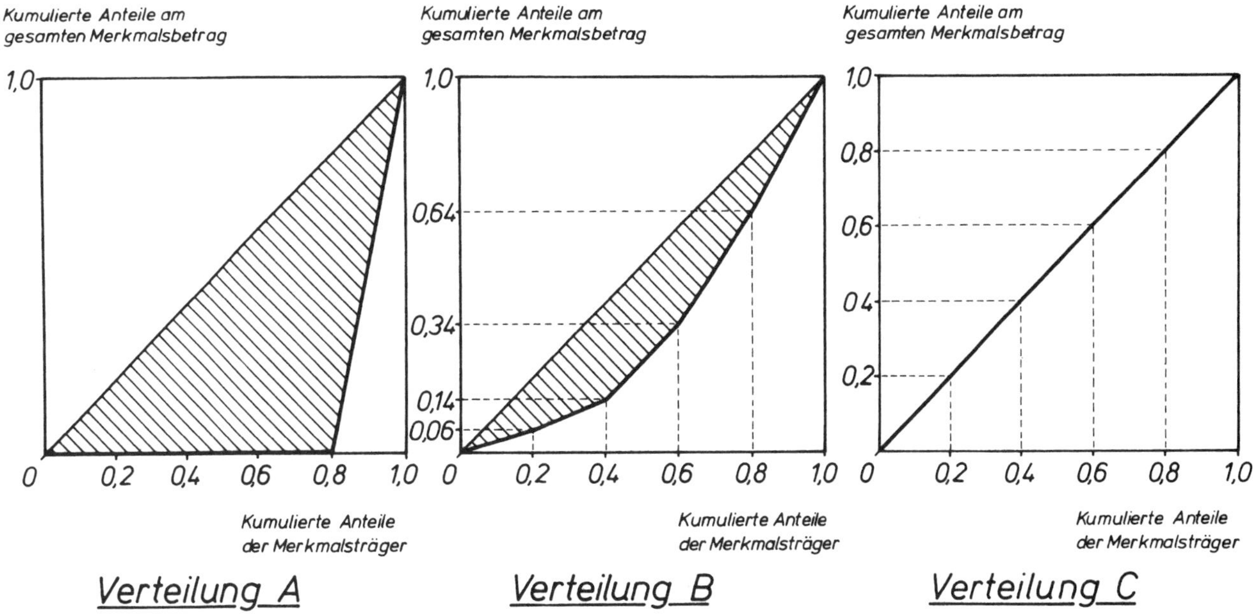

Abb. 26.1: Lorenz-Kurven für die Verteilungen A, B und C

Führen wir ferner den Hilfswert

$$V = \sum_{i=1}^{N} v_i - \frac{1}{2}$$

ein, so läßt sich schreiben

$$F_u = \frac{V}{N}.$$

Für das Flächenstück zwischen Hauptdiagonale und *Lorenz*-Kurve ergibt sich

$$F_0 = \frac{1}{2} - F_u = \frac{1}{2} - \frac{V}{N} = \frac{N-2V}{2N}.$$

Wie aus dem Schaubild der *Lorenz*-Kurve für Verteilung A (Abb. 26.1) erkennbar, beträgt dieses Flächenstück im Falle maximaler Konzentration

$$F_{0\,max} = \frac{1}{2} - \frac{1}{2N} = \frac{N-1}{2N}.$$

Normiert man das Konzentrationsmaß so, daß es für den Fall maximaler Konzentration (Verteilung A) den Wert 1 annimmt, so ergibt sich das **Konzentrationsmaß nach *Lorenz-Münzner*** zu

$$\kappa = \frac{F_0}{F_{0\,max}} = \frac{N-2V}{N-1} = 1 - \frac{2V-1}{N-1}.$$

Normiert man jedoch auf die gesamte Dreiecksfläche, so ergibt sich

$$\kappa' = \frac{F_0}{\frac{1}{2}} = 1 - \frac{2V}{N}.$$

Bei **Vorliegen klassifizierter Daten,** d. h. *wenn die insgesamt* N *Merkmalsträger in* k *Klassen zusammengefaßt sind* (vgl. Abschnitt 2.3 und 2.4), kann *dieselbe Formel* für κ' verwendet werden, jedoch gilt

$$V = \sum_{i=1}^{k} h_i \bar{v}_i, \qquad \text{mit}$$

$$v_i = \frac{\sum_{j=1}^{i} x_j h_j}{\sum_{i=1}^{k} x_j h_j} \qquad \text{und}$$

$$\bar{v}_i = \frac{v_{i-1} + v_i}{2} \qquad (i = 1, 2, \ldots, k).$$

Die Berechnung von κ und κ' sei nachfolgend in Tabelle 26.2 anhand von Verteilung A, B und C veranschaulicht (bezüglich der Berechnung von κ' bei klassifizierten Daten s. Aufgabe 26.5 und 26.6):

Unter-nehmen	Verteilung A			Verteilung B			Verteilung C		
	a_i	p_i	v_i	a_i	p_i	v_i	a_i	p_i	v_i
e	0	0,00	0,00	60	0,06	0,06	200	0,20	0,20
d	0	0,00	0,00	80	0,08	0,14	200	0,20	0,40
c	0	0,00	0,00	200	0,20	0,34	200	0,20	0,60
b	0	0,00	0,00	300	0,30	0,64	200	0,20	0,80
a	1000	1,00	1,00	360	0,36	1,00	200	0,20	1,00
Summe	1000	1,00	1,00	1000	1,00	2,18	1000	1,00	3,00

Tab. 26.2: Arbeitstabelle

Es ergibt sich

(a) für Verteilung A: $V = 1{,}00 - 0{,}50 = 0{,}50$;
$\kappa = 1, \quad \kappa' = 0{,}80$

(b) für Verteilung B: $V = 2{,}18 - 0{,}50 = 1{,}68$;
$\kappa = 0{,}41, \quad \kappa' = 0{,}328$

(c) für Verteilung C: $V = 3{,}00 - 0{,}50 = 2{,}50$;
$\kappa = 0, \quad \kappa' = 0.$

Die Maßzahl κ hat den *Vorteil*, daß sie im Fall *maximaler Konzentration* stets den Wert 1 annimmt, hat jedoch den *Nachteil*, daß sie bei gleichem Streckenzug der *Lorenz*-Kurve, jedoch unterschiedlicher Zahl von Merkmalsträgern *unterschiedliche Werte* ausweist; das Umgekehrte gilt für κ'. So ist etwa die *Lorenz*-Kurve für Verteilung F identisch mit der für Verteilung B; κ' stimmt für beide Verteilungen überein, während κ einen etwas anderen Wert annimmt (vgl. Aufgabe 26.3). Im Falle *minimaler Konzentration* (gleichmäßige Verteilung des Merkmalsbetrages auf alle Merkmalsträger, z. B. Verteilung C) nimmt jedoch sowohl κ als κ' den Wert 0 an. Es gilt also

$$0 \leqq \kappa \leqq 1 \qquad \text{und}$$

$$0 \leqq \kappa' \leqq \frac{N-1}{N}.$$

Für Verteilung E und für Verteilung D ergibt sich derselbe Wert für κ bzw. für κ'; der *Lorenz-Münzner*-Index ist also, genau wie der *Herfindahl*-Index, invariant gegenüber einer proportionalen Veränderung des auf die einzelnen Merkmalsträger entfallenden Merkmalsbetrages.

Ein Vergleich von Verteilung C mit Verteilung H hatte für den *Herfindahl*-Index praktisch denselben Wert ergeben. Das Konzentrationsmaß nach *Lorenz-Münzner* reagiert jedoch außerordentlich empfindlich auf die Hinzufügung von fünf Firmen mit ganz geringem Anteil am gesamten Merkmalsbetrag: Während sich für Verteilung C ein Wert von $\kappa = 0$ ergab, erhalten wir für Verteilung H $\kappa = 0{,}55$. Dies wird auch aus dem Schaubild der *Lorenz*-Kurve deutlich (Abb. 26.3; siehe Seite 189).

Von einer Hinzufügung von Merkmalsträgern mit Merkmalsbetrag 0 ist κ bzw. κ' (als Maßzahl der relativen Konzentration) stark betroffen. Diese Eigenschaft ist nicht als Schönheitsfehler anzusprechen, sondern ergibt sich zwingend aus der *Definition*. Dies kann jedoch in der praktischen Anwendung zu erheblichen Schwierigkeiten führen: Berechnet man etwa die Konzentration von Spitälern auf Landkreise eines Bundeslandes, so ergibt sich ein ganz an-

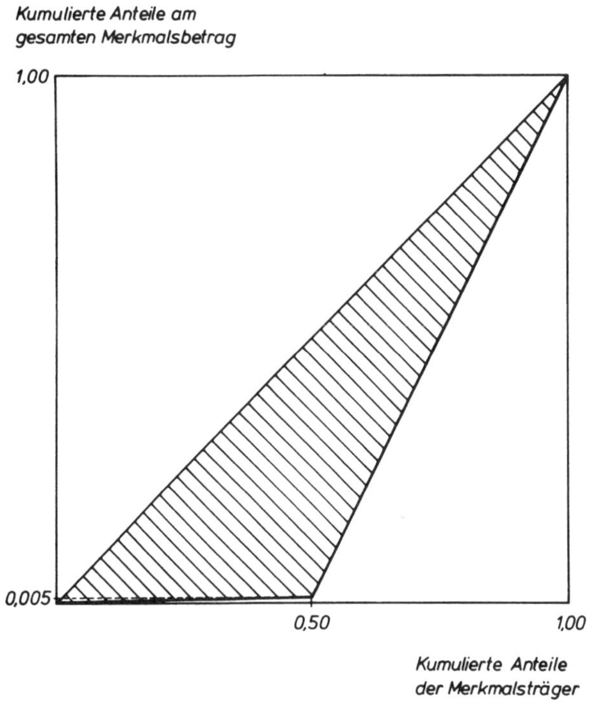

Abb. 26.3: Lorenzkurve für Verteilung H

derer Wert, je nachdem, ob jene Landkreise, in denen kein Spital besteht, einbezogen werden oder nicht.

Dieser Schwierigkeit versucht *Münzner* dadurch zu begegnen, daß er eine (tatsächlich gegebene oder fiktive) *Zahl* n_0 ($n_0 \geqq N$) einführt, definiert als *„die Anzahl der Merkmalsträger, auf die die Objekte gleichmäßig verteilt sein müssen, damit der Sachverhalt völliger Nichtkonzentration auch wirklich erfüllt ist"*. Dieses **(bereinigte) Konzentrationsmaß nach *Lorenz-Münzner*** ist dann definiert als

$$\kappa^* = 1 - \frac{2V}{n_0}.$$

(Wie man aus der Definitionsformel erkennt, ist die Berechnung von V von der Wahl eines n_0, genauer: von der Hinzufügung einer Anzahl von Merkmalsträgern mit Merkmalsbetrag 0, nicht betroffen).

In *manchen Anwendungsfällen* ist diese Zahl n_0 *leicht definierbar* (z. B. im Falle der Verteilung von Spitälern auf Landkreise ist n_0 einfach die Gesamtzahl von Landkreisen des betreffenden Bundeslandes).

Gerade *in einigen der wichtigsten Anwendungsfälle der Lorenz-Kurve liegt jedoch kein eindeutig festlegbares* n_0 *vor, etwa in der Darstellung von Einkommensverteilungen.* Die der Einkommensverteilung zugrundeliegenden Daten werden üblicherweise der Einkommensteuerstatistik entnommen. Wird nun etwa der Mindestbetrag, ab dem Steuerpflicht besteht, angehoben, so fallen am unteren Ende der Verteilung ein Teil der (bisher) Einkommensteuerpflichtigen heraus und die *Lorenz*-Kurve verschiebt sich nach links (je weiter unten, desto stärker), obwohl sich an der Verteilung der Einkommen nichts geändert hat. Vor allem im internationalen Vergleich ist größte Vorsicht geboten: Höhere oder niedrigere Konzentration der Einkommen hängt vielfach vornehmlich davon ab, welche Untergrenze in den einzelnen Ländern besteht. Wie groß soll nun n_0 gewählt werden? Sind theoretisch alle Bewohner eines Landes als (hypothetische) Einkommensbezieher anzusehen? Alle Großjährigen? Einschließlich oder ausschließlich chronisch kranker Personen? Angesichts der Größenunterschiede zwischen einzelnen Ländern kommen andererseits für einen Vergleich der Einkommenskonzentration aber nur Maßzahlen der relativen Konzentration in Frage; der Gebrauch von *Lorenz*-Kurven ist daher nicht von vornherein abzulehnen, jedoch ist größte Vorsicht am Platze.

26.4. Maßzahlen für den Konzentrationsprozeß (Veränderung der Konzentration)

Zur *Analyse einer Veränderung der absoluten Konzentration* genügt meist ein *komparativ-statisches Vorgehen.* Sei H_0 und H_1 der Wert des *Herfindahl*-Index zu den beiden Zeitpunkten t_0 und t_1, so kann als **Index der Veränderung der absoluten Konzentration** gesetzt werden:

$$B_a = \frac{H_1}{H_0}.$$

Ist $B_a > 1$, so hat die Konzentration im Zeitraum (t_0, t_1) zugenommen, ist $B_a < 1$, so hat die Konzentration abgenommen.

Es läge nahe, eine *Maßzahl der Veränderung der relativen Konzentration* ebenfalls als *Quotient des Lorenz-Münzner-Koeffizienten zu zwei verschiedenen Zeitpunkten,* κ_0 und κ_1, zu definieren; diese Maßzahl wäre aber genau so von der Wahl von n_0 abhängig wie die Koeffizienten κ_0 und κ_1 selbst. Für den (häufig gegebenen) Fall, daß n_0 zwar *unbekannt* ist, aber *für die beiden Zeitpunkte* t_0 *und* t_1 *als (praktisch) gleich groß* angenommen werden kann, läßt sich jedoch eine **Maßzahl der Veränderung der relativen Konzentration** angeben, *die von* n_0 *unabhängig ist.* Diese Maßzahl lautet

$$B_r = \frac{V_0}{V_1}.$$

Geometrisch läßt sich B_r deuten als *(Reziprokwert der) Veränderung der Fläche unterhalb der Lorenz-Kurve* (F_u) *zwischen den beiden Zeitpunkten* t_0 und t_1.

Wieder bedeutet $B_r > 1$ eine Zunahme, $B_r < 1$ eine Abnahme der relativen Konzentration im betrachteten Zeitraum.

Man kann zeigen, daß zwischen diesem Konzept der Veränderung der relativen Konzentration und dem unmittelbar vorher definierten Konzept der Veränderung der absoluten Konzentration *kein Unterschied* besteht, d. h. in komparativ-statischer Betrachtungsweise fallen die beiden hier definierten Konzepte der absoluten und relativen Konzentration zusammen.

26.5. Ausgewählte Literatur

Bruckmann, Gerhart, Einige Bemerkungen zur statistischen Messung der Konzentration. Metrika 14, 1969, S. 183–213.

Ferschl, Franz, Deskriptive Statistik (3., korr. Aufl.). Heidelberg 1985.

Münzner, Hans, Probleme der Konzentrationsmessung. Allg. Stat. Archiv 47, 1963, S. 1–9.

Piesch, Walter, Statistische Konzentrationsmaße. Tübingen 1975.

Aufgaben zu Kapitel 26

26.1 Man beweise den Zusammenhang zwischen *Herfindahl*-Index und Varianz bzw. Variationskoeffizient.

26.2 Man berechne den *Herfindahl*-Index für Verteilung B, Verteilung D und Verteilung F und vergleiche die Ergebnisse. Welche Beziehung besteht zwischen den Ergebnissen für Verteilung B und Verteilung F?

26.3 Man berechne den Konzentrationskoeffizienten nach *Lorenz-Münzner* für Verteilung D und für Verteilung F.

26.4 Man zeichne die *Lorenz*-Kurven für Verteilung B und Verteilung D übereinander und vergleiche die Ergebnisse.

26.5 Man beweise die Formel für den Konzentrationskoeffizienten nach *Lorenz-Münzner* für klassifizierte Daten.

26.6 Man zeichne die *Lorenz*-Kurve und berechne den Konzentrationskoeffizienten nach *Lorenz-Münzner* für das in Tab. 2.5 (bzw. Tab. 3.2) angeführte Beispiel.

26.7 Angenommen, Verteilung B sei aus Verteilung F durch Fusion je zweier gleich großer Firmen entstanden. Man berechne die Indizes der (dynamischen) Konzentration B_a und B_r.

Lösungen zu den Aufgaben

Lösungen der Aufgaben zu Kapitel 1

1.1 a) (16901742/81802257) · 100% = 20,66%
b) 94433 Mio. EUR
c) (88,4 – 87,9)/87,9 · 100% = 0,57%
d) Produktion von Bier aus Malz
(ohne alkoholfreies Bier): 86738 Tsd. hl
Zahl der produzierten Zigaretten: 217593 Mio. Stck.
e) Personenkraftwagen insgesamt:
41,184 Mio. und 502 je 1000 Einwohner im Jahr 2005

1.2 Bestandsmassen: a, c, f
Bewegungsmassen: b, d, e

1.3 6318 + 3620 – 7480 = 2458

1.4 Diskrete Merkmale: a, b, e
Stetige Merkmale: c, d, f

1.5 a) Nominalskala, Ordinalskala
b) Nominalskala, Ordinalskala, Intervallskala
c) Nominalskala, Ordinalskala, Intervallskala, Verhältnisskala

1.6 Jahresumsatz: verhältnisskaliert
Rangfolge: ordinalskaliert
Aufgegeben wird die Information über die absolute Höhe des Umsatzes und das Ausmaß des Abstands zwischen den Unternehmen hinsichtlich des Umsatzes.

Lösungen der Aufgaben zu Kapitel 2

2.1

i	x_i	h_i	f_i
1	0	8	0,200
2	1	13	0,325
3	2	10	0,250
4	3	6	0,150
5	4	2	0,050
6	5	0	0
7	6	1	0,025
Σ		40	1,000

Häufigkeitsverteilung

i	x_i	H_i	F_i
1	0	8	0,200
2	1	21	0,525
3	2	31	0,775
4	3	37	0,925
5	4	39	0,975
6	5	39	0,975
7	6	40	1,000

Absolute und relative Summenhäufigkeiten

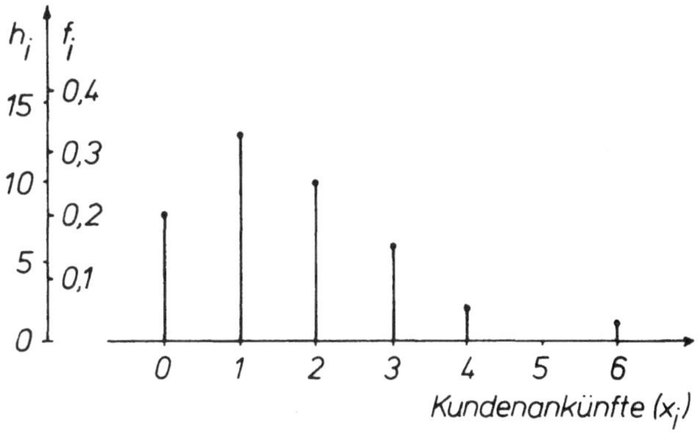

Häufigkeitsverteilung

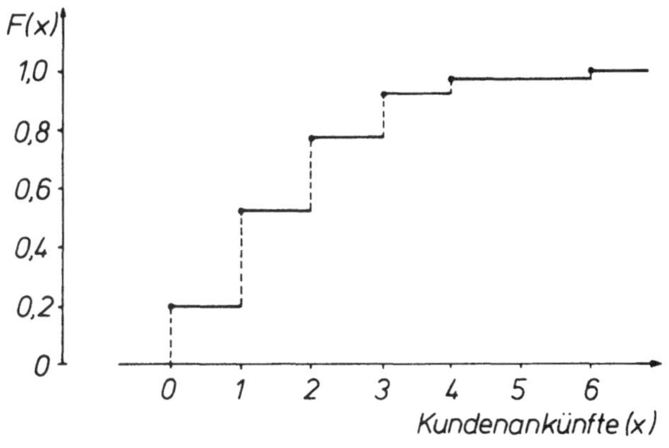

Summenhäufigkeitsfunktion

2.2

i	Lebensdauer in Jahren	H_i	F_i
1	bis 2	33	0,033
2	bis 4	309	0,309
3	bis 6	713	0,713
4	bis 8	950	0,950
5	bis10	1000	1,000

Absolute und relative Summenhäufigkeiten

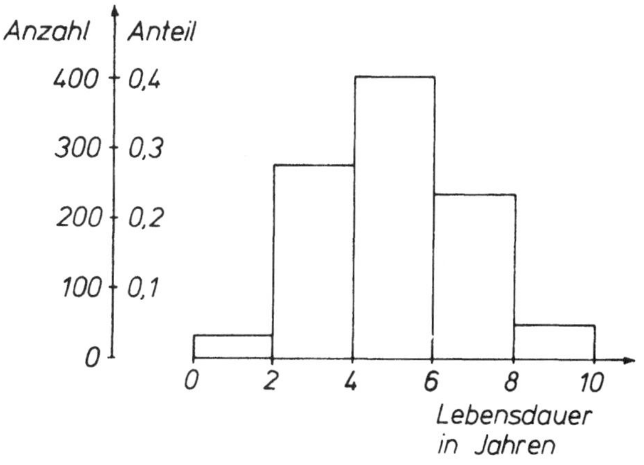

Häufigkeitsverteilung

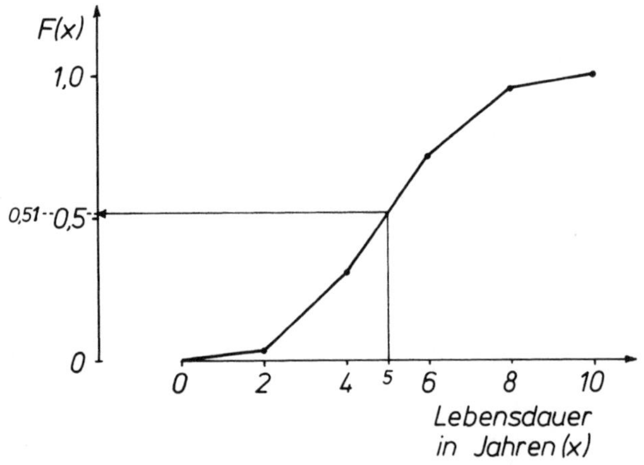

Summenhäufigkeitsfunktion

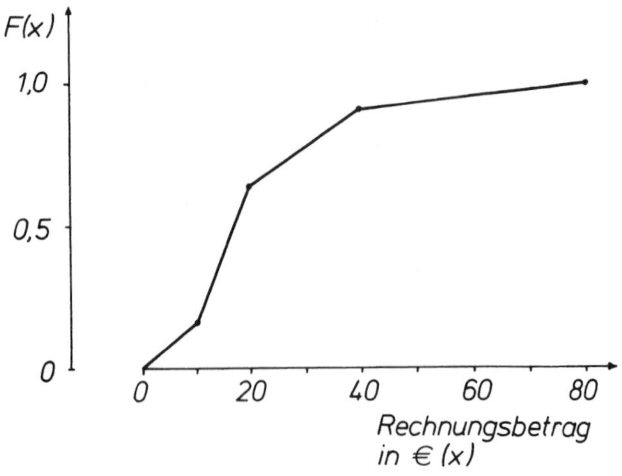

Summenhäufigkeitsfunktion

Der Anteil der Motoren mit einer Lebensdauer von mehr als 5 Jahren beträgt ungefähr 1 − 0,51 = 0,49 oder 49%.

2.3

i	Rechnungs-betrag in €	H_i	F_i
1	bis 10	16	0,16
2	bis 20	64	0,64
3	bis 40	91	0,91
4	bis 80	100	1,00

Absolute und relative Summenhäufigkeiten

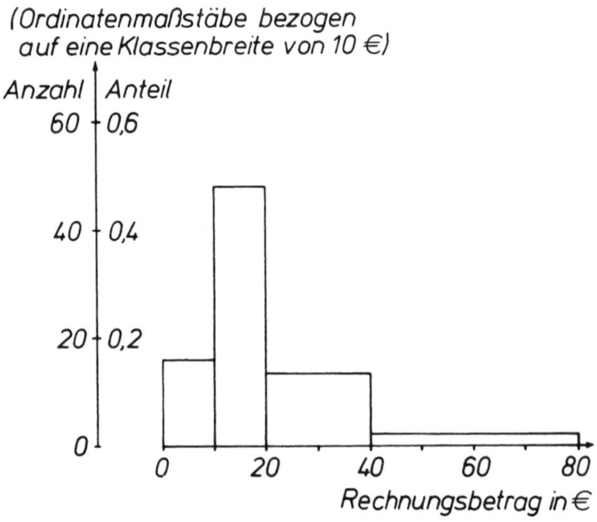

Häufigkeitsverteilung

Lösungen der Aufgaben zu Kapitel 3

3.1 Arithmetisches Mittel:

$$\mu = \frac{1}{N} \sum_{i=1}^{k} x_i h_i$$

$$= \frac{65}{40} = 1{,}625 \text{ Kundenankünfte,}$$

Modus: Mo = 1 Kundenankunft,

Median: Me = 1 Kundenankunft.

3.2 Modus: $Mo = x_3' = 5$ Jahre,

$$\text{Median: } Me = x_i^u + \frac{0{,}5 - F(x_i^u)}{F(x_i^o) - F(x_i^u)} (x_i^o - x_i^u)$$

$$= 4 + \frac{0{,}5 - 0{,}309}{0{,}713 - 0{,}309} (6 - 4)$$

$$= 4{,}95 \text{ Jahre.}$$

3.3 Die durchschnittliche jährliche Wachstumsrate p läßt sich über den durchschnittlichen Wachstumsfaktor G, das geometrische Mittel der einzelnen Wachstumsfaktoren q_i (i = 1, ..., 5), berechnen:

$$G = \sqrt[5]{q_1 \cdot q_2 \cdot q_3 \cdot q_4 \cdot q_5}$$

$$= \sqrt[5]{1{,}10 \cdot 1{,}20 \cdot 1{,}05 \cdot 1{,}08 \cdot 1{,}15}$$

$$= 1{,}11475 \quad \text{und damit}$$

$$p = (G - 1) \cdot 100\% = 11{,}475\% \approx 11{,}5\%.$$

3.4

$$\sum_{i=1}^{k} (x_i - \mu) f_i = \sum_{i=1}^{k} (x_i f_i - \mu f_i)$$

$$= \sum_{i=1}^{k} x_i f_i - \mu \sum_{i=1}^{k} f_i$$

$$= \mu - \mu = 0.$$

Lösungen der Aufgaben zu Kapitel 4

4.1 Varianz:

$$\sigma^2 = \frac{1}{N} \sum_{i=1}^{k} x_i^2 h_i - \mu^2$$
$$= \frac{175}{40} - 1{,}625^2 = 1{,}7344 \text{ Kundenankünfte}^2,$$

Standardabweichung:

$$\sigma = \sqrt{1{,}7344} = 1{,}317 \text{ Kundenankünfte},$$

Mittlere absolute Abweichung:

$$\text{MAD} = \frac{1}{N} \sum_{i=1}^{k} |x_i - \mu| h_i$$
$$= \frac{42{,}25}{40} = 1{,}056 \text{ Kundenankünfte},$$

Spannweite:

$$R = x_k - x_1 = 6 - 0 = 6 \text{ Kundenankünfte}.$$

4.2 Arithmetisches Mittel:

$$\mu = \sum_{i=1}^{k} x_i' f_i = 4{,}99 \text{ Jahre},$$

Varianz:

$$\sigma^2 = \sum_{i=1}^{k} x_i'^2 f_i - \mu^2$$
$$= 28{,}28 - 4{,}99^2 = 3{,}38 \text{ Jahre}^2,$$

Korrigierte Varianz:

$$\sigma^2_{\text{korr.}} = \sigma^2 - \frac{(\Delta x)^2}{12} = 3{,}38 - \frac{2^2}{12} = 3{,}05 \text{ Jahre}^2.$$

4.3 *Gesamtheit* I

Varianz:

$$\sigma_I^2 = \frac{1}{N} \sum_{i=1}^{N} (a_i - \mu_I)^2 \text{ mit}$$
$$\mu_I = \frac{1}{N} \sum_{i=1}^{N} a_i = \frac{18}{3} = 6,$$
$$\sigma_I^2 = \frac{8}{3} = 2{,}667,$$

Standardabweichung:

$$\sigma_I = \sqrt{2{,}667} = 1{,}633,$$

Variationskoeffizient:

$$VC_I = \frac{\sigma_I}{\mu_I} \cdot 100\% = 27{,}22\%,$$

Mittlere absolute Abweichung:

$$\text{MAD}_I = \frac{1}{N} \sum_{i=1}^{N} |a_i - \mu|$$
$$= \frac{4}{3} = 1{,}333,$$

Spannweite:

$$R_I = a_{[N]} - a_{[1]} = 8 - 4 = 4.$$

Gesamtheit II

Varianz:

$$\sigma_{II}^2 = \frac{1}{N} \sum_{i=1}^{N} (a_i - \mu_{II})^2 \text{ mit}$$
$$\mu_{II} = \frac{1}{N} \sum_{i=1}^{N} a_i = \frac{312}{3} = 104,$$
$$\sigma_{II}^2 = \frac{8}{3} = 2{,}667,$$

Standardabweichung:

$$\sigma_{II} = \sqrt{2{,}667} = 1{,}633,$$

Variationskoeffizient:

$$VC_{II} = \frac{\sigma_{II}}{\mu_{II}} \cdot 100\% = 1{,}57\%,$$

Mittlere absolute Abweichung:

$$\text{MAD}_{II} = \frac{1}{N} \sum_{i=1}^{N} |a_i - \mu_{II}|$$
$$= \frac{4}{3} = 1{,}333,$$

Spannweite:

$$R_{II} = a_{[N]} - a_{[1]} = 106 - 102 = 4.$$

4.4 I: $-1{,}225$; 0; $+1{,}225$,
II: $-1{,}225$; 0; $+1{,}225$,

$$\mu_Z = \frac{1}{N} \sum_{i=1}^{N} z_i = 0,$$
$$\sigma_Z^2 = \frac{1}{N} \sum_{i=1}^{N} (z_i - \mu_Z)^2 = \frac{3}{3} = 1.$$

Lösungen der Aufgaben zu Kapitel 5

5.1 S = {ZZZ, ZZW, ZWZ, WZZ, ZWW, WZW, WWZ, WWW}

5.2

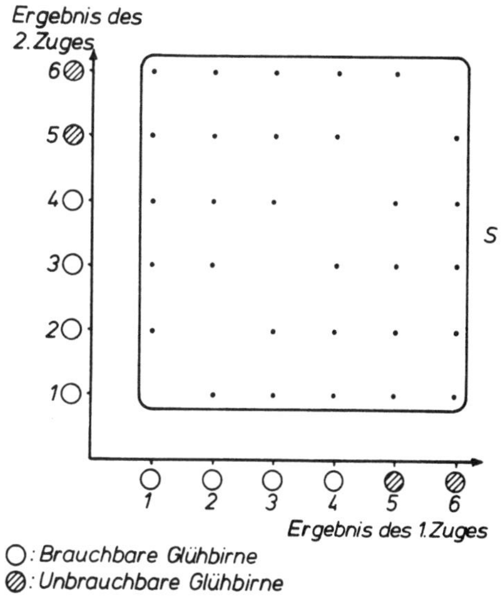

Ereignisraum

5.3 (a) Ereignis A: Augensumme beträgt 7

$$A = \{(1,6)\} \cup \{(2,5)\} \cup \{(3,4)\} \cup \{(4,3)\} \cup \{(5,2)\} \cup \{(6,1)\}$$

mit

$$W(A) = W(\{(1,6)\}) + W(\{(2,5)\}) + W(\{(3,4)\}) + W(\{(4,3)\}) + W(\{(5,2)\}) + W(\{(6,1)\})$$
$$= 6 \cdot \frac{1}{36} = \frac{1}{6}$$

(b) Ereignis B: Augensumme beträgt höchstens 11
Ereignis $\bar{B}$: Augensumme beträgt 12

$$W(B) = 1 - W(\bar{B}) = 1 - W(\{(6,6)\}) = 1 - \frac{1}{36} = \frac{35}{36}$$

5.4 Ereignis A: Firma A nimmt die Bewerbung an; $W(A) = 0,5$
Ereignis B: Firma B nimmt die Bewerbung an; $W(B) = 0,6$
Ereignis $A \cap B$: Beide Firmen nehmen die Bewerbung an; $W(A \cap B) = 0,3$
Ereignis C: Wenigstens eine Firma nimmt die Bewerbung an;
gesucht: W(C)
Es ist $C = A \cup B$;
$$W(C) = W(A \cup B) = W(A) + W(B) - W(A \cap B) = 0,5 + 0,6 - 0,3 = 0,8.$$
(Lösung kann auch über eine Vierfeldertafel erfolgen.)

5.5 Ereignis A: Wenigstens 4 Kunden; $W(A) = 0,9$
Ereignis B: Höchstens 6 Kunden; $W(B) = 0,6$
Ereignis C: 4, 5 oder 6 Kunden;
gesucht: W(C)
Es ist $A \cup B = S$ und damit
$W(A \cup B) = 1$.
Weiterhin ist $C = A \cap B$.
Aus dem Additionssatz folgt:
$$W(C) = W(A \cap B) = W(A) + W(B) - W(A \cup B) = 0,9 + 0,6 - 1 = 0,5.$$

Lösungen der Aufgaben zu Kapitel 6

6.1 Ereignis A: Erster Student findet die Lösung;
Ereignis B: Zweiter Student findet die Lösung;
Ereignis C: Wenigstens einer der Studenten findet die Lösung.
Gesucht ist W(C).
Es ist $C = A \cup B$ und
$$W(C) = W(A \cup B) = W(A) + W(B) - W(A \cap B).$$
Da die Ereignisse unabhängig sind, gilt:
$$W(A \cap B) = W(A) \cdot W(B) = 0,6 \cdot 0,6 = 0,36$$ und damit
$$W(C) = 0,6 + 0,6 - 0,36 = 0,84.$$

6.2 Ereignis E: Erfolgreicher Abschluß des Studiums
Ereignis A: Die gewünschte Position wird erreicht.
Es ist $A = (E \cap A) \cup (\bar{E} \cap A)$.
Da die Ereignisse $(E \cap A)$ und $(\bar{E} \cap A)$ disjunkt sind, gilt
$W(A) = W(E \cap A) + W(\bar{E} \cap A)$
mit
$W(E \cap A) = W(E) \cdot W(A/E) = 0,7 \cdot 0,8 = 0,56$ und
$W(\bar{E} \cap A) = W(\bar{E}) \cdot W(A/\bar{E}) = 0,3 \cdot 0,1 = 0,03$.
Damit ergibt sich
$W(A) = 0,56 + 0,03 = 0,59$.

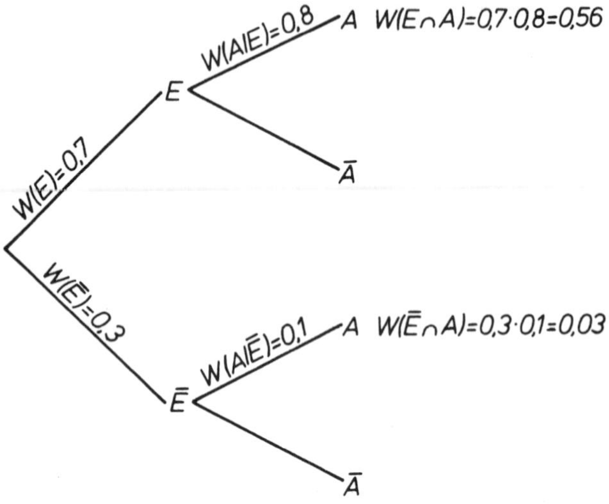

Baumdiagramm

6.3 Ereignis A_i: Vertreter fährt im Jahr i den Typ A;
Ereignis B_i: Vertreter fährt im Jahr i den Typ B.
Gesucht ist $W(A_2)$.
Es ist nun $W(A_2) = W(A_1 \cap A_2) + W(B_1 \cap A_2)$
mit
$W(A_1 \cap A_2) = W(A_1) \cdot W(A_2/A_1) = 0,7 \cdot 0,7 = 0,49$
und
$W(B_1 \cap A_2) = W(B_1) \cdot W(A_2/B_1) = 0,3 \cdot 0,3 = 0,09$.
Damit ergibt sich
$W(A_2) = 0,49 + 0,09 = 0,58$.

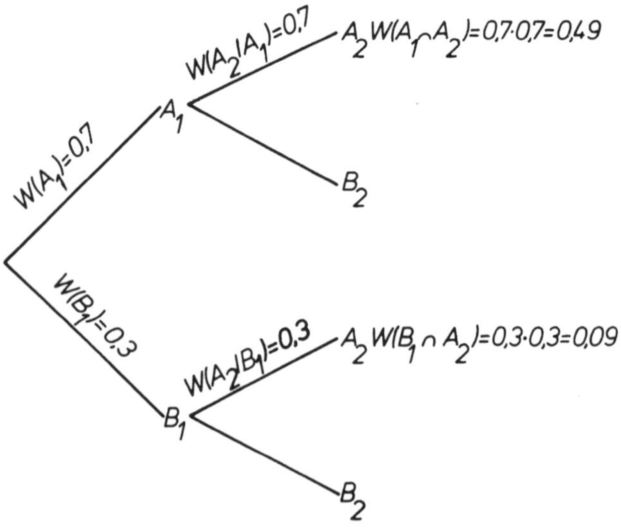

Baumdiagramm

Allgemeine Lösung:

$$W(A_2) = w^2 + (1 - w)^2$$
$$= 2w^2 + 1 - 2w$$

6.4 Ereignis B_1: Röhre wurde auf B_1 gefertigt;
Ereignis B_2: Röhre wurde auf B_2 gefertigt;
Ereignis G : Röhre ist von einwandfreier Qualität.

(a) Gesucht ist $W(B_1/G)$ bzw. $W(B_2/G)$.

$$W(B_1/G) = \frac{W(B_1) \cdot W(G/B_1)}{W(B_1) \cdot W(G/B_1) + W(B_2) \cdot W(G/B_2)}$$

$$W(B_1/G) = \frac{0{,}2 \cdot 0{,}9}{0{,}2 \cdot 0{,}9 + 0{,}8 \cdot 0{,}95} = 0{,}19$$

$$W(B_2/G) = 1 - W(B_1/G) = 1 - 0{,}19 = 0{,}81.$$

(b) Gesucht ist $W(B_1/\bar{G})$ bzw. $W(B_2/\bar{G})$

$$W(B_1/\bar{G}) = \frac{W(B_1) \cdot W(\bar{G}/B_1)}{W(B_1) \cdot W(\bar{G}/B_1) + W(B_2) \cdot W(\bar{G}/B_2)}$$

$$= \frac{0{,}2 \cdot 0{,}1}{0{,}2 \cdot 0{,}1 + 0{,}8 \cdot 0{,}05} = 0{,}33.$$

$$W(B_2/\bar{G}) = 1 - W(B_1/\bar{G}) = 1 - 0{,}33 = 0{,}67$$

Lösungen der Aufgaben zu Kapitel 7

7.1 (a) $E(X) = \sum_i x_i f(x_i)$

$$= 0{,}7.$$

(b) $Var(X) = \sum_i x_i^2 f(x_i) - [E(X)]^2$

$$= 1{,}1 - 0{,}7^2 = 0{,}61.$$

7.2 (a)

Anzahl fehlerhafter Stücke x	$W(X = x) = f(x)$	$W(X \leq x) = F(x)$
0	20/56 = 0,3571	0,3571
1	30/56 = 0,5358	0,8929
2	6/56 = 0,1071	1,0000
Σ	1	.

Wahrscheinlichkeits- und Verteilungsfunktion

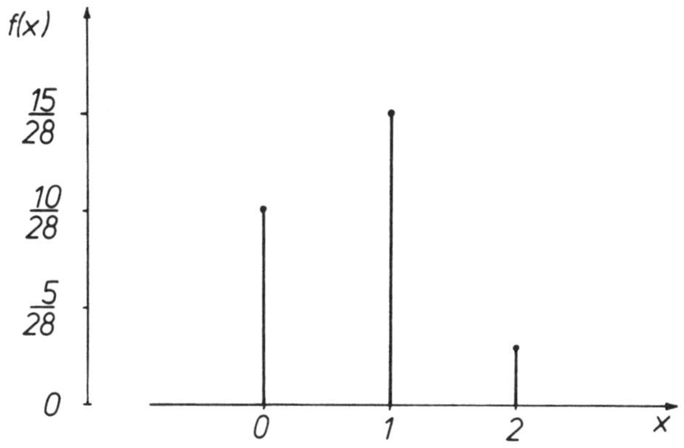

Wahrscheinlichkeitsfunktion

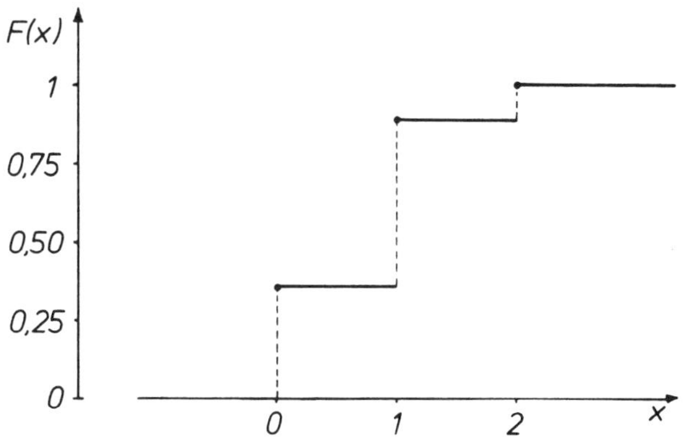

Verteilungsfunktion

(b) $E(X) = \sum_i x_i f(x_i)$

$$= 0{,}75,$$

$$Var(X) = \sum_i x_i^2 f(x_i) - [E(X)]^2$$

$$= 27/28 - 0{,}75^2$$

$$= 0{,}4018.$$

7.3 (a) 1. $f(x) \geq 0$ für $0 \leq x \leq 1$,

2. $\int_{x_u}^{x_o} f(x)\,dx = \int_0^1 2x\,dx = \left[2\frac{x^2}{2}\right]_0^1 = 1.$

(b)
$$F(x) = \begin{cases} 0 & \text{für } x < 0 \\ x^2 & \text{für } 0 \leq x \leq 1 \\ 1 & \text{für } x > 1 \end{cases}$$

(c)

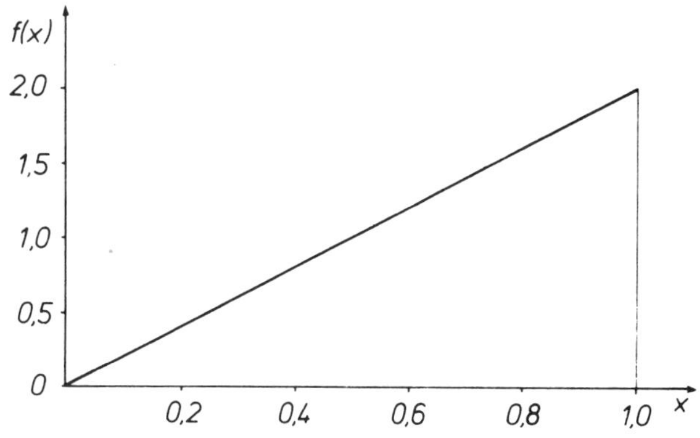

Dichtefunktion

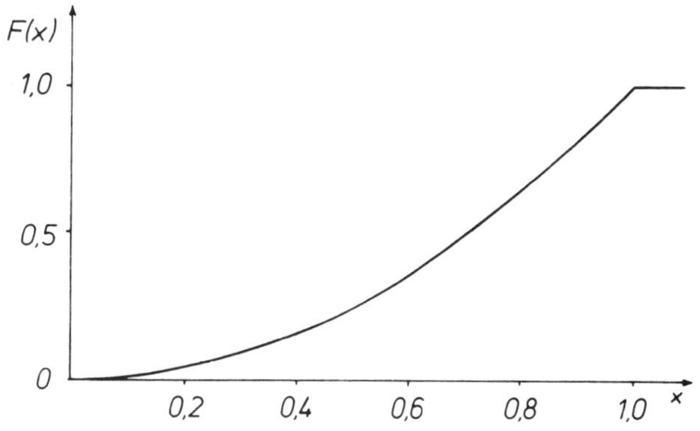

Verteilungsfunktion

(d) α) $W(0{,}2 \leq X \leq 0{,}6) = \int_{0,2}^{0,6} 2x\,dx = [x^2]_{0,2}^{0,6}$

$= 0{,}36 - 0{,}04 = 0{,}32.$

β) $W(X > 0{,}7) = \int_{0,7}^{1} 2x\,dx = [x^2]_{0,7}^{1}$

$= 1 - 0{,}49 = 0{,}51.$

7.4 (a) $E(X) = \int_{x_u}^{x_o} x\,f(x)\,dx = \int_{0}^{10} x(-0{,}006x^2 + 0{,}06x)\,dx$

$= \int_{0}^{10} (-0{,}006x^3 + 0{,}06x^2)\,dx$

$= [-0{,}0015x^4 + 0{,}02x^3]_0^{10}$

$= -15 + 20 = 5.$

(b) $\mathrm{Var}(X) = \int_{x_u}^{x_o} x^2\,f(x)\,dx - [E(X)]^2$

$= \int_{0}^{10} x^2\,(-0{,}006x^2 + 0{,}06x)\,dx - 5^2$

$= \int_{0}^{10} (-0{,}006x^4 + 0{,}06x^3)\,dx - 25$

$= [-0{,}0012x^5 + 0{,}015x^4]_0^{10} - 25$

$= -120 + 150 - 25 = 5.$

Lösungen der Aufgaben zu Kapitel 8

8.1 (a) und (b)

x \ y	2	4	6	$f_X(x)$
0	0,250	0,200	0,125	0,575
1	0,025	0,100	0,100	0,225
2	0,025	0,075	0,050	0,150
3	0	0,025	0,025	0,050
$f_Y(y)$	0,300	0,400	0,300	1,0

Gemeinsame Wahrscheinlichkeitsfunktion und Randverteilungen der Zufallsvariablen X und Y

(c)

x	f (x/4)
0	0,5000
1	0,2500
2	0,1875
3	0,0625
Σ	1,0

Bedingte Wahrscheinlichkeitsverteilung von X

(d) $E(X) = \sum_i x_i f_X(x_i)$

$= 0{,}675,$

$E(Y) = \sum_j y_j f_Y(y_j)$

$= 4{,}0,$

$\mathrm{Var}(X) = \sum_i x_i^2 f_X(x_i) - [E(X)]^2$

$= 1{,}275 - 0{,}675^2$

$= 0{,}819,$

$\mathrm{Var}(Y) = \sum_j y_j^2 f_Y(y_j) - [E(Y)]^2$

$= 18{,}4 - 4{,}0^2$

$= 2{,}4.$

(e) $E(X/4) = \sum_i x_i f(x_i/4)$

$= 0{,}8125,$

$\mathrm{Var}(X/4) = \sum_i x_i^2 f(x_i/4) - [E(X/4)]^2$

$= 1{,}5625 - 0{,}8125^2$

$= 0{,}9023.$

(f) $\mathrm{Cov}(X, Y) = \sum_i \sum_j x_i y_j f(x_i, y_j) - E(X) \cdot E(Y)$

$= 3{,}1 - 0{,}675 \cdot 4{,}0$

$= 0{,}4,$

$\varrho(X, Y) = \frac{\mathrm{Cov}(X, Y)}{\sigma_X \sigma_Y}$

$= \frac{0{,}4}{\sqrt{0{,}819}\,\sqrt{2{,}4}}$

$= 0{,}2853.$

8.2 (a)

x \ y	0	1	2	$f_X(x)$
0	0,4	0	0,4	0,8
1	0	0	0	0
2	0,1	0	0,1	0,2
$f_Y(y)$	0,5	0	0,5	1,0

Eine gemeinsame Wahrscheinlichkeitsfunktion mit $\varrho(X, Y) = 0$

(b)

x \ y	0	1	2	$f_X(x)$
0	0,5	0	0	0,5
1	0	0	0	0
2	0	0	0,5	0,5
$f_Y(y)$	0,5	0	0,5	1,0

Eine gemeinsame Wahrscheinlichkeitsfunktion mit $\varrho(X, Y) = 1$

8.3

x \ y	−4	0	2	$f_X(x)$
4	$^1/_8$	$^1/_4$	$^1/_8$	$^1/_2$
5	$^3/_{16}$	$^1/_{16}$	$^1/_4$	$^1/_2$
$f_Y(y)$	$^5/_{16}$	$^5/_{16}$	$^6/_{16}$	1

Gemeinsame Wahrscheinlichkeitsfunktion und Randverteilungen der Zufallsvariablen X *und* Y

X und Y sind voneinander stochastisch abhängig, da z. B.

$$f_X(4) \cdot f_Y(-4) = {}^1/_2 \cdot {}^5/_{16} = {}^5/_{32} \neq f(4, -4) = {}^1/_8 \text{ ist.}$$

Die Kovarianz ergibt sich zu

$$\mathrm{Cov}(X, Y) = E(XY) - E(X) \cdot E(Y)$$

mit

$$E(XY) = \sum_i \sum_j x_i y_j f(x_i y_j) = -2{,}25,$$

$$E(X) = \sum_i x_i f_X(x_i) = 4{,}5,$$

$$E(Y) = \sum_j y_j f_Y(y_j) = -0{,}5$$

und damit

$$\mathrm{Cov}(X, Y) = -2{,}25 - 4{,}5 \cdot (-0{,}5) = 0;$$

X und Y sind also nicht miteinander korreliert.

8.4

$$E(X+Y) = E(X) + E(Y) = 2600 + 1850 = 4450,$$

$$\mathrm{Var}(X+Y) = \mathrm{Var}(X) + \mathrm{Var}(Y) + 2\mathrm{Cov}(X, Y) = 250 + 300 + 2 \cdot 136 = 822.$$

Lösungen der Aufgaben zu Kapitel 9

9.1 Die Zahl der fehlerhaften Stücke in der Stichprobe (X) ist hypergeometrisch verteilt:

$$W(X = x) = f_H(x/N; n; M) = \frac{\binom{M}{x}\binom{N-M}{n-x}}{\binom{N}{n}}$$

mit N = 8, n = 3, M = 2.

$$W(X = 0) = f_H(0/8; 3; 2) = \frac{20}{56} = 0{,}3571,$$

$$W(X = 1) = f_H(1/8; 3; 2) = \frac{30}{56} = 0{,}5358,$$

$$W(X = 2) = f_H(2/8; 3; 2) = \frac{6}{56} = 0{,}1071.$$

x	W(X = x)
0	20/56
1	30/56
2	6/56
Σ	1

Wahrscheinlichkeitsfunktion

$$E(X) = n \cdot \frac{M}{N} = 3/4.$$

$$\mathrm{Var}(X) = n \cdot \frac{M}{N} \cdot \frac{N-M}{N} \cdot \frac{N-n}{N-1} = 3 \cdot \frac{2}{8} \cdot \frac{6}{8} \cdot \frac{5}{7} = 0{,}4018.$$

9.2 Die Zahl der überlebenden Kunden (X) gehorcht einer Binomialverteilung:

$$W(X = x) = f_B(x/n; \theta) = \binom{n}{x} \theta^x (1-\theta)^{n-x}$$

mit n = 5 und θ = 0,60.

a) $W(X = 2) = f_B(2/5; 0{,}60) = 0{,}2304$.

b) $W(X = 5) = f_B(5/5; 0{,}60) = 0{,}0778$.

c) $W(X \geq 2) = 1 - W(X \leq 1) = 1 - F_B(1/5; 0{,}60) = 0{,}9130$.

9.3 Die Anzahl der pro Minute ankommenden Gespräche (X) ist poissonverteilt:

$$W(X = x) = f_P(x/\mu) = \frac{\mu^x \cdot e^{-\mu}}{x!}$$

mit μ = 2,5.

a) $W(X = 0) = f_P(0/2{,}5) = 0{,}0821$.

b) $W(X \leq 2) = F_P(2/2{,}5) = 0{,}5438$.

9.4 Modell der Hypergeometrischen Verteilung mit N = 5000, n = 10, M = 1000.

Da hier n/N < 0,05 ist, wird durch die Binomialverteilung mit n = 10 und $\theta = \frac{M}{N} = 0{,}2$ approximiert. Für X, die Zahl der weißen Telefone in der Stichprobe, erhält man

$$W(X = x) = f_B(x/n; \theta) = \binom{n}{x} \theta^x (1-\theta)^{n-x}$$

$$W(X = 3) = f_B(3/10; 0{,}2) = 0{,}2013.$$

9.5 Modell der Hypergeometrischen Verteilung: Es wird durch die Poissonverteilung approximiert. Für X, die Zahl der schlechten Stücke in der Stichprobe, erhält man

$$W(X = x) = f_P(x/\mu) = \frac{\mu^x \cdot e^{-\mu}}{x!}$$

mit $\mu = n \cdot \theta = 100 \cdot 0{,}01 = 1$.

$$W(X \leqq 1) = F_P(1/1) = 0{,}7358.$$

Lösungen der Aufgaben zu Kapitel 10

10.1

$$E(X) = \int_{x_u}^{x_o} x f(x)\,dx$$
$$= \int_a^b x \frac{1}{b-a}\,dx = \frac{1}{b-a}\left[\frac{x^2}{2}\right]_a^b$$
$$= \frac{1}{b-a}\,\frac{b^2-a^2}{2} = \frac{(b-a)(b+a)}{2(b-a)} = \frac{a+b}{2},$$

$$\mathrm{Var}(X) = \int_{x_u}^{x_o} x^2 f(x)\,dx - [E(X)]^2$$
$$= \int_a^b x^2 \frac{1}{b-a}\,dx - \frac{(a+b)^2}{4}$$
$$= \frac{1}{b-a}\left[\frac{x^3}{3}\right]_a^b - \frac{(a+b)^2}{4}$$
$$= \frac{b^3-a^3}{3(b-a)} - \frac{(a+b)^2}{4}$$
$$= \frac{(b-a)(b^2+ab+a^2)}{3(b-a)} - \frac{a^2+2ab+b^2}{4}$$
$$= \frac{b^2-2ab+a^2}{12} = \frac{(b-a)^2}{12}.$$

10.2 Die Wartezeit ist gleichverteilt mit $a = 0$ und $b = 20$. Die Dichtefunktion lautet

$$f_G(x/0;20) = \begin{cases} 0{,}05 & \text{für } 0 \leq x \leq 20 \\ 0 & \text{sonst.} \end{cases}$$

$$W(X > 15) = W(15 < X \leq 20)$$
$$= f_G(x/0;20)\cdot(20-15)$$
$$= 0{,}05\cdot 5 = 0{,}25.$$

10.3 (a) Es ist $E(X) = 1/\lambda = 0{,}25$ und damit $\lambda = 4$. Die Dichtefunktion lautet

$$f_E(x/4) = \begin{cases} 4e^{-4x} & \text{für } x \geq 0 \\ 0 & \text{sonst.} \end{cases}$$

Die Verteilungsfunktion lautet

$$F_E(x/4) = \begin{cases} 0 & \text{für } x < 0 \\ 1-e^{-4x} & \text{für } x \geq 0. \end{cases}$$

(b) $W(X < 0{,}5) = F_E(0{,}5/4)$
$$= 1-e^{-4\cdot 0{,}5} = 1-e^{-2}$$
$$= 0{,}8647.$$

(c) $W(0{,}2 < X < 0{,}3) = F_E(0{,}3/4) - F_E(0{,}2/4)$
$$= (1-e^{-1{,}2}) - (1-e^{-0{,}8})$$
$$= e^{-0{,}8} - e^{-1{,}2}$$
$$= 0{,}4493 - 0{,}3012 = 0{,}1481.$$

10.4 (a) $W(X < 1000) = F_n(x/1200;\,10000)$

$$z = \frac{1000-1200}{100} = -2$$

$$W(X < 1000) = W(Z < -2)$$
$$= F_N(-2)$$
$$= 0{,}0228.$$

(b) $W(X > 1100) = W(Z > -1)$
$$= 1 - F_N(-1)$$
$$= 1 - 0{,}1587 = 0{,}8413.$$

(c) $W(1000 < X < 1500) = W(-2 < Z < 3)$
$$= F_N(3) - F_N(-2)$$
$$= 0{,}9987 - 0{,}0228$$
$$= 0{,}9759.$$

(d) $W(X < 950) = W(Z < -2{,}5)$
$$= F_N(-2{,}5)$$
$$= 0{,}0062.$$

Lösungen der Aufgaben zu Kapitel 11

11.1 Approximation der Binomialverteilung durch eine Normalverteilung mit

$$\mu = n\theta = 15 \quad \text{und}$$
$$\sigma^2 = n\theta(1-\theta) = 10{,}5\ .$$

$$W(10 \leq X \leq 20)$$
$$\approx F_n(20{,}5/15;\,10{,}5) - F_n(9{,}5/15;\,10{,}5)$$
$$= F_N(1{,}697) - F_N(-1{,}697)$$
$$= 0{,}9552 - 0{,}0448 = 0{,}9104\ .$$

11.2 Approximation der Hypergeometrischen Verteilung durch eine Normalverteilung mit

$$\mu = n\theta = 20 \quad \text{und}$$
$$\sigma^2 = n\theta(1-\theta)\frac{N-n}{N-1} = 12{,}8257\ .$$

$$W(X = 20)$$
$$\approx F_n(20{,}5/20;\,12{,}8257) - F_n(19{,}5/20;\,12{,}8257)$$
$$= F_N(0{,}14) - F_N(-0{,}14)$$
$$= 0{,}5557 - 0{,}4443 = 0{,}1114\ .$$

11.3 Die Hypergeometrische Verteilung kann durch eine Poissonverteilung mit

$$\mu = n\theta = 15$$

approximiert werden und diese durch eine Normalverteilung mit

$$\mu = 15 \quad \text{und}$$
$$\sigma^2 = 15\ .$$

Mit P: „Anteil der fehlerhaften Buchungen in der Stichprobe" und X: „Anzahl der fehlerhaften Buchungen in der Stichprobe" erhält man:

$$W(P > 0{,}01) = W(X > 20)$$
$$= 1 - W(X \leq 20)$$

$= 1 - F_n(20{,}5/15; 15)$

$= 1 - F_N(1{,}42)$

$= 1 - 0{,}9222 = 0{,}0778$.

11.4 Es sei X_i das Gewicht der i-ten Person und G das Gesamtgewicht der Fluggäste; es gilt

$$G = X_1 + X_2 + \ldots + X_{144} \ .$$

G ist normalverteilt mit

$$\mu = E(G) = E(X_1) + E(X_2) + \ldots + E(X_{144})$$
$$= 10\,800 \text{ kg} \quad \text{und}$$
$$\sigma^2 = Var(G) = Var(X_1) + Var(X_2) + \ldots Var(X_{144})$$
$$= 14\,400 \text{ kg}^2 \ .$$
$$W(G > 11\,100) = 1 - W(G \leq 11\,100)$$
$$= 1 - F_n(11\,100/10\,800; 14\,400)$$
$$= 1 - F_N(2{,}5)$$
$$= 1 - 0{,}9938 = 0{,}0062 \ .$$

11.5 Es sei G das Gewicht der verkaufsfertigen Kaffeedose, X das Gewicht der Füllmenge und Y das Gewicht der leeren Dose. $G = X + Y$ ist normalverteilt mit

$$\mu = E(G) = E(X) + E(Y)$$
$$= 550 \text{ g} \quad \text{und}$$
$$\sigma^2 = Var(G) = Var(X) + Var(Y)$$
$$= 104 \text{ g}^2 \ .$$
$$W(G < 540) = F_n(540/550; 104)$$
$$= F_N(-0{,}981)$$
$$= 0{,}1633 \ .$$

Lösungen der Aufgaben zu Kapitel 12

12.1 (a)
$$E(P) = E\left(\frac{X}{n}\right) = \frac{1}{n} E(X)$$
$$= \frac{1}{n} \sum x_i f(x_i) = \sum \frac{x_i}{n} f(x_i)$$
$$= \sum p_i f(p_i),$$

da $f(p_i) = f(x_i)$ $(i = 1, 2, \ldots)$ gilt.

$$Var(P) = Var\left(\frac{X}{n}\right) = \frac{1}{n^2} Var(X)$$
$$= \frac{1}{n^2}\left[\sum x_i^2 f(x_i) - [E(X)]^2\right]$$
$$= \sum \frac{x_i^2}{n^2} f(x_i) - \left[\frac{1}{n} E(X)\right]^2$$
$$= \sum p_i^2 f(p_i) - [E(P)]^2 .$$

(b)
$$E(P) = 0 \cdot 0{,}3 + 0{,}5 \cdot 0{,}6 + 1 \cdot 0{,}1 = 0{,}4$$
$$Var(P) = 0 \cdot 0{,}3 + 0{,}25 \cdot 0{,}6 + 1 \cdot 0{,}1 - 0{,}4^2$$
$$= 0{,}09 \ .$$

12.2 Mit P: „Anteil der fehlerhaften Geräte in der Stichprobe" und X: „Anzahl der fehlerhaften Geräte in der Stichprobe" findet man für $x = np = 4 \cdot 0{,}25 = 1$

$$W(P = 0{,}25) = W(X = 1) = f_H(1/100; 4; 50)$$
$$= \frac{\binom{50}{1}\binom{50}{3}}{\binom{100}{4}} = 0{,}2499$$

12.3 Es ist

$$\theta = \frac{M}{N} = \frac{800}{2000} = 0{,}4 \text{ und}$$
$$\sigma_P = \sqrt{\frac{\theta(1-\theta)}{n}} \sqrt{\frac{N-n}{N-1}}$$
$$= 0{,}0219 \ .$$
$$W(P \leq 0{,}34) \approx \int_{-\infty}^{0{,}34} f_n(p/0{,}4; 0{,}0219^2)\, dp$$
$$= F_n(0{,}34/0{,}4; 0{,}0219^2)$$
$$= F_N(-2{,}740)$$
$$= 0{,}0031 \ .$$

12.4 Es ist $\theta = 0{,}24$ und

$$\sigma_P = \sqrt{\frac{\theta(1-\theta)}{n}} = 0{,}0191 \ .$$
$$W(P > 0{,}26) \approx \int_{0{,}26}^{\infty} f_n(p/0{,}24; 0{,}0191^2)\, dp$$
$$= 1 - F_n(0{,}26/0{,}24; 0{,}191^2)$$
$$= 1 - F_N(1{,}047)$$
$$= 1 - 0{,}8525 = 0{,}1475 \ .$$

12.5 Da $\theta = 0{,}10$ und da $n/N < 0{,}05$

ist $\sigma_P = \sqrt{\frac{\theta(1-\theta)}{n}} = 0{,}019.$

$$W(X > 12) = W(P > 0{,}048) \approx \int_{0{,}048}^{\infty} f_n(p/0{,}10; 0{,}019^2)\, dp$$
$$= 1 - F_n(0{,}048/0{,}10; 0{,}019^2)$$
$$= 1 - F_N(-2{,}737)$$
$$= 1 - 0{,}0031 = 0{,}9969 \ .$$

Lösungen der Aufgaben zu Kapitel 13

13.1 (a)

$$\mu = \frac{1}{N}\sum a_i = \frac{1}{5}(20 + 22 + 24 + 26 + 28)$$

$$= 24 \text{ Jahre}$$

$$\sigma^2 = \frac{1}{N}\sum a_i^2 - \mu^2 = \frac{2920}{5} - 24^2 = 8 \text{ Jahre}^2.$$

(b)

Stichprobe j	Person in der Stichprobe Nr. 1	Nr. 2	Einzelwerte x_{j1}	x_{j2}	Stichprobenmittelwert $\bar{x}_j$
1	A	A	20	20	20
2	A	B	20	22	21
3	A	C	20	24	22
4	A	D	20	26	23
5	A	E	20	28	24
6	B	A	22	20	21
7	B	B	22	22	22
8	B	C	22	24	23
9	B	D	22	26	24
10	B	E	22	28	25
11	C	A	24	20	22
12	C	B	24	22	23
13	C	C	24	24	24
14	C	D	24	26	25
15	C	E	24	28	26
16	D	A	26	20	23
17	D	B	26	22	24
18	D	C	26	24	25
19	D	D	26	26	26
20	D	E	26	28	27
21	E	A	28	20	24
22	E	B	28	22	25
23	E	C	28	24	26
24	E	D	28	26	27
25	E	E	28	28	28

Mögliche Zweierstichproben aus der Grundgesamtheit von 5 Personen

(c)

$\bar{x}$	20	21	22	23	24	25	26	27	28
$f(\bar{x})$	0,04	0,08	0,12	0,16	0,20	0,16	0,12	0,08	0,04

Wahrscheinlichkeitsverteilung des Stichprobendurchschnittsalters

$$E(\bar{X}) = \sum \bar{x} f(\bar{x}) = 24 \text{ Jahre}$$

$$\text{Var}(\bar{X}) = \sum \bar{x}^2 f(\bar{x}) - [E(\bar{X})]^2$$

$$= 580 - 24^2 = 4 \text{ Jahre}^2.$$

(d) $E(\bar{X}) = \mu = 24$ Jahre

$$\text{Var}(\bar{X}) = \frac{\sigma^2}{n} = \frac{8}{2} = 4 \text{ Jahre}^2.$$

13.2 $E(\bar{X}) = \mu = 800$ Stunden

$$\sigma_{\bar{X}} = \frac{\sigma}{\sqrt{n}} = \frac{40}{\sqrt{16}} = 10 \text{ Stunden}$$

$$W(\bar{X} < 775) = F_n(775/800; 10^2)$$

$$= F_N(-2{,}5)$$

$$= 0{,}0062.$$

13.3 $E(\bar{X}) = \mu = 15{,}30$ DM

$$\sigma_{\bar{X}} = \frac{\sigma}{\sqrt{n}}\sqrt{\frac{N-n}{N-1}} = \frac{4{,}10}{\sqrt{36}}\sqrt{\frac{300-36}{300-1}}$$

$$= 0{,}642 \text{ DM}$$

$$W(14{,}50 < \bar{X} < 16{,}50) = F_n(16{,}50/15{,}30; 0{,}642^2)$$

$$- F_n(14{,}50/15{,}30; 0{,}642^2)$$

$$= F_N(1{,}869) - F_N(-1{,}246)$$

$$= 0{,}9692 - 0{,}1064$$

$$= 0{,}8628.$$

13.4 $E(D) = \mu_1 - \mu_2 = 510 - 510 = 0$ g

$$\sigma_D = \sqrt{\frac{\sigma_1^2}{n_1} + \frac{\sigma_2^2}{n_2}} = \sqrt{\frac{6^2}{80} + \frac{8^2}{120}} = 0{,}992 \text{ g}$$

$$W(|D| \leq 1) = W(-1 \leq D \leq 1)$$

$$= F_n(1/0; 0{,}992^2) - F_n(-1/0; 0{,}992^2)$$

$$= F_N(1{,}008) - F_N(-1{,}008)$$

$$= 0{,}8433 - 0{,}1567 = 0{,}6866.$$

Lösungen der Aufgaben zu Kapitel 14

14.1 (a)

$$\bar{x} = \frac{1}{n}\sum x_i = \frac{525}{5} = 105$$

$$s^2 = \frac{1}{n-1}\sum (x_i - \bar{x})^2 = \frac{10}{4} = 2{,}5$$

$$\hat{\sigma}_{\bar{X}} = \frac{s}{\sqrt{n}} = \sqrt{\frac{2{,}5}{5}} = 0{,}707.$$

Für $1-\alpha = 0{,}95$ und $\nu = n-1 = 4$ liefert die Tabelle der Studentverteilung $t = 2{,}776$.

$$\bar{x} - t\hat{\sigma}_{\bar{X}} \leq \mu \leq \bar{x} + t\hat{\sigma}_{\bar{X}}$$

$$105 - 2{,}776 \cdot 0{,}707 \leq \mu \leq 105 + 2{,}776 \cdot 0{,}707$$

$$103{,}037 \leq \mu \leq 106{,}963.$$

(b) Für $1-\alpha = 0{,}80$ und $\nu = n-1 = 4$ liefert die Tabelle der Chi-Quadrat-Verteilung

$$\chi^2_{\frac{\alpha}{2};n-1} = \chi^2_{0{,}10;4} = 1{,}064$$

$$\chi^2_{1-\frac{\alpha}{2};n-1} = \chi^2_{0{,}90;4} = 7{,}779$$

$$\frac{(n-1)s^2}{\chi^2_{1-\frac{\alpha}{2};n-1}} \le \sigma^2 \le \frac{(n-1)s^2}{\chi^2_{\frac{\alpha}{2};n-1}}$$

$$\frac{4 \cdot 2{,}5}{7{,}779} \le \sigma^2 \le \frac{4 \cdot 2{,}5}{1{,}064}$$

$$1{,}286 \le \sigma^2 \le 9{,}398$$

14.2 (a) $\hat{\sigma}_{\bar{x}} = \frac{s}{\sqrt{n}} = \frac{7}{\sqrt{50}} = 1{,}0$.

Für $1-\alpha = 0{,}95$ ist $z = 1{,}96$.

$$\bar{x} - z\hat{\sigma}_{\bar{x}} \le \mu \le \bar{x} + z\hat{\sigma}_{\bar{x}}$$

$$50 - 1{,}96 \cdot 1{,}0 \le \mu \le 50 + 1{,}96 \cdot 1{,}0$$

$$48{,}04 \le \mu \le 51{,}96 \ .$$

(b) $\Delta\mu = \frac{2}{2} = 1$

$$n = \frac{z^2\sigma^2}{(\Delta\mu)^2} = \frac{1{,}96^2 7^2}{1^2} = 189 \ .$$

14.3 (a)

$$\hat{\sigma}_{\bar{x}} = \frac{s}{\sqrt{n}}\sqrt{\frac{N-n}{N}}$$

$$= \frac{30}{\sqrt{350}}\sqrt{\frac{5000-350}{5000}} = 1{,}546 \ .$$

Für $1-\alpha = 0{,}95$ ist $z = 1{,}96$.

$$\bar{x} - z\hat{\sigma}_{\bar{x}} \le \mu \le \bar{x} + z\hat{\sigma}_{\bar{x}}$$

$$560 - 1{,}96 \cdot 1{,}546 \le \mu \le 560 + 1{,}96 \cdot 1{,}546$$

$$556{,}97 \le \mu \le 563{,}03 \ .$$

(b) Durch Multiplikation mit $N = 5000$ ergibt sich

$$N(\bar{x} - z\hat{\sigma}_{\bar{x}}) \le N\mu \le N(\bar{x} + z\hat{\sigma}_{\bar{x}})$$

$$5000 \cdot 556{,}97 \le N\mu \le 5000 \cdot 563{,}03$$

$$2784850 \le N\mu \le 2815150 \ .$$

(c)

$$n = \frac{z^2 N\sigma^2}{(\Delta\mu)^2(N-1) + z^2\sigma^2}$$

$$= \frac{1{,}96^2 \cdot 5000 \cdot 30^2}{1^2 \cdot 4999 + 1{,}96^2 30^2} = 2045 \ .$$

14.4 (a)

$$p = \frac{x}{n} = \frac{49}{196} = 0{,}25$$

$$\hat{\sigma}_P = \sqrt{\frac{p(1-p)}{n-1}} = \sqrt{\frac{0{,}25 \cdot 0{,}75}{195}} = 0{,}031 \ .$$

Für $1-\alpha = 0{,}9545$ ist $z = 2$.

$$p - z\hat{\sigma}_P \le \theta \le p + z\hat{\sigma}_P$$

$$0{,}25 - 2 \cdot 0{,}031 \le \theta \le 0{,}25 + 2 \cdot 0{,}031$$

$$0{,}188 \le \theta \le 0{,}312 \ .$$

(b)

$$n = \frac{z^2 N\theta(1-\theta)}{(\Delta\theta)^2(N-1) + z^2\theta(1-\theta)}$$

$$= \frac{2^2 \cdot 60000 \cdot 0{,}25 \cdot 0{,}75}{(0{,}01)^2 \cdot 59999 + 2^2 \cdot 0{,}25 \cdot 0{,}75}$$

$$= 6667 \ .$$

Lösungen der Aufgaben zu Kapitel 15

15.1

$$\hat{\sigma}_D = \sqrt{\frac{s_1^2}{n_1} + \frac{s_2^2}{n_2}}$$

$$= \sqrt{\frac{4^2}{50} + \frac{2^2}{50}} = 0{,}6325 \ .$$

Für $1-\alpha = 0{,}95$ ist $z = 1{,}96$.

$$(\bar{x}_1 - \bar{x}_2) - z\hat{\sigma}_D \le \mu_1 - \mu_2 \le (\bar{x}_1 - \bar{x}_2) + z\hat{\sigma}_D$$

$$2 - 1{,}96 \cdot 0{,}6325 \le \mu_1 - \mu_2 \le 2 + 1{,}96 \cdot 0{,}6325$$

$$0{,}76 \le \mu_1 - \mu_2 \le 3{,}24 \ .$$

15.2

$$\hat{\sigma}_D = \sqrt{\frac{s_1^2}{n_1} + \frac{s_2^2}{n_2}}$$

$$= \sqrt{\frac{5^2}{12} + \frac{4^2}{9}} = 1{,}965$$

$$\nu = \frac{\left(\frac{s_1^2}{n_1} + \frac{s_2^2}{n_2}\right)^2}{\frac{\left(\frac{s_1^2}{n_1}\right)^2}{n_1 - 1} + \frac{\left(\frac{s_2^2}{n_2}\right)^2}{n_2 - 1}}$$

$$= \frac{\left(\frac{5^2}{12} + \frac{4^2}{9}\right)^2}{\frac{\left(\frac{5^2}{12}\right)^2}{11} + \frac{\left(\frac{4^2}{9}\right)^2}{8}} \approx 19 \ .$$

Für $1-\alpha = 0{,}95$ und $\nu = 19$ erhält man aus der Tabelle der Studentverteilung $t = 2{,}093$.

$$(\bar{x}_1-\bar{x}_2) - t\hat{\sigma}_D \leq \mu_1-\mu_2 \leq (\bar{x}_1-\bar{x}_2) + t\hat{\sigma}_D$$
$$6 - 2{,}093 \cdot 1{,}965 \leq \mu_1-\mu_2 \leq 6 + 2{,}093 \cdot 1{,}965$$
$$1{,}887 \leq \mu_1-\mu_2 \leq 10{,}113\,.$$

15.3

$$p_1 = \frac{x_1}{n_1} = \frac{24}{100} = 0{,}24$$

$$p_2 = \frac{x_2}{n_2} = \frac{13}{100} = 0{,}13$$

$$\hat{\sigma}_D = \sqrt{\frac{p_1(1-p_1)}{n_1} + \frac{p_2(1-p_2)}{n_2}}$$

$$= \sqrt{\frac{0{,}24 \cdot 0{,}76}{100} + \frac{0{,}13 \cdot 0{,}87}{100}} = 0{,}054\,.$$

Für $1-\alpha = 0{,}90$ ist $z = 1{,}645$.

$$(p_1-p_2) - z\hat{\sigma}_D \leq \theta_1-\theta_2 \leq (p_1-p_2) + z\hat{\sigma}_D$$
$$0{,}11 - 1{,}645 \cdot 0{,}054 \leq \theta_1-\theta_2 \leq 0{,}11 + 1{,}645 \cdot 0{,}054$$
$$0{,}02 \leq \theta_1-\theta_2 \leq 0{,}20\,.$$

15.4 $E[(X-M)^2] = E\left[[(X-\mu) + (\mu-M)]^2\right]$

$$= E\left[(X-\mu)^2 + 2(X-\mu)(\mu-M) + (\mu-M)^2\right]$$
$$= E[(X-\mu)^2] + 2(\mu-M) \cdot E(X-\mu) + (\mu-M)^2$$
$$= \sigma^2 + (\mu-M)^2\,.$$

Lösungen der Aufgaben zu Kapitel 16

16.1 (1) $H_0: \theta = 0{,}67$

$H_A: \theta \neq 0{,}67$

$\alpha = 0{,}05$

(2) Die Prüfgröße

$$Z = \frac{P-\theta}{\sqrt{\frac{\theta(1-\theta)}{n}}}$$

ist standardnormalverteilt.

(3) Bei $|z| > 1{,}96$ wird H_0 abgelehnt, bei $|z| \leq 1{,}96$ kann H_0 nicht abgelehnt werden.

(4) Es ist

$$p = \frac{x}{n} = \frac{1395}{2000} = 0{,}6975$$

$$z = \frac{p-\theta}{\sqrt{\frac{\theta(1-\theta)}{n}}}$$

$$= \frac{0{,}6975 - 0{,}67}{\sqrt{\frac{0{,}67 \cdot 0{,}33}{2000}}} = 2{,}615$$

(5) H_0 wird abgelehnt, da $|z| > 1{,}96$ ist.

16.2 (1) $H_0: \theta = 0{,}26$

$H_A: \theta < 0{,}26$

$\alpha = 0{,}05$

(2) Die Prüfgröße

$$Z = \frac{P-\theta}{\sqrt{\frac{\theta(1-\theta)}{n}}}$$

ist standardnormalverteilt.

(3) Bei $z < -1{,}645$ wird H_0 abgelehnt, bei $z \geq -1{,}645$ wird H_0 nicht abgelehnt.

(4) Es ist

$$p = \frac{x}{n} = \frac{90}{400} = 0{,}225$$

$$z = \frac{p-\theta}{\sqrt{\frac{\theta(1-\theta)}{n}}}$$

$$= \frac{0{,}225 - 0{,}26}{\sqrt{\frac{0{,}26 \cdot 0{,}74}{400}}} = -1{,}596$$

(5) H_0 kann nicht abgelehnt werden, da $z \geq -1{,}645$ ist.

16.3 (1) $H_0: \theta \leq 0{,}01$

$H_A: \theta > 0{,}01$

$\alpha \leq 0{,}05$

(2) Als Prüfgröße des Tests kann die Zufallsvariable X, die Anzahl der fehlerhaften Belege in der Stichprobe, verwendet werden. X ist annähernd poissonverteilt mit dem Parameter $\mu = n\theta = 200 \cdot 0{,}01 = 2$.

(3) Um das Signifikanzniveau von $\alpha \leq 0{,}05$ einzuhalten, muß $x_c = 5$ gewählt werden. Das Signifikanzniveau beträgt in diesem Fall $\alpha = 0{,}0166$.

Bei $x > x_c$ wird H_0 abgelehnt, bei $x \leq x_c$ kann H_0 nicht abgelehnt werden.

(4) Es ist $x = 6$.

(5) Da $x > x_c$ ist, wird H_0 abgelehnt.

16.4 Für $n = 256$, $\alpha = 0{,}05$, $\theta_0 = 0{,}10$ und $p_c = 0{,}1308$ findet man

θ_A	$\beta = f(\theta_A)$
0,06	1,0000
0,08	0,9986
0,10	0,9498
0,12	0,7026
0,14	0,3357
0,16	0,1013
0,18	0,0202
0,20	0,0028
0,22	0,0003
0,24	0,0000

β-Fehler in Abhängigkeit vom Parameter θ_A

Lösungen der Aufgaben zu Kapitel 17

17.1 (1) $H_0: \mu \leq 29{,}5$ l

$H_A: \mu > 29{,}5$ l

$\alpha = 0{,}05$

(2) Die Prüfgröße

$$T = \frac{\bar{X} - \mu}{\frac{S}{\sqrt{n}}}$$

ist studentverteilt mit $\nu = n - 1 = 9$ Freiheitsgraden.

(3) Bei $t > 1{,}833$ wird H_0 abgelehnt, bei $t \leq 1{,}833$ kann H_0 nicht abgelehnt werden.

(4) Es ist

$$t = \frac{\bar{x} - \mu}{\frac{s}{\sqrt{n}}} = \frac{31 - 29{,}5}{\frac{3{,}16}{\sqrt{10}}} = 1{,}501$$

(5) H_0 wird nicht abgelehnt, da $t \leq 1{,}833$ ist.

17.2 (1) $H_0: \mu_1 = \mu_2$

$H_A: \mu_1 \neq \mu_2$

$\alpha = 0{,}05$

(2) Die Prüfgröße

$$T = \frac{\bar{X}_1 - \bar{X}_2}{S\sqrt{\frac{n_1 + n_2}{n_1 n_2}}} \text{ mit } S = \sqrt{\frac{(n_1 - 1) S_1^2 + (n_2 - 1) S_2^2}{n_1 + n_2 - 2}}$$

ist studentverteilt mit $\nu = n_1 + n_2 - 2 = 22$ Freiheitsgraden.

(3) Bei $|t| > 2{,}074$ wird H_0 abgelehnt, bei $|t| \leq 2{,}074$ kann H_0 nicht abgelehnt werden.

(4) Es ist

$$s = \sqrt{\frac{(n_1 - 1) s_1^2 + (n_2 - 1) s_2^2}{n_1 + n_2 - 2}}$$

$$= \sqrt{\frac{11 \cdot 5950^2 + 11 \cdot 5150^2}{22}} = 5564{,}4 \text{ km}$$

$$t = \frac{\bar{x}_1 - \bar{x}_2}{s\sqrt{\frac{n_1 + n_2}{n_1 n_2}}}$$

$$= \frac{40000 - 38000}{5564{,}4\sqrt{\frac{24}{144}}} = 0{,}88$$

(5) H_0 wird nicht abgelehnt, da $|t| \leq 2{,}074$ ist.

17.3 (1) $H_0: \theta_1 = \theta_2$

$H_A: \theta_1 < \theta_2$

$\alpha = 0{,}01$

(2) Für große Stichprobenumfänge ist die Prüfgröße

$$Z = \frac{P_1 - P_2}{\sqrt{P(1 - P)}\sqrt{\frac{n_1 + n_2}{n_1 n_2}}} \text{ mit } P = \frac{n_1 P_1 + n_2 P_2}{n_1 + n_2}$$

standardnormalverteilt.

(3) Bei $z < -2{,}33$ wird H_0 abgelehnt, bei $z \geq -2{,}33$ kann H_0 nicht abgelehnt werden.

(4) Es ist

$$p = \frac{n_1 p_1 + n_2 p_2}{n_1 + n_2}$$

$$= \frac{300 \cdot 0{,}21 + 200 \cdot 0{,}25}{500} = 0{,}226$$

$$z = \frac{p_1 - p_2}{\sqrt{p(1 - p)}\sqrt{\frac{n_1 + n_2}{n_1 n_2}}}$$

$$= \frac{0{,}21 - 0{,}25}{\sqrt{0{,}226 \cdot 0{,}774}\sqrt{\frac{500}{60000}}} = -1{,}048$$

(5) H_0 wird nicht abgelehnt, da $z \geq -2{,}33$ ist.

17.4 (1) $H_0: \sigma_1^2 = \sigma_2^2$

$H_A: \sigma_1^2 > \sigma_2^2$

$\alpha = 0{,}05$

(2) Die Prüfgröße

$$F = \frac{S_1^2}{S_2^2}$$

ist F-verteilt mit $\nu_1 = n_1 - 1 = 11$ und $\nu_2 = n_2 - 1 = 11$ Freiheitsgraden.

(3) Bei $\tilde{f} > 2{,}82$ wird H_0 abgelehnt, bei $\tilde{f} \leq 2{,}82$ kann H_0 nicht abgelehnt werden.

(4) Es ist

$$\tilde{f} = \frac{s_1^2}{s_2^2} = \frac{5950^2}{5150^2} = 1{,}335$$

(5) Da $\tilde{f} \leq 2{,}82$ ist, kann H_0 nicht abgelehnt werden.

Lösungen der Aufgaben zu Kapitel 18

18.1 Untersucht werden soll, ob die Beurteilung des Produktes vom Faktor „Produktvariante" (Faktor A) beeinflußt wird. Da der Faktor drei Ebenen besitzt und gleiche Besetzung der Ebenen rechnerische Vorteile bringt, wird jeweils 10 Versuchspersonen eine Produktvariante vorgelegt. Die Zuordnung der einzelnen Versuchspersonen zu den drei Produktvarianten muß zufällig erfolgen, um andere unerwünschte Einflußfaktoren auszuschalten.

Schema der Ergebnismatrix:

Produkt variante	Versuchsperson Nr. 1 … k … 10	Stichproben-summe $x_{i.}$	Stichproben-mittel $\bar{x}_{i.}$
1	$x_{11} \ldots x_{1k} \ldots x_{1,10}$	$x_{1.}$	$\bar{x}_{1.}$
2	$x_{21} \ldots x_{2k} \ldots x_{2,10}$	$x_{2.}$	$\bar{x}_{2.}$
3	$x_{31} \ldots x_{3k} \ldots x_{3,10}$	$x_{3.}$	$\bar{x}_{3.}$
Stichproben-gesamt summe	.	$x_{..}$	.
Stichproben-gesamtmittel	.	.	$\bar{x}_{..}$

Schema der Ergebnismatrix

Unterstellt werden muß, daß

(1) die Bewertung des Produktes normalverteilt oder zumindest näherungsweise normalverteilt ist, und daß

(2) die Varianz der Bewertungspunkte bei den drei Produktvarianten gleich ist.

18.2 (1) $H_0: \mu_1 = \mu_2 = \mu_3 = \mu_4$

H_A: Wenigstens zwei der μ_i sind ungleich

$\alpha = 0{,}01$

(2) Die Prüfgröße F mit dem konkreten Wert

$$\tilde{f} = \frac{MQA}{MQR}$$

gehorcht einer F-Verteilung mit

$\nu_A = r - 1 = 4 - 1 = 3$ und

$\nu_R = nr - r = 5 \cdot 4 - 4 = 16$ Freiheitsgraden.

(3) Bei $\alpha = 0{,}01$ und $\nu_A = 3$, $\nu_R = 16$ beträgt der kritische Wert

$F_c = 5{,}29$

Bei $\tilde{f} > 5{,}29$ wird H_0 abgelehnt, bei $\tilde{f} \leq 5{,}29$ wird dagegen H_0 nicht abgelehnt.

(4)

Streuungs-ursache	Summe der Abweichungs-quadrate	Anzahl der Freiheits-grade	Mittlere Quadrat-summe	Wert der Prüfgröße
Faktor A	135	3	45	$\tilde{f} = 11{,}25$
Rest	64	16	4	
Total	199	19	.	.

Varianztabelle

(5) H_0 wird abgelehnt, da $\tilde{f} > F_c$ ist.

18.3 (1) $H_0: \mu_1 = \mu_2 = \mu_3 = \mu_4 = \mu_5$

H_A: Wenigstens zwei der μ_i sind ungleich

$\alpha = 0{,}05$

(2) Die Prüfgröße F mit der konkreten Ausprägung

$$\tilde{f} = \frac{MQA}{MQR}$$

gehorcht einer F-Verteilung mit

$\nu_A = r - 1 = 5 - 1 = 4$ und

$\nu_R = nr - r = 5 \cdot 5 - 5 = 20$ Freiheitsgraden.

(3) Bei $\alpha = 0{,}05$ und $\nu_A = 4$, $\nu_R = 20$ beträgt der kritische Wert

$F_c = 2{,}87$.

Bei $\tilde{f} > 2{,}87$ wird H_0 abgelehnt, bei $\tilde{f} \leq 2{,}87$ wird dagegen H_0 nicht abgelehnt.

(4)

Streuungs-ursache	Summe der Abweichungs-quadrate	Anzahl der Freiheits-grade	Mittlere Quadrat-summe	Wert der Prüfgröße
Faktor A	36,4656	4	9,1164	$\tilde{f} = 21{,}20$
Rest	8,6000	20	0,4300	
Total	45,0656	24	.	.

Varianztabelle

(5) H_0 wird abgelehnt, da $\tilde{f} > F_c$ ist.

Lösungen der Aufgaben zu Kapitel 19

19.1 (1) H_0: Die Ziffern sind gleichverteilt.

H_A: Die Ziffern sind nicht gleichverteilt.

$\alpha = 0{,}05$

(2) Die Prüfgröße X^2 mit der konkreten Ausprägung

$$\chi^2 = \sum_{i=1}^{k} \frac{(h_i^o - h_i^e)^2}{h_i^e}$$

gehorcht einer Chi-Quadrat-Verteilung mit $v = k - 1 = 10 - 1 = 9$ Freiheitsgraden.

(3) Für $\alpha = 0{,}05$ und $v = 9$ beträgt der kritische Wert $\chi_c^2 = 16{,}919$.

Bei $\chi^2 > 16{,}919$ wird H_0 abgelehnt, bei $\chi^2 \leq 16{,}919$ kann H_0 nicht abgelehnt werden.

(4)

i	x_i	h_i^o	h_i^e
1	0	9	10
2	1	15	10
3	2	7	10
4	3	14	10
5	4	14	10
6	5	7	10
7	6	6	10
8	7	9	10
9	8	11	10
10	9	8	10
Σ		100	100

Beobachtete und erwartete absolute Häufigkeiten

$$\chi^2 = \sum_{i=1}^{10} \frac{(h_i^o - h_i^e)^2}{h_i^e} = 9{,}8$$

(5) H_0 kann nicht abgelehnt werden, da $\chi^2 \leq \chi_c^2$ ist.

19.2 (1) H_0: Es besteht Unabhängigkeit zwischen Berufsausbildung und Prüfungsergebnis.

H_A: Es besteht Abhängigkeit zwischen Berufsausbildung und Prüfungsergebnis.

$\alpha = 0{,}05$

(2) Die Zahl der Freiheitsgrade beträgt hier $v = (r-1)(s-1) = (2-1)(2-1) = 1$. Es muß also die Yates-Korrektur angewandt werden. Die Prüfgröße X^2 mit der konkreten Ausprägung

$$\chi_{korr}^2 = \sum_{i=1}^{r} \sum_{j=1}^{s} \frac{(|h_{ij}^o - h_{ij}^e| - 0{,}5)^2}{h_{ij}^e}$$

gehorcht einer χ^2-Verteilung mit $v = 1$.

(3) Für $\alpha = 0{,}05$ und $v = 1$ ergibt sich der kritische Wert zu $\chi_c^2 = 3{,}841$.

Bei $\chi_{korr}^2 > 3{,}841$ wird H_0 abgelehnt, bei $\chi_{korr}^2 \leq 3{,}841$ wird H_0 nicht abgelehnt.

(4)

Prüfungsergebnis \ Berufsausbildung	A	$\bar{A}$	Σ
geeignet	34 / 42	26 / 18	60
ungeeignet	36 / 28	4 / 12	40
Σ	70	30	100

Kontingenztabelle

$$\chi_{korr}^2 = \sum_{i=1}^{2} \sum_{j=1}^{2} \frac{(|h_{ij}^o - h_{ij}^e| - 0{,}5)^2}{h_{ij}^e} = 11{,}16$$

(5) Da $\chi_{korr}^2 > \chi_c^2$ ist, wird H_0 abgelehnt.

19.3 (1) H_0: Das Tarifabkommen wird gleich beurteilt.

H_A: Das Tarifabkommen wird ungleich beurteilt.

$\alpha = 0{,}05$

(2) Die Prüfgröße X^2 mit der konkreten Realisation

$$\chi^2 = \sum_{i=1}^{r} \sum_{j=1}^{s} \frac{(h_{ij}^o - h_{ij}^e)^2}{h_{ij}^e}$$

gehorcht einer Chi-Quadrat-Verteilung mit $v = (r-1)(s-1) = (2-1)(4-1) = 3$ Freiheitsgraden.

(3) Für $\alpha = 0{,}05$ und $v = 3$ findet man den kritischen Wert

$\chi_c^2 = 7{,}815$.

Bei $\chi^2 > 7{,}815$ wird H_0 abgelehnt, bei $\chi^2 \leq 7{,}815$ wird H_0 nicht abgelehnt.

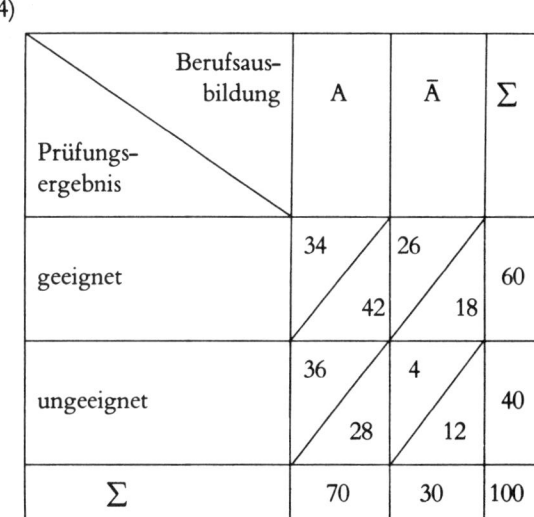

(4)

Gewerkschaft	Grad der Zufriedenheit				Σ
	sehr zufrieden	zufrieden	unzufrieden	sehr unzufrieden	
1	260 / 270	150 / 145	30 / 30	60 / 55	500
2	280 / 270	140 / 145	30 / 30	50 / 55	500
Σ	540	290	60	110	1000

Kontingenztabelle

$$\chi^2 = \sum_{i=1}^{2} \sum_{j=1}^{4} \frac{(h^o_{ij} - h^e_{ij})^2}{h^e_{ij}}$$

$$= 1{,}995$$

(5) Da $\chi^2 \leq \chi^2_c$ ist, kann H_0 nicht abgelehnt werden.

19.4 (1) H_0: Die Lebensdauer ist normalverteilt.
H_A: Die Lebensdauer ist nicht normalverteilt.
$\alpha = 0{,}05$

(2) Die Prüfgröße

$$D = \max_x |F^e_n(x/2000;\ 78400) - F^o(x)|$$

gehorcht der Kolmogorov-Smirnov-Verteilung.

(3) Für $\alpha = 0{,}05$ und $n = 10$ beträgt der kritische Wert

$d_c = 0{,}409$.

Für einen konkreten Wert d der Prüfgröße mit $d > 0{,}409$ wird H_0 abgelehnt. Für $d \leq 0{,}409$ wird H_0 nicht abgelehnt.

(4)

x_i	$F^o(x_i)$	$F^e_n(x_i)$	$\lvert F^e_n(x_i) - F^o(x_{i-1})\rvert$	$\lvert F^e_n(x_i) - F^o(x_i)\rvert$
1490	0,1	0,0343	0,0343	0,0657
1610	0,2	0,0818	0,0182	0,1182
1740	0,3	0,1764	0,0236	**0,1236**
1860	0,4	0,3085	0,0085	0,0915
1930	0,5	0,4013	0,0013	0,0987
1990	0,6	0,4856	0,0144	0,1144
2080	0,7	0,6126	0,0126	0,0874
2150	0,8	0,7040	0,0040	0,0960
2230	0,9	0,7942	0,0058	0,1058
2420	1,0	0,9332	0,0332	0,0668

Beobachtete absolute Abweichungen der theoretischen Verteilungsfunktion von der beobachteten Summenhäufigkeitsfunktion

$$d = 0{,}1236$$

(5) Da $d \leq d_c$ ist, kann H_0 nicht abgelehnt werden.

Lösungen der Aufgaben zu Kapitel 20

20.1

$$\sum_{i=1}^{n} e_i^2 = \sum_{i=1}^{n} e_i(y_i - b_1 - b_2 x_i)$$

$$= \sum_{i=1}^{n} e_i y_i - b_1 \sum_{i=1}^{n} e_i - b_2 \sum_{i=1}^{n} e_i x_i$$

$$= \sum_{i=1}^{n} e_i y_i ,$$

da $\sum_{i=1}^{n} e_i = 0$ und $\sum_{i=1}^{n} e_i x_i = 0$ gilt. Weiterhin ist

$$\sum_{i=1}^{n} e_i y_i = \sum_{i=1}^{n} (y_i - b_1 - b_2 x_i) y_i$$

$$= \sum_{i=1}^{n} (y_i^2 - b_1 y_i - b_2 x_i y_i)$$

$$= \sum_{i=1}^{n} y_i^2 - b_1 \sum_{i=1}^{n} y_i - b_2 \sum_{i=1}^{n} x_i y_i .$$

20.2

$$b_1 = \frac{\sum x_i^2 \sum y_i - \sum x_i \sum x_i y_i}{n \sum x_i^2 - (\sum x_i)^2}$$

$$= \frac{24290 \cdot 2275 - 512 \cdot 106941}{12 \cdot 24290 - 512 \cdot 512}$$

$$= 17{,}247$$

$$b_2 = \frac{n \sum x_i y_i - \sum x_i \sum y_i}{n \sum x_i^2 - (\sum x_i)^2}$$

$$= \frac{12 \cdot 106941 - 512 \cdot 2275}{12 \cdot 24290 - 512 \cdot 512}$$

$$= 4{,}039$$

$$\hat{y} = 17{,}247 + 4{,}039x$$

20.3

$$r^2 = 1 - \frac{\sum e_i^2}{\sum (y_i - \bar{y})^2}$$

$$\sum e_i^2 = \sum y_i^2 - b_1 \sum y_i - b_2 \sum x_i y_i$$

$$\sum (y_i - \bar{y})^2 = \sum y_i^2 - \frac{1}{n} (\sum y_i)^2$$

Um Rechenungenauigkeiten zu vermeiden, werden die Regressionskoeffizienten mit 8 Nachkommastellen eingesetzt.

$$\sum e_i^2 = 471\,529 - 17{,}24700027 \cdot 2275 - 4{,}03913281 \cdot$$
$$\cdot\, 106\,941$$
$$= 343{,}17$$

$$\sum (y_i - \bar{y})^2 = 471\,529 - \frac{2275^2}{12}$$
$$= 40\,226{,}92$$

$$r^2 = 1 - \frac{343{,}17}{40\,226{,}92} = 0{,}9915$$

d.h. 99,15% der Variation der Gesamtkosten werden durch die Regressionsfunktion erklärt.

Lösungen der Aufgaben zu Kapitel 21

21.1 Das Konfidenzintervall für β_2 lautet allgemein

$$b_2 - ts_{B_2} \leq \beta_2 \leq b_2 + ts_{B_2} .$$

Es ist

$$b_2 = 4{,}039$$

$$s_{B_2} = \frac{s_E}{\sqrt{\sum (x_i - \bar{x})^2}}$$

mit

$$\sum (x_i - \bar{x})^2 = 2444{,}667$$

und

$$s_E = \sqrt{\frac{1}{n-2} \sum e_i^2} = \sqrt{\frac{343{,}17}{10}} = 5{,}858 .$$

Man erhält

$$s_{B_2} = \frac{5{,}858}{\sqrt{2444{,}667}} = 0{,}118 .$$

Für $1-\alpha = 0{,}95$ und $\nu = n-2 = 10$ liefert die Tabelle der Studentverteilung $t = 2{,}228$. Damit ergibt sich

$$4{,}039 - 2{,}228 \cdot 0{,}118 \leq \beta_2 \leq 4{,}039 + 2{,}228 \cdot 0{,}118$$
$$3{,}776 \leq \beta_2 \leq 4{,}302 .$$

Das Konfidenzintervall für β_1 lautet allgemein

$$b_1 - ts_{B_1} \leq \beta_1 \leq b_1 + ts_{B_1}$$

Es ist

$$b_1 = 17{,}247$$

$$s_{B_1} = s_E \sqrt{\frac{\sum x_i^2}{n \sum (x_i - \bar{x})^2}}$$
$$= 5{,}858 \sqrt{\frac{24290}{12 \cdot 2444{,}667}}$$
$$= 5{,}330 .$$

Man findet

$$17{,}247 - 2{,}228 \cdot 5{,}330 \leq \beta_1 \leq 17{,}247 + 2{,}228 \cdot 5{,}330$$
$$5{,}372 \leq \beta_1 \leq 29{,}122 .$$

21.2 (a)

$$b_1 = \frac{\sum x_i^2 \sum y_i - \sum x_i \sum x_i y_i}{n \sum x_i^2 - (\sum x_i)^2}$$
$$= \frac{1756 \cdot 1529 - 114 \cdot 23424}{8 \cdot 1756 - 114 \cdot 114}$$
$$= 13{,}867$$

$$b_2 = \frac{n \sum x_i y_i - \sum x_i \sum y_i}{n \sum x_i^2 - (\sum x_i)^2}$$
$$= \frac{8 \cdot 23424 - 114 \cdot 1529}{8 \cdot 1756 - 114 \cdot 114}$$
$$= 12{,}439$$

$$\hat{y} = 13{,}867 + 12{,}439x$$

(b) (1) $H_0: \beta_2 = 0$
$H_A: \beta_2 > 0$
$\alpha = 0{,}01$

(2) Die Prüfgröße

$$T = \frac{B_2}{S_{B_2}}$$

ist studentverteilt mit $\nu = n-2 = 6$ Freiheitsgraden.

(3) Der kritische Wert beträgt $t_c = 3{,}143$.

Für $t = \frac{b_2}{s_{B_2}} > 3{,}143$ wird H_0 abgelehnt, für $t \leq 3{,}143$ kann H_0 nicht abgelehnt werden.

(4) Es ist

$$s_{B_2} = \frac{s_E}{\sqrt{\sum (x_i - \bar{x})^2}}$$

mit

$$\sum (x_i - \bar{x})^2 = 131{,}5 \quad \text{und}$$

$$s_E = \sqrt{\frac{1}{n-2} \sum e_i^2} .$$

Dabei ist

$$\sum e_i^2 = \sum y_i^2 - b_1 \sum y_i - b_2 \sum x_i y_i .$$

Um die Rundungsfehler klein zu halten, werden die Regressionskoeffizienten mit 8 Nachkommastellen eingesetzt. Man erhält

$$\sum e_i^2 = 312961 - 13{,}86692015 \cdot 1529$$
$$- 12{,}4391635 \cdot 23424$$
$$= 383{,}5133$$

und damit

$$s_E = \sqrt{\frac{383{,}5133}{6}} = 7{,}995\,.$$

Weiter findet man

$$s_{B_2} = \frac{7{,}995}{\sqrt{131{,}5}} = 0{,}697 \text{ und}$$

$$t = \frac{b_2}{s_{B_2}} = \frac{12{,}439}{0{,}697} = 17{,}846\,.$$

(5) Da $t > t_c$ ist, wird H_0 abgelehnt.

21.3 (1) H_o: Monatliche Konsumausgaben und Monatseinkommen sind voneinander unabhängig.

H_A: Monatliche Konsumausgaben und Monatseinkommen sind voneinander abhängig.

$\alpha = 0{,}05$

(2) Die Prüfgröße F mit der konkreten Ausprägung

$$\tilde{f} = \frac{MQE}{MQR}$$

folgt einer F-Verteilung mit $\nu_E = 1, \nu_R = n - 2 = 16$ Freiheitsgraden.

(3) Bei $\alpha = 0{,}05$ und $\nu_E = 1$, $\nu_R = 16$ Freiheitsgraden beträgt der kritische Wert $F_c = 4{,}49$. Bei $\tilde{f} > 4{,}49$ wird H_o abgelehnt, bei $\tilde{f} \leq 4{,}49$ kann H_o nicht abgelehnt werden.

(4)

Streuungsursache	Summe der Abweichungsquadrate	Anzahl der Freiheitsgrade	Mittlere Abweichungsquadratsumme	Wert der Prüfgröße
Erklärende Variable X	451	1	451,00	$\tilde{f} = 24{,}05$
Rest	300	16	18,75	
Total	751	17	.	.

Varianztabelle zum F-Test

(5) H_o wird abgelehnt, da $\tilde{f} > F_c$ ist.

Lösungen der Aufgaben zu Kapitel 22

22.1 (a) Das Konfidenzintervall für $E(Y_0)$ lautet allgemein

$$\hat{y}_0 - ts_{\hat{Y}_0} \leq E(Y_0) \leq \hat{y}_0 + ts_{\hat{Y}_0}\,.$$

Mit Hilfe der Lösungen der Aufgaben 20.2 und 21.1 erhält man

$$\hat{y}_0 = b_1 + b_2 x_o = 17{,}247 + 4{,}039 \cdot 52 = 227{,}275$$

$$s_{\hat{Y}_0} = s_E \sqrt{\frac{1}{n} + \frac{(x_o - \bar{x})^2}{\sum (x_i - \bar{x})^2}} = 5{,}858 \sqrt{\frac{1}{12} + \frac{(52 - 42{,}667)^2}{2444{,}667}} = 2{,}020\,.$$

Für $1 - \alpha = 0{,}99$ und $\nu = n - 2 = 10$ findet man aus der Tabelle der Studentverteilung $t = 3{,}169$. Damit ergibt sich

$$227{,}275 - 3{,}169 \cdot 2{,}020 \leq E(Y_0) \leq 227{,}275 + 3{,}169 \cdot 2{,}020$$

$$220{,}874 \leq E(Y_0) \leq 233{,}676\,.$$

(b) Das Prognoseintervall für y_0 lautet allgemein

$$\hat{y}_0 - ts_F \leq y_0 \leq \hat{y}_0 + ts_F\,.$$

Es ist

$$\hat{y}_0 = b_1 + b_2 x_o = 17{,}247 + 4{,}039 \cdot 70 = 299{,}977$$

$$s_F = s_E \sqrt{1 + \frac{1}{n} + \frac{(x_o - \bar{x})^2}{\sum (x_i - \bar{x})^2}} = 5{,}858 \sqrt{1 + \frac{1}{12} + \frac{(70 - 42{,}667)^2}{2444{,}667}} = 6{,}904\,.$$

Für $1 - \alpha = 0{,}95$ und $\nu = n - 2 = 10$ erhält man $t = 2{,}228$ und damit

$$299{,}977 - 2{,}228 \cdot 6{,}904 \leq y_0 \leq 299{,}977 + 2{,}228 \cdot 6{,}904$$

$$284{,}595 \leq y_0 \leq 315{,}359\,.$$

22.2 Für $x_o = 0$ ist

$$s^2_{\hat{Y}_o} = s^2_E \left[\frac{1}{n} + \frac{(0 - \bar{x})^2}{\sum (x_i - \bar{x})^2}\right]$$

$$= s^2_E \left[\frac{1}{n} + \frac{\bar{x}^2}{\sum (x_i - \bar{x})^2}\right]$$

$$= s^2_E \left[\frac{\sum (x_i - \bar{x})^2 + n\bar{x}^2}{n \sum (x_i - \bar{x})^2}\right]$$

$$= s^2_E \left[\frac{\sum x_i^2 - n\bar{x}^2 + n\bar{x}^2}{n \sum (x_i - \bar{x})^2}\right]$$

$$= s^2_E \left[\frac{\sum x_i^2}{n \sum (x_i - \bar{x})^2}\right]$$

$$= s^2_{B_1}\,.$$

22.3

$$b_1 = \frac{\sum x_i^2 \sum y_i - \sum x_i \sum x_i y_i}{n\sum x_i^2 - (\sum x_i)^2} = \frac{91 \cdot 171 - 21 \cdot 921{,}5}{6 \cdot 91 - 21 \cdot 21} = -36{,}1$$

$$b_2 = \frac{n\sum x_i y_i - \sum x_i \sum y_i}{n\sum x_i^2 - (\sum x_i)^2} = \frac{6 \cdot 921{,}5 - 21 \cdot 171}{6 \cdot 91 - 21 \cdot 21} = 18{,}457$$

$$\hat{y} = -36{,}1 + 18{,}457\,.$$

x_i	y_i	$\hat{y}_i$	$e_i = y_i - \hat{y}_i$
1	0,5	—17,6	18,1
2	2,7	0,8	1,9
3	6,4	19,3	—12,9
4	15,9	37,7	—21,8
5	40,2	56,2	—16,0
6	105,3	74,6	30,7

Arbeitstabelle

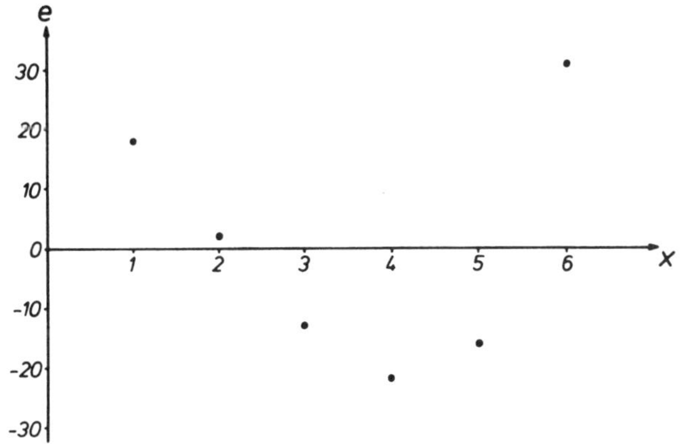

xe-*Streuungsdiagramm*

Das Streuungsdiagramm läßt vermuten, daß hier ein nichtlinearer Zusammenhang vorliegt. So wäre es vorstellbar, daß sich die Absatzentwicklung durch eine Exponentialfunktion besser beschreiben läßt.

Lösungen der Aufgaben zu Kapitel 23

23.1 Die Ausgangsgleichung lautet:

$$y_i = b_1 + b_2 x_{2i} + b_3 x_{3i} + b_4 x_{4i}\,.$$

Die bei den Regressionskoeffizienten stehenden Faktoren sind also 1, x_{2i}, x_{3i} und x_{4i}. Multipliziert man die Ausgangsgleichung nacheinander mit diesen Faktoren und summiert über alle i, dann erhält man folgende vier Normalgleichungen:

$$\begin{aligned}
\sum y_i &= b_1 n + b_2\sum x_{2i} + b_3\sum x_{3i} + b_4\sum x_{4i}\\
\sum x_{2i}y_i &= b_1\sum x_{2i} + b_2\sum x_{2i}^2 + b_3\sum x_{2i}x_{3i} + b_4\sum x_{2i}x_{4i}\\
\sum x_{3i}y_i &= b_1\sum x_{3i} + b_2\sum x_{3i}x_{2i} + b_3\sum x_{3i}^2 + b_4\sum x_{3i}x_{4i}\\
\sum x_{4i}y_i &= b_1\sum x_{4i} + b_2\sum x_{4i}x_{2i} + b_3\sum x_{4i}x_{3i} + b_4\sum x_{4i}^2\,.
\end{aligned}$$

23.2 (a) Es gilt

$$\begin{aligned}
b_1 n + b_2\sum x_{2i} + b_3\sum x_{3i} &= \sum y_i\\
b_1\sum x_{2i} + b_2\sum x_{2i}^2 + b_3\sum x_{3i}x_{3i} &= \sum x_{2i}y_i\\
b_1\sum x_{3i} + b_2\sum x_{3i}x_{2i} + b_3\sum x_{3i}^2 &= \sum x_{3i}y_i\\
8\,b_1 + 1130\,b_2 + 854\,b_3 &= 1010\\
1130\,b_1 + 167532\,b_2 + 122423\,b_3 &= 147998\\
854\,b_1 + 122423\,b_2 + 92988\,b_3 &= 109470\,.
\end{aligned}$$

Als Lösungen dieses linearen Gleichungssystems erhält man

$b_1 = 7{,}72465263$,

$b_2 = 0{,}60283379$ und

$b_3 = 0{,}31264707$.

Die Regressionsfunktion lautet

$$\hat{y} = 7{,}72465 + 0{,}60383 x_2 + 0{,}31265 x_3\,.$$

(b) Es ist

$$\mathbf{X'X} = \begin{bmatrix} 8 & 1130 & 854\\ 1130 & 167532 & 122423\\ 854 & 122423 & 92988 \end{bmatrix}$$

$$(\mathbf{X'X})^{-1} = \begin{bmatrix} 6{,}586590 & -0{,}005875 & -0{,}052757\\ -0{,}005875 & 0{,}000163 & -0{,}000160\\ -0{,}052757 & -0{,}000160 & 0{,}000706 \end{bmatrix}$$

$$s_E^2 = \frac{1}{n-k}\left[\sum y_i^2 - b_1\sum y_i - b_2\sum x_{2i}y_i - b_3\sum x_{3i}y_i\right]$$

$$= \frac{1}{5}\left[131266 - 7{,}72465263 \cdot 1010 - 0{,}60283379 \cdot 147998 - 0{,}31264707 \cdot 109470\right] = 4{,}0862\,.$$

Damit ergibt sich

$$\hat{\mathbf{V}} = s_E^2(\mathbf{X'X})^{-1} = \begin{bmatrix} 26{,}91412 & -0{,}02401 & -0{,}21558\\ -0{,}02401 & 0{,}00067 & -0{,}00065\\ -0{,}21558 & -0{,}00065 & 0{,}00288 \end{bmatrix}.$$

Das Konfidenzintervall für β_2 lautet allgemein

$$b_2 - ts_{B_2} \le \beta_2 \le b_2 + ts_{B_2}\,.$$

Es ist hier $s_{B_2} = \sqrt{0{,}00067} = 0{,}026$. Für $1-\alpha = 0{,}95$ und $\nu = n-3 = 5$ findet man aus der Tabelle der Studentverteilung $t = 2{,}571$.

$$0{,}603 - 2{,}571 \cdot 0{,}026 \le \beta_2 \le 0{,}603 + 2{,}571 \cdot 0{,}026$$

$$0{,}536 \le \beta_2 \le 0{,}670\,.$$

(c) (1) $H_0: \beta_3 = 0$

$H_A: \beta_3 \neq 0$

$\alpha = 0{,}05$

(2) Die Prüfgröße

$$T = \frac{B_3}{S_{B_3}}$$

ist studentverteilt mit $\nu = n - 3 = 5$ Freiheitsgraden.

(3) Der kritische Wert beträgt $t_c = 2{,}571$.

Bei $|t| = \left|\frac{b_3}{s_{B_3}}\right| > 2{,}571$ wird H_0 abgelehnt, bei $|t| \leq 2{,}571$ kann H_0 nicht abgelehnt werden.

(4) Es ist

$$t = \frac{b_3}{s_{B_3}} = \frac{0{,}313}{\sqrt{0{,}00288}} = 5{,}83\,.$$

(5) Da $|t| > t_c$ ist, wird H abgelehnt.

Lösungen der Aufgaben zu Kapitel 24

24.1 (1) $H_0: \beta_2 = \beta_3 = 0$

H_A: Wenigstens ein β_j ($j = 2{,}3$) ist ungleich Null.

$\alpha = 0{,}05$

(2) Die Prüfgröße F mit der konkreten Ausprägung

$$\tilde{f} = \frac{MQE}{MQR}$$

folgt einer F-Verteilung mit $\nu_E = k - 1 = 2$ und $\nu_R = n - k = 5$ Freiheitsgraden.

(3) Bei $\alpha = 0{,}05$ und $\nu_E = 2$, $\nu_R = 5$ beträgt der kritische Wert $F_c = 5{,}79$. Für $\tilde{f} > 5{,}79$ wird H_0 abgelehnt, für $\tilde{f} \leq 5{,}79$ kann H_0 nicht abgelehnt werden.

(4) Es ist

$$SQT = \sum (y_i - \bar{y})^2$$
$$= \sum y_i^2 - \frac{1}{n} (\sum y_i)^2$$
$$= 131266 - \frac{1010^2}{8} = 3753{,}500$$

$$SQR = \sum e_i^2 = (n - k)\, s_E^2$$
$$= 5 \cdot 4{,}0862 = 20{,}431$$

$$SQE = SQT - SQR$$
$$= 3753{,}500 - 20{,}431 = 3733{,}069$$

Streuungsursache	Summe der Abweichungsquadrate	Anzahl der Freiheitsgrade	Mittlere Abweichungsquadratsumme	Wert der Prüfgröße
Erklärende Variable X_2, X_3	3733,069	2	1866,5345	$\tilde{f} = 456{,}8$
Rest	20,431	5	4,0862	
Total	3753,500	7	.	.

Varianztabelle zum F-Test

(5) H_0 wird abgelehnt, da $\tilde{f} > F_c$ ist.

24.2 Das Prognoseintervall für y_0 lautet

$$\hat{y}_0 - ts_F \leq y_0 \leq \hat{y}_0 + ts_F$$

Es ist

$$\hat{y}_0 = b_1 + b_2 x_{20} + b_3 x_{30}$$
$$= 7{,}72465 + 0{,}60283 \cdot 170 + 0{,}31265 \cdot 110$$
$$= 144{,}597\,.$$

Weiterhin gilt

$$s_F^2 = s_{\hat{Y}_0}^2 + s_E^2$$

mit

$$s_{\hat{Y}_0}^2 = (x_{20} - \bar{x}_2)^2 s_{B_2}^2 + (x_{30} - \bar{x}_3)^2 s_{B_3}^2 +$$
$$+ 2 (x_{20} - \bar{x}_2)(x_{30} - \bar{x}_3)\, \widehat{Cov}(B_2, B_3) + \frac{s_E^2}{n}\,.$$

Man findet

$$\bar{x}_2 = \frac{1}{n} \sum x_{2i} = \frac{1130}{8} = 141{,}25$$

$$\bar{x}_3 = \frac{1}{n} \sum x_{3i} = \frac{854}{8} = 106{,}75$$

$$s_{B_2}^2 = 0{,}00067$$

$$s_{B_3}^2 = 0{,}00288$$

$$\widehat{Cov}(B_2, B_3) = -0{,}00065$$

$$s_E^2 = 4{,}0862$$

und damit

$$s_{\hat{Y}_0}^2 = (170 - 141{,}25)^2\, 0{,}00067 +$$
$$+ (110 - 106{,}75)^2\, 0{,}00288 +$$
$$+ 2 (170 - 141{,}25)(110 - 106{,}75)(-0{,}00065) +$$
$$+ \frac{4{,}0862}{8}$$
$$= 0{,}9735\,.$$

Es ist also

$$s_F^2 = 0{,}9735 + 4{,}0862 = 5{,}0597$$

und damit

$$s_F = 2{,}249\,.$$

Für $1-\alpha = 0{,}95$ und $\nu = n-3 = 5$ erhält man aus der Tabelle der Studentverteilung $t = 2{,}571$

$$144{,}597 - 2{,}571 \cdot 2{,}249 \leq y_o \leq 144{,}597 + 2{,}571 \cdot 2{,}249$$

$$138{,}815 \leq y_o \leq 150{,}379 \, .$$

24.3 Die Normalgleichungen lauten:

$$b_1 n \quad + b_2\sum x_i + b_3\sum x_i^2 + b_4\sum x_i^3 = \sum y_i$$
$$b_1\sum x_i + b_2\sum x_i^2 + b_3\sum x_i^3 + b_4\sum x_i^4 = \sum x_i y_i$$
$$b_1\sum x_i^2 + b_2\sum x_i^3 + b_3\sum x_i^4 + b_4\sum x_i^5 = \sum x_i^2 y_i$$
$$b_1\sum x_i^3 + b_2\sum x_i^4 + b_3\sum x_i^5 + b_4\sum x_i^6 = \sum x_i^3 y_i \, .$$

Mit

$n = 10, \sum x_i = 65{,}4 \; \sum x_i^2 = 528{,}88 \; \sum x_i^3 = 4788{,}204$

$\sum x_i^4 = 46163{,}1268 \; \sum x_i^5 = 461907{,}1388$

$\sum x_i^6 = 4731444{,}317$

$\sum y_i = 450{,}2 \; \sum x_i y_i = 3444{,}64 \; \sum x_i^2 y_i = 30760{,}772$

$\sum x_i^3 y_i = 296685{,}1966$

erhält man als Lösungen

$b_1 = \;\; 13{,}779020$

$b_2 = \;\;\; 9{,}691636$

$b_3 = -1{,}662594$

$b_4 = \;\;\; 0{,}116513 \, .$

Die Gesamtkostenfunktion lautet also

$$\hat{y} = 13{,}7790 + 9{,}6916x - 1{,}6626x^2 + 0{,}1165x^3 \, .$$

Lösungen der Aufgaben zu Kapitel 25

25.1 (a) Man ordnet dem Jahr 2005 die Basiszeit 0, dem Jahr 2006 die Berichtszeit 1 und dem Jahr 2007 die Berichtszeit 2 zu.

Indexformeln:

$$_LP_{01} = \frac{\sum p_1 q}{\sum p_0 q_0} 100\% \qquad _LP_{02} = \frac{\sum p_2 q_0}{\sum p_0 q_0} 100\%$$

$$_PP_{01} = \frac{\sum p_1 q_1}{\sum p_0 q_1} 100\% \qquad _PP_{02} = \frac{\sum p_2 q_2}{\sum p_0 q_2} 100\%$$

$$_LQ_{01} = \frac{\sum q_1 p_0}{\sum q_0 p_0} 100\% \qquad _LQ_{02} = \frac{\sum q_2 p_0}{\sum q_0 p_0} 100\%$$

$$_PQ_{01} = \frac{\sum q_1 p_1}{\sum q_0 p_1} 100\% \qquad _PQ_{02} = \frac{\sum q_2 p_2}{\sum q_0 p_2} 100\%$$

Warenart	p_0q_0	p_1q_0	p_2q_0	p_1q_1	p_0q_1	p_2q_2	p_0q_2
A	1200	2000	2500	2400	1440	3500	1680
B	600	720	840	1800	1500	2730	1950
C	500	1500	1300	1200	400	1560	600
D	1600	2400	2720	2100	1400	3060	1800
$\sum$	3900	6620	7360	7500	4740	10850	6030

Arbeitstabelle

Ergebnisse:

$_LP_{01} = 169{,}7\%$ $\qquad$ $_LP_{02} = 188{,}7\%$

$_PP_{01} = 158{,}2\%$ $\qquad$ $_PP_{02} = 179{,}9\%$

$_LQ_{01} = 121{,}5\%$ $\qquad$ $_LQ_{02} = 154{,}6\%$

$_PQ_{01} = 113{,}3\%$ $\qquad$ $_PQ_{02} = 147{,}4\%$

(b) Indexformeln:

$$_{Lo}P_{02} = \frac{\sum p_2\bar{q}}{\sum p_0\bar{q}} 100\% \qquad _{Lo}Q_{02} = \frac{\sum q_2\bar{p}}{\sum q_0\bar{p}} 100\%$$

$$\text{mit } \bar{q} = \frac{q_0 + q_1 + q_2}{3} \qquad \bar{p} = \frac{p_0 + p_1 + p_2}{3}$$

Man erhält

$$\bar{q}^{(A)} = \frac{1000 + 1200 + 1400}{3} = 1200, \; \bar{q}^{(B)} = 900,$$

$\bar{q}^{(C)} = 1000$ und $\bar{q}^{(D)} = 800$ sowie

$$\bar{p}^{(A)} = \frac{1{,}2 + 2{,}0 + 2{,}5}{3} = 1{,}9, \; \bar{p}^{(B)} = 1{,}8,$$

$\bar{p}^{(C)} = 1{,}1$ und $\bar{p}^{(D)} = 2{,}8$.

Warenart	$\bar{q}$	$p_2\bar{q}$	$p_0\bar{q}$	$\bar{p}$	$q_2\bar{p}$	$q_0\bar{p}$
A	1200	3000	1440	1,9	2660	1900
B	900	1890	1350	1,8	2340	720
C	1000	1300	500	1,1	1320	1100
D	800	2720	1600	2,8	2520	2240
$\sum$	.	8910	4890	.	8840	5960

Arbeitstabelle

Ergebnisse:

$_{Lo}P_{02} = 182{,}2\%$ und $_{Lo}Q_{02} = 148{,}3\%$.

25.2 Der Mengenindex nach *Paasche* ist definiert als

$$_PQ_{01} = \frac{\sum q_1 p_1}{\sum q_0 p_1} 100\% \, ,$$

der Preisindex nach *Laspeyres* als

$${}_L P_{01} = \frac{\sum p_1 q_0}{\sum q_0 p_0} 100\%$$

und der Umsatzindex als

$$U_{01} = \frac{\sum p_1 q_1}{\sum p_0 q_0} 100\%.$$

Es gilt also

$$U_{01} = {}_L P_{01} \; {}_P Q_{01}$$

und damit

$${}_P Q_{01} = \frac{U_{01}}{{}_L P_{01}}.$$

Mit den Umsatzindizes

$$U_{90,00} = \frac{4,5}{2,0} 100\% = 225\% \text{ und}$$

$$U_{90,10} = \frac{6}{2} 100\% = 300\%$$

erhält man

$${}_P Q_{90,00} = \frac{225}{145} 100\% = 155\% \text{ und}$$

$${}_P Q_{90,10} = \frac{300}{180} 100\% = 167\%.$$

25.3 (a) Fortführung des alten Index:

$$I^{\star}_{05,t} = \frac{I_{05,08} \cdot I_{08,t}}{100}$$

$$I^{\star}_{05,09} = \frac{I_{05,08} \cdot I_{08,09}}{100} = \frac{117 \cdot 106}{100} \approx 124$$

$$I^{\star}_{05,10} = \frac{I_{05,08} \cdot I_{08,10}}{100} = \frac{117 \cdot 111}{100} \approx 130$$

$$I^{\star}_{05,11} = \frac{I_{05,08} \cdot I_{08,11}}{100} = \frac{117 \cdot 115}{110} \approx 135$$

(b) Rückrechnung des neuen Index:

$$I^{\star}_{08,t} = \frac{I_{05,t} \cdot 100}{I_{05,08}}$$

$$I^{\star}_{08,01} = \frac{I_{05,05} \cdot 100}{I_{05,08}} = \frac{100 \cdot 100}{117} \approx 85$$

$$I^{\star}_{08,02} = \frac{I_{05,06} \cdot 100}{I_{05,08}} = \frac{105 \cdot 100}{117} \approx 90$$

$$I^{\star}_{08,03} = \frac{I_{05,07} \cdot 100}{I_{05,08}} = \frac{113 \cdot 100}{117} \approx 97$$

Jahr t	Alter Index $I_{05,t}$ (2005 = 100)	Neuer Index $I_{08,t}$ (2008 = 100)
2005	100	(85)
2006	105	(90)
2007	113	(97)
2008	117	100
2009	(124)	106
2010	(130)	111
2011	(135)	115

Alter und neuer Index sowie ihre fortgeführten und zurückgerechneten Werte (in Klammern!)

25.4 Von 2008 bis zum 2. Vj. 2011 ist
der Bruttomonatsverdienstindex von 96,6 auf 102,8%,

also auf $\frac{102,8}{96,6} \cdot 100\% = 106,4\%$ und

der Verbraucherpreisindex von 106,6 auf 110,5%,

also auf $\frac{110,5}{106,6} \cdot 100\% = 103,7\%$ gestiegen.

Aus der Beziehung

$$\text{Reallohnindex} = \frac{\text{Nominallohnindex}}{\text{Verbraucherpreisindex}}$$ ergibt sich

so ein Anstieg der *realen* Bruttomonatsverdienste

von nur $\left(\frac{106,4}{103,7} - 1\right) \cdot 100\% = 2,6\%$.

25.5 (a) Es gilt

$$VGP_{D,CH} = \frac{\sum p_{CH} \cdot q_D}{\sum p_D \cdot q_D} = \frac{3,74 \cdot 10 + 5,90 \cdot 15 + 4,41 \cdot 30 + 11,21 \cdot 20}{2,56 \cdot 10 + 4,09 \cdot 15 + 3,07 \cdot 30 + 7,67 \cdot 20} = \frac{482,40 \text{ CHF}}{332,45 \text{ €}};$$

damit ergibt sich

1 CHF = 0,6892 € bzw. 1 € = 1,4510 CHF

(b) Es gilt

$$VGP_{CH,D} = \frac{\sum p_D \cdot q_{CH}}{\sum p_{CH} \cdot q_{CH}} = \frac{2,56 \cdot 5 + 4,09 \cdot 20 + 3,07 \cdot 25 + 7,67 \cdot 25}{3,74 \cdot 5 + 5,90 \cdot 20 + 4,41 \cdot 25 + 11,21 \cdot 25} = \frac{363,10 \text{ €}}{527,20 \text{ CHF}};$$

damit ergibt sich

1 CHF = 0,6887 € bzw. 1 € = 1,4519 CHF

(c) Die Kaufkraftparität als geometrisches Mittel aus den unter (a) und (b) berechneten Kaufkraftparitäten ergibt sich zu

1 CHF = 0,6889 € bzw. 1 € = 1,4514 CHF

Lösungen der Aufgaben zu Kapitel 26

26.1 Nach Abschnitt 3.2 ist

$$\mu = \frac{1}{N}\sum_{i=1}^{N} a_i \text{ und daraus } \sum_{i=1}^{N} a_i = N\mu,$$

nach Abschnitt 4.2 ist

$$\sigma^2 = \frac{1}{N}\sum_{i=1}^{N} a_i^2 - \mu^2 \text{ und daraus}$$

$$\sum_{i=1}^{N} a_i^2 = N(\sigma^2 + \mu^2)\,.$$

Eingesetzt in die Definitionsformel für H ergibt sich

$$H = \frac{\sum_{i=1}^{N} a_i^2}{\left(\sum_{i=1}^{N} a_i\right)^2} = \frac{N(\sigma^2 + \mu^2)}{N^2\mu^2} = \frac{1}{N}\left(\frac{\sigma^2}{\mu^2} + 1\right) =$$

$$= \frac{1}{N}\left((VC)^2 + 1\right)$$

26.2 $H_B = 0{,}36^2 + 0{,}30^2 + 0{,}20^2 + 0{,}08^2 + 0{,}06^2 = 0{,}2696,$
$H_D = 0{,}50^2 + 0{,}14^2 + 0{,}13^2 + 0{,}12^2 + 0{,}11^2 = 0{,}3130,$
$H_F = 2(0{,}18^2 + 0{,}15^2 + 0{,}10^2 + 0{,}04^2 + 0{,}03^2) =$
$= 0{,}1348\,.$

Der *Herfindahl*-Index weist Verteilung D als etwas stärker konzentriert aus als Verteilung B; der Wert des *Herfindahl*-Index für Verteilung B ist genau doppelt so groß wie der für Verteilung F (doppelte Zahl von Unternehmen mit jeweils halbem Anteil am gesamten Merkmalsbetrag).

26.3 a)

a_i	p_i	v_i
110	0,11	0,11
120	0,12	0,23
130	0,13	0,36
140	0,14	0,50
500	0,50	1,00
1000	1,00	2,20

$V_D = 2{,}20 - 0{,}50 = 1{,}70$
$\kappa_D = 0{,}40, \quad \kappa'_D = 0{,}32$

b)

a_i	p_i	v_i
30	0,03	0,03
30	0,03	0,06
40	0,04	0,10
40	0,04	0,14
100	0,10	0,24
100	0,10	0,34
150	0,15	0,49
150	0,15	0,64
180	0,18	0,82
180	0,18	1,00
1000	1,00	3,86

$V_F = 3{,}86 - 0{,}50 = 3{,}36$
$\kappa_F = 0{,}364, \quad \kappa'_F = 0{,}328$

26.4

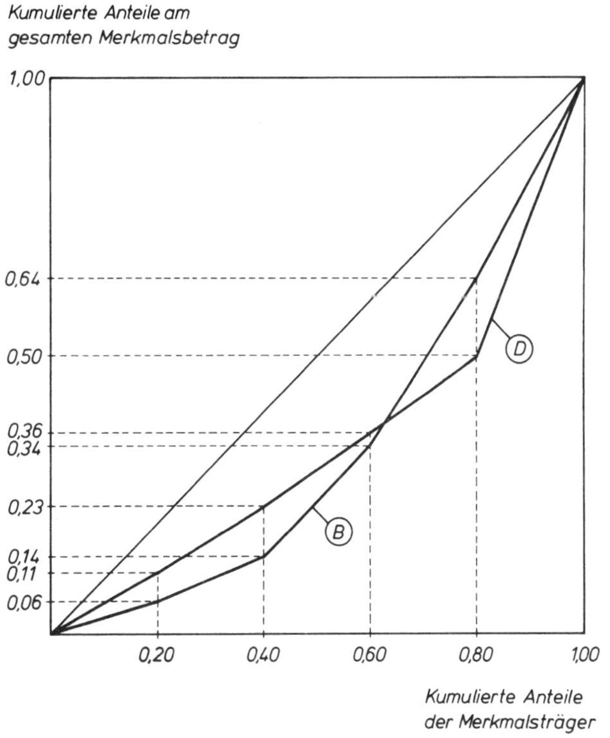

Lorenz-Kurven

Da die *Lorenz*-Kurven für Verteilung B und Verteilung D einander schneiden, ist aus der graphischen Darstellung keine unmittelbare Aussage möglich, welche der beiden Verteilungen als stärker konzentriert anzusehen ist (die Berechnung ergibt für κ_B einen knapp höheren Wert).

26.5 Bei Vorliegen klassifizierter Daten (vgl. Kapitel 2) ergeben sich die Koordinaten in Abb. 26.2 zu

$$u_i = \sum_{j=1}^{i} f_j = F_i$$

$$v_i = \frac{\sum_{j=1}^{i} x_j h_j}{\sum_{j=1}^{k} x_j h_j} \qquad (i = 1, 2, \ldots, k).$$

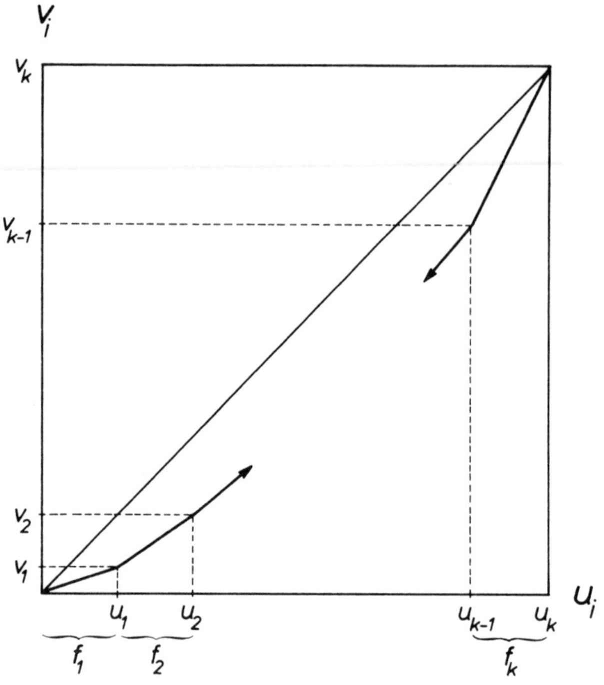

Lorenz-Kurve bei klassifizierten Daten

Es ist

$$F_u = u_1 \frac{v_0 + v_1}{2} + (u_2 - u_1) \frac{v_1 + v_2}{2} + \ldots +$$

$$+ (u_k - u_{k-1}) \frac{v_{k-1} + v_k}{2} = f_1 \cdot \bar{v}_1 + f_2 \bar{v}_2 +$$

$$+ \ldots + f_k \bar{v}_k = \sum_{i=1}^{k} f_i \bar{v}_i = \frac{1}{N} \sum_{i=1}^{k} h_i \bar{v}_i = \frac{V}{N}.$$

$$F_0 = \frac{1}{2} - F_u, \; F_{0\,max} = \frac{1}{2},$$

$$\kappa' = \frac{F_0}{F_{0\,max}} = 1 - 2\,F_u = 1 - \frac{2V}{N}$$

26.6 In der Arbeitstabelle können die Werte $x_i' h_i$ aus Tab. 3.2 übernommen werden:

i	h_i	$x_i' h_i$	$\sum_{j=1}^{i} x_j' h_j$	v_i	$\bar{v}_i$	$h_i \bar{v}_i$
1	6	3900	3900	0,008	0,004	0,024
2	13	12350	16250	0,031	0,019	0,247
3	22	27500	43750	0,085	0,058	1,276
4	32	49600	93350	0,181	0,133	4,256
5	40	74000	167350	0,324	0,253	10,120
6	42	90300	257650	0,499	0,412	17,304
7	39	95550	353200	0,684	0,592	23,088
8	31	85250	438450	0,849	0,767	23,777
9	20	61000	499450	0,968	0,908	18,160
10	5	16750	516200	1,000	0,984	4,920
$\sum$	250	516200	·	·	·	103,172

Arbeitstabelle

$$\kappa' = 1 - \frac{2V}{N} = 1 - \frac{2 \cdot 103{,}172}{250} = 0{,}175$$

Um die *Lorenz*-Kurve zu zeichnen, übernehmen wir die Werte für v_i aus obiger Arbeitstabelle, die Werte für u_i aus Tab. 2.7 ($u_i = F_i$):

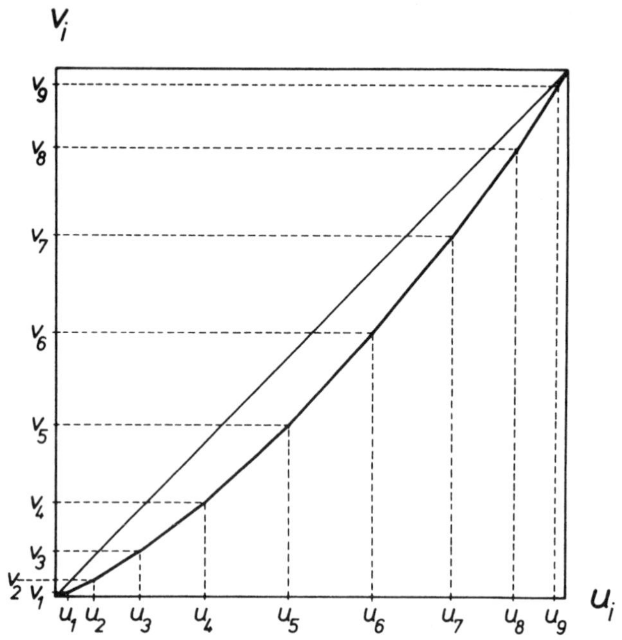

Lorenz-Kurve

Anmerkung: Eine größere Rechengenauigkeit in der Berechnung von κ' wäre insoferne fehl am Platze, als die Werte x_i' selbst ja nur eine Näherung darstellen. Durch größere Rechengenauigkeit würde also nur eine Präzision vorgetäuscht werden, die das Datenmaterial nicht rechtfertigt.

26.7 $B_a = \frac{H_B}{H_F} = \frac{0{,}2696}{0{,}1348} = 2{,}0$ (vgl. Aufgabe 26.2),

$B_r = \frac{V_F}{V_B} = \frac{3{,}36}{1{,}68} = 2{,}0$ (vgl. Tab. 26.2 und Aufgabe 26.3).

Anhang
Anwendung des Statistik-Programmsystems IBM SPSS Statistics auf ausgewählte Aufgaben

1 Einführung

Der Statistik-Software-Hersteller **SPSS** gehört seit Jahrzehnten zu den führenden Anbietern von Statistik-Software. Gegründet wurde SPSS bereits 1968 als **S**tatistical **P**ackage for the **S**ocial **S**ciences; im Oktober 2009 wurde er von **IBM** übernommen.

Zu den klassischen Anwendungen der statistischen Datenanalyse kamen jedoch in den letzten Jahren leistungsfähige und branchenspezifische Lösungen des Predictive Analytics aus den Bereichen Data Mining, Text und Web Mining sowie Umfragetechnologien und Marktforschung hinzu.

Programme der SPSS-Produktfamilie sind für die Betriebssysteme Windows, Apple Macintosh, UNIX, Linux und viele Großrechner-Betriebssysteme verfügbar.

Die nachfolgenden Ausführungen beziehen sich ausschließlich auf die **Windows-Version** von SPSS, die sowohl als Desktop-Variante (für die lokale Nutzung) als auch in der Client-Server-Architektur (zur Verarbeitung extrem großer Datenbestände) erhältlich ist.

Die Programmstruktur von SPSS für Windows erlaubt ein komplexes Datenmanagement mit hohem Standard (Einlesen, Definieren, Transformieren und Editieren von Daten in verschiedenen Formaten), wozu der **SPSS-Dateneditor** als spreadsheet-artiges Arbeitsmittel zur Verfügung steht. Die Ergebnisse statistischer Analysen werden wahlweise als Tabellen, Grafiken oder Textelemente im **SPSS-Viewer** in ihrer chronologischen Reihenfolge dargestellt und können zur weiteren Bearbeitung bzw. zum Export in andere Anwendungen gezielt ausgewählt werden. Da SPSS für Windows ursprünglich von der SPSS-Großrechnerversion abstammt, kann für automatisierte Auswertungen bei Bedarf auch auf die Kommandosprache der **SPSS-Syntax** zurückgegriffen werden. Zusätzlich zur SPSS-Syntax wird ein Visual-Basic-Dialekt **(SPSS-Skripten)** sowie die Integration der Programmiersprachen **GPL** (Graphics Production Language) und Python **(SPSS Python Plug-In)** angeboten. SPSS für Windows ist insofern ein offenes System, als es noch Modifikationen der angegebenen Prozeduren zulässt.

SPSS für Windows ist modular aufgebaut; d.h. neben dem ***Basismodul* IBM SPSS Statistics** gibt es eine Reihe von ***Zusatzmodulen.*** Besonders für den professionellen Anwender dürfte die Tiefe der in den einzelnen Modulen angebotenen Prozeduren interessant sein. Bei den einzelnen statistischen Methoden werden meist alle gängigen, aus den einschlägigen Statistik-Lehrbüchern bekannten Algorithmen angeboten und um neue, verbesserte Verfahren ergänzt.

Basismodul:

IBM SPSS Statistics ermöglicht auf einfache Weise das *Editieren und Formatieren von Daten. Direkte Schnittstellen* bestehen u.a. zu SPSS-Dateien, MS EXCEL, MS ACCESS, dBase und Textdateien. Der *Zugriff auf eine Reihe moderner Datenbanken* ist möglich. *Weitere Zugriffsmöglichkeiten* bestehen über ODBC und auf aktuelle SAS-Files. SPSS ermöglicht durch seine *Datenmanagement-Funktionen* die Zusammenführung von Daten, die Berechnung neuer Variablen, das Aggregieren von Dateien, das Auswählen von Fällen sowie die Umstrukturierung der Daten zur Aufbereitung mit dem „Data Restructure Wizard". Neben *statistischen Standardverfahren* wie etwa Häufigkeitsverteilungen, Mittelwerts- und Streuungsberechnungen, T-Tests und Lineare Regression umfasst das Base System auch anspruchsvollere statistische Verfahren wie beispielsweise ANOVA-Modelle, Nichtparametrische Tests, Clusteranalyse, Diskriminanzanalyse, Faktorenanalyse, Korrelationen, Einfaktorielle Varianzanalyse, Kurvenanpassung, Reliabilitätsanalyse, TwoStepCluster, Multidimensionale Skalierung und Verhältnisstatistik (descriptive ratio statistic). Die Ergebnisse können z. B. mit OLAP-Würfel, Pivotierbaren Tabellen in individuellem Layout und einer umfangreichen Palette an 2D- und 3D-Grafiken dargestellt werden. – Der Export in verschiedene Grafikformate, in MS Office-Anwendungen (Word, Excel, Powerpoint) und in HTML ist möglich.

Wichtige Zusatzmodule:

(Ihre Verwendung setzt die Installation des Basismoduls *IBM SPSS Statistics* voraus.)

IBM SPSS Custom Tables erlaubt die präsentationsreife Darstellung von Ergebnissen und die komfortable Verwaltung von Mehrantworten-Sets. Das Modul ermöglicht die Auswahl aus Statistiken für Zellen und Übersichtsdaten, die Berechnung von Prozentwerten von Daten mit Mehrfachantworten-Sets, die Verkettung sämtlicher Dimensionen für die Aufnahme von Mehrfachvariablen mit unterschiedlichen Statistiken in einer einzigen Tabelle und die Unterscheidung nach der Art der fehlenden Werte in ihren Daten, so dass fehlende Antworten eindeutig angezeigt werden können.

IBM SPSS Regression schließt folgende Verfahren ein: Multinomiale logistische Regression, Binäre logistische Regression, Uneingeschränkte nichtlineare Regression, Eingeschränkte nichtlineare Regression, Gewichtete kleinste Quadrate, Zweistufige kleinste Quadrate und Probitanalysen.

IBM Advanced Statistics enthält anspruchsvollere statistische Verfahren wie Lineare gemischte Modelle, Allgemeine lineare Modelle, Fixed-Effect-Analyse von Varianzen (ANOVA), Kovarianzanalyse (ANCOVA), Multivariate Varianzanalyse (MANOVA) sowie Multivariate Kovarianzanalyse (MANCOVA), ANOVA und ANCOVA nach Zufalls- oder Mischverfahren, Wiederholte Messungen von ANOVA und MANOVA für Messwiederholungen, Schätzung von Varianzkomponenten, Allgemeine Modelle von mehrdimensionalen Kontingenztafeln, Hierarchische logarithmisch-lineare Modelle für mehrdimensionale Kontingenztafeln, Logarithmisch-lineare und Logit-Modelle für die Datenzählung durch generalisiertes lineares Modellkonzept, Überlebensanalyse, Kaplan-Meier-Schätzverfahren für die Schätzung der Zeitdauer bis zum Eintritt eines Ereignisses, Cox-Regression und PLUM.

IBM SPSS Categories stellt statistische Verfahren speziell für kategoriale Daten zur Verfügung, wie sie in der Produktforschung und bei Einstellungsmessungen benötigt werden: Analyse der Hauptkomponenten durch alternierende kleinste Quadrate, Korrespondenzanalyse, Kategoriale Regressionsanalyse durch optimale Skalierung, Homogenitätsanalyse durch alternierende kleinste Quadrate, (auch bekannt als mehrfache Korrespondenzanalyse) und Kanonische Korrelationsanalyse von zwei oder mehr Variablensets durch alternierende kleinste Quadrate.

IBM SPSS Decision Trees bietet verschiedene Entscheidungsbaum-Algorithmen zur Datensegmentierung bezüglich eines Zielkriteriums an. Mittels vier verschiedener Baumaufbaumethoden werden automatisch jeweils in Bezug auf das Zielkriterium in sich homogene Segmente im Datenbestand erkannt und in intuitiven Baumdiagrammen dargestellt. Basierend auf diesen Segmenten können Klassifikations- und Vorhersageregeln (z.B. für die Prognose der Klassifikation neuer Fälle in eines der gebildeten Segmente) generiert werden, wobei die Regeln wahlweise als SPSS-Syntax, SQL-Statement oder einfacher Text verfügbar sind.

IBM SPSS Data Preparation ermöglicht eine umfassende Überprüfung der Validität der Daten zur Identifikation ungültiger Fälle, Variablen- oder Datenwerte. Dabei können für eine einzelne oder mehrere Variablen entweder eigene, nach inhaltlichen Gesichtspunkten definierte Validierungsregeln oder statistische Regeln (z.B. auf Basis der Mindest-Standardabweichung oder des -variationskoeffizienten) definiert werden. Da die Validierungsregeln im Datenlexikon der Datendatei gespeichert werden, können einmal definierte Regeln immer wieder verwendet werden und machen damit die Bewertung der Datenqualität automatisierbar. Somit erleichtert das Modul die oft aufwändige, manuelle Suche nach Ausreißern und Anomalien innerhalb eines Datensatzes.

IBM SPSS Conjoint enthält Verfahren der Conjointanalyse, mit der Eigenschaftskombinationen von Produkten auf ihre Attraktivität hin untersucht werden können: Gebrochene Faktorauslegungen der orthogonalen Haupteffekte (nicht auf zweistufige Faktoren beschränkt!), Erstellung von Druckkarten für zusammengesetzte Experimente (die gedruckten Karten werden als Stimuli für Sortierung, Rangfolgeerstellung oder Bewertung durch die Subjekte verwendet) und Durchführung einer normalen Analyse der Vorlieben- oder Bewertungsdaten nach der Methode der kleinsten Quadrate.

IBM SPSS Exact Tests enthält Tests für kleine Stichproben oder für Fälle mit geringer Zellenbesetzung in Einzelkategorien. Hierzu gehören Tests basierend auf einer, zwei oder mehr als zwei Stichproben aus unabhängigen oder abhängigen Grundgesamtheiten, Tests für die Güte der Anpassung, Unabhängigkeitstests in RxC-Kontingenztafeln und Tests für Assoziationsmaße.

IBM SPSS Complex Samples umfasst Prozeduren für höhere Stichprobenverfahren, nämlich für Stratified Sampling, Clustered Sampling und Multistage Sampling (bis zu 3 Stufen). Die Software ermöglicht die komfortable Planung, die eigentliche Ziehung und die detaillierte Auswertung der Stichproben. Es stehen Modelle mit und ohne Zurücklegen sowie mit gleichen und unterschiedlichen Auswahlwahrscheinlichkeiten zur Verfügung. Geschätzt werden können Mittelwerte, Summen und Anteile mit ihren Konfidenzintervallen.

IBM SPSS Forecasting ermöglicht umfassende Prognosen und Zeitreihenanalysen, und zwar unter Verwendung von Maximum-Likelihood-Schätzungen für saisonale und nichtsaisonale univariate Modelle (ARIMA), Exponentielle Glättungsverfahren für die Schätzung von bis zu vier Parametern aus 12 ausgewählten verfügbaren Modellen, Schätzung multiplikativer oder additiver saisonabhängiger Faktoren für periodische Zeitreihen, Zerlegung einer Zeitreihe in eine harmonische Komponente, eine Gruppe regelmäßiger periodischer Funktionen mit unterschiedlichen Wellenlängen oder Perioden (Spektralanalyse) und Schätzung eines Regressionsmodells, wenn die Residuen zwischen einem einzelnen Zeitpunkt und dem nächsten korrelieren.

IBM SPSS Missing Values hilft dabei, Verzerrungen der Ergebnisse zu entdecken, die auf fehlende Daten zurückzuführen sind, und zwar durch Analyse der Muster fehlender Daten, Ersetzen fehlender Werte durch geschätzte Werte, EM-Algorithmus und Regressionsalgorithmus.

SPSS für Windows ist mit den einzelnen Modulen in einer Reihe von (deutschsprachigen) Benutzerhandbüchern ausführlich beschrieben (meist auch als CD-ROMs erhältlich), die von SPSS direkt vertrieben werden (http://www.spss.com/estore). Eine Hilfefunktion steht in den einzelnen Dialogfeldern am Bildschirm zur Verfügung. Außerdem gibt es eine Reihe von Anwendungshandbüchern mit SPSS-Bezug, die entsprechend der Produktweiterentwicklung von verschiedenen Verlagen immer wieder aktualisiert angeboten werden.

Die SPSS-Produkte sind in der gehobenen Preisklasse angesiedelt; von professionellen Anwendern werden die Preise der Produktqualität und Leistungsfähigkeit wegen akzeptiert. Speziell im Hochschulbereich existieren Sonderkonditionen.

Vertrieben wird die SPSS-Software in Deutschland von IBM Deutschland GmbH, Hollerithstr. 1, 81829 München, Telefon 089 4504-2022; Fax 089 4504-5100; Internet http://www.spss.com/de.

(Übernommen aus: *Bleymüller/Gehlert:* Statistische Formeln, Tabellen und Statistik-Software. 12. überarbeitete Auflage. Verlag Franz Vahlen München 2011.)

Bei der **Anwendung von SPSS für WINDOWS auf ausgewählte Aufgaben in diesem Anhang** wird nachfolgend allein mit dem *Basismodul* **IBM SPSS Statistics** gearbeitet. Dabei wird auf die deutsche Ausgabe mit der deutschen Menü-Oberfläche zurückgegriffen.

Ziel der folgenden Ausführungen ist nicht die Wiederholung der in den Benutzerhandbüchern enthaltenen Programmbeschreibungen, sondern die **beispielhafte Darstellung des praktischen Arbeitens mit empirischen Daten**.

2 Allgemeine Benutzungshinweise

2.1 Dokumentation

In IBM SPSS Statistics 20.0 steht dem Benutzer eine **implementierte Hilfe-Funktion** am Bildschirm zur Verfügung.

Zur Ergänzung können **Informationen aus dem Internet** und einschlägige **SPSS-Benutzerhandbücher** herangezogen werden.

Als **deutschsprachige Literatur** sind weiter u. a. folgende Bücher zu empfehlen:

Brosius, Felix, SPSS 19. Heidelberg/München usw. 2011.

Brosius, Felix, SPSS 18 für Dummies (Fur Dummies). Weinheim 2010.

Bühl, Achim, SPSS 20 (13. akt. Aufl.). München 2011.

Diehl, Joerg, M., Thomas Staufenbiel, Statistik mit SPSS Version 15. Eschborn 2007.

Janssen, Jürgen, Wilfried Laatz, Statistische Datenanalyse mit SPSS für Windows (6., neubearb. u. erw. Aufl.). Berlin, Heidelberg New York 2009.

2.2 Beginn einer SPSS-Sitzung

Nach dem *Aufruf* von **IBM SPSS Statistics 20** erscheint zunächst die **Eröffnungsmaske von IBM SPSS Statistics 20**: Vor dem Hintergrund des in Abbildung 1 dargestellten *IBM SPSS Statistics Daten-Editors* steht das kleinere Fenster *IBM SPSS Statistics* mit der Frage: *„Wie möchten Sie vorgehen?"*; klicken wir hier auf den Punkt **Daten eingeben** und bestätigen mit **[OK]**, steht der *IBM SPSS Statistics Daten-Editor* in der Einstellung *Datenansicht* (ganz links unten!) zur **Dateneingabe** bereit.

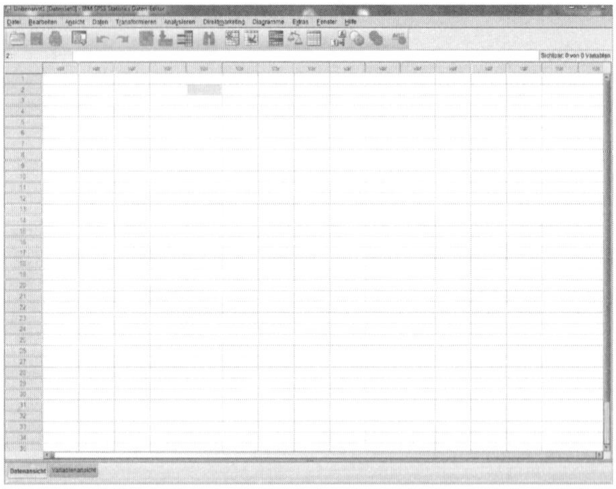

Abb. 1: IBM SPSS Statistics Daten-Editor

2.3 Datenmanagement

Bei der **Dateneingabe** unterscheidet man die
- ***Eingabe von Einzelwerten*** und die
- ***Eingabe einer Häufigkeitsverteilung***.

- Die **Eingabe von Einzelwerten** soll nachfolgend anhand der *Daten aus Aufgabe 2.1, Seite 11*, erläutert werden.

Die in der Aufgabe gegebenen Werte werden in der *ersten Spalte des Daten-Editors* untereinander eingegeben; die Eingabe der Werte wird jeweils mit der Eingabetaste [↵] bzw. mit einer der Pfeiltasten [←], [↑], [→] oder [↓] bestätigt. – Die jeweils aktivierte Eingabezelle (*Tabellenfeld*) erscheint eingerahmt und farbig unterlegt.

Nach Eingabe aller 40 Werte wird auf dem Bildschirm der letzte Teil der Daten wiedergegeben (vgl. Abbildung 2).

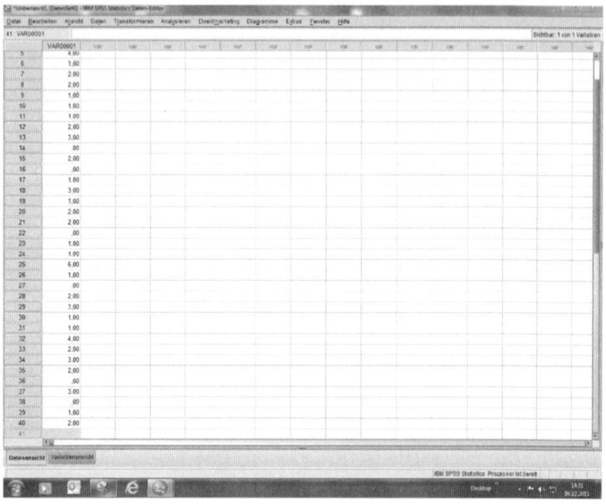

Abb. 2: IBM SPSS Statistics Daten-Editor (letzter Teil) für die Daten aus Aufgabe 2.1, Seite 11

Um die in das Spreadsheet eingegebenen Daten über die Dauer der gegenwärtigen SPSS-Sitzung hinaus zu erhalten, müssen sie in einer *Datendatei* gespeichert werden. (Eine Datendatei in SPSS endet mit der Extension *.sav*).

Hierfür ruft man aus dem Menü **Datei** den Befehl **Speichern unter...** auf. Abbildung 3 zeigt die Dialogbox **Daten speichern als** nach Eingabe des hier gewählten Dateinamens *Kunden*. Durch Anklicken der Schaltfläche **[Speichern]** wird die Datei daraufhin gespeichert (Im *IBM SPSS Statistics Viewer* wird das Verzeichnis, in dem die Datei abgespeichert wurde, vollständig angezeigt; durch Schließen des *IBM SPSS Statistics Viewers* kehrt man zum IBM SPSS Statistics Daten-Editor zurück).

Um ein **neues Spreadsheet** für die Eingabe einer neuen Datei zu erhalten, wird aus dem Menü **Datei** die Befehlsfolge **Neu**, **Daten** gewählt: Die zuvor gespeicherte Datei *Kunden* verschwindet vom Bildschirm und es öffnet sich das neue Spreadsheet mit der Titelzeile **Unbenannt 2 [DatenSet1] – IBM SPSS Statistics Daten-Editor**.

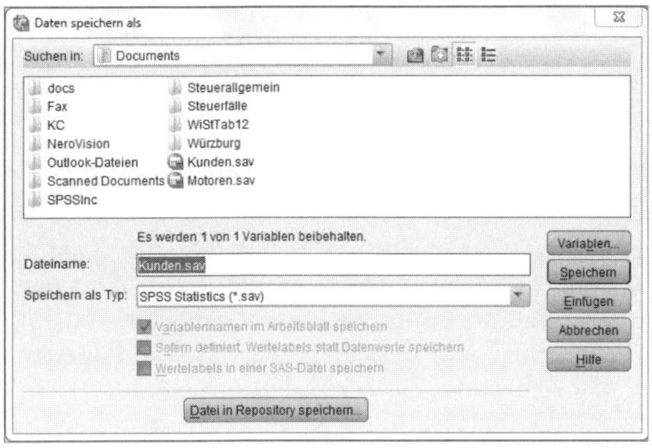

Abb. 3: *Dialogbox* ***Daten speichern als*** *für die Datei Kunden*

- Die **Eingabe einer Häufigkeitsverteilung** soll nachfolgend anhand der *Daten aus Aufgabe 2.2, Seite 11*, erläutert werden.

In der ersten Spalte „Lebensdauer in Jahren“ (vgl. Tabelle 2.9, Seite 11) sind Klassenintervalle angegeben. Für die nachfolgenden Berechnungen sollen als repräsentative Merkmalswerte der Klassen i (i=1, ..., 5) die *Klassenmitten* x_i', also die Werte 1, 3, 5, 7 und 9, zugrunde gelegt werden.

Die Werte der *Klassenmitten* werden in der ersten Spalte untereinander eingegeben; die Eingabe jedes einzelnen Wertes wird mit der Eingabetaste [↵] bestätigt. – Die jeweils aktivierte Eingabezelle (*Tabellenfeld*) erscheint eingerahmt und farbig unterlegt. – Analog werden die entsprechenden *absoluten Häufigkeiten* (Anzahl der Motoren) in der zweiten Spalte eingegeben.

Die Abbildung 4 zeigt den *IBM SPSS Statistics Daten-Editor* nach Eingabe der letzten absoluten Häufigkeit.

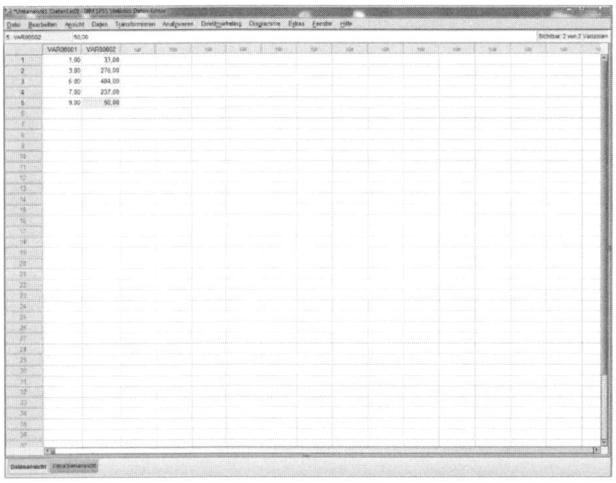

Abb. 4: *IBM SPSS Statistics Daten-Editor für die Daten aus Aufgabe 2.2, Seite 11*

Damit SPSS in den nachfolgenden Berechnungen die beiden eingegebenen Variablen als Häufigkeitsverteilung interpretiert, muß folgende einmalige Einstellung erfolgen: Zur Gewichtung der Werte (Klassenmitten) mit einer Gewichtungsvariablen (Klassenhäufigkeiten), wählt man aus dem Menü **Daten** den Untermenüpunkt **Fälle gewichten ...** aus; es öffnet sich dann die in Abbildung 5 dargestellte Dialogbox **Fälle gewichten.**

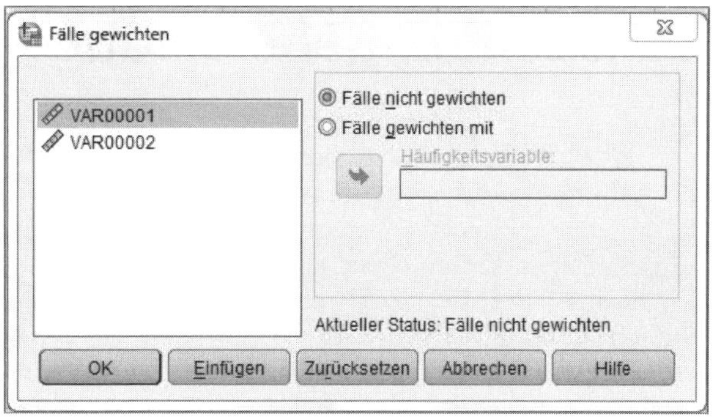

Abb. 5: *Dialogbox* ***Fälle gewichten***

In der Dialogbox **Fälle gewichten** ist die Option **Fälle gewichten mit** zu wählen. Im vorliegenden Fall wird die Häufigkeitsvariable **VAR00002** in der links angeordneten Quellvariablenliste angeklickt und mit dem Pfeilbutton in das Feld *Häufigkeitsvariable:* übertragen (vgl. Abbildung 6).

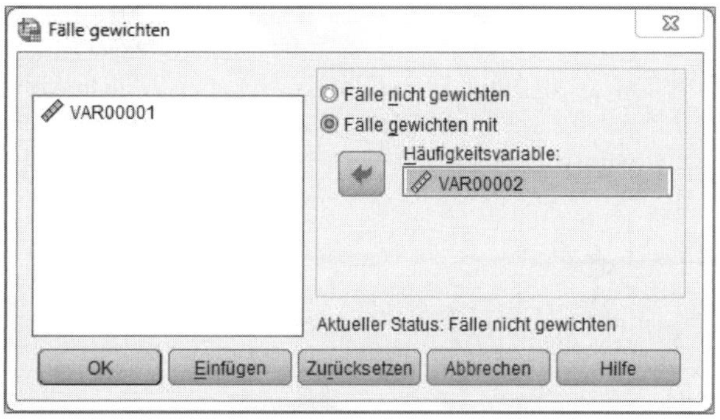

Abb. 6: *Ausgefüllte Dialogbox* ***Fälle gewichten***

Um die in das Spreadsheet eingegebenen Daten über die Dauer der gegenwärtigen SPSS-Sitzung hinaus zu erhalten, müssen sie in einer *Datendatei* gespeichert werden. Hierfür ruft man aus dem Menü **Datei** den Befehl **Speichern unter...** auf. Abbildung 7 zeigt die Dialogbox **Daten speichern als** nach Eingabe des hier gewählten Dateinamens *Motoren.* Durch Anklicken der Schaltfläche **[Speichern]** wird die Datei daraufhin gespeichert.

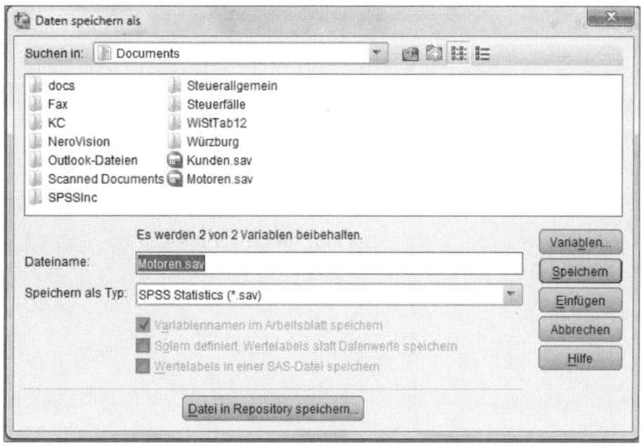

Abb. 7: *Dialogbox* ***Daten speichern als*** *für die Datei Motoren*

3 Anwendungsbeispiele

Der erste nachfolgende **Abschnitt 3.1 Empirische Verteilungen und statistische Maßzahlen** wird aus didaktischen Gründen ausführlich unter Angabe aller Einzelschritte und Darstellung aller Bildschirminhalte abgehandelt. – Der zweite **Abschnitt 3.2 Boxplot** und **alle weiteren Abschnitte** bauen auf dem ersten Abschnitt auf. Bereits bekannte einfache Bedienungsschritte werden nicht mehr ständig wiederholt, so daß die Darstellung an Übersichtlichkeit gewinnt.

3.1 Empirische Verteilungen und statistische Maßzahlen

Sollen die in *Aufgabe 2.1, Seite 11,* wiedergegebenen Kundenankünfte in einer Häufigkeitstabelle dargestellt werden, so muß ausgehend von der Menüleiste des *IBM SPSS Statistics Daten-Editors* die Befehlsfolge **Datei, Öffnen, Daten...** gewählt werden; es erscheint die Dialogbox **Daten öffnen**. Dann wird, gegebenenfalls mit Hilfe der Bildlaufleisten, die Datei *Kunden* gesucht und markiert (vgl. Abbildung 8).

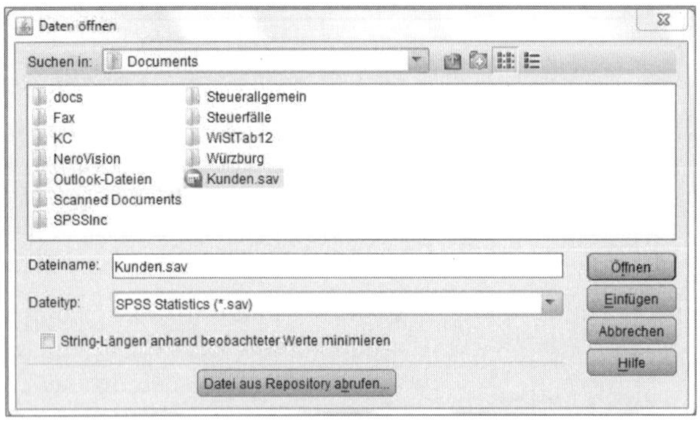

Abb. 8: Dialogbox ***Daten öffnen*** *für die Daten aus Aufgabe 2.1, Seite 11*

Durch Anklicken der Schaltfläche **[Öffnen]** wird die Datei *Kunden* geladen; es erscheint dann das bereits in Abbildung 2 dargestellte ausgefüllte Spreadsheet.

Aus dem Menü **Analysieren** werden die Untermenüpunkte **Deskriptive Statistiken** und **Häufigkeiten...** ausgewählt, so daß sich die in Abbildung 9 wiedergegebene Dialogbox **Häufigkeiten** ergibt.

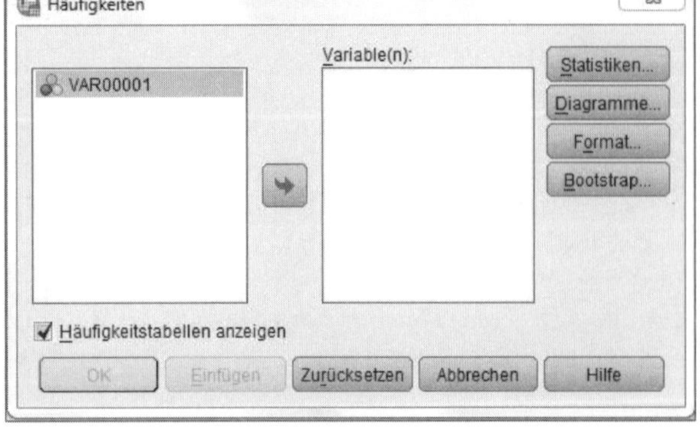

Abb. 9: Dialogbox ***Häufigkeiten***

In der Dialogbox **Häufigkeiten** wird nun die zu analysierende Variable **VAR00001** durch Anklicken des Pfeilbuttons in die Liste **Variable(n):** übernommen.

Nachfolgend sollen neben der **Häufigkeitsverteilung in tabellarischer Form** auch **Mittelwerte**, **Streuungsmaße** und **einige weitere statistische Maßzahlen** berechnet sowie das zugehörige **Balkendiagramm** erstellt werden.

Folgende Schritte sind dazu erforderlich:

Es wird zunächst die Schaltfläche **[Statistiken...]** angeklickt; in der dann erscheinenden Dialogbox **Häufigkeiten: Statistik** werden die gewünschten statistischen Maßzahlen, wie aus Abbildung 10 ersichtlich, durch Anklicken der entsprechenden Kontrollkästchen ausgewählt.

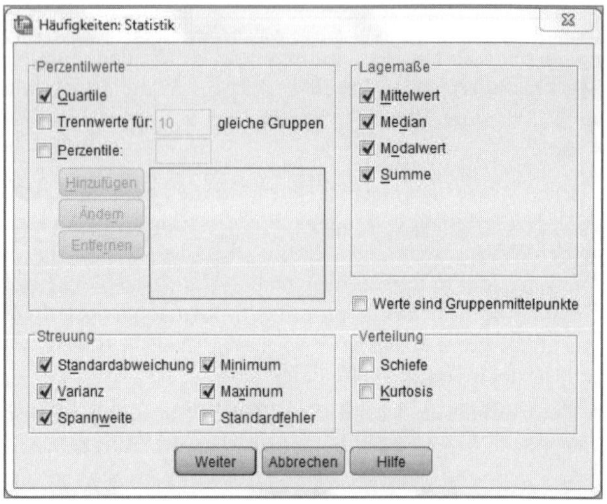

Abb. 10: Dialogbox ***Häufigkeiten: Statistik***

Durch **[Weiter]** gelangt man zurück in die Dialogbox **Häufigkeiten**. Um die Häufigkeitsverteilung auch grafisch darzustellen, wird die Schaltfläche **[Diagramme...]** angeklickt. In der erscheinenden Dialogbox **Häufigkeiten: Diagramme** wird als Diagrammtyp **Balkendiagramme** gewählt (vgl. Abbildung 11).

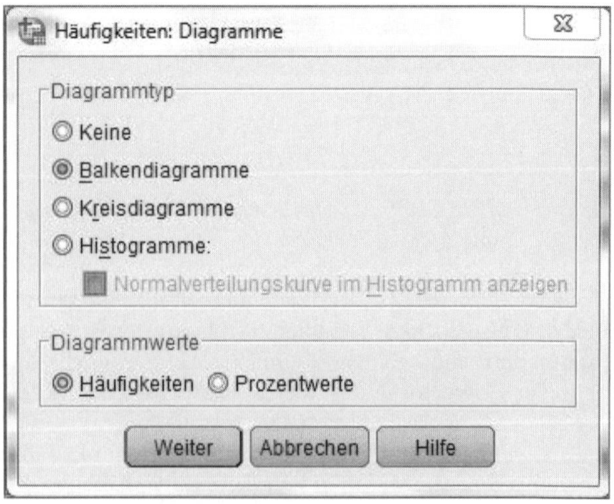

Abb. 11: Dialogbox ***Häufigkeiten: Diagramme***

Durch **[Weiter]** gelangt man zurück in die Dialogbox **Häufigkeiten**. Sodann mit **[OK]** bestätigen; es erscheint der in Abbildung 12 wiedergegebene Bildschirminhalt.

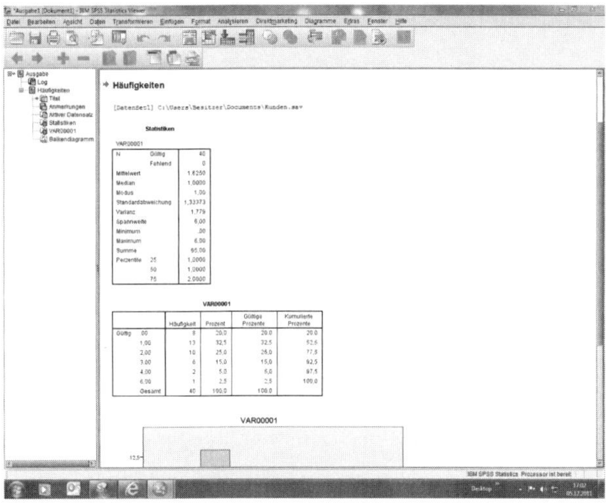

Abb. 12: ***Ausgabe1 [Dokument1] – IBM SPSS Statistics Viewer***

Scrollt man im rechten Fenster nach unten, wird schließlich auch das **Balkendiagramm** (Abbildung 13) sichtbar.

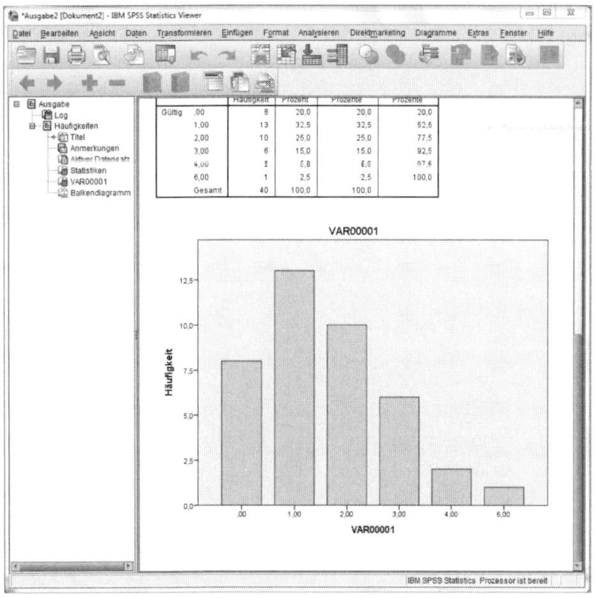

Abb. 13: ***Ausgabe2 [Dokument2] – IBM SPSS Statistics Viewer***

Im linken Fenster des *IBM SPSS Statistics Viewers* befindet sich eine Übersicht der im rechten Fenster wiedergegebenen Werte und Diagramme. Eine *direkte Auswahl* einzelner Ergebnisse kann durch entsprechendes Anklicken im linken Fenster erfolgen. Beispielsweise das **Balkendiagramm** kann durch Anklicken von **Balkendiagramm** im linken Fenster des *IBM SPSS Statistics Viewers* gesondert aufgerufen werden. Durch Doppelklick auf die Diagrammfläche läßt sich nun weiter der **Diagramm-Editor** aufrufen, mit dem das Balkendiagramm individuell gestaltet werden kann (vgl. Abbildung 14).

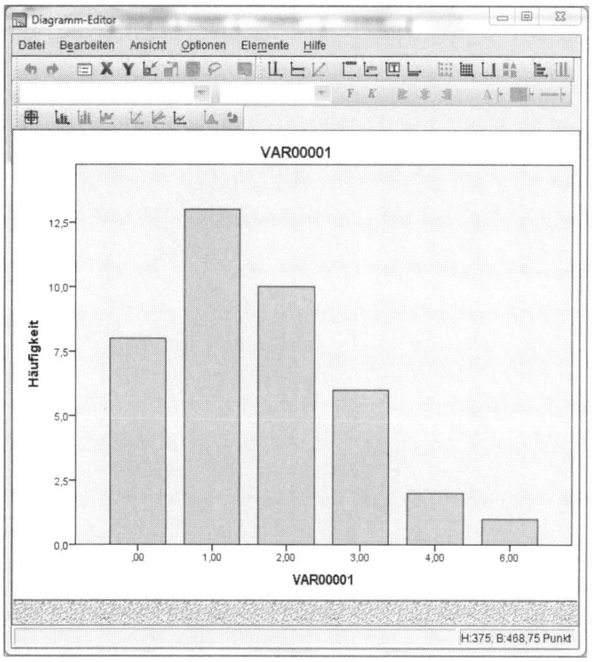

Abb. 14: ***Diagramm-Editor***

Um den gesamten Inhalt des *IBM SPSS Statistics Viewers* über die Dauer der gegenwärtigen SPSS-Sitzung hinaus zu erhalten, muß er in einer *Viewerdatei* gespeichert werden. (Eine *Viewerdatei* in SPSS endet mit der Extension *.spv*). – Hierfür ruft man aus dem Menü **Datei** den Befehl **Speichern unter...** auf, gibt den gewünschten Ausgabe-Dateinamen *Kunden* ein und wählt *Speichern als Typ:* Viewer-Dateien (*.spv) aus (vgl. Abbildung 15). Durch Anklicken der Schaltfläche **[Speichern]** wird die Datei daraufhin gespeichert.

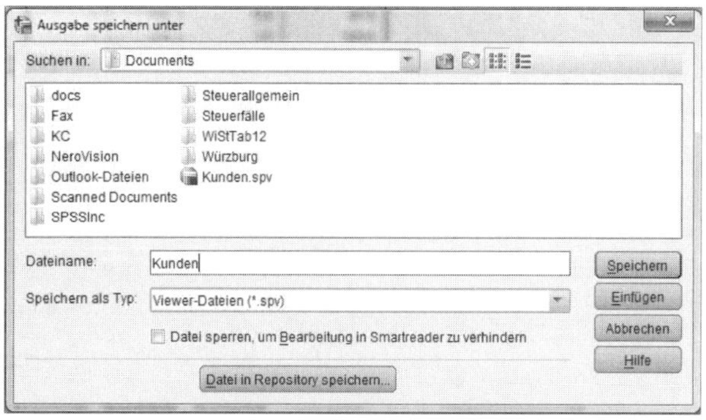

Abb. 15: *Dialogbox* ***Ausgabe Speichern unter***

Um die erste SPSS-Sitzung **Empirische Verteilungen und statistische Maßzahlen** zu beenden, wird das Programm mit der Befehlsfolge **Datei, Beenden** verlassen.

3.2 Boxplot

Sollen für das in *Aufgabe 2.2, Seite 11,* behandelte *Beispiel* „Lebensdauer der Motoren in Jahren" Median, Quartile, kleinster und größter Wert, Spannweite und Quartilsabstand in einem **Boxplot** (vgl. *Abschnitt 4.6 Quartilsabstand, Box-and-Whisker Plot sowie Perzentile, S. 23 f.*) dargestellt werden, so kann ausgehend vom Menü des *IBM SPSS Statistics Daten-Editors* die Befehlsfolge **Datei, Öffnen, Daten** gewählt werden. Sodann wird die Datei *Motoren.sav* angeklickt und durch **[Öffnen]** geladen; es erscheint dann das bereits in Abbildung 4 dargestellte ausgefüllte Spreadsheet.

Aus dem Menü **Diagramme** wird der Untermenüpunkt **Veraltete Dialogfelder** und daraus die Darstellungsform **Boxplot...** ausgewählt; es erscheint die Dialogbox **Boxplot**. Nach Wahl der Optionen **Auswertung über verschiedene Variablen** und **Einfach** ergibt sich die in Abbildung 16 wiedergegebene Dialogbox.

Abb. 16: Dialogbox ***Boxplot***

Durch Anklicken der Schaltfläche **[Definieren]** öffnet sich die Dialogbox **Einfachen Boxplot definieren: Auswertung über verschiedene Variablen**. In der Dialogbox wird nun die zu analysierende Variable **VAR00001** durch Anklicken des oberen Pfeilbuttons in die Liste **Box entspricht:** übernommen (vgl. Abbildung 17).

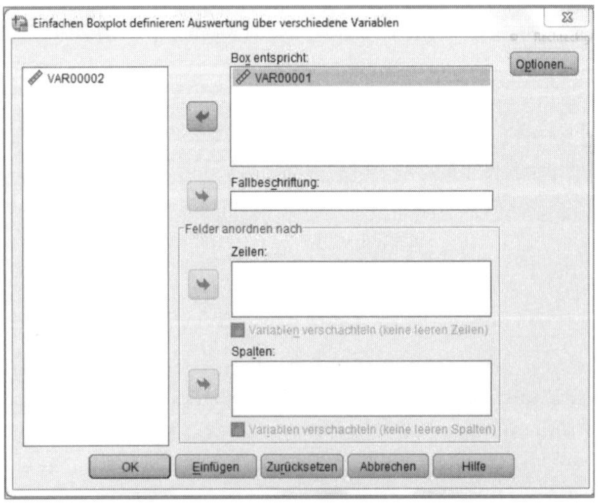

Abb. 17: Dialogbox ***Einfachen Boxplot definieren: Auswertung über verschiedene Variablen***

Nach Bestätigung mit **[OK]** erscheint eine Ausgabe zur explorativen Datenanalyse, die unter anderem den in Abbildung 18 wiedergegebenen Boxplot enthält.

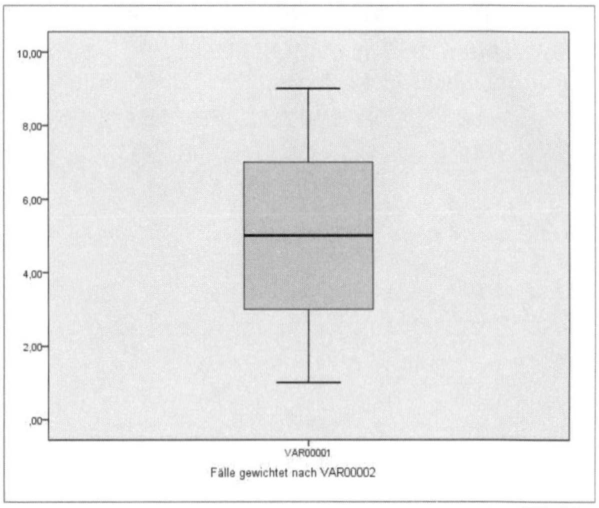

Abb. 18: Boxplot für die Daten aus Aufgabe 2.2, Seite 11

Um die SPSS-Sitzung **Boxplot** zu beenden, wird das Programm mit der Befehlsfolge **Datei, Beenden** verlassen; da die Ergebnisse dieser Sitzung nicht gespeichert werden sollen, wird die Sicherheitsabfrage „Inhalt des Ausgabe-Viewers in Ausgabe1 speichern?" mit **[Nein]** beantwortet.

3.3 t-Test für zwei unabhängige Stichproben

Beispiel: Zwei Maschinen füllen Kaffee in 250-g-Packungen ab. Für die erste Maschine ergeben sich bei einer Stichprobe die folgenden Füllgewichte: 235, 248, 265, 257, 276, 245, 239, 216, 263, 271, 260 und 235. Eine Stichprobe aus der Produktion der zweiten Maschine liefert die folgenden Werte: 256, 228, 225, 234, 236, 260, 252, 256, 271, 279, 221, 250, 246, 289 und 255.

Die insgesamt 27 Werte werden in einer einzigen Variablen in der ersten Spalte des *IBM SPSS Statistics Daten-Editors* eingegeben. Für den nachfolgenden Test, in dem überprüft werden soll, ob die beiden Maschinen bei einem Signifikanzniveau von $\alpha = 0{,}01$ mit gleichen durchschnittlichen Füllgewichten arbeiten (*vgl. Abschnitt 17.3 Zweistichprobentests für die Differenz zweier arithmetischer Mittel, Seite 109–112*) wird in der zweiten Spalte eine Gruppenvariable mit den Werten 1 (Element stammt aus Stichprobe 1) und 2 (Element stammt aus Stichprobe 2) angelegt. Abbildung 19 zeigt den so ausgefüllten *IBM SPSS Statistics Daten-Editor* nach Speicherung der Daten unter dem Dateinamen *Gewicht*.

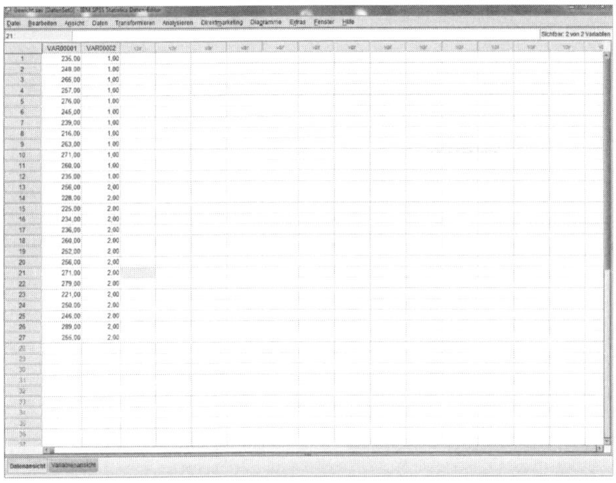

Abb. 19: *IBM SPSS Statistics Daten-Editor für die Daten zum t-Test*

Aus dem Menü **Analysieren** wird die Befehlsfolge **Mittelwerte vergleichen, T-Test bei unabhängigen Stichproben...** gewählt. In der Dialogbox **T-Test bei unabhängigen Stichproben** werden nun die zu analysierende Variable **VAR00001** durch Anklicken des oberen Pfeilbuttons in die Liste **Testvariable(n):** und die **VAR00002** nach Markierung durch Anklicken des unteren Pfeilbuttons in das Feld **Gruppenvariable:** übernommen (vgl. Abbildung 20).

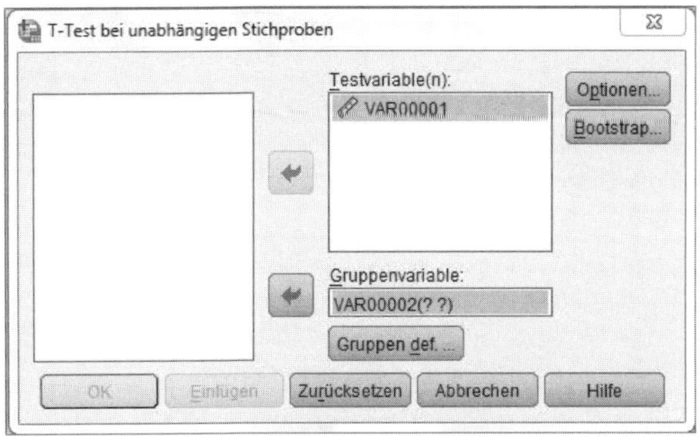

Abb. 20: *Dialogbox **T-Test bei unabhängigen Stichproben***

Zur Definition der beiden Gruppen wird die Schaltfläche **[Gruppen def. ...]** angeklickt und in der nun erscheinenden Dialogbox **Gruppen definieren** werden für Gruppe 1 eine 1 und für Gruppe 2 eine 2 eingegeben (vgl. Abbildung 21). Die Eingabe wird mit **[Weiter]** bestätigt.

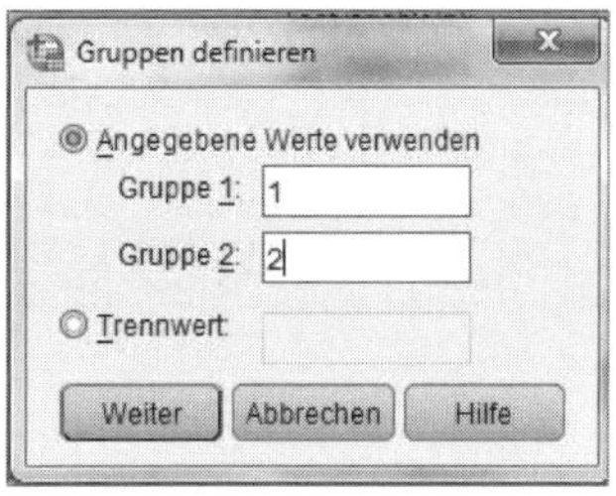

Abb. 21: *Dialogbox **Gruppen definieren***

Nach Anklicken der Schaltfläche **[OK]** erscheint der in Abbildung 22 wiedergegebene *IBM SPSS Statistics Viewer* zum **T-Test bei unabhängigen Stichproben**.

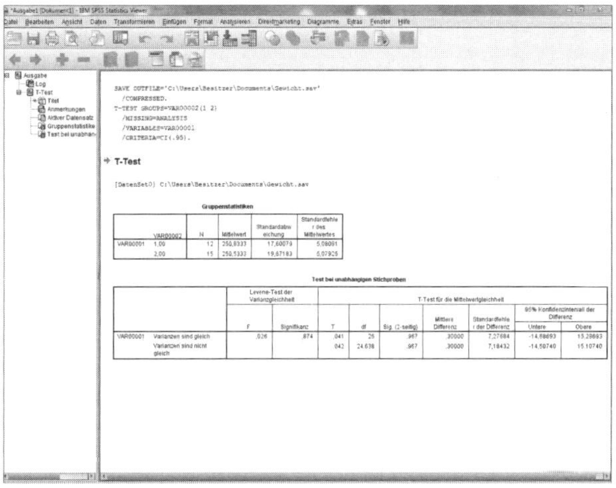

Abb. 22: ****Ausgabe1 [Dokument1] – IBM SPSS Statistics Viewer***

Da die beiden berechneten Werte *Sig. (2-seitig)* mit jeweils 0,967 (sowohl bei gleichen als auch bei ungleichen Varianzen der beiden Grundgesamtheiten) größer als das oben vorgegebene Signifikanzniveau $\alpha = 0{,}01$ sind, kann die Annahme, daß die Maschinen mit gleichen durchschnittlichen Füllgewichten arbeiten, nicht verworfen werden.

Um die SPSS-Sitzung **t-Test für zwei unabhängige Stichproben** zu beenden, wird das Programm mit der Befehlsfolge **Datei, Beenden** verlassen.

3.4 Ein-Stichproben-Chi-Quadrat-Test

Beispiel „Zufallszahlentafel“: *Aufgabe 19.1, Seite 137:* Mit einem Zufallszahlengenerator wurden 100 Pseudo-Zufallszahlen erzeugt; ihre Häufigkeitsverteilung ist in der folgenden Tabelle 1 dargestellt.

Ziffer	Häufigkeit
0	9
1	15
2	7
3	14
4	14
5	7
6	6
7	9
8	11
9	8

Tab: 1: Häufigkeitsverteilung

Es stellt sich nun die Frage, ob von einer Gleichverteilung der Ziffern 0, 1, ..., 9 ausgegangen werden kann, und zwar auf einem Signifikanzniveau von $\alpha = 0{,}05$.

Nach Eingabe der in Tabelle 1 wiedergegebenen Häufigkeitsverteilung (vgl. • ***Eingabe einer Häufigkeitsverteilung*** oben in Abschnitt 2.3) werden aus dem Menü **Analysieren** die Untermenüpunkte **Nichtparametrische Tests, Alte Dialogfenster** und **Chi-Quadrat...** ausgewählt. In der Dialogbox **Chi-Quadrat-Test** wird nun die zu analysierende Variable **VAR00001** durch Anklicken des Pfeilbuttons in die Liste **Testvariablen:** übernommen. Für den Test auf Gleichverteilung kann in der Gruppe **Erwartete Werte** die Voreinstellung **Alle Kategorien gleich** beibehalten werden (vgl. Abbildung 23).

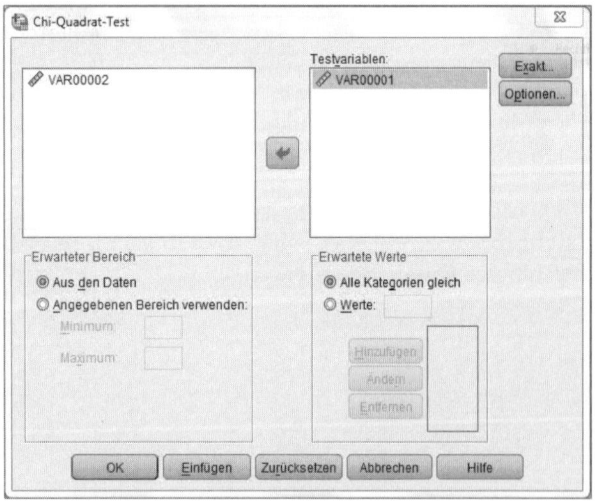

Abb. 23: Dialogbox ***Chi-Quadrat-Test***

Nach **[OK]** erscheint der *IBM SPSS Statistics Viewer* zum Chi-Quadrat-Test; in Abbildung 24 ist das rechte Fenster wiedergegeben.

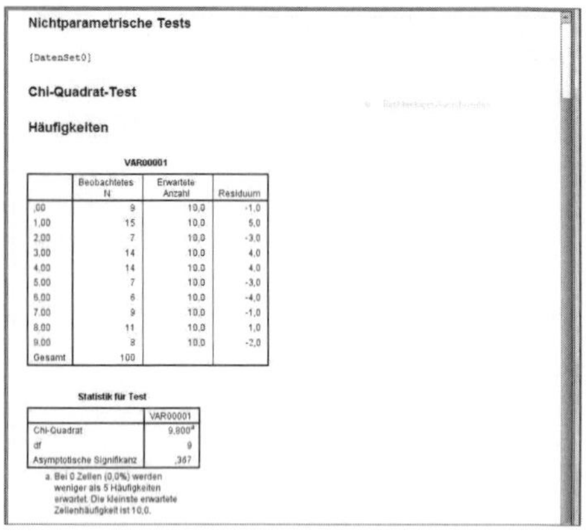

Nichtparametrische Tests

[DatenSet0]

Chi-Quadrat-Test

Häufigkeiten

VAR00001

	Beobachtetes N	Erwartete Anzahl	Residuum
,00	9	10,0	-1,0
1,00	15	10,0	5,0
2,00	7	10,0	-3,0
3,00	14	10,0	4,0
4,00	14	10,0	4,0
5,00	7	10,0	-3,0
6,00	6	10,0	-4,0
7,00	9	10,0	-1,0
8,00	11	10,0	1,0
9,00	8	10,0	-2,0
Gesamt	100		

Statistik für Test

	VAR00001
Chi-Quadrat	9,800[a]
df	9
Asymptotische Signifikanz	,367

a. Bei 0 Zellen (0,0%) werden weniger als 5 Häufigkeiten erwartet. Die kleinste erwartete Zellenhäufigkeit ist 10,0.

Abb. 24: Ergebnistableau zum Chi-Quadrat-Test für Aufgabe 19.1, Seite 137

Aus dem Ergebnistableau ist ersichtlich, daß die Nullhypothese „Gleichverteilung der Zufallszahlen“ bei dem vorgegebenen Signifikanzniveau von $\alpha = 0{,}05$ nicht abgelehnt werden kann, da der berechnete Wert *Asymptotische Signifikanz* mit 0,367 größer als $\alpha = 0{,}05$ ist.

Um die SPSS-Sitzung **Ein-Stichproben-Chi-Quadrat-Test** zu beenden, wird das Programm mit der Befehlsfolge **Datei, Beenden** verlassen.

3.5 Lineare Einfachregression

Es soll für das in *Aufgabe 21.2, Seite 153,* behandelte Beispiel „Geschäft“ für n = 8 Zeitschriftengeschäfte untersucht werden, ob ein linearer Zusammenhang zwischen der durchschnittlichen täglichen Passantenfrequenz x_i [Tsd. Passanten pro Tag] und dem Jahresumsatz der Geschäfte y_i [Tsd. EUR] besteht.

Zunächst werden die Werte x_i (**VAR00001**) und y_i (**VAR00002**) aus *Tabelle 21.5: Passantenfrequenz und Jahresumsatz von 8 Geschäften, Seite 153,* eingegeben und unter dem Dateinamen *Geschäft* gespeichert.

Aus dem Menü **Analysieren** werden die Untermenüpunkte **Regression** und **Linear...** ausgewählt. In der Dialogbox **Lineare Regression** werden nun die abhängige Variable **VAR00002** und die unabhängige Variable **VAR00001** nach Markieren und durch Anklicken der entsprechenden beiden Pfeilbuttons in die vorgesehenen Felder übernommen (vgl. Abbildung 25).

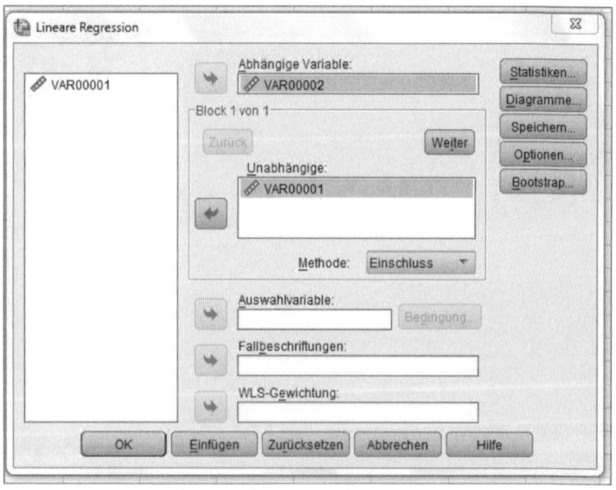

Abb. 25: Dialogbox ***Lineare Regression***

Nach **[OK]** erscheint der *IBM SPSS Statistics Viewer* zur Linearen Regression (vgl. Abbildung 26).

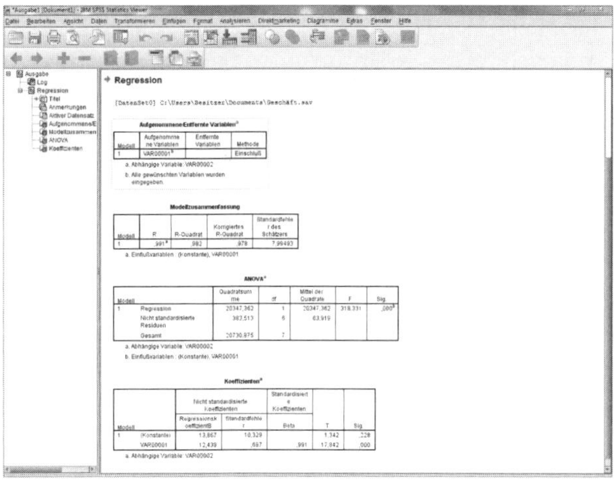

Abb. 26: Ergebnistableau zur Linearen Einfachregression für Aufgabe 21.2, Seite 153

Das zugehörige Streuungsdiagramm (*Scatterplot*) wird wie folgt erzeugt: Aus dem Menü **Diagramme, Veraltete Dialogfelder,** wird das Untermenü **Streu-Punkt-Diagramm...** ausgewählt. In dieser Dialogbox wird das Piktogramm *Einfaches Streudiagramm* angeklickt; über **[Definieren]** gelangt man zu der Dialogbox **Einfaches Streudiagramm**. Hier werden die Variablen den Achsen zugeordnet (vgl. Abbildung 27).

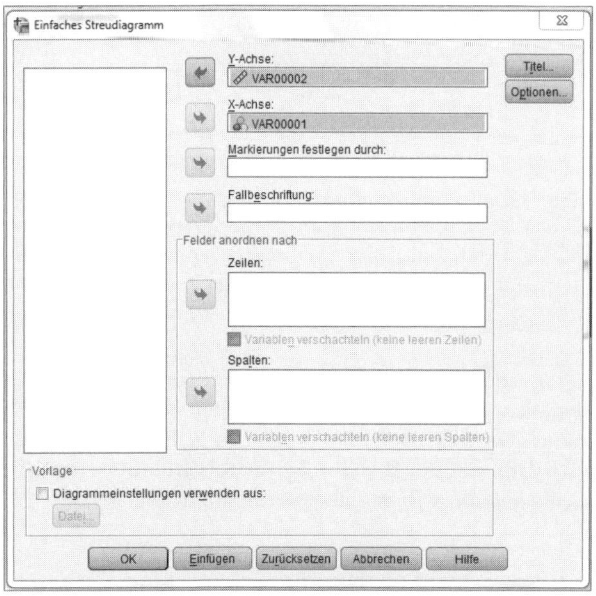

Abb. 27: Dialogbox ***Einfaches Streudiagramm***

Nach **[OK]** erscheint im rechten Fenster des **IBM SPSS Statistics Viewers** das in Abbildung 28 wiedergegebene Streuungsdiagramm.

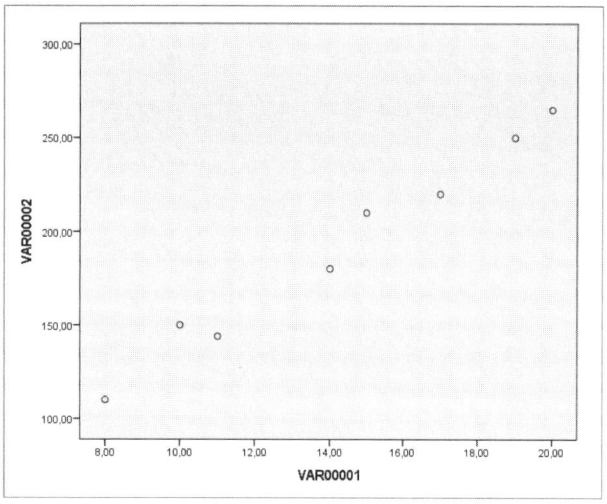

Abb. 28: Streuungsdiagramm für die Daten aus Aufgabe 21.2, Seite 153

Zur Bestimmung der *Regressionsgeraden* sowie der *Grenzen der 99%-Konfidenzintervalle für den durchschnittlichen Prognosewert* und der *99%-Prognoseintervalle für den Einzelprognosewert* (vgl. auch Kapitel 22: Regressionsanalyse III, Abbildung 22.1, Seite 158) ist wie folgt vorzugehen:

Zunächst wird mit einem *Doppelklick auf eine beliebige Stelle des Diagramms* der **Diagramm-Editor** geöffnet. Durch anschließendes *Anklicken eines beliebigen Datenpunktes des Streudiagramms* werden dann in der *Symbolleiste* des *Diagramm-Editors* zusätzliche Icons aktiviert (vgl. Abbildung 29).

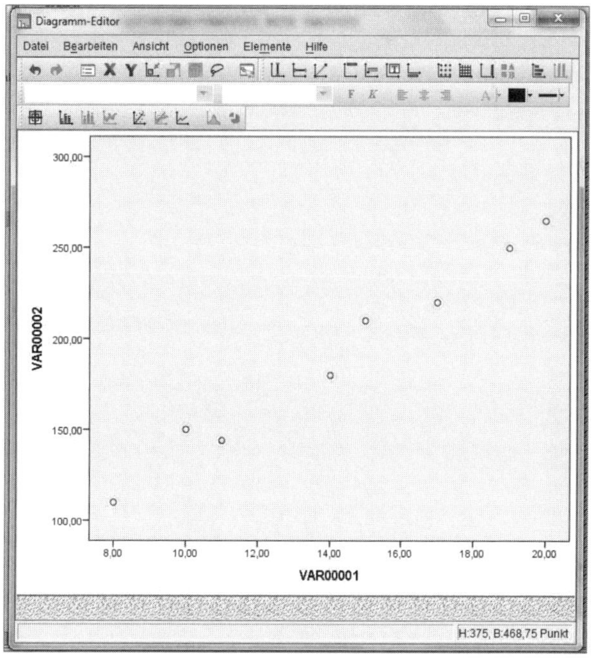

Abb. 29: Streuungsdiagramm nach Anklicken eines beliebigen Datenpunktes

Durch das Anklicken des **Icons:** *Anpassungslinie bei Gesamtwert hinzufügen* öffnet sich die Dialogbox **Eigenschaften** (vgl. Abbildung 30).

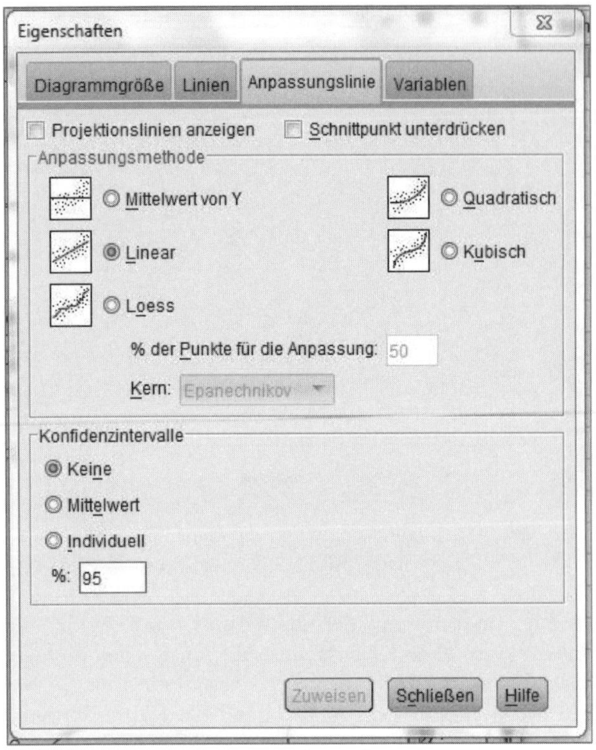

Abb. 30: Dialogbox ***Eigenschaften***

Zur Darstellung der *99%-Konfidenzintervalle für den* ***durchschnittlichen Prognosewert*** geht man so vor: Man wählt als *Anpassungsmethode* **Linear** und bei den *Konfidenzintervallen* **Mittelwert** aus und gibt dann als Sicherheitswahrscheinlichkeit **99%** ein. Die gewünschte Abbildung 31 wird dann mit der Befehlsfolge **Zuweisen** und **Schließen** erzeugt.

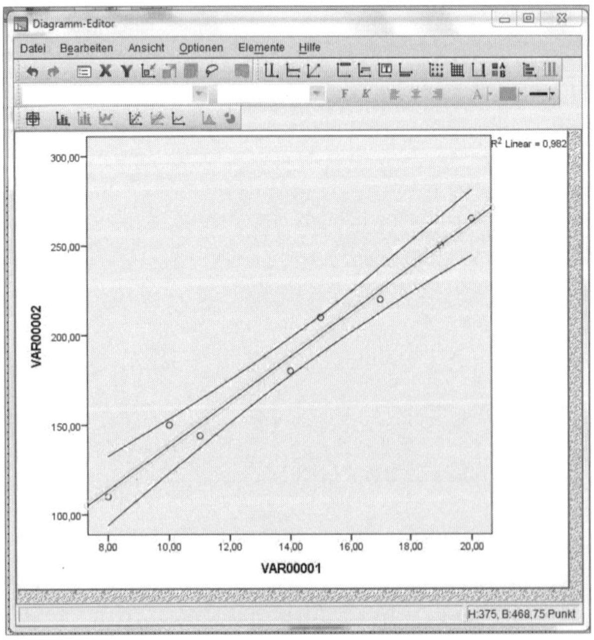

Abb. 31: Regressionsgrade sowie Grenzen des 99%-Konfidenzintervalls für den ***durchschnittlichen Prognosewert*** *für die Daten aus Aufgabe 21.1, Seite 153*

Zur Darstellung der *99%-Prognoseintervalle für den* ***Einzelprognosewert*** klickt man zunächst wieder einen *beliebigen Datenpunkt des Streudiagramms* an; dieser darf sich nicht auf irgendeiner Linie befinden, sondern muss *frei liegen*. Dann geht man wieder so vor, wie soeben bei den 99%-Konfidenzintervallen für den durchschnittlichen Prognosewert beschrieben, wählt aber bei den *Konfidenzintervallen* an Stelle von Mittelwert **Individuell** aus. Mit **Zuweisen** und **Schließen** wird schließlich Abbildung 32 erzeugt, in der sowohl die *Regressionsgerade* als auch die Grenzen der *99%-Konfidenzintervalle für den* ***durchschnittlichen Prognosewert*** (die beiden inneren Linien um die Regressionsgerade) **und** die Grenzen der *99%-Prognoseintervalle für den* ***Einzelprognosewert*** (die beiden äußeren Linien um die Regressionsgerade) dargestellt sind.

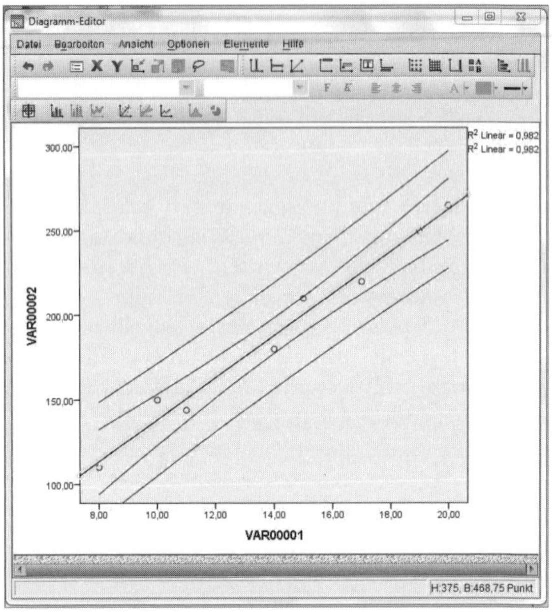

Abb. 32: Regressionsgerade sowie Grenzen der 99%-Konfidenzintervalle für den ***durchschnittlichen Prognosewert*** *und der 99%-Prognoseintervalle für den* ***Einzelprognosewert*** *für die Daten aus Aufgabe 21.2, Seite 153*

Um die SPSS-Sitzung **Lineare Einfachregression** zu beenden, wird zunächst der *IBM SPSS Statistics Diagramm-Editor* durch die Befehlsfolge **Datei, Schließen** verlassen und dann mit der Befehlsfolge **Datei, Beenden** der *IBM SPSS Statistics Viewer* und das Programm geschlossen.

3.6 Streu-Punkt-Diagramm und Lineare Mehrfachregression

Für die *Aufgabe 23.2, Seite 169,* soll ein **Streu-Punkt-Diagramm** (*Matrix von Streuungsdiagrammen*) erstellt werden.

Zunächst werden die Werte x_{2i} (**VAR00001**), x_{3i} (**VAR00002**) und y_i (**VAR00003**) aus Tabelle 23.2, Seite 169, eingegeben und unter dem Dateinamen *Exporte* gespeichert.

Die Variablenbezeichnungen VAR00001, VAR00002 und VAR00003 werden nun durch folgende Variablennamen ersetzt: **Welthandel, Exportpreise** und **Index-Exporte**. – Für VAR00001 ist dabei wie folgt vorzugehen: Durch Doppelklick auf den Spaltenkopf

VAR00001 im *IBM SPSS Statistics Daten-Editor* wechselt man von der *Datenansicht* in die *Variablenansicht* des Daten-Editors über. Der eingerahmte Variablenname **VAR00001** wird nun mit **Welthandel** überschrieben; die Umbenennung der beiden übrigen Variablen erfolgt einfach durch Überschreiben von VAR00002 mit **Exportpreise** und von VAR00003 mit **IndexExporte**.

Abbildung 33 zeigt den so ausgefüllten *IBM SPSS Statistics Daten-Editor* nach Speicherung der Daten unter dem Dateinamen *Exporte*.

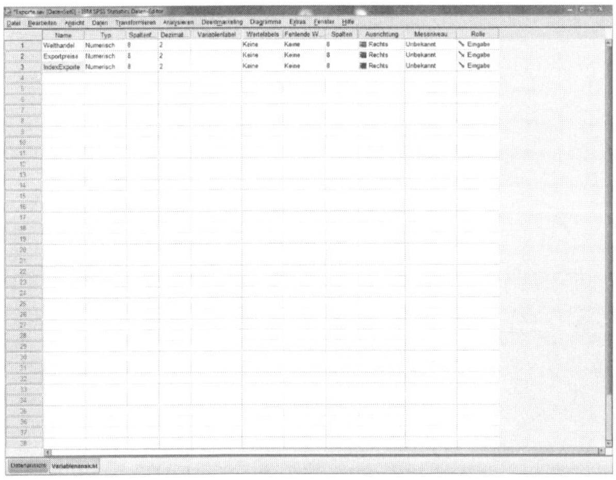

Abb. 33: IBM SPSS Daten-Editor (Variablenansicht – unten farbig unterlegt)

Durch Anklicken der Schaltfläche **Datenansicht** am unteren Bildschirmrand kehrt man wieder in die *Datenansicht* des IBM SPSS Statistics Daten Editors zurück.

Die zugehörige Scatterplot-Matrix wird wie folgt erzeugt: Aus dem Menü **Diagramme, Veraltete Dialogfelder,** wird das Untermenü **Streu-Punkt-Diagramm...** ausgewählt. In der Dialogbox **Streu-Punktdiagramm** wird das Piktogramm *Matrix-Streudiagramm* angeklickt; über **[Definieren]** gelangt man zu der Dialogbox **Streudiagramm-Matrix**. Durch Markieren der Variablen und anschließendes Anklicken des oberen Pfeilbuttons werden die drei Variablen in das Feld *Matrixvariablen:* übernommen (vgl. Abbildung 34).

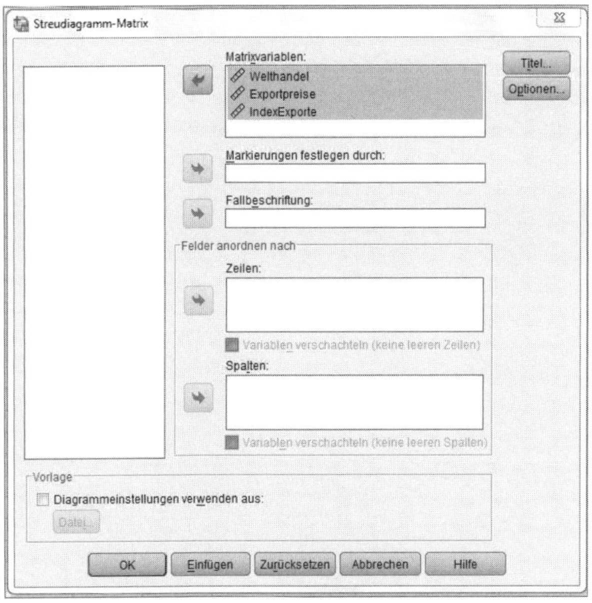

Abb. 34: Dialogbox ***Streudiagramm-Matrix***

Nach **[OK]** erscheint im rechten Fenster des *IBM SPSS Statistics Viewers* die in Abbildung 35 wiedergegebene Scatterplot-Matrix.

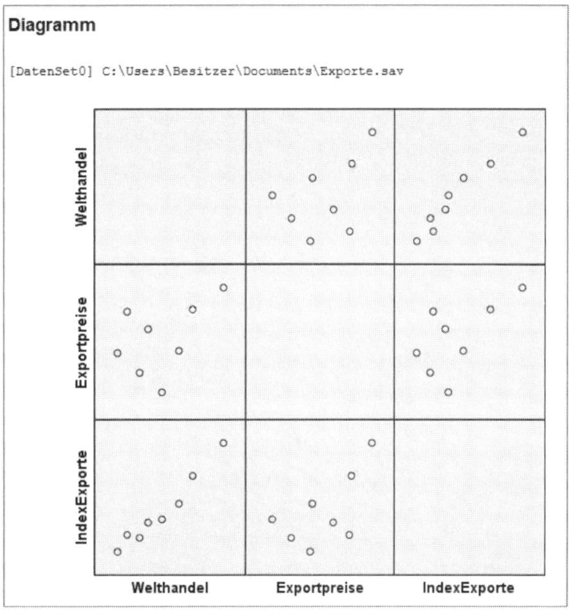

Abb. 35: Matrix-Streudiagramm für die Daten aus Aufgabe 23.2, Seite 169

Das Matrix-Streudiagramm setzt sich hier aus sechs Streuungsdiagrammen zusammen. Die drei Diagramme in der oberen Dreiecksmatrix enthalten – wie leicht überprüft werden kann – die gleichen Informationen wie die drei Diagramme in der unteren Dreiecksmatrix, so daß in einigen anderen Statistik-Programmsystemen auch auf die Wiedergabe der unteren Dreiecksmatrix verzichtet wird.

Mit Hilfe eines solchen Matrix-Streudiagramms lassen sich Art und Stärke der Zusammenhänge zwischen den Variablen visualisieren.

Für die drei Variablen soll abschließend noch eine **Lineare Mehrfachregression** durchgeführt werden. Hierzu werden aus dem Menü **Analysieren** die Untermenüpunkte **Regression** und **Linear** ausgewählt. In der Dialogbox **Lineare Regression** werden sodann die Variable **IndexExporte** als *abhängige Variable* und die Variablen **Welthandel** und **Exportpreise** als *unabhängige Variablen* in die entsprechenden Felder übertragen (vgl. Abbildung 36).

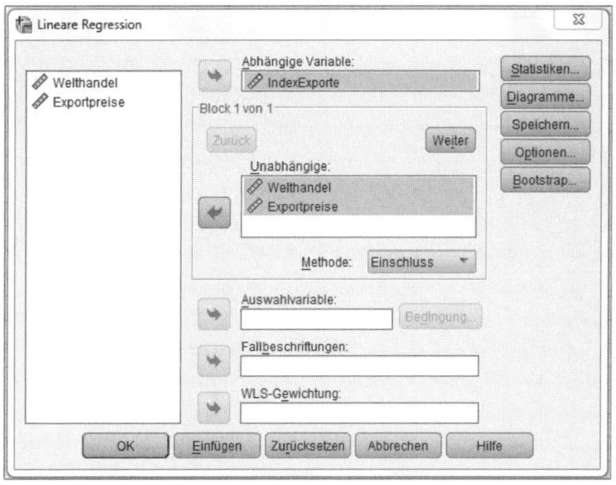

Abb. 36: Dialogbox ***Lineare Regression***

Durch Klicken auf die Schaltfläche **[Statistiken...]** gelangt man in die Dialogbox **Lineare Regression: Statistiken**. Hier werden die Kontrollkästchen *Schätzer* und *Konfidenzintervalle* ausgewählt (vgl. Abbildung 37).

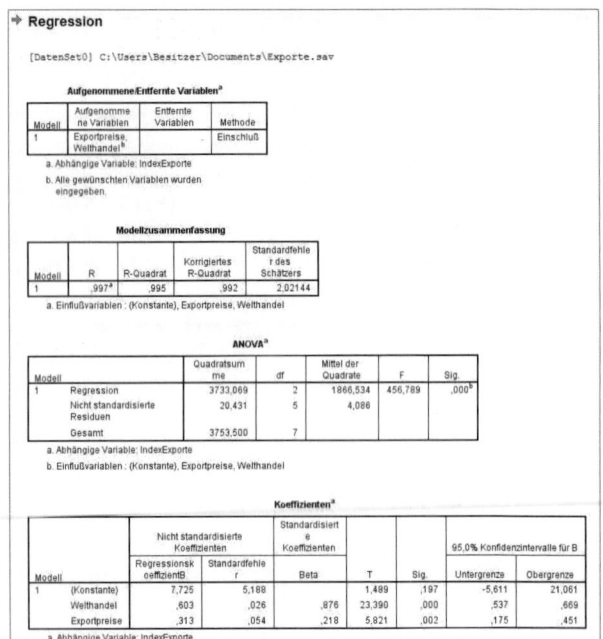

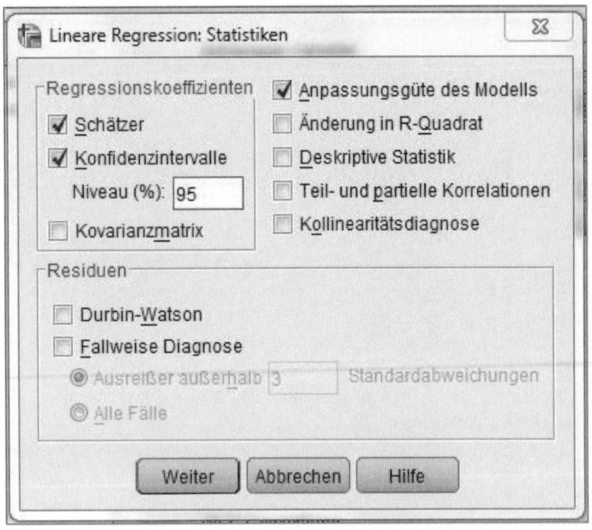

*Abb. 37: Dialogbox **Lineare Regression: Statistiken***

Durch **[Weiter]** gelangt man wieder in die Dialogbox **Lineare Regression** (vgl. Abbildung 36) zurück. Nach **[OK]** erscheint im rechten Fenster des *IBM SPSS Statistics Viewers* das in Abbildung 38 wiedergegebene Ergebnistableau zur Linearen Mehrfachregression.

Regression

[DatenSet0] C:\Users\Besitzer\Documents\Exporte.sav

Aufgenommene/Entfernte Variablen[a]

Modell	Aufgenommene Variablen	Entfernte Variablen	Methode
1	Exportpreise, Welthandel[b]	.	Einschluß

a. Abhängige Variable: IndexExporte

b. Alle gewünschten Variablen wurden eingegeben.

Modellzusammenfassung

Modell	R	R-Quadrat	Korrigiertes R-Quadrat	Standardfehler des Schätzers
1	,997[a]	,995	,992	2,02144

a. Einflußvariablen : (Konstante), Exportpreise, Welthandel

ANOVA[a]

Modell		Quadratsumme	df	Mittel der Quadrate	F	Sig.
1	Regression	3733,069	2	1866,534	456,789	,000[b]
	Nicht standardisierte Residuen	20,431	5	4,086		
	Gesamt	3753,500	7			

a. Abhängige Variable: IndexExporte

b. Einflußvariablen : (Konstante), Exportpreise, Welthandel

Koeffizienten[a]

Modell		Nicht standardisierte Koeffizienten		Standardisierte Koeffizienten	T	Sig.	95,0% Konfidenzintervalle für B	
		RegressionskoeffizientB	Standardfehler	Beta			Untergrenze	Obergrenze
1	(Konstante)	7,725	5,188		1,489	,197	-5,611	21,061
	Welthandel	,603	,026	,876	23,390	,000	,537	,669
	Exportpreise	,313	,054	,218	5,821	,002	,175	,451

a. Abhängige Variable: IndexExporte

Abb. 38: Ergebnistableau zur Linearen Mehrfachregression für Aufgabe 23.2, Seite 169

Stellt man das einfache Vorgehen bei der Lösung von Aufgabe 23.2 mit IBM SPSS Statistics dem aufwendigen Vorgehen im Lösungsanhang auf den Seiten 215 und 216 gegenüber, werden die Vorteile des Einsatzes von Statistik-Software besonders deutlich.

Literaturverzeichnis

Abels, Heiner, Horst Degen, Übungsprogramm Wirtschafts- und Bevölkerungsstatistik (3., vollst. überarb. u. erw. Aufl.). Wiesbaden 1992.

Abels, Heiner, Horst Degen, Handbuch des statistischen Schaubilds. Herne, Berlin 1981.

Allen, R. G. D., Index Numbers in Theory and Practice. Piscataway (N. J.) 2008.

Assenmacher, Walter, Einführung in die Ökonometrie (6., vollst. überarb. u. erw. Aufl.). München 2002.

Bain, Lee J., Max Engelhardt, Introduction to Probability and Mathematical Statistics (2nd ed.). Boston (Mass.) 2000.

Bamberg, Günter, Franz Baur, Michael Krapp, Statistik (13., überarb. Aufl.). München 2007.

Bertin, Jaques, Graphische Darstellungen und die graphische Weiterverarbeitung der Information. Berlin 1982.

Bleymüller, Josef, Günther Gehlert, Statistische Formeln, Tabellen und Statistik-Software (12., überarb. Aufl.). München 2011.

Bohley, Peter, Statistik – Einführendes Lehrbuch für Wirtschafts- und Sozialwissenschaftler (7., gründl. überarb. u. akt. Aufl.). München 2000.

Bosch, Karl, Elementare Einführung in die angewandte Statistik (9., erw. Aufl.). Wiesbaden 2010.

Bosch, Karl, Elementare Einführung in die Wahrscheinlichkeitsrechnung (9., durchges. Aufl.). Wiesbaden 2006.

Bruckmann, Gerhart, Einige Bemerkungen zur statistischen Messung der Konzentration, Metrika 14, 1969, S. 183–213.

Büning, Herbert, Götz Trenkler, Nichtparametrische statistische Methoden (2., erw. u. völlig überarb. Aufl.). Berlin, New York 1994.

Chatterjee, Samprit, Ali S. Hadi, Bertram Price, Regression Analysis by Example (3rd ed.). New York usw. 1999.

Cochran, William G., Sampling Techniques (3rd ed.). New York 2011.

DeGroot, Morris H., Mark J. Scherwish, Probability and Statistics (4th rev. ed.). Reading (Mass.), Menlo Park (Cal.), Don Mills (Ont.) usw. 2001.

Draper, N. R., H. Smith, Applied Regression Analysis (3rd ed.). New York, Sydney, London 1998.

Eckey, Hans-Friedrich, Reinhold Kosfeld, Christian Dreger, Ökonometrie. Grundlagen, Methoden, Beispiele (4. durchges. Aufl.). Wiesbaden 2011.

Eichhorn, W., R. Henn, O. Opitz, R. W. Shepard (Hrsg.), Theory and Applications of Economic Indices. Heidelberg 1987.

Elpelt, Bärbel, Joachim Hartung, Grundkurs Statistik (3. Aufl.). München 2004.

Feller, William, An Introduction to Probability Theory and its Applications, Vol. 1 (3rd ed.) und Vol. 2 (2nd ed.). New York, London, Sydney 1968 und 1971.

Ferschl, Franz, Deskriptive Statistik (3., korr. Aufl.). Heidelberg 1985.

Fisz, Marek, Wahrscheinlichkeitsrechnung und mathematische Statistik (11. Aufl.). Berlin 1988.

Forbes, Catherine, Merran Evans, Nicholas Hastings, Brian Peacock, Statistical Distributions (4th ed.). London 2010.

Fraser, D. A. S., Probability and Statistics: Theory and Applications. North Scituate (Mass.) 1976.

Graf, Ulrich, Hans-Joachim Henning, Kurt Stange, Peter-Theodor Wilrich, Formeln und Tabellen der angewandten mathematischen Statistik (3., völl. neu bearb. Aufl., 2., korr. Nachdruck). Berlin, Heidelberg, New York usw. 1997.

Harnett, Donald L., James L. Murphy, Introductory Statistical Analysis (3rd ed.). Reading (Mass.), Menlo Park (Cal.), London usw. 1982.

Härtter, Erich, Wahrscheinlichkeitsrechnung, Statistische und mathematische Grundlagen. Begriffe, Definitionen und Formeln. Göttingen 1997.

Hartung, Joachim, Bärbel Elpelt, Karl-Heinz Klösener, Statistik – Lehr- und Handbuch der angewandten Statistik (14., unwesentl. veränd. Aufl.). München 2005.

Heil, Johann, Einführung in die Ökonometrie (6., durchges. u. verb. Aufl.). München 2000.

Hochstädter, Dieter, Statistische Methodenlehre (8., verb. Aufl.). Frankfurt a. M. 1996.

Hochstädter, Dieter, Ulrike Kaiser, Varianz- und Kovarianzanalyse. Frankfurt a. M., Thun 1988.

Johnson, Norman L., Samuel Kotz, N. Balakrishnan, Continuous Univariate Distributions, Vol. 1 (2nd ed.) und Vol. 2 (2nd ed.). New York, Chichester, Brisbane usw. 1994 und 1995.

Johnson, Norman L., Adrianne W. Kemp, Samuel Kotz, Univariate Discrete Distributions (3rd ed.). Hoboken (N.J.) 2005.

Kennedy, Peter, A Guide to Econometrics (5th ed.). Oxford 2003.

Kmenta, Jan, Elements of Econometrics (2nd ed.). Ann Arbor 1997.

Kohler, Heinz, Essentials of Statistics. Glenview (Ill.), London, Boston 1988.

Kreyszig, Erwin, Statistische Methoden und ihre Anwendungen (7. Aufl., 5., unveränd. Nachdruck). Göttingen 1999.

Krug, Walter, Martin Nourney, Jürgen Schmidt, Wirtschafts- und Sozialstatistik. Gewinnung von Daten (6., völl. neu bearb. u. erw. Aufl.). München, Wien 2001.

Kunz, Dietrich, Praktische Wirtschaftsstatistik. Stuttgart, Berlin, Köln, Mainz 1987.

Kutner, Michael H., Christopher J. Nachtsheim, John Neter, Applied Linear Regression Models (4th ed.) with Student CD. Homewood (Ill.) 2004.

Leiner, Bernd, Stichprobentheorie – Grundlagen, Theorie und Technik (3., durchges. Aufl.). München, Wien 1994.

Lindgren, Bernard W., Basic Ideas of Statistics. New York, London 1975.

Lippe, Peter Michael von der, Wirtschaftsstatistik (5., völl. neubearb. u. erw. Aufl.). Stuttgart 1996.

Maritz, J. S., T. Lwin, Empirical Bayes Methods (2nd ed.). London, New York 1989.

Mickey, Ruth M., Olive Jean Dunn, Virginia A. Clark, Applied Statistics: Analysis of Variance and Regression (3rd ed.). New York, London, Sydney, Toronto 2009.

Mood, Alexander M., Franklin A. Graybill, Duane C. Boes, Introduction to the Theory of Statistics (3rd ed.). Tokyo, Düsseldorf, Johannesburg usw. 1974.

Münzner, Hans, Probleme der Konzentrationsmessung. Allg. Stat. Archiv 47, 1963, S. 1–9.

Myers, Raymond H., Classical and Modern Regression with Applications (2nd ed.). Boston 2000.

Nagel, M., A. Benner, R. Ostermann, K. Henschke, Grafische Datenanalyse. Stuttgart, Jena, New York 1996.

Neubauer, Werner, Preisstatistik. München 1996.

Olkin, Ingram, Leon J. Gleser, Cyrus Derman, Probability Models and Applications (2nd ed.). New York, London 1999.

Ott, Lyman, An Introduction to Statistical Methods and Data Analysis (6th ed.). Boston 2008.

Owen, D. B., Handbook of Statistical Tables. Reading (Mass.), Menlo Park (Cal.), London usw. 1962.

Parzen, Emanuel, Modern Probability Theory and its Applications (Nachdruck). New York, London, Sydney 1992.

Pfaffenberger, Roger C., James H. Patterson, Statistical Methods for Business and Economics (4th ed.). Homewood (Ill.) 1991.

Pfanzagl, Johann, Allgemeine Methodenlehre der Statistik, Teil 1 (6., verb. Aufl.) und Teil 2 (5., verb. Aufl.). Berlin, New York 1983 und 1978.

Piesch, Walter, Statistische Konzentrationsmaße. Tübingen 1975.

Rinne, Horst, Wirtschafts- und Bevölkerungsstatistik; Erläuterungen – Erhebungen – Ergebnisse (2., überarb. u. erw. Aufl.). München 1996.

Rönz, Bernd, Erhard Förster, Regressions- und Korrelationsanalyse. Wiesbaden 1992.

Romano, Albert, Applied Statistics for Science and Industry. Boston, London, Sydney, Toronto 1977.

Sachs, Lothar, Angewandte Statistik (13., akt. u. erw. Aufl.). Berlin. Heidelberg, New York usw. 2009.

Schaich, Eberhard, Schätz- und Testmethoden für Sozialwissenschaftler (3., verb. Aufl.). München 1998.

Schaich, Eberhard, Dieter Köhle, Walter Schweitzer, Fritz Wegner, Statistik für Volkswirte, Betriebswirte und Soziologen, Teil I (4., überarb. Aufl.) und Teil II (3., überarb. Aufl.). München 1993 und 1990.

Schaich, Eberhard, Walter Schweitzer, Ausgewählte Methoden der Wirtschaftsstatistik. München 1995.

Schlittgen, Rainer, Einführung in die Statistik (11. Aufl.). München 2008.

Schmid, Calvin F., Statistical Graphics – Design, Principles and Practices. New York, Chichester, Brisbane usw. 1983 (Reprint 1992).

Schmid, Calvin F., Stanton E. Schmid, Handbook of Graphic Presentation (2nd ed.). New York, Chichester, Brisbane, usw. 1979.

Selvanathan, E. A., D. S. Prasada Rao, Index Numbers – A Stochastic Approach. Houndsmill, Basingstoke, Hampshire, London 1994.

Sen, Ashish, Muni Srivastava, Regression Analysis – Theory, Methods and Applications (4. Aufl.). New York, Berlin, Heidelberg usw. 1997.

Siegel, Andrew F., Charles J. Morgan, Statistics and Data Analysis – An Introduction (2nd ed.). New York, Chichester, Brisbane usw. 1998.

Stange, Kurt, Angewandte Statistik, Teil 1 und Teil 2 (2. Aufl.). Berlin, Heidelberg, New York 2001.

Tufte, Edward R., The Visual Display of Quantitative Information (2nd ed.). Cheshire (Connecticut) 2001.

Ungerer, Albrecht, Siegfried Hauser, Wirtschaftsstatistik als Entscheidungshilfe. Freiburg i. Brsg. 1986.

Ven, Ad van der, Einführung in die Skalierung, übersetzt und herausgegeben von *Jo Goebel.* Aachen, Bern, Stuttgart, Wien 1980.

Vogel, Friedrich, Beschreibende und schließende Statistik (13., korr. u. erw. Aufl.). München 2005.

Wagenführ, Rolf, Wirtschafts- und Sozialstatistik gezeigt am Beispiel der BRD, Teil 1 und Teil 2. Freiburg i. Brsg. 1970 und 1973.

Walpole, Ronald E., Introduction to Statistics (3rd ed.). New York, London 1982.

Weber, Erna, Grundriß der Biologischen Statistik (9., durchges. Aufl.). Stuttgart 1991.

Wetzel, Wolfgang, Max-Detlev Jöhnk, Peter Naeve, Statistische Tabellen. Berlin 1967.

Wonnacott, Thomas H., Ronald J. Wonnacott, Introductory Statistics for Business and Economics (5th ed.). New York, Chichester, Brisbane usw. 1990.

Zöfel, Peter, Univariate Varianzanalysen. Stuttgart, Jena 1992.

Zwer, Reiner, Einführung in die Wirtschafts- und Sozialstatistik (2., überarb. u. erw. Aufl.). München 1994.

Sachverzeichnis

A

B

C

D

E

F

G

H

I

K

L

M

S

T

U

V